DAS KUNST BUCH

BIG IDEAS

DAS ARCHITEKTUR-BUCH
DAS ASTRONOMIE-BUCH
DAS BIOLOGIE-BUCH
DAS BLACK-HISTORY-BUCH
DAS CHEMIE-BUCH
DAS DESIGN-BUCH
DAS DC BUCH
DAS FEMINISMUS-BUCH
DAS FILM-BUCH
DAS GESCHICHTS-BUCH
DAS ISLAM-BUCH
DAS KLASSISCHE-MUSIK-BUCH
DAS KUNST-BUCH
DAS LGBTQIA*-BUCH
DAS LITERATUR-BUCH
DAS MANAGEMENT-BUCH
DAS MARVEL BUCH
DAS MATHEMATIK-BUCH
DAS MEDIZIN-BUCH
DAS MYTHOLOGIE-BUCH
DAS ÖKOLOGIE-BUCH
DAS PHILOSOPHIE-BUCH
DAS PHYSIK-BUCH
DAS POLITIK-BUCH
DAS PSYCHOLOGIE-BUCH
DAS BUCH DER RECHTS-GESCHICHTE
DAS RELIGIONEN-BUCH
DAS SOZIOLOGIE-BUCH
DAS *STAR WARS*-BUCH
DAS WIRTSCHAFTS-BUCH
DAS WISSENSCHAFTS-BUCH
DER ERSTE WELTKRIEG
DER ZWEITE WELTKRIEG

EINFACH ERKLÄRT

DAS KUNST BUCH

DK London / Delhi

Lektorat
Jonathan Metcalf, Liz Wheeler, Georgina Palffy,
Sam Atkinson, Gareth Jones

Gestaltung und Bildredaktion
Karen Self, Phil Ormerod, Lee Griffiths, Nicola Rodway,
Gadi Farfour, Saffron Stocker, Harish Aggarwal

Umschlaggestaltung
Suhita Dharamjit, Claire Gell, Sophia MTT, Saloni Singh

Herstellung
Gillian Reid, Mandy Inness

Originalgestaltung STUDIO8 DESIGN

Für DK produziert von Cobalt ID

Gestaltung Darren Bland, Paul Reid

Redaktion Richard Gilbert, Diana Loxley,
Kirsty Seymour-Ure, Marek Walisiewicz

Für die deutsche Ausgabe:
Projektbetreuung Carola Wiese
Herstellungskoordination Ksenia Lebedeva
Herstellung Inga Reinke

Titel der englischen Originalausgabe:
THE ART BOOK

Übersetzung Kirsten E. Lehmann, Christiane Wagler
Lektorat Dr. Claudia Wagner

ISBN 978-3-8310-3537-3
5902-288654-20284-05

Druck und Bindung Manipal Technologies Limited, Indien

FSC www.fsc.org MIX Papier | Fördert gute Waldnutzung FSC® C018179

www.dk-verlag.de

Hinweis
Die Informationen und Ratschläge in diesem Buch sind von den Autoren und vom Verlag sorgfältig erwogen und geprüft, dennoch kann eine Garantie nicht übernommen werden.
Eine Haftung der Autoren bzw. des Verlags und seiner Beauftragten für Personen-, Sach- und Vermögensschäden ist ausgeschlossen.

DIE AUTOREN

CAROLINE BUGLER

schloss ihr Studium in Kunstgeschichte an der Universität in Cambridge ab und erwarb am Courtauld-Institut in London ihren M. A. Sie veröffentlichte eine Reihe von Büchern – darunter eines über die Katze in der Geschichte der Kunst. Sie schrieb zahlreiche Fachartikel und arbeitete als Herausgeberin an der National Gallery in London sowie beim British Art Fund.

ANN KRAMER

hat weit über 60 Bücher über zahlreiche Themen veröffentlicht – darunter über Kunst und Frauengeschichte. In jüngerer Zeit hielt sie eine Reihe von Vorträgen und veranstaltete Workshops über Künstlerinnen in der südenglischen Grafschaft Sussex, wo sie heute lebt.

MARCUS WEEKS

studierte Musik und Philosophie und arbeitete als Lehrer, bevor er Autor wurde. Er hat Beiträge für zahlreiche kunst- und populärwissenschaftliche Bücher geschrieben – darunter für mehrere Titel der DK-Reihe, in der auch dieser Band erscheint.

MAUD WHATLEY

schreibt und forscht über Kunst und arbeitet auch selbst künstlerisch. Sie studierte englische Literatur an der Universität Southampton und erwarb ihren M. A. in Kunstgeschichte am Courtauld-Institut in London. In dieser Zeit arbeitete sie über die europäische männliche Aktmalerei im 19. Jahrhundert. Heute lebt sie in London und ist dort für verschiedene Galerien und Verlage tätig.

IAIN ZACZEK

studierte an der Universität in Oxford sowie am Courtauld-Institut in London. Als Spezialist für keltische und präraffaelitische Kunst veröffentlichte er mehr als 30 Bücher.

INHALT

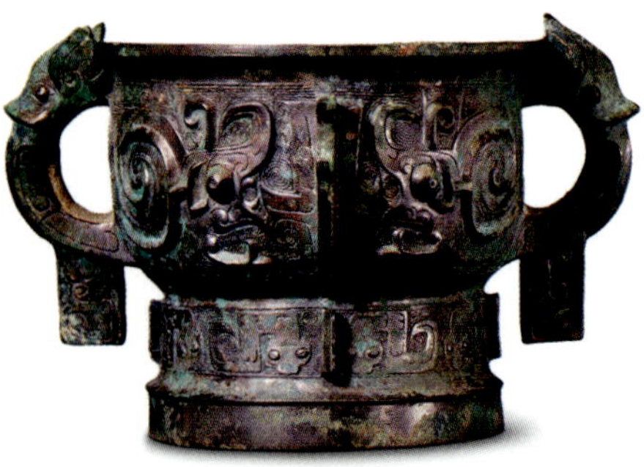

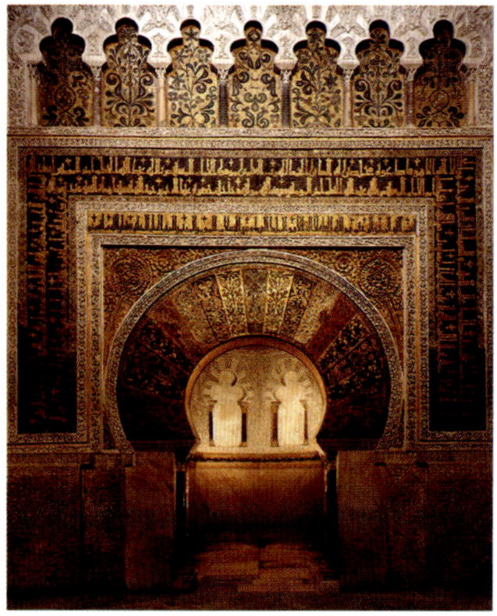

RENAISSANCE UND MANIERISMUS

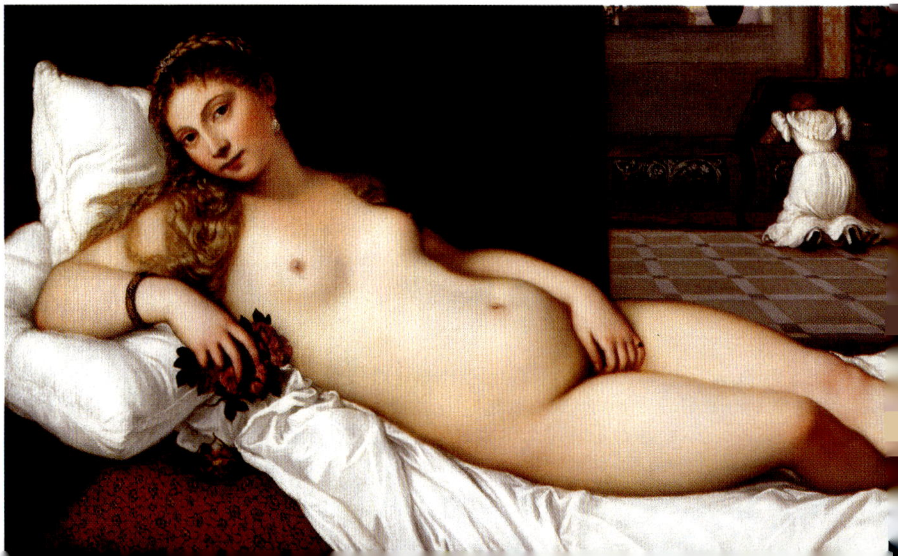

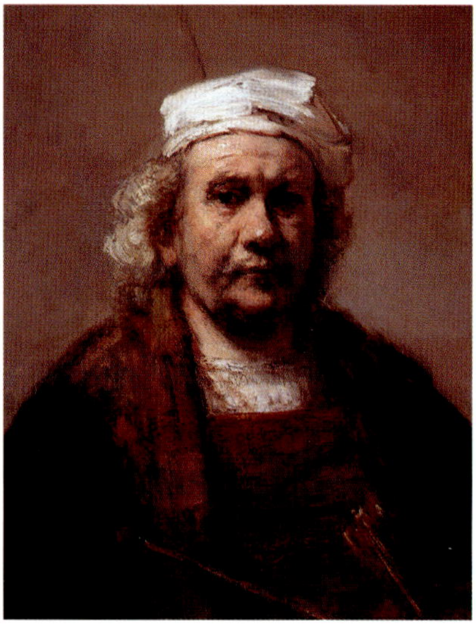

BAROCK BIS KLASSIZISMUS

ROMANTIK BIS SYMBOLISMUS

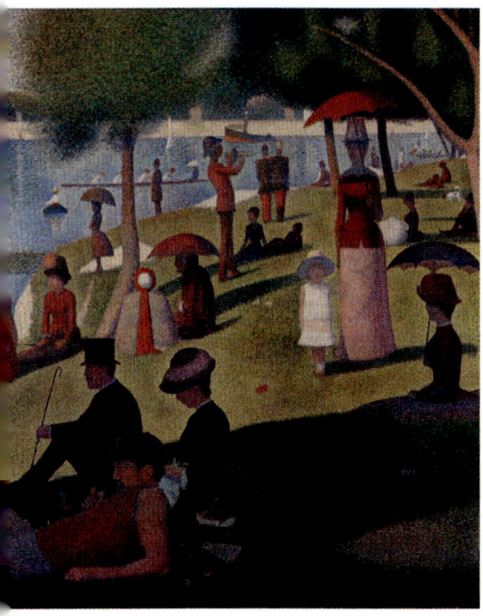

MODERNE BIS GEGENWART

EINLEIT

UNG

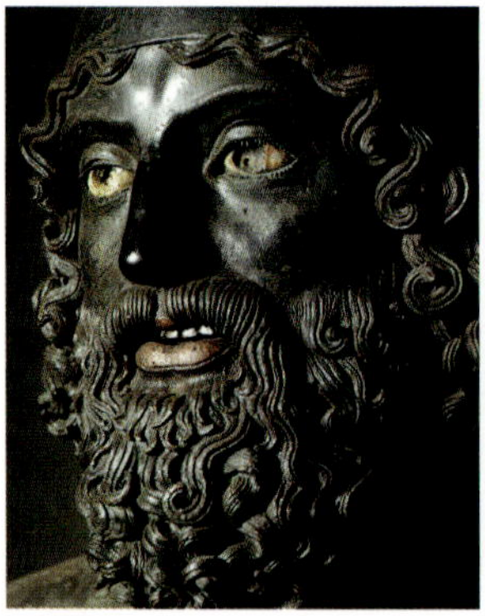

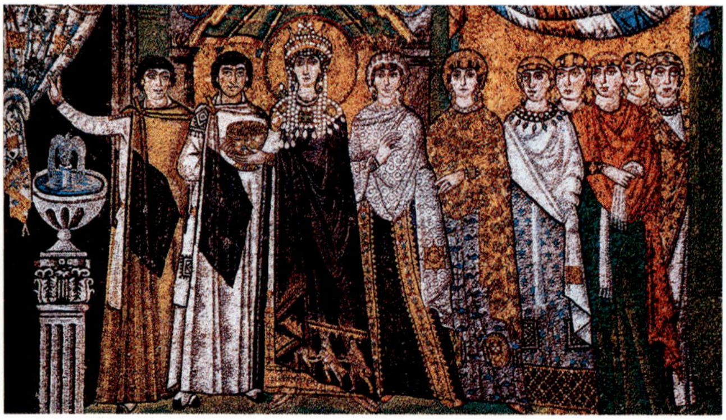

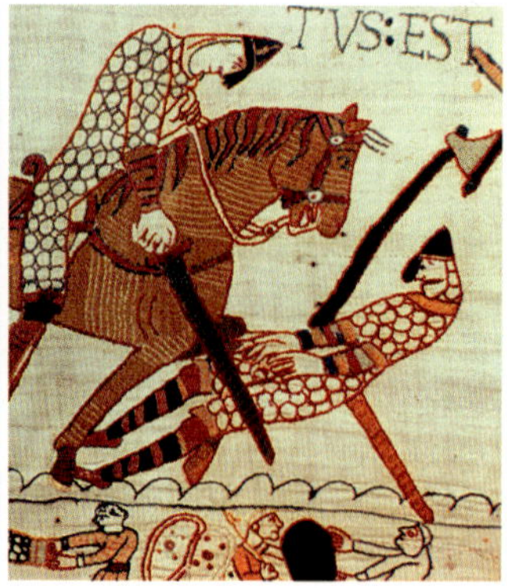

Kunst ist ein Grundbaustein der Zivilisation – keine bedeutende Kultur oder Gesellschaft konnte auf sie verzichten. Im Verlauf der Geschichte nahmen künstlerische Werke alle möglichen Formen an und dienten unterschiedlichen Zwecken – und sie unterlagen einer ständigen Entwicklung. Bisweilen gingen Erneuerungen kaum wahrnehmbar einher, dann wieder, wie zu Beginn des 20. Jahrhunderts, kam es zu einer wahren Explosion künstlerischer Vielfalt und Innovation. Dieses Buch analysiert all diese Veränderungen und legt die ideologischen, sozialen, politischen und technologischen Kräfte offen, die die Entwicklung der bildenden Kunst maßgeblich bestimmt und ihre kaleidoskopartige Ausdrucksvielfalt hervorgebracht haben.

Kunst, Glaube und Ritual

Die Anfänge der Kunstgeschichte reichen mehr als 30 000 Jahre zurück – jedoch kannten die frühesten Kunstwerke kaum einen der modernen kunsttheoretischen Begriffe, und zeitgenössische Theorien über den Sinn und Zweck prähistorischer Höhlenmalereien und -schnitzereien wurden aus weiter Distanz zu ihrer ursprünglichen Entstehung aufgestellt. Die ältesten Kunstwerke hängen wohl mit Fruchtbarkeitsriten, Sonnenkult, Totenverehrung oder Analogiezauber zusammen. Was immer ihre Rolle gewesen sein mag: Kunst diente als rituelles Werkzeug und vermeintliche Überlebenshilfe.

Vielen frühen Werken liegt der Glaube an Götter und an ein Leben nach dem Tod zugrunde. Die alten Ägypter z. B. verzierten ihre Grabmäler und Papyrusrollen mit Götterbildern – in der Hoffnung, dass diese sie vor dem Bösen bewahrten und sie auf ihrer Reise in die Unterwelt geleiteten. Die Chinesen dachten ähnlich: Die berühmte Terrakotta-Armee, die 1974 in der chinesischen Provinz Shaanxi entdeckt wurde und aus dem 3. Jahrhundert v. Chr. stammt, wurde dem einstigen Kaiser Qin Shihuangdi als Schutz mit ins Grab gegeben. Die Jadegewänder für die toten Herrscher der späteren Han-Dynastie sind ähnlich bemerkenswert. Jade, so glaubte man, verlieh den Toten Unsterblichkeit – und so wurden sie in Gewänder aus Tausenden mit roten Seiden- oder Goldfäden zusammengenähten Jadetäfelchen gekleidet.

Religiöse Gestaltungsformen unterschieden sich von Kultur zu Kultur beträchtlich und veränderten sich im Lauf der Jahrhunderte. So vermieden es Künstler im Fernen Osten, Buddha eine menschliche Gestalt zu verleihen, und benutzten stattdessen Symbole wie seinen Fußabdruck, Stupas oder das Dharmachakra (»Rad des Dharma«), um seine Gegenwart zu symbolisieren. Seit dem 1. Jahrhundert n. Chr. wurden anthropomorphe Buddhastatuen geschaffen – zunächst in Nordindien, wo der Kontakt mit der griechischen Kultur, die sich mit der Armee Alexanders des Großen nach Osten ausbreitete, Spuren hinterließ.

Westliche Traditionen

Die Kunst der antiken Griechen porträtierte Götter und Helden in idealisierter Gestalt; perfekte Proportionen bildeten den Kern ihrer

> »Simonides nun nennt Malerei stumme Dichtung und Dichtung sprechende Malerei.«
>
> **Plutarch**

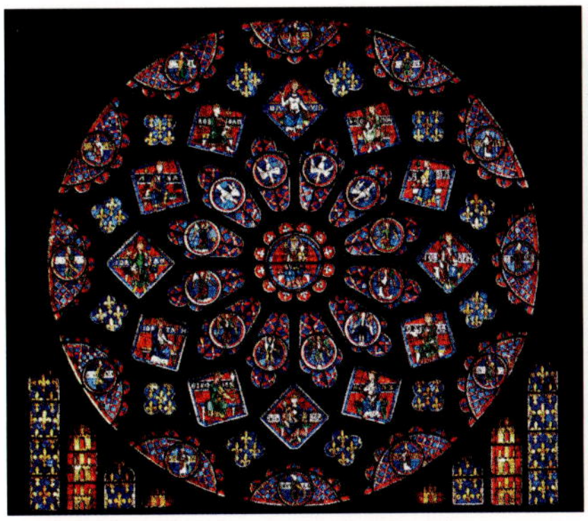
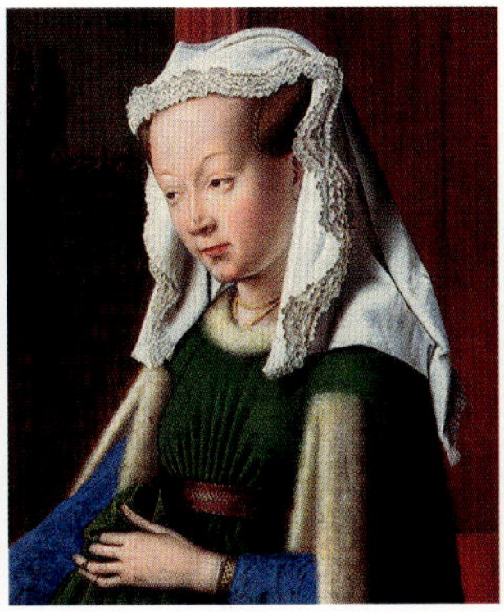
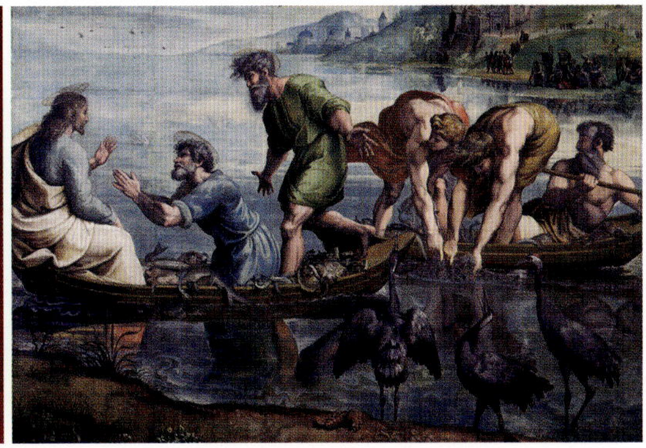

Ästhetik. Die römische Kunst baute auf dieser Tradition auf und würdigte mit ihren Werken die militärischen Siege und den Triumph ihrer Herrscher, bevorzugt in einer eigenen Form von scharfem Realismus. Vieles dieser klassischen Tradition übernahm auch die christliche Kirche. Ihre Macht und ihr Reichtum wuchsen im Römischen Reich beträchtlich – und ihre zahllosen Aufträge gaben der Kunst in Europa wie in Byzanz jeweils Gesicht.

Im Mittelalter diente christliche Kunst mit ihrer symbolischen Ikonografie v. a. religiösen Darstellungen – und half so zur Erziehung der fast ausnahmslos analphabetischen Gläubigen. Vom 6. Jahrhundert an beeinflussten die stilisierten und transzendentalen frühbyzantinischen Werke Maler in ganz Europa. Im Spätmittelalter wurde die Kunst dann allmählich naturalistischer: Maler wie der Florentiner Giotto und seine Nachfolger brachten biblische Szenen mit realen Emotionen in Verbindung. Seit im frühen 15. Jahrhundert das mathematische Prinzip der Perspektive Einzug in die Malerei gehalten hat, schufen auch andere westliche Künstler immer realistischere Bilder von Szenen aus dem Leben der Heiligen. Figürliche Darstellungen erschienen nun körperlich und anatomisch korrekt, und die architektonische oder natürliche Umgebung wirkte überzeugend. Die islamische Welt, die sich zeitweise von Spanien bis nach Westchina ausdehnte, folgte derweil einem anderen Weg. Hier vermied die religiöse Kunst die Darstellung des Menschen und entwickelte stattdessen dekorative geometrische und pflanzliche Ornamente sowie die Kalligrafie zur Repräsentation des göttlichen Wortes.

Der Aufstieg des Künstlers

Die europäische Renaissance (frz. »Wiedergeburt«) verkündete ein Zeitalter der Entdeckungen, wissenschaftlicher Forschung und künstlerischen Ausdrucks, der sich von den klassisch-antiken Werten der Vernunft und Schönheit leiten ließ. Zuvor hatte man Künstler vornehmlich als Handwerker betrachtet. Sie hatten einen relativ niedrigen gesellschaftlichen Status, und ihre Namen gerieten in der Regel nach dem Tod in Vergessenheit. Originalität und individuelle Kreativität wurden weder gesucht noch von ihnen erwartet. Auftragsdokumente zeigen vielmehr, dass Mäzene bisweilen sehr präzise Vorstellungen von Kunstwerken hatten und bisweilen sogar die genaue Anzahl der Figuren im Bild vorgaben.

> »Man malt mit dem Hirn und nicht mit den Händen.«
>
> **Michelangelo**

In mittelalterlichen Verträgen war es keineswegs unüblich, dass ein Auftraggeber die genaue Menge der kostbaren Materialien, die für ein Gemälde oder eine Plastik verwendet wurden, vorschrieb. Ultramarin ist ein typisches Beispiel: Das intensive Blau wurde aus Lapislazuli gewonnen, einem Mineralgemisch, das im heutigen Afghanistan abgebaut wurde. Die seltene Farbe war exklusiv und teuer – und blieb nur dem wichtigsten Teil eines Gemäldes vorbehalten, z. B. dem Mantel der Jungfrau Maria. Die Rolle des Künstlers in dieser Zeit lässt sich am Beispiel des Niederländers Jan van Eyck verdeutlichen: Obwohl er am Hof Philipps des Guten von Burgund tätig war, wurde 1425 von ihm erwartet, dass er einige niedere Aufträge ausführte und z. B. Statuen »

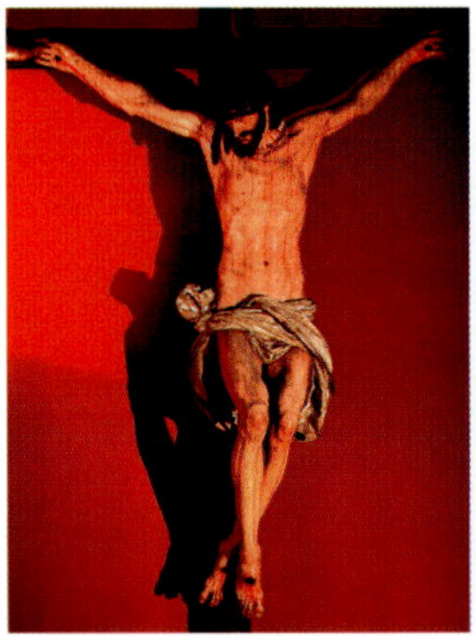
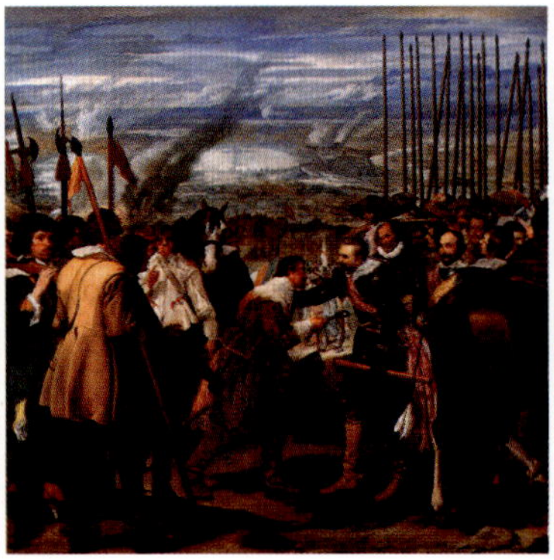
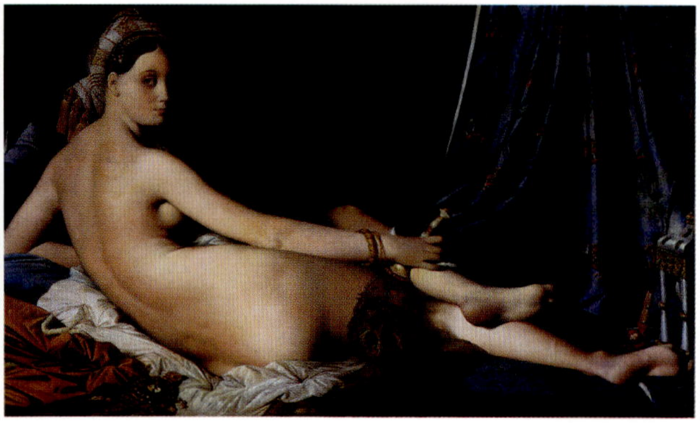

vergoldete oder die Dekoration für ein Hochzeitsfest schuf.

Der erste Künstler, der noch zu Lebzeiten als kreatives Genie anerkannt wurde, war wohl Michelangelo – nachdem er 1512 das Deckengemälde der Sixtinischen Kapelle fertiggestellt hatte. Er und Leonardo da Vinci verhalfen dem Beruf des Künstlers erstmals zu eigenständigem Ansehen – auch wenn die meisten ihrer Gemälde noch immer Vorstellungen und Werte ihrer Mäzene und Auftraggeber umsetzten. Das zeigen u. a. die komplexen mythologischen Allegorien Botticellis und seiner Zeitgenossen: Darin wird der Wunsch italienischer Adliger, ihre Kenntnisse der klassischen Texte und der jüngsten neuplatonischen Kommentare zur Schau zu stellen, als treibende Kraft erkennbar.

Individueller Ausdruck

Gesellschaftliche Veränderungen spiegeln sich vielfach in neuen Kunststilen wider. So entstammten die einflussreichsten Mäzene westlicher Kunst vor dem 17. Jahrhundert entweder dem Klerus, einem Königshaus oder dem Adel. Als die Niederländer zur Seemacht aufstiegen, führte dies jedoch auch zur Etablierung einer wohlhabenden Händlerschicht. Sie verehrten die Kunst, hatten aber wenig Interesse an grandiosen Kriegsszenen oder mythologischen Darstellungen. Auch eigneten sich ihre vergleichsweise bescheidenen Stadthäuser nicht für riesige Leinwände, wie sie für Paläste und Landsitze des Adels gemalt wurden. Sie verlangten stattdessen nach kleinformatigen Gemälden, die ihre eigenen Erfahrungen abbildeten: Alltagsszenen, Stillleben, Landschaften und v. a. Blumenbilder hatten es ihnen angetan. So wuchs die Zahl der Künstler, die diesen Bedarf deckten und das goldene Zeitalter der niederländischen Malerei einleiteten.

Gegen Ende des 18. Jahrhunderts begannen Künstler in ihren Werken eigene Erfahrungen und Nöte auszudrücken. Inspiriert durch die Schriften Sigmund Freuds und seiner Theorie des Unbewussten, blickten nachfolgende Generationen in ihr Innerstes – und suchten ihre Träume, Symbolhaftes und eine individuelle Ikonografie zum Ausdruck zu bringen.

> »Kunst ist das, in dem die Hand, der Kopf und das *Herz* des Menschen zusammengehen.«
>
> **John Ruskin**

Ideen und Bewegungen

Der Kanon dessen, was als schön und künstlerisch wertvoll gilt, unterliegt stetigem Wandel – er ist abhängig vom jeweiligen Zeitgeist ebenso wie von Moden, Einstellungen sowie neuen Technologien und Materialien. Die Grundideen hinter einzelnen Stilen entspringen bisweilen konkreten Plänen oder einem Manifest, manchmal werden sie durch Mitglieder einer künstlerischen »Bewegung« vorangetrieben, häufig aber entstehen sie in einer örtlich und zeitlich verbundenen Künstlergruppe und erhalten erst rückblickend ihren Namen.

Es lässt sich unmöglich voraussehen, welche Künstler und welche Stile einen Platz in der Geschichte finden. Thomas Couture z. B. war im Paris des 19. Jahrhunderts für seine historischen Gemälde berühmt – und ist heute beinahe vergessen. Der Niederländer Johannes Vermeer dagegen geriet nach seinem Tod in Vergessenheit und wurde erst in den 1860er-Jahren

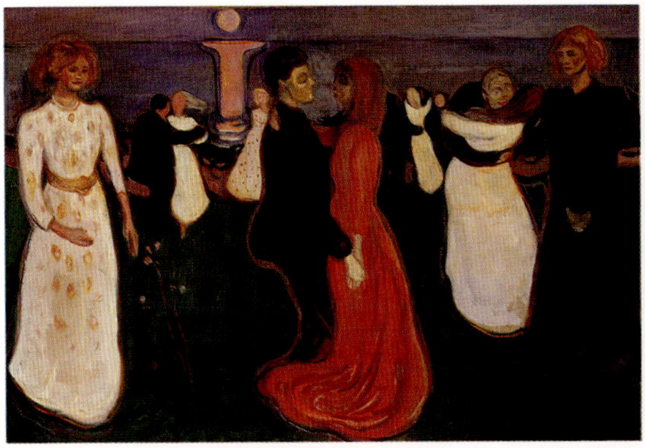

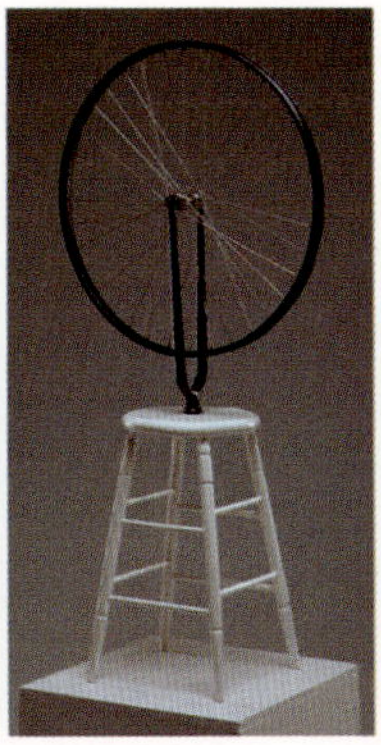

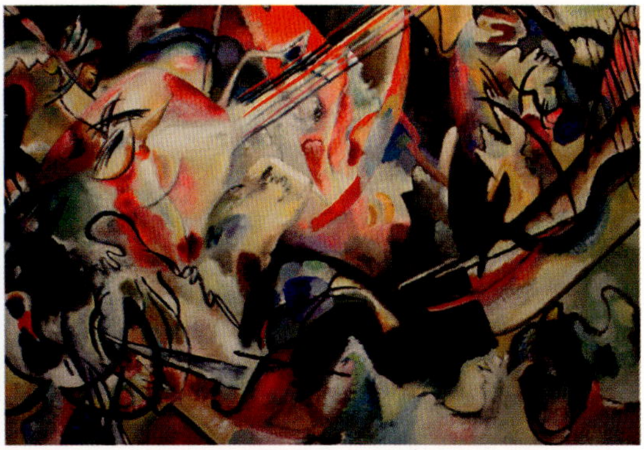

wiederentdeckt. Werturteile resultieren gewöhnlich aus dem kulturellen Standpunkt des Betrachters. In der Moderne z. B. brandmarkten Kritiker in der Sowjetunion die Experimente der künstlerischen Avantgarde im Westen als profitorientiert und elitär – und bevorzugten stattdessen den Stil des Sozialistischen Realismus, der die Errungenschaften der Sowjetbürger feierte.

Neue Technologien

Häufig stimulieren technologische Neuerungen künstlerische Ideen – und die wohl größten Auswirkungen auf die Geschichte der Kunst hatte die Erfindung des Buchdrucks. Holzschnitte wurden bereits im 3. Jahrhundert in China angefertigt, doch erst Gutenbergs bewegliche Lettern verhalfen im 15. Jahrhundert den Ideen der Renaissance zu ihrer weitreichenden Verbreitung. Die Möglichkeit, Texte und Bilder zu drucken, wurde für Künstler zur unerschöpflichen Inspirationsquelle. Zuvor waren jene, die das Werk eines Kollegen kennenlernen wollten, auf Reisen angewiesen; der Druck beschleunigte die Verbreitung neuer Stile und Techniken immens. So machten Marcantonio Raimondis Kupferstiche im frühen 16. Jahrhundert die Gemälde Raffaels in ganz Europa bekannt – und den Maler selbst zum berühmtesten Künstler seiner Zeit. Auch ermöglichte es der Druck, mehrere Kopien von Kunstwerken herzustellen und sie günstiger zu verkaufen – was neue Märkte erschloss und Künstler noch unabhängiger von Mäzenen arbeiten ließ.

Entdeckungen und Fortschritte, die auf den ersten Blick unbedeutend wirken, können die künstlerische Arbeit immens beeinflussen. Die Einführung von Farbtuben in den 1840er-Jahren z. B. erschien zunächst nur als geringe Verbesserung bisheriger Farbbehälter. Allerdings erlaubte sie den Impressionisten, ihre stilprägende Arbeitsweise der Freilichtmalerei zu entwickeln. Ähnlich wirkte sich William Perkins Zufallsentdeckung eines fliederfarbenen Pigments aus, als er 1856 Chinin herstellen wollte: Sie führte dazu, dass Chemiker eine Flut neuer synthetischer Pigmente schufen und so Künstler mit einer breiten Palette neuer Farben zu günstigen Preisen ausstatteten.

Im 19. Jahrhundert erlebte die Kunstwelt durch die Entwicklung der Fotografie einen ihrer wohl größten Umbrüche. Unter manchen Künstlern verursachte sie eine regelrechte Panik – sie sahen das Ende der Malerei kommen. Doch das Gegenteil trat ein: Nach einer ersten Schockphase übernahmen Maler, allen voran die Impressionisten und Präraffaeliten, die neue Technik, um andere Wege der Weltbetrachtung für sich zu erschließen.

Der Trend zu künstlerischen Experimenten beschleunigte sich im 20. Jahrhundert. Das Gebot der Stunde lautete: Selbstdarstellung. Künstler wandten sich von bisherigen Stilen ab – v. a. von einer realistischen Darstellung – und begannen mit abstrakten Formen und Farben zu arbeiten. Sie verwendeten ungewöhnliche Materialien und Techniken, um ihren Arbeiten eine neue Richtung und neue Perspektiven zu verleihen. Um es mit den Worten Paul Klees zu sagen: »Kunst gibt nicht das Sichtbare wieder, sondern macht sichtbar.« ■

»Jedes Kind ist ein Künstler. Das Problem ist nur, ein Künstler zu bleiben, wenn man erwachsen wird.«

Pablo Picasso

PRÄHISTO UND ANTI KUNST

RISCHE
KE

um 25 000 v. Chr.

Eine **Venusfigurine** aus Keramik, ausgegraben in Dolní Věstonice (Tschechien), gilt als eines der **»ältesten Porträts der Welt«.**

um 1500 v. Chr.

Ein **Rhyton** (Trankopfergefäß) aus Stein in Form eines Stierkopfes ist eines der Meisterwerke der griechischen **Kultur der Minoer.**

um 1200–900 v. Chr.

Eine Reihe aus Basaltblöcken herausgehauener **kolossaler Steinköpfe** ist das herausragende Merkmal der **Kultur der Olmeken** in Mexiko.

um 900–600 v. Chr.

Gigantische Wächter aus Stein in Gestalt **geflügelter Stiere oder Löwen** mit Menschenköpfen flankieren die Palasteingänge der **Assyrer.**

um 575 v. Chr.

Das **Ischtar-Tor in Babylon** aus glasierten Ziegeln wurde später im Berliner Pergamonmuseum rekonstruiert.

um 530 v. Chr.

In Athen wird die **rotfigurige Vasenmalerei** entwickelt; darin erscheinen rote Figuren auf schwarzem Hintergrund.

um 450 v. Chr.

Der *Diskobolos (Diskuswerfer)* des **griechischen Bildhauers Myron** bestand ursprünglich aus Bronze; ihn machen zahlreiche Marmorkopien berühmt.

um 350 v. Chr.

Der griechische Bildhauer **Praxiteles** erschafft die **Aphrodite von Knidos** – die erste lebensgroße weibliche Aktstatue.

Der Gedanke, ein Kunstwerk nur zum ästhetischen Genuss zu schaffen, ist im Vergleich zur Menschheitsgeschichte noch relativ jung. In der Vergangenheit diente Kunst meist einem religiösen, rituellen oder Glück verheißenden Zweck. Bei einigen der ältesten und isolierten Kulturen liegt der Zweck ihrer Kunst bis heute im Unklaren. Doch auch wenn das Verständnis ihrer Zusammenhänge diffus bleibt, bergen die Werke dennoch eine immense Kraft. Die Venus von Willendorf z. B. ist trotz ihrer geringen Größe und übertriebenen Proportionen eine beeindruckende Wiedergabe weiblicher Formen – und die Höhlenmalereien von Altamira (Spanien) aus dem Paläolithikum zeigen Tiere wie Pferde, Bisons und Hirsche in seltener Lebendigkeit.

Relative Werte

Die Unterscheidung, die westliche Gelehrte gemeinhin zwischen einer »hohen« Kunst – wie Malerei, Bildhauerei und Architektur – und einer »niederen«, d. h. dekorativen und angewandten Kunst treffen, existierte und existiert in zahlreichen Kulturen nicht. So spielt in der chinesischen Kunst die Keramik eine bedeutendere Rolle als die Bildhauerei – und einige der raffiniertesten chinesischen Plastiken sind bronzene Ritualgefäße, während menschliche Skulpturen v. a. in westlichen Traditionen vorherrschen. Ähnlich unterschiedlich erweist sich die Wertschätzung von Jade: Während in China seit jeher die edelsten Luxusobjekte aus Jade gefertigt wurden (und auch die Azteken und Maya Amerikas den Schmuckstein sehr schätzten), blieb er in der europäischen Kunst nahezu unbekannt. Ein weiterer Unterschied in der Kunstauffassung weltweit zeigt sich darin, dass chinesische Kunst häufig philosophische Einstellungen des Künstlers oder den »Geist« der Natur einzufangen sucht, während im Westen vielfach um die Darstellung und Ausgestaltung eines Werks gerungen wird.

Ägyptische Ursprünge

Westliche Kunst lässt sich bis auf die alten Ägypter zurückführen. Sie beeinflussten die Griechen und diese wiederum die Römer, deren Kunst das Fundament für die späteren Errungenschaften im Westen, insbesondere seit der Renaissance, bildet. Der Geist der ägyptischen Kunst ist weit von allem Weltlichen entfernt. Ihr zentrales Anliegen kreist darum, den göttlichen

um 100 v. Chr.
Die Malereien in den **Höhlentempeln von Ajanta** (Maharashtra) zeigen die hohe Kunstfertigkeit **buddhistischer Künstler** in Indien.

um 80 v. Chr.
Die **Villa dei Misteri** (Villa der Geheimnisse) in **Pompeji** (Italien) enthält zahlreiche Fresken – sie zählen zu den besterhaltenen Malereien der römischen Antike.

13–9 v. Chr.
Die Reliefs des **Ara Pacis Augustae** (Altar des Friedens des Augustus) in Rom präsentieren erstmals historisch identifizierbare Menschen jener Zeit.

100–200 n. Chr.
In der Provinz Gansu wird die Bronzestatue **»Fliegendes Pferd«** geschaffen; sie wurde 1969 entdeckt und zum inoffiziellen Symbol der Volksrepublik China.

203 n. Chr.
Der dreitorige **Septimus-Severus-Bogen** am Forum Romanum (Rom) zu Ehren der Siege des Kaisers ist szenenreich dekoriert.

um 200–300 n. Chr.
Die **Priscilla-Katakomben** in Rom enthalten frühchristliche Bildnisse wie die älteste Mariendarstellung: die Madonna mit Kind und Prophet.

um 315 n. Chr.
In Rom wird eine gigantische **Marmorstatue Konstantins,** des ersten **christlichen Kaisers,** aufgestellt.

um 320–550 n. Chr.
Unter der **Gupta-Dynastie** in Nordindien erleben die **buddhistische und die Hindu-Kunst** ein goldenes Zeitalter.

Herrschern nach dem Tod Kraft zu geben. Trotz dieses Glaubenshintergrunds scheinen Prinz Rahotep und seine Frau Nofret, die vor über 4000 Jahren begraben wurden, in ihren Grabfiguren beinahe lebendig.

Antike Griechen und Römer verankerten zahlreiche Themen und Ansätze in der westlichen Kunst. Durch die Eroberungen Alexanders des Großen verbreitete sich ihr Einfluss im 4. Jahrhundert v. Chr. bis nach Gandhāra (Indien). Dort vermischten sich griechische mit buddhistischen Kunsttraditionen und ließen im ägyptischen Alexandria sowie in Pergamon und Antiochia (heute Bergama und Antakya in der Türkei) Zentren einer hybriden griechischen Kultur entstehen.

Klassische Menschendarstellungen zeigten sich außerordentlich naturalistisch und orientierten sich zugleich an einem definierten Schönheitsideal. Die Bronzestatuen von Riace (Italien) z. B. weisen exquisite Details auf, die Figuren selbst strahlen heroische Größe aus, die sie der Wirklichkeit enthebt. Die Reiterstatue Mark Aurels liefert das gelungene Porträt eines würdevollen Mannes mittleren Alters auf einem lebendig dargestellten Pferd – und zugleich ein Sinnbild für den Ruhm eines Herrschers.

Christliche Kunst

Auch für die christliche Kunst spielte Rom eine ähnlich wichtige Rolle. Im Römischen Reich blieb das Christentum zunächst unterdrückt – bis zur Herrschaft Konstantins des Großen, der in der Mailänder Vereinbarung von 313 Christen die Ausübung ihrer Religion gestattete und bis zum Ende des 4. Jahrhunderts ihren Glauben zur Pflichtreligion erkor. Der Sarkophag des Iunius Bassus, um 360 in Rom erschaffen, ist eines der zentralen Werke, die die wachsende Dominanz des Christentums bezeugen.

Im Jahr 330 errichtete Konstantin in Byzanz eine neue Hauptstadt, die nun Konstantinopel hieß. Bei seinem Tod 337 war das Römische Reich in einen Westteil (mit Rom als Hauptstadt) und einen Ostteil (mit Konstantinopel als Zentrum) zerfallen. Im 5. und 6. Jahrhundert diente die italienische Stadt Ravenna als Stellvertretersitz des Kaisers von Byzanz. Neben reichem Symbolgehalt und fehlendem Naturalismus ist die byzantinische Kunst häufig von der Verschmelzung religiöser Sujets mit kaiserlichem Kult gekennzeichnet. In Ravenna findet man einige dieser Werke, z. B. als Mosaike. ■

WIRKLICH EINE FRAU

VENUS VON WILLENDORF (UM 25 000 V. CHR.)

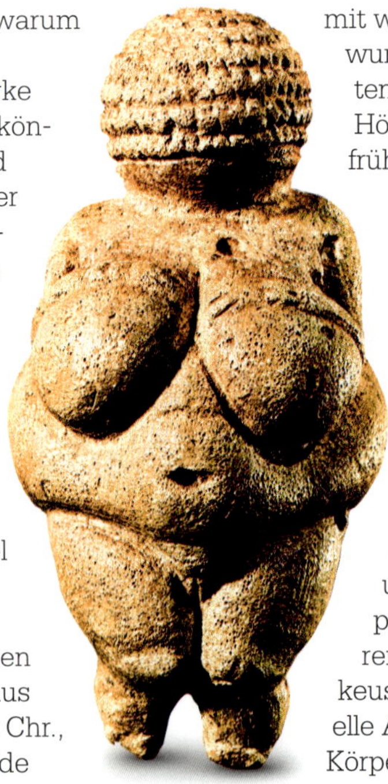

Wann und warum erstmals Kunstwerke geschaffen wurden, können wir rückblickend nur vermuten. Mit der Herstellung von Waffen und Werkzeugen begannen unsere entfernten Verwandten vor mehr als 2,5 Mio. Jahren, Artefakte ohne offensichtliche praktische Funktion tauchen erst viel später auf. Älteste Schmuckketten aus aufgezogenen farbigen Muscheln datieren aus der Zeit um 80 000 v. Chr., die frühesten Gemälde hingegen gehen auf etwa 40 000 v. Chr. zurück.

Das erste künstlerische Abbild eines Menschen taucht um 40 000–30 000 v. Chr. auf (Jungpaläolithikum), als ausgereifte Werkzeuge und Techniken es ermöglichten, figurative Plastiken aus Steinfelsen, Elfenbein, Knochen oder Ton zu schnitzen. Hunderte kleiner Statuetten, meist aus der Zeit um 30 000–22 000 v. Chr. und fast ausnahmslos mit weiblichen Konturen, wurden in weiten Gebieten Europas gefunden – in Höhlen und Grabstätten früher Menschen.

Als im 19. Jahrhundert die ersten Statuetten ausgegraben wurden, erhielten sie den Beinamen »Venus«: ein ironischer Verweis auf die dezenten klassischen Bildnisse der römischen Göttin der Liebe, Schönheit und Fruchtbarkeit. Die prähistorischen Figuren sind alles andere als keusch und betonen sexuelle Aspekte des weiblichen Körpers: Nackt oder spärlich bekleidet, zeigen sie schwere, übergroße Brüste, mächtige Bäuche und Hinterteile, die sich zum Kopf und zu den Beinen hin verjüngen – zudem vergrößerte Genitalien sowie keine Hände und Füße, viele nicht einmal ein Gesicht.

Fruchtbarkeitssymbol

Die wohl berühmteste dieser Figurinen ist die »Venus« von Willendorf (Österreich), eine Kalksteinstatuette, die 1908 gefunden wurde. Die »Frau von Willendorf«, wie Wissenschaftler die Statuette heute oft nennen, ist nicht nur ein explizit unkeusches Frauenporträt, sie zeigt auch höchstwahrscheinlich keine Göttin. Man nimmt an, dass die Idee einer fruchtbaren Muttergöttin erst mit der Entwicklung der Landwirtschaft aufkam und in frühen Nomadengesellschaften unbekannt war. Trotz Übertreibung und unverhältnismäßig kurzen Armen und Beinen ist sie daher wohl eine wirklichkeitsnahe, wenngleich idealisierte Darstellung einer Frau, der Verkörperung menschlicher Frucht-

IM KONTEXT

SCHWERPUNKT
Fruchtbarkeitsfigurinen

FRÜHER
um 40 000 v. Chr. Die Figurine »Löwenmensch« aus dem Lonetal bei Ulm ist aus Mammut-Elfenbein geschnitzt.

40 000–35 000 v. Chr. Die älteste »Venus«-Figurine ist aus Mammut-Elfenbein und wurde in der Höhle von Hohlefels gefunden.

29 000–25 000 v. Chr. Die Venus von Dolní Věstonice – das älteste Keramikkunstwerk – entsteht im heutigen Tschechien.

SPÄTER
um 23 000 v. Chr. Die Elfenbein-Venus von Brassempouy (Frankreich) zeigt eine der frühesten Darstellungen des menschlichen Gesichts.

6000 v. Chr. Die Sitzende, eine kleine Terrakottastatue aus der Jungsteinzeit-Siedlung Çatalhöyük (Türkei), stellt wohl eine Muttergöttin dar.

Siehe auch: Höhlenmalerei von Altamira 22–25 ▪ Göttin Coatlicue 132–133 ▪ *Venus von Urbino* 146–151 ▪ *Diana nach dem Bade* 224 ▪ *Olympia* 279 ▪ *Maman* 334–335

Venusfigurinen, vielleicht die ältesten Belege künstlerischen Schaffens, wurden an vielen Orten Europas – sogar in Sibirien – gefunden. Über ihren Zweck spekulieren Archäologen bis heute.

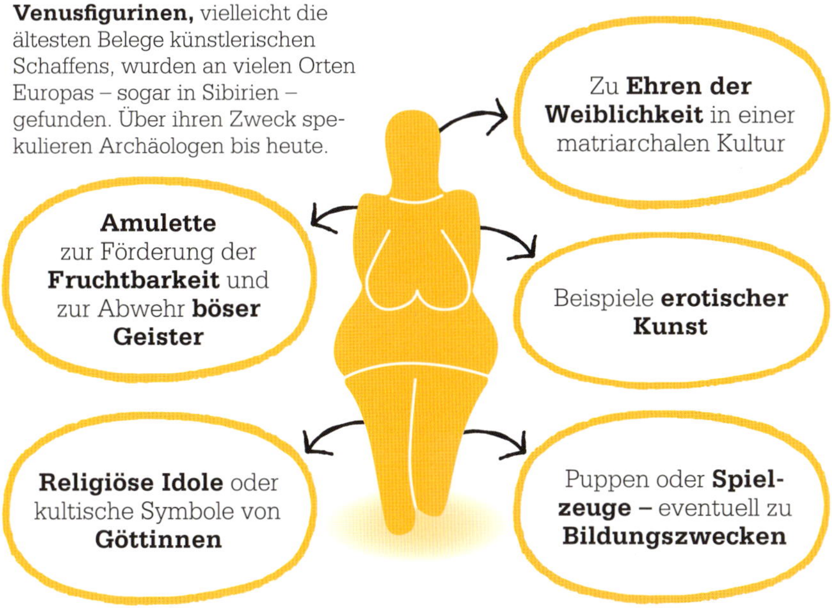

barkeit – und keine Gottheit. In den europäischen Nomadengesellschaften der Eiszeit war Fettleibigkeit gewiss alles andere als üblich. Die Korpulenz der Frau von Willendorf (und anderer Figurinen der Zeit) dürfte daher neben Fruchtbarkeit auch die Hoffnung auf Überleben und Nahrungsreichtum symbolisiert haben. Was die Willendorfer vor anderen »Venus«-Figuren auszeichnet, ist ihre Haartracht aus Zöpfen, möglicherweise mit Perlenbesatz. Das Haar übt seit jeher eine sexuelle Anziehung aus, daher mag auch hier die Darstellung erotischer Sexualität (und nicht nur reproduktiver Fruchtbarkeit) intendiert gewesen sein. Allerdings gibt es auch Forscher, die in den sieben konzentrischen Kreisen auf dem Kopf eine Art rituellen Kopfschmuck vermuten.

Fragen nach dem Zweck

Die »Venus«-Statuetten gehören zu den künstlerischen Meisterwerken der Steinzeit – und über ihre Funktion in der paläolithischen Gesellschaft wird viel spekuliert. Mit 4–25 cm Länge blieben sie im Verlauf der Jahrtausende, in denen sie geschaffen wurden, erstaunlich klein – was einen konstanten und spezifischen Zweck vermuten lässt. Da sie leicht in die Hand eines Menschen passen, könnte es sich um Fruchtbarkeitsamulette oder solche zum Schutz vor bösen Geistern gehandelt haben. Auch hat man festgestellt, dass die Willendorf-Venus ursprünglich in rotem Ocker gefasst war, das bei Begräbnisritualen verwendet wurde und daher auf ihre Funktion in diesem Kontext hinweisen könnte. Womöglich handelte es sich bei den Figurinen um Selbstporträts – von Frauen, die keinen Spiegel besaßen und sich daher ohne Gesicht darstellten. ▪

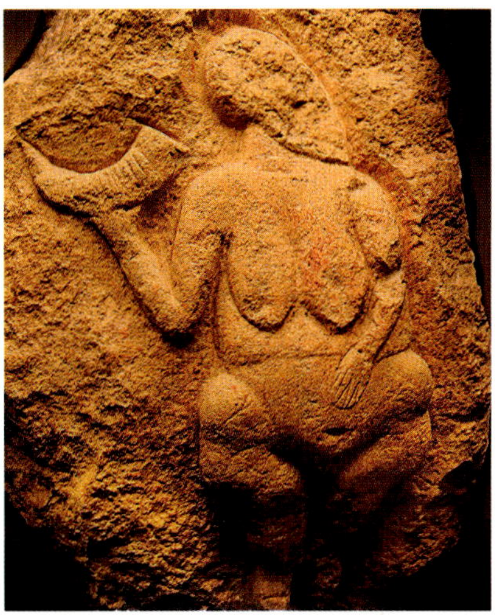

Die Venus von Laussel entstand vor rund 22 000 Jahren. Das sexuell eindeutige, mit rotem Ocker kolorierte Flachrelief wurde in einer Kalksteinhöhle im Südwesten Frankreichs gefunden.

Männliche Figuren

Gemessen an der großen Zahl der Venusfiguren fand man nur wenige männliche Fruchtbarkeitsstatuen. Die bemerkenswerteste ist ein körperloser lebensgroßer Phallus aus poliertem Stein aus der Höhle von Hohlefels nahe Ulm, der aus derselben Zeit wie die frühen Venusfigurinen stammt. Darstellungen männlicher Sexualität wurden erst später üblich: im antiken Griechenland v. a. in Form von Bildern des Fruchtbarkeitsgottes Priamos, im alten Ägypten mit Abbildungen von Min und Osiris, sowie in der frühen Kultur Indiens in Form von Lingams: phallischen Darstellungen des Gottes Shiva. Fruchtbarkeitsgöttinnen wurden in der klassischen Antike zunehmend dezenter und zurückhaltender gegeben – ein Zeichen der patriarchalen Gesellschaft.

WIR SIND EINE NOCH IMMER IM WACHSEN BEGRIFFENE ART

HÖHLENKUNST IN ALTAMIRA (UM 15 000–12 000 V. CHR.)

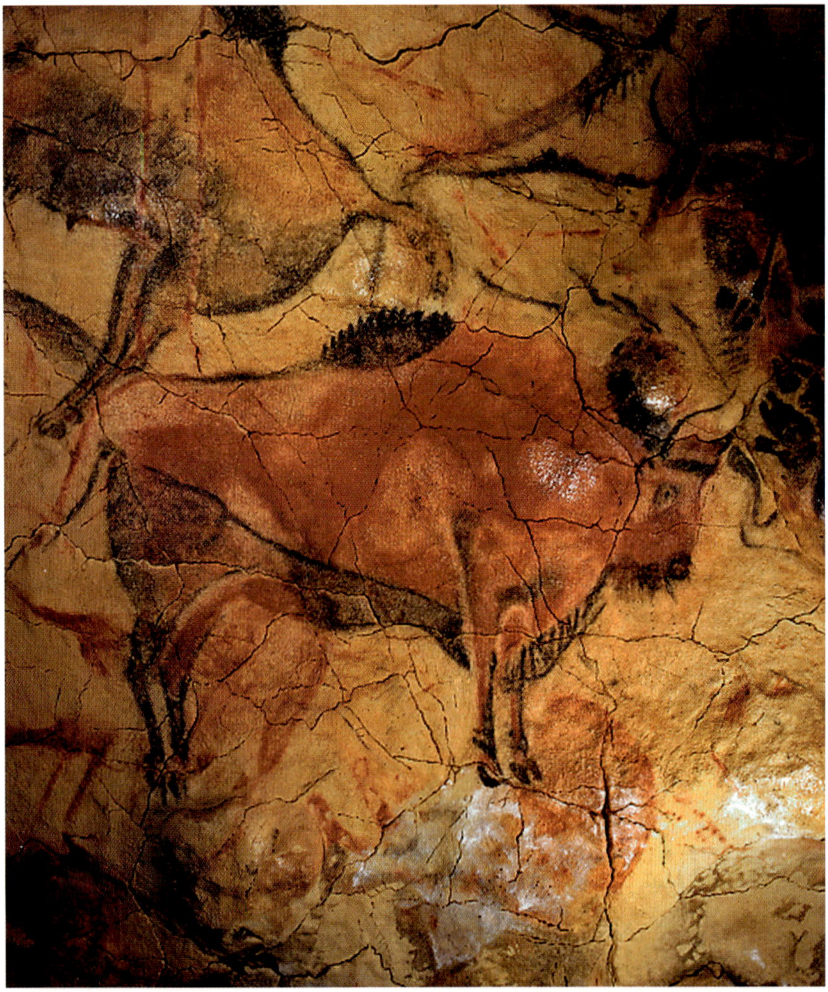

IM KONTEXT

SCHWERPUNKT
Höhlenmalerei

FRÜHER
70 000 v. Chr. In die Wände der Blombos-Höhle in Südafrika werden Symbole geritzt.

39 000 v. Chr. Handabdrücke werden in den Höhlen von El Castillo (Spanien) hinterlassen.

35 000 v. Chr. Gemalte Tiere in der Höhle von Fumane (Italien) sind die ältesten bekannten Figurenmalereien.

17 000 v. Chr. In der Höhle von Lascaux (Frankreich) entstehen bis zu 2000 Bilder.

SPÄTER
10 000 v. Chr. Freiluft-Felszeichnungen in Tassili-n-Ajjer (Algerien) markieren das Ende der Höhlenkunst.

7300 v. Chr. Die »Höhle der Hände« in Südamerika ist mit Handabdrücken übersät.

Der weitaus größte Teil der Höhlenmalereien, die bis dato entdeckt wurden, stammt aus der Periode zwischen 40 000 und 10 000 v. Chr. – dem Jungpaläolithikum (Jungsteinzeit). In dieser Zeit setzte sich der *homo sapiens* als dominante Menschenart weltweit durch und verdrängte in Westeuropa z. B. den Neandertaler. Während der Eiszeit lebten diese frühen Menschen als Jäger-Sammler-Nomaden, die unter Felsvorsprüngen, in Erdlöchern und Höhlen Unterschlupf suchten. Die frühesten Kunstwerke in diesen »Behausungen« waren einfache Felszeichnungen, doch schnell entstanden weitere Formen und Stile wie Malereien

Siehe auch: Venus von Willendorf 20–21 ▪ Assyrische Löwenjagd-Reliefs 34–35 ▪ *Die Jäger im Schnee* 154–159 ▪ *Die Löwenjagd* 176–177 ▪ *Hambletonian, Rubbing Down* 225 ▪ *Löwe im Kampf mit Schlange* 248

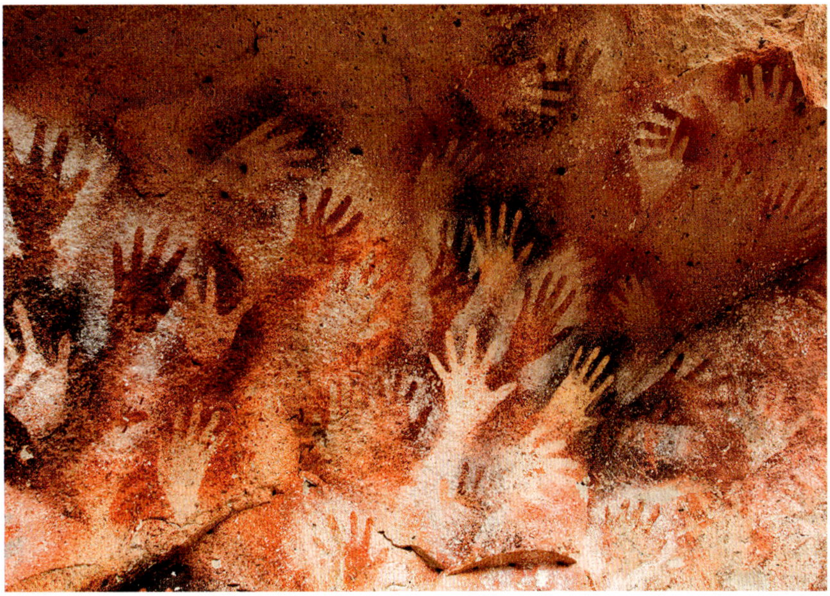

Handabdrücke zieren seit rund 9000 Jahren die »Höhle der Hände« in Patagonien (Argentinien). Weitere Werke dort zeigen Katzen, Menschen und Jagdszenen.

und erste figurative Bilder. Bereits vor 100 000 Jahren entwickelten Menschen der Subsahara-Region Methoden der Pigmentmischung, indem sie Ocker (Erdpigmente mit Eisenoxidanteilen), Kohle und Knochen mit Speichel oder Tierfett mischten. Diese Farben dienten wohl v. a. der Gesichts- und Körperbemalung (denn wir besitzen keine Belege für Höhlenmalereien aus dieser Zeit). Kenntnisse über solche Farbmischungen verbreiteten sich mit den Wanderbewegungen der prähistorischen Menschen auf der ganzen Welt. Malereien wie jene Abdrücke von Händen, die Kinder wie Erwachsene schufen und für die Farbpigmente durch einen Hohlknochen auf mit Händen bedeckte Felsen geblasen wurden, Punkte und Scheiben tauchen ebenso auf wie Felszeichnungen und Steinschnitzereien – und zwar in spanischen wie in indonesischen Höhlen (um 39 000 – um 35 000 v. Chr.).

Darstellung der Welt

Etwa um dieselbe Zeit begannen Höhlenkünstler in den ältesten bekannten figurativen Werken wiedererkennbare Abbilder der sie umgebenden Welt zu schaffen. Die frühesten auf Felsen gemalten oder in sie hineingeritzten Tierporträts muten dem modernen Auge grob stilisiert an und scheinen sich kaum von den abstrakten Symbolen um sie herum zu unterscheiden. In südfranzösischen und nordspanischen Höhlen aber beherrschten Künstler schon bald Techniken einer realistischeren Darstellung. Das lassen die akribisch ausgearbeiteten Tiergemälde und -zeichnungen in der französischen Chauvet-Höhle nahe Vallon-Pont-d'Arc im Flusstal der Ardèche aus der Zeit um 30 000 v. Chr. erkennen. Die figürlichen Höhlenbilder stellen fast immer Tiere dar – mit Ausnahme der menschlichen Figuren in den nach ihrem Entdecker benannten Bradshaw-Bildern in den Höhlen bei Kimberley (Australien). Zunächst – in der Aurignacien-Kultur (s. S. 24) – zeigten figurative Bilder v. a. Löwen, Wölfe, Bären und andere Raubtiere. Später, ab 25 000 v. Chr., galten die meisten Abbildungen Tieren, die wegen ihres Fleisches, ihrer Haut und Knochen gejagt wurden – z. B. Pferde, Wildschweine, Bisons, Auerochsen und Mammuts.

> »Keine Menge an Steinen und Knochen konnte so viele Informationen liefern wie die Malereien.«
>
> **Mary Leakey**
> *Disclosing the Past*, 1984

Frankokantabrische Kunst

In der letzten Eiszeitperiode wurden die Zeichen- und Maltechniken schrittweise verfeinert, was sich insbesondere an der Höhlenkunst der frankokantabrischen Region (Frankreich und Spanien) beobachten lässt. Dort war die Bevölkerungsdichte dank eines milden Klimas relativ hoch – und so wies die Region ein weit größeres Vorkommen an hochwertiger Höhlenkunst auf als andere. Von 15 000 bis 10 000 v. Chr. erreichte die figurative Höhlenmalerei hier ihren Höhepunkt. Einige der bekanntesten ››

Zeitachse der Höhlenmalerei

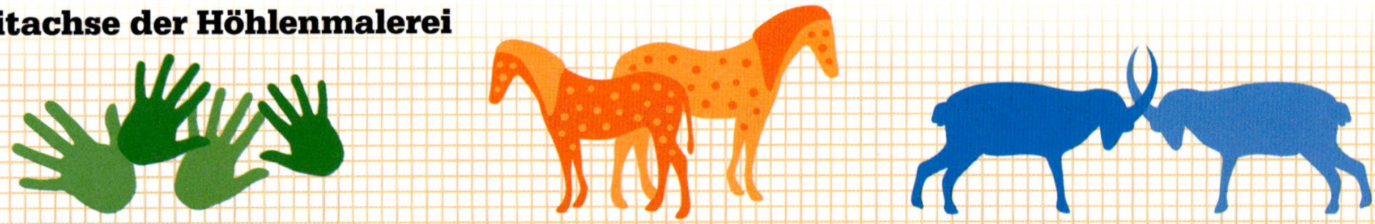

Jungpaläolithikum: Aurignacien (40 000–25 000 v. Chr.)

Erste Höhlenmalereien: Handabdrücke und abstrakte rote Punkte; später erste grob stilisierte Bilder von Tieren und Menschen

Jungpaläolithikum: Gravettien (25 000–20 000 v. Chr.)

Schon präzisere und realistischere Höhlengemälde und Gravuren von Raubtieren und großen Herbivoren (Pflanzenfresser)

Jungpaläolithikum: Solutréen (20 000–15 000 v. Chr.)

Vermehrt Gravuren und Reliefschnitzereien anstelle von Malereien; vornehmlich Darstellungen großer Herbivoren

Prähistorische abstrakte Kunst

Die erstaunlichen Tierbilder in den Höhlen von Altamira und Lascaux bilden den Höhepunkt prähistorischer Kunst, zeigen aber nur einen Bruchteil der Stile und Techniken der Höhlenmalerei. Die frühesten Werke bestehen aus abstrakten Zeichen und Symbolen, die auch nach der Entstehung figurativer Bilder weiterhin zu finden sind. Zunächst dachte man, diese dienten nur zur Dekoration, doch da sie überall auf der Welt neben figurativen Bildern auftauchten, nimmt man heute eine symbolische Bedeutung an. Man unterscheidet rund 25 Symbole – von einfachen Becherformen (halbrunden Öffnungen) und gemalten Punkten oder Scheiben über Kreuzschraffur-Tafeln und »Finger-Riffelungen« bis hin zu komplexen geritzten und gemalten geometrischen Figuren sowie stilisierten Umrissen natürlicher Objekte. Zudem weisen verschiedenartige Handabdrücke auf eine Bedeutung all dieser abstrakten Symbole hin – auch wenn sie bisher nicht entziffert werden konnten.

Beispiele datieren aus dieser Zeit – darunter die der berühmten Höhlen von Lascaux und Font-de-Gaume in Frankreich sowie in den spanischen Orten Altamira und El Castillo.

Vielfarbige Bilder

Der Höhlenkomplex von Altamira in Kantabrien wurde 1868 entdeckt, aber erst zu Beginn des 20. Jahrhunderts erforscht. Das Höhlensystem erstreckt sich über 270 m und weist verschiedene Kammern auf: der erste Saal mit zahlreichen Malereien, gefolgt von dem zweiten Raum mit der sogenannten Grube und, tief im Inneren, einem schmalen Gang, dem »Pferdeschwanz«. Durch einen Erdrutsch vor einigen Jahrtausenden wurde der Höhleneingang verschüttet – und nur dadurch blieben die spektakulären Bilder erhalten. Die große Kammer im Eingangsbereich der Höhle diente ursprünglich Menschen als Behausung.

In der Grube finden sich beeindruckende einfarbige Gemälde und Felszeichnungen von Tieren, die Wände des »Pferdeschwanz« genannten Ganges weisen zahlreiche abstrakte Zeichen und Symbole auf. Wirklich berühmt aber ist die Altamira-Höhle für die 18 m lange und 9 m breite, niedrige Kammer mit außergewöhnlich realistischen und vielfarbigen Darstellungen von Pferden, Hirschen und Bisons in verschiedenen Posen. Hinzu kommen Handabdrücke und -zeichnungen sowie gemalte oder gezeichnete abstrakte Symbole. Während manche von ihnen bis in eine Zeit um 34 000 v. Chr. zurückdatieren, wurden die prächtigen Tierbilder zwischen 15 000 und 12 000 v. Chr. geschaffen – als der Höhleneingang durch den Erdrutsch verschlossen blieb.

Bisons sind die am häufigsten und mit beispielloser Kunstfertigkeit porträtierten Tiere dieser Galerie. Den unmittelbarsten Eindruck verschafft wohl die Farbgebung: Jedes Tierbild weist bis zu drei Farben in verschiedenen Schattierungen (für einen Helldunkel-Effekt) auf, die so die jeweilige Fellstruktur

> »Der Mensch ist ein Geschöpf, das in zwei Welten wandelt und die Wunder und albtraumhaften Erfahrungen seiner geistigen Pilgerschaft nur an der Wand seiner Höhle wahrnehmen kann.«
>
> **Morris West**
> *Die Gaukler Gottes*, 1981

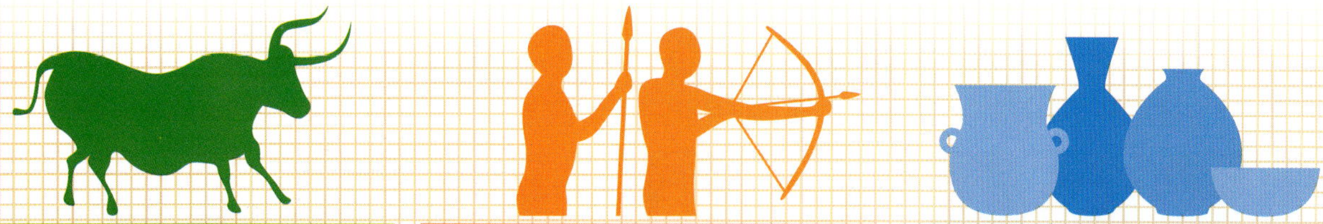

Jungpaläolithikum: Magdalénien (15 000–10 000 v. Chr.)

Breiteres Spektrum an Farben, Werkstoffen und Techniken; naturalistische Jäger-Sammler-Szenen, doch weiterhin v. a. Tierdarstellungen

Mesolithikum (10 000–um 8000 v. Chr.)

Mit dem Ende der Eiszeit vermehrt Freiluft-Felszeichnungen, in denen der Mensch immer stärker ins Zentrum rückt

Neolithikum (um 6000–um 2000 v. Chr.)

Weniger Höhlenmalereien, da die Menschen aufgrund von Ackerbau und Viehzucht sesshaft werden; Entwicklung der Keramikkunst

zu erkennen geben, und obwohl den Künstlern farblich nur eine begrenzte Auswahl zur Verfügung stand (Ocker in Braun-, Rot- und Gelbtönen sowie Mangan bzw. Kohle-Schwarz), trafen sie damit das Kolorit der Tiere erstaunlich realistisch. Indem sie die Pigmente mit Tierfett, Blut und Speichel mischten, konnten sie verschiedene Farbintensitäten erzeugen. Zunächst zeichneten sie schwarze Umrisse auf die Höhlenwand, um sie anschließend mithilfe einer Art Stempelkissen aus Moos oder Haaren farbig auszumalen.

Das wohl Beeindruckendste an diesen Bildern aber lässt sich nur bei einem Besuch der Höhle selbst entdecken: Die Bisonbilder – manche von ihnen sind lebensgroß – wurden derart auf die unebene Felsoberfläche gemalt, dass sie dreidimensional wirken. Bei wechselndem Standort und mit unterschiedlichem Lichteinfall meint man daher, Volumen und Bewegung in ihnen zu erkennen.

Suche nach Bedeutung

Viele Höhlenmalereien wurden an Orten entdeckt, die nicht regelmäßig bewohnt oder tief im Erdinnern und nahezu unzugänglich waren. Es bleibt rätselhaft, warum Menschen ihre Kunstwerke dort anbrachten, wo sie kaum jemals gesehen wurden. Manche Forscher vermuteten, die Tiere seien porträtiert worden, um sie für die Jagd gleichsam herbeizurufen, doch entsprechen die in den Bildern dargestellten Arten nur selten den Knochenfunden in den Höhlen. In Altamira bestand die wichtigste Fleischnahrung aus Hirsch und Rotwild (weniger Bison) – während die für ihre Pferdebilder berühmten Maler in Lascaux hauptsächlich Rentier aßen. Heute nimmt man daher an, dass die abstrakten und figürlichen Bilder einem rituellen Zweck dienten und von Künstler-Schamanen geschaffen wurden.

Mit der Eiszeit endete um 10 000 v. Chr. auch das Paläolithikum. Im nachfolgenden Mesolithikum wurden die nomadischen Höhlenbewohner schrittweise sesshaft, ihre Höhlenmalereien durch Freiluft-Felszeichnungen in Form von Reliefs oder Gravuren ersetzt, und auch »mobile« Kunstwerke wie Schnitzereien, Figurinen und Schmuck etablierten sich. ■

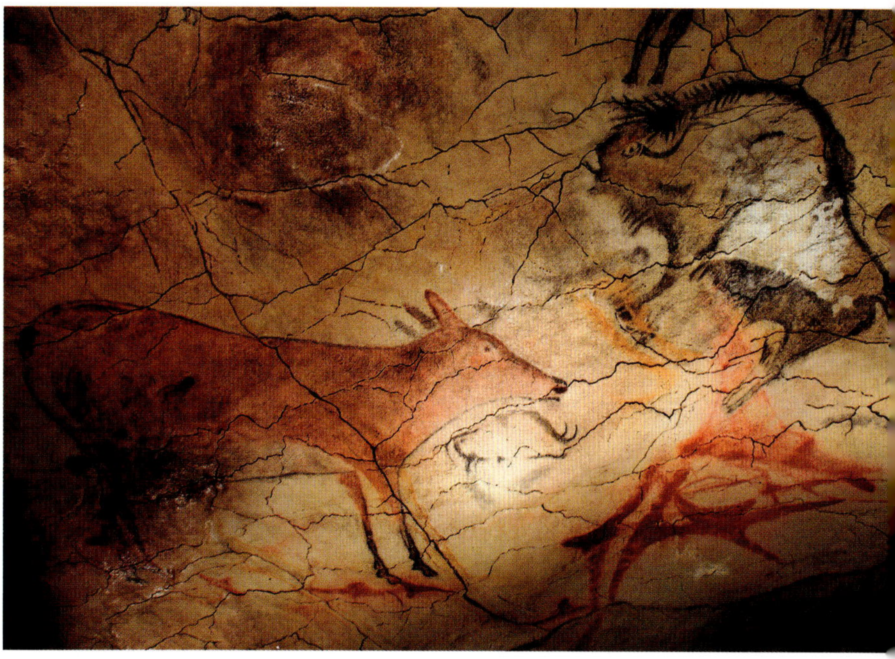

Das Rotwild in der Höhle von Altamira ist lebensgroß. Der Bauch liegt auf einer Felswölbung, deren Konturen für einen dreidimensionalen Effekt sorgen. Das Bison wurde mit Kohle gezeichnet.

GESCHICHTE IST EIN FRIEDHOF DER ARISTOKRATIEN

PRINZ RAHOTEP UND SEINE FRAU NOFRET (UM 2570 V. CHR.)

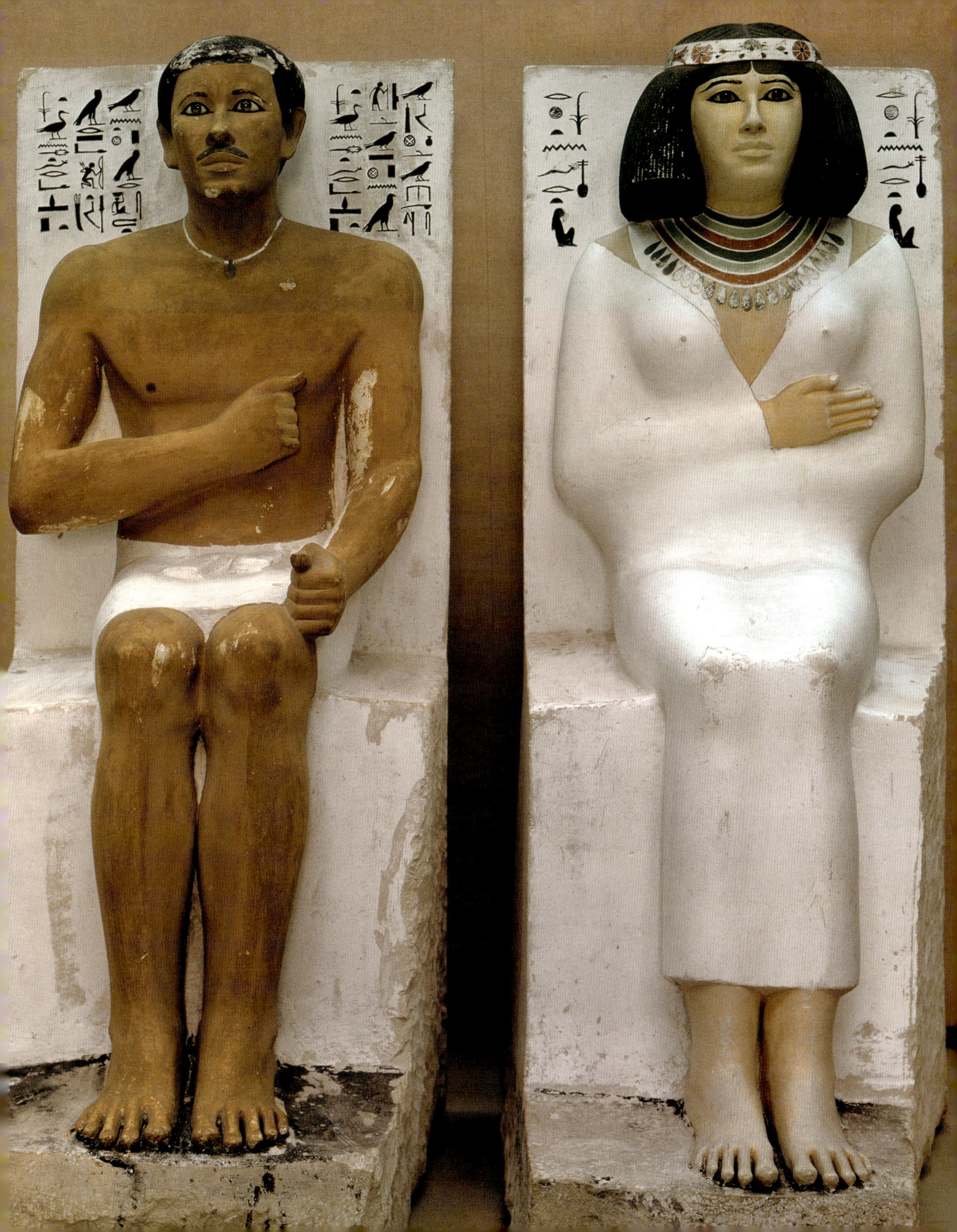

IM KONTEXT

SCHWERPUNKT
Grabkunst

FRÜHER
um 100 000 v. Chr. Grabbeigaben für Hominiden in Skhul und Qafzeh im Nahen Osten enthalten Nahrung und Werkzeuge, die auf den Glauben an ein Jenseits hinweisen.

SPÄTER
26. Jh. v. Chr. Die »Statue des Königs Chefren« wird in Ägypten geschaffen.

7.–5. Jh. v. Chr. Griechische Statuen junger Männer *(kouroi)* zieren Friedhöfe zu Ehren Verstorbener.

6. Jh. v. Chr. Der etruskische Ehepaarsarkophag zeigt Skulpturen eines Paars bei einem Bankett im Jenseits.

3. Jh. v. Chr. In China folgen dem Kaiser Qin Shihuangdi Terrakottakrieger und -pferde mit ins Grab. Sie sollen als Schutz im Jenseits dienen.

» Die Assyrer, die Ägypter hatten mächtigen Sinn für Plastik, die archaischen Griechen auch. «

Emil Nolde
Jahre der Kämpfe, 1934

» Der Stil der alten Ägypter ist metaphysisch klar […] Seine Konsistenz und seine Kodierung gehören zu den epischsten Reisen in jedweder Kunst. «

Jerry Saltz
New York Magazine, 2012

Seit mehr als 100 000 Jahren (seit dem mittleren Paläolithikum) begraben Menschen ihre Toten an speziell dafür vorgesehenen Orten. So fanden Archäologen menschliche Überreste in Höhlen und einfachen Begräbnisstätten, häufig zusammen mit persönlichen Gegenständen, Werkzeugen und Lebensmitteln. Diese sogenannten Grabbeigaben liefern Hinweise darauf, dass unsere frühesten Vorfahren eine Art Beerdigungsritual abhielten. Einer Interpretation der Beigaben zufolge dienten sie den Toten auf ihrer Reise in eine nächste Welt und belegen damit den frühen Glauben an ein Jenseits.

Luxusgüter für das Jenseits

Im Neolithikum (vor rund 10 000 Jahren) wurden Grabstätten ausgefeilter im Schmuck und vielfach mit mächtigen Steinen (Megalithen) oder gar Steinbauten gekennzeichnet. Während im frühen Neolithikum Grabbeigaben häufig Gegenstände aus dem Besitz der Verstorbenen zu Lebzeiten waren, begleiteten die Toten seit der Bronzezeit (vor rund 5000 Jahren) zunehmend auch eigens dafür geschaffene Artefakte, z. B. Schmuckstücke, Werkzeuge und Waffen sowie andere, im Jenseits

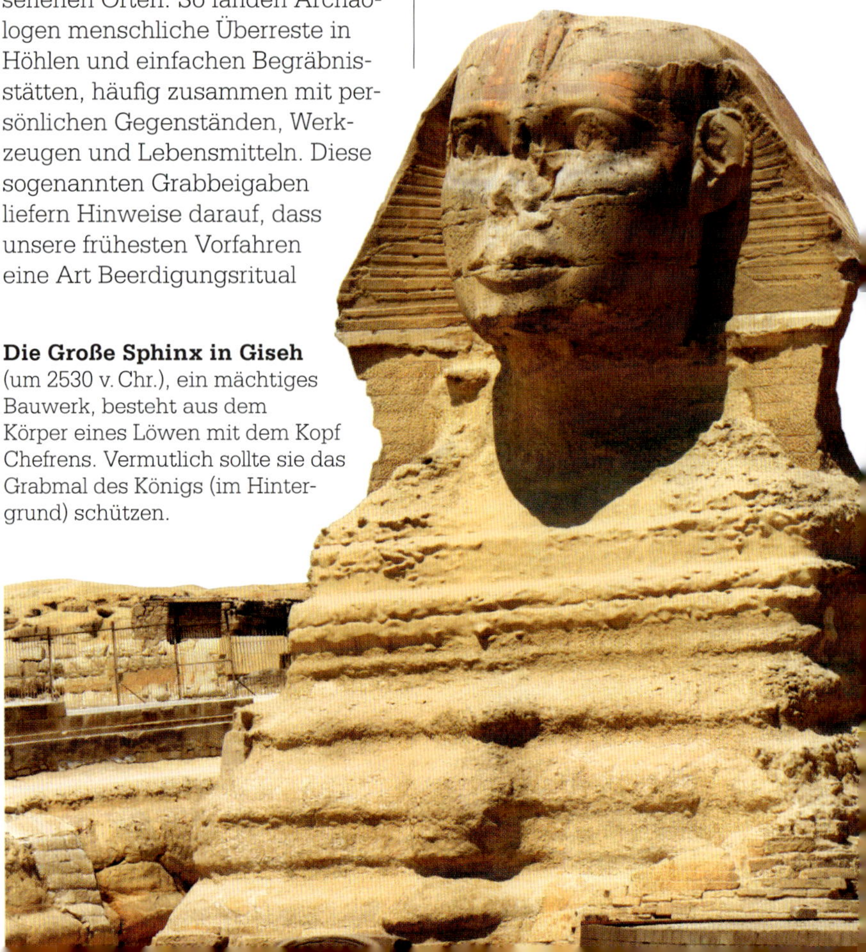

Die Große Sphinx in Giseh (um 2530 v. Chr.), ein mächtiges Bauwerk, besteht aus dem Körper eines Löwen mit dem Kopf Chefrens. Vermutlich sollte sie das Grabmal des Königs (im Hintergrund) schützen.

Siehe auch: Bemalte Kalksteinbüste der Königin Nofretete 56 ▪ Faiyum-Porträts 57 ▪ Grab Heinrichs VII. und der Elisabeth von York 164 ▪ Grabmal für Erzherzogin Marie Christine 216–221 ▪ Grabmal für Oscar Wilde 338

vermeintlich nützliche Dinge.

Seit dieser Zeit spiegelte die Erhabenheit der Grabstätte und Grabbeigaben den Status des jeweils Verstorbenen wider. Zuvor ließ sich keinerlei erkennbare Hierarchie unter den Gräbern erkennen, doch als Herrscher, Adelige und Militärführer Einzug in die folgende Zivilisation hielten, bedurften diese auch aufwendiger gestalteter Gräber, ausgestattet mit prächtigen Kunstobjekten wie Grabschmuck und -figuren. Solche Königs- und Herrschaftsgräber wiesen denselben Luxus für das Jenseits auf, den die Verstorbenen schon zu Lebzeiten genossen hatten. Zudem dienten sie zur Erinnerung an deren Größe. Atemberaubende Bauten wie die Pyramiden in Ägypten wurden errichtet, um die Gräber großer Herrscher zu beherbergen und die Erinnerung an sie zu bewahren.

So gelangte zur Zeit der ägyptischen Könige die Grabkunst zu ihrer ersten Blüte. Seit der frühdynastischen Periode (um 3000 v. Chr.) wurden Pharaonen und ihre Familien in aufwendigen

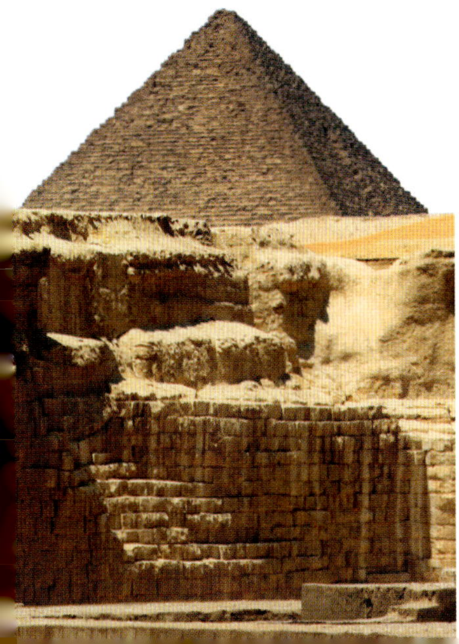

Grabkunst und -beigaben

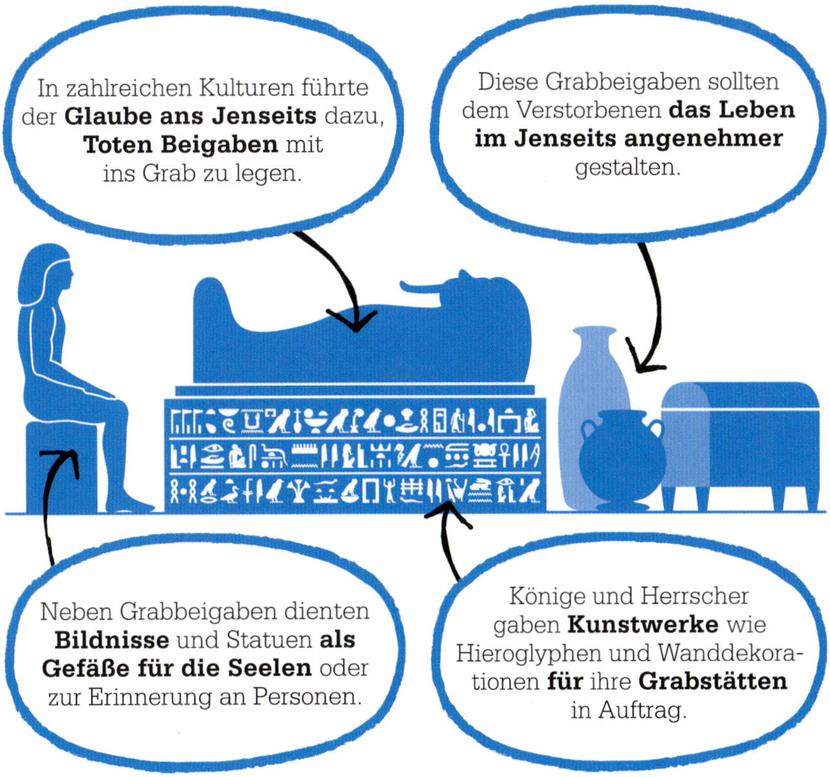

Gräbern – begleitet von Ritualen zu Ehren des Toten – bestattet, wodurch sich die ägyptische Kunst, die immer einem rituellen Zweck diente, etablierte. Zentral war dabei die Erschaffung einer Statue, die den Verstorbenen, meist sitzend, darstellte und dessen Körper ins Grab begleitete. Vieles wurde unternommen, um seine sterblichen Überreste zu bewahren; doch die Ägypter glaubten auch, dass *ka*, die Lebenskraft oder Seele eines Menschen, den Körper nach dem Tod verließ. Die Statue sollte ihr als dauerhafter Sitz dienen. Da alle Grabelemente eine Funktion im Begräbnisritual erhielten, das den unbeschwerten Übergang ins Jenseits sicherstellen sollte, kam also auch diesen Statuen mehr als nur eine Erinnerungsfunktion zu.

Rahotep und Nofret

Anders als die wenig realistischen Herrscherstatuen im äußeren Bereich der Königsgräber (die für die Nachwelt bestimmt waren) waren jene im Grabinnern häufig beeindruckend lebensnah. Als der französische Archäologe Auguste Mariette 1871 bei Meidum (südlich von Kairo) die Statuen Prinz Rahoteps und seiner Frau Nofret ausgrub, zeigten sich einheimische Helfer angesichts der im Kerzenschein leuchtenden Augen derart bestürzt, dass sie die »

> »Für den Augenblick … war ich vor Verwunderung stumm. Als Lord Carnarvon die Ungewissheit nicht länger ertragen konnte und ängstlich fragte: ›Können Sie etwas sehen?‹, war alles, was ich herausbringen konnte: ›Ja, wunderbare Dinge!‹«
>
> **Howard Carter**

Flucht ergriffen. Rahotep entstammte dem ägyptischen Adel und war Beamter am Hof des Pharaos. Als solchem stand ihm eine Grabstätte zusammen mit seiner Frau in einer Mastaba zu: ein Bau mit schrägen Seitenwänden und einem Flachdach, der einen Tempel und die Grabkammer beherbergte. Dank dem trockenen Klima in Ägypten blieben ihre Grabstatuen nahezu unbeschädigt erhalten.

Die lebensgroßen Kalksteinstatuen zeigen Rahotep und seine Gattin Nofret sitzend und in formeller Pose, mit einem Arm über der Brust. Ägyptische Kunst war symbolträchtig und diente rituellen Zwecken zum Wohl des Verstorbenen im Jenseits. So wurde z. B. der Körper in vertikaler Position und mit Blick in Richtung der Ewigkeit bestattet, geschlossene, vor der Brust gekreuzte Hände waren vielleicht ein Zeichen der Ehrfurcht.

Die Farbe auf Statuen blieb fast vollkommen erhalten und wirkt sehr lebendig. Rahotep trägt kurzes schwarzes Haar und einen schmalen Oberlippenbart – eine Mode im Alten Reich (um 2625–um 2130 v. Chr.). Er ist nur mit einem kurzen weißen Schurz bekleidet und trägt eine einfache Halskette mit herzförmigem Amulett. Nofret ist in ein langes weißes Gewand gehüllt, ihren Hals ziert ein kunstvoller, edelsteinbesetzter Kragen in leuchtenden Farben. Ihre schulterlange Perücke wird von einem mit Blütenmotiven verzierten Haarreifen gehalten. Wie in der ägyptischen Kunst üblich, ist er mit dunkelrotem Teint, sie hingegen äußerst blass dargestellt. Die Augen beider sind stechend blau – mit einer Iris aus Quarz und einem Augapfel aus Alabaster.

Trotz realistischer Anmutung waren die Statuen weniger als Porträts, sondern vielmehr als kanonische Darstellungen gedacht. Die Identität der Figuren wird erst in den Hieroglypheninschriften auf den Stuhlrückseiten deutlich. Die Statuen beweisen die Kunstfertigkeit der zeitgenössischen Handwerker und offenbaren zahlreiche Gestaltungsaspekte, die die ägyptische Kunst über 2500 Jahre hinweg prägte.

Pracht und Erhabenheit

Einige ägyptische Königsgräber und Bildnisse waren mächtige Bauten, und manche brauchten Jahrzehnte, bis sie fertiggestellt waren. Der erhabene Pyramidenkomplex in Giseh – er wurde ab etwa 2550 v. Chr. errichtet – umfasst die Pyramiden der Pharaonen Cheops, Chefren und Mykerinos sowie eine der weltweit ältesten und größten Statuen, die Große Sphinx (errichtet ab 2530 v. Chr.) zu Ehren Chephrens. Ebenso herausragend sind die mächtigen, von Ramses II. (reg. um 1279–1213 v. Chr.) im Verlauf von mehr als 20 Jahren errichteten Felsentempel in Abu Simbel am Westufer des Nils. Zu dem Komplex gehören zudem zwei gigantische Statuen, die Ramses II. auf seinem Thron zeigen.

Neben Statuen enthielten königliche Gräber gelegentlich noch eine Fülle von Grabbeigaben – wie jene, die der englische Ägyptologe Howard Carter 1922 im Tal der Könige bei Theben im Grab Tutanchamuns (um 1323 v. Chr.) entdeckte.

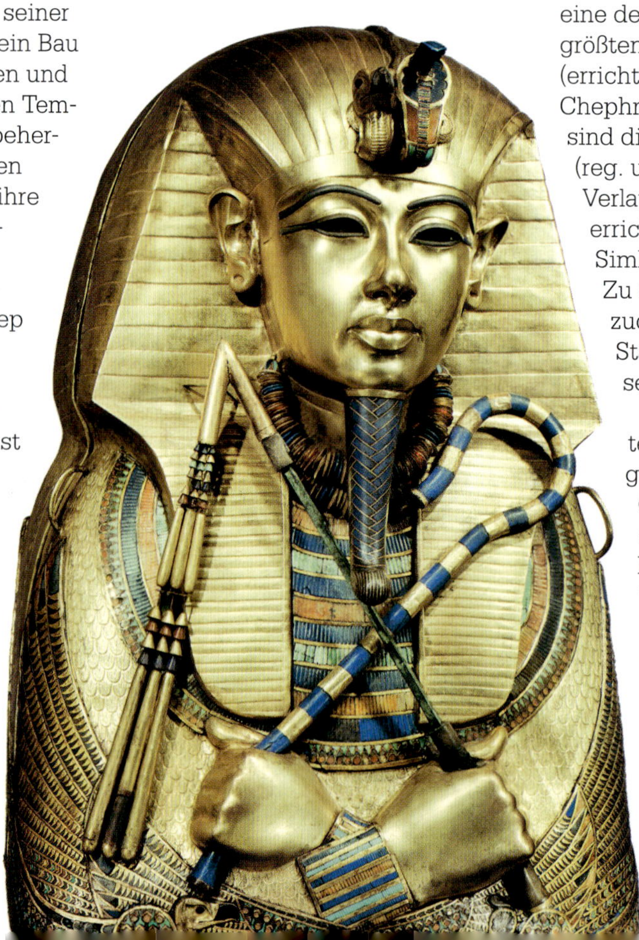

Tutanchamuns Sarg, aus purem Gold (um 1323 v. Chr.) und mit Email- und Halbedelstein-Intarsien geschmückt, barg den mumifizierten Körper des Pharaos.

Als er einen ersten Blick durch ein nur kleines Loch in der Wand der Vorkammer in die Grabkammer warf, konnte er zunächst nur »merkwürdige Tiere, Statuen und Gold – überall glänzendes Gold« erkennen. Nachdem die Kammer geöffnet war, entdeckte er, dass sie vor Schätzen schier überquoll: lebensgroße Statuen des Pharaos, Schmuckstücke, Tiermodelle, Streitwagen, Truhen und Kisten voller Leinentücher.

Solcherlei Beigaben spiegelten den Lebensstil des Verstorbenen wider. Im Fall von Tutanchamuns Grab gehörten dazu, neben den üblichen Hinweisen auf seinen Reichtum und Adel, auch mehrere Gehstöcke: Man nimmt an, der junge Pharao habe an einem deformierten Fuß gelitten. Weit üblichere Grabbeigaben waren Abbildungen des Toten in Form von Masken oder Büsten. Der Körper wurde meist in einem Sarg aufbewahrt, der wiederum in einen Sarkophag gebettet war, beide häufig mit Malereien und Zeichnungen reich verziert.

Gemeine Sterbliche

Solcherart vollendete Kunstfertigkeit blieb nicht nur Bildnissen von Aristokraten vorbehalten. Gewöhnliche Bürger hatten zwar kaum das Anrecht auf prächtige Grabstätten, doch begleiteten Dienerstatuen die Adeligen zu ihrer letzten Ruhestätte, um ihnen im Jenseits zu Diensten zu sein – so z. B. Schreiber im Schneidersitz, mit einer Papyrusrolle im Schoß und einer Schreibfeder in der Hand, oder Hausdiener und Dienerinnen, die Essen zubereiten oder Korn für Brot mahlen. Solche Grabfigurinen waren meist kleiner als die Statuen der toten Adeligen und gaben so ihren Status in der ägyptischen Gesellschaft wieder: je größer die Statue, desto bedeutender der Porträtierte.

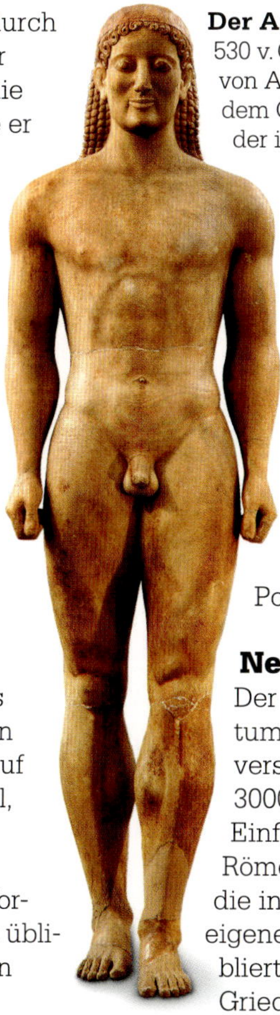

Der Anavysos-Kouros (um 530 v. Chr.) stand auf dem Friedhof von Anavysos (Griechenland) auf dem Grab eines jungen Mannes, der im Kampf gestorben war.

Neue Traditionen

Der außerordentliche Reichtum ägyptischer Grabkunst versiegte schließlich nach 3000 Jahren aufgrund des Einflusses der Griechen und Römer im Mittelmeerraum, die in ihren Reichen jeweils eigene Glaubenssysteme etablierten. So entwickelten die Griechen eine starke Bildhauertradition. Während deren Gräber selbst einfach blieben, kennzeichneten vom 7. bis zum 5. Jahrhundert v. Chr. *kouroi*, Statuen junger Männer, oftmals ihre Grabstätten.

Die Etrusker und frühen Römer wiederum legten Wert auf Vorbereitungen für das Jenseits. Für sie typische Grabbeigaben waren Lebensmittel sowie Ess- und Trinkgefäße. Im 2. Jahrhundert v. Chr. wurden die Körper der Reichen und Mächtigen in Steinsarkophage gebettet, die mit Reliefs im klassisch-griechischen Stil verziert waren – zusammen mit lebensgroßen Statuen der Toten. Diese spielten aber nicht länger eine Rolle als Begleiter im Jenseits, sondern dienten der Erinnerung an ihre Stellung zu Lebzeiten. ■

Altägyptische Grabmalereien

Häufig zierten Bilder die Wände altägyptischer Grabstätten – ob gelegentlich bemalte Steinreliefs oder direkt auf die Wand aufgebrachte Bilderfolgen. Vielfach stellten sie den Verstorbenen dar, dessen Körper von Göttern wie dem schakalköpfigen Anubis mumifiziert und für das Jenseits, präpariert wurde. Sie sollten dem Toten die Reise in die Nachwelt erleichtern. In diesen Grabmalereien etablierte sich die für die ägyptische Kunst so typische Pose mit frontalem Körper, Kopf und Beine jedoch in Seitansicht. In der Spätzeit der dynastischen Periode gab man auch das altägyptische Totenbuch mit ins Grab: ein Ratgeber für das Jenseits, angereichert mit Zaubersprüchen. Darin findet sich die Illustration vom »Wiegen des Herzens«, auf der das Herz des Verstorbenen gegen die Feder Maats, der Göttin der Wahrheit, gewogen wird. Wiegt das Herz ebenso leicht wie diese, lebt die Seele ewig, ist es schwerer, wird der Tote zur Nicht-Existenz verdammt und von Ammit, der dämonischen Totenfresserin, verschlungen.

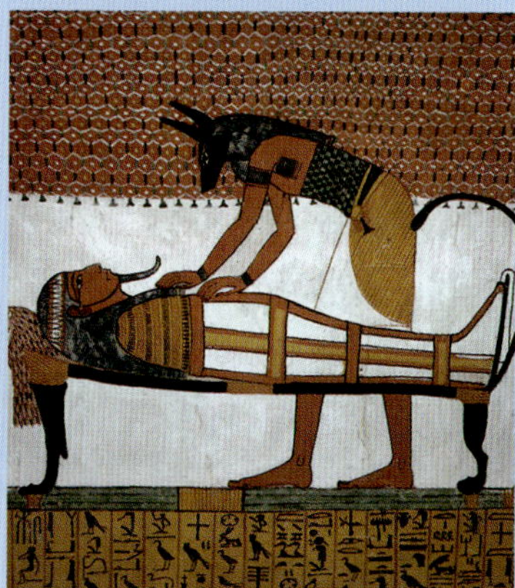

BRONZEARBEITEN IN CHINA BEWAHREN DAS SPIRITUELLE HERZ DER CHINESISCHEN ZIVILISATION

CHINESISCHE RITUALGEFÄSSE (UM 1046–771 V. CHR.)

IM KONTEXT

SCHWERPUNKT
Bronzeguss

FRÜHER
um 3500 v. Chr. Im Nordkaukasus werden mithilfe von Kupfer und Arsen Bronze-Artefakte hergestellt.

um 3200 v. Chr. Im Industal entwickelt man das Wachsausschmelzverfahren für Bronze.

um 1200–1000 v. Chr. Große Bronzemasken und -skulpturen kommen in Sichuan auf – ermöglicht durch den Zusatz von Blei zu Kupfer-Zinn-Legierungen: Blei macht das Metall fester, sodass es sich leichter gießen und schneiden lässt.

SPÄTER
um 650–480 v. Chr. Künstler in Griechenland schaffen lebensgroße Skulpturen durch neue Bronzeguss-Techniken.

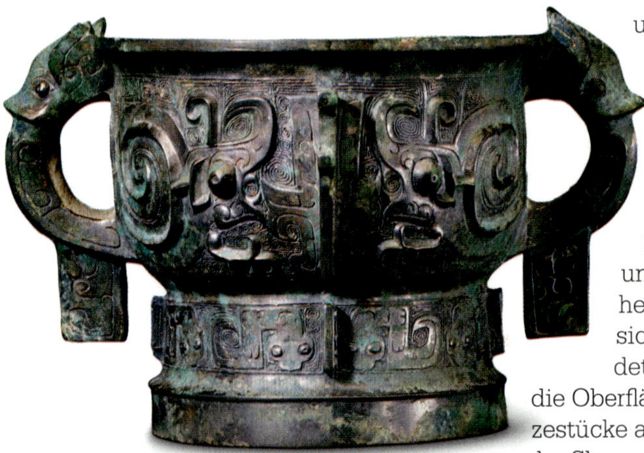

Das chinesische Bronzezeitalter (um 1700–221 v. Chr.) fällt mit der Entwicklung einer Gesellschaftsform zusammen, die durch die Herrschaft einer Reihe von Dynastien gekennzeichnet ist. Bereits zur Zeit der ersten, der Xia-Dynastie (um 2070–um 1600 v. Chr.) wurden Kupfer und Zinn zu Bronze legiert. Chinesische Bronze entwickelte sich unabhängig von jener der europäischen und indischen Kulturen, die die Metalllegierung schon mehr als 1000 Jahre früher kannten. Die chinesische Variante unterschied sich v. a. in der Gussart: Hier wurde Bronze in in Einzelstücke geteilte Keramikformen gegossen, deren Innenseiten mit Einkerbungen und Prägungen versehen wurden, wodurch sich konturen- und detailreiche Dekors auf die Oberfläche fertiger Bronzestücke aufbringen ließen. In der Shang-Dynastie (um 1600–1046 v. Chr.) gewann der Bronzeguss an Bedeutung. Zu dieser Zeit etablierte sich eine ausdifferenzierte und durch Rituale und Zeremonien bekräftigte soziale Ordnung. Neben Waffen und Werkzeugen wurde Bronze nun auch zur Herstellung von Ritualgefäßen wie *ding* (Gefäß mit Beinen), *zun* (Weingefäß) und *gui* (Henkelgefäß) genutzt.

Dekorative Muster

Ritualgefäße aus Bronze hatten bisweilen Tiergestalt oder wurden mit Vögeln, Drachen oder einem maskenhaften *taotie* (»Vielfraß«) verziert. Dieses »Gesicht« wurde immer abstrakter und ließ sich oft nur erahnen – wie hier (links) auf dem *gui* aus der Westlichen Zhou-Dynastie (um 1046–771 v. Chr.). Die Augen, meist in Form eines Hochreliefs, traten auf beiden Seiten einer stilisierten Nase hervor. Andere Gesichtsmerkmale, z. B. Augenbrauen, wurden durch geometrische Formen angedeutet.

Zur Zeit der Han-Dynastie (206 v. Chr.–220 n. Chr.) wurden Ritualobjekte aus Jade und Eisen gefertigt. Bronzegefäße verloren ihre rituelle Bedeutung und wurden zu Statussymbolen. ■

Siehe auch: Venus von Willendorf 20–21 ▪ Bronzestatuen von Riace 36–41 ▪ Mark Aurel 48–49 ▪ Bernwardstür in Hildesheim 100 ▪ *Das Opfer Isaaks* 106 ▪ *Reiterstandbild des Bartolomeo Colleoni* 163–164 ▪ *Das Hölletor* 280

SCHÖN, KOMPAKT UND STARK – WIE INTELLIGENZ

CHINESISCHER JADESCHMUCK (599–4000 V. CHR.)

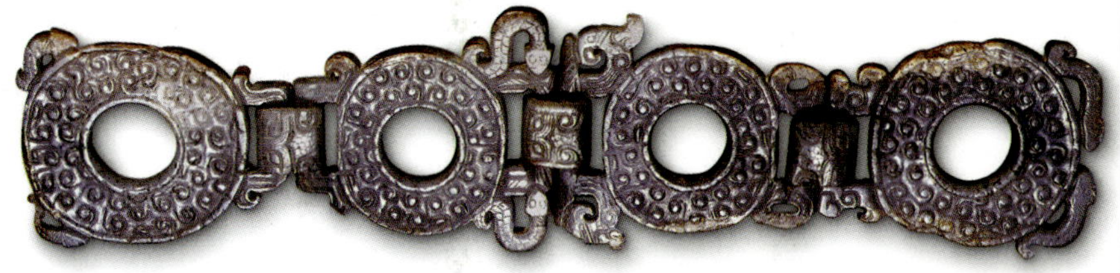

Die überaus kunstfertige Jadeschnitzerei lässt sich im chinesischen Jangtse-Delta nahezu sieben Jahrtausende zurückverfolgen. Dort kommt milchig-weißer Nephrit, die bevorzugte Farbe und Art des Edelsteins, in der Natur vor. Einige der frühesten Ritualobjekte aus Jade (um 3400–2200 v. Chr.) waren sogenannte Bi-Scheiben mit einem Loch in der Mitte (als Symbol für den Himmel) und hohle Cong-Röhren (als Symbol für die Erde).

Chinesische Jade gab es in verschiedenen Grüntönen bis hin zu Weiß. Sie war wegen ihrer Reinheit, Festigkeit und Dauerhaftigkeit sowie ihres Glanzes geschätzt. Der Stein ist hart und brüchig – deshalb wurde er mithilfe von Sandabrieb, nicht mit Metallwerkzeugen, bearbeitet. Während der Östlichen Zhou-Dynastie (770–256 v. Chr.) wurden dank der Entdeckung von Eisen und Karborund neue Werkzeuge und Bearbeitungstechniken für Jade entwickelt.

» Gold ist wertvoll, Jade ist unschätzbar. «

Chinesisches Sprichwort

Status, Macht, Wohlstand

Die Gesellschaft der chinesischen Kaiserzeit war v. a. in der Zhou-Dynastie (um 1046–256 v. Chr.) streng hierarchisch gegliedert. Detailreich verzierter Jadeschmuck und Artefakte – wie der im Bild gezeigte Gürtel aus vier Jadescheiben – zeigten weniger den Reichtum als vielmehr den Status seines Trägers an. Der aus einem einzigen Jadestein herausgeschnittene Gürtel gilt als exquisites Beispiel des Jadekunsthandwerks. Sein abstraktes Muster weist ihn als typisches Schmuckstück der Zhou-Zeit aus.

Während der Qing-Dynastie (221–207 v. Chr.) und der Herrschaft der Han (206 v. Chr.–220 n. Chr.) wurde Jade eher zum Symbol von Macht, Autorität und Reichtum ihres Besitzers. ■

IM KONTEXT

SCHWERPUNKT
Jadeschnitzerei

FRÜHER
um 4000–3300 v. Chr. Die Majiabang-Kultur im Jangtse-Delta (China) schnitzt Ornamente und Werkzeuge aus Jade.

um 3500–2500 v. Chr. Die Hongshan-Kultur in Nordchina bringt Jade-Objekte hervor – z. B. Vögel, Zikaden, Schildkröten und c-förmige Drachen.

SPÄTER
um 960–1279 Die Song-Dynastie schätzt Jadeschnitzereien als Kunstwerke. Objekte im archaischen Stil der Shang- oder der Zhou-Periode kommen groß in Mode.

um 1800 Gefäße aus grünem Jadeit sind in der Qing-Dynastie sehr beliebt.

Siehe auch: Venus von Willendorf 20–21 ▪ Chinesische Ritualgefäße 32 ▪ Maske des Teotihuacán 50 ▪ Terrakotta-Armee 56–57 ▪ Theuderich-Schrein 62–63 ▪ *Saliera* 152

EIN KANAL FÜR DIE UNIVERSELLE SEELE

ASSYRISCHE LÖWENJAGD-RELIEFS (UM 645 V. CHR.)

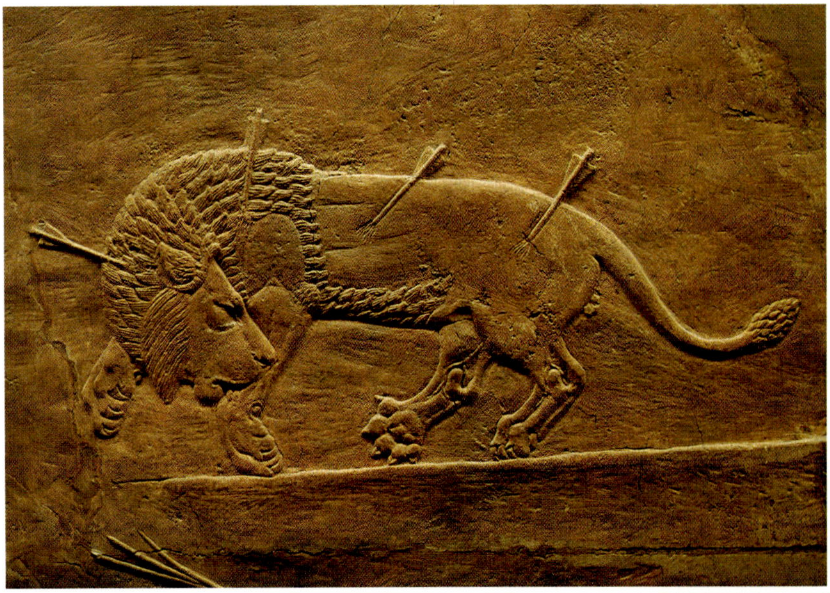

IM KONTEXT

SCHWERPUNKT
Narrative Skulptur

FRÜHER
um 31. Jh. v. Chr. Eine ägyptische rituelle Schluffstein-Palette mit Reliefbildern König Narmers zeigt historische oder mythologische Ereignisse.

SPÄTER
Anfang 1. Jh. Die Marmorstatue der *Laokoon-Gruppe* stellt eine Szene der griechischen Mythologie in hellenistischem Stil dar.

um 106–113 Die Marmorsäule zur Erinnerung an den römischen Kaiser Trajan ziert ein spiralförmiges Flachrelief, das von Trajans Siegen gegen die Daker berichtet.

950–1050 Hindutempel und -monumente in Khajuraho (Indien) sind mit einer Fülle von Hochreliefszenen zu zentralen Themen und Werten des Hinduismus geschmückt.

Frühe Zivilisationen zeigten sich als primär orale Kulturen – auch noch nach der Erfindung der Schrift. Die Menschen waren meist ungebildet und schriftliche Zeugnisse nur für eine kleine gelehrte Bevölkerungsschicht von Bedeutung. Viele frühe Gesellschaften erkannten indes den Bedarf an Bilderzählungen über kulturell bedeutsame Ereignisse oder religiöse Legenden. Manche Gemälde – etwa auf den Wänden von Palästen oder Grabstätten – erfüllten genau diesen Zweck. Plastiken und Skulpturen aus Stein bewahrten Geschichten, Legenden und Mythen jedoch auf noch dauerhaftere und monumentalere Weise. Insbesondere Herrscher und Militärführer wollten der Nachwelt in Erinnerung bleiben und ihr Porträt in imposante Steinstatuen gemeißelt sehen. Eine bildhaftere Form boten plastische Reliefs, mit denen die Darstellung ganzer Szenen und Erzählungen auf mehreren Tafeln oder einem Fries möglich war.

Visuelle Erzählungen

Die frühesten Reliefszenen finden sich auf altägyptischen Grabwänden. Sie zeigen Momente aus dem Jenseits und Bilder von Göttern und Verstorbenen. In einem anderen frühen Großreich des Nahen Ostens, bei den Assyrern, feierten narrative Skulpturen das Leben statt den Tod.

Seit etwa 1500 v. Chr. entwickelte sich hier ein spezieller Kunststil, der sich in den Skulpturen der Königspaläste offenbarte. Zur Zeit der Herrscher Assurnaṣirpal II. (reg. 883–859 v. Chr.) und Assurbanipal (reg. 668–627 v. Chr.) erreichte dieser Stil erste Höhepunkte. Mit wachsender Macht ihres Reichs wurden mächtige Tierstatuen vor den Palasteingängen in der Reichshauptstadt Ninive postiert –

Siehe auch: Prinz Rahotep und seine Frau Nofret 26–31 ▪ *Laokoon-Gruppe* 42–43 ▪ Mark Aurel 48–49 ▪ Parthenonfries 56 ▪ Trajanssäule 57 ▪ Baptisterium-Kanzel in Pisa 84–85 ▪ *Die Löwenjagd* 176–177

» Wir Wanderer suchten, was sie zurückgelassen hatten, während Kinder die farbigen Muscheln im verlassenen Sand aufsammelten. «

Austen Henry Layard
Discoveries among the Ruins of Niniveh and Babylon, 1849

während im Inneren Flachrelieftafeln das Heldentum der Herrscher priesen.

Eine neue Tradition

Neben Reliefs, die von militärischen Triumphen des Herrschers berichten, zeigt eine bemerkenswerte Serie von Alabastertafeln Szenen in einer Arena. Darin wird die Geschichte von Löwen erzählt, die aus Käfigen entlassen in der Arena gejagt werden – bis zum grausamen Tod durch die Hände König Assurbanipals und seiner Hofbeamten.

Diese Bilderzählungen sollten Höflinge und Gastwürdenträger an den Mut und die Entschlossenheit des Herrschers erinnern. Als Symbol seiner unanfechtbaren Herrschaft über das Reich und die Kräfte der Natur dienten sie der Propaganda. Zugleich führten sie in äußerst kunstvoller Ausführung das dramatische Bühnenereignis vor Augen.

Die Löwen selbst wurden anhand liebevoll ausgeführter Details als prächtige Tiere dargestellt – mit fließenden Bewegungen, die ihre Agilität, Stärke und Schönheit zeigen, und zugleich verzerrtem Ausdruck, der den Schrecken und den Schmerz des Gejagtseins einfängt. Menschen sind demgegenüber förmlicher und in starren Posen, wenngleich ähnlich detailreich gegeben. So wird der Kontrast zwischen dem kalten Edelmut des Königs und der Sinnlichkeit der Tiere offenbar.

Die assyrischen Reliefs markieren den Beginn einer Tradition narrativer Skulptur, die neben der Glorifizierung von Herrschertaten der illustrativen Darstellung von Erzählungen und Mythen diente. Diese Tradition setzte sich im antiken Griechenland und Rom fort – und später auch in Werken des frühen Christentums. ▪

Reliefformen

Aus Bildern, die vor rund 40 000 Jahren in Felsoberflächen geritzt wurden, entwickelten antike Kulturen verschiedene Reliefformen, die im Lauf der Zeit immer dreidimensionaler wurden und einzelne Figuren oder Formen aus dem Hintergrund heraustreten ließen. Die Assyrer liebten Flachreliefs, in denen die Figuren nur leicht hervortraten. Die Ägypter dagegen benutzten versenkte Reliefs – dabei wurden Schnitzereien als »Hohlform« in die Grundfläche hineingearbeitet oder abgesenkt. In den Hochreliefs der klassischen Griechen traten Figuren deutlich aus ihrem Hintergrund hervor. Hochreliefs blieben auch bei den Römern und frühen Christen die bevorzugte Reliefform, beliebt auch in buddhistischen wie Hindutempeln in Südostasien.

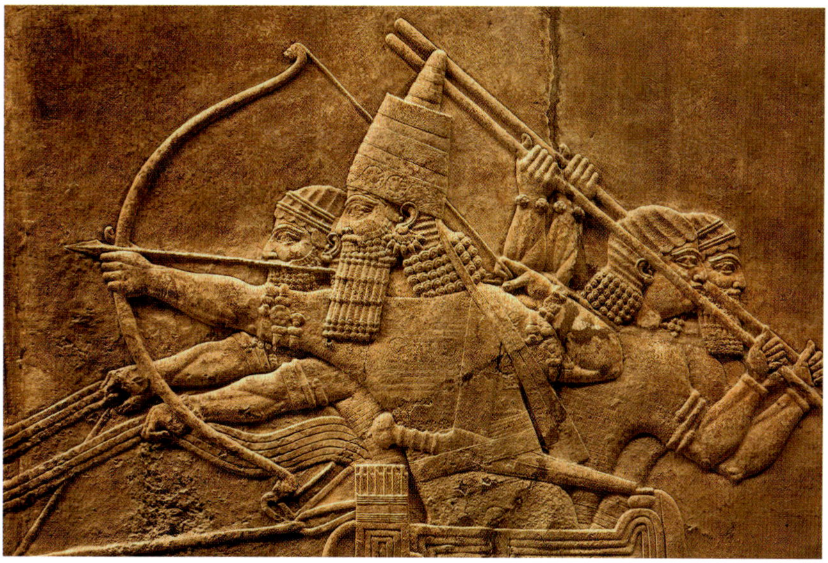

Der König und seine Beamten sind im Löwenjagd-Relief erstaunlich detailreich dargestellt. Man weiß nicht, wie die Bildhauer das geschafft haben – ganz ohne gehärtete Stahlwerkzeuge.

IDEALE SCHÖNHEIT ENTSTEHT IM GEISTE DES KÜNSTLERS

BRONZESTATUEN VON RIACE (UM 450 V. CHR.)

Detail aus dem Gesicht des *Kriegers A*

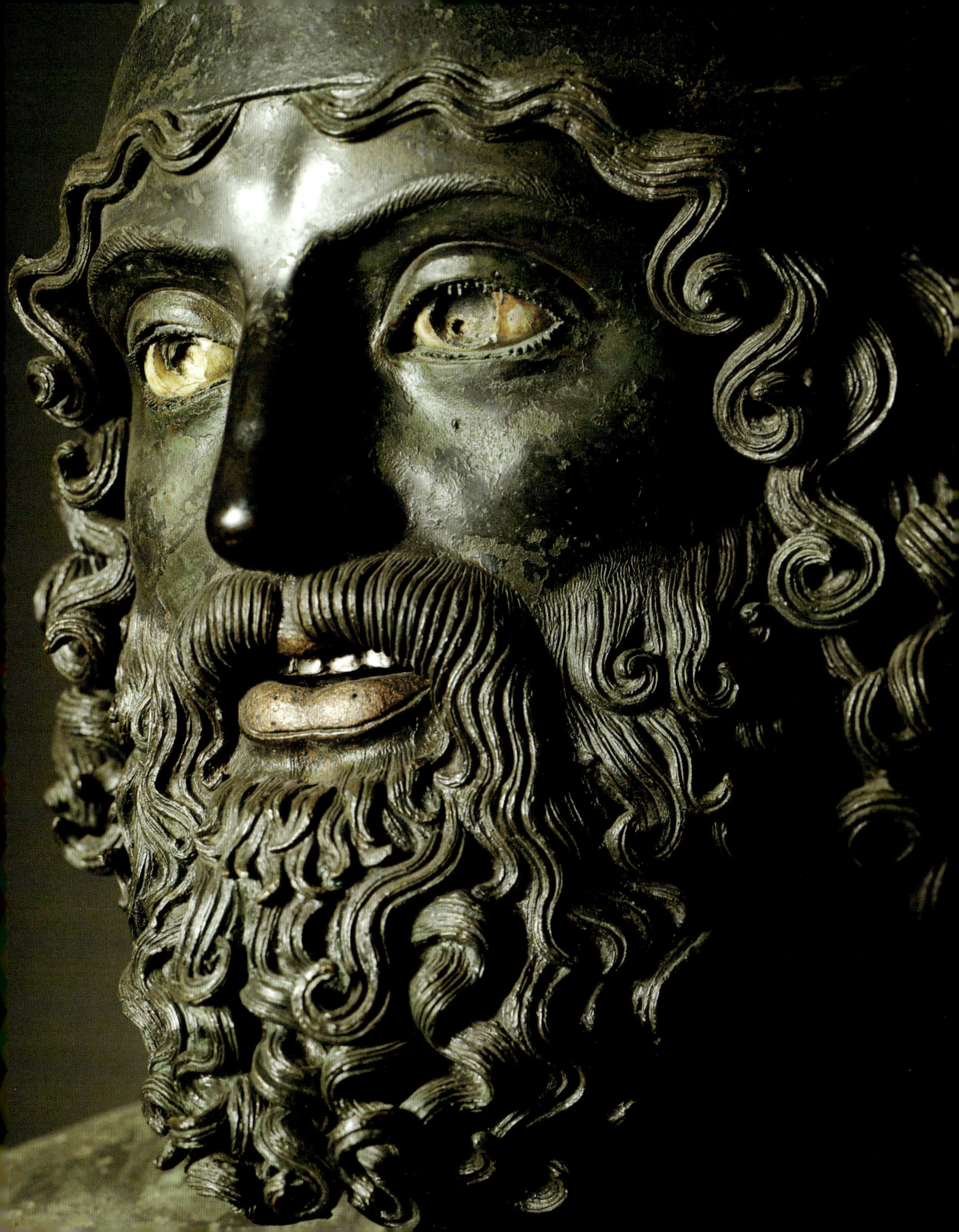

IM KONTEXT

SCHWERPUNKT
Idealproportionen des menschlichen Körpers

FRÜHER
um 2570 v. Chr. Seine Grabstatue zeigt Pharao Chephren in typisch ägyptischer sitzender Pose.

6.–5. Jh. v. Chr. Die Griechen schaffen Standbilder nackter Jünglinge *(kouroi)* und bekleideter junger Frauen *(korai)*.

um 480 v. Chr. Der Kontrapost des *Kritios-Knaben*, einer Aktstatue in Athen, markiert den Beginn eines realistischen Stils.

SPÄTER
um 435 v. Chr. Der griechische Bildhauer Phidias vollendet eine mächtige Zeus-Statue für den Tempel in Olympia.

2. Jh. v. Chr. Die griechische Stadt Pergamon (heute Bergama, Türkei) wird ein Zentrum des hellenistischen Stils.

In der relativ kurzen Zeitspanne zwischen 510 und 323 v. Chr. etablierte sich in allen Künsten der griechischen Antike ein verbindlicher ästhetischer Kanon – und setzte damit Maßstäbe für das, was seither als »klassisch« gilt. Theater, Musik und Philosophie erlebten eine Blütezeit, doch am deutlichsten traten die klassischen Ideale in der bildenden Kunst zutage, allen voran in der Architektur und Bildhauerei.

Bereits in der archaischen Periode von 700 bis 450 v. Chr. entwickelte sich eine bildhauerische Tradition. Unter dem Einfluss ägyptischer und mesopotamischer Steinplastiken hatten auch die Griechen begonnen, frei stehende menschliche Skulpturen als Grabmonumente oder Geschenke an die Götter aus Stein zu hauen. Die drei vorherrschenden Typen waren die eines stehenden nackten Jünglings (*kouros*), einer stehenden bekleideten jungen Frau (*kore*) sowie, weniger häufig, einer sitzenden Frau. Alle vereinten in sich die edelsten Eigenschaften der aristokratischen Kultur jener Zeit. Die männlichen Figuren waren unbekleidet und den Athleten nachempfunden, die bei den Spielen zu religiösen Festen nackt miteinander wetteiferten. Im Kontrast dazu – und auch anders als die üppig-sinnlichen Figurinen anderer Kulturen – wurden junge Frauen mit äußerster Zurückhaltung dargestellt. Hier wurde weniger der weibliche Körper als der Gesichtsausdruck betont.

» Die wichtigsten Aspekte des Schönen sind Ordnung, Symmetrie und Abgrenzung, die besonders die mathematischen Wissenschaften aufweisen. «

Aristoteles
Metaphysik, um 350 v. Chr.

Kennzeichen der Archaik

Die *kouroi* mit ihren starken, schlanken Körpern waren nicht nur Porträts einer idealisierten männlichen Physiognomie, sondern verkörper-

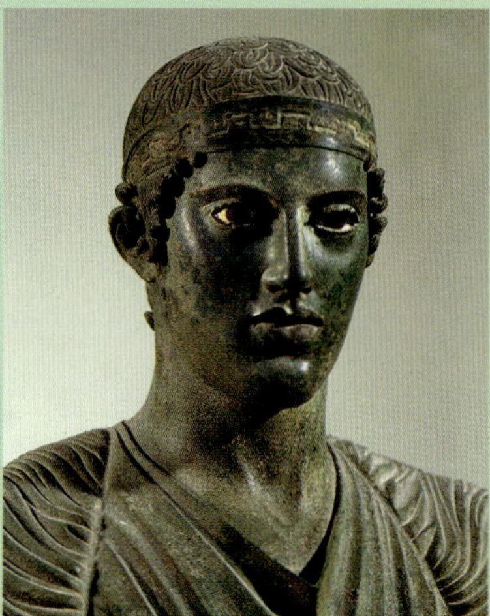

Material und Techniken

Erste griechische Skulpturen wurden meist aus Stein gehauen oder mithilfe des Wachsausschmelzverfahrens in Bronze gegossen. Dabei wird zunächst ein Wachsmodell erstellt und dieses dann in eine Tonform gebettet. Anschließend wird flüssiges Metall, meist Bronze, in die Form gegossen, wobei Hitze das Wachs schmelzen lässt. Bronzene Oberflächen wurden bei den Griechen poliert und Augen aus Glas, Kristallen, Knochen oder Onyx eingelegt – wie bei diesem Wagenlenker von Delphi (um 470 v. Chr.). Oft kamen Details wie Lippen, Zähne und Brustwarzen aus Kupfer oder Silber hinzu. Von den frühen Bronzeplastiken überdauerten nur wenige, da die meisten zur Wiederverwendung des Metalls eingeschmolzen wurden: Viele Werke sind nur als Kopien aus Stein bekannt – als wertvollster galt Marmor aus Naxos. Er wurde mit Eisenmeißeln und Bohrern bearbeitet und große Figuren häufig aus Einzelteilen zusammengesetzt. Viele Steinplastiken wurden anschließend koloriert.

Siehe auch: Venus von Willendorf 20–21 ▪ *Laokoon-Gruppe* 42–43 ▪ Mark Aurel 48–49 ▪ Parthenonfries 56 ▪ *Junger Sklave* 144–145 ▪ *Taufe Christi* 162–163 ▪ *Die große Odaliske* 236–237 ▪ *Griechische Sklavin* 249

Perioden griechischer Plastik

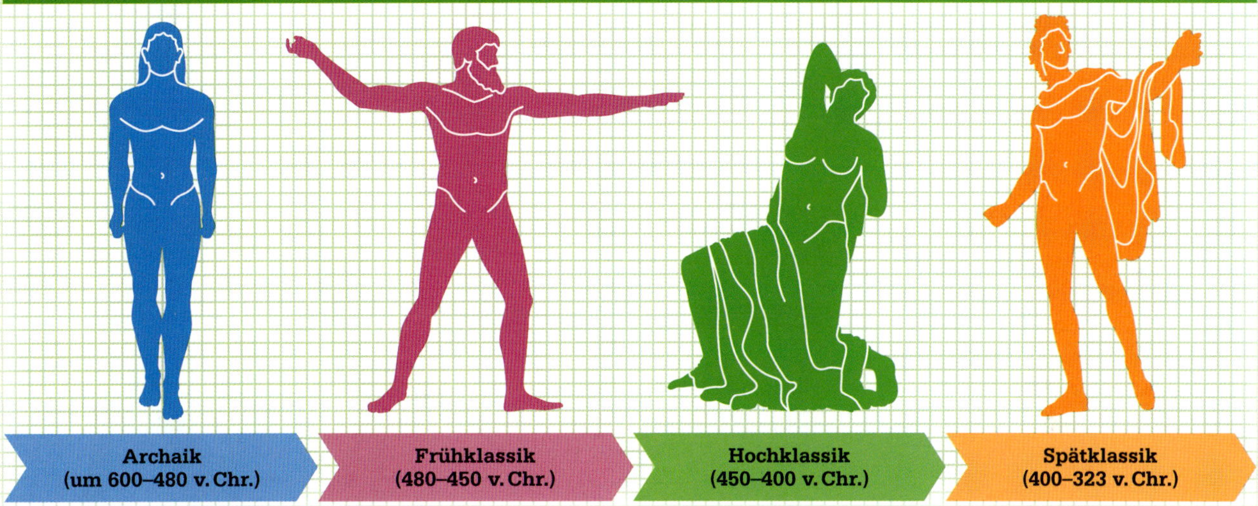

Archaik (um 600–480 v. Chr.)
- Figuren stehender nackter Jünglinge *(kouroi)* oder bekleideter junger Frauen *(korai)*
- Steife, fast symmetrische Posen
- Ein »archaisches Lächeln«

Frühklassik (480–450 v. Chr.)
- Natürlichere Posen mit leicht gedrehtem Kopf
- Kaum dekorative Merkmale
- Ein ernster, strenger Ausdruck

Hochklassik (450–400 v. Chr.)
- Entspannte Posen
- Mehr anatomische Genauigkeit und detailreiche Draperie
- Wachsendes Interesse an der nackten weiblichen Gestalt

Spätklassik (400–323 v. Chr.)
- Stärkerer Realismus in Gesichtsausdruck und Pose
- Weiche, geschwungene und sinnliche Linien
- Stärkere Betonung der Eleganz

ten zugleich die Werte der antiken griechischen Gesellschaft, wie Ruhm, Ehre und Rechtschaffenheit. Stilistische Vorgaben bahnten den Bildhauern den Weg zur entsprechenden Darstellung: Für die *kouroi* wählten sie meist eine formelle, frontale Haltung, die die Körpersymmetrie betonte, während die Proportionen des Kopfes, des einem Dreieck ähnelnden Torsos und der Gliedmaßen mathematischen Vorgaben entsprachen. Zum Ausgleich dieser Formalisierung, die einer Verehrung der idealen menschlichen Gestalt gleichkam, wurden spätere *kouroi* und *korai* mit dem »archaischen Lächeln« versehen.

Auf dem Weg zur Klassik

Der Beginn der Klassik wird üblicherweise mit der Errichtung einer Art Demokratie im Stadtstaat von Athen unter Kleisthenes (um 570–507 v. Chr.) angesetzt. Diese Regierungsform reifte unter dem »ersten Bürger Athens«, wie der zeitgenössische Historiker Thukydides den großen Staatsmann Perikles (um 495–429 v. Chr.) nannte, heran. Zur selben Zeit besiegten griechische Armeen mehrfach die persischen Feinde, die seit Langem nach Gebietseroberungen in der Region trachteten. In der Folge blühte Athen auf und wurde zum kulturellen Zentrum der griechischen Welt.

In dieser dynamischen Umgebung entwickelten sich die Künste wie nie zuvor – und viele Bildhauer ließen die archaischen Traditionen hinter sich und begannen, reale Menschen und mythologische Figuren wiederzugeben. Mithilfe genauer Beobachtung des menschlichen Körpers suchten sie Skulpturen zu schaffen, die »von innen heraus« gestaltet und von Lebenskraft durchdrungen zu sein schienen. Weg von der statischen und symmetrischen Pose des archaischen Stils, zeichneten sich ihre Statuen nun durch den Kontrapost aus: Dabei lag das Gewicht auf einem »Standbein«, das andere, das »Spielbein«, war ein wenig gebeugt, und Hüfte, Torso und Kopf wurden leicht zur Seite gedreht. Die neue Darstellungsweise führte zu größerer Ausdruckskraft des Körpers, der zugleich Bewegung und Entspanntheit vermittelte, und machte es zugleich möglich, die Figur aus verschiedenen Blickwinkeln zu betrachten.

Elegante Einfachheit

Damit veränderte sich das archaische Schönheitsideal, ohne dass es vollkommen aufgegeben wurde. Klassische Bildhauer achteten noch immer auf eine wohlproportionierte, muskulöse männliche »

Physiognomie, verliehen ihr nun aber mehr Eleganz und Ausdruck. Das archaische Lächeln wurde durch »sprechende« Details, häufig Stirnrunzeln, ersetzt.

Bronzestatuen von Riace

Der Übergang von der Früh- zur Hochklassik, die oft als goldenes Zeitalter der griechischen Kunst gepriesen wurde, lässt sich an zwei Bronzefiguren, die 1972 in Süditalien in der Nähe von Riace entdeckt wurden, verdeutlichen. Ihre genaue Entstehungszeit und auch ihre Urheber sind unbekannt. Vermutlich entstanden sie unabhängig voneinander zwischen 450 und 420 v. Chr.

Posen und Gesten der Bronzestatuen von Riace fallen sofort auf. Beide nehmen eine Kontrapost-Haltung ein: Die Arme werden asymmetrisch vom Körper weg gehalten, und der Kopf ist jeweils zur Seite gewendet. Wahrscheinlich trugen sie Speere und Schilde, die jedoch verloren gingen. Die nackten Krieger werden in Aktion mit angespannten Muskeln gezeigt, was die Figuren sehr lebendig erscheinen lässt. Beide sind überlebensgroß, zudem Beispiele einer idealen männlichen Physiognomie und äußerst menschlicher Charaktere voller Vitalität. Sie erscheinen wie zwei Individuen. Die Gesichter entsprechen einem frühen griechischen Schönheitsideal und zeigen ein typisch »griechisches« Profil, bei dem die Nase in gerader Fortsetzung der Stirn verläuft. Gleichwohl findet man hier die frühklassische Ernsthaftigkeit durch einen Ausdruck der Gelassenheit ersetzt, und durch die sorgsam gestalteten Bärte und die Haartracht wirken die Statuen vermenschlicht.

» Das Leben ist für den Menschen erst lebenswert, wenn er das Schöne selbst betrachtet. «

Plato
Symposium, um 380–360 v. Chr.

Realismus und Vitalität

Bildhauer der Hochklassik suchten in der Gestaltung des Menschen nach Realismus und lebendigem Ausdruck. Die griechischen Meister Phidias und Polyklet bevorzugten für ihre Arbeiten Marmor und Elfenbein statt Bronze, denn so erzielten sie zartere Konturen und realistischere Darstellungen von Haut und Muskeln. Weniger formelle Posen halfen zudem, den Eindruck von Bewegung zu erzeugen – etwa in der Nike des Paionios, die in Olympia entdeckt wurde. Nike, die geflügelte Siegesgöttin, steht dabei auf Zehenspitzen, als habe sie sich just von ihrem Sockel erhoben.

Ausdrucksvolle Draperien, mit zarten, fließenden Linien in Stein geschnittener Stofffalten, kontrastierten mit glatter nackter Haut

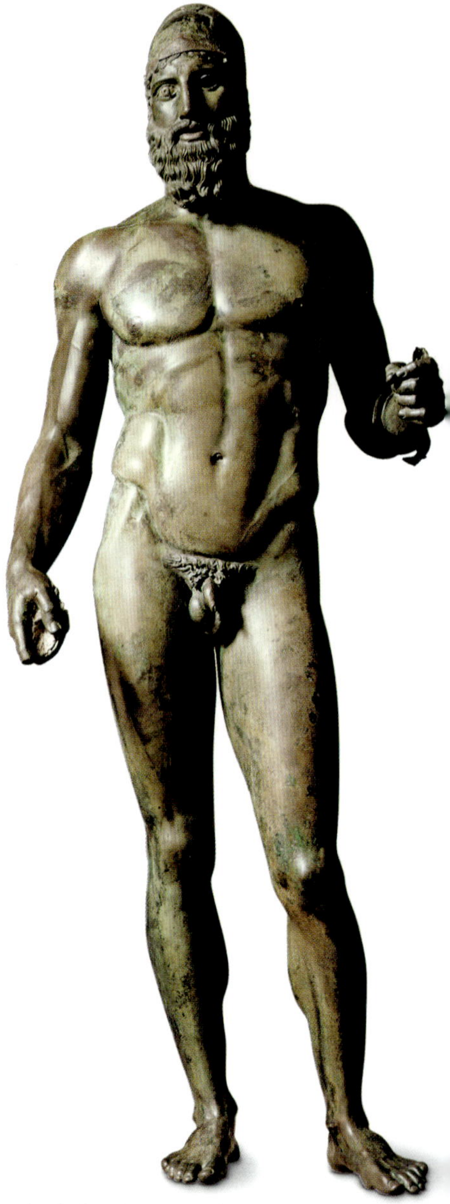

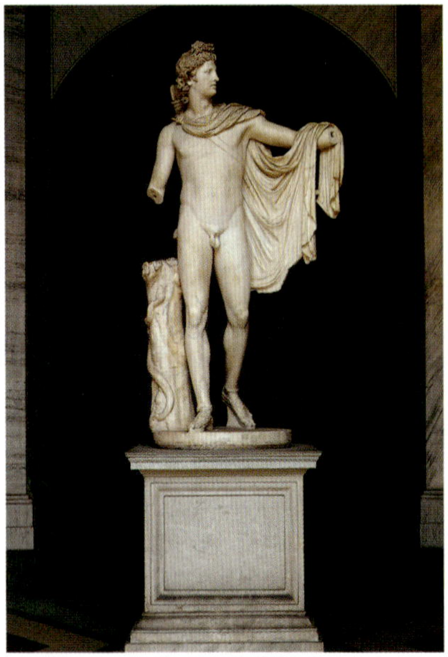

Draperien betonten die Schönheit männlicher Akte in der Hoch- wie Spätklassik – so auch bei der Skulptur des *Apollo Belvedere* (römische Kopie des Originals) aus dem 4. Jh.

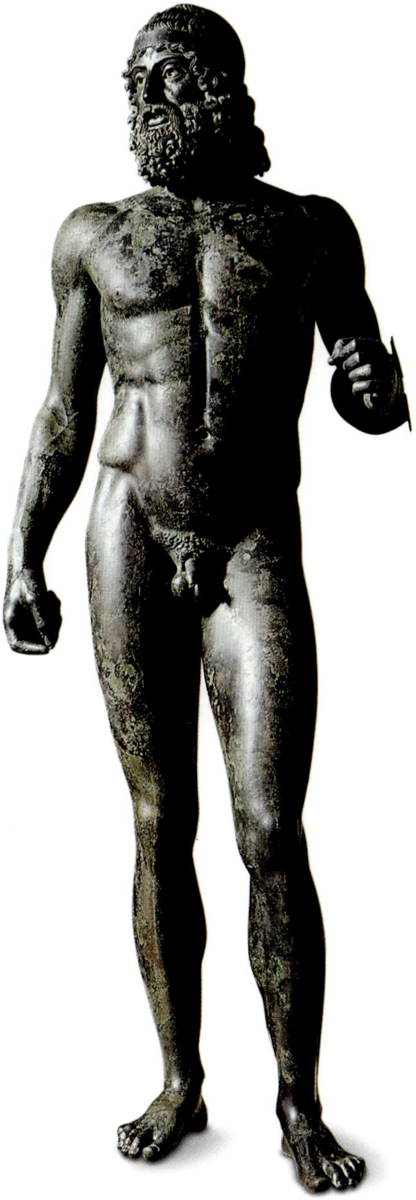

Die beiden Bronzestatuen aus Riace (Italien) sind als Krieger B (ein älterer Mann mit Helm, der verloren ging, links) und Krieger A (ein junger Mann, rechts) bekannt.

und unterstützten den Gesamteindruck von natürlicher Bewegung. Bei weiblichen Figuren konnten die Künstler dadurch die feminine Körperform andeuten. Für die meisten griechischen Bildhauer aber blieb die frei stehende männliche Aktfigur das vorherrschende Sujet. Phidias z. B. schuf eine gigantische Zeus-Statue (um 430 v. Chr.) für den Tempel des Göttervaters in Olympia – und Polyklet seinen Doryphoros (Speerträger, um 440 v. Chr.). Darin zeigte er die Ideale der Harmonie und Proportion des menschlichen Körpers.

Der weibliche Akt wurde Sujet zu Zeiten der Spätklassik. Das früheste Beispiel (auch hier sind nur Marmorkopien des verlorenen Originals aus Bronze überliefert) ist die Aphrodite von Knidos des Praxiteles (um 350 v. Chr.). Wie ihre männlichen Vorgänger dienten weibliche Statuen zur Darstellung der geschlechtsspezifischen Ideale. Mit weichen, runden Linien geformt, wurden diese üppigen Figuren in keuscher Pose porträtiert.

Bildhauer schufen, besonders seit dem 6. Jahrhundert v. Chr., auch Büsten, Relieftafeln, Grabmonumente sowie Haushaltsgegenstände und Architekturdekors – letztere v. a. für Giebel, Friese und Tempelwände. Einige populäre griechische Figuren wurden in der römischen Epoche vielfach kopiert, wobei uns häufig nur diese Kopien überliefert sind. Für Forscher sind diese bisweilen problematisch, da ihnen die Handschrift des ursprünglichen Meisters fehlt, sie aus anderem Material bestehen (z. B. Marmor statt Bronze) oder auch aus Teilen verschiedener Plastiken zusammengesetzt wurden.

Hellenismus

Mit Regierungsantritt Alexanders des Großen (336 v. Chr.) und seinen Eroberungsfeldzügen verbreitete sich der Einfluss des antiken Griechenlands bis nach Asien sowie in Nordafrika. Diese kulturelle Expansion, Hellenismus genannt, ging mit Veränderungen im künstlerischen Ausdruck einher, da die Ideale der Klassik zugunsten einer natürlicheren Porträtierung realer Menschen mit Gefühlen aufgegeben wurden. Dennoch blieb der Einfluss klassisch-griechischer Bildhauerei zunächst in Rom und später, in der Renaissance, in ganz Italien erhalten. In dieser Zeit ließen sich Künstler durch die Wiederentdeckung klassischer Kunst und ihrer Schönheitsideale sowie der künstlerischen Tugenden der Antike neu inspirieren. ■

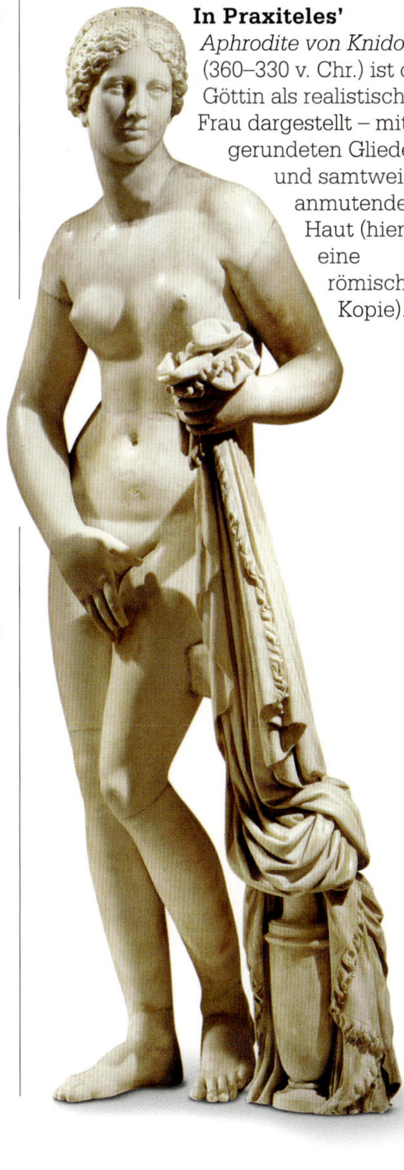

In Praxiteles' *Aphrodite von Knidos* (360–330 v. Chr.) ist die Göttin als realistische Frau dargestellt – mit gerundeten Gliedern und samtweich anmutender Haut (hier eine römische Kopie).

DIESES WERK SOLLTE ALLEN WERKEN DER MALEREI UND BILDHAUERKUNST VORGEZOGEN WERDEN

HAGESANDROS, ATHANADOROS UND POLYDOROS
LAOKOON-GRUPPE (42 V. CHR.–70 N. CHR.)

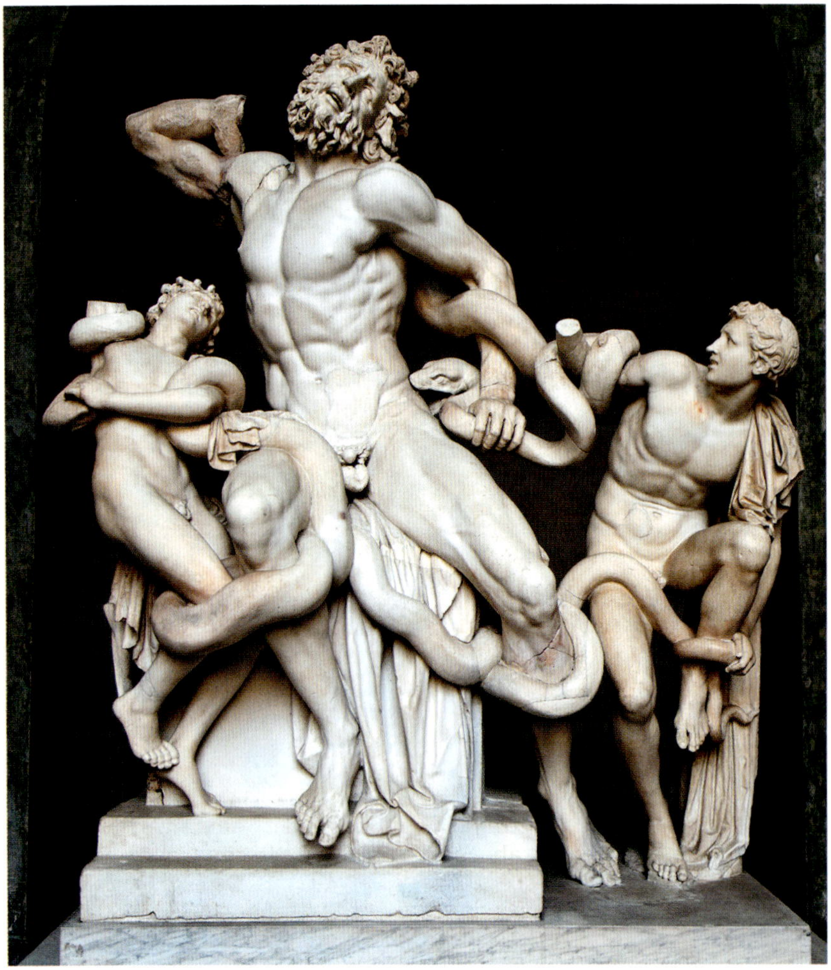

IM KONTEXT

SCHWERPUNKT
Hellenistischer Naturalismus

FRÜHER
um 600 v. Chr. Die ersten *kouroi* genannten Jünglingsstatuen tauchen auf griechischen Gräbstätten und in Tempeln auf.

um 350 v. Chr. Praxiteles von Athen versucht in lebensgroßen Statuen – darunter die *Aphrodite von Knidos*, eine der ersten lebensgroßen weiblichen Akte – eine realistische Abbildung des Menschen.

2. Jh. v. Chr. Viele Plastiken in der griechischen Stadt Pergamon (heute Bergama, Türkei) etablieren den naturalistischhellenistischen Stil.

SPÄTER
193 n. Chr. Mit einer Triumphsäule zur Erinnerung an Mark Aurel beginnt die römische Tradition monumentaler Statuen. Sie ersetzen die Skulpturen griechischen Stils.

Die ästhetischen Ideale der Klassik etablierten sich in der griechischen Antike – von etwa 500 v. Chr. bis zum Tod Alexanders des Großen (323 v. Chr.). Im Lauf dieses »goldenen Zeitalters« verbreitete sich von Athen als Zentrum aus der griechische Kultureinfluss in Europa, Afrika und Asien, bis das Römische Reich nach 31 v. Chr. die Übermacht gewann. In der »hellenistischen Epoche« wurden künstlerische Grenzen, v. a. in der Bildhauerei, überwunden. Während Bildhauer des klassischen Stils Elemente wie Harmonie, Sym-

Siehe auch: Bronzestatuen von Riace 36–41 ▪ Skulpturen im Mausoleum von Halikarnassos 56 ▪ Alexander-Mosaik 57 ▪ Baptisterium-Kanzel in Pisa 84–85 ▪ *Erwachender Sklave* 144–145 ▪ *Löwe im Kampf mit Schlange* 248

»Einzig antike Plastiken statten uns mit dem prototypischen Bild menschlicher Agonie aus.«

Nigel Spivey
Enduring Creation, 2001

metrie, Proportion und Schönheit betonten, prägten hellenistische Künstler einen naturalistischen, fließenden Stil. Statt förmlicher Eleganz und Gelassenheit bevorzugten sie das Theatralische, die Bewegung und den Ausdruck von Gefühlen und Gedanken. Anstelle idealisierter Schönheit trat nun Sinnlichkeit – die erste weibliche Aktstatue der Griechen wurde in dieser Zeit geschaffen –, und selbst Groteskes wurde Thema. Wo die klassische Kunst Allgemeingültiges darzustellen suchte, tendierten hellenistische Künstler zunehmend dazu, einen bestimmten Augenblick zu bannen.

Agonie und Ekstase

Die überlebensgroße *Laokoon-Gruppe* ist Inbegriff des hellenistischen Stils. Die Skulptur hält eine Episode aus der griechischen Mythologie fest, die Vergil in seinem Epos, der *Aeneis,* erzählt: Der trojanische Priester Laokoon und seine Söhne werden darin von einer riesigen, von der Göttin Athene gesandten Meeresschlange umschlungen. Angst und Schmerz sowie der verzweifelte Kampf spricht aus ihren gewundenen Posen. Im Zentrum steht Laokoon selbst, mit angespannten Muskeln, den Kopf nach hinten geworfen und die Augen gen Himmel gewendet: eine Haltung, die Künstler späterer Generationen als Sinnbild von Leid und Ekstase immer wieder aufgriffen. Sein jüngster Sohn (links) scheint der würgenden Schlange zu erliegen, der ältere, mit dem Blick auf Vater und Bruder gerichtet, könnte dem Todesgriff vielleicht entkommen. Der römische Naturphilosoph Plinius d. Ä. pries die Statue in seiner *Naturgeschichte* (77 v. Chr.) so: »Dieses Werk sollte allen Werken der Malerei und Bildhauerkunst vorgezogen werden – sowohl seines Bildes als auch seines Wertes als Statue wegen.«

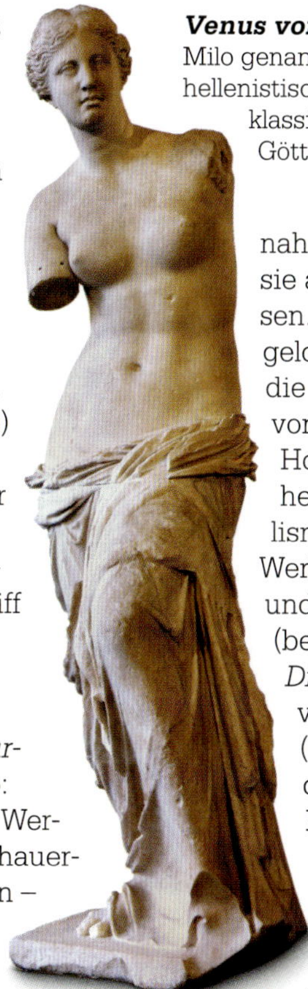

Venus von Milo, auch Aphrodite von Milo genannt (um 100 v. Chr.), ist die hellenistische Version eines beliebten klassischen Sujets. Sie zeigt die Göttin in spiralförmiger Pose.

Ausdrucksstärke

Nachdem die *Laokoon-Gruppe* lange verschollen blieb und man sie erst 1506 in einem Weinberg nahe Rom entdeckte, wurde sie als Meisterwerk gepriesen. Den jungen Michelangelo inspirierte sie dazu, die Balance zwischen der von der Klassik inspirierten Hochrenaissance und dem hellenistischen Naturalismus auszuloten. Seine Werke *Sterbender Sklave* und *Rebellierender Sklave* (beide um 1513) sowie *Die Sklaven* und seine vier »non-finito«-Figuren (um 1520–1534) zeigen den unmittelbaren Einfluss der *Laokoon-Gruppe* – und zwar in ihrem meisterhaft emotionalen Körperausdruck. Diese Qualitäten der hellenistischen Skulpturen beeinflussten Künstler der Hochrenaissance, des Manierismus und auch die Emotionalität der Bildhauer des Barock im 17. Jahrhundert. ■

Hagesandros, Athanadoros und Polydoros

Die *Laokoon-Gruppe* wurde im Palast des römischen Kaisers Titus ausgestellt, doch wie die meisten Plastiken im Besitz des römischen Adels war auch sie wohl das Werk eines Griechen. Es kann aber auch sein, dass Hagesandros, Athanadoros und Polydoros aus Rhodos nur ein früheres Werk (eine Bronzearbeit aus der Pergamon-Schule?) kopiert haben. Vielleicht war dies eine der letzten hellenistischen Auftragsarbeiten – denn um diese Zeit entwickelte sich in der Bildhauerei ein behäbigerer und weniger sentimentaler »hellenistisch-römischer« Stil: eine hybride Mischung aus etruskischen, griechischen und römischen Elementen, die den von den Römern favorisierten historischen Sujets entsprach.

STILISIERTE FORM UND SPIRITUELLE SCHÖNHEIT WURDEN ZU ERKENNBAREN EIGENSCHAFTEN DES BUDDHA-BILDES

BUDDHA-STATUEN VON BAMIYAN (1.–2. JH.)

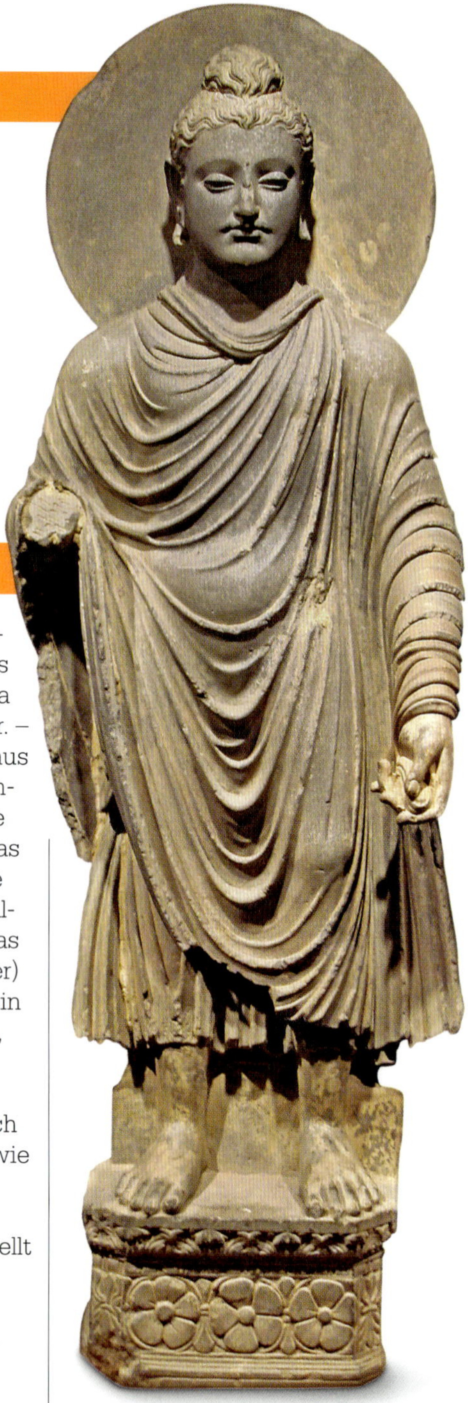

IM KONTEXT

SCHWERPUNKT
Frühe buddhistische Kunst

FRÜHER
3. Jh. v. Chr. Stupas (buddhistische Heiligtümer) in Sanchi und anderswo in Indien weisen Symbole auf, die Buddha repräsentieren.

2. Jh. v. Chr. Die Gemälde in den Ajanta-Höhlen in Westindien gehören zu den ersten Buddha-Porträts.

1. Jh. n. Chr. Buddha-Darstellungen in Südostasien enthalten Elemente des indo-griechischen Stils.

SPÄTER
5. Jh. Die nördlichen Dynastien in China entwickeln stilisierte Buddha-Bilder mit erkennbar chinesischen Gesichtszügen.

507 Der erste der beiden riesigen Buddhas in Bamiyan (heute Afghanistan) wird im Gandhāra-Stil aus der Felswand gemeißelt.

Der Buddhismus – die Philosophie und Religion aus den Lehren des Siddharta Gautama im 5. Jahrhundert v. Chr. – verbreitete sich von Nordindien aus rasch in Ostasien. Einige Jahrhunderte lang vermied buddhistische Kunst die Darstellung des Buddhas jedoch – selbst in Wandtafeln, die Szenen aus seinem Leben darstellten und die die Tempel und Stupas (kuppelartige Buddha-Heiligtümer) zierten. Stattdessen spielte z. B. ein leerer Thron, ein reiterloses Pferd, ein Fußabdruck oder der Bodhi-Baum, unter dem er Erleuchtung erlangte, auf den Buddha an. Auch abstrakte Symbole und Zeichen wie das Dharma-Rad repräsentierten ihn und seine Lehren.

Warum Buddha nicht dargestellt wurde, bleibt ungeklärt – zumal indische figurative Kunst, v. a. in Gemälden und Plastiken, bereits weit entwickelt waren. Erst im 1. Jahrhundert n. Chr. tauchten erste Buddha-Porträts auf, die indes nicht nur einer rein lokalen Kunsttradition entsprangen – in etwa zeitgleich mit dem Buddhismus wuchs nach den Eroberungen Alexanders des Großen im 4. Jahrhundert v. Chr. auch der griechische Einfluss auf die Kunst des indischen Subkontinents, und die herrschende Klasse im indo-griechischen Königreich um 180 v. Chr. (in der pakistanisch-afghanisch-nordindischen Region) band viele hellenistische Elemente, v. a. den zeitgenössischen griechischen Stil der Skulpturen, in ihre Kultur mit

Siehe auch: Bronzestatuen von Riace 36–41 ▪ *Laokoon-Gruppe* 42–43 ▪ Mark Aurel 48–49 ▪ Shiva als Nataraja 76–77 ▪ Niō-Tempelwächterstatuen 79 ▪ *Sechs Kakifrüchte* 101

Die Höhlentempel des Nirwana-Buddhas

Die Mogao-Grotten nahe Dunhuang (im Nordosten Chinas) wurden im 4. Jahrhundert zunächst als Buddha-Schreine angelegt und entwickelten sich zu einem aus fast 5000 Höhlentempeln bestehenden Komplex. Sie bergen eine Fülle buddhistischer Gemälde und Skulpturen aus fast 1000 Jahren. Der spezifische Dunhuang-Stil lässt sich am besten an den Tausenden von Buddha-Statuen – aus Stein wie aus bunt bemaltem Ton – erkennen. Zunächst wiesen sie klare Züge des indo-griechischen Stils auf, doch bald wurden ihre Gesichtszüge und ihre so natürlichen wie eleganten Posen erkennbar chinesisch. Häufig zeigen sie Buddha auf einem Thron sitzend (und nur selten im Lotussitz), manchmal ist er prachtvoll gekleidet und von Anhängern umgeben. Bemerkenswert ist v.a. die Nirwana-Höhle: Darin befindet sich eine riesige Statue des liegenden Buddhas aus der mittleren Tang-Dynastie (741–848), und ihre Wände sind mit Trauerszenen bemalt.

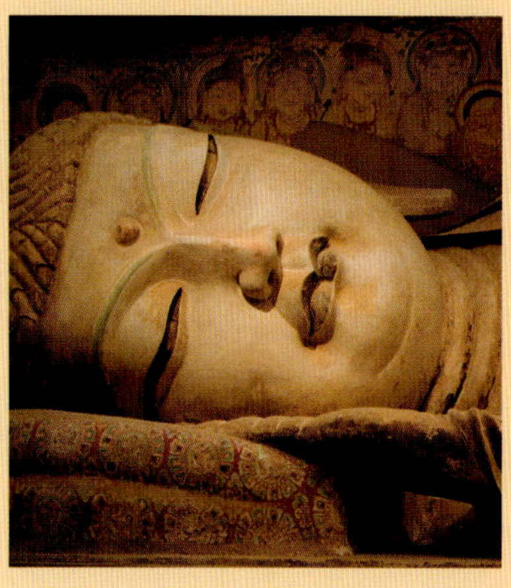

ein. Auch wirkte sich der Einfluss römischer Händler aus, wodurch in der Gandhāra-Region – einem wichtigen Knotenpunkt der Seidenstraße – eine hybride Kultur aus griechisch-römischen und buddhistischen Kunsttraditionen entstand. Hier wurden nach dem Fall des indo-griechischen Königreichs, während des Reichs der Kuschana (1.–3. Jahrhundert), erste Buddha-Bildnisse geschaffen.

Der Gandhāra-Stil

Diese ersten Porträts eines stehenden Buddhas waren aus Schieferstein. Jeder der Gandhāra-Buddhas (wie dieser links im Bild) war in seiner Sinnlichkeit erkennbar indisch gestaltet, doch sein Ausdruck ist mehr in der griechisch-römischen Ästhetik als in indischen Kulturtraditionen verankert. So erkennt man in der hier gezeigten Buddha-Statue auf Anhieb das einer römischen Toga ähnliche Gewand mit dem schwere Faltenwurf römischer Statuen derselben Zeit.

Auch die Haltung ist mehr europäisch als asiatisch: Die Figur steht eher förmlich auf einem schmalen Sockel – sie sitzt und agiert nicht, wie sonst in der indischen Kunst üblich. Man erkennt den für klassisch-griechische Skulpturen typischen, wenngleich hier nur angedeuteten Kontrapost: Das Gewicht erscheint nach rechts verlagert und das linke Bein leicht gebeugt. Der Buddha wird, wie in den buddhistischen Schriften beschrieben, barfuß dargestellt. Er ist frontal ausgerichtet und vermittelt so ausgeglichene und gelassene Autorität. Gerade die Gestaltung des Kopfes zeichnet den Gandhāra-Buddha als ein synkretistisches Werk griechisch-indischer Kunst aus: Ihn umgibt ein Nimbus, der in der griechischen Kunst Zeichen des Göttlichen ist, und obwohl das runde und weiche Gesicht einerseits typisch indisch erscheint, bringen beide Merkmale zugleich die idealisierte klassisch-distanzierte und gelassene Haltung griechischer Skulpturen zum Ausdruck. Einzelnes erscheint europäisiert, z. B. das Profil, das »

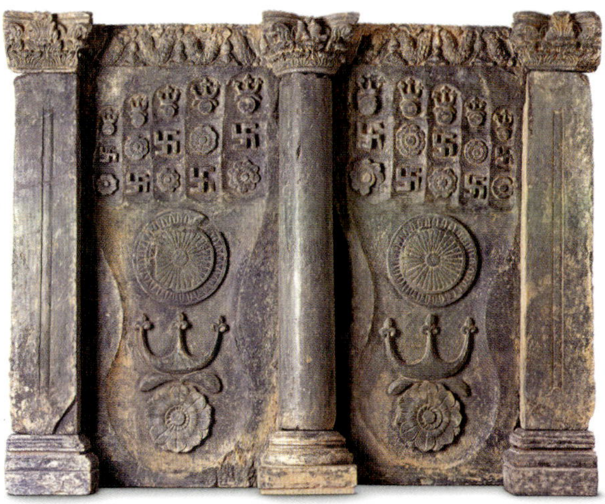

Buddhas Fußabdrücke *(buddhapada)* als Schnitzwerk repräsentierten häufig ihn selbst, v. a. vor der Entwicklung figurativer Kunsttraditionen. Die hier gezeigten stammen aus dem Gandhāra-Fries (1.–5. Jh.), das Rad in der Mitte symbolisiert *dharma,* einen zentralen Begriff der buddhistischen Lehre. Darüber finden sich Glückssymbole.

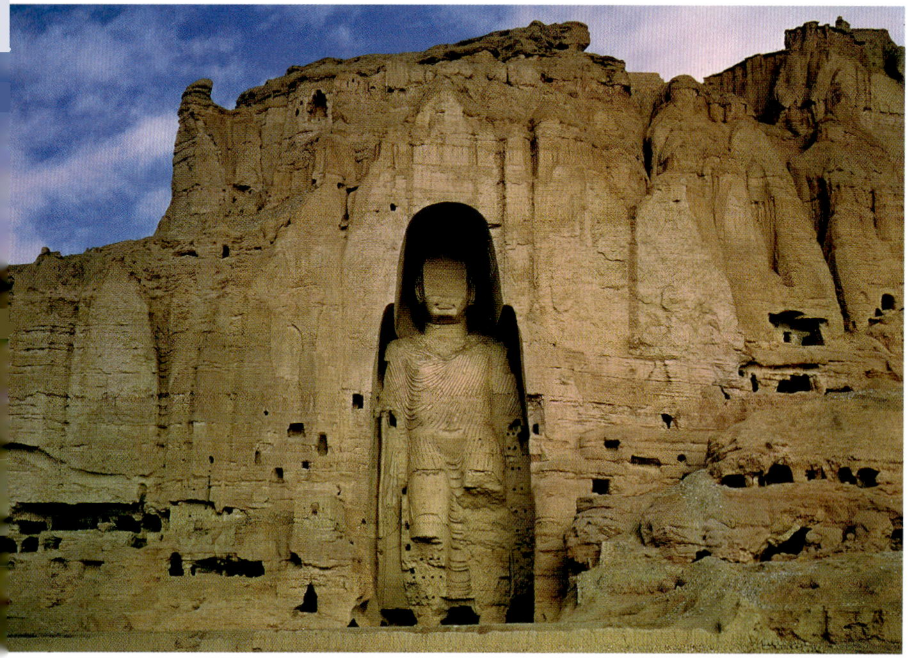

Zwei Giganten – die Gandhāra-Buddhas aus dem 6. Jh. in Bamiyan (Afghanistan) – wurden 2001 von den Taliban zerstört; hier die größere der beiden Statuen (55 m) vor ihrer Vernichtung.

mit der Nase in Verlängerung der Stirn ein typisch griechisches Merkmal aufweist, während die Augen ausgesprochen asiatisch anmuten. Die lang gezogenen Ohrläppchen erinnern daran, dass der Buddha einst ein wohlhabender Prinz war, der Ohrringe trug. Sie symbolisieren materiellen Verzicht. Der lockige Haarknoten auf dem Kopf, ein *ushnisha* genanntes Element buddhistischer Ikonografie, symbolisiert Erleuchtung. Auch er erinnert an griechische Porträts des Gottes Apoll mit ähnlich gestalteter Haartracht.

Darüber hinaus lassen Arme und Hände spezifisch buddhistische Merkmale erkennen. Der stehende Buddha wird typischerweise mit einer erhobenen rechten Hand dargestellt – mit der Geste der Furchtlosigkeit, des Schutzes und des Segnens (in der Figur auf S. 44 fehlt die rechte Hand). Diese Geste, die *abhayamudra,* gehört zu einer Reihe von Handgesten, Mudras genannt, die zum Bestandteil der elaborierten buddhistischen Ikonografie wurden. Die linke Hand zeigt die *varadamudra* – mit gesenkter Handfläche, die nach vorn weist – und symbolisiert Mitgefühl, Wohltätigkeit und Gnade.

» Eine alles durchdringende Moral und spirituelle Umgebung begann in Gandhāra Gestalt anzunehmen. «

Rafi U. Samad
The Grandeur of Gandhāra, 2011

Ikonografische Posen

Die stehenden Gandhāra-Figuren waren die ersten Buddha-Darstellungen, wobei schon bald weitere auftauchten, die ihn in diversen Posen, Asanas genannt, zeigten. Auch in der nordindischen Stadt Mathura (die ebenfalls zur Gandhāra-Region gehört) blühte – etwa zeitgleich – die buddhistische Kunst. Hier war jedoch der Einfluss lokaler Traditionen stärker, und der Buddha wurde meist sitzend, mit kaum mehr als einem Lendenschurz oder Schultertuch bekleidet, dargestellt. Und doch finden sich auch hier hellenistische Spuren von Realismus und Gelassenheit.

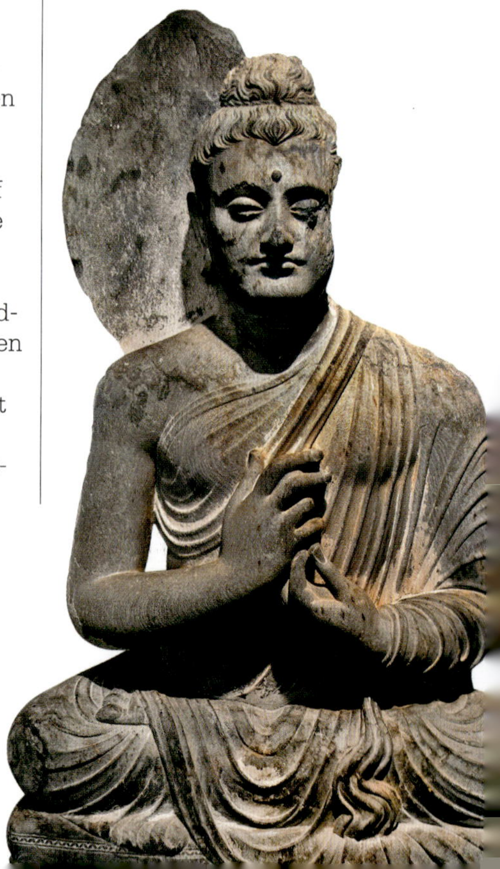

Die Hände dieses sitzenden Gandhāra-Buddhas formen das *dharmachakra*-Mudra: das Zeichen des »Raddrehens«, des buddhistischen Weges.

> »Letztlich ist das Bild nur ein Weg zum Verständnis und zur Erfahrung – ein Symbol, das über sich hinausweist.«
>
> **Albert C. Moore**
> *Iconography of Religions,* 1977

Mit den frühen Mathura-Figuren entwickelte sich eine neue ikonografische Tradition, die den Buddha im Lotussitz und in Meditation versunken zeigt, eine Pose, die man seither mit Buddha-Statuen in Verbindung bringt. Wie bei den stehenden Statuen zeigen auch die Arme und Hände dieser Skulpturen stets gängige Mudras: Häufig ruht die linke Hand mit der Innenfläche nach oben im Schoß, während die rechte zum Boden weist – eine Geste, die Buddhas Erleuchtung und seinen Sieg über den Dämon Mara symbolisiert.

Später wurde der sitzende Buddha auch in Posen der Unterweisung dargestellt. Eine damit in Verbindung stehende Mudra ist jene, die das Drehen des »Rads der Lehre« versinnbildlicht: Daumen und Zeigefinger der linken Hand berühren einander sowie die Handfläche der rechten Hand. Bisweilen wird der Buddha auch liegend, auf die rechte Seite gestützt, gegeben. Diese Statuen zeigen ihn am Ende seines Lebens – vor dem Eintritt ins Nirwana.

Buddhistische Evolution

Die zur Zeit des Kuschana-Reichs etablierten ikonografischen Elemente legten die Grundsteine für die Darstellung des Buddha in der gesamten buddhistischen Welt. Mit der Verbreitung seiner Lehre weit über Indien hinaus schrumpfte der Einfluss des indo-griechischen Stils. Etwa bis zum 7. Jahrhundert wurde der Buddha z. B. meist in bescheidener Mönchskleidung gezeigt, später aber auch in der kostbaren, mit Juwelen geschmückten Robe eines Prinzen. Andernorts in Südostasien folgte man indischen Buddha-Darstellungen, passte sie jedoch – wie in China, Korea und Japan – jeweils an die örtliche Ästhetik an. Einige dieser ikonografischen Veränderungen prägen das Buddha-Bild bis in unsere Tage. So sieht man in Südostasien häufig schlanke, elegante Buddha-Figuren auf einem Thron sitzend, den Kopf in eine Hand gestützt, oder aber im Lotussitz meditierend – und mit der Handhaltung der *dhyanamudra:* Hierbei liegt der rechte Handrücken auf der linken Handfläche, die Daumenspitzen berühren sich, und die Hände verweilen im Schoß. ■

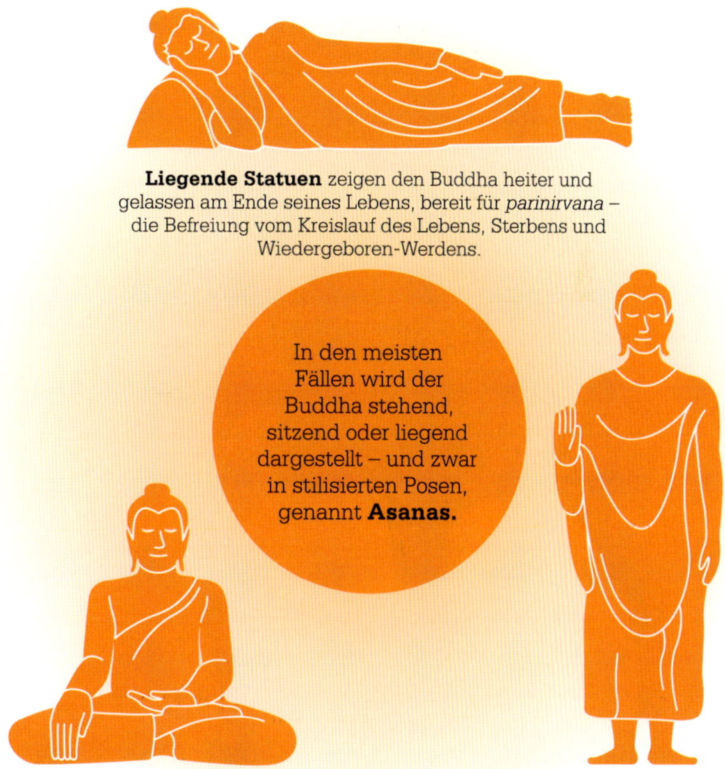

Liegende Statuen zeigen den Buddha heiter und gelassen am Ende seines Lebens, bereit für *parinirvana* – die Befreiung vom Kreislauf des Lebens, Sterbens und Wiedergeboren-Werdens.

Gewöhnlich wird der Buddha **sitzend** dargestellt – typischerweise im Lotussitz und entweder meditierend oder lehrend. Die Finger seiner rechten Hand weisen hier nach unten: Die Geste ruft die Erde als Zeugin an.

Stehende Figuren zeigen den Buddha meistens mit erhobener rechter Hand – die Geste der Furchtlosigkeit und des Schutzes.

DER MONUMENTALSTE UND ERHABENSTE SICHTBARE AUSDRUCK SEINER MACHT

MARK AUREL (UM 176 V. CHR.)

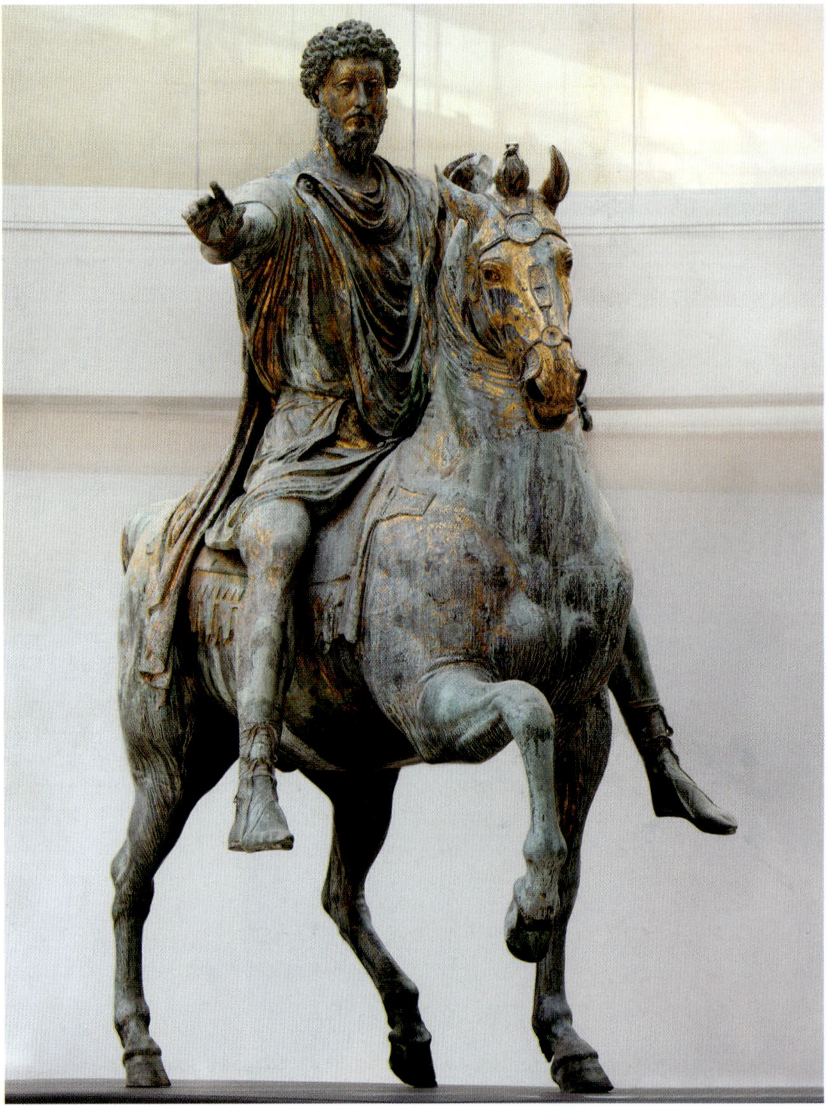

IM KONTEXT

SCHWERPUNKT
Reiterdenkmal

FRÜHER
um 550 v. Chr. Das marmorne archaische Reiterstandbild »Reiter Rampin« entsteht in Athen (Griechenland).

210–209 v. Chr. Die Reiter der Terrakotta-Armee, die den chinesischen Kaiser Qin Shihuangdi ins Grab begleiten, stehen neben ihren Pferden.

SPÄTER
um 200 n. Chr. Eine Reiterstatue aus Bronze, Regisole (»Sonnenkönig«) genannt, entsteht in Ravenna (Italien).

1598 Giambolognas Reiterstatue von Cosimo I. de' Medici wird in Florenz aufgestellt.

In der westlichen Kunst haben Reiterstandbilder eine lange Tradition. Früheste Beispiele stammen aus der archaischen Periode der griechischen Antike (um 600–480 v. Chr.) und zeigen eher ein idealisiertes Bild von Pferd und Reiter als einen realen Charakter.

Die Reiterstatue als Gedenkskulptur, mit der ein Held der Armee oder ein politischer Führer geehrt wurde, ist dagegen eine römische Erfindung. So wurden bekanntermaßen seit dem 6. Jahrhundert v. Chr. mindestens 22 Statuen römischer Generäle und Herrscher öffentlich in Rom aufgestellt. Die meisten wurden aus Bronze gegossen und häufig vergoldet, viele davon später aber wegen des Materialwerts wieder eingeschmolzen. Nur die prächtige Statue Kaiser Mark Aurels überlebte bis in unsere Tage.

Siehe auch: Assyrische Löwenjagd-Reliefs 34–35 ▪ Bronzestatuen von Riace 36–41 ▪ *Laokoon-Gruppe* 42–43 ▪ Trajanssäule 57 ▪ *Sir John Hawkwood* 162 ▪ *Reiterstandbild des Bartolomeo Colleoni* 163 ▪ *Hambletonian Rubbing Down* 225

Das ursprünglich aus diversen Bronzeteilen zusammengeschweißte Standbild folgt der klassisch-griechischen Tradition eines idealisierten Porträts, mit Betonung wichtiger Charakterzüge durch einen realistischen Stil. Man nimmt an, dass Mark Aurels Reiterdenkmal um 176 v. Chr. errichtet wurde – nach seinem triumphalen Sieg über die Germanen. Er wird in Siegerpose, jedoch nicht in kriegerischer Haltung gezeigt, mächtig, aber würdevoll. Die Statue ist überlebensgroß und steht auf einem Sockel, sodass der Betrachter – buchstäblich wie metaphorisch – zum Kaiser aufschauen muss.

Weise und tugendhaft

An dem prächtigen Pferd lassen sich die angespannten, ausgeprägten Muskeln erkennen. Es spitzt die Ohren, ist bereit zum Galopp, der erhobene rechte Vorderlauf unterstreicht den Eindruck seiner Kraft. Im Zentrum steht jedoch der Reiter, wobei die unter Kontrolle gehaltene Kraft seines Pferdes dessen Macht betont. Kopf und Nacken des Tiers verdeutlichen, dass es in seiner Energie gebremst wird, die (heute fehlenden) Zügel verweisen auf des Kaisers linke Hand: Locker gehalten versinnbildlicht sie die sanfte, aber doch effektive Art seiner Herrschaft.

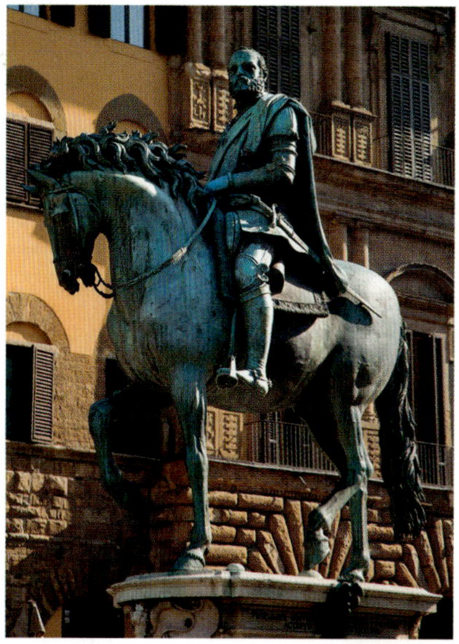

Giambolognas Bronzestatue Cosimos I. de' Medici war die erste Reiterstatue in Florenz – sie wurde 1598 erschaffen und überall in Europa kopiert.

Jeder Aspekt der Statue dient dem Ziel, den Kaiser als weisen, tugendhaften Führer zu porträtieren. Bart und Lockenkopf weisen ihn als Philosophenkaiser aus, sein entspannter Blick nach unten offenbart eine wohlwollende Haltung gegenüber seinen Untertanen. Das militärische Gewand zeigt ihn als Soldaten, und die Position auf dem Pferd macht ihn zum Kommandeur. Indem Mark Aurel in Friedenszeiten als Militärführer protrãtiert wurde, präsentierte man ihn als Kaiser, der für seinen Widerwillen gegenüber dem Einsatz militärischer Stärke (es sei denn für friedliche Ziele) berühmt war. Der ausgestreckte rechte Arm symbolisiert imperiale Macht, in der Geste gibt sich aber auch die Gnade besiegten Feinden und die Sanftmut dem Volk gegenüber zu erkennen – etwa in den nur leicht gebeugten Fingern, die eher einen väterlichen Gruß zum Ausdruck bringen.

Regeneration und Erneuerung

Das Reiterdenkmal erlebte eine Wiederbelebung in Zeiten der Renaissance. Als Form der Gedenkkunst zeigt es das neu erwachte Interesse an den klassischen Idealen. Der griechisch-römische Stil und eine immer realistischere Figurendarstellung offenbarten den zunehmend humanistischen Ethos jener Zeit.

Mark Aurels Statue wurde 1538 auf Geheiß Papst Pauls III. auf dem Kapitol in Rom errichtet. Michelangelo entwarf einen architektonischen Gesamtkomplex dafür, die Piazza del Campidoglio. Damit ließ er die Kaiserstatue wie das Reiterdenkmal als Genre neu aufleben. ▪

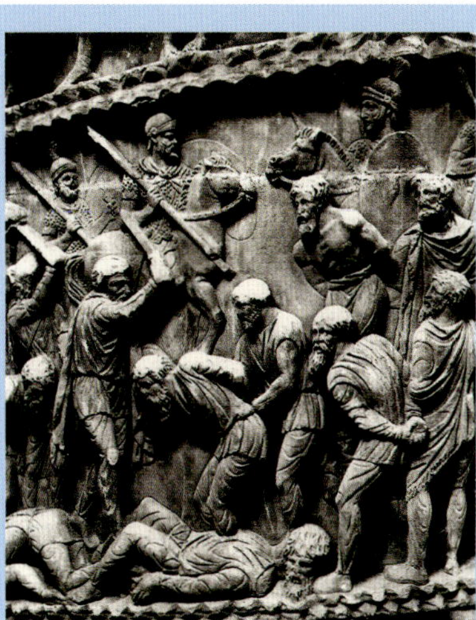

Die Triumphsäule

Römische Herrscher wurden in Form von Skulpturen unterschiedlichster Art – ob Büsten, Statuen oder Triumphsäulen – verehrt. Eine Marmorsäule (um 180–196) zu Ehren Mark Aurels und seiner Siege über die Markomannen und Sarmaten zeigt einen Spiralfries mit Siegesszenen (im Bild werden germanische Adelige geköpft). Die Reliefs offenbaren einen Wandel vom hellenistischen Stil hin zu einer eher düsteren und expressiveren Kriegsdarstellung.

DAS GESICHT THEOTIHUACÁNS

THEOTIHUACÁNS MASKE (UM 50–600)

In der klassischen Kulturperiode Mesoamerikas entwickelten sich aus der Olmekenkultur entlang des Golfs von Mexiko zwei große Zivilisationen: Im Gebiet, das heute zu Südmexiko und Guatemala gehört, errichteten die Maya eine Reihe von Stadtstaaten, die von etwa 300 bis 600 n. Chr. ihre Blütezeit erlebten. Daneben entwickelte sich in der zentralmexikanischen Stadt Theotihuacán eine weitere Zivilisation, die in ihrer Blütezeit um 450 n. Chr. auf eine Bevölkerung von über 150 000 Menschen anwuchs und ihr Herrschaftsgebiet auf weite Teile Zentralamerikas ausweitete.

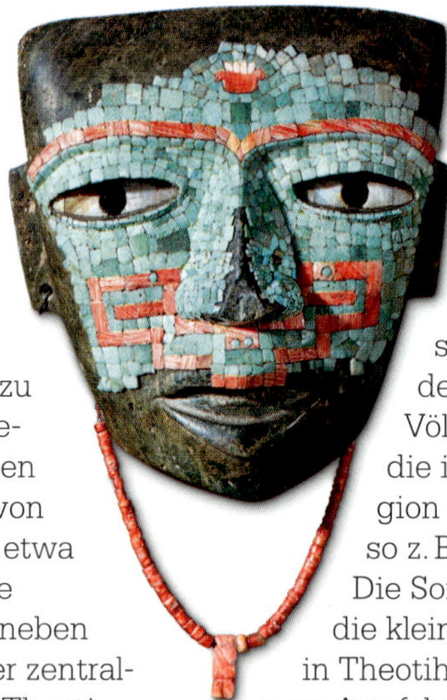

Künstlerische Traditionen

In beiden Kulturen entstanden prächtige pyramidenförmige Tempel. Ihre Erbauer müssen versierte Steinmetze gewesen sein, die monumentale Gebäude zu gestalten wussten. Steinskulpturen und -reliefs zierten die Bauwerke ebenso wie Wandmalereien. In ihnen fanden sich stilisierte Abbildungen der Gottheiten beider Völker sowie der Rituale, die in der jeweiligen Religion eine Rolle spielten, so z. B. Menschenopfer. Die Sonnenpyramide und die kleinere Mondpyramide in Theotihuacán bargen kleinere Artefakte, denen man eine religiöse Bedeutung zuschreibt, darunter häufig stilisierte Gesichtsmasken aus Ton oder Mineralien wie Jade und Basalt, die mit Muschel- oder Obsidianeinlagen geschmückt wurden. Die hier abgebildete lebensgroße Theotihuacán-Maske aus Stein ist mit Obsidian, Korallen, Türkisen und Muscheln besetzt. Das starrende Gesicht mit den großen, mandelförmigen Augen lässt weder Alter noch Geschlecht erkennen. Solche Masken waren nicht mit Augenlöchern versehen und wurden nicht getragen; vielmehr dienten sie als Grabmasken und wurden mumifizierten Verstorbenen aufgesetzt. Kunst aus Theotihuacán fand überall in Mesoamerika Bewunderung. Ihr Einfluss überdauerte auch den plötzlichen Niedergang der Stadt um das Jahr 550. Deren Ruinen wurden erst im 14. Jahrhundert von den Azteken wiederentdeckt, die in den Kunstobjekten die Wurzeln ihrer eigenen Kultur ausmachten und der Stadt ihren sprechenden Namen gaben: »Wo man zu einem Gott wird«. ■

Siehe auch: Statuen der Osterinsel 78 ▪ Wandgemälde von Bonampak 100 ▪ Göttin Coatlicue 132–133 ▪ Benin-Bronzen 153

IM KONTEXT

SCHWERPUNKT
Mesoamerikanische Kunst

FRÜHER
vor 900 v. Chr. Die Olmeken an der mexikanischen Golfküste schnitzen kleine Figurinen und »Kolossalköpfe« aus Basaltbrocken.

SPÄTER
8. Jh. Die Maya halten in den eindrucksvollen und farbigen Wandgemälden in Bonampak (heute Chiapas) rituelle Bräuche sowie politische und Kriegsereignisse fest.

11. Jh. Die Tolteken errichten prächtige Steinsäulen mit Bildnissen kampfbereiter Krieger in Tula (Zentralmexiko); die Säulen tragen das Dach des Pyramidentempels.

15. Jh. Mexiko wird von den Azteken beherrscht. Ihre versierten Steinmetze schaffen zahlreiche religiöse Figuren und Symbole.

EINE NEUE ART FIGÜRLICHER KOMPOSITION

SARKOPHAG DES JUNIUS BASSUS (UM 359)

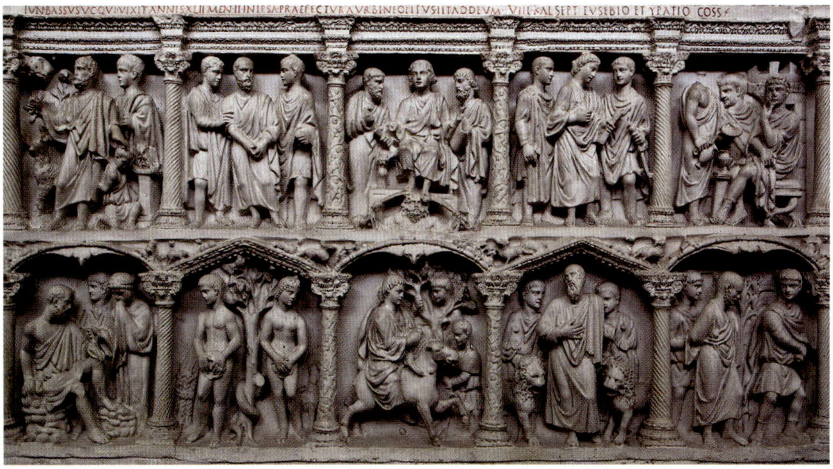

Der Beginn der eindeutig identifizierbaren und explizit christlichen Kunst lässt sich auf die Mailänder Vereinbarung unter Kaiser Konstantin im Jahr 313 zurückführen. Mit ihr endete die Christenverfolgung im Römischen Reich. Zu denen, die sich in dieser Zeit zum Christentum bekannten, gehörte der Präfekt Junius Bassus, der kurz vor seinem Tod im Jahr 359 konvertierte. Wie viele höhergestellte Persönlichkeiten zog er der Feuer- eine Erdbestattung vor, warum für seine menschlichen Überreste ein Sarkophag gebaut wurde. Er ist aus Marmor, und den Deckel sowie drei Seiten schmücken Hochrelieftafeln im zeitgenössischen römischen Stil. Darin sind offensichtlich christliche Motive dargestellt, u. a. Christus selbst sowie Szenen aus dem Alten und Neuen Testament – z. B. in der oberen Reihe (1. Tafel links) die Opferung Isaaks oder in der unteren Reihe (2. Tafel) Adam und Eva unter dem Baum der Erkenntnis.

Siehe auch: Wandmalerei in Dura Europos 57 ▪ Wiener Genesis 57 ▪ Theuderich-Schrein 62–63 ▪ Baptisterium-Kanzel in Pisa 84–85

IM KONTEXT

SCHWERPUNKT
Frühchristliche Ikonografie

FRÜHER

spätes 2. Jh. Die Katakomben in Rom werden mit Fresken und Skulpturen im römischen Stil und mit Bezügen zum Christentum geschmückt.

um 330–340 Der »Dogmen«-Sarkophag mit steinernen Hochreliefs zu den Dogmen des 1. christlichen Konzils von Nicäa im Jahr 325 wird in der Basilika di San Paolo Fuori le Mura in Rom aufgestellt.

SPÄTER

spätes 4. Jh. Elfenbeintafeln mit eingeschnitzten Szenen aus der Heiligen Schrift zieren die wahrscheinlich in Mailand geschaffene hölzerne »Lipsanothek von Brescia«.

5. Jh. Die Basilika Santa Maria Maggiore wird in Rom erbaut und ihre Wände mit gemalten Szenen aus dem Alten Testament geschmückt.

Im Zentrum der oberen Reihe erkennt man Christus in natürlicher Pose, jung und bartlos. Diese Darstellung weicht deutlich von der älteren Figur mit langen Haaren und Vollbart ab, die aus späteren christlichen Werken bekannt ist. Er hält eine Schriftrolle in der Hand, und neben ihm stehen die Heiligen Petrus und Paulus. Die Römer nannten die Szene *Traditio Legis*, »Gesetzesübergabe«. In einem deutlich heidnischen Bildelement erkennt man Caelus, den römischen Himmelsgott, zu Füßen Christi, während dieser den beiden Heiligen die Führungsrolle in der Kirche übergibt. ▪

GEKLEIDET FÜR IHRE EWIGE GEGENWART UNTER DEN GÖTTLICHEN

MOSAIKE DES KAISERS JUSTINIAN UND DER KAISERIN THEODORA (UM 547)

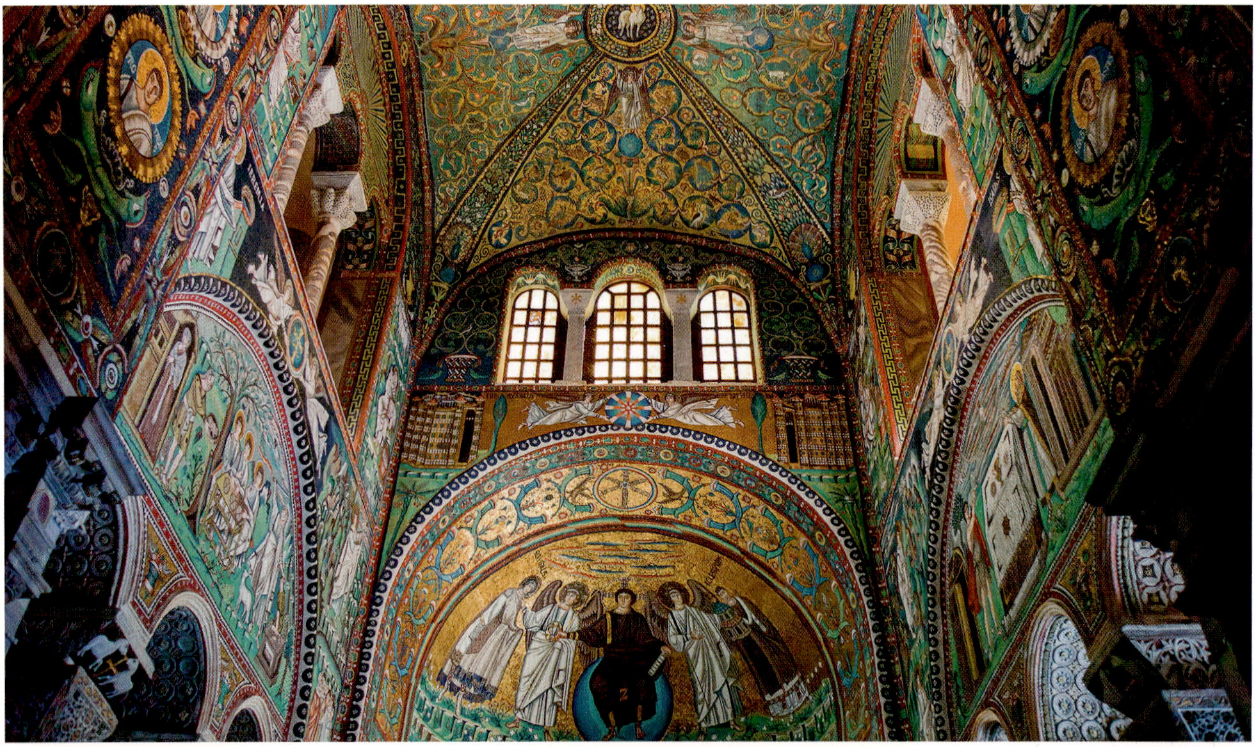

IM KONTEXT

SCHWERPUNKT
Byzantinische Ästhetik

FRÜHER
um 430 Der Innenraum des römischen Mausoleums der Galla Placidia in Ravenna (Italien) wird mit byzantinischen Mosaiken versehen: Himmelssterne um ein goldenes Kreuz.

532 Kaiser Justinian lässt die Hagia Sophia in Konstantinopel (Istanbul) errichten. Die neue Kirche wird reich mit Mosaiken geschmückt.

SPÄTER
11. Jh. Unter der Herrschaft der Mazedonier wird im Byzantinischen Reich die Elfenbeinschnitzerei wiederbelebt.

13. Jh. Nach der Wiederherstellung der byzantinischen Herrschaft in Konstantinopel treten Fresken als narrativer Kirchenschmuck an die Stelle einstiger Mosaike.

Siehe auch: Mark Aurel 48–49 ▪ Alexander-Mosaik 57 ▪ Glasfenster der Kathedrale von Chartres 80–83 ▪ *Die Arnolfini-Hochzeit* 112–117

In den ersten drei Jahrhunderten nach dem Tod Christi verbreitete sich im Mittelmeerraum und darüber hinaus das frühe Christentum – trotz Gegenwehr der römischen Regionalstatthalter, die die neue Religion als lästigen Kult ansahen und für Unruhen verantwortlich machten. Christen wurden verfolgt und häufig in den Untergrund gezwungen. In dieser repressiven Umgebung entwickelte sich zunächst eine christliche Kunst in Form von Katakombenfresken und -plastiken, die zentrale Glaubenssätze weniger explizit und mehr in Form von Allegorien und Anspielungen ausdrückte.

Die offizielle Haltung dem Christentum gegenüber änderte sich, als Konstantin der Große (um 280–337) im Jahr 312 unangefochtener Herrscher des Weströmischen Reichs wurde. Seinen Sieg schrieb er dem Übertritt zum Christentum zu, nachdem er die Vision eines Flammenkreuzes am Himmel gehabt hatte. Doch es gab auch politische Gründe für die Unterstützung der Christen. Im Jahr darauf verabschiedeten Konstantin und Licinius, Kaiser des Oströmischen Reichs, die Vereinbarung von Mailand, die die Religionsfreiheit festschrieb und damit das Ende des Heidentums einleitete.

Eine neue Hauptstadt

Konstantin vereinte 324 West- und Ostreich, errichtete seine neue Hauptstadt in Byzanz und nannte sie zu seinen eigenen Ehren ab 330 Konstantinopel (heute Istanbul). Nach Niedergang des Weströmischen Reichs verlagerte auch die Kirche ihr Zentrum dorthin. Das verhalf der christlichen Kunst und Tradition zu einem Neubeginn. Fortan entwickelte sie sich getrennt von der römischen Kultur, was schließlich zur Kirchenspaltung führte.

Römische und griechische Künstler und Handwerker kamen in die neue Reichs- und Kirchenhauptstadt Konstantinopel. Auf dem Scheideweg zwischen Ost und West trafen sie hier auf Anregungen aus Arabien und Persien, und der sinnliche Reichtum orientalischer Kunst bot Künstlern eine neue Bildsprache für christliche Mystik, die in der griechisch-römischen Tradition kaum Platz gefunden hatte.

Byzantinische Kunst

Anders als frühchristliche Kunst, die unweigerlich schlicht blieb, zeigte die byzantinische ein auffälliges, extrovertiertes und herrschaftliches Gesicht. Anstelle gedämpft-farbiger Stuckarbeiten, mit denen römische Christen die Wände ihrer Katakomben geschmückt hatten, wurden die Innenräume byzantinischer Kirchen mit bunt gemischtem Marmor und goldglänzenden oder vielfarbigen Mosaiken nach der opulenten Art königlicher Paläste ausgekleidet. Mosaike wurden in Rom und Griechenland schon seit Langem als Boden- und Brunnendekoration verwendet, doch erst die byzantinische Kirche erhob sie zur Kunst und wies ihnen nun einen Platz an den Wänden und Decken ihrer Gotteshäuser zu. Einige der schönsten byzantinischen Mosaike lassen sich in der Basilika San Vitale in Ravenna (Italien) bewundern. »

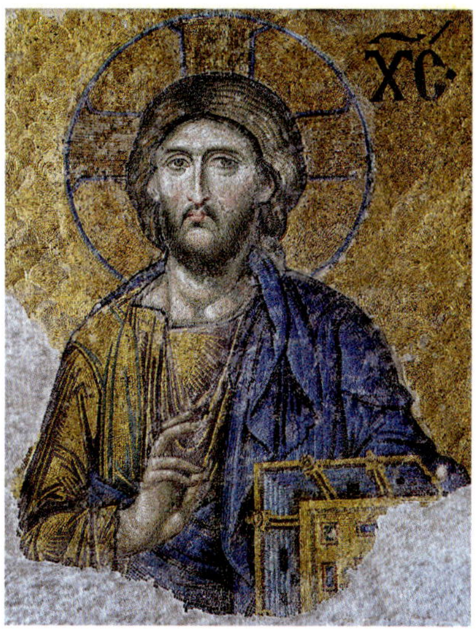

Das Mosaik des Christus Pantokrator in der Hagia Sophia (Istanbul) zeigt Christus – mit segnender rechter Hand – als allmächtigen Richter über die Menschheit.

Die Mosaike von San Vitale

Die Basilika San Vitale, 547 vom byzantinischen Bischof Maximian geweiht, gehört zu den wenigen bis heute erhaltenen byzantinischen Kirchen der Zeit Kaiser Justinians (reg. 527–565). Während seiner langen Herrschaft gab er in Konstantinopel zahlreiche Bauwerke und Restaurierungen in Auftrag, so z. B. die Hagia Sophia. Im Jahr 554 machte er Ravenna zu seinem Reichssitz im Westen – und die überbordenden Mosaike in San Vitale verliehen dieser Rolle der Stadt angemessenen Ausdruck.

Die achteckige, relativ kleine Kirche mit Kuppeldach ziert ein luftiger marmorner Innenraum, dessen Apsis und Chor ihr etwas Überwältigendes verleiht: Wände und Decken sind mit glänzenden Mosaiken aus winzigen Buntglasscheiben und Goldkacheln besetzt. Ausführung und Thema der Mosaike sind beispielhaft für den byzantinischen Stil: Symbolische Darstellungen des Göttlichen vermitteln darin die religiöse Lehre. Figuren werden in starren Posen und stilisierten Faltengewändern porträtiert und zeigen kaum emotionalen Ausdruck. Sie scheinen vor einem undefinierten Hintergrund zu schweben und suggerieren damit Transzendenz von Zeit und Ort. Der blaue Himmel klassischer Darstellungen wird hier durch einen Goldgrund ersetzt, der einen paradiesischen Zustand in einem unbestimmten Raum-Zeit-Gefüge heraufbeschwört.

Alle Flächen im Altarraum und in der Apsis sind mit Mosaiken besetzt. Vor einem farbigen Hintergrund aus Blüten- und Blattmotiven, abstrakten Mustern und allerlei Tierarten zeigen sie Propheten, Heilige und Szenen aus dem Alten Testament. Die halbrunde Apsisdecke schmückt eine Christusdarstellung: In violetter Robe thront der Heiland auf der Erdkugel. Ihm zur Seite stehen Engel, St. Vitalus und der Kirchengründer, Bischof Ecclesius. Die wie aus dem Jenseits anmutenden Figuren mit teilnahmslosem Ausdruck erzeugen einen Eindruck mystischer Vollkommenheit.

Justinian und Theodora

Zwei Mosaike an den Seitenwänden des Chors vermitteln der Gemeinde die tiefe Verbindung zwischen Kirche und Reich: Eines zeigt Kaiser Justinian, das andere seine Frau Theodora. Groß, kantig und eindrucksvoll erscheint Justinian als politischer und spiritueller Führer, auf der einen Seite flankiert von einem Soldatentross, auf der ande-

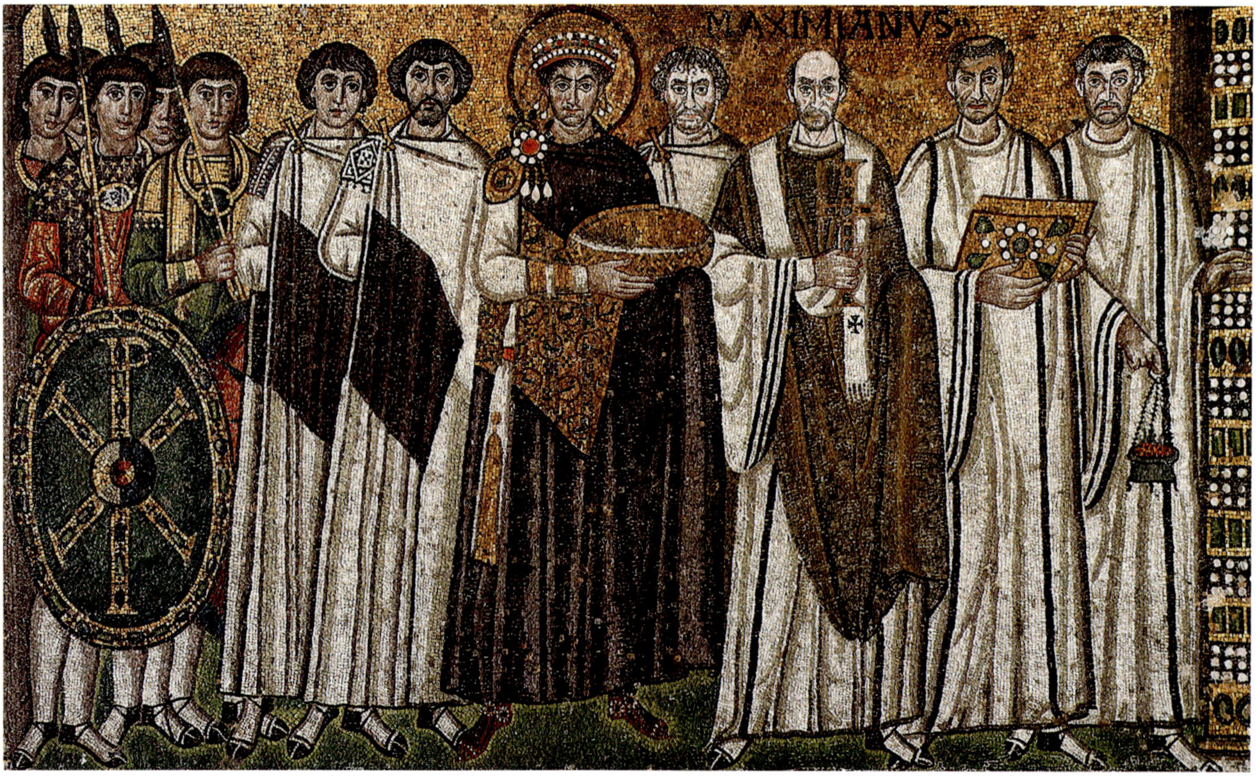

Kaiser Justinian mit einer Gruppe Geistlicher und Soldaten. Einer von ihnen hält den Schild mit dem Christusmonogramm, was die Verbindung von Reich und Kirche untermauert.

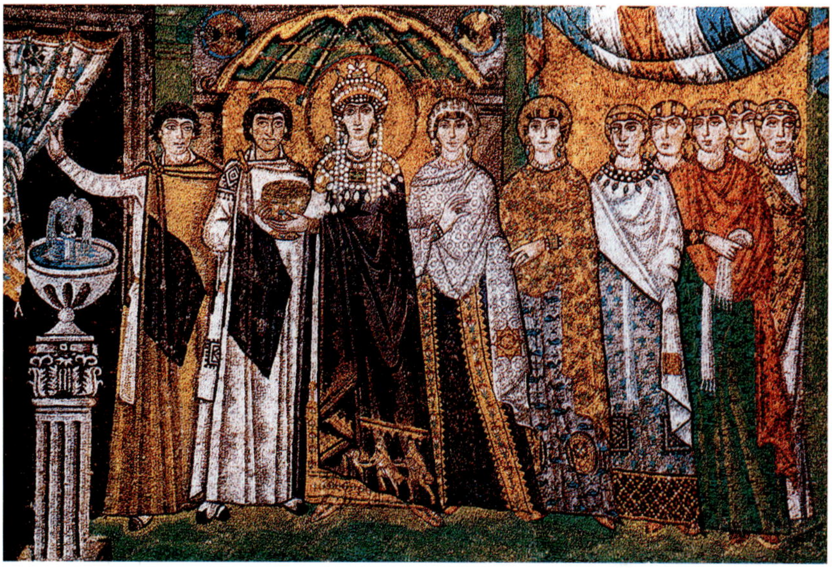

Kaiserin Theodora hält den Weinkelch zur Kommunion in der Hand; der Heiligenschein und ihre prächtige Robe spielen auf ihre religiöse und politische Bedeutung an.

ren von Priestern unter der Leitung des Erzbischofs Maximianus mit juwelenbesetztem Kreuz in der Hand. Justinian trägt eine violette Reichsrobe und eine Krone. Seinen Kopf umgibt ein Nimbus. Auf der gegenüberliegenden Seitenwand wird die Kaiserin ähnlich dargestellt: begleitet von Hofdamen, prachtvoll gekleidet sowie mit Juwelen, einer Krone und einem Heiligenschein geschmückt.

Auch die Figuren dieser beiden Wandtafeln nehmen eine starre, formelle Pose ein. Die Nimben des Kaiserpaars erinnern an die göttliche Legitimation ihrer kaiserlichen Autorität. Die Gesichter der zentralen Figuren weisen einen Hauch von persönlichem Ausdruck und Charakter auf und machen sie so zu Individuen. Jenseits dessen vermitteln sie jedoch keinerlei Tiefe oder Gewicht. Die flachen, stilisierten und frontalen Darstellungen verleihen ihnen eine für den byzantinischen Stil typische Abstraktheit, während der dominante Goldglanz der mit Edelsteinen reich geschmückten Gewänder die kaiserliche Pracht demonstriert.

» Gott sieht man mit dem geistigen, nicht mit dem fleischlichen Auge. «

Theodulf von Orléans
Libri Carolini, um 790

Hier werden römische Figuren auf eine Weise mit religiöser Ikonografie verwoben, die, herrschaftlich und christlich zugleich, als Hoheitszeichen von Justinians Herrschaft fungiert.

Ikonen

Der Symbolgehalt früherer byzantinischer Mosaike fand sich später auch in anderen Genres wieder, etwa in Skulpturenreliefs, Wandgemälden und Keramiken, v. a. aber in der spätbyzantinischen Ikonenmalerei. Zum Ende des 11. Jahrhunderts hatten sich die Kirchen unwiederbringlich entzweit, mit ihrem jeweiligen Sitz in Rom bzw. Konstantinopel. Obwohl sie einander hie und da künstlerisch befruchteten – wie das Innenraumdekor der Sankt-Markus-Basilika in Venedig und bis zu einem gewissen Grad der weiche Stil im 14. und 15. Jahrhundert erkennen lassen –, so führte die Trennung zwischen der römisch-katholischen und den orthodoxen Ostkirchen doch zu ganz unterschiedlichen Entwicklungen ihrer jeweiligen Kunst.

Das byzantinische Reich bestand bis zur Eroberung Konstantinopels durch die Osmanen 1453 fort. Der durch Sinnlichkeit und Symbolhaftigkeit gekennzeichnete byzantinische Stil sollte die Kunst noch jahrhundertelang beeinflussen. ■

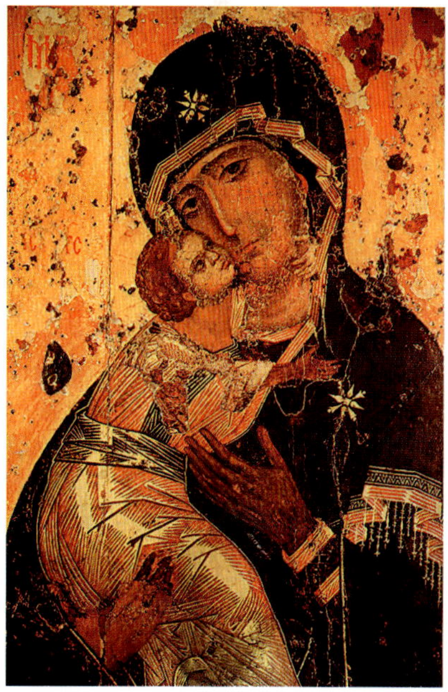

Stilisierte Abstraktion, typisch für byzantinische Kunst, prägt die *Gottesmutter von Wladimir* (1131): kantige Gesichtszüge, schwungvolle Konturen der Figuren und goldglänzende Draperie.

PORTFOLIO

BEMALTE KALKSTEINBÜSTE DER KÖNIGIN NOFRETETE
(UM 1350 V. CHR.)

Deutsche Archäologen fanden 1912 in Amarna, der Hauptstadt des ägyptischen Pharaos Echnaton, die Büste seiner Frau Nofretete. Königliche Autorität und erlesene Schönheit ließen ihr Porträt zu einem der berühmtesten Symbole der antiken Welt werden. Die Büste blieb erstaunlich gut erhalten. Sie ist aus Kalkstein und wurde mit Gipsputz ummantelt. Ihr Bildhauer, Thutmosis, ließ sie in seinem Atelier zurück. Zusammen mit weiteren Büsten diente sie einst als Modell für Künstler, die sich an Porträts der Königin versuchten.

ACHILL UND AJAX BEIM BRETTSPIEL
(UM 530 V. CHR.), EXEKIAS

Nahezu sämtliche großen Gemälde der griechischen Antike sind verloren gegangen – und so stammt unser Wissen über die antike Malerei v. a. von Vasendekors. Ein Beispiel – ausgeführt als »schwarzfigurige« Malerei, bei der Bilder in eine aufgebrachte Schlickerschicht gemalt und geritzt und beim Brennen schwarz wurden – zeigt zwei Kämpfer im Trojanischen Krieg beim Brettspiel, mit dem sie sich die ermüdende Zeit der Stadtbelagerung Trojas vertreiben. Ihr Schöpfer, Exekias, arbeitete Ende des 6. Jahrhunderts v. Chr. als Töpfer und Maler in Athen. Er gilt als bedeutendster Vertreter seiner Kunst und war für seine Bildkompositionen und Expertisen in der Figurenzeichnung bekannt.

PARTHENONFRIES
(447–432 V. CHR.), PHIDIAS

Der Tempel der Göttin Athena Parthenos (Jungfrau Athene) gehört weltweit zu den Meisterwerken der Architektur. Klarheit und Harmonie zeichnen dieses Bauwerk auf dem Höhepunkt klassisch-griechischer Kunst aus. Die Krönung ist ein prächtiges Skulpturenrelief, der Parthenonfries, der (vor seiner teilweisen Entfernung im frühen 19. Jahrhundert) 160 m lang war und 378 Charaktere sowie 245 Tiere zeigte. Aus Marmor geschnitzt, ursprünglich farbig bemalt und mit Metallstücken (z. B. für Waffen) versehen, machten ihn v. a. die ausdrucksstarken Menschenporträts berühmt – die in krassem Gegensatz zu den steifen Figuren früherer Plastiken der klassischen Antike stehen.

SKULPTUREN IM MAUSOLEUM VON HALIKARNASSOS
(4. JH. V. CHR.), SKOPAS

Das Mausoleum wurde für den König Mausolos von Karien (heute Türkei) errichtet, der 353 v. Chr. starb. Es wurde auf einem Hügel oberhalb von Halikarnassos (dem heutigen Hafen der türkischen Stadt Bodrum) aus Marmor errichtet. Überreste umfassen auch eine frei stehende Figur (vielleicht Mausolos selbst), Teile eines Streitwagens sowie Relieftafeln einer Kampfszene – die z. T. dem berühmten Bildhauer Skopas zugeschrieben werden. Sein kraftvoller Stil verweist auf die Emotionalität in der Darstellung während der hellenistischen Epoche.

Phidias

Der Grieche Phidias gilt bis heute als einer der berühmtesten Bildhauer der Antike – und das, obwohl keines seiner Werke erhalten blieb. Der höchst angesehene Architekt, Bildhauer und Maler (490–430 v. Chr.) arbeitete v. a. in Athen. Hier war er für die plastische Ausschmückung des Parthenons zuständig. Die würdige Erhabenheit seines Stils verkörpert wohl am deutlichsten die mächtige Kultstatue der Stadtgöttin Athene – die die Nachwelt indes nur aus den überlieferten römischen Kopien kennt. Zu Lebzeiten verehrte man Phidias hauptsächlich für die mächtige, 12 m hohe Statue des thronenden Göttervaters Zeus in Olympia. Sie wurde im 5. Jahrhundert n. Chr. zerstört und zählt bis heute zu den sieben Weltwundern der Antike.

Hauptwerke

um 450 v. Chr. Athena Lemnia
446–438 v. Chr. Athena Parthenos
um 435–430 v. Chr. Zeus von Olympia

TERRAKOTTA-ARMEE
(UM 240–210 V. CHR.)

Ein Bauer in der chinesischen Provinz Shaanxi fand 1974 erste Fragmente eines der spektakulärsten archäologischen Funde, die je entdeckt wurden: eine Armee aus rund 8000 lebensgroßen Terrakotta-Figuren, die dem ersten Kaiser des vereinten China, Qin Shihuangdi (260–210 v. Chr.), ins Grab gefolgt waren. Der Tross aus Soldaten, Hofbeamten, Gauklern und Pferden wachte im Jenseits über den Kaiser. Zunächst nach Modeln und wie am Fließband hergestellt, wurden individuelle Züge erst anschließend aufgebracht. Mit dem Werk, an dem Tausende von Arbeitern mitwirkten, hatte man bereits begonnen, als Qin mit 13 Jahren König wurde.

ALEXANDER-MOSAIK
(UM 100 V. CHR.)

Eines der beeindruckendsten Mosaike der Antike fand man 1831 im Haus des Fauns in Pompeji (Italien). Es zeigt Alexander den Großen im Kampf gegen den Perserkönig Darius III. Die Gesichter sind gut erhalten: Alexander heldenhaft und leidenschaftlich, Darius mit Furcht in den Augen. Das Mosaik basierte offenbar auf einem griechischen Gemälde und zeigt naturalistische Details im Stil der griechischen Antike.

FAIYUM-PORTRÄTS
(UM 1–300 N. CHR.)

Die Region Faiyum südlich von Kairo (Ägypten) wurde in den ersten drei Jahrhunderten n. Chr. zum Zentrum einer einzigartigen Porträtkunst: Mithilfe der Enkaustik – einer Maltechnik, bei der man flüssigem Wachs Farbpigmente beimischte – wurden lebensgroße Porträts auf Leinwand oder Holz gemalt und anschließend Mumien damit versehen. Heute finden sich noch rund 1000 solcher Porträts von Männern, Frauen und Kindern in Sammlungen weltweit. Ihr lebensnaher Realismus entstand durch fließende, Tiefe und Intensität erzeugende Pinselstriche im klassisch-griechischen Stil.

TRAJANSSÄULE
(113 GEWIDMET)

Schon früh stellten die Römer Statuen auf Säulen, doch die Trajanssäule war mit 38 m Höhe in ihrer Größe wie in ihrem Dekor einzigartig. Spiralförmig in den Marmor geschnitzte Szenen feiern die militärischen Siege Kaiser Trajans in Dakien (heute Rumänien). Das Relief zeigt die Effizienz und Organisation der römischen Kriegsmaschinerie. Kampfszenen bleiben die Ausnahme – wohl, um das kaiserliche Selbstbild eines friedlichen Eroberers nicht zu trüben.

WANDMALEREIEN IN DURA EUROPOS
(UM 240)

In der antiken Welt gehörte die Stadt Dura Europos (heute in Syrien) zu den östlichen Außenposten des Römischen Reichs – bis die Sassaniden sie 257 n. Chr. zerstörten. Sie wurde im 19. Jahrhundert wiederentdeckt und ab 1920 schrittweise ausgegraben. Zu den freigelegten Gebäuden gehört eine der ältesten bekannten Synagogen, die mit Wandmalereien im griechisch-römischen Stil der Provinz reich geschmückt war. Wenngleich ihre künstlerische Qualität bescheiden sein mag, so enthalten sie doch den ältesten Bilderzyklus zur Bibel.

KONSTANTINSBOGEN
(315 GEWIDMET)

Die ersten Triumphbögen waren temporäre Bauwerke für feierliche Paraden in der Römischen Republik. Aus dauerhaftem Baumaterial entstanden sie seit dem 1. Jahrhundert v. Chr. Rund 50 solcher Bögen sind erhalten geblieben. Der größte und außergewöhnlich reich verzierte ist der Konstantinsbogen in Rom. Mit seiner Errichtung wurde Konstantins Sieg über seinen Rivalen Maxentius gefeiert. Viele klassische Elemente des plastischen Dekors stammten aus bereits vorhandenen Monumenten, neu hinzugekommene lassen vergleichsweise gedrungene Proportionen erkennen. Der Bogen markiert für manche daher das Ende der Klassik.

WIENER GENESIS
(UM 500–600)

Die Wiener Genesis ist die früheste überlieferte illustrierte Bibelhandschrift (wenngleich nur 48 von insgesamt 190 Seiten des Originals die Zeit überdauerten): ein opulentes Werk, dessen Text auf Griechisch verfasst und mit Silber auf violett eingefärbtem Pergament geschrieben wurde. Die Illustrationen, die meist den unteren Teil einer Seite einnehmen, sind detailreich, vielfarbig und voller ausdrucksstarker Figuren. Das Manuskript wurde möglicherweise in Syrien oder Palästina hergestellt, jedoch in Venedig im 14. Jahrhundert erstmals erwähnt.

DIE WELT
MITTELA

IM

LTER

um 650–670

Die **Votivkrone des Westgotenkönigs Rekkeswinth** aus Spanien gehört zu den beeindruckendsten Goldschmiedearbeiten des Mittelalters.

um 700–720

Das *Evangeliar von Lindisfarne* (England) zählt zu den herausragendsten **illuminierten Büchern** seiner Zeit.

834

Das **Oseberg-Schiffsgrab** ist ein vollendet gearbeitetes Holzschiff aus Norwegen; seine Grabkammer enthält viele wertvolle Grabbeigaben.

um 977–993

Der aufwendig illuminierte *Codex Egberti* (für Erzbischof Egbert von Trier) gilt als Meisterwerk **ottonischer Kunst.**

um 1000–1500

Bildhauer im **Königreich der Ife** (heute Nigeria) erschaffen naturalistische Köpfe aus Bronze, Stein und Terrakotta.

um 1086–1106

Ru-Keramik, eine der seltensten und erlesensten chinesischen Keramiken, wird in Nordchina produziert.

um 1100–1150

Die »Prophetenfenster« im Augsburger Dom gehören zu den ältesten bis heute erhaltenen **Buntglasfenstern.**

um 1123

Die Majestas-Domini-Darstellungen des thronenden Christus in der Kirche von Sant Climent de Taüll (Spanien) sind Höhepunkte **romanischer Malerei.**

Die »Mittelalter« genannte Epoche dauerte vom Niedergang des Römischen Reichs im 5. Jahrhundert bis zum Beginn der florentinischen Renaissance im 14. Jahrhundert, als zahlreiche römische Ideale neu belebt wurden. Die knapp 1000 Jahre umfassende Periode wurde lange als »dunkles Zeitalter« der Unwissenheit und kulturellen Stagnation betrachtet. Gewiss begleiteten Brüche und Instabilität Roms Niedergang, doch wurde die Ordnung schrittweise wiederhergestellt, und vieles in der mittelalterlichen Kunst zeugt von Erfindungsreichtum sowie hoher Emotionalität und Kultiviertheit. In ihrem Charakter unterscheidet sich die mittelalterliche Kunst von jener der Antike und der Renaissance indes deutlich – nicht zuletzt in ihrer Haltung zum menschlichen Körper. Dieser wurde nicht in naturalistischer Weise gefeiert, sondern als Mittel zum Ausdruck religiöser Werte verstanden, denn deren Vermittlung stand im Zentrum mittelalterlicher Kunst. Ein weiterer zentraler Unterschied liegt in der Bevorzugung glänzender, wertvoller Materialien. Dies wird z. B. an den Reliquiaren und anderen liturgischen Gegenständen sowie an illuminierten Handschriften deutlich. Sie zählen zu den bedeutenden künstlerischen Ausdrucksformen des Mittelalters.

Mittelalterliche Stile

Mittelalterliche Kunst war äußerst vielfältig und lässt sich in diverse Stile bzw. Phasen einteilen, allen voran in die karolingische, ottonische, romanische und gotische. Die karolingische Kunst wurde nach Karl dem Großen benannt, dem 800 zum ersten Kaiser des Heiligen Römischen Reichs gekrönten Herrscher. Unter ihm erfuhr das Reich, das sich über weite Teile des heutigen Frankreichs, Deutschlands und deren Nachbarstaaten erstreckte, seine kulturelle und politische Wiederbelebung. Die ottonische Kunst verdankt Otto dem Großen (reg. 962–973) ihren Namen und umfasst die Kunstproduktion im Reich von der Mitte des 10. bis zur Mitte des 11. Jahrhunderts. In dieser Periode wurden erneut große Skulpturen geschaffen – allen voran das Gerokreuz, das sich als ein äußerst kraftvolles Werk, unabhängig von klassischen Einflüssen oder denen hochstilisierter byzantinischer (oströmischer) Kunst, zeigte.

Die romanische Kunst entwickelte sich im 11. Jahrhundert und

um 1130
Die *Gottesmutter von Wladimir,* eine der **meistverehrten Ikonen,** entsteht in Konstantinopel und wird alsbald nach Russland gebracht.

um 1200–1300
»The Luck of Edenhall«, ein mit Gold und Email verziertes Glasgefäß aus Syrien oder Ägypten, ist ein herausragendes Exemplar **islamischer Glaskunst.**

1235
Bonaventura Berlinghieri malt ein Altarbild des hl. Franziskus von Assisi; es ist eines der ersten Bilder zum Leben des Heiligen.

um 1260–1270
Der *Psalter Ludwigs des Heiligen* wird für Ludwig IX. von Frankreich angefertigt: ein typisches Beispiel **gotischer Buchmalerei in Frankreich.**

um 1310
Giotto malt die majestätische, nach der Kirche in Florenz benannte *Ognissanti-Madonna;* dort diente das Bild zunächst als Altargemälde.

1338–1339
Ambrogio Lorenzettis Freskenzyklus *Gute und schlechte Regierung* im Pallazzo Pubblico in Siena (Italien) zeigt eine neue Art von Stadtansicht.

um 1360–1380
Zu den Arbeiten des deutschen Architekten und Bildhauers **Peter Parler** für den Prager Dom gehört eine Serie königlicher Porträtbüsten.

1394–1399
Melchior Broederlam malt ein Altarbild für Philip den Kühnen – es ist ein Meisterwerk des »weichen Stils« (Gotik).

blühte Mitte des 12. Jahrhunderts nahezu überall in Europa. Sie wurde zum ersten Stil, der eine internationale Verbreitung erfuhr. Der Begriff meint ursprünglich die Architektur dieser Periode, die sich durch eine markante Robustheit auszeichnet. Die Bildhauerei der Epoche zeigte sich zunehmend ambitioniert und brachte beeindruckende Muster und Dekors an Kirchenbauten hervor. Der gotische Stil schließlich setzte sich von der Romanik durch Leichtigkeit und Eleganz ab. Er entstand Mitte des 12. Jahrhunderts und erreichte mit einer Reihe französischer Kathedralen im 13. Jahrhundert seinen Höhepunkt – darunter diejenige in Chartres, die für ihre Plastiken und Buntglasscheiben sowie für ihre Architektur berühmt ist.

In großen Teilen Nordeuropas währte der gotische Stil bis ins 16. Jahrhundert – im Gegensatz zu Italien, wo klassische Traditionen z. B. in den Plastiken eines Nicola Pisano einflussreich blieben. Dem mediterranen Klima Italiens entsprachen die nordeuropäischen hohen gotischen Fenster nicht. Italienische Kirchen jener Zeit weisen eher breite, ununterbrochene Wandflächen z. B. für Giottos Freskenmalereien und riesige Altarbilder wie Duccios *Maestà* auf.

Der erweiterte Blick

Parallel zum europäischen Mittelalter entwickelte sich andernorts die islamische und hinduistische Kunst, und die buddhistische Kunst fand weite Verbreitung. Der im 7. Jahrhundert auf der Arabischen Halbinsel begründete Islam breitete sich im Lauf von rund 200 Jahren im gesamten Nahen Osten und darüber hinaus aus. Die islamische Kunst umfasst unterschiedlichste Werke verschiedenster Völker. Islamische Kunst ist v. a. ornamental und keineswegs immer religiös. Gemeinsam ist den spirituellen und dekorativen Objekten der Einsatz der arabischen Kalligrafie sowie die Liebe zu geometrischen Mustern.

Die Wurzeln des Hinduismus reichen bis in prähistorische Zeiten zurück. Bei vielen der ältesten bis heute erhaltenen Kunstwerke handelt es sich um plastische Tempeldekorationen. Im 7. Jahrhundert begann der Hinduismus, den Buddhismus als dominante Religion in Indien zu verdrängen. Nach der muslimischen Invasion im 13. Jahrhundert starb dieser hier praktisch aus und verbreitete sich stattdessen im ostasiatischen Raum. ■

DAS IST KEIN UNREINES GÖTZENBILD, SONDERN EIN FROMMES DENKMAL

THEUDERICH-SCHREIN (UM 600–700)

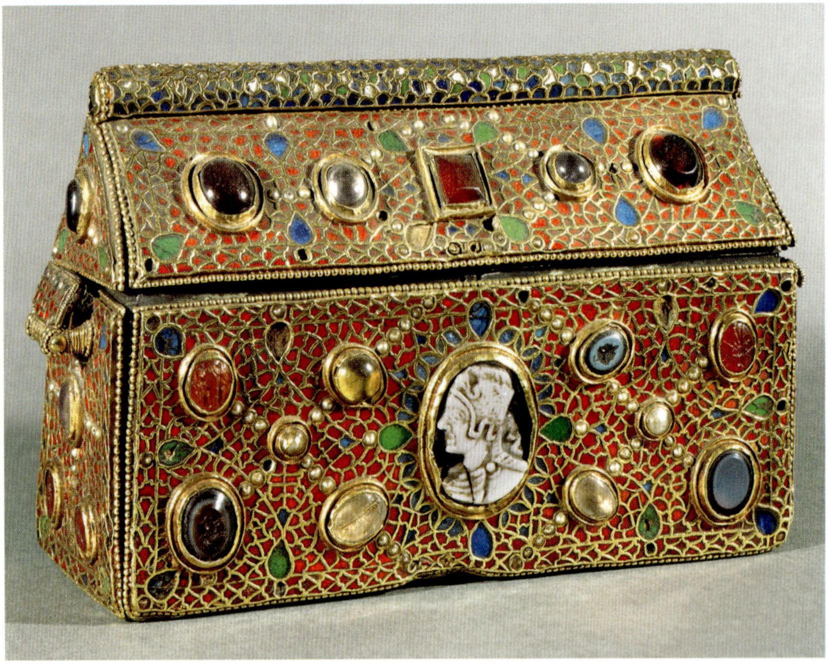

IM KONTEXT

SCHWERPUNKT
Christliche Reliquiare

FRÜHER
um 382 Papst Damasus I. schickt angeblich dem hl. Ambrosius ein frühes Reliquiar mit vier Reliefs, das Überreste der Apostel enthält.

SPÄTER
1150 Ein Schrein aus vergoldetem Kupfer und Email ehrt Bischof Martial von Limoges.

1173–1180 Ein emaillierter Reliquienschrein aus Silber mit angeblichen Relikten des Erzbischofs von Canterbury, Thomas Becket, zeigt Szenen seines Martyriums.

1205 Nikolaus von Verdun kreiert ein Reliquiar der Heiligen Piatus und Nicasius für die Kathedrale Notre-Dame in Tournai (Belgien).

um 1280–1300 Königin Johanna von Navarra gibt ein Reliquiar in Gestalt einer Miniaturkapelle in Auftrag.

Reliquiare, in denen die Überreste von Heiligen (oder gar von Jesus selbst) verwahrt wurden, gehörten zu den maßgeblichen Merkmalen christlichen Brauchtums und der Kunst seit dem 4. Jahrhundert. Für Christen waren Reliquien (Nägel des Kreuzes, Knochen Heiliger oder Überreste von Grabtüchern) wertvolle Objekte, denen heilende Wirkung und Kräfte zur Herstellung einer spirituellen Verbindung zwischen Mensch und Gott zugeschrieben wurden. Auch konnten heilige Reliquien, die auf dem Altar präsentiert oder in Prozessionen mitgeführt wurden, dem Glauben nach Wunder bewirken und standen daher oft im Zentrum von Anbetungsritualen und Pilgerfahrten. Fromme Christen des Mittelalters waren der Überzeugung, dass verehrungswürdige Objekte wertvoller Behälter bedurften, um sie zu schützen und sie darin auszustellen. Die Produktion solcher Reliquiare wurde im Mittelalter zu einer bedeutenden Kunstform, die sich in Europa und Byzanz ausbreitete. Neben erlesenen Reliquiaren entstanden auch kunstvoll geschmückte liturgische Gegenstände wie Schreine und Kreuze.

Viele Reliquiare waren mit Edelsteinen und Emailarbeiten geschmückte Kassetten aus Gold, Silber oder Elfenbein; andere wurden mit religiösen Szenen verziert. Ab dem 9. Jahrhundert wurden Reliquien des wahren Kreuzes (an dem Christus gestorben war) populär. Sie wurden in Kreuzreliquiaren aus Gold und Silber aufbewahrt.

Der Theuderich-Schrein

Der Theuderich-Schrein wurde im 7. Jahrhundert in Süddeutschland für Relikte des hl. Mauritius geschaffen. Der Legende nach war Mauritius der Kommandeur einer römi-

Siehe auch: Sarkophag des Junius Bassus 51–52 ▪ Helm von Sutton Hoo 100 ▪ Verduner Altar 101 ▪ *Saliera* 152

» Die Überreste einzelner Verstorbener sind durch besondere Fürsorge und Verehrung gekennzeichnet. «

Dom Bernardo Cignitti
Church Teaching on Relics, 2003

schen Legion christlicher Soldaten bei Theben in Ägypten, die Kaiser Maximian samt Anführer ermorden ließ, nachdem sie sich geweigert hatten, Christen anzugreifen. Später wurde Mauritius zum Schutzheiligen der römischen Kaiser. Die Abtei Saint-Maurice wurde nach 380 am vermeintlichen Ort des Martyriums, in Agaunum in der Schweiz, errichtet. In ihrer Schatzkammer sind Meisterwerke aus der Zeit der Merowinger (476–750) sowie der Karolinger (750–887) aufbewahrt – darunter der erlesene Reliquienschrein aus Gold und Silber (siehe linke Seite), den der Priester Theuderich in Auftrag gab.

Das 12,7 cm hohe, aus vergoldetem Silber und mit Perlen, Edelsteinen und Cloisonné-Dekor geschmückte Kästchen zeigt auf der Vorderseite die Replik einer antiken Kamee aus dem 7. Jahrhundert. Die Rückseite ziert eine lateinische Inschrift über Theuderichs Auftrag zur Gestaltung des Kästchens zu Ehren des hl. Mauritius. Darin werden auch zwei Spender genannt, Nordolaus und Rihindlis, sowie die beiden Goldschmiede Undiho und Eilo, die den Schrein schufen – was für die Zeit äußerst ungewöhnlich war, denn erst viel später erhielten namentlich genannte Künstler, z. B. der Goldschmied Nikolaus von Verdun (1130–1205), Anerkennung für ihre religiösen Kunstwerke.

Vielgestaltige Behälter

Mit der Zeit wurden Reliquiare aufwendiger und opulenter – und nahmen bald auch unterschiedliche Gestalt an. Manche sahen aus wie eine Miniaturkirche, andere wie ein Bildnis des jeweiligen Heiligen, einige wurden dem Körperteil nachgebildet, den sie bargen. In der Abtei Saint-Maurice gibt es ein Kopfreliquiar (um 1165) des hl. Candidus. Die Reliquien befinden sich im Hohlraum des Schädels. Das Relief auf einer der Basiswände zeigt seine Enthauptung und seine Himmelfahrt.

Die Verbreitung von Reliquien erreichte bis ins 16. Jahrhundert ein Ausmaß, das viele als Fälschung enttarnte. Kirchenreformer wie Martin Luther wandten sich gegen diesen Kult, und viele Reliquiare wurden zerstört. Die übrig gebliebenen zeugen von einer Periode hoch entwickelter religiöser Kunst. ■

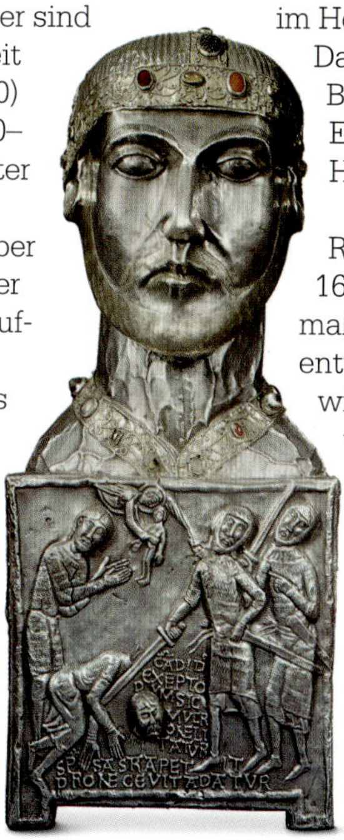

Das Kopfreliquiar des hl. Candidus (um 1165) ist ein opulentes Kunstwerk.

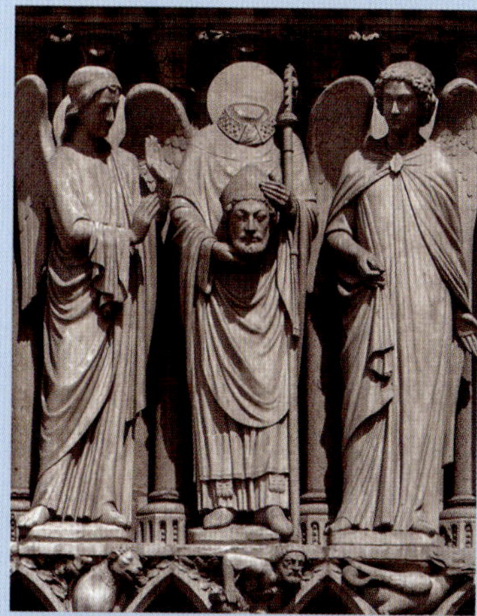

Attribute der Heiligen

Seit dem 3. Jh. sind Symbole zur Identifizierung bedeutender Persönlichkeiten im Christentum Bestandteil der Ikonografie. Während für zentrale Figuren wie Christus, Johannes, die Evangelisten und die Jungfrau Maria unterscheidbare Physiognomien geschaffen wurden, nutzten Künstler häufig Symbole und Motive als wiedererkennbare Attribute einzelner Heiliger – z. B. Tiere, Objekte und Pflanzen. Damit wurde an Geschichte und Bedeutung des jeweiligen Heiligen erinnert. So stellte man Maria Magdalena mit einem Krug dar – als Symbol für das Öl, mit dem sie die Füße Christi salbte – und den hl. Petrus mit einem Schlüssel, der seine Rolle als Wächter der Himmelspforte symbolisiert. Das Attribut des Hieronymus ist der Löwe: Es wird daran erinnert, dass der Heilige in der Wüste einen Löwen von einer Dorne befreite. Der hl. Dionysius wurde um 258 enthauptet. Wie in der Kathedrale Notre-Dame (Bild oben) wird er oft mit dem Symbol seines Martyriums, dem abgetrennten Kopf, dargestellt.

DIES IST NICHT DAS WERK VON MENSCHEN, SONDERN VON ENGELN

BOOK OF KELLS (UM 800)

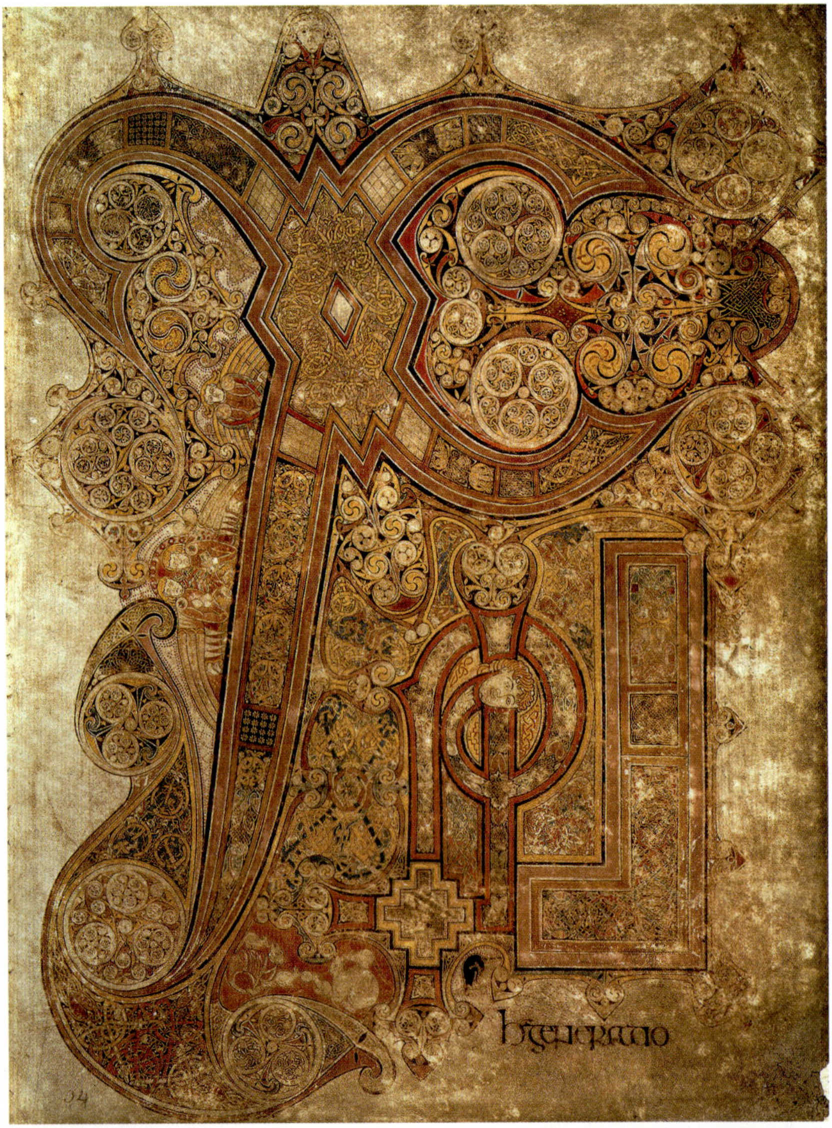

IM KONTEXT

SCHWERPUNKT
Keltische Kunst

FRÜHER
um 800–50 v. Chr. Keltische Künstler der Hallstatt- und La-Tène-Kulturen erschaffen Schmuckstücke und Waffen mit erlesenen Musterungen.

um 650–680 Das *Book of Durrow* ist das älteste durchgehend illustrierte Evangeliar nach-römischer Zeit in der Kunsttradition der britischen Inseln und Irlands.

SPÄTER
um 980 Von deutschen Mönchen stammt der Egbert-Psalter, eine äußerst aufwendig gestaltete illuminierte Handschrift.

1880er–1890er-Jahre Das britische »Arts and Crafts Movement« verwendet auf Tafeln, Möbeln und Buntglas traditionelle keltische Muster.

Die Kelten waren begeistert von Mustern: Spiralförmige, verflochtene, Tier- und Pflanzenmuster schmücken viele ihrer Werke – ob Statuen, Kessel, Kreuze, Waffen oder Schmuckstücke – aus verschiedensten Materialien wie Stein, Email, Keramik, Bronze, Silber und Gold. Es gibt Hinweise darauf, dass Kelten bereits vor mehr als 2500 Jahren als Erste in Europa Metallobjekte mit geometrischen und Knotenmustern versahen. Archäologen fanden keltische Kunstobjekte in Irland, Österreich und der Schweiz.

Mit der Ausdehnung des Römischen Reichs ab dem 1. Jahrhundert v. Chr. starb die Kultur der Kelten aus – nur auf den britischen

Siehe auch: *Wiener Genesis* 57 ▪ Gerokreuz 66–67 ▪ Kreuz von Ruthwell 100 ▪ Utrechter Psalter 100 ▪ *Dreifaltigkeitsikone* 107 ▪ *Stundenbuch des Herzogs von Berry* 162

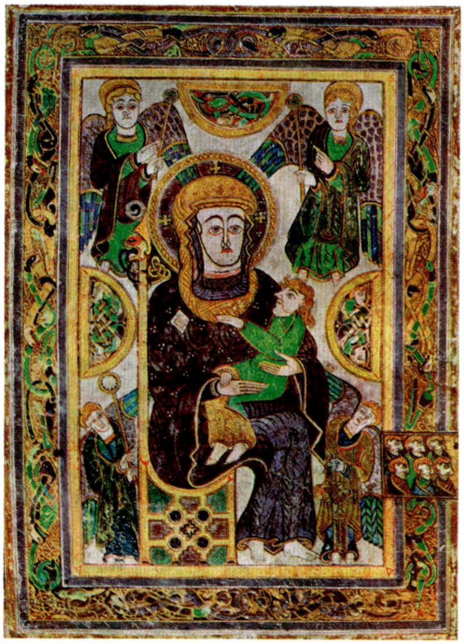

Jungfrau und Kind erscheinen auf dieser Seite des *Book of Kells* grobschlächtig gezeichnet, vergleicht man die erlesene und ineinander verflochtene Musterung des Rahmens, der das Bild umgibt.

Inseln, v. a. in Irland, lebte sie fort. Im 5. Jahrhundert erlebte die keltische Kunst dort mit der Ankunft des Christentums eine Wiederbelebung. Ihren bedeutendsten Ausdruck fand sie zwischen dem 6. und 9. Jahrhundert in den vorzüglich illustrierten Evangelien-Handschriften wie dem *Book of Durrow* (um 650–um 700) und dem Psalter von St. Columba. Die schönsten Beispiele irischer religiöser Handschriftenillumination aber finden sich im *Book of Kells*.

Gottes Wort beleuchten

Das Manuskript gehört zu den größten Schätzen frühchristlicher und irischer Kunst und enthält die vier Evangelien des Neuen Testaments. Es wurde auf geglättetem Vellum niedergeschrieben und misst 33 × 24 cm (ursprünglich war es größer, wurde aber bei einer Neubindung im 19. Jahrhundert beschnitten). Die erlesene Schreibkunst – mit schwarzer, roter, violetter und gelber Tinte – zeigt sich in runden halbunzialen Lettern (geschwungene Großbuchstaben), die mittelalterliche Schreiber häufig verwendeten.

Die Seiten bestechen durch überreiche Musterung und Ausschmückung. Drei sogenannte Kapitelseiten im Volldekor stehen jeweils einem Evangelium voran. Eine davon zeigt die Jungfrau mit Kind und gilt als erste Darstellung der Mutter Jesu in der westlichen Kunst. Andere wie das »Chi-Rho« (siehe linke Seite) – das Christusmonogramm aus den zwei griechischen Anfangsbuchstaben des Namen Christi – zeigen unendlich viele Wirbel, Kreise und geometrische Muster. Die Textseiten des *Book of Kells* sind mit Tierformen, Rhomben und Rauten geschmückt. Auch finden sich darin raffinierte Knoten- und endlos ineinander verwobene Muster, die den Gedanken der Ewigkeit und den keltischen Glauben an den inneren Zusammenhang allen Lebens symbolisieren.

Energiegeladen

Die großen Anfangsbuchstaben zu Beginn eines jeden Abschnitts boten den Illustratoren vielfache Gelegenheit, ihr Können unter Beweis zu stellen. Ein Wissenschaftler nannte sie voller »pulsierender Bewegungsenergie«. Manchmal stehen drei oder vier solcher Initialen auf einer Seite: Leuchtend koloriert, bilden sie ein zusammenhängendes Muster, das sich bisweilen in verschlungene Vögel, Schlangen und Pflanzen, ja selbst athletische Kunststücke vollführende menschliche Figuren zu verwandeln scheint. Das *Book of Kells* enthält mehr als 2000 dieser Initialen – und jede ist ein Unikat.

Die Knotenmuster, Rhomben und konzentrischen Kreise, die die ersten Seiten des Matthäus-Evangeliums schmücken, zeigen beispielhaft die heidnische Gestaltungskunst der Kelten. Im *Book of Kells* aber verschmilzt keltische Ästhetik mit angelsächsischen Techniken und der Symbolik des östlichen Christentums. Das Bild der Jungfrau mit dem Kind war in der Kunst der ägyptischen Kopten des 9. Jahrhundert gebräuchlich – wenngleich es hier, im äußersten Westen, viel früher auftaucht.

Ab Mitte des 9. Jahrhunderts befand sich die keltisch inspirierte Kunst illuminierter Evangeliare auf dem Rückzug. Die immense Kunstfertigkeit irischer Mönche verbreitete sich indes über die britischen Inseln bis aufs europäische Festland und schlug sich dort in gotischen, ottonischen und romanischen Handschriften und Bibelilluminationen nieder. Seit Mitte des 19. Jahrhunderts erwachte ein neues Interesse an keltischer Kunst, die in den Dekors der »Arts and Crafts«-Bewegung sowie im Jugendstil aufgegriffen wurde. ▪

» Hier kannst du auf das wundersam gezeichnete Gesicht göttlicher Majestät schauen. «

Gerald von Wales
Topographia Hibernica,
um 1146–1223

EIN KLARES SYMBOL CHRISTI – WAHRHAFT MENSCHLICH UND WAHRHAFTIG TOT AM KREUZ

DAS GEROKREUZ (um 970)

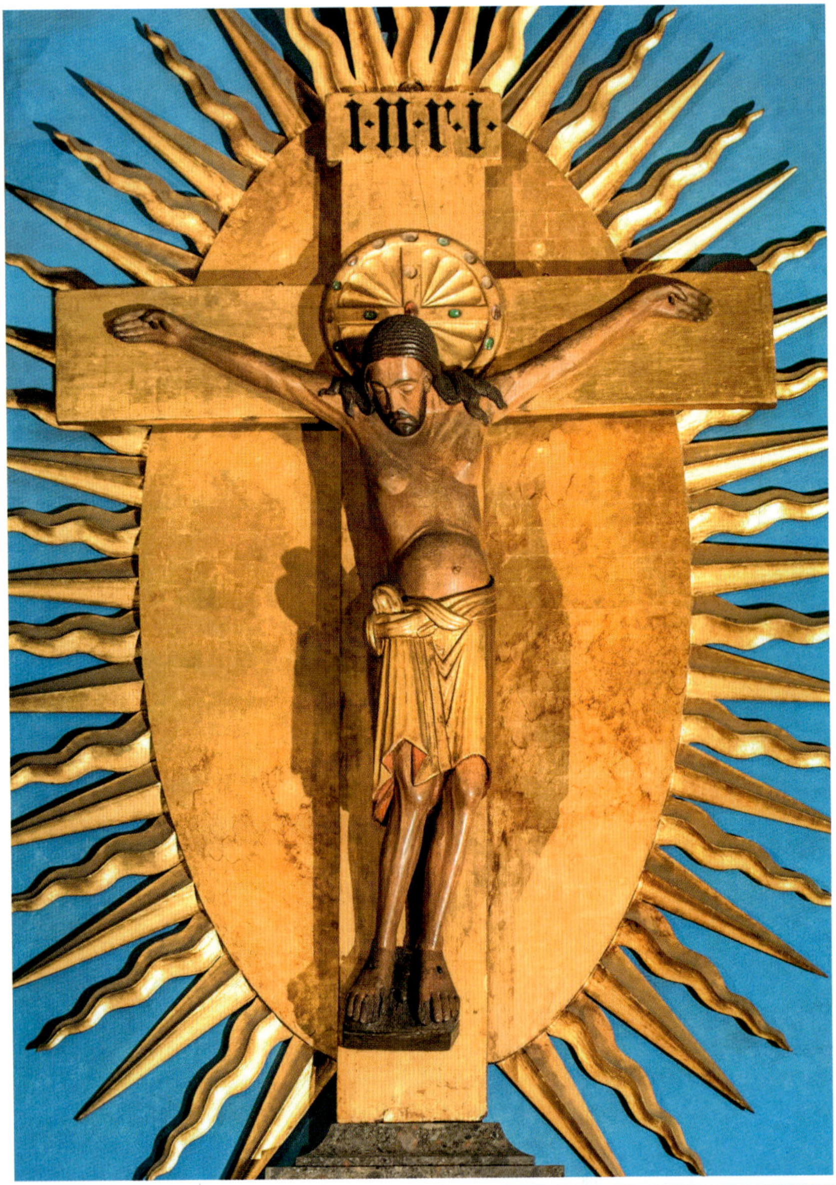

IM KONTEXT

SCHWERPUNKT
Vermenschlichung Christi

FRÜHER
1.–3. Jh. Der römische Spottkruzifix *(Alexamenos betet Gott an)* ist die früheste bekannte Darstellung des gekreuzigten Christus.

586 Die älteste überlieferte Kreuzigungsdarstellung in einer illuminierten Handschrift des syrischen Rabbula-Evangeliars zeigt Christus lebendig am Kreuz.

SPÄTER
1000 Das ottonische Lotharkreuz, ein Vortragekreuz mit Juwelen, zeigt auf der Rückseite den leidenden Christus.

1310–15 Giottos bemaltes *Crucifix* aus Holz in der Ognissanti-Kirche in Florenz (Italien) zeigt in realistischer Darstellung den Schmerz und die Demütigung Christi.

In den ersten 400 Jahren des Christentums scheuten Künstler vor der Darstellung Christi am Kreuz zurück – u. a. weil die Kreuzigung mit Verbrechertum assoziiert wurde. Frühe Christen wurden verspottet, weil sie jemanden anbeteten, der gekreuzigt worden war – wie im Spottkruzifix aus Rom, das den Christen Alexamenos bei der Anbetung eines ans Kreuz Geschlagenen mit Eselskopf zeigt. Erste Kreuzigungsbilder vermieden Zeichen des Leidens und stellten Christus eher als göttliches Wesen dar. Eine Illustration im syrischen Rabbula-Evangeliar (6. Jahrhundert) zeigt Christus neben zwei ebenfalls gekreuzigten Dieben. Um sie herum

Siehe auch: Bardi-Kapelle 88–89 ▪ *Maestà* 90–95 ▪ Cloisters-Kreuz 100–101 ▪ *Dreifaltigkeit* 108–111 ▪ Isenheimer Altar 164 ▪ *Christus der Gnade* 172–175

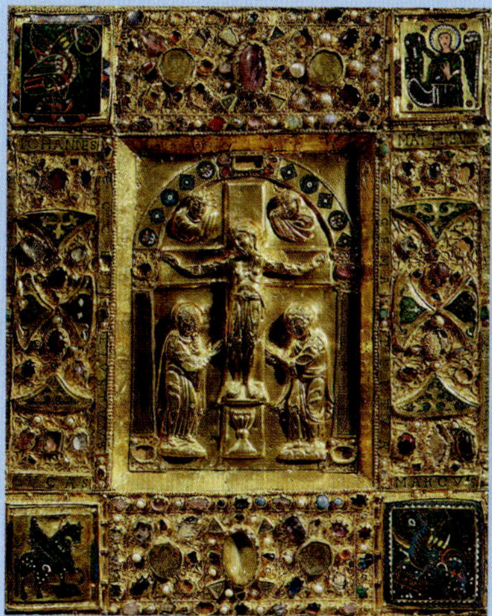

Ottonische Kunst

Kunsthistoriker wissen nicht, wer das Gerokreuz erschuf, das seither im Kölner Dom verwahrt wird. Gero, der Erzbischof von Köln (um 900–976), gab es zur Zeit der Ottonen, die von 963 bis 1002 über weite Teile Nordeuropas und Italiens herrschten, in Auftrag. Dank des künstlerischen Erbes aus der Zeit Karls des Großen galt in dieser Periode v. a. der italienischen und der byzantinischen Kunst ein neu erwachtes Interesse. Mächtige Kleriker wie Gero erwiesen sich als wichtige Förderer der Kirchenkunst, die sich durch die Bedeutung der menschlichen Figur und ihres Ausdruckspotenzials auszeichnete. Weitere bedeutende Kunstwerke der Zeit waren illuminierte Handschriften, Elfenbeinschnitzereien der Apostel, erlesene Goldschmiedearbeiten wie goldene Altarkreuze oder der Einband aus dem 11. Jh. (im Bild). Besonders bemerkenswert ist die Goldene Madonna im Domschatz des Essener Münsters: eine dreiviertel-lebensgroße Marienfigur mit Kind aus Holz, das mit Blattgold überzogen wurde.

stehen Soldaten, während die Jungfrau Maria und der hl. Johannes entsetzt die Szene betrachten. Der gekreuzigte Christus lebt, zeigt aber keinerlei Schmerz, sein Körper ist gestreckt, sein Kopf aufrecht, seine Augen offen. Er trägt eine Robe aus Gold und Violett (den Farben des Königtums). Das Bild suggeriert die doppelte Natur Christi: Während der gekreuzigte Körper sein sterbliches Menschsein repräsentiert, zeigen das königliche Gewand und sein gelassener Ausdruck ihn als Gottheit. In kommenden Jahrhunderten folgten künstlerische Darstellungen des Gekreuzigten zunächst diesem Stil.

Ein sterblicher Christus

Erst das Gerokreuz aus dem 10. Jahrhundert markiert den deutlichen Wandel hin zu einer lebensnäheren Darstellung des sterblichen Heilands. Mit 187 cm Höhe und einer Armspannweite von 165 cm ist es die älteste überlieferte frei stehende und lebensgroße Skulptur von Christus am Kreuz. Das erstaunliche Kunstwerk zeigt einen durch sein Leiden vermenschlichten Christus. Am Kreuz hängt ein verdrehter Körper, dessen Gewicht die Arme zu einem »V« nach unten zieht. Dieser Christus ist tot: Seine Augen sind geschlossen, der Kopf ist auf die Brust gesunken, Blut tropft aus der Wunde in seiner Seite. Mit gewölbtem Bauch und gestreckten Oberarmmuskeln wirkt sein hängender Körper demütig und zutiefst menschlich.

Das Gerokreuz ist aus bemaltem und teilweise vergoldetem Holz und steht in einer eigens dafür eingerichteten Kapelle des Kölner Doms. Körper, Heiligenschein und Kreuz sind original, der barocke Strahlenkranz und der Altar, den das Kreuz schmückt, wurden 1683 gefertigt. Die neue Darstellungsweise eines vermenschlichten Christus hatte weitreichenden Einfluss auf die christliche Kunst nachfolgender Jahrhunderte. Das Lotharkreuz aus dem Aachener Domschatz, das um 1000 entstand und bei Prozessionen vorangetragen wird, zeigt Christus in ähnlicher Haltung – mit hängendem Kopf, verdrehtem Körper und blutenden Wunden. Spätere Künstler schufen noch realistischere Bilder – z. B. Giottos *Crucifix* in Florenz und Duccios Kreuzigungsszene in seinem Altarbild *Maestà* (1308) in Siena (beide Italien). Die Ikonografie des leidenden und sterbenden Christus wurde mit der Zeit allgemein üblich. Das zeigt sich an den verschiedenen Darstellungen in Matthias Grünewalds Isenheimer Altarbild (1512–1516), dem Ölgemälde *Christus am Kreuz* von Diego Velázquez (1632) oder Rembrandts Radierung *Die drei Kreuze* (1653). ▪

» Der gekreuzigte Christus als ermordeter Mensch – nicht als triumphierender Gott. «

Annika Elisabeth Fisher
Decorating the Lord's Table, 2006

DEIN BAUWERK ENTRÄTSELT DAS GEHEIMNIS DER GLÄUBIGEN

MIHRAB DER GROSSEN MOSCHEE VON CÓRDOBA (UM 961)

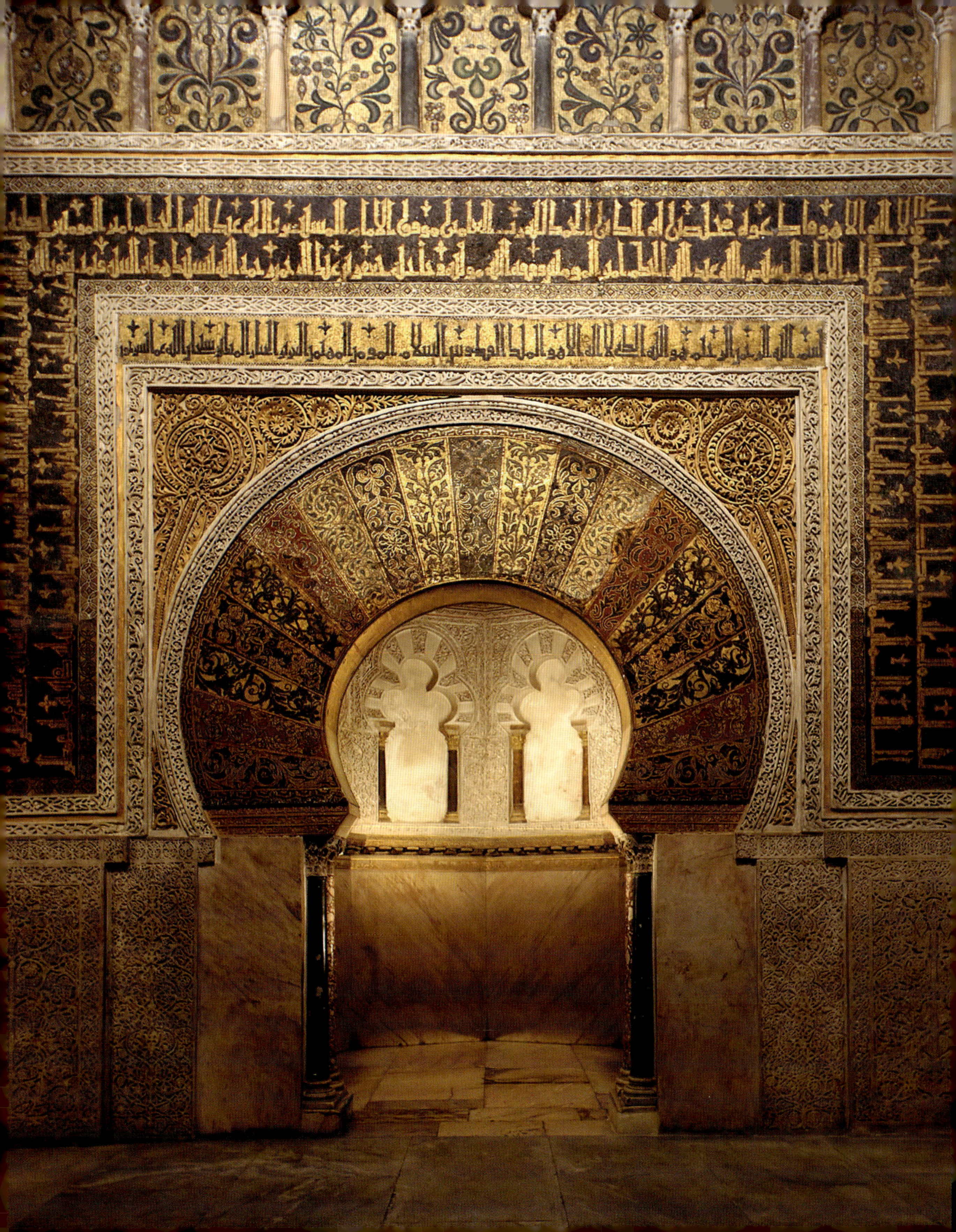

IM KONTEXT

SCHWERPUNKT
Islamische Kunst

FRÜHER

692 Der Felsendom in Jerusalem (Israel) wird mit frühislamischen geometrischen und Pflanzenmustern im byzantinischen Stil geschmückt.

706–715 Byzantinische Künstler erschaffen in der Umayyaden-Moschee in Damaskus (Syrien) Mosaike, in denen Tiere und Vögel, aber keine Menschen dargestellt werden.

SPÄTER

1354 Die Imam-Moschee in Isfahan (Persien) zieren Kachelmosaike mit Arabesken und kalligrafischen Mustern.

14. Jh. Die Alhambra in Granada (Spanien) wird mit geometrischen und Blütenmotiven geschmückt – sowie mit kalligrafischen Inschriften und bienenwabenförmigen Wölbungen, sogenannten *muqarnas*.

Der Begriff »islamische Kunst« wurde im Westen im 19. Jahrhundert geprägt, um säkulare wie religiöse Kunst in vom Islam dominierten Ländern zu benennen. Unter diesem Terminus werden seither Kunstwerke zusammengefasst, die innerhalb von fast tausend Jahren entstanden – von der Gründung des Islam im 7. Jahrhundert bis zu den Höhepunkten großer islamischer Reiche im 17. Jahrhundert – und die aus einem Gebiet stammen, das von Arabien (der Ursprungsregion des Islam) westwärts bis Spanien und ostwärts bis Indien reichte. Während islamische Kunst historisch und regional große Unterschiede aufweist, zeigen sich in ihren zahllosen und variantenreichen Werken wiedererkennbare Stilelemente.

Frühe Einflüsse

Zu Beginn kannte die islamische Glaubenspraxis keine Vorschriften für Architektur oder Bildwerke. So spiegelt frühe islamische Kunst v. a. den Einfluss und die Kunsttraditionen der Länder wider, die die ersten Umayyaden-Herrscher eroberten. Eines der ältesten erhaltenen Architekturbeispiele wurde im 7. Jahrhundert wahrscheinlich von muslimischen Künstlern für byzantinische Herren geschaffen: der Felsendom in Jerusalem (Israel). Seine blauen und grünen geometrischen sowie floralen Muster lassen bereits eines der zentralen Elemente islamischer Werke erkennen — sie stammen aus lokalen Traditionen und kennzeichnen die islamische Kunst durch die Jahrhunderte und über regionale Grenzen hinweg.

Ihr goldenes Zeitalter begann um 750 unter den Abbasiden, die die islamische Hauptstadt von Damaskus nach Bagdad verlegten.

» Córdoba besitzt all die Schönheit und Ornamentik, die das Auge erfreuen und den Blick verwirren. «

Stanley Lane-Poole
The Moors in Spain, 1888

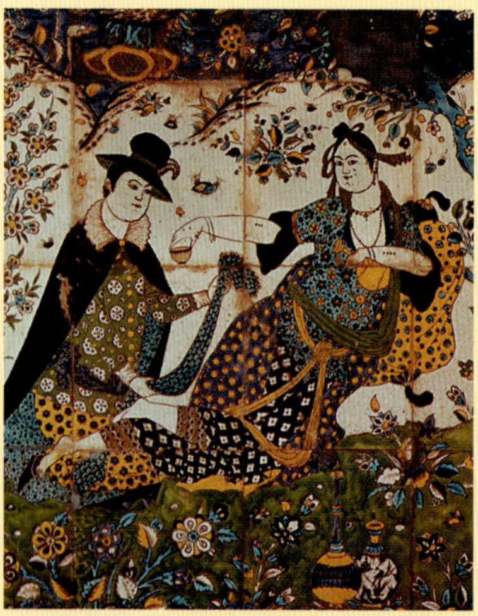

Figurative Kunst

Figurative Kunst wurde im Islam mit dem Argument abgelehnt, allein Gott könne Lebewesen erschaffen. Der Koran verbietet diese allerdings nicht. In säkularen Bereichen zeigt sich sehr wohl eine starke Präsenz figurativer Kunst, die bisweilen von den bestehenden Kunsttraditionen vom Islam eroberter Länder beeinflusst wurde. Seit dem ausgehenden 7. und 8. Jahrhundert schufen muslimische Künstler v. a. in Persien illustrierte Manuskripte – etwa über Medizin oder Astronomie – mit Miniaturgemälden von Menschen und Tieren, die realistisch oder stark stilisiert abgebildet wurden. Auch illustrierten Künstler Gedichte wie das persische Epos *Schahnameh* (Buch der Könige) aus dem 10. Jh. Im indischen Mogulreich waren Porträtgemälde von Herrschern sehr beliebt.

Objekte und Ornamente wurden auch mit Figuren und Fantasiebildern von Greifen und Vögeln mit Frauenköpfen geschmückt – sowie mit realistischen Bildern z. B. von Pferden und anderen Tieren.

Siehe auch: Mosaike des Kaisers Justinian und der Kaiserin Theodora 52–55 ▪ *Book of Kells* 64–65 ▪ *Akbars Abenteuer mit dem Elefanten Hawa'i im Jahr 1561* 161 ▪ *Komposition VI* 300–307

Das riesige Reich zerfiel in mächtige islamische Regionalreiche – wie das der Fatimiden in Ägypten, der Umayyaden in Spanien und später der Safawiden in Persien, der Osmanen im Nahen Osten sowie der Mogulkaiser in Indien. Unter allen entwickelten sich die bildenden Künste kontinuierlich fort. So schmückten muslimische Künstler im Mittelalter Gebäude mit leuchtenden Keramik- und Glasmosaiken.

Dekorative Kunst

Die islamische Kunst ist in erster Linie dekorativ und nicht-figurativ und fußt auf Mustern und geometrischen Formen. Abbildungen von Menschen und Tieren waren zwar nicht verboten, aber nicht gern gesehen. Interpretationen der Hadithe besagen, die Erschaffung lebendiger Formen stehe einzig Gott zu und Maler sollten nicht versuchen, ihren Bildern »Leben einzuhauchen«. Deshalb durften weder Allah noch sein Prophet abgebildet werden. Stilisierte figurative Motive und Fantasiefiguren finden sich jedoch in Oberflächendekors und als bildhafte Verständnishilfen auch in Manuskripten sowie in säkularen Kunstgegenständen.

Der Islam stellte von Beginn an nicht nur eine spirituelle und moralische Gemeinschaft, sondern auch eine politische und kulturelle Größe dar. Die Kunst in Moscheen und Koranschulen diente dem Ausdruck religiöser Lehren und der spirituellen Konzentration. Zu diesem Ziel wandten sich muslimische Künstler der Entwicklung einer einzigartigen dekorativen Kunst zu, die abstrakte geometrische Formen, Blüten- und Pflanzenornamente (Arabesken) sowie kalligrafische Schriftzüge für die verschiedenen arabischen ››

Islamisch-geometrische Muster basieren auf nur wenigen Grundformen, die sich wiederholen und ineinander verschachteln. Die gebräuchlichsten sind der Kreis, das Quadrat, der Stern und das Vieleck. Sie werden kombiniert, gespiegelt, gedreht und bilden so – wie hier zu sehen – endlos viele und komplexe Muster.

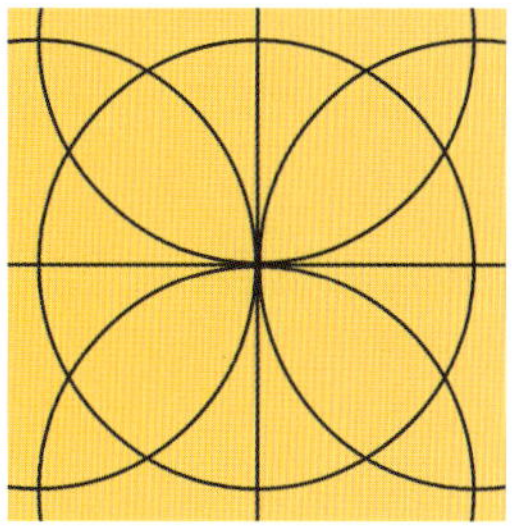

1 Der Mittelpunkt des Musters ist definiert; um ihn herum verlaufen fünf Kreise mit jeweils gleichem Durchmesser.

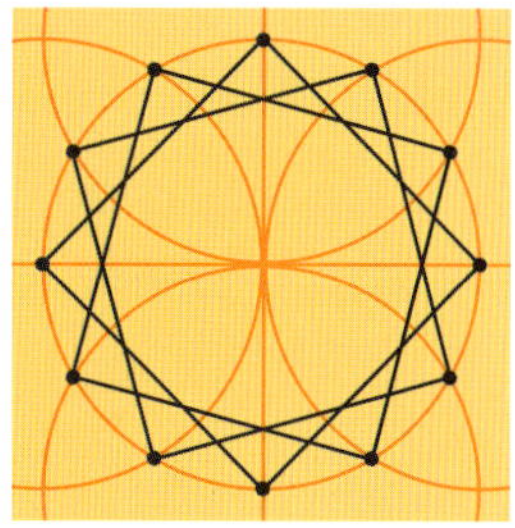

2 Punkte, an denen sich Kreise überschneiden, werden markiert und sodann drei Quadrate innerhalb des mittleren Kreises angelegt.

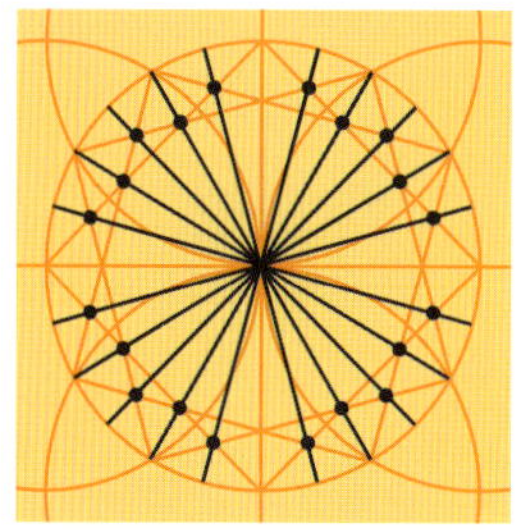

3 Indem die Überschneidungspunkte der Quadrate markiert werden, lässt sich der mittlere Kreis in 24 Segmente unterteilen.

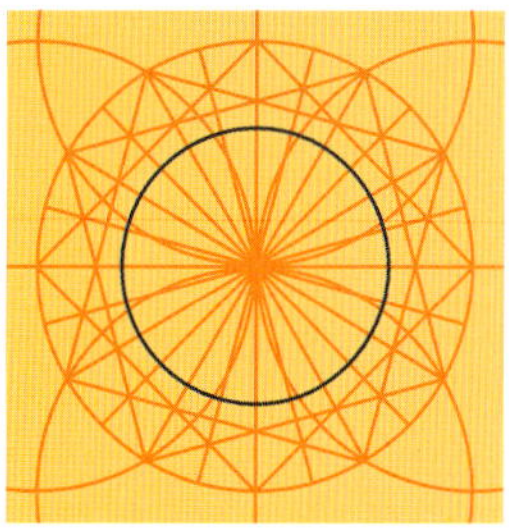

4 Innerhalb des mittleren Kreises wird ein neuer, kleinerer Kreis angelegt.

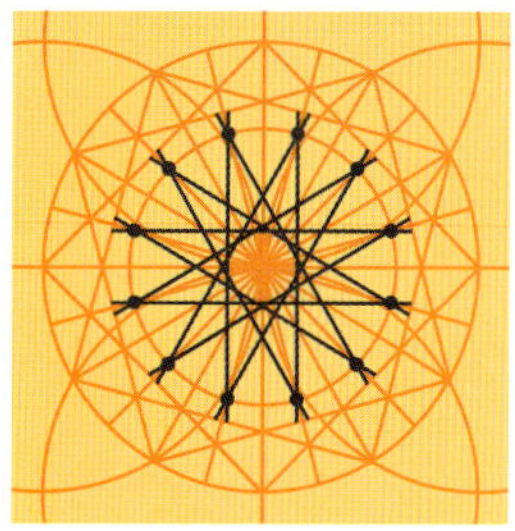

5 Zwölf Punkte entlang dieser neuen Kreisumfanglinie werden mit geraden Linien zu einem zwölfzackigen Stern verbunden.

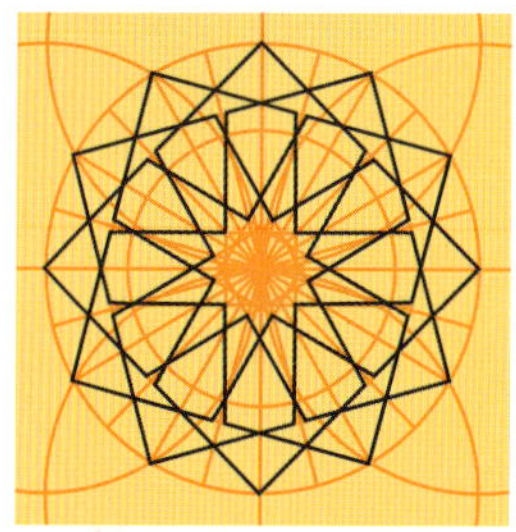

6 Eine ununterbrochene Verbindungslinie zwischen allen Schnittpunkten der Basisstruktur erzeugt eine zwölfzackige Rosette.

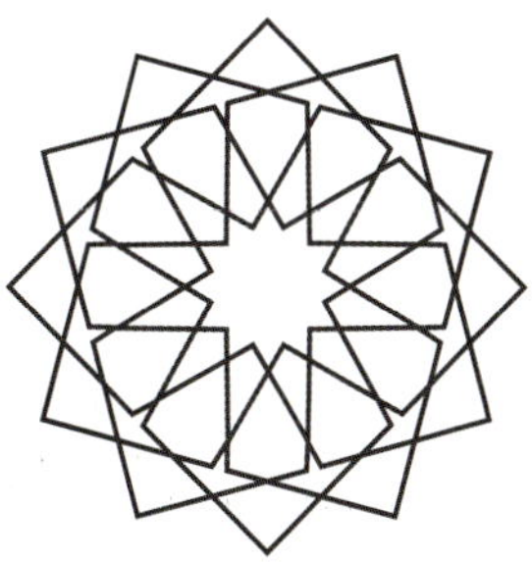

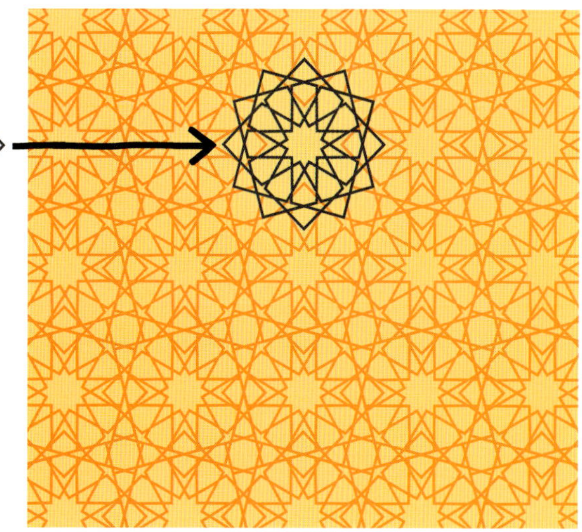

7 Die zwölfzackige Rosette aus Kreisen, Quadraten und Sternen wird zum Grundbestandteil eines komplexen, sich endlos wiederholenden Musters, das weitere Vielecke und andere geometrische Formen erkennen lässt.

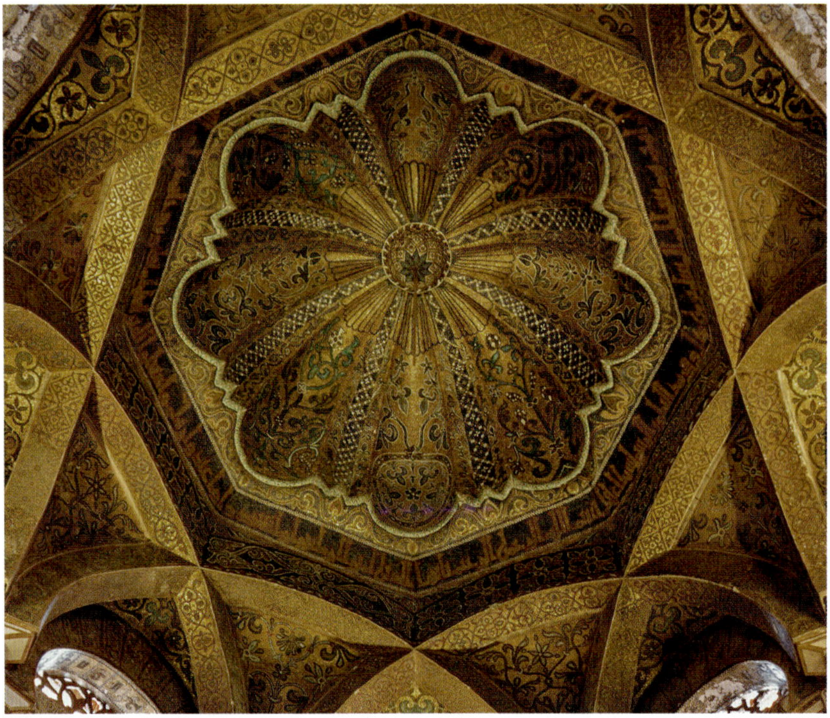

Die oktogonale Kuppel über der *maqsura* (vor dem Mihrab) in Córdoba besticht mit ihren Goldmosaiken, strahlenförmigen Blütenmustern, eleganten Kufi-Inschriften und dem achtzackigen Mittelstern.

Texte in den Mittelpunkt stellten. All diese Elemente finden sich in der islamischen Architektur wieder – und beispielhaft am Mihrab der Großen Moschee in Córdoba (Spanien).

Geometrie und Muster

Aus vier Grundformen – Kreis, Quadrat, Stern und Vieleck – bauten muslimische Künstler geometrische Muster auf, die, wiederholt und miteinander verwoben, ein komplexes, doch keineswegs willkürliches Bild ergaben. Die klassisch-antiken Traditionen Griechenlands und Roms bildeten die Grundlage für ein Aufblühen von Mathematik und Naturwissenschaft im goldenen Zeitalter des Islam, das in der Folge bisher Unerreichtes hervorbrachte. Die Gestaltungsformen muslimischer Künstler basierten auf strikten Regeln einer ästhetischen Geometrie, die die Einheit und Ordnung des von Allah erschaffenen Universums symbolisierte.

In ein geometrisches Gefüge wurden florale Muster aus Ranken-, Blatt- und Blütenelementen eingewoben. Inspiriert von frühen byzantinischen Ausdrucksformen, waren die Motive zunächst naturalistisch und wurden erst durch die Entwicklung einer islamischen Ästhetik abstrakter. Im 18. Jahrhundert – als Napoleons Ägypten-Expedition die »orientalische« Kunst in den Westen importierte – wurden sie als »Arabesken« bekannt.

Kalligrafie, d. h. künstlerisch gestaltete Schrift, spielte gleichfalls eine zentrale Rolle in der islamischen Kunst und wurde oft mit geometrischen und floralen Mustern kombiniert. Kunstvolle arabische Inschriften – die Muslime häufig als höchste Form der Kunst betrachten – dienen zudem einem zentralen spirituellen Ziel und spiegeln die Bedeutung des Koran wider. Deshalb ist islamische Kalligrafie weit mehr als Dekor – sie vermittelt die Botschaft des Koran und ist stets auf Arabisch geschrieben, womit die Bedeutung der arabischen Sprache für das muslimische Gebet sowie die islamische Kultur unterstrichen wird. Zwei Schriftarten finden dabei besonders häufig Verwendung: die kantige Kufi- und die gerundete Naschi-Schrift.

Blüten- und Pflanzenmuster wie die ausgefeilten Dekors dieser kunstvoll gestalteten Kacheln im Topkapi-Palast in Istanbul (Türkei) finden sich überall in der islamischen Kunst.

Kunst und Architektur

In der Architektur finden sich geometrische und florale Muster sowie abstrakte Formen der Kalligrafie in dekorativem Schnitzwerk oder in der Kachelbemalung. An Decken und Wänden von Moscheen und Koranschulen dienen filigran ausgearbeitete und ineinander verwobene Ornamente der spirituellen Kontemplation. Sie ermöglichen es, wie ein bewundernder Betrachter schrieb, »sich im Labyrinth regelmäßiger Strukturen zu verlieren«. Mit ihnen werden nicht nur Wände in Moscheen geschmückt, sondern auch die Gebetsnischen (Mihrab).

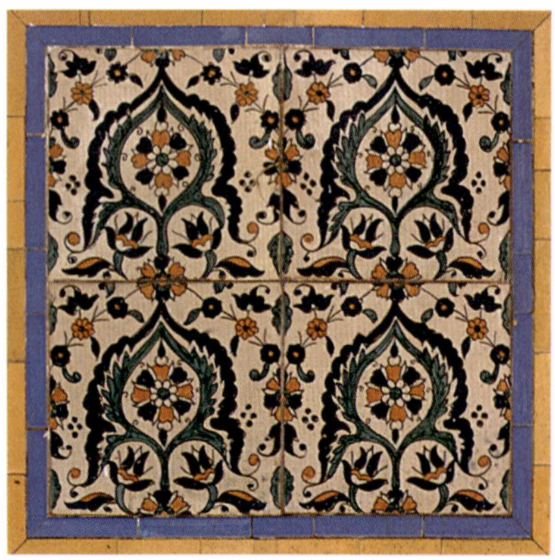

»Die Moschee ist das Haus eines jeden Frommen.«

Prophet Mohammed

In Form eines Torbogens bildet der Mihrab das wichtigste Element in der Moschee-Architektur. Die Gebetsnische weist stets in Richtung Mekka *(qibla)*. Der Imam (Vorbeter) steht oft vor dem Mihrab, dessen konkave Form einen Lautsprechereffekt erzeugt, und führt die Gemeinde im Gebet. Aufgrund der zentralen religiösen Bedeutung als »Tor gen Mekka« ist der Mihrab einer Moschee meist besonders reich verziert.

Córdobas Große Moschee

Eines der atemberaubendsten Beispiele islamischer Architektur ist der Mihrab in der Großen Moschee in Córdoba aus dem 10. Jahrhundert. Die südspanische Region wurde seit dem 8. Jahrhundert von den Umayyaden beherrscht. Die Moschee ist heute eine christliche Kathedrale – die »Mezquita-Catedral« – und zeichnet sich durch eine riesige Gebetshalle aus, überspannt von auf 856 Säulen ruhenden hufeisenförmigen Doppelbögen aus weißem Stein und roten Ziegeln. Die dreischiffige Mittelachse führt auf den Mihrab zu, den Kalif al-Haka II. 961 bei einer Erweiterung der Moschee bauen ließ. Vor dem Mihrab befindet sich ein abgetrennter Bereich *(maqsura)*, der dem islamischen Herrscher vorbehalten blieb. Den Mihrab selbst überspannt ein hufeisenförmiger Bogen innerhalb eines rechteckigen Schmuckelements *(alfiz)*, das mit einer Fülle aus goldenen und vielfarbigen Mosaiksteinen zu variantenreichen Pflanzenmustern zusammengesetzt ist, die wiederum von Kalligrafien aus winzigen goldenen oder schwarzen Tesserae, viereckigen Mosaiksteinchen, eingerahmt werden. Die Kufi-Inschriften enthalten Koranverse, aber auch historische und politische Aussagen. Hinter dem Bogen liegt eine zurückgesetzte Kammer, überdacht von einer aus einem einzigen Marmorblock geschnitzten Muschelschale, dem Symbol für den Koran.

Kunst und Kunsthandwerk

Islamische Gestaltungsformen finden sich aber nicht nur in Moscheen, sondern auch in säkularen Kunstobjekten. Mit geometrisch gemusterten Mosaiken z. B. wurden Wände und Decken, Innenhöfe und Brunnen gekachelt. Muslimische Künstler und Handwerker aus der Zeit der Abbasiden arbeiteten mit zahlreichen Materialien, z. B. Glas, Keramik, Elfenbein, Metall und Textilien. Zwischen dem 7. und 13. Jahrhundert entwickelten sie eine Reihe innovativer Techniken wie die Zinnglasur, die bei Keramikwaren einen Porzellaneffekt erzeugte. Unter den Abbasiden schufen muslimische Künstler Keramik- und Glasgegenstände, deren Glasur Metallpigmente enthielt. Persische Künstler verfeinerten im 10. Jahrhundert diese Technik der Lüsterfayence. Im Mittelalter gehörten in Ägypten, Syrien und Persien hergestellte islamische Glaswaren zu den anspruchsvollsten Kunsthandwerksobjekten in Europa und Asien. Ebenso weltberühmt waren Teppiche und andere Textilien mit denselben typischen geometrischen Mustern.

Zum Ende des 15. Jahrhunderts begann der Niedergang des goldenen Zeitalters der islamischen Kunst, doch sie beeinflusste weiterkin die Kunst und Architektur in Europa. Seit der Renaissance fanden arabeske Motive Eingang in die Handschriftenillumination und die Dekors von Wänden, Möbeln sowie Metall- und Keramikobjekten. Die gegenseitige Befruchtung künstlerisch-dekorativer Techniken aus Europa und dem islamischen Nahen Osten macht heute eine eindeutige Herkunftsbestimmung einzelner Objekte zum Teil unmöglich. ■

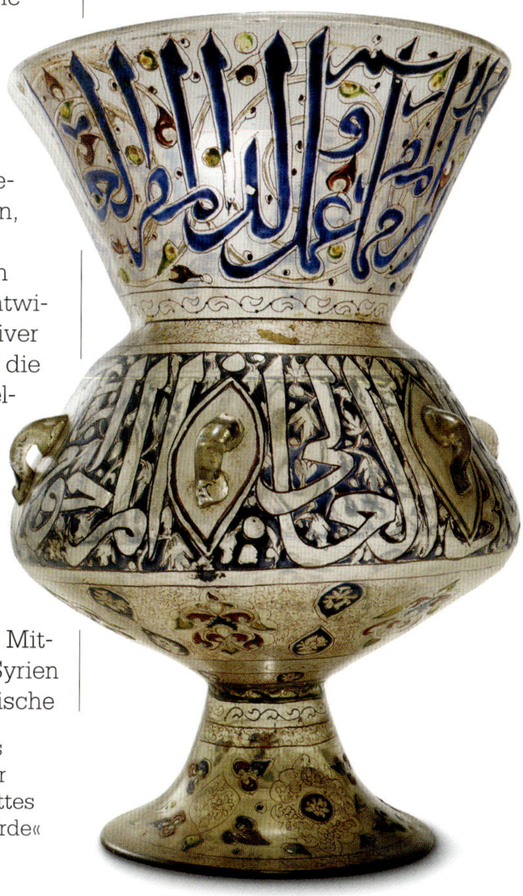

Moscheelampen wie dieses aus Glas geblasene syrische Exemplar (um 1337) verbinden Symbole Gottes als »Licht des Himmels und der Erde« mit Koranversen.

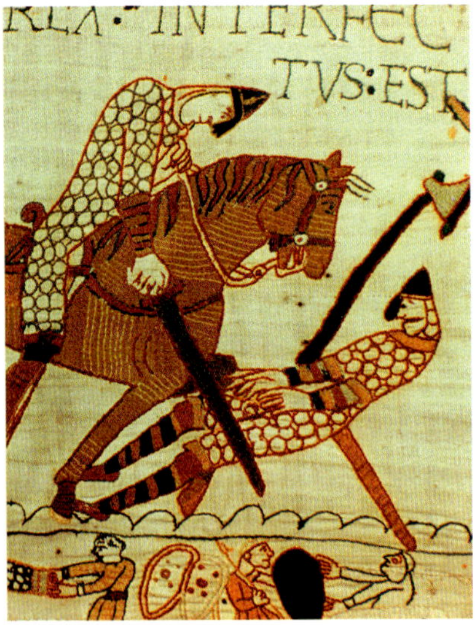

EINE ZWECKDIENLICH GESTALTETE GESCHICHTE

DER TEPPICH VON BAYEUX (UM 1070)

IM KONTEXT

SCHWERPUNKT
Propaganda

FRÜHER
106–113 Die Trajanssäule in Rom verbildlicht die Siege Kaiser Trajans zur Machtdemonstration.

um 991 Die Witwe des Anführers Byrhtnoth schenkt der Abtei von Ely (England) einen Webvorhang zur Erinnerung an den Mut ihres Gatten in der Schlacht von Maldon.

SPÄTER
1801 Jacques-Louis Davids Gemälde *Bonaparte beim Überschreiten der Alpen* verherrlicht diesen in heldenhafter Pose.

1937 Mit dem Gemälde *Guernica* fertigt Pablo Picasso ein eindrückliches Anti-Kriegs-Bild.

1946 Die US-Regierung zeigt in Zeiten des »Eisernen Vorhangs« Gemälde von Georgia O'Keefe, um sowjetischen Vorwürfen kultureller Geistlosigkeit zu begegnen.

Ein beachtliches Werk mittelalterlicher Kunst, der Wandteppich von Bayeux, erzählt von Ereignissen zwischen 1064 und 1066 in England und Nordfrankreich, die mit der Eroberung Englands durch die Normannen endeten. Obwohl die Darstellung als bedeutender historischer Bericht über den Sieg Wilhelms, Herzog der Normandie, über den angelsächsischen Grafen Harold von Wessex gilt, sind Historiker skeptisch. Teile der Geschichte lassen sich nämlich als politische Propaganda verstehen, um den Anspruch Wilhelms auf den englischen Thron zu rechtfertigen.

Versionen der Geschichte

Der 68 m lange und gut 50 cm hohe Wandteppich wurde kurz nach der Eroberung für die siegreichen Normannen geschaffen und gleicht einem riesigen Comic. Eigentlich handelt es sich nicht um einen Teppich, denn die Bilder wurden nicht gewebt, sondern auf ein Leinentuch gestickt. Im ersten Teil wird der in Seenot geratene Harold von dem normannischen Grafen Guy von Ponthieu vor der französischen Küste gefangen genommen. Nachdem Wilhelm ihn freigekauft hat, schwört Harold, dessen Tochter zu heiraten – ein Akt, der Wilhelms

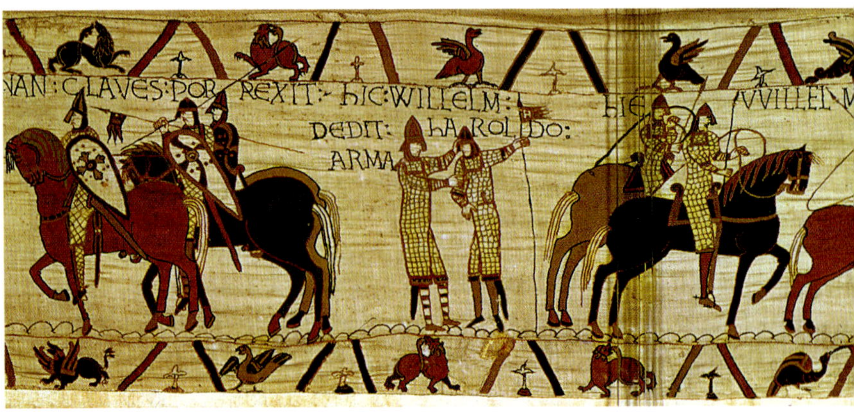

In einer Schlüsselszene des Wandteppichs legt Harold beide Hände auf Reliquien und leistet vor Wilhelm, der auf dem Thron sitzt, seinen Eid. Der lateinische Text erläutert den Schwur.

Siehe auch: Trajanssäule 57 ▪ Konstantinsbogen 57 ▪ *Die Übergabe von Breda* 178–181 ▪ *Allegorie der Planeten und Kontinente* 206–209 ▪ *Der Tod des Marat* 212–213 ▪ *Napoleon auf dem Schlachtfeld von Preußisch-Eylau* 278

Anspruch auf die englische Krone untermauert. Dieser Eid ist umstritten, denn er wird nur auf dem Wandteppich geschildert, der in einem späteren normannischen Dokument hingegen als mögliches Propagandawerk beurteilt wird. Als Harold nach England zurückkehrt und zum König gekrönt wird, sehen die Normannen darin einen Eidbruch. Sie bereiten eine Invasion vor, die in die Schlacht von Hastings (1066) mündet. Hier wird Harold getötet (linke Seite, Bild oben). Der letzte Teil des Wandteppichs fehlt. Forscher nehmen an, hier könnte es sich um eine Darstellung von Wilhelms Krönung gehandelt haben. In diesem Fall wäre die Botschaft eindeutig: Wilhelm ist Englands rechtmäßiger König – und Harold ein Lügner.

Auch wenn Experten über die Interpretation uneinig sind, ist der Stellenwert des Wandteppichs von Bayeux als unschätzbares historisches Dokument unbestritten: Er enthält die einzige bildliche Darstellung der Schlacht von Hastings und liefert Informationen zu zentralen Aspekten des mittelalterlichen Lebens. Was immer seine propagandistischen Ziele sein mochten: Er bleibt der Höhepunkt angelsächsischer Stickkunst.

Wer schuf den Wandteppich von Bayeux?

Die meisten Historiker nehmen an, der Wandteppich sei um 1070 von Odo, Bischof von Bayeux und Halbbruder Wilhelms des Eroberers, in Auftrag gegeben worden. Er selbst taucht in mehreren Szenen des Teppichs auf, insbesondere in jenen der Schlacht von Hastings: Dort treibt er normannische Soldaten an. Das Werk könnte für seine neue Kathedrale gedacht gewesen sein, die 1077 geweiht wurde – oder aber als Wandbehang für ein Schloss. Die Bildszenen wurden wohl zunächst auf dem Leintuch skizziert, wobei die Stickarbeiten selbst angelsächsische Stickerinnen in England (nicht in Frankreich) ausführten. Deren Fertigkeit wurde in ganz Europa gerühmt. Man nimmt an, dass der Gesamtentwurf von Scolland, dem Abt des Klosters St. Augustine in Canterbury (England), stammt. Er war 1064 Mönch in Mont Saint-Michel in der Normandie – und wird dort von den Orten und Ereignissen des Geschehens erfahren haben.

Kunst als Propaganda kannten bereits die Römer: Sie gaben zur Feier heldenhafter Feldzüge große Werke in Auftrag. Auch in modernen Zeiten wurde staatlich geförderte Kunst dazu benutzt, in Kriegszeiten die Moral zu stärken oder das Bild der Nation zu prägen: Der Sozialistische Realismus verherrlichte die Werte der Sowjetunion, während die USA die »Überlegenheit« US-amerikanischer Kultur weltweit ausstellte. Einzelne Künstler bezogen immer wieder mit ihren Werken Stellung gegen Krieg und staatliche Unterdrückung. ■

» Hier kommt Harold übers Meer – der Wind wirft seine Schiffe ans Land des Grafen Guy de Ponthieu. «

Der Teppich von Bayeux

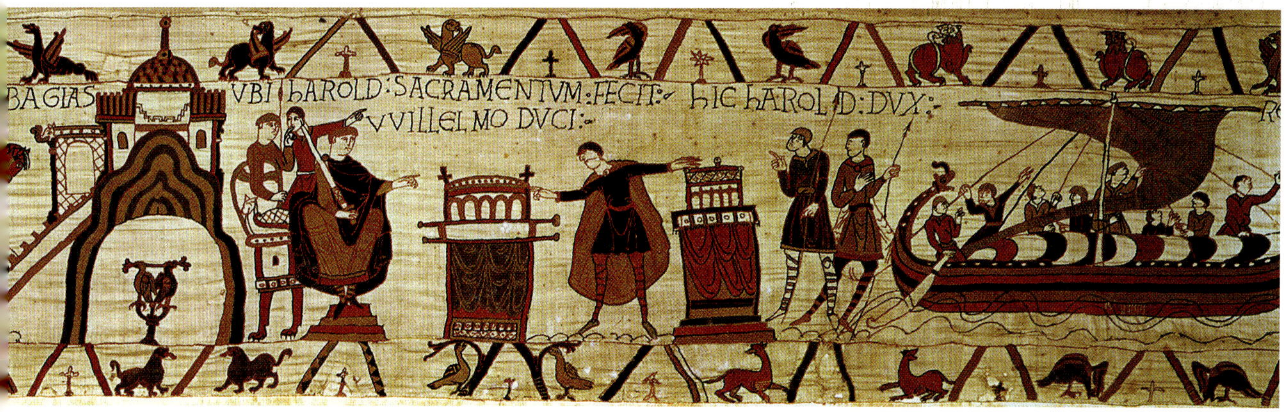

RHYTHMUS IST DER HERZSCHLAG ALLEN LEBENS

SHIVA NATARAJA (12. JH.)

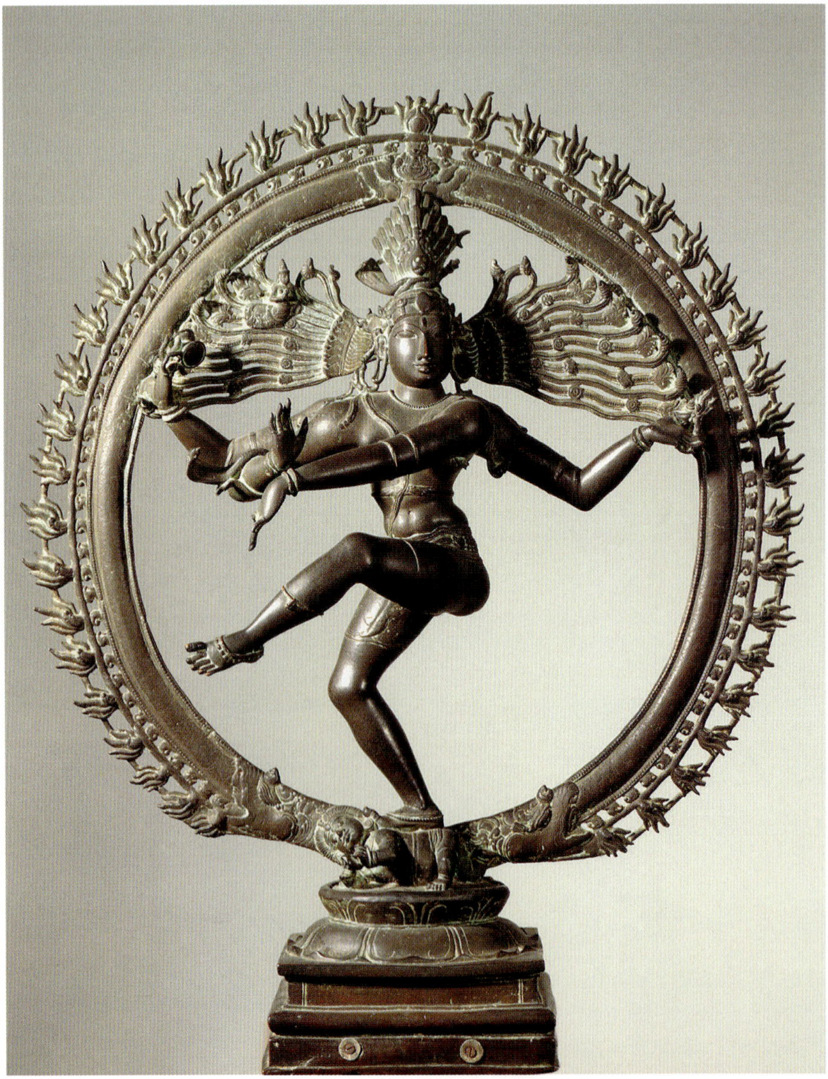

IM KONTEXT

SCHWERPUNKT
Hinduistische Skulpturen

FRÜHER
um 2300 v. Chr. Ein Siegel aus Mohenjo-Daro (heute Pakistan) zeigt eine dreigesichtige Figur mit gekreuzten Beinen, womöglich einen Vorläufer des Hindu-Gottes Shiva.

um 550–750 n. Chr. Eine 6 m hohe, aus dem Fels gehauene hinduistische Shiva-Statue mit drei Köpfen entsteht in einer Höhle der Insel Elephanta bei Mumbai (Indien).

SPÄTER
17. Jh. Die imposantesten Beispiele hinduistischer Tempelskulpturen finden sich in den Tempelanlagen Südindiens.

Im Verlauf ihrer facettenreichen Geschichte haben sich indische Kunst und Religion untrennbar miteinander verwoben. Zur bevorzugten Kunstgattung auf dem Subkontinent gehört die Skulptur. Sie brachte – ob durch Hindus, Jainas oder Buddhisten – atemberaubende Bildnisse des Göttlichen hervor. Von Terrakotta- über Reliefarbeiten bis hin zu Bronzestatuen sind all diese Werke äußerst komplex, symbolisch und mystisch.

Der Hinduismus entsprang vor gut 2500 Jahren der frühen Zivilisation im Indus-Tal. Die Gupta-Dynastie (um 320–550 n. Chr.) übernahm ihn als offizielle Religion – ihre vielfach als goldenes Zeitalter beschriebene Periode brachte v. a. in Nordindien eine kulturelle Blüte hervor. In dieser Zeit entstanden zahlreiche Reliefs und frei stehende Steinstatuen der drei Hauptgötter

Siehe auch: Bronzestatuen von Riace 36–41 ▪ Buddhas von Gandhāra 44–47 ▪ Niō-Tempelwächterstatuen 79 ▪ Benin-Bronzen 153

des Hinduismus, Brahma, Shiva und Vishnu, sowie ihrer Inkarnationen und Gefährten wie Devi, die Erdgöttin, und Ganesha, Shivas elefantenköpfiger Sohn. Viele dieser im Lauf von Jahrhunderten erschaffenen Skulpturen stellten die Hindu-Götter mit mehreren Köpfen, Gesichtern oder Gliedern dar.

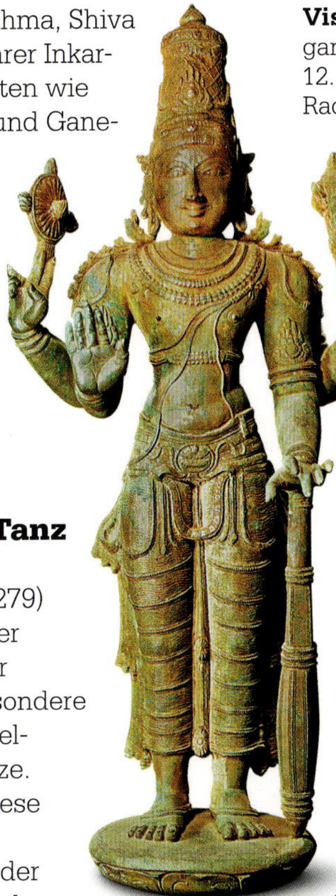

Vishnu erscheint in dieser eleganten Steinskulptur aus dem 12. Jh. mit seinen Attributen: Rad, Symbol für den Lauf des Lebens, und Muschelhorn, Quelle aller Dinge.

Der kosmische Tanz

Zur Zeit der Chola-Dynastie (um 860–1279) entstanden einige der schönsten Werke der Hindu-Kunst, insbesondere in Gestalt von Tempelskulpturen aus Bronze. Zwar kannte man diese Kunstform bereits zuvor, Beispiele aus der Chola-Zeit sind jedoch besonders elegant und schön. Die berühmteste ist die Shiva-Statue in seiner Personifikation als Nataraja, Herr des Tanzes. Shiva ist sowohl Schöpfer als auch Zerstörer des Universums – und in dieser Darstellung zeigt er sich als göttlicher Tänzer, dessen fröhliche Bewegungen das Leben selbst symbolisieren. Der Rhythmus seines Tanzes ist eine Metapher für das universelle Gleichgewicht von Gut und Böse.

Shiva steht vierarmig in einem Ring aus Feuer – dem Symbol für die unaufhörliche Erschaffung und Zerstörung des Universums, die den hinduistischen Glauben an den Kreislauf der Zeit widerspiegelt. Im Tanz hält er in der oberen rechten Hand eine kleine Trommel, *damaru,* mit der er den Schöpfungsrhythmus schlägt. Seine obere linke Hand hält die Flamme der Zerstörung, *agni.* Die untere linke Hand weist quer vor seiner Brust in einer Schutz symbolisierenden Geste auf den angehobenen linken Fuß; der rechte tritt unterdessen auf die Unwissenheit, den zwergenhaften Dämon Apasmara. Shivas Gesten besagen, dass der Glaube an ihn von Unwissenheit und Illusion befreit ist und Rettung verheißt.

Die Shiva-Nataraja-Statue gilt als Meisterwerk hinduistischer Skulptur. Sie vermittelt nicht nur Bewegung, sondern auch das Geheimnis und die Macht des Gottes – und steht beispielhaft für den Reichtum und die Komplexität hinduistischer Kunst.

Tempelskulptur

Seit Ende des 12. Jahrhunderts übernahmen Muslime schrittweise die Macht in Indien – zunächst im Norden, später auch im Rest des Landes. Unter den Mogulherrschern blühte die Miniaturmalerei, und die Kunst des Subkontinents zeigte zunehmend islamische neben hinduistischen Einflüssen. Ab dem 15. Jahrhundert erlebte die hinduistische Tempelkunst und -skulptur eine Wiedergeburt, vor allem in der südindischen Region Tamil Nadu. ▪

Regeln der Kunst

Indische Künstler schufen mit dem Bild oder der Statue einer Gottheit nicht nur ein Kunstwerk, sondern auch ein heiliges Objekt für religiöse Rituale und Zeremonien. Nach dem Hindu-Glauben sind solche Bilder eine von vielen Inkarnationen des göttlichen Wesens.

Die Erschaffung einer Hindu-Skulptur oder eines -Bildes unterliegt strikten Regeln, die in den alten Texten der *Shilpa Shastra* (Abhandlung zur Kunst) festgehalten sind. Die *Shastra* gibt konkrete Anweisungen – zu Proportionen, Gesten, Attributen, Gesichtsmerkmalen und Mimiken, zu Farben und Kleidung –, die das einheitliche Erscheinungsbild eines Großteils indischer Skulpturen aus verschiedenen Perioden erklärt.

Nach der Erschaffung eines Bildnisses erfolgt eine Zeremonie durch den Tempelpriester zur »Ausstattung mit Lebensenergie«, *prana pratishtha.* Dabei werden Mantras gesungen und Räucherwerk verbrannt – um so das *murti* (Gottesbild) von einem bloßen Objekt in die Inkarnation einer Gottheit zu verwandeln.

» Dies ist sein Tanz in der letzten Nacht der Welt. «

Benjamin Rowland
The Art and Architecture of India, 1967

DIE VOLLENDETEN STATUEN GINGEN EINFACH AN DEN ORT IHRER BESTIMMUNG

STATUEN DER OSTERINSEL (UM 1200)

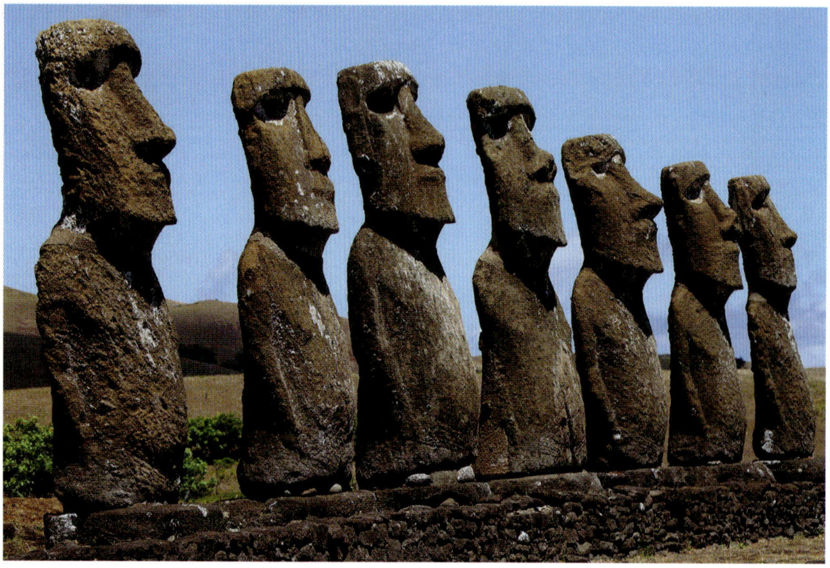

Die monolithischen Menschenstatuen, *moai*, auf der Osterinsel stehen mit dem Rücken zum Meer. Sie sind monumentale Ahnendarstellungen von Häuptlingen, die einst Rapa Nui, wie die Polynesier ihre Insel nennen, beherrschten.

Die ältesten *moai* stammen wohl aus der Zeit um 700–850, die meisten aber entstanden zwischen 1050 und 1500. Fast 900 blieben bis heute erhalten – der Großteil ist zwischen 3 m und 6 m hoch, die größte fast 10 m. Die riesigen Köpfe haben ein flaches Gesicht, tief liegende Augen, mächtige Brauen und ein hervorstehendes Kinn. Sie sitzen auf langen Torsos mit Flachreliefs an den Körper angelegter Arme. Man nimmt an, dass die Statuen als Darstellungen einstiger Häuptlinge verehrt wurden, deren Geister zwischen Menschen und Göttern vermitteln sollten.

Mit Basaltpickeln hieben Handwerker die *moai* aus der gehärteten gelb-grauen Vulkanasche von den Kraterwänden des Rano-Rafaku-Vulkans. Anschließend brachten sie die Statuen an die Küste und hievten sie dort auf Ritualpodeste, *ahu* genannt. Manche vermuten, die Inselbewohner hätten die *moai* zur Küste »laufen« lassen, indem sie die mächtigen Statuen abwechselnd an einer Seite anhoben und so schrittweise vorwärtsbewegten. Die Einheimischen glaubten, die *moai* seien selbstständig zu den *ahus* gelangt. ■

IM KONTEXT

SCHWERPUNKT
Ahnenkult

FRÜHER
um 3800 v. Chr. Aborigines malen Bilder von Geistern ihrer Ahnen (Wandjina) an Höhlenwände in Westaustralien.

um 2613 v. Chr. Ägyptische Künstler erschaffen ein Porträt des König Djoser. Sie glauben, die Ähnlichkeit der Statue fange den Geist des Königs ein.

SPÄTER
19 Jh. In Sulawesi (Indonesien) schnitzen Bildhauer Ahnenbilder (*tau tau*) aus Holz und Bambus.

19. Jh. Tabwa-Bildhauer in der Region des Tanganjikasees (Afrika) schaffen elegante Ahnenfiguren aus Holz *(mikisi)*, die lebenden Herrschern Kraft spenden sollen.

Siehe auch: Venus von Willendorf 20–21 ▪ Prinz Rahotep und seine Gattin Nofret 26–31 ▪ Göttin Coatlicue 132–133 ▪ *Der Tag Gottes* 281 ▪ *Single Form* 340

LEBEN UND TOD, DER ANFANG UND DAS ENDE

NIŌ-TEMPELWÄCHTERSTATUEN (1203) UNKEI

IM KONTEXT

SCHWERPUNKT
Schutzgeister

FRÜHER
711 Die ältesten erhaltenen Niō-Wächterstatuen werden für den Horyu-ji-Tempel in Ikagura (Japan) geschaffen.

733 Eine lebensgroße bemalte Tonskulptur des Blitze werfenden Schutzgottes Shukongojin wird für den Todai-ji-Tempel in Nara erstellt.

1064 Der japanische Bildhauer Chosei kreiert lebensgroße Statuen, die Zwölf himmlischen Generäle, als Beschützer des heilenden Buddhas für den Koryu-ji-Tempel in Tokio.

SPÄTER
Frühes 14. Jh. In Sakai (Japan) wird eine furchterregende Niō-Statue als Wächter vor dem Tor zum Ebaradera-Tempel geschaffen.

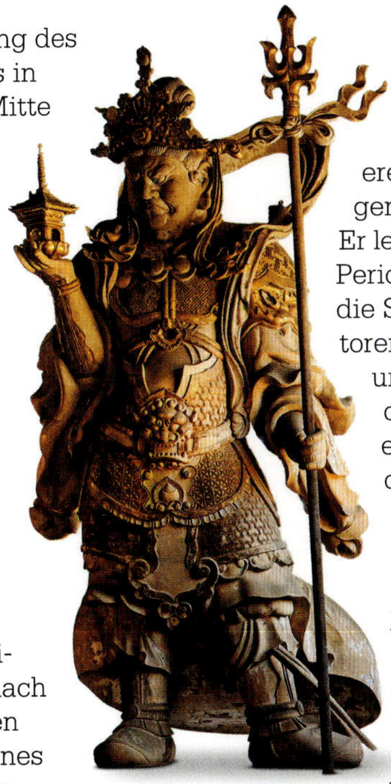

Die Verbreitung des Buddhismus in Japan seit Mitte des 6. Jahrhunderts zog die Erschaffung bedeutender Kunstwerke nach sich. Bildhauer, sogenannte Busshis (buddhistische Meister) schufen außergewöhnliche Statuen – nicht nur Buddhas, sondern z. B. auch solche von Göttern und Wächtern, darunter Niōs, wohlwollende Hindu-Schutzgottheiten. Einer Legende nach begleitete ein Niō den Buddha am Ende seines Lebens auf seiner Wanderung durch Nordostindien. Die Japaner übernahmen die Vorstellung von Niōs und stellten ihre Statuen häufig paarweise am Eingang eines buddhistischen Tempels zur Abschreckung des Bösen auf. Die bekanntesten Niō-Wächterstatuen schuf Unkei (er starb 1223), der Leiter der Kei-Schule für buddhistische Bildhauerei in Nara, der einstigen Hauptstadt Japans. Er lebte in der Kamakura-Periode (1185–1333), als die Shogun (Militärdiktatoren) im Land herrschten und sich der Stand der Samurai-Krieger etablierte. Gemäß der Zeit schuf Unkei heroische, dynamisch-realistische Skulpturen, die die japanisch-buddhistische Bildhauerkunst des 13. und 14. Jahrhunderts maßgeblich beeinflussen sollten.

Die beiden hölzernen Wächterstatuen Unkeis vor dem Südtor des Todai-ji-Tempels in Nara sind über 8 m hoch und wiegen jeweils knapp 7 Tonnen. Mit ihren muskulösen Körpern, hervortretenden Adern und fleischigen Gesichtern sehen sie furchterregend und kriegerisch aus. Zusammen mit Assistenten und einem bedeutenden Kollegen, Kakei, arbeitete Unkei nur knapp zwei Monate an den Figuren – und zwar mit einer *yosegi* genannten Technik, bei der einzelne Holzteile getrennt bearbeitet und erst anschließend zusammengesetzt werden. Dadurch entstehen die dynamischen Posen der Statuen. Der Tradition gemäß steht die Statue rechts vom Tor mit offenem Mund da – was den Anfang von allem symbolisiert. Die Statue links vom Tor (hier im Bild) hat den Mund geschlossen und stellt das Ende aller Dinge dar. ■

Siehe auch: Buddhas von Gandhāra 44–47 ▪ Shiva Nataraja 76–77 ▪ *Sechs Kakifrüchte* 101 ▪ *Abendschauer über der großen Brücke in Atake* 254–255

ES WERDE LICHT

BUNTGLASFENSTER (UM 1220), KATHEDRALE IN CHARTRES

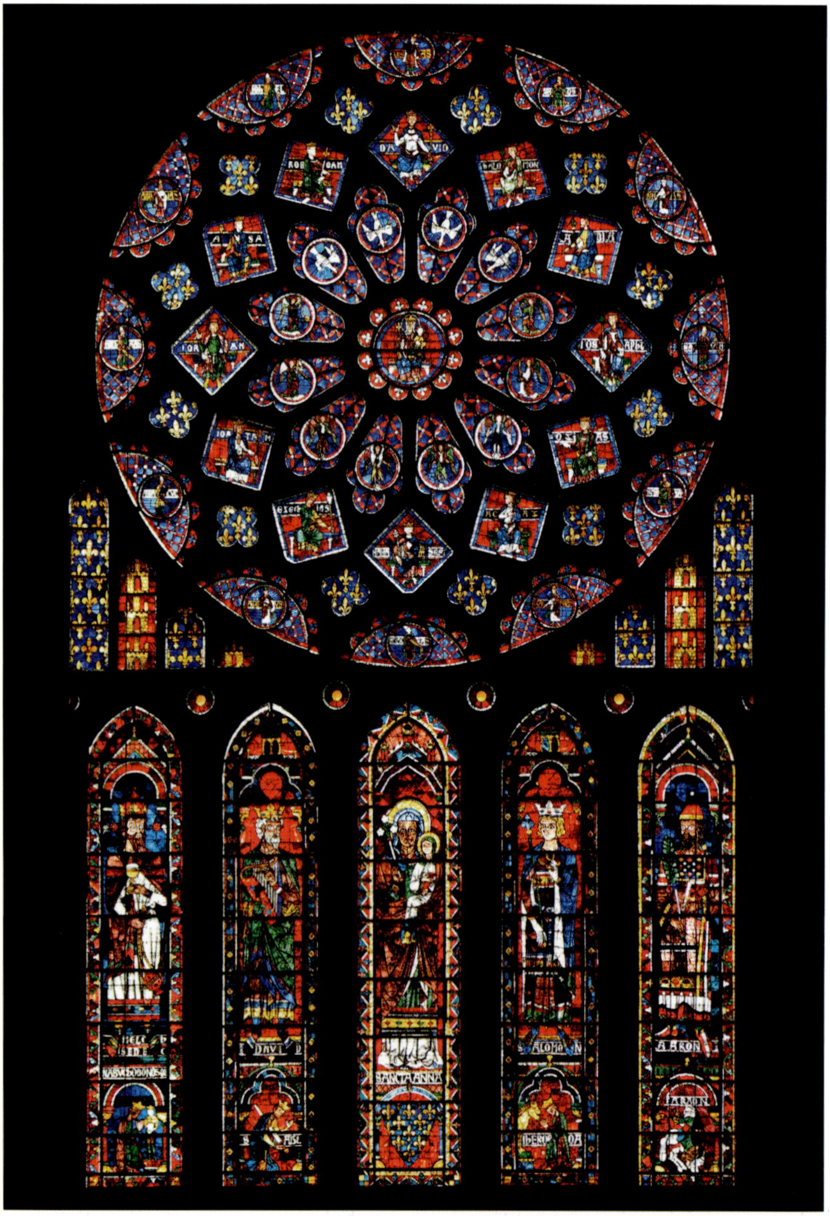

IM KONTEXT

SCHWERPUNKT
Licht in der Gotik

FRÜHER
um 800–820 In der Abteikirche San Vincenzo in Volturno (Italien) werden bunte Glasfenster eingesetzt.

um 1065 Buntglasfenster im Augsburger Dom zeigen den Propheten Daniel.

SPÄTER
1405–1445 In Buntglasfenstern der Kathedrale von Florenz (Italien) stellen Renaissance-Künstler biblische Szenen dar.

1860er-Jahre Der britische Präraffaelit William Morris belebt mit seinen Buntglasentwürfen das Interesse für mittelalterliche Kunst neu.

1978–1985 Der Künstler Marc Chagall entwirft neun neue Buntglasfenster für die Pfarrkirche in Mainz.

Mit dem Ziel, die Eigenschaften des Lichts zu nutzen, schufen Künstler mit Buntglasfenstern eine einzigartige religiöse Kunstform, die ihren spektakulären Höhepunkt in der Periode der gotischen Kunst und Architektur (12. und frühes 13. Jahrhundert) erlebte. Trotz späterer Glasmanufakturen blieben die mittelalterlichen Buntglaskreationen wie die Kathedralfenster in Chartres einzigartige Meisterwerke.

Fensterglas war bereits seit dem 1. Jahrhundert in Gebrauch – und Fragmente bunter Kirchenfenster, die man in Italien fand, datieren bis ins 9. Jahrhundert zurück. Doch erst Entwicklungen im Bereich der

Siehe auch: Mihrab der Großen Moschee von Córdoba 68–73 ▪ *Maestà* 90–95 ▪ Wilton-Diptychon 98–99 ▪ *Jüngstes Gericht* 100

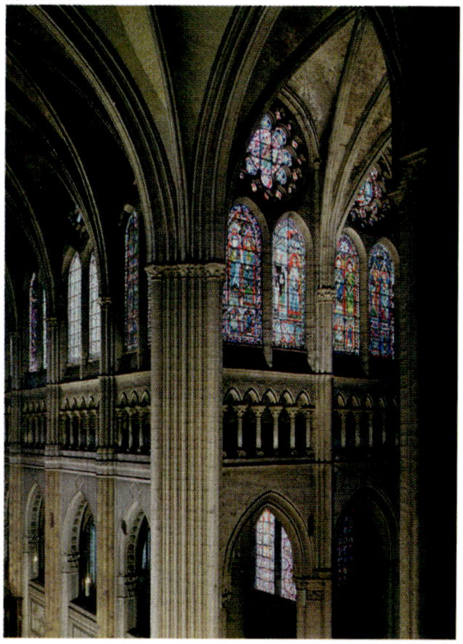

Die Vierung der Kathedrale in Chartres zeigt ein auf schlanken Säulen hoch aufragendes Gewölbe und zweistöckige Buntglasfenster. Die Außenwände sind großenteils aus Glas.

Architektur machten den Einbau riesiger Buntglasfenster in Kirchen und anderen Gebäuden möglich.

Die gotische Revolution

Den neuen Architekturtypus, der im 12. Jahrhundert in Frankreich entstand, nannte man zunächst *opus francigenum,* »französisches Werk«. Erst Jahrhunderte später kam unter Renaissance-Architekten der verächtliche Name »Gotik« auf – nach den barbarischen Invasoren des Römischen Reichs, den Goten. Ihr Stil aber war alles andere als barbarisch, sondern vielmehr die hoch aufragende, elegante und versierte Weiterentwicklung der Romanik. Die für romanische Kirchen typischen halbrunden Gewölbe und Rundbögen benötigten extrem dicke Wände. Das Einschlagen von Löchern in diese führte zu einer Schwächung der Statik. Deshalb gab es nur wenige und kleine Fenster, und romanische Innenräume blieben düster.

Bei der Entwicklung des gotischen Stils experimentierten Architekten mit neuen Ideen und Techniken zwecks Öffnung der Kircheninnenräume.

Spitz zulaufende Bögen – mit geringerem Seitendruck als bei Rundbögen – kamen auf und machten so verschieden große Öffnungen möglich. Mithilfe steinerner Rippen wurde das Gewicht des Gewölbes auf Säulen und Pfeiler verlagert, sodass dicke tragende Wände nicht länger benötigt wurden. Eine der zentralen und innovativen Errungenschaften der gotischen Architektur ist das Strebewerk. Es bestand aus massiven, frei stehenden Pfeilern und spitz auf eine Wand zulaufenden Bögen. Die horizontale Last des Daches wurde über diese Bögen von der Wand auf die Pfeiler übertragen, was hoch erhobene Dächer und aufragende Innenräume ermöglichte.

Lichte Wände

Da die Wände nun nicht mehr dem Druck des Daches standhalten mussten, wurden sie beinahe obsolet. Gotische Architekten und Künstler entdeckten die Freiheit, den Raum zwischen den Säulen für Fenster zu nutzen und so Licht und Farbe ins vormals düstere Kircheninnere zu bringen: ein entscheidender Faktor v. a. in nordeuropäischen Ländern.

Aufgerissene Gewölbe, spitz zulaufende Bögen und das Strebewerk: Auf der Basis dieser zentralen Neuerungen wetteiferten Architekten und Künstler und schufen immer höher aufragende »

Arbeit mit Glas

Versierte Künstler des Mittelalters verwendeten für Fenster eine breite Palette von Farben – darunter Gelb-, Grün-, Rot- und Violett- sowie dramatische Blautöne. Die Farben erhielten sie durch Zusatz von Metalloxiden zur geschmolzenen Glasmasse: Kobalt etwa erzeugte Blau, Kupfer Blau- und Grüntöne, Nickel oder Mangan ergab Violett und der Zusatz von Blei ein blasses Gelb. Schwerer herzustellen war Rot – dafür musste man Gold zusetzen. Durch Variation der Grundmischung und Farbzusätze ließen sich die Töne noch verstärken.

Für die gotischen Künstler z. B. in Chartres war Buntglas ein aufwendiges Material. Es musste nicht nur hergestellt, eingefärbt und geschnitten, sondern nach Farben und Mustern so angeordnet werden, dass Bilder und Bildstrecken entstanden. Kleine Glasstücke wurden durch zarte Bleiruten zusammengehalten und zu religiösen Bildern zusammengesetzt. Diese Kunstform förderte jedoch nicht dieselbe Art figurativen Realismus zutage wie etwa Skulpturen oder Malerei. Gleichwohl waren die Darstellungen kraftvoll und dramatisch und nicht selten äußerst detailreich.

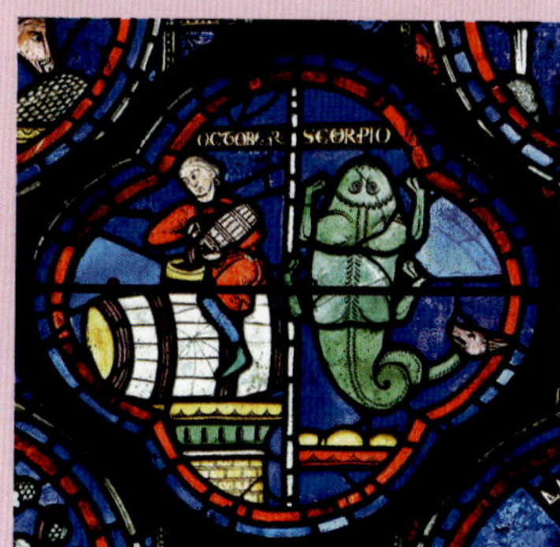

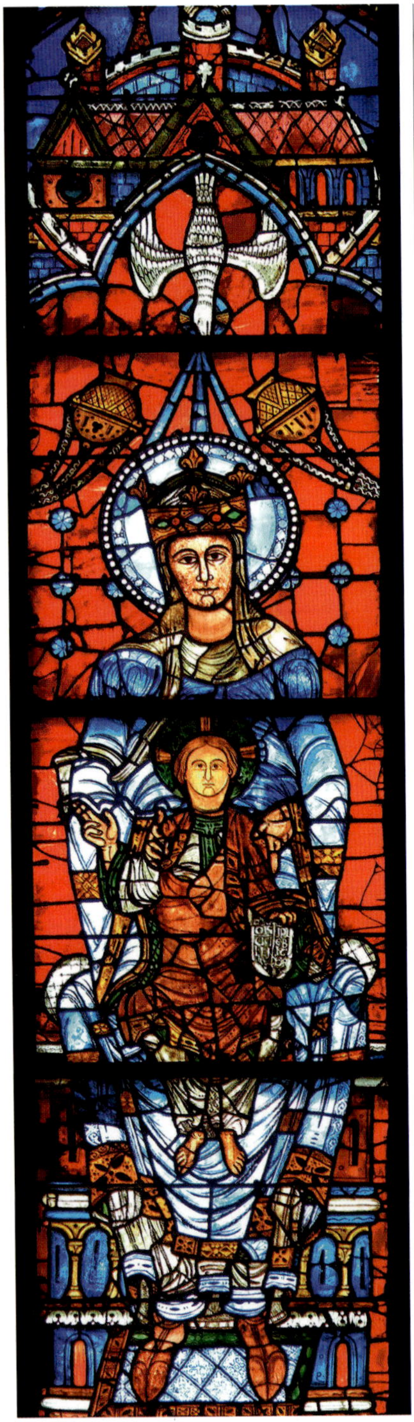

In *Notre Dame de la belle verrière* (12. Jh.) leuchtet Marias Gewand intensiv blau. Die Farbe ist so charakteristisch für Chartres, dass man sie auch »Chartres-Blau« nennt.

» Die hohe gotische Decke wölbte sich über meinem Kopf, und durch die bunten Fenster schien das Licht schwach herein – es war still, feierlich und andächtig. «

Bayard Taylor
Views A-foot, 1846

und mehr und mehr Licht einlassende Kathedralen.

Mit ihrer Höhe strebten die Bauwerke gen Himmel, wobei im Licht, so ein christlicher Philosoph und Theologe des 6. Jahrhunderts, den die Nachwelt Pseudo-Dionysus nannte, das Göttliche verkörpert würde. In der Bibel kommt das Licht von Gott und Christus und steht für Leben, Güte und Wahrheit. So gaben die essenziellen Elemente gotischer Kathedralen der christlichen Glaubenslehre physische Gestalt. Buntglasfenster ließen farbiges Licht in den Innenraum eindringen und wurden zum integralen Symbol und dekorativen Merkmal der neuen Architektur.

Mit Licht malen

Eine der atemberaubendsten gotischen Kathedralen steht in Chartres (Nordfrankreich). Sie wurde zwischen 1194 und 1250 errichtet, ist rund 130 m lang, misst 32 m in der Breite und ist eine der schönsten Architekturbeispiele französischer Gotik. Das geräumige Kirchenschiff gestattet einen direkten Blick vom westlichen Raumende bis zur Apsis im Osten. Der Raum mit seinen zweistöckigen Buntglasfenstern ist bemerkenswert: Alles Licht kommt durch prächtige und farbenfrohe Glasfenster in die Kathedrale – und flutet den Innenraum nicht etwa ungebrochen, sondern ruft durch die Vielzahl leuchtender und durchscheinender Farben vielmehr eine spirituelle Intensität hervor.

Mittelalterliche Buntglasfenster waren dekorativ, lehrreich und symbolisch. Ihre Schönheit ließ sich bewundern, ihre Bilder aber auch als biblische Geschichten »lesen«. So trugen sie zur Erziehung der ungebildeten Gemeindemitglieder bei und schufen Atmosphäre.

In Chartres gab es ursprünglich 178 Fenster aus Buntglas, die meisten wurden zwischen 1205 und 1240 geschaffen und eingebaut. Von ihnen sind 150 erhalten, wobei das berühmteste Fenster gewiss das der Madonna »Notre Dame de la belle verrière« ist: eines von nur

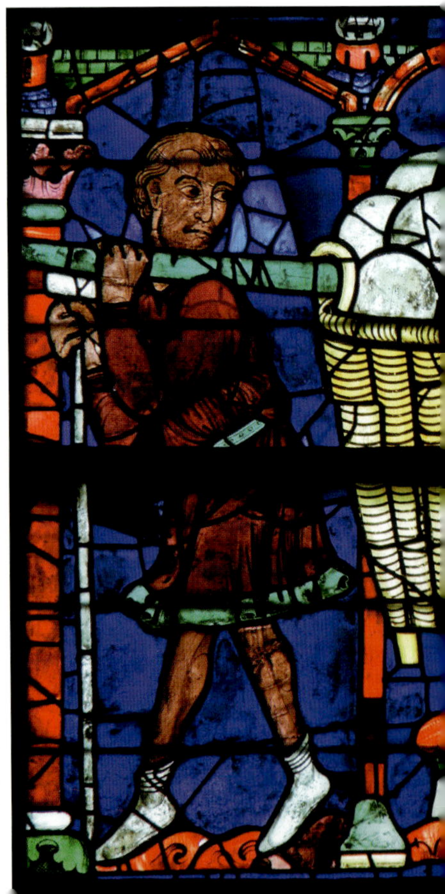

vier Fenstern, die den großen Brand im Jahr 1195 überstanden, der die Kathedrale großenteils zerstörte.

Im Zentrum steht ein Bild der Jungfrau Maria in leuchtend blauem Gewand und auf einem von Engeln getragenen Thron sitzend. Über ihrem Kopf schwebt der Heilige Geist in Gestalt einer Taube. Um dieses Bild herum wurden später Segmente mit Szenen aus dem Leben Jesu hinzugefügt.

Spitzbogen und Rosetten

Jede Bankreihe der Seitenschiffe sowie der Wandelgang um den Chor herum wird von meist 8 m hohen Spitzbogenfenstern flankiert. Sie zeigen auf außerordentlich kunstfertige Weise Geschichten aus dem Alten sowie Neuen Testament, Episoden aus dem Leben der Heiligen und Symbole z. B. der Tierkreiszeichen. In manchen Bildern kann man Händler und Arbeiter, z. B. Steinmetze und Zimmerleute, entdecken. Dank des Strebwerks ist die Decke des Mittelschiffs höher als die der Seitenschiffe, und die Wände im oberen Stock, im Fenstergaden, sind ganz aus Glas. Jedes Gadenfenster besteht aus zwei Spitzbogenfenstern und wird von einer kleinen Fensterrosette gekrönt. Hoch oben und weit weg vom Betrachter sind sie weniger detailreich und zeigen einzelne Heilige, Propheten, Könige und Adelsherren.

Die Kathedrale in Chartres ist zudem berühmt für ihre drei großen Rundfenster. Eine dieser Rosetten im Nordschiff (siehe S. 80) zeigt Maria mit dem Jesuskind, umringt von Figuren des Alten Testaments. Eine andere im Südschiff zeigt u. a. eine Vision der Apokalypse aus dem Neuen Testament. Die Rosette im Westschiff enthält Bilder des Jüngsten Gerichts. Darunter befinden sich noch drei Spitzbogenfenster aus dem 12. Jahrhundert mit dem Leidensweg Christi, Szenen seiner Kindheit und der »Wurzel Jesse« (ein beliebtes mittelalterliches Motiv).

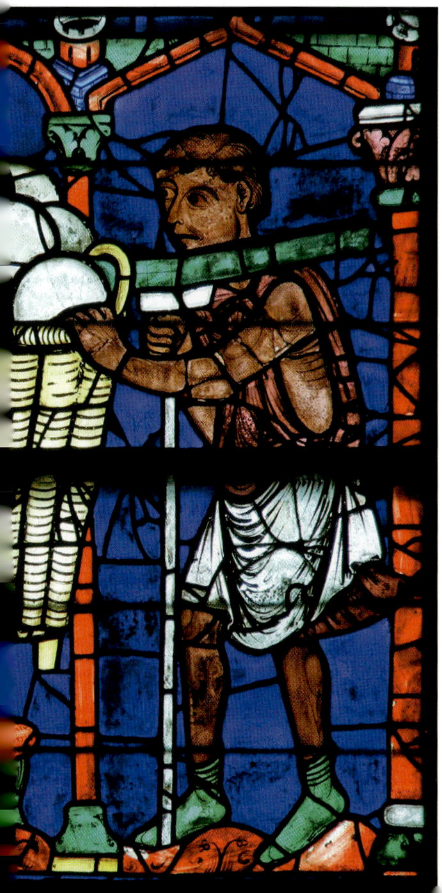

Visionen aus Glas und Stein

Im 13. Jahrhundert wurden in vielen Kirchen und Kathedralen Europas weitere bezaubernde Buntglasfenster geschaffen – z. B. in Reims (Frankreich), Brügge (Belgien), Canterbury (England). Buntglas wurde zum festen Bestandteil beim Bau von Kirchen – wenngleich die Fenster nur ein Element des Gesamteindrucks dieser großartigen Gebäude ausmachten. Insbesondere Skulpturen schienen auf gleichsam organische Weise aus der Architektur hervorzutreten. Eingangsportale boten sich zur Darstellung komplexer theologischer Themen in aufwendigem Schnitzwerk geradezu an. Hier traten Figuren aus Säulen heraus, und ganze Szenen zierten den Türsturz sowie den Raum über Eingängen und um sie herum. Mit Skulpturen und Buntglasfenstern, der schwindelerregenden Höhe und dem Licht wurde die gotische Kathedrale als Kunstwerk schlüssiger Ausdruck einer Vision.

Handwerker sind in den unteren Segmenten einiger Fenster in Chartres zu sehen – manche sind als Individuen, andere als Angehörige von Zünften zu erkennen, die die Fenster stifteten.

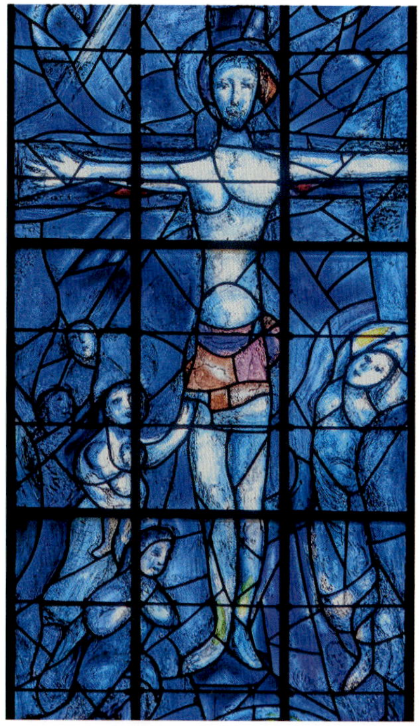

Marc Chagall entwarf 1974 drei neue Buntglasfenster für die Kathedrale in Reims. Mit Farbspritzern auf kobaltblauem Untergrund gelang ihm darin eine Einheit von Tradition und Moderne.

Buntglas wurde auch später, in der Renaissance, verwendet. Künstler wie Lorenzo Ghiberti und Donatello etwa schufen atemberaubende Fenster für die Kathedrale in Florenz. Das 2007 eingeweihte abstrakte Fenster von Gerhard Richter im Kölner Dom besticht durch seine einzigartige Lichteinfallwirkung im Innenraum. ■

EIN AUSGEPRÄGT KLASSISCHER GEIST INSPIRIERT IHRE FORM

KANZEL DES BAPTISTERIUMS IN PISA (1259) NICOLA PISANO

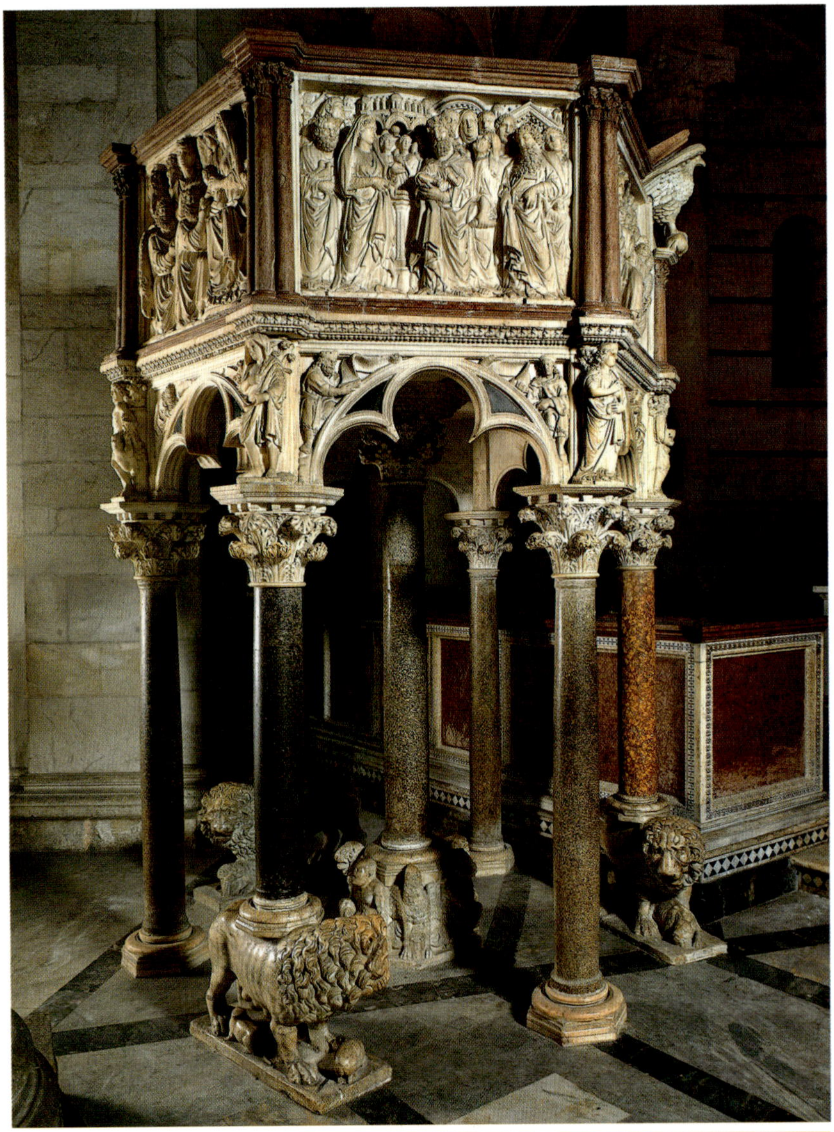

IM KONTEXT

SCHWERPUNKT
Wiederbelebung der Antike

FRÜHER
um 1130 Der französische Bildhauer Giselbertus fertigt die erste große Aktplastik in Europa seit der Antike. Seine »Eva« wird später als Meisterwerk des Mittelalters gefeiert.

1178 Der italienische Bildhauer Benedetto Antelami schmückt unter Rückgriff auf antike Traditionen die Kathedrale von Parma mit einem Flachrelief, das die Kreuzabnahme Christi zeigt.

SPÄTER
1301 Nicola Pisanos Sohn Giovanni übernimmt dessen Stil, zeigt in der Kanzel von Sant'Andrea in Pistoia aber eine energischere Ausführung.

1403–1424 Lorenzo Ghibertis Bronzetüren für das Baptisteriums in Florenz weisen einen gotisch beeinflussten Stil bei gleichzeitigem Bewusstsein für die Antike auf.

Mitte des 13. Jahrhunderts entwickelte sich in Italien mit der Wiederentdeckung klassisch-antiker Kunsttraditionen ein neuer dynamischer Stil der westlichen Kunst. Der maßgebliche Erneuerer hieß Nicola Pisano. Er gab der italienischen Bildhauerei neuen Aufschwung. In seinem ersten großen Werk, der Kanzel im Baptisterium von Pisa, gelang ihm eine brillante Verbindung klassisch-antiker Traditionen der Griechen und Römer mit der gotischen Kunst und Architektur der Franzosen.

Siehe auch: Assyrische Löwenjagd-Reliefs 34–35 ■ Mark Aurel 48–49 ■ Sarkophag des Junius Bassus 51 ■ *Thronende Madonna* 101 ■ *Das Opfer Isaaks* 106 ■ Grabmal für Erzherzogin Marie Christine 216–221

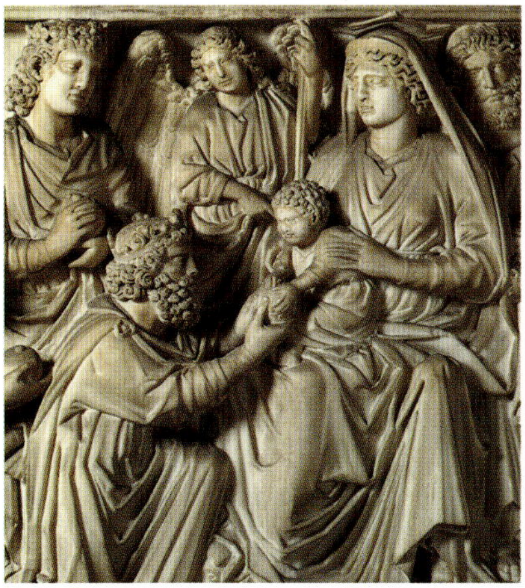

In der Anbetung der Heiligen Drei Könige – eine der fünf Kanzeltafeln zum Leben Christi – verwendet Pisano klassische Stilelemente: Seine Figuren sind naturalistisch, sinnlich und vermitteln menschliche Empfindungen.

Die frei stehende Kanzel ist sechseckig – das allein ist eine enorme Abweichung von der vorher üblichen rechteckigen Form. Sie harmoniert darin besonders mit dem achteckigen Taufbecken und der runden Gesamtform des Baptisteriums. Fünf Relieftafeln zeigen Szenen aus dem Leben Christi, die sechste Seite blieb offen für den Treppenaufgang. Trotz ihres christlichen Inhalts erinnern die Relieferzählungen an Szenen auf antiken römischen Sarkophagen, derer es noch viele auf dem Kirchengelände gab. Manchmal bediente sich Pisano direkt an deren Beispiel: So zeigt seine Madonna ihre Verwandtschaft mit Phädra auf einem der Steinsärge; aus dem griechischen Gott des Weins und der Fruchtbarkeit, Dionysos, wird der Priester Simeon; der klassische Held Herkules wird zur Personifikation christlicher Seelenstärke.

Pisanos Figuren tragen römische Tuniken, und ihre Gesichtszüge wie jeweilige Haartracht sind ebenfalls klassisch. Sie sind schön und realistisch zugleich, ihre Körper suggerieren Bewegung und Eleganz.

Die Marmorkanzel steht auf einer zentralen Säule, in deren Fuß Figuren und Tiere geschnitzt sind. Sechs weitere Säulen dienen ebenfalls als Stützen, drei davon basieren auf geschnitzten Löwen und ihrer Beute, dem Symbol für das über das Heidentum siegreiche Christentum. Auf quasi-korinthischen Kapitellen ruhen gotische Bögen. Sie krönen die Säulen und wurden in klassisch-römischem Stil gestaltet und mit Akanthusblattwerk (ein in der klassisch-griechischen Architektur verbreitetes Motiv) geschmückt.

Pisanos Kanzel war bahnbrechend: Statt klassische Traditionen nur zu imitieren, übernahm er Themen und Motive, interpretierte sie indes mit Blick auf das Christentum künstlerisch neu und schuf damit ein einflussreiches Werk. Die Kanzel in Pisa gilt als Meisterwerk der Wiederbelebung der Antike in völlig neuem Kontext und als Vorbote der italienischen Renaissance.

» Sowohl die nackten wie die umhüllten Figuren wurden kunstvoll ausgeführt und perfekt gestaltet. «

Giorgio Vasari
Lebensläufe der berühmtesten Maler, Bildhauer und Architekten,
1550

Pisanos Erbe

Nach dem Tod Nicola Pisanos fuhr sein Sohn Giovanni im Stil seines Vaters fort; allerdings arbeitete er expressiver. Giovannis Kindermord in Bethlehem auf einer Kanzeltafel in Pistoia zeigt die weinenden Mütter realistisch. Auch andere Bildhauer traten in Pisanos Fußstapfen – darunter Lorenzo Ghiberti, dessen Bronzefiguren in Florenz sich vor der klassischen Antike verneigen. ■

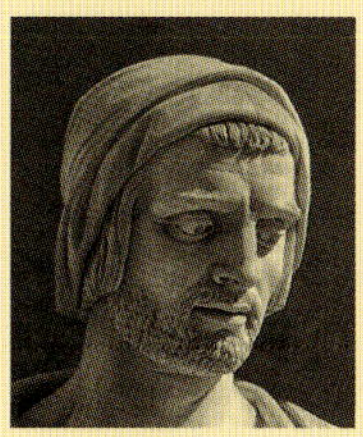

Nicola Pisano

Pisano wurde wohl zwischen 1220 und 1225 in der italienischen Region Apulien geboren und erhielt seine Ausbildung in der Bildhauerschule Kaiser Friedrichs II., wo er den klassischen Stil kennenlernte. Um 1245 ging er in die Toskana und ließ sich in Pisa nieder. Hier wurde er mit dem Bau der Kanzel des Baptisteriums beauftragt. In den folgenden 20 Jahren arbeitete er in Siena, Bologna und Perugia – zusammen mit seinem Sohn Giovanni, der selbst ein großer Bildhauer wurde. Nicola Pisano starb um 1284.

Weitere Hauptwerke

1260 Reliefskulptur der Kreuzabnahme Christi in der Kathedrale San Martino in Lucca
1265–1268 Marmorkanzel der Kathedrale in Siena
1275–1278 Fontana Maggiore in Perugia

JEDES GEMÄLDE IST WIE EINE ANKUNFT IN EINEM HEILIGEN HAFEN

ENTSAGUNG WELTLICHER GÜTER (1325), GIOTTO

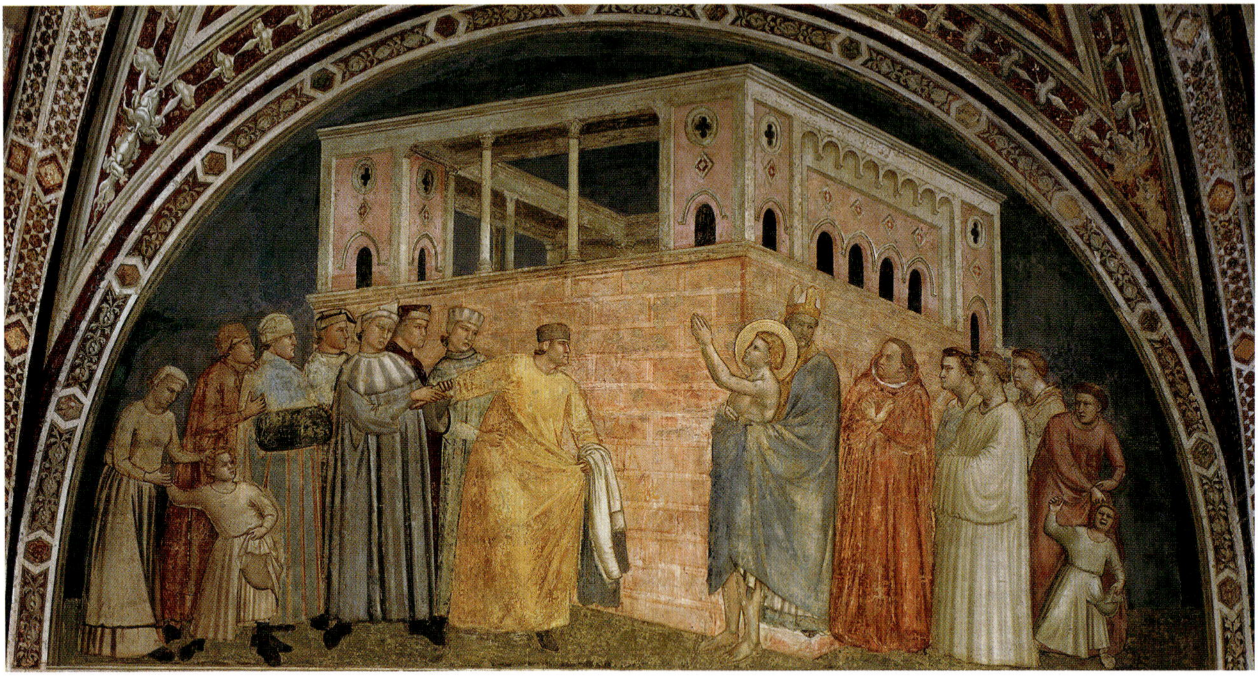

Gegen Ende des 13. Jahrhunderts begannen Kirchenkünstler, die etablierten Bilderzyklen zum Alten und Neuen Testament mit Darstellungen aus dem Leben der Heiligen – Hagiografie genannt – zu ergänzen. Ihre Geschichten wurden in Legendenbüchern gesammelt, wobei die berühmteste, die *Legenda aurea* (Goldene Legende), um 1260 vom Dominikanermönch und späteren Erzbischof von Genua, Jacobus de Voragine, zusammengestellt wurde. Da im Mittelalter die meisten Menschen Analphabeten waren, wurden die Märtyrergeschichten mithilfe bildhafter Darstellungen verbreitet, und die *Legenda aurea* diente den Künstlern des Mittelalters als Quelle für ihre Darstellung der Heiligen und ihrer Symbole.

Auch vom Leben des hl. Franziskus von Assisi wurde darin erzählt – und dessen Einfachheit entzündete die mittelalterliche Fantasie. Franziskus wurde 1228, zwei Jahre nach seinem Tod, heiliggesprochen. Der überaus populäre Heilige war bekannt für seine Liebe zu Tieren und zu den einfachen Menschen, seine Geschichte wie sein »Bild« wurden von den besten Künstlern der Zeit verbreitet.

Franziskus kam 1181 in Assisi (Italien) zur Welt und lebte das frivole Leben eines aus reichem Elternhaus stammenden Jünglings. Nach einer mystischen Christusvision gab er allen Reichtum auf, sagte sich von seiner Familie los und begann ein frommes Leben in Armut. 1210 gründete er einen Mönchsorden (den späteren Franziskanerorden), der sich der Einfachheit und Mittellosigkeit der Jünger Christi verschrieb. 1224, zwei Jahre vor Franziskus' Tod, erschienen fünf

IM KONTEXT

SCHWERPUNKT
Heiligenviten

FRÜHER
1246 Die im byzantinischen Stil gemalten Fresken der Basilika dei Santi Quattro Coronati in Rom (Italien) erzählen die Legende des hl. Silvester, der Kaiser Konstantin heilt.

um 1289–1305 Der Freskenzyklus zum Leben des hl. Franziskus in der Basilika San Franceso in Assisi wird, mit seinem neuen Realismus, diversen Künstlern zugeschrieben, darunter Cimabue und Giotto.

SPÄTER
1424–1428 Masaccios Fresken für die Brancacci-Kapelle in Florenz zeigen Szenen aus dem Leben der Heiligen – u. a. die Heilung der Gelähmten durch den hl. Petrus.

1485–1490 Domenico Ghirlandaio malt in der Tornabuoni-Kapelle in Florenz Szenen aus dem Leben Johannes' des Täufers.

Siehe auch: *Maestà* 90–95 ▪ *Thronende Madonna* 101 ▪ *Dreifaltigkeit* 108–111 ▪ *Hl. Georg* 162 ▪ *Die Verzückung der heiligen Theresa* 182–183

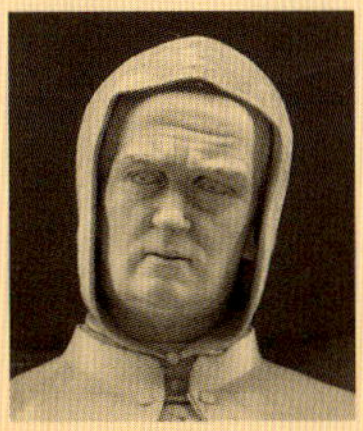

Giotto di Bondone

Giotto di Bondone, genannt Giotto, wurde wohl um 1267 in der Nähe von Florenz geboren. Er gilt als entscheidender Wegbereiter der italienischen Renaissance. Nur wenig ist aus seiner Kindheit bekannt, eventuell war er ein Schüler Cimabues, des Vorreiters des Naturalismus. Giottos Freskenzyklus über das Leben der Jungfrau Maria für die Arena-Kapelle in Padua machte ihn 1305 zum bedeutenden Künstler und brachte ihm viele Folgeaufträge ein. 1311 war seine Werkstatt die führende Italiens. Zu Lebzeiten wurde er hoch verehrt: 1334 verlieh ihm Florenz den Ehrentitel »Magnus Magister« (Großer Meister) und ernannte ihn zum Chefarchitekten für den Bau der Kathedrale. Giotto starb 1337, noch vor Vollendung des von ihm entworfenen Glockenturms.

Weitere Hauptwerke

1305 Fresken in der Arena-Kapelle in Padua
um 1315 *Ognissanti-Madonna*
1320 Fresken in der Peruzzi-Kapelle in Florenz

Stigmata (entsprechend den Wunden Christi) auf seinem Körper: die Symbole seiner an den Prinzipien Christi ausgerichteten Lebensweise.

Franziskusgemälde

Seit dem 13. Jahrhundert widmeten diverse italienische Künstler dem hl. Franziskus Freskenzyklen. Die Technik der Freskomalerei bot sich für narrative Gemälde an, um Wände und Decken in Kirchen und öffentlichen Gebäuden zu schmücken. Dabei wurde die feuchte Wand mit Kalkputz überzogen und darauf eine Szene zunächst skizziert. Dann gestaltete der Künstler das Werk allmählich aus, indem er auf ein vorab mit Glattputz beschichtetes Segment Pigmentfarben auftrug. Sobald der Putz trocknete, wurden durch eine chemische Reaktion auch die Pigmente fixiert.

Frühe Franziskusfresken aus der Zeit um 1296, rund 30 Jahre vor Giottos Version in der Bardi-Kapelle, finden sich in der Oberkirche San Francesco in Assisi. Auf 28 Tafeln wird dort Franziskus' Leben nach der Erzählung des hl. Bonaventure dargestellt. Die herausragenden Werke wurden diversen Künstlern zugeschrieben, darunter dem Florentiner Cimabue und auch dem ersten großen italienischen Meister Giotto. Letztere Autorenschaft ist heute umstritten, auch wenn der realistische Stil der Darstellung den Naturalismus der neuen, von Giotto entwickelten Bildsprache vorwegnimmt.

Mehr als alle Künstler vor ihm brach Giotto mit bisherigen Maltraditionen. Typische Gemälde seiner Zeit waren noch immer stark von der byzantinischen Kunst geprägt, die sich durch eine stilisierte und formalisierte Darstellung auszeichnete. So wurden Mitglieder der Heiligen Familie stets größer abgebildet, um ihre Bedeutung zu betonen, und die flachen Figuren nahmen meist steife, konventionelle Posen ein. Giotto leitete die neue Ära eines außergewöhnlichen Realismus und »

> »Mit Recht kann man ihn [Giotto] als einen der ersten Sterne des florentinischen Ruhmes bezeichnen.«
>
> **Giovanni Boccaccio**
> *Das Dekameron*, um 1349–1351

Charakteristika des hl. Franziskus

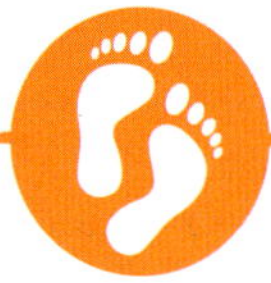

Wanderprediger

Franziskus entlässt sein Personal, legt ein grobes Gewand an und zieht mit Ordensbrüdern predigend durchs Land.

Heiler

Franziskus lebt unter Leprakranken und pflegt sie; er überwindet den eigenen Widerwillen und küsst einen Kranken.

Naturliebhaber

Franziskus betrachtet die Natur als Spiegel Gottes, Tiere als Brüder und Schwestern; er predigt zu den Vögeln.

Nachahmer Christi

Franziskus lebt nach dem Vorbild Jesu Christi gemäß dem Evangelium (Imitatio Christi).

Prediger der Armut

Franziskus entsagt den weltlichen Gütern, um durch seine Bescheidenheit andere zu inspirieren.

intuitiven Einsatzes der Perspektive ein. Er gilt heute als Wegweiser für die Kunst der Renaissance.

Die Bardi-Kapelle

In der Bardi-Kapelle der Florentiner Kirche Santa Croce malte Giotto zwischen 1323 und 1328 einen beeindruckenden Freskenzyklus – und zwar im Auftrag von Ridolfo de' Bardi, einem Bankbesitzer und Mitglied einer der einflussreichsten Familien der Stadt. Wie vielen Wohlhabenden seiner Zeit lag Bardi an einer guten Beziehung zur Kirche, warum er Giotto für die Gestaltung des Lebens des hl. Franziskus engagierte. In sieben Fresken stellte der Künstler Schlüsselepisoden dar, z. B. die Entsagung weltlicher Güter sowie Tod und Aufstieg in den Himmel. Franziskus' Stigmatisierung – wohl der bedeutendste Moment im Leben des Heiligen – erhielt den prominenten Platz über dem Eingangsbogen.

Die Bardi-Fresken sind nicht nur außergewöhnlich schön, sondern zugleich ein frühes Meisterwerk in Sachen Realismus und Perspektive. Giotto gelangen darin Bilder von Individuen, die physisch wie emotional wahrhaft menschlich erscheinen. Ihre Gesten und Gesichter zeigen einen mitfühlenden Realismus.

Sämtliche Bardi-Fresken sind in diesem neuen naturalistischen Stil gehalten. Die *Entsagung weltlicher Güter* z. B. hält den Augenblick fest, in dem Franziskus all seinen Wohlstand aufgibt. In dem 280 cm hohen und 450 cm breiten Gemälde sieht man einen halb nackten, betenden Franziskus, der von einem Bischofsmantel bedeckt wird. Seine Anhänger stehen hinter ihm, während auf der anderen Seite sein zorniger Vater auf ihn zustürzen will, von

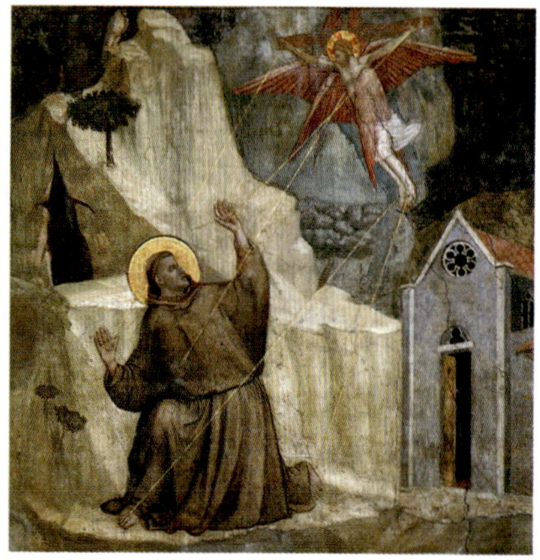

Im Bild *Stigmatisierung des hl. Franziskus* liefert Giotto eine kaum realistische Raumillusion und fokussiert auf die mystische Erfahrung des Heiligen, der die Wunden des über ihm schwebenden Christus empfängt.

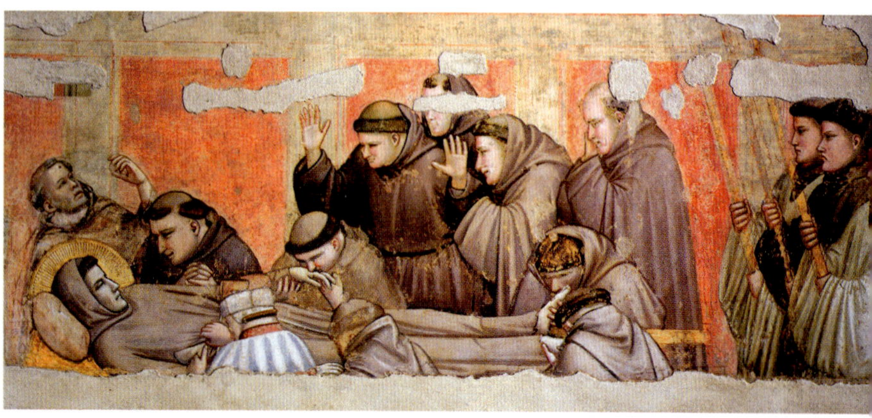

Der Tod des hl. Franziskus ist v. a. für die Art, in der der Künstler die Gefühle der Trauernden in ihren Gesten, Posen und Gesichtern ausdrückt, bemerkenswert.

Im Bild *Erscheinung am Kapitel-Haus bei Arles* nutzt Giotto die Architektur als Bildrahmen: Die symmetrische Struktur dient der Einheit der Szene und betont zugleich ihr Zentrum: den hl. Franziskus.

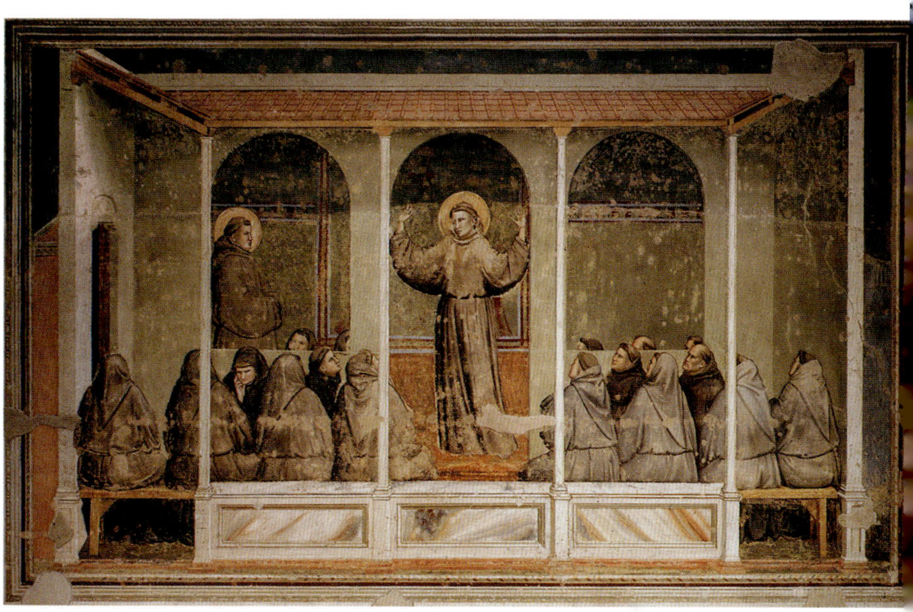

Umherstehenden aber zurückgehalten wird. Im Hintergrund sind zwei Jungen zu sehen, die von ihren Müttern daran gehindert werden, Franziskus mit Steinen zu bewerfen.

Giotto arbeitet mit Licht und Schatten und lässt so die Figuren dreidimensional erscheinen: Ihre Posen sind lebensnah, ihre Gesichter variantenreich. Er arrangiert sie auf realistische Weise, platziert sie sorgfältig und mit feinem Gespür für körperliche Nähe und Distanz. Dabei experimentiert er mit Raum und Tiefe. Der perspektivische Eindruck wird durch ein klassisches Gebäude im Hintergrund verstärkt. Die darin verkürzten Wände helfen, die beiden Figurengruppen räumlich wie auch symbolisch zu trennen. Giottos Einsatz von Farbe verstärkt die Stimmung der Szene: Der dunkle Himmel betont den väterlichen Zorn.

Komposition

Die Betonung der Gesamtkomposition und eine naturalistische Darstellung durchziehen den gesamten Zyklus. Die Farben sind dunkel und gedämpft, die Szenen einfach gehalten. Seinen Fokus auf dreidimensionale Figuren betont Giotto durch weite, schwere Gewänder, die ihnen Volumen verleihen. Und mit ihrem Arrangement schafft er durchgängig räumliche Tiefe – so auch in der *Entsagung weltlicher Güter.*

In *Tod des hl. Franziskus,* das den toten Heiligen und die um ihn Trauernden zeigt, verwirft Giotto die byzantinische Tradition, zwecks Tiefenwirkung flache Figuren vertikal übereinander zu arrangieren. Stattdessen stellt er eine realistische Situation dar, in der sich Trauernde seitlich versammeln. Schmerz und Verzweiflung über den Verlust vermitteln sich durch Gesten und Minenspiel der Ordensbrüder, die sich um das Totenbett scharen. Das Banner, das die am Fuße des Bettes Stehenden hochhalten, lenkt den Blick nach oben – dort wird Franziskus' Seele von einer Gruppe Engel gen Himmel getragen.

Giotto bindet in seine Bildkomposition auch die Architektur mit ein: Er weitet den architektonischen Raum bis zu den Rändern der Bildebene aus, sodass er als Rahmen fungiert und zugleich die Aufmerksamkeit auf die zentralen Figuren eines Bildes lenkt. Indem er die Figuren im Verhältnis zur Architektur kleiner anlegt (sie nehmen meist nur knapp die Hälfte der Bildebene ein), verleiht er der Szene etwas Monumentales.

Künstlerischer Wendepunkt

Der hl. Franziskus gehörte im Mittelalter zu den beliebtesten Themen von Kirchenfresken. Doch auch Geschichten anderer Heiliger und zentrale Ereignisse im Leben Christi wurden dargestellt. So schuf Simone Martini einen Freskenzyklus mit Szenen aus dem Leben des hl. Martin in der Unterkirche in Assisi. Auch andere Künstler folgten Giotto und ließen sich von den Heiligenlegenden inspirieren. Giottos Bardi-Fresken markieren indes einen Wendepunkt – in der künstlerischen Darstellung christlicher Legenden und der westlichen Kunst im Gesamten. Ihr nie zuvor erreichter Realismus und ihre Nutzung des Bildraums bildeten das Fundament für die Kunst der Renaissance. ■

» Giotto stellte Cimabues Ruhm in den Schatten – so, wie ein großes Licht ein viel kleineres in den Schatten stellt. «

Giorgio Vasari
Lebensläufe der berühmtesten Maler, Bildhauer und Architekten,
1550

OH HEILIGE MUTTER GOTTES, SCHENKE DER STADT SIENA FRIEDEN – UND DUCCIO, DER DICH DESHALB GEMALT HAT, DAS LEBEN

MAESTÀ (1311)
DUCCIO DI BUONINSEGNA

Detail aus *Maestà*

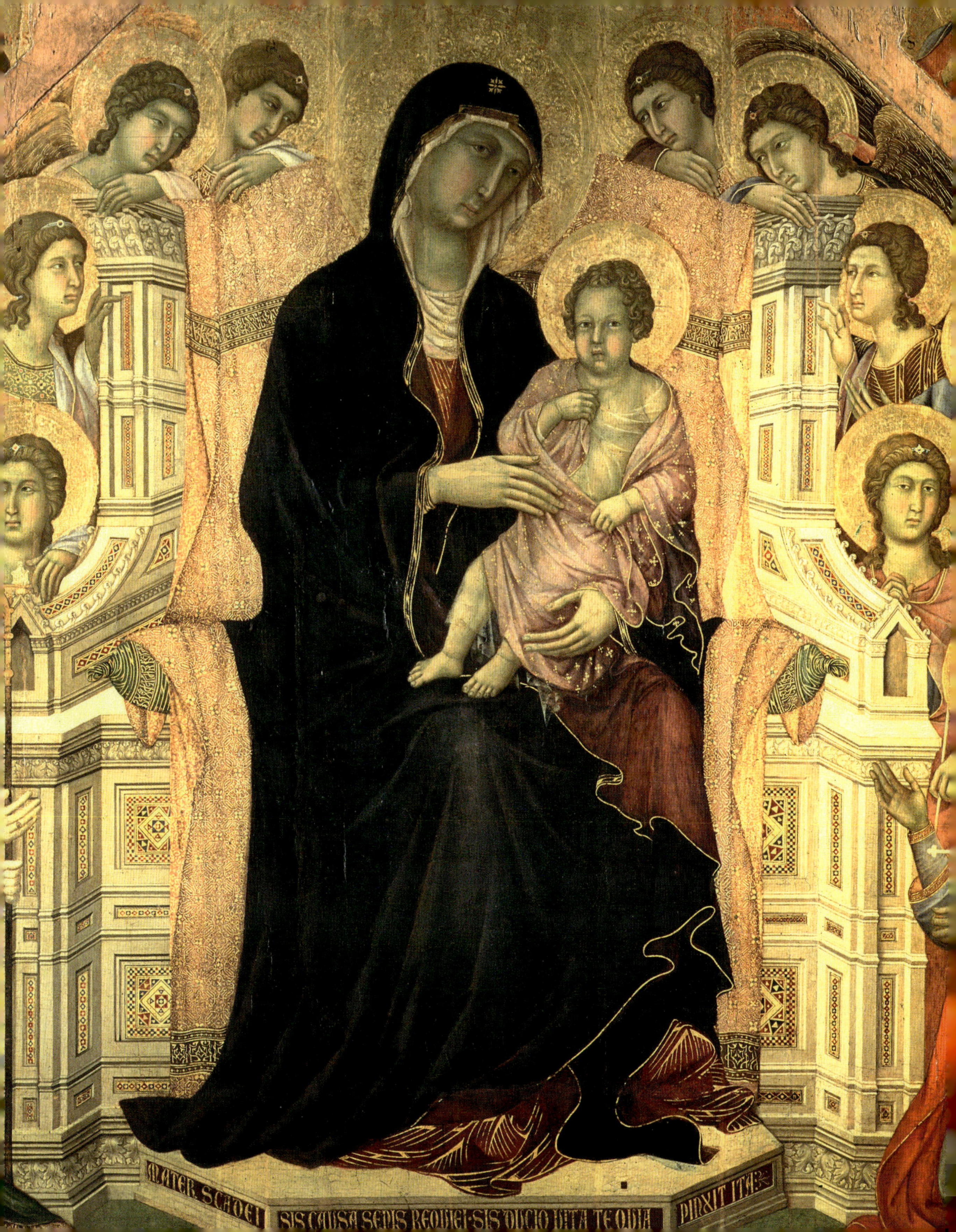
MATER. SCA DEI
SIS CAUSA SENIS REQUIEI · SIS DUCIO VITA TE QUIA
PINXIT ITA

IM KONTEXT

SCHWERPUNKT
Altarbild

FRÜHER
1105 Die prachtvolle *Pala d'oro,* ein aus Gold und Silber in Konstantinopel gefertigtes Altarbild im Markusdom in Venedig, gehört zu den frühesten rechteckigen Altarbildern.

1291 Das Altarbild *Jungfrau und Kind mit Heiligen* von Vigoroso da Siena bereitet die Entwicklung von Polyptychen und Flügelaltaren vor.

SPÄTER
1432 Jan van Eyck vollendet den Genter Altar – ein komplexes Polyptychon aus zwölf Tafeln, von denen sich acht über Scharniere öffnen lassen.

1512–1516 Der Isenheimer Altar von Nikolaus Hagenauer und Matthias Grünewald zeigt neben der Kreuzigung Christi Bilder der beiden Heiligen Sebastian und Antonius.

Das späte Mittelalter kann als Höhepunkt christlicher Kunst gelten. Ziel war es, die Macht der Kirche zu demonstrieren und die Gemeinden zu Gebet und Glauben anzuleiten. Zu den elaboriertesten Werken gehörten Altarbilder – Gemälde, Skulpturen und Reliefs, die hinter dem Gebetsaltar aufgestellt wurden und als Fokus der Anbetung dienten. Ab etwa 1000 ersetzten sie zunehmend die Reliquiare, und während der Renaissance bis zur Gegenreformation Mitte des 16. Jahrhunderts wurde ihr Stil komplexer.

Formentwicklung

Die frühen Altarbilder waren meist einfach und bestanden aus einer rechteckigen Tafel, auf die eine zentrale Figur – oft Christus oder die Jungfrau Maria – sowie flankierendes weiteres biblisches Personal oder Heilige gemalt waren. Die byzantinische Ikonenmalerei, deren Werke im 13. Jahrhundert nach Europa gelangten, inspirierte Künstler in Italien und anderswo zu dekorativen Bildtafeln, die nicht mehr nur der Anbetung dienen, sondern auch den wachsenden Reichtum der Kirchen und Klöster demonstrieren sollten. Während Ikonen als wahre »Abbilder« der Heiligen angesehen wurden, erhielten Altarbilder für die Gläubigen zudem eine Erzähl- und Bildungsfunktion. Auch ihr Format entwickelte sich weiter: Aus einfachen rechteckigen Tafeln wurden durch Scharniere verbundene Tafelreihen mit z. T. vielfach gegiebelten Aufbauten.

In der orthodoxen Ost- wie in der Westkirche waren v. a. Triptychen oder Flügelaltäre aus einer großen Mitteltafel sowie seitlich aufklappbaren »Flügeltafeln« beliebt – oder Polyptychen aus mehreren Tafelbil-

Der Erzengel Michael ist auf einer Tafel der prachtvollen *Pala d'oro* abgebildet – einem aus Gold, Silber, Edelsteinen und Emailarbeiten geschaffenen byzantinischen Altarbild aus dem 12. Jh.

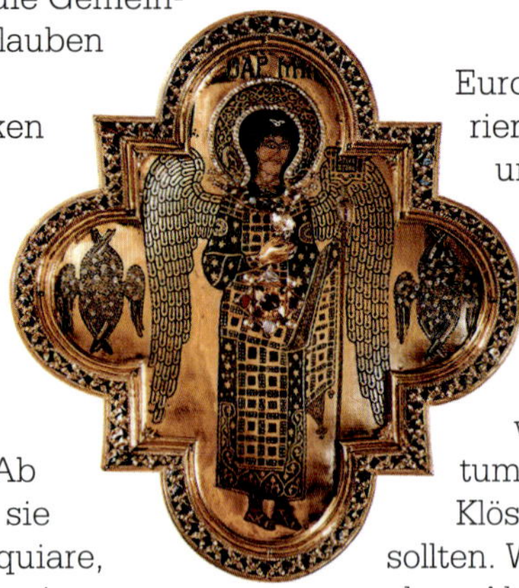

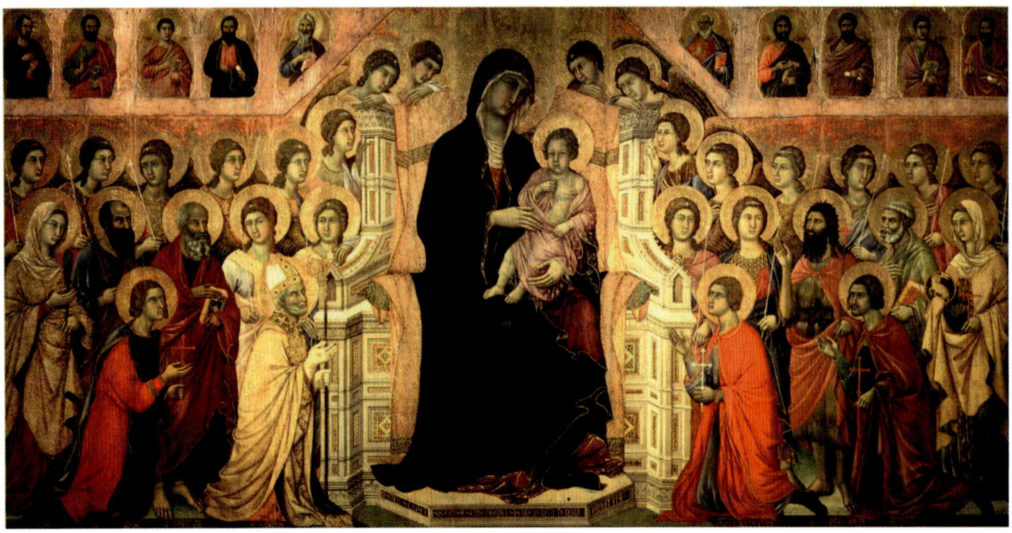

Madonna und Kind, die zentralen Figuren in Duccios *Maestà,* sind, ganz im byzantinischen Stil, größer als alle anderen Figuren. Der dreidimensionale Effekt der Figurengruppierung offenbart einen Schritt in Richtung Realismus, doch sind die Personen noch immer flach und lassen eine realistische Tiefe vermissen, die sich erst in der Kunst der Renaissance entwickelt.

Siehe auch: Wilton-Diptychon 98–99 ▪ Verduner Altar 101 ▪ *Thronende Madonna* 101 ▪ Portinari-Triptychon 163 ▪ Krakauer Hochaltar 163 ▪ Isenheimer Altar 164

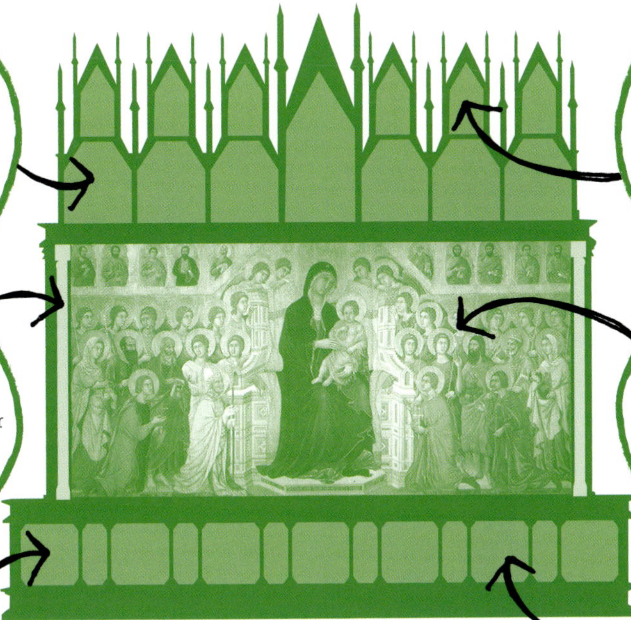

Duccios Polyptychon *Maestà* besteht aus einer mittleren großen Tafel, die von kleinen Tafeln mit szenischen Erzählungen ergänzt wird. Pilaster und die Predella, ein Podest, halten den Altaraufbau.

dern. Aufklappbare Altarbilder wurden meist auf beiden Seiten bemalt und der große Aufbau dann auf ein stufenförmiges Podest, die Pedrella, gestellt. Auch sie diente als Tafel zur Erzählung von Szenen aus dem Leben der Heiligen.

Krönende Pracht

Duccios *Maestà* (ital. für »Majestät«) ist ein atemberaubendes Altarbild aus dem 14. Jahrhundert – und gilt weithin als Höhepunkt dieser Kunstform. Duccio di Buoninsegna (um 1255–1319), genannt Duccio, war der bedeutendste Vertreter der Schule von Siena (siehe Kasten auf S. 95) und gehörte zu den einflussreichsten Malern der Vorrenaissance. Über sein Privatleben ist nur wenig bekannt, doch bereits um 1278 taucht er als aktiver Künstler in Siena auf: Er malte hauptsächlich religiöse Bilder, darunter die Crevole-Madonna (um 1280) in Siena sowie die Rucellai-Madonna (um 1285) in Florenz.

Die *Maestà* war ein kolossales Kunstwerk aus ursprünglich 84 Bildtafeln, das 1308 seitens der Stadt für den Hochaltar im Dom von Siena in Auftrag gegeben wurde. Duccio malte drei Jahre lang daran. Das im Original 480 cm breite Gemälde blieb fast 200 Jahre Teil des Hochaltars, bevor es 1505 in eine Seitenkapelle verlegt wurde. Im August 1771 wurde es auseinandergenommen, in der Folge gingen einige Tafeln verloren. Das mächtige, frei stehende Altarbild wurde auf beiden Seiten mit Tempera (Ei vermischt mit Farbpigmenten) und Gold auf Holz gemalt. Die Vorderseite der zentralen, mittleren Tafel von 210 cm Höhe zeigt die Madonna mit Kind sowie 20 Engel und 19 Heilige um sie herum. Der genaue Inhalt der weiteren Bildtafeln lässt sich nur vermuten: Auf der Pedrella waren wohl Szenen aus dem Leben Jesu und Marias zu sehen, die oberen Tafeln und Bekrönung enthielten Bilder von deren Tod und Himmelfahrt. Acht Tafeln der *Maestà* befinden sich heute in europäischen und »

US-amerikanischen Museen. Die mittlere sowie weitere Tafeln verblieben in Siena.

Bildung und Schutz

Duccios prachtvolles Altarbild war als Mittelpunkt frommer Kontemplation gedacht, doch diente es auch anderen Zwecken – allen voran der Bildung der sienesischen Bevölkerung in biblischer Geschichte. Das überbordende Gemälde wurde aber auch zum Ruhm der Stadt in Auftrag gegeben – es sollte Siena als bedeutenden und wohlhabenden Ort ausweisen. Gewidmet war es der Jungfrau Maria, Sienas Schutzheiliger, und wurde mit einer Inschrift versehen, die von ihr Schutz und Frieden erflehte. Das Werk wurde 1311 mit großem Pomp im Dom aufgestellt. Einem Augenzeugen zufolge defilierte eine schweigende Priesterprozession am Altar vorbei, der Stadtväter und gewöhnliche Bürger folgten. In ihren Gebeten erflehten sie das Eingreifen der Jungfrau Maria zum Wohl der Stadt.

Die didaktische Funktion des Altarbilds offenbart sich auf der Rückseite: Wie ein Kommentar zu den Evangelien zeigt sie 26 Szenen aus dem Leben Christi, darunter Mariä Verkündigung und die Geburt Jesu, die Flucht nach Ägypten und die Auferstehung.

Byzantinische Einflüsse

Wie andere Künstler dieser Zeit in Siena war auch Duccio von Werken byzantinischer Künstler beeinflusst. Diese zeigten in einer betont symmetrischen Bildkomposition meist schöne, stilisierte Figuren vor goldenem Hintergrund. Dieser Stil beherrschte die (christliche) Kunst seit der Eroberung Konstantinopels durch die Kreuzfahrer im Jahr 1204, die den Austausch zwischen Byzanz und Italien in Gang gesetzt hatte. In seinen Bildern – so auch in seiner *Maestà* – übernahm Duccio diverse Aspekte byzantinischer Kunst, führte aber zugleich neue

Die Rückseite der mittleren Tafel zeigt Bilder vom Leidensweg Christi. Die zentrale Szene – die Kreuzigung – ist entsprechend ihrer Bedeutung für den christlichen Glauben größer dargestellt.

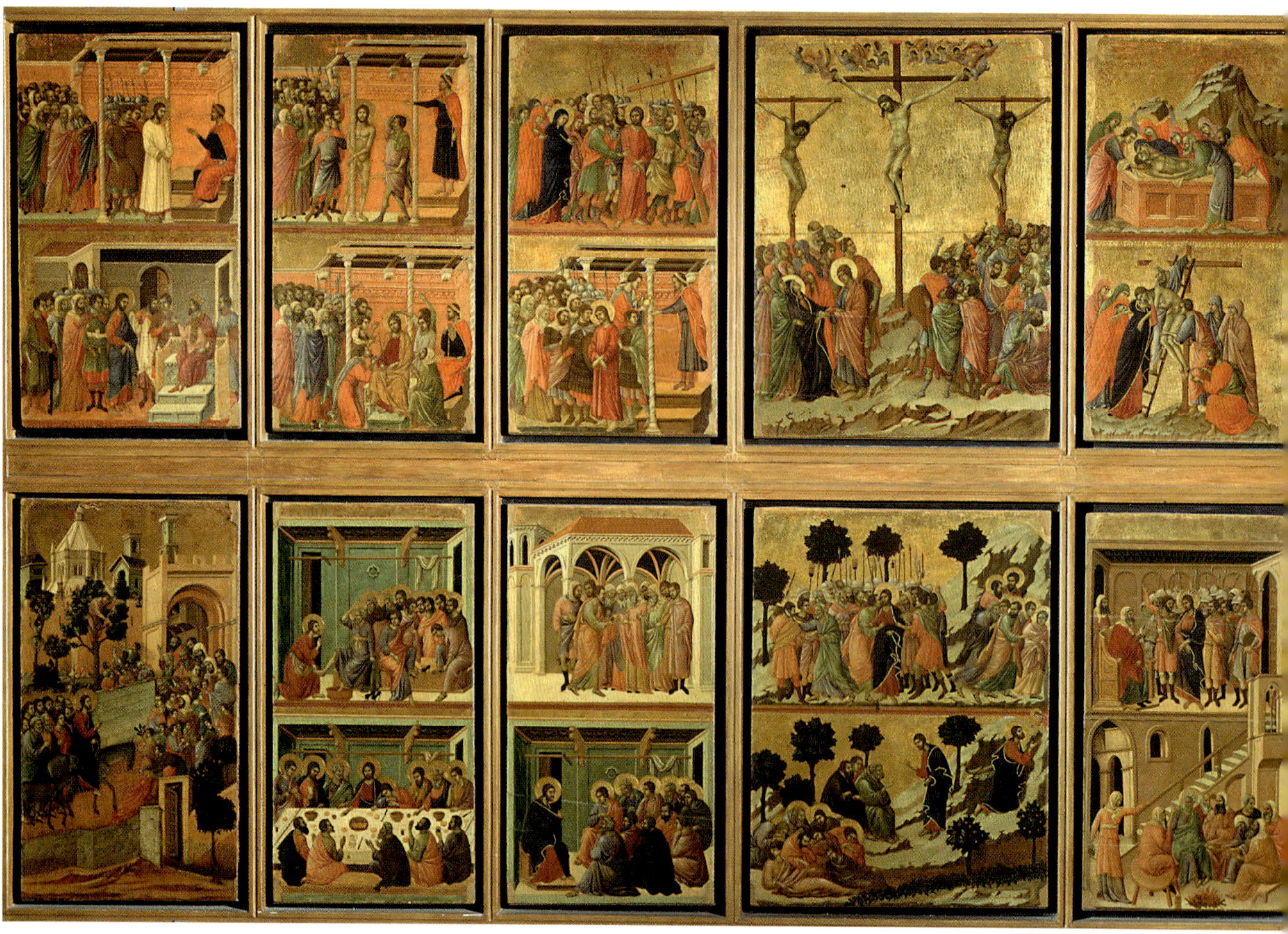

Stilelemente zwecks Vermittlung menschlicher Gefühsregungen ein. Duccios Figuren sind ausdrucksstark und realistisch. Sie zeigen, anders als flach vor einen Hintergrund gestellte byzantinische Heilge, Lebendigkeit, Charakter und Bewegung. Weiche Körperformen, fließende Gewänder sowie der Einsatz von Licht und Schatten zur Konturenzeichnung erzielen einen dreidimensionalen Effekt. Etwa zur gleichen Zeit schuf Giotto in Florenz ebenfalls eine (noch intensivere) Art figurativen Realismus.

Duccios Bilder auf der Rückseite seines Altars erzählen die Bibelgeschichten auf dramatische und lebendige Weise – und seine Figuren bevölkern detailliert gestaltete pittoreske Landschaften. Der Künstler nutzte Gold und kräftige Farben als Schmuckelemente und erzielte so einen eleganten und kraftvollen Gesamteffekt. Damit erwies er sich als Vorbote des weichen Stils, der sich am Ende des 14. Jahrhunderts in der europäischen Kunst verbreitete. Duccios Stil wurde vielfach rezipiert und insbesondere durch seinen Schüler Simone Martini weiterentwickelt: Dieser malte 1315 eine *Maestà* als Fresko für den Pallazo Pubblico in Siena.

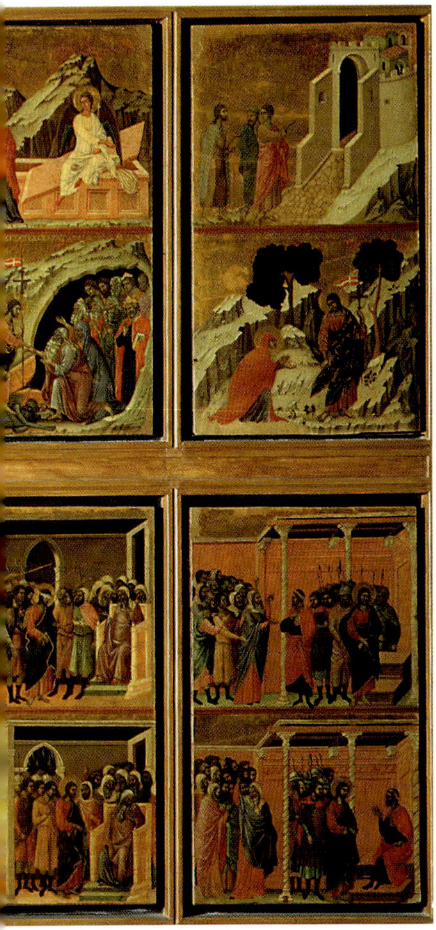

Stilistische Diversität

Altarbilder entstanden bis weit ins Zeitalter des Barock. Da die katholische Kirche keine Vorschriften zur Ausführung machte, variierten sie beträchtlich. Oft wurden sie von wohlhabenden Familien oder Zünften in Auftrag gegeben. In den Niederlanden wurden Altarbilder in Öl auf Holz gemalt – wie beim Genter Altar (um 1432) –, in Deutschland schnitzte man sie aus Holz, in England bevorzugte man Alabaster. In Italien wichen Polyptychen aus Holz schrittweise einfacheren Werken auf Leinwand. Im Barock (17. Jahrhundert) wurden Altarbilder bisweilen extravagant und theatralisch und kombinierten Skulpturen, Malereien und Ornamentik. ■

»Es war das schönste Bild, das man je gesehen hatte und das je gemalt wurde.«

Agnolo di Tura
Chronik der Stadt Siena, 1311

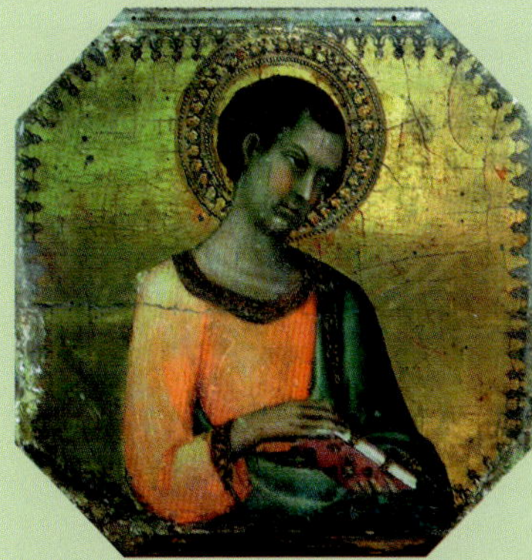

Die Schule von Siena

Zwischen dem 13. und 15. Jahrhundert war die italienische Stadt Siena neben Florenz eines der bedeutenden Zentren der Malerei in Europa. Die Schule von Siena, als deren erste Meister Coppo di Marcovaldo und Guido da Siena gelten, hatte immensen Einfluss auf die Entwicklung der Kunst vor der Renaissance.

Der sienesische Stil basierte auf byzantinischen Traditionen und wurde von gotischen Elementen belebt. Er zeigte sich raffiniert, elegant, aristokratisch, mit einem erlesenen Gespür für Farben und fand überall in Italien und auch an französischen Höfen Anklang. Dem bedeutendsten Vertreter, Duccio, folgte dessen Schüler Simone Martini. Das Bild oben zeigt seine Darstellung eines unbekannten Heiligen (um 1320).

Als im 15. Jahrhundert die Entwicklung der Renaissance einsetzte, zog es Künstler verstärkt nach Florenz. Der sienesischen Tradition blieben indes Maler wie Stefano di Giovanni (Il Sassetta), Giovanni di Paolo und später Domenico Beccafumi treu. Er vermochte Ideen der Renaissance in den Stil von Siena zu integrieren.

WARUM SOLLTE ICH MICH DARUM SORGEN, OB ES ÄHNLICHKEITEN AUFWEIST ODER NICHT?

WIND IN DEN BÄUMEN AM FLUSSUFER (1363), NI ZAN

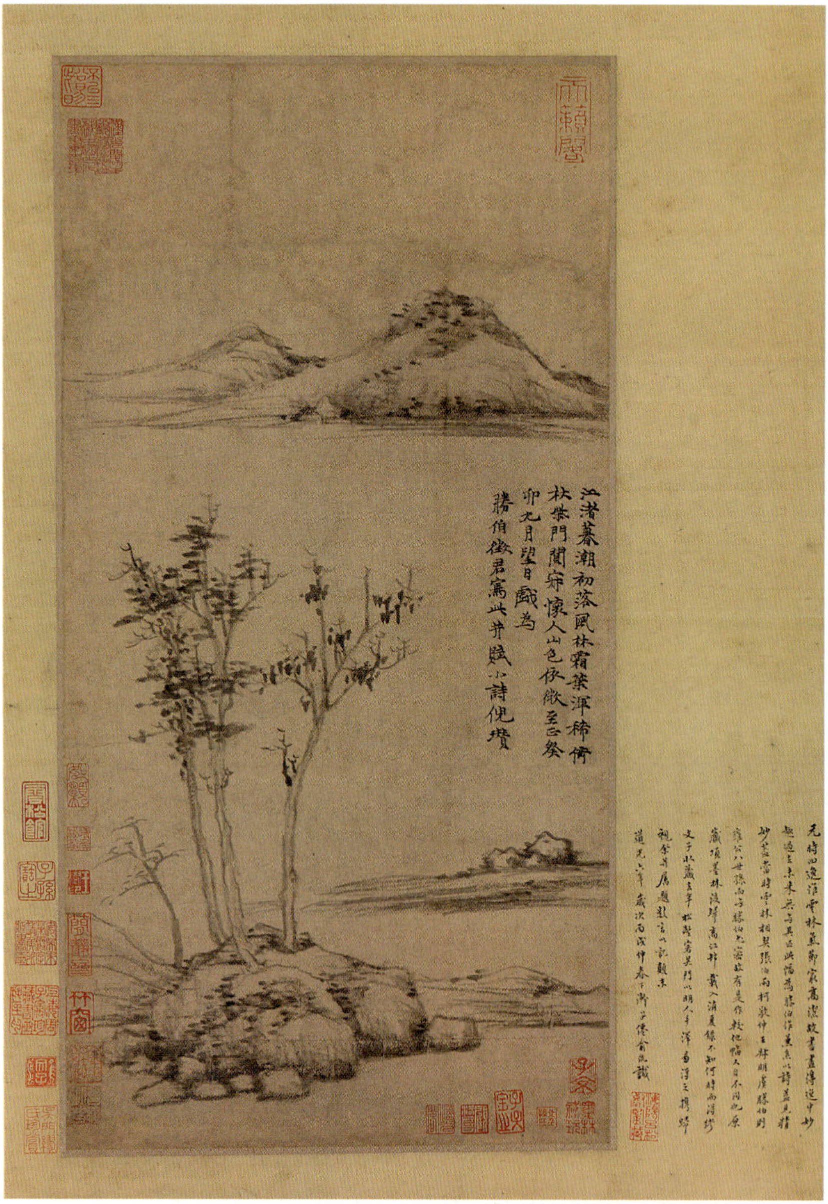

IM KONTEXT

SCHWERPUNKT
Im Dialog mit der Natur

FRÜHER
um 950 Dong Yuans Rollbild *Winterliche Wälder in den Flussebenen* demonstriert den eleganten Stil der Landschaftsmalerei der Song-Dynastie, der viele Jahre Standard in der chinesischen Tuschemalerei war.

um 1072 Die Landschaftsmalerei im Song-Stil erreicht mit Werken wie Guo Xis zarter und symbolischer Darstellung von Bergen und Bäumen in *Vorfrühling* ihren Höhepunkt.

SPÄTER
1467 Shen Zhou kreiert in der Ming-Zeit mit Tusche und zarten Farben Landschaftsbilder wie *Erhabener Berg Lu,* eine meisterhafte Darstellung von Bergen und Wasserfällen.

um 1524 Wen Zhengmings *Der Frühling der Pfirsichblüte* zeigt v. a. Bäume und Felsen in einem kargen Stil, der ein Gefühl der Stärke hervorruft.

Die Landschaftsmalerei gilt oft als höchste Form der chinesischen Kunst. Anders als im Westen befasst sie sich jedoch weniger mit der Wiedergabe der Naturwirklichkeit als vielmehr mit dem Einfangen der inneren Atmosphäre der Landschaft. Als Kunstform trat sie erstmals am Ende der Tang-Zeit (618–907) durch Künstler wie Li Sixun, Li Zhaodao und Wang Mo hervor. Sie alle schufen monochrome Landschaften in kargem Stil, wobei Landschaftsmalerei die Sehnsucht von Künstlern und Intellektuellen

Siehe auch: *Die Jäger im Schnee* 154–159 ▪ *Tintern Abbey* 214–215 ▪ *Burg Bentheim* 223 ▪ *Allee von Middelharnis* 225 ▪ *Der Wanderer über dem Nebelmeer* 238–239 ▪ *Frauen im Garten* 256–263

» Am Flussufer beginnt die abendliche Ebbe / Die frostbedeckten, vom Hain herabgewehten Blätter sind karg. «

Ni Zan
Inschrift auf *Wind in den Bäumen am Flussufer*

verkörperte, der Routine des Alltags zu entfliehen und mit der Natur in Dialog zu treten. Dieser Rückzug in die Natur inspirierte viele Künstler.

Das große Zeitalter

Mithilfe der Förderung durch den Kaiserhof blühte unter den Song (907–1127) die Landschaftsmalerei auf. Im »Großen Zeitalter der chinesischen Landschaft« etablierten sich die klassischen Maltechniken. Künstler im Norden wie Fan Kuan und Guo Xi arbeiteten mit schwarzer Tusche auf Seide. Sie schufen mit dichten Linien und tupfenden Pinselstrichen Bilder von aufragenden Bergen und nackten Felsen. Im Süden verwendeten Künstler wie Dong Yuan eher zarte Striche und blasse Töne, um das Wesen von Fluss- und Hügellandschaften einzufangen.

Mit der Invasion der Mongolen und der Errichtung der Yuan-Dynastie (1271–1368) erlebte auch die Song-Kunst ihr Ende. Die Yuan förderten nicht länger die traditionelle chinesische Kunst, viele Künstler und Intellektuelle zogen

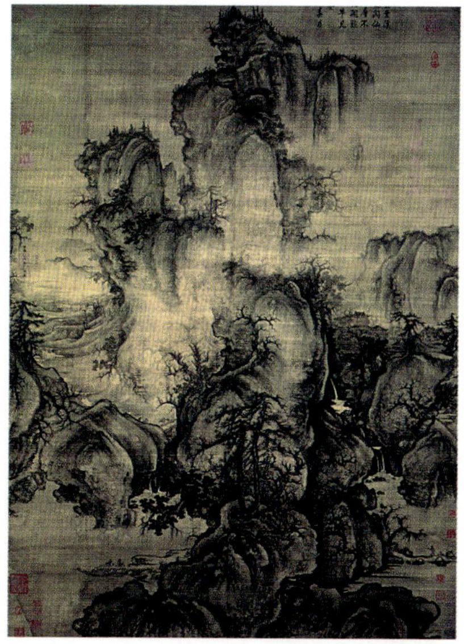

Vorfrühling (um 1072), ein Rollbild von Guo Xi, gehört zu den berühmtesten Werken chinesischer Landschaftsmalerei aus der Song-Zeit.

sich aus dem öffentlichen Leben in Gelehrsamkeit und Spiritualität zurück. Maler wie Zhao Mengfu und die sogenannten Vier Meister – Huang Gongwang, Wu Zhen, Wang Meng und Ni Zan – mieden den Materialismus und eine rein dekorative Kunst. In seinem Bild *Wind in den Bäumen am Flussufer* schuf Ni Zan eine neue Art abstrakter Landschaft, die auch als »Seelenlandschaft« interpretiert werden kann. Mit einfarbiger Tusche zeigt er auf einer Papierrolle im Vordergrund eine Baumgruppe auf Ufergestein, im Hintergrund Berge. Die öde Szenerie, in äußerst kargem, beinahe abstraktem Stil gemalt, spiegelt seinen inneren Zustand wider: Seine Frau war kurz zuvor gestorben, und er fühlte die Einsamkeit. In für ihn typischer Malweise ließ Ni Zan, der auch ein anerkannter Dichter war, ganze Flächen unberührt und schrieb dem Bild ein Gedicht über Verlust und Einsamkeit mit ein.

Auch während der Ming-Dynastie malte Ni Zan. Sein Werk sollte beträchtlichen Einfluss auf nachkommende Künstler haben, zu denen auch Shen Zhou und Wen Zhengming gehörten. ■

Ni Zan

Ni Zan kam 1301 als wohlhabender Sohn in Wuxi, in der südchinesischen Provinz Jiangsu, zur Welt. Er erhielt eine traditionelle konfuzianische Ausbildung. Der schweigsame, großzügige und anspruchsvolle Maler gehörte zu den »Vier Meistern«, die den Ausdruck von Gefühlen einer realistischen Naturdarstellung vorzogen. Seine Bilder waren äußerst karg, oft malte er dieselbe Landschaft mehrmals. Als er in den 1340er-Jahren (wohl vor Steuereintreibern) aus seiner Heimatstadt fliehen musste, gab er all seinen Besitz auf und folgte der philosophischen Lehre des Daoismus. Fortan lebte er von Förderern und von seinen Bildern, die ihm bald die Anerkennung als »Meister« einbrachten. 1371 kehrte er nach Wuxi zurück und starb dort 1374.

Weitere Hauptwerke

1339 *Die Wildnis eines Herbsthains genießen*
1355 *Wasser- und Bambuswohnung*
1372 *Herbstwind in Edelsteinbäumen*

EIN ELEGANTES UND RÄTSELHAFTES MEISTERWERK

DAS WILTON-DIPTYCHON (UM 1395–1399)

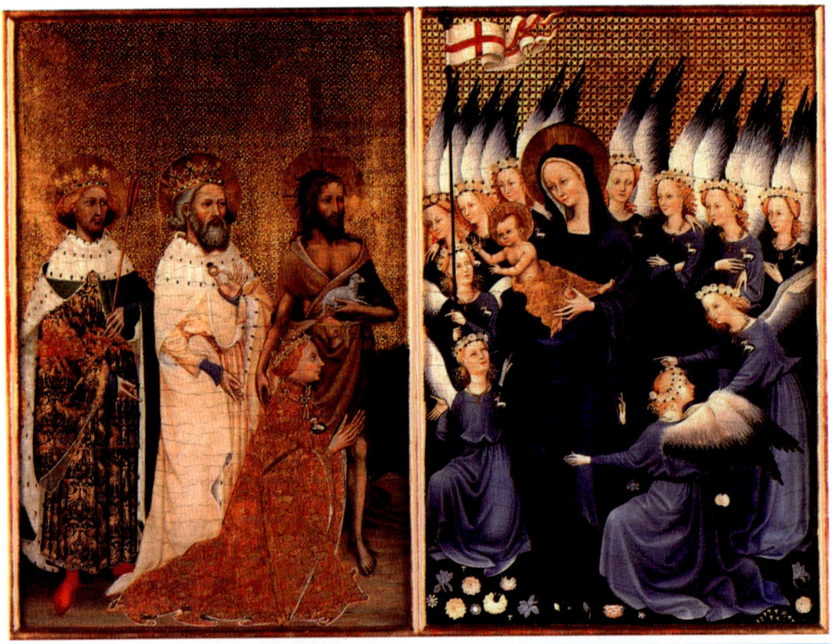

IM KONTEXT

SCHWERPUNKT
Weicher Stil

FRÜHER
1300 Duccio di Buoninsegna aus Siena entwickelt die Tafelmalerei. Für seine ikonenhafte *Madonna mit Kind* benutzt er Eitempera zum Malen weicher, sanfter Figuren.

1315 Simone Martini malt im Pallazo Pubblico in Siena das riesige Fresko *Maestà* – eines der beispielhaften Werke in der Entwicklung des weichen Stils.

SPÄTER
1411–1416 Das *Stundenbuch des Herzogs von Berry* der niederländischen Brüder von Limburg zeigt leuchtende, aufwendig kolorierte und für den weichen Stil typische Illustrationen.

1420–1422 Einer der späten Künstler des weichen Stils, Lorenzo Monaco aus Siena, malt das Bild *Anbetung der Könige*.

1423 Gentile da Fabrianos *Anbetung der Könige* wird in Florenz enthüllt. Für viele markiert das Bild den Höhepunkt des weichen Stils.

Zwischen 1375 und 1425 entwickelte sich an den westeuropäischen Königshöfen ein neuer Stil, der sich in Malerei, Skulptur, Kunstgewerbe sowie Wandteppichen und Manuskripten offenbarte. Der »weiche Stil« – wegen seiner gotischen Elemente und internationalen Ausrichtung im 19. Jahrhundert auch »Internationale Gotik« genannt – zeichnete sich durch Eleganz, Feinheit, fließende Linien und verschwenderischen Umgang mit Farben ebenso aus wie durch einen größeren Realismus, insbesondere in der Naturdarstellung. Der Stil fand, da viele Künstler von Hof zu Hof reisten, weite Verbreitung.

Einige frühe Beispiele des weichen Stils finden sich im Werk des Italieners Simone Martini. Seine *Verkündigung* (1333) für den Dom in Siena unterscheidet sich mit ihren stiltypischen eleganten, fließenden Formen erheblich von der Nüchternheit der Florentiner Malerei seiner Zeit.

Gegen Ende des 14. Jahrhunderts zeigte sich der weiche Stil ausgereift – und zwar in einem seiner herausragendsten Beispiele, dem Wilton-Diptychon, das von

Siehe auch: *Zyklus der Apokalypse* 101 ▪ *Jüngling unter Rosen* 160 ▪ *Stundenbuch des Herzogs von Berry* 162 ▪ *Anbetung der Könige* 162

» Die alte byzantinische Manier wirkte plötzlich steif und unmodern. «

E. H. Gombrich
Die Geschichte der Kunst, 1950

einem oder mehreren unbekannten Künstlern geschaffenen wurde, die in England, Frankreich, Italien oder aber in Böhmen tätig waren. Das Werk wurde nach einem Haus in England benannt, in dem es sich von 1705 bis 1929 befand. Wahrscheinlich hatte es König Richard II. (reg.1377–1399) als tragbares Altarbild für private Zwecke in Auftrag gegeben. Es besteht, bei nur 50 cm Höhe, aus zwei vergoldeten Eichenholztafeln, die durch Scharniere verbunden sind und sich wie ein Buch öffnen lassen.

Der linke Flügel zeigt innen einen im Gebet auf rauem Boden knienden Richard II. Drei fromme Männer stehen neben ihm: Johannes der Täufer – Richards Schutzheiliger, der das Lamm Gottes trägt – sowie zwei heiliggesprochene Sachsenkönige: Edward der Bekenner mit einem Ring und Edmund von Ostanglien mit dem Pfeil in der Hand, der ihn tötete. Auf der gegenüberliegenden Tafel hält die Jungfrau Maria Richards Anbetungsobjekt, das Jesuskind, das seine Arme nach ihm auszustrecken scheint. Elf Engel, mit nach oben verlängerten und zu den Spitzen hin dunkler werdenden Flügeln, umringen Jungfrau und Kind. Sie alle stehen auf einer Wiese mit erlesenen, leuchtenden Blumen. Einer der Engel hält eine Fahne mit dem Georgskreuz, dem Symbol Englands, in die Höhe. Die Gewänder Richards und der Engel sind mit einem weißen Hirsch bestickt (Richards Emblem). Die fließenden Linien, die realistischen, doch leicht in die Höhe gestreckten Figuren und allerlei kleinteilige Bildmotive sind typisch für den weichen Stil. Der Realismus der Blumen verrät die genaue Beobachtung des Künstlers.

Kostbare Materialien

Das Diptychon wurde mit Eitempera (Pigmenten, die mit Ei als Bindemittel vermischt wurden) bemalt. Wie andere Werke dieses Stils wurde es leuchtend koloriert und mit kostbaren Materialien geschmückt: Blattgold bildet den Bildgrund und schmückt einzelne Details auf beiden Tafeln. Die Gewänder der Jungfrau Maria und der Engel wurden mit einem Pigment aus zerstoßenem Lapislazuli, einem Halbedelstein, bemalt.

Das Wilton-Diptychon mit seinen dekorativen Farben ist vielleicht das makelloseste Beispiel des weichen Stils, der sich bis ins frühe 15 Jahrhundert europaweit verbreitete. Die *Anbetung der Könige,* ein Altarbild von Gentile da Fabriano für die Strozzi-Kapelle in Florenz, wird vielfach als leuchtender Abschluss dieser Stilperiode angesehen. Seine natürlichere Darstellung von Bewegung, Proportion und Tiefe gilt vielen aber auch als Kennzeichen des Übergangs vom weichen Stil zur Frührenaissance. ■

Auf der Außenseite des Diptychons verweisen heraldische Symbole auf Richard II.: links seines und das Wappen Edwards des Bekenners, rechts sein Hoheitszeichen, ein weißer Hirsch.

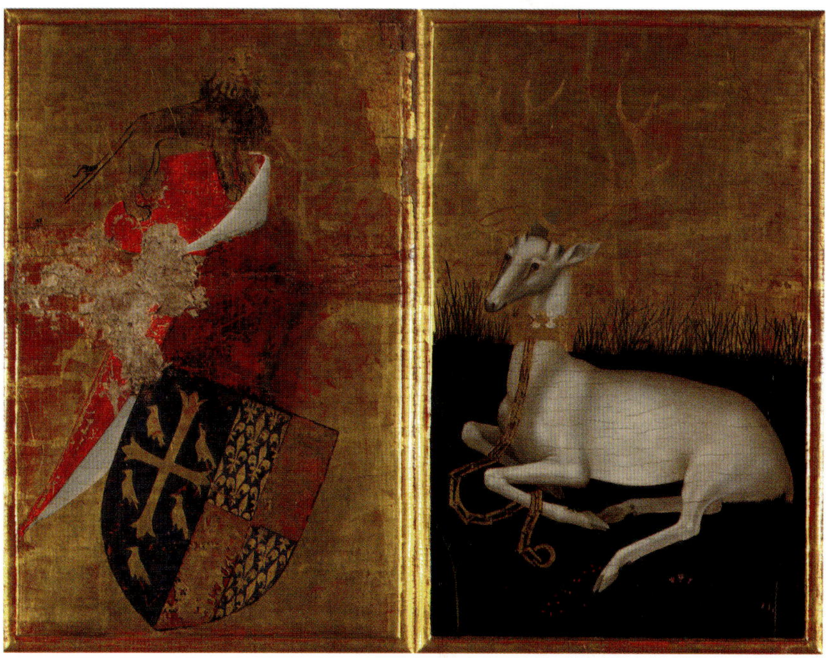

PORTFOLIO

HELM VON SUTTON HOO
(UM 625)

Von allen meisterhaft gearbeiteten Objekten, die man in der Schiffsbestattungsstätte von Sutton Hoo in der englischen Region East Anglia fand, ist der Maskenhelm aus Eisen und Kupfer gewiss das beeindruckendste. Die Helmplatten sind mit Kampfszenen (Krieger zu Fuß, auf dem Pferd usw.) verziert und mit Silber und Granaten geschmückt. Augenbrauen, Nase und Mund sind als Raubvogel, die Schädelschiene als Drachenkopf gestaltet – beides sollte wohl dem Schutz des Helmträgers dienen.

KREUZ VON RUTHWELL
(UM 750)

Das frei stehende Steinkreuz in der schottischen Ortschaft Ruthwell ist 5,5 m hoch und komplett mit Schnitzwerk versehen: Auf der Nord- und Südseite finden sich Reliefszenen aus dem Neuen Testament mit lateinischen Inschriften, auf den anderen Seiten Tiere und Vögel. Verse aus einem altenglischen christlichen Gedicht *(The Dream of the Rood)* in angelsächsischer Runenschrift rahmen sie ein.

WANDGEMÄLDE VON BONAMPAK
(UM 790–800)

Die Wandmalereien zu historischen Ereignissen vermitteln ein lebendiges Bild der Maya-Gesellschaft zur Zeit ihrer Blüte. Sie widersprechen dem lang gehegten Glauben, die Maya seien ein friedliches Volk gewesen, und erzählen u. a. von Krieg, Folter und Opferungen. Doch selbst in den blutrünstigsten Szenen offenbart sich ein vorzüglicher und farbenfroher Malstil. Die erlesensten, bis heute erhaltenen Wandmalereien des alten Amerika nehmen Wände und Decken in drei kleinen Räumen eines Tempels in Chiapas (Mexiko) ein.

UTRECHTER PSALTER
(UM 830)

Das reich illustrierte Psalmenbuch wurde wahrscheinlich in Reims (Frankreich) gefertigt. Es war seinerzeit sehr einflussreich: 150 Psalmen und 16 Hymnen wurden mit Federzeichnungen versehen, die den Text auf neue Weise illustrierten: mit variantenreichen menschlichen Figuren, Tieren, Dämonen, Gebäuden und Landschaften. Man nimmt an, dass acht Künstler beteiligt waren, deren ausdrucksstarker Stil oft imitiert wurde.

BERNWARDSTÜR IN HILDESHEIM
(1015)

Bischof Bernward gab die mächtige Bronzetür für den Hildesheimer Dom in Auftrag. Sie gehört zu den Höhepunkten ottonischer Kunst. Beide Flügel sind 4,7 m hoch und wurden in einem Stück gegossen (technisch damals eine Meisterleistung!). Jeweils acht Tafeln zeigen in einfachen, aber anschaulichen Flachreliefs biblische Szenen, aus denen einzelne Figuren hervortreten. Szenen des Alten Testaments auf der linken Tür erzählen vom Menschen, der in Ungnade fällt. Ihnen stehen Szenen des Neuen Testaments gegenüber, die seine Rettung durch Christus verheißen.

TYMPANON *JÜNGSTES GERICHT*
(UM 1130), GISLEBERTUS

Das Meisterwerk mittelalterlicher Bildhauerei besticht durch enorme Ausdruckskraft, die der Künstler in typisch romanischer Art durch Übertreibungen und Verzerrungen erzielte. Die Skulptur schmückt einen Eingangsbogen zur Kathedrale in Autun (Frankreich). Ein expressiv verlängerter Christus steht im Zentrum. Zu den Figuren um ihn herum gehören Maria und die Apostel, unter seinem Thron die Verdammten und die Geretteten. Das Werk wurde in für die Zeit ungewöhnlicher Art signiert: *Gislebertus hoc fecit* – »Gislebert hat dies gemacht«.

DAS CLOISTERS-KREUZ
(UM 1150)

Das rätselhafte romanische Kreuz (auch »Bedecken-Kreuz« genannt) ist 58 cm hoch und wurde aus Walross-Elfenbein geschnitzt. Es ist berühmt für seine exzellente Ausführung und komplexe Ikonografie: Anhand von 92 winzigen Figuren werden darauf äußerst detailreich

Szenen aus dem Alten und dem Neuen Testament geschildert – bis hin zum Tod und zur Wiederauferstehung Jesu. Propheten und Heilige halten Schriftrollen mit filigranen lateinischen, manchmal antisemitischen Inschriften in Händen.

VERDUNER ALTAR
(1181), NIKOLAUS VON VERDUN

Das Altartriptychon in der Abteikirche von Klosterneuburg (Niederösterreich) besteht aus 51, in drei Reihen angeordneten vergoldeten Kupfer- und Emailtafeln mit Bibelszenen. Die mittlere Reihe zeigt Ereignisse aus dem Leben Christi. Sie werden oben und unten von prophetischen, auf das Wirken Jesu hinweisenden Ereignissen aus dem Alten Testament flankiert. Der Glanz des Emails erinnert an byzantinische Kunstobjekte, doch Körperlichkeit und Gewänder der Figuren kündigen bereits die Hinwendung des romanischen Stils zur Gotik an. Der französische Künstler arbeitete von 1181 bis 1205 und war ein begnadeter Goldschmied.

SECHS KAKIFRÜCHTE
(UM 1250), MUQI

Die chinesische Pinsel- und Tuschezeichnung zeigt vor einem schlichten Hintergrund sechs Kakifrüchte, deren Darstellung in Größe, Form und Position – aber auch in ihrer Tonalität (von hell bis dunkel) auf subtile Weise variiert wird. Mit äußerst sparsamen, dabei spontanen Pinselstrichen verleiht der Künstler seinen monochromen Früchten den Ausdruck der Zeit- und Raumlosigkeit. Muqi (um 1210–1280) war buddhistischer Mönch. Seine Werke sind beispielhaft für die meditative Malerei des Chan-(Zen-)Buddhimus.

THRONENDE MADONNA
(UM 1280–1290), CIMABUE

Das Gemälde für den Hochaltar der Kirche Santa Trinità in Florenz galt als ambitioniertestes Tafelbild, das ein italienischer Künstler bis dahin geschaffen hatte. Der flache, goldene Hintergrund, eine verlängerte Maria mit einem erwachsen erscheinenden Christus im Arm und die übereinander angeordneten Engel lassen das Gemälde byzantinisch erscheinen. Doch Cimabue (um 1240–1302) gelangen darin neben einer intuitiven Form von Perspektive erste »Chiaroscuro«-Ansätze (Hell-Dunkel-Malerei) in der Gestaltung der Gesichter. Damit nahm er den naturalistischeren Stil der Renaissance vorweg, den 20 Jahre später Giotto in einem Gemälde zum selben Thema entwickeln sollte.

ZYKLUS DER APOKALYPSE
(1373–1382), JAN BONDOL

Der Wandteppich zeigt in lebendigen Details die Geschichte der Apokalypse aus der Offenbarung des Johannes. Bestehend aus 71 jeweils 6 m hohen Szenenbildern von insgesamt über 100 m Länge, gehört er zu den herausragenden Werken mittelalterlicher Kunst. Der flämische Künstler arbeitete 1368 bis 1381 in Frankreich. Sein Stil verrät höfische Raffinesse und kündigt den weichen Stil an.

MOSESBRUNNEN
(1395–1403), CLAUS SLUTER

Die monumentale Skulptur bildete den Sockel für einen Brunnen in der Chartreuse de Champmol, einer Klosteranlage in Burgund (Frankreich). Um eine hexagonale Basis gruppierte Sluter sechs mächtige Prophetenfiguren und über ihnen, auf Säulen, sechs Engel. Die Figuren strahlen eine majestätische Wucht und einen starken Charakter aus. Ursprünglich waren sie bemalt und vergoldet. Die Skulptur wurde einst von einer Kreuzigungsgruppe gekrönt, die während der Französischen Revolution zerstört wurde.

Claus Sluter

Claus Sluter (um 1340–1406) war ein herausragender Bildhauer seiner Zeit: Er wurde wahrscheinlich in Haarlem (Niederlande) geboren und lebte die meiste Zeit in Dijon (heute Frankreich), seinerzeit die Hauptstadt des mächtigen Herzogtums Burgund. 1389 wurde er Chefbildhauer unter Philipp dem Kühnen. Sluters Stil war robust und dynamisch, er liebte ausdrucksstarke, tiefe Gewandfalten und schuf äußerst individuelle Figuren. Sein Werk verabschiedete sich vom anmutigen weichen Stil und entwickelte eine sehr naturalistische Ausdrucksweise, die die niederländische Kunst im 15. Jh. prägen sollte.

Weitere Hauptwerke

1391–1397 Portalfiguren für die Chartreuse de Champmol
um 1397 Kopf und Torso Christi (Fragment des Mosesbrunnens)
1404–1410 Grabmal Philipps des Kühnen (nach seinem Tod vollendet)

RENAISS
UND
MANIERI

ANCE

SMUS

UM 1406

Der Bildhauer **Jacopo della Quercia** aus Siena gestaltet den Sarkophag der Ilaria del Carrettos in der Kathedrale von Lucca.

1425

Lorenzo Ghiberti beginnt mit seiner zweiten Serie von Bronzetüren für das **Baptisterium der Kathedrale in Florenz** (1452 vollendet).

1432

Jan van Eyck vollendet sein Polyptychon *Anbetung des Lamms* für den Genter Altar.

UM 1450

Jean Fouquet, Frankreichs führender Künstler des 15. Jh., malt eines der ersten Künstlerselbstbildnisse.

1459–61

Benozzo Gozzoli malt *Zug der Heiligen Drei Könige,* ein schillerndes Fresko in der Palastkapelle der Medici in Florenz.

1475–1476

Der Sizilianer **Antonello da Messina,** ein Wegbereiter der Ölmalerei in Italien, malt ein Altarbild für die venezianische Kirche San Cassiano.

1489

Der deutsche Bildhauer **Bernt Notke** vollendet seine Reitergruppe *St. Georg mit dem Drachen kämpfend* für die Domkirche Stockholms.

UM 1495–1497

Leonardo da Vinci malt im Mailänder Kloster Santa Maria delle Grazie sein berühmtes Wandgemälde *Das Abendmahl.*

Das Wort »Renaissance« bedeutet »Wiedergeburt« und bezieht sich im Rahmen der bildenden Kunst auf die Wiederentdeckung der römischen und griechischen Antike und die Nachahmung ihrer naturalistischen Darstellungsweise. Zwar hatte man im Mittelalter die Kunst der Klassik nicht vollkommen verdrängt – im 13. Jahrhundert z. B. nahm der Bildhauer Nicola Pisano Bezug auf den klassisch-römischen Stil –, doch ihr Einfluss blieb sporadisch, und erst ab dem 15. Jahrhundert wurde sie weithin als künstlerische Inspirationsquelle akzeptiert. Parallel dazu erwachte bei Renaissance-Schriftstellern und -Gelehrten das Interesse an den großen lateinischen Autoren wie Cicero, Ovid und Vergil neu. Doch war es nicht etwa in Rom, wo die Renaissance ihren Anfang nahm, sondern in Florenz. Seit dem Fall des Römischen Reichs im 5. Jahrhundert war Rom zum armseligen Schatten seiner selbst geworden. Das Papsttum verlegte seinen Sitz zwischen 1309 und 1377 von Rom nach Avignon in Südfrankreich – und es dauerte noch bis zur Amtszeit von Papst Martin V. (1417–1431), bis Rom sich von seinem Niedergang erholen sollte.

Der Reichtum von Florenz

Bis Mitte des 13. Jahrhunderts war Florenz enorm wohlhabend geworden: Die Stadt hatte sich als Banken- und Wollweberzentrum entwickelt – und ihr Reichtum förderte eine kulturell anregende Atmosphäre, in der die Zünfte wie auch wohlhabende Persönlichkeiten aus Prestigegründen Kunstwerke in Auftrag gaben. So sponserte 1401 z. B. die Textilbranche einen Wettbewerb für Bronzetüren des Baptisteriums, den Lorenzo Ghiberti gewann. Er gehörte zur Vätergeneration der Renaissance: Florentiner Künstler zu Beginn des 15. Jahrhunderts, zu denen neben ihm der Maler Masaccio, der Bildhauer Donatello und der Architekt Brunelleschi zählten.

Neben einem Erstarken des Realismus in der Kunst drückte sich das neu erwachte Interesse an der Antike u. a. in Pisanos (römischen Münzen nachempfundenen) Porträtmedaillen aus, aber auch in Botticellis Wiederentdeckung mythologischer und allegorischer Themen der klassischen Antike.

Florenz entwickelte sich zum künstlerischen Zentrum und wurde im 16. Jahrhundert zur Hochburg des elaborierten Manierismus.

1505
Giovanni Bellini, seinerzeit der bedeutendste Maler Venedigs, schafft das majestätische Altarbild für die Kirche San Zaccaria.

UM 1514–1521
Der Bildschnitzer **Hans Brüggemann** gestaltet als letztes Werk in mittelalterlicher Tradition den mächtigen Bordesholmer Altar (heute im Schleswiger Dom).

1534–1540
In Parma malt **Parmigianino** das Bild *Madonna mit dem langen Hals* – eines der stilbildenden Werke des Manierismus.

1541
In der Sixtinischen Kapelle in Rom wird das überwältigende Fresko *Das jüngste Gericht* von **Michelangelo** enthüllt.

1565
Tintoretto malt im Zuge seiner weitreichenden Ausschmückung der Scuola Grande di San Rocco in Venedig das mächtige Gemälde *Die Kreuzigung*.

1576
In Venedig stirbt **Tizian** – er hinterlässt das für sein eigenes Grabmal gedachte erhabene Gemälde *Pietà* unvollendet.

1586–1588
In Toledo malt **El Greco** eines seiner großen Altarbilder: *Begräbnis des Grafen von Orgaz*.

1587–1595
Giambologna schafft das erste Reiterdenkmal in Florenz – ein Monument für den Grafen Cosimo I. de' Medici.

Jedoch nahm inzwischen auch Rom wieder eine künstlerische Schlüsselrolle ein. Papst Julius II. (1505–1513) engagierte u. a. Michelangelo und Raffael – und ließ den größten Architekten der Zeit, Donato Bramante, den Petersdom erneuern. Auch Leonardo da Vinci arbeitete für kurze Zeit in Rom, doch seine Beziehung zu Mailand war weitaus stärker und wichtiger. Die Stadt wurde zum Kunstzentrum Norditaliens und nur von Venedig überstrahlt, wo Tizian eine über 60 Jahre währende glänzende Künstlerkarriere erlebte.

In den Niederlanden

Die Kunst des 15. und 16. Jahrhunderts außerhalb Italiens wurde vielfach unter dem Begriff »Niederländische Renaissance« zusammengefasst, doch der Begriff besagt keinesfalls, dass die Antike anderswo dieselbe Rolle spielte wie in Italien. Gleichwohl war die Vehemenz der künstlerischen Umbürche in Nordeuropa ähnlich stark. Sie basierte allerdings v. a. auf dem detailreichen und prägnanten Realismus, der durch das Malen mit Ölfarben möglich wurde. Die ersten großen Meister dieses neuen Mediums waren der Niederländer Jan van Eyck und anschließend sein Landsmann Rogier van der Weyden.

Die künstlerische Nachfolge beider traten in den Niederlanden Hieronymus Bosch und Pieter Bruegel an. Auch sie benutzten Ölfarben, jedoch für andere Sujets: Bosch gestaltete einzigartige Fantasiewelten und Bruegel Landschaften sowie bäuerliche Szenen. Der berühmteste Künstler des Nordens, Albrecht Dürer aus Nürnberg, war ein herausragender Maler und Theoretiker. Berühmt wurde er indes durch seine Drucke, die – in den Worten des italienischen Biografen des 16. Jahrhunderts, Giorgio Vasari, – »die Welt erstaunten«.

Dürer war über die neuen Welten, die zu seinen Lebzeiten jenseits Europas entdeckt wurden, informiert. Dokumente zeigen, dass er 1520 z. B. die Aztekenschätze, die Hernan Cortés an Kaiser Karl V. geschickt hatte, euphorisch beschrieb. Um 1485 erreichten portugiesische Entdecker erstmals die Stadt Benin (heute in Nigeria). Dort schufen Künstler auf hohem Niveau Metallobjekte und Schnitzwerk. Zunächst betrachteten die Europäer Gegenstände aus solchen Kulturen als Kuriositäten, doch schon bald wurden sie als ernsthafte Kunstwerke angesehen. ■

MIR WURDE DIE SIEGESPALME ZUERKANNT

DAS OPFER ISAAKS (1401–1402)
LORENZO GHIBERTI

IM KONTEXT

SCHWERPUNKT
Kunstwettbewerbe

FRÜHER
Ende 5. Jh. Der griechische Maler Zeuxis stellt Trauben so realistisch dar, dass Vögel daran picken. Als Antwort malt sein Rivale Parrhasios einen so täuschend echten Vorhang, dass Zeuxis versucht, ihn zur Seite zu ziehen.

SPÄTER
1503/04 Leonardo da Vinci und Michelangelo malen im Wettstreit auf zwei gegenüberliegenden Wänden im Palazzo Vecchio in Florenz Kampfszenen.

1832 J. M. W. Turner fügt seiner Meereslandschaft eine rote Boje hinzu. Damit stellt er das Werk seines Mitstreiters John Constable in den Schatten.

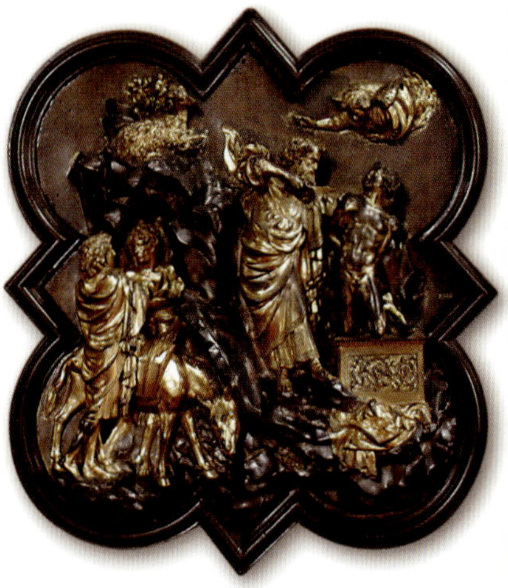

Der Bildhauer Lorenzo Ghiberti (um 1380–1455), Sohn eines Goldschmieds, gewann zu Beginn des 15. Jahrhunderts einen Wettbewerb zur Ausführung von zwei Bronzetüren für das Baptisterium San Giovanni in Florenz, wodurch er Berühmtheit erlangte. Den Wettbewerb hatte die Wollhändlerzunft, Arte di Calimala, ausgeschrieben – eine der sieben Zünfte, die vom 12. bis zum 16. Jahrhundert den Handel in Florenz kontrollierten. Sie finanzierten auch Kunstwerke, wobei die Calimala zugleich für den Erhalt des romanischen oktogonalen Baptisteriums zuständig war.

Jeder Wettbewerbsteilnehmer erhielt vier Bronzeplatten, auf denen er Reliefs zu einer biblischen Szene anfertigen sollte – und zwar zur Opferung Isaaks durch seinen Vater Abraham mit dem Engel, der dazwischenfährt.

Sparsamkeit und Stil

Ghiberti verband in seinem Beitrag gotische und klassische Stilelemente: Die Figur des Abraham nimmt durch die Gewichtsverlagerung auf nur ein Standbein und eine leichte Rumpfdrehung eine *Kontrapost*-Pose ein, die beim Betrachter den Eindruck von Bewegung erzeugt. Diese ursprünglich klassische Technik war auch bei gotischen Plastiken – mit für sie typischen fließenden Linien – beliebt. Der Junge Isaak ist als klassischer Akt dargestellt. Ghibertis Komposition berücksichtigt auch die Perspektive, was verkürzte Winkel und die in den Hintergrund tretende Landschaft, die eine Illusion der Bildtiefe erzeugen, beweisen. Seine ausbalancierte Vision in nur zwei Tafeln setzte sich gegen die seiner sechs Mitbewerber durch – darunter auch Filippo Brunelleschi, dessen schmerzvolle und dramatische Darstellung ebenfalls erhalten blieb.

Der junge Bildhauer gewann nicht nur aufgrund seiner Kunstfertigkeit, sondern auch, weil er ein leichteres und sparsameres Werk als seine Rivalen schuf, das zum Prototyp des Renaissance-Stils avancierte. So sollte Ghibertis Werkstatt zur Ausbildungsstätte für Künstler wie Donatello und Paolo Uccello werden. ■

Siehe auch: Kanzel des Baptisteriums in Pisa 84–85 ▪ Bernwardstür in Hildesheim 100 ▪ Mosesbrunnen 101 ▪ *Anna selbdritt* 124–127 ▪ *Junger Sklave* 144–145 ▪ *Hl. Georg* 162

IKONEN SIND AUS FARBE DAS, WAS SCHRIFTEN AUS WORTEN SIND

DREIFALTIGKEITSIKONE (1411), ANDREI RUBLJOW

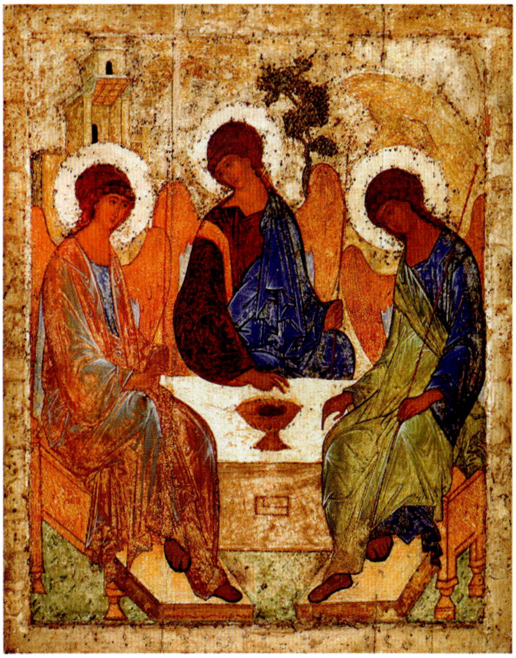

In der orthodoxen Ostkirche sind Ikonen (griech.: »Bild«) religiöse, meist auf flachen Tafeln gemalte Bilder von Jesus, Maria oder den Heiligen. Ikonen waren weit mehr als nur Kunstwerke – sie galten als heilige Artefakte, die den Betrachter in direkten Kontakt mit den Porträtierten brachten.

Göttliche Engel

Der berühmteste russische Ikonenmaler der byzantinischen Zeit (um 330–1453) war Andrei Rubljow (um 1360–1430), dessen *Dreifaltigkeitsikone* als Meisterwerk des Genres gilt. In dem Bild erscheint Gott Abraham in Gestalt dreier Engel als Repräsentanten des Vaters, des Sohnes und des heiligen Geistes – so eine der Interpretationen. Sie versammeln sich um einen Altar, auf dem ein gefüllter Kelch (als Symbol der Eucharistie) steht. Hinter ihnen sieht man eine Villa (das Haus Gottes), einen Berg (das Symbol spirituellen Aufstiegs) sowie den »Baum des Lebens«, gleichzeitig Hinweis auf die Kreuzigung Christi. Blaue Gewänder symbolisieren Göttlichkeit, grüne ein neues Leben und goldene Königtum.

Rubljow vermittelt die Dynamik zwischen den Teilnehmern des Zusammentreffens. Das Betrachterauge bleibt ganz auf die Szene konzentriert – und damit auf die Einheit von Vater, Sohn und heiligem Geist. Das Bild wird von den Umrissen der zwei äußeren Engel gehalten, die zusammen die Form des Kelchs im Zentrum nachzeichnen. Subtile Handgesten verweisen auf die vertraute Beziehung zwischen den Figuren. Die Harmonie dieses Bildes macht es zum idealen Mittelpunkt kontemplativer Versenkung und des Gebets: zum Tor für die mystische Erfahrung der Heiligen Dreifaltigkeit. ■

IM KONTEXT

SCHWERPUNKT
Ikonen

FRÜHER
um 400 Die Abgarlegende, ein syrisch-christlicher Text, erzählt von einem Jesusporträt, das Abgar, der Herrscher von Edessa (heute Sanlurfa, Türkei), erhielt. Manche halten dieses für die älteste Ikone.

6. Jh. Eine Ikone des Christus Pantokrator (Weltenherrscher) entsteht im Katharinenkloster im Sinai. Sie ist die älteste bis heute erhaltene Ikone.

SPÄTER
1495/96 Der russische Ikonenmaler Dionisij malt im Kloster Ferapontow in der russischen Region Wologda monumentale Ikonenfresken.

1988 Die russisch-orthodoxe Kirche spricht Rubljow heilig.

Siehe auch: Mosaike des Kaisers Justinian und der Kaiserin Theodora 52–55 ▪ Theuderich-Schrein 62–63 ▪ *Die Wolgatreidler* 279 ▪ *Komposition VI* 300–307 ▪ *Die Verteidigung Petrograds* 338–339

PERSPEKTIVE IST ZAUMZEUG UND RUDER FÜR DIE MALEREI

DREIFALTIGKEIT (1428), MASACCIO

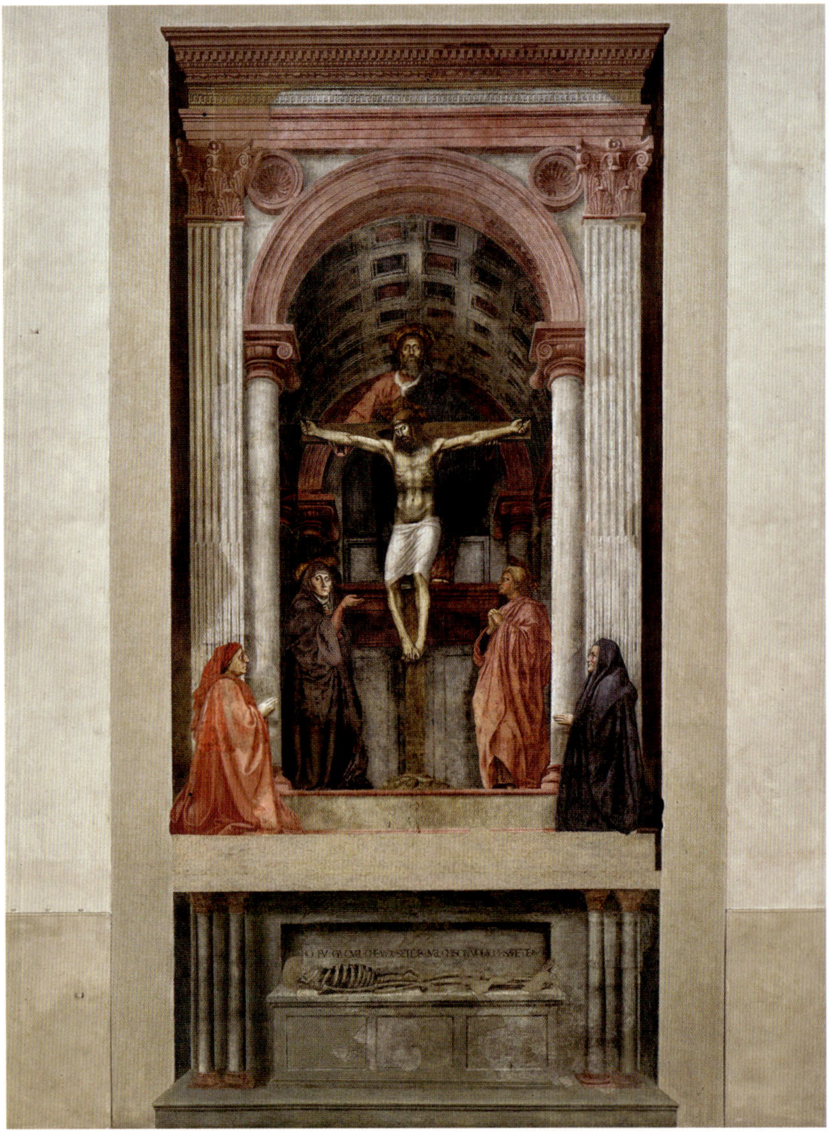

IM KONTEXT

SCHWERPUNKT
Linearperspektive

FRÜHER
um 1. Jh. Hellenistische Maler von Landschaften experimentieren mit der Bildtiefe.

Anfang 14. Jh. Durch Perspektivzeichnung und Hell-Dunkel-Malerei gelingt Giotto di Bondone die Illusion von Dreidimensionalität.

1413 Filippo Brunelleschi demonstriert die Funktion der Zentralperspektive.

SPÄTER
1508–1512 Michelangelos Deckengemälde für die Sixtinische Kapelle in Rom weist technische Einflüsse aus Masaccios Werk auf.

1907 Im Kubismus brechen Pablo Picasso und Georges Braque radikal mit der perspektivischen Darstellung.

Die technische Unmöglichkeit, eine dreidimensionale Szene auf eine Fläche zu bannen, hat zur Folge, dass Maler auf Täuschungen des Auges bei der visuellen Wahrnehmung zurückgreifen müssen, um eine Illusion von Raumtiefe zu schaffen. Antike Malereien und die meisten Gemälde aus der Zeit vor der Renaissance bemühten sich nicht um einen solchen Anschein von Wahrhaftigkeit. In altägyptischen Zeichnungen z. B. sind die Füße von Menschen stets im Profil, der Rest des Körpers hingegen frontal abgebildet. In anderen frühen Gemälden wurde die Größe einer Figur nicht durch ihre Position im (Bild-)Raum, sondern nach Fakto-

Siehe auch: Hl. Franziskus von Assisi 86–89 ▪ *Maestà* 90–95 ▪ Wilton-Diptychon 98–99 ▪ Cloisters-Kreuz 100–101 ▪ *Anna selbdritt* 124–127 ▪ *Sir John Hawkwood* 162 ▪ Isenheimer Altar 164 ▪ *Christus der Gnade* 172–175

Die Beherrschung der Perspektive erlaubt es dem Künstler, die wahre Dimension von Objekten in der Ferne darzustellen – und dreidimensionalen Objekten Tiefe zu verleihen. So schafft der Maler einen komplexen, realistischen Raum.

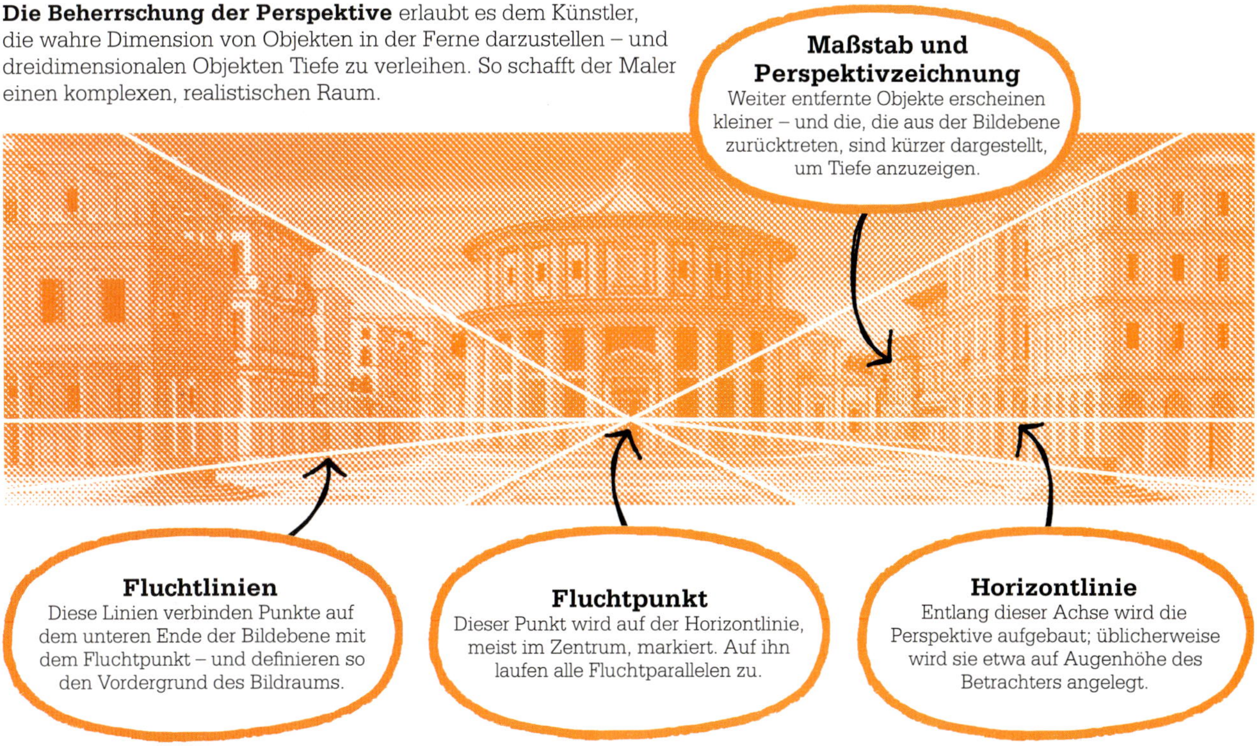

ren wie Status oder Alter bestimmt. Erst in der Antike experimentierten griechische und römische Künstler bei der Wiedergabe von Raumverhältnissen mit diversen Techniken. Die meisten ihrer Werke gingen verloren, und erst im 14. Jahrhundert widmeten sich Maler wie Giotto und Duccio erneut den Fragen nach einem Abbild des dreidimensionalen Raums auf einer Fläche.

Die ersten erfolgreichen Darstellungen räumlicher Tiefe lieferte Masaccio. Dem Florentiner Maler gelang es, den Blick des Betrachters regelrecht ins Bild hineinzuziehen. Während seine Zeitgenossen als Fortsetzung des weichen Stils weiterhin flache, stilisierte Figuren malten, setzte er in Werken wie dem Fresko der *Dreifaltigkeit* für die Kirche Santa Maria Novella in Florenz das revolutionäre Prinzip der perspektivischen Darstellung um.

Studium der Perspektive

Der Florentiner Architekt und Freund Masaccios, Filippo Brunelleschi, entwickelte ab 1413 mathematische Richtlinien zur Darstellung von Tiefe in einem Gemälde. Der Architekt Leon Battista Alberti schrieb sie 1436 in seinem Buch *Über die Malkunst* nieder. Diese Technik, Linearperspektive genannt, ermöglicht es dem Künstler, auf einer zweidimensionalen Oberfläche Raum und Tiefe abzubilden.

Alberti beschrieb die Bildebene als ein offenes Fenster, durch das der zu malende Ausschnitt der Welt gesehen wird: Zunächst zieht der Künstler eine horizontale Linie, auf der er sodann den Fluchtpunkt (etwa in der Linienmitte) bestimmt. Mithilfe weiterer Linien, die auf diesen Fluchtpunkt zulaufen, kann der Maler zweierlei Effekte nutzen, um den Eindruck dreidimensionaler Raumtiefe zu erzeugen: Er malt »

> »Einer der Ersten, die die Schwere und die Unvollkommenheiten der Vergangenheit beseitigten.«
>
> **Giorgio Vasari**
> *Lebensläufe der berühmtesten Maler, Bildhauer und Architekten,* 1550

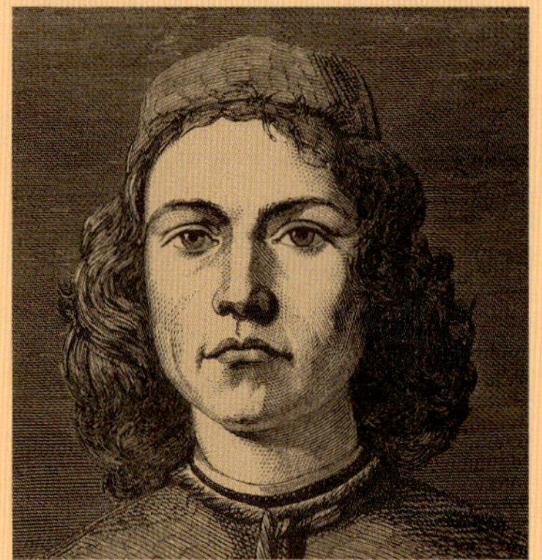

Masaccio

Tommaso di Ser Giovanni di Simone kam 1401 nahe Florenz zur Welt. Schon früh nannte man ihn wegen seiner Statur wie seines Temperaments »Masaccio« (von ital. *maso:* der Grobe, Ungehobelte, aber auch die Kurzform für Tommaso bzw. Thomas).

Man weiß kaum etwas aus dem Leben des Malers, bevor er mit 21 Jahren in die Florentiner Malerzunft eintrat. Zu seinen Freunden und Förderern gehörten der Architekt Brunelleschi und der Bildhauer Donatello. In Florenz erhielt Masaccio zahlreiche Aufträge. Dort arbeitete er etwa seit 1425 an dem, was viele für sein Meisterwerk halten: dem Freskenzyklus in der Brancacci-Kapelle. Ohne ihn zu vollenden, ging Masaccio 1428 nach Rom – und starb dort nur drei Jahre später möglicherweise an der Pest, wobei sein plötzlicher Tod auch den Verdacht aufkommen ließ, er sei vergiftet worden.

Weitere Hauptwerke

1422 San-Giovenale-Triptychon
um 1425–1428 Freskenzyklus über das Leben des hl. Petrus in der Brancacci-Kapelle, Santa Maria del Carmine
1426 Altarbild in Pisa

Objekte im Hintergrund kleiner und lässt solche, die sich vom Betrachter aus nach hinten erstrecken, durch eine verkürzte Perspektive schrittweise kleiner werden. Diese Technik spielt insbesondere bei der Wiedergabe des menschlichen Körpers eine Rolle.

Das Konzept wird deutlich, wenn man sich die Bildebene als Schachbrett denkt: Vom Schachspieler aus gesehen scheinen die Quadrate auf dem Spielbrett kleiner zu werden, je weiter sie vom Auge des Spielers entfernt liegen – obwohl wir wissen, dass sie alle gleich groß sind. Auch erscheinen sie (aufgrund der verkürzten Perspektive) breiter als tief. Dieses Phänomen menschlicher Raumwahrnehmung bildet die Grundlage zur Erzeugung der Tiefenillusion in einem Gemälde.

Von der Theorie zur Praxis

Masaccios *Dreifaltigkeit* zeigt eine gewölbte Kapelle mit Jesus am Kreuz, das von Gottvater gehalten wird, sowie zur Linken die Jungfrau Maria und zur Rechten den hl. Johannes. Im unteren Bildteil ist ein Sarkophag mit einem Skelett darin abgebildet – zur Erinnerung an den Tod als Gegenpol zum Versprechen ewigen Lebens im oberen Bildraum. In einer weiteren illusionistischen Ebene malte der Künstler die Stifter des Freskos, »außerhalb« der Kapelle kniend. Sie gehören mit zur klassischen Rahmenarchitektur und scheinen sich irgendwo zwischen dem realen Raum des Betrachters und dem gemalten Raum der Heiligen Dreifaltigkeit zu befinden.

Masaccio setzt den Fluchtpunkt unterhalb des Kreuzes an, etwa auf Augenhöhe des Betrachters, sodass dieser zur Dreifaltigkeit hinauf-, auf den Sarkophag indes herabblicken muss. Die Kassetten der Kapellendecke sind entlang der Fluchtlinien angelegt und unterstützen die vollendete Illusion, die die heiligen Figuren beinahe in einem physisch erlebbaren Raum erscheinen lässt – ein Effekt, der die Betrachter zu Masaccios Lebzeiten in Staunen versetzte.

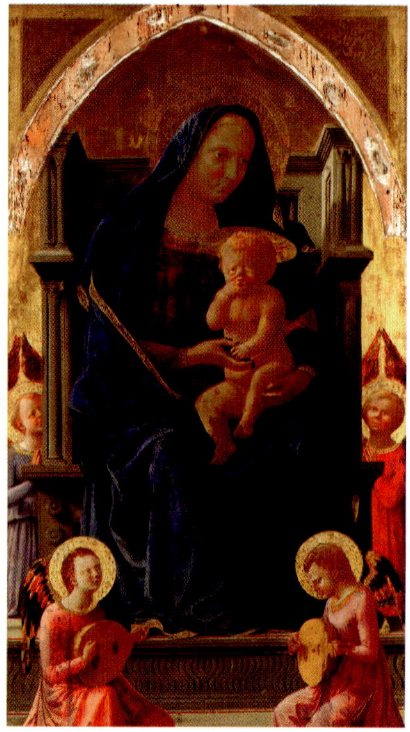

Die Jungfrau mit dem Kind (1426) malte Masaccio als Teil eines Triptychons. Er zeichnete darin den Heiligenschein Christi in korrekter Perspektive, den der Engel jedoch flach.

Die Technik der perspektivischen Verkürzung lässt einzelne gemalte Objekte näher am Betrachter erscheinen als andere. Im Fresko *Dreifaltigkeit* zeigt sich das an den schräg gemalten Heiligenscheinen und insbesondere an Marias Arm, der den Betrachter gleichsam ins Bild hineinlockt.

Licht und Schatten

Masaccios Technik, Licht in das Gemälde zu bringen – man nennt sie »Chiaroscuro« oder Hell-Dunkel-Malerei –, trug erheblich zum Erfolg der Raumillusion bei. Mit ihr hatte Giotto bereits im vorangegangenen Jahrhundert experimentiert. Dabei werden in einer Szene dunkle und helle Bereiche so einander gegenübergestellt, dass der realistische Eindruck von Schatten entsteht, der Oberflächen eine Dreidimensionalität verleiht. Die Figuren der *Dreifaltigkeit* werden, entsprechend des Lichteinfalls in einem realen Raum, hervorgehoben (was ihre dreidimensionale Erscheinung zusätzlich verstärkt).

In der christlichen Kunst haben Licht und Schatten stets auch symbolische Bedeutung. Jesus sagt: »Ich bin als Licht in die Welt gekommen, damit jeder, der an mich glaubt, nicht in der Finsternis bleibe« (NT, Joh. 12,46). Masaccios gekonnter Umgang mit Licht und der Chiarscuro-Technik verfolgte daher nicht nur das Ziel technischer Genauigkeit – ihm gelang damit eine nuancenreiche emotionale und symbolische Bildsprache und damit ein weit raffinierterer Ausdruck, als dies der bisherigen stilisierten religiösen Malerei möglich war.

» Alles, was vor Masaccio geschaffen wurde, kann als künstlich beschrieben werden. «

Giorgio Vasari
Lebensläufe der berühmtesten Maler, Bildhauer und Architekten,
1550

Großer und kleiner Thomas

Obwohl Masaccio als Wegbereiter der perspektivischen Malerei gilt, spielt sein älterer Kollege Masolino da Panicale in der Entwicklung dieser Technik ebenfalls eine Rolle. Eine Zeit lang arbeiteten die beiden zusammen am Freskenzyklus in der Brancacci-Kapelle der Kirche Santa Maria del Carmine in Florenz. Ihre Spitznamen machen aus ihnen beinahe ein »Künstlerduo«: Der eine bedeutet so viel wie »der große, grobe Thomas«, der andere »der kleine Thomas«. Masolino hielt streng an den Prinzipien der Linearperspektive fest – wie sein Fresko *Heilung des Gelähmten und Erweckung der Tabitha* (1423) zeigt. Allerdings erreichten seine Bilder nie die narrative Ausdruckskraft eines Masaccio-Gemäldes.

Dessen gekonnte Abbildung dreidimensionaler Räume und ihre Modellierung mithilfe von Licht bescherten der Kunst neue gefühlsbetonte und erzählerische Möglichkeiten. Seine Gemälde waren so glaubhaft, seine Figuren derart vollendet, dass seine Technik überall nachgeahmt wurde. So erkennt man sie bei Andrea Mantegna, Piero della Francesca und Leonardo da Vinci und auch auf dem Höhepunkt der Renaissance, in den Gemälden Raffaels, wieder. Das Prinzip der Linearperspektive bestimmte die westeuropäische Kunst bis ins späte 19. Jahrhundert hinein – als Paul Cézannes flache Formen »einzig durch Farbe« Tiefe darzustellen suchten. ■

Masolinos Fresko *Heilung des Gelähmten und Erweckung der Tabitha* verdeutlicht die perspektivische Darstellung mit einem Fluchtpunkt: Selbst die Pflastersteine werden kleiner, je weiter sie im Hintergrund liegen.

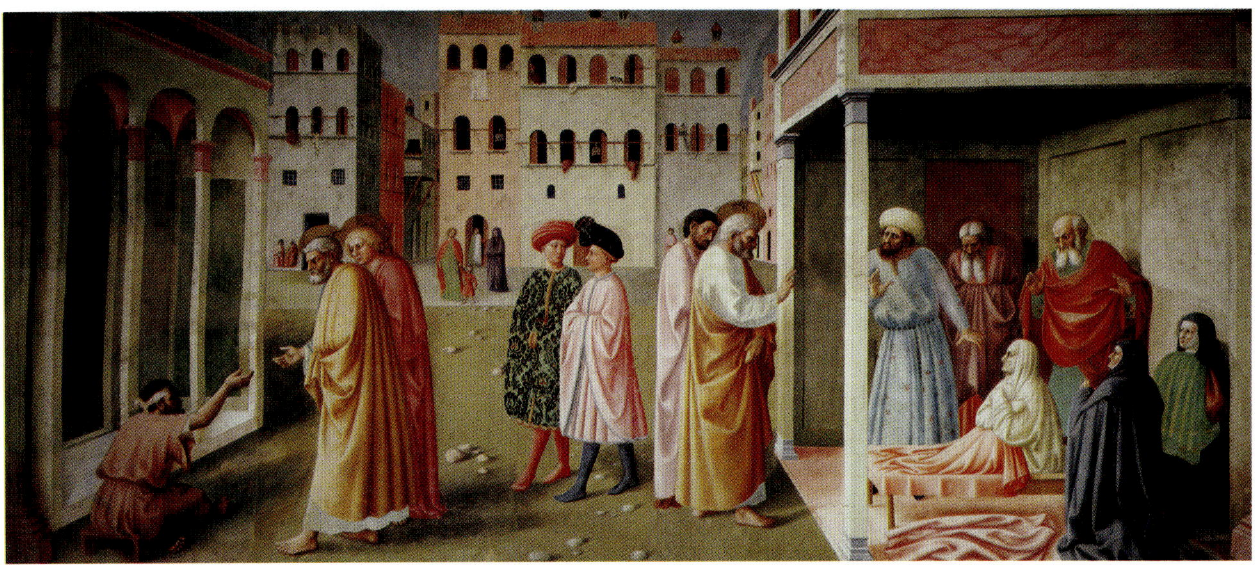

DER MANN, DER DAS BLOSSE BINDEN VON PIGMENTEN MIT ÖL IN ÖLMALEREI VERWANDELTE

DIE ARNOLFINI-HOCHZEIT (1434)

JAN VAN EYCK

Detail aus *Die Arnolfini-Hochzeit*

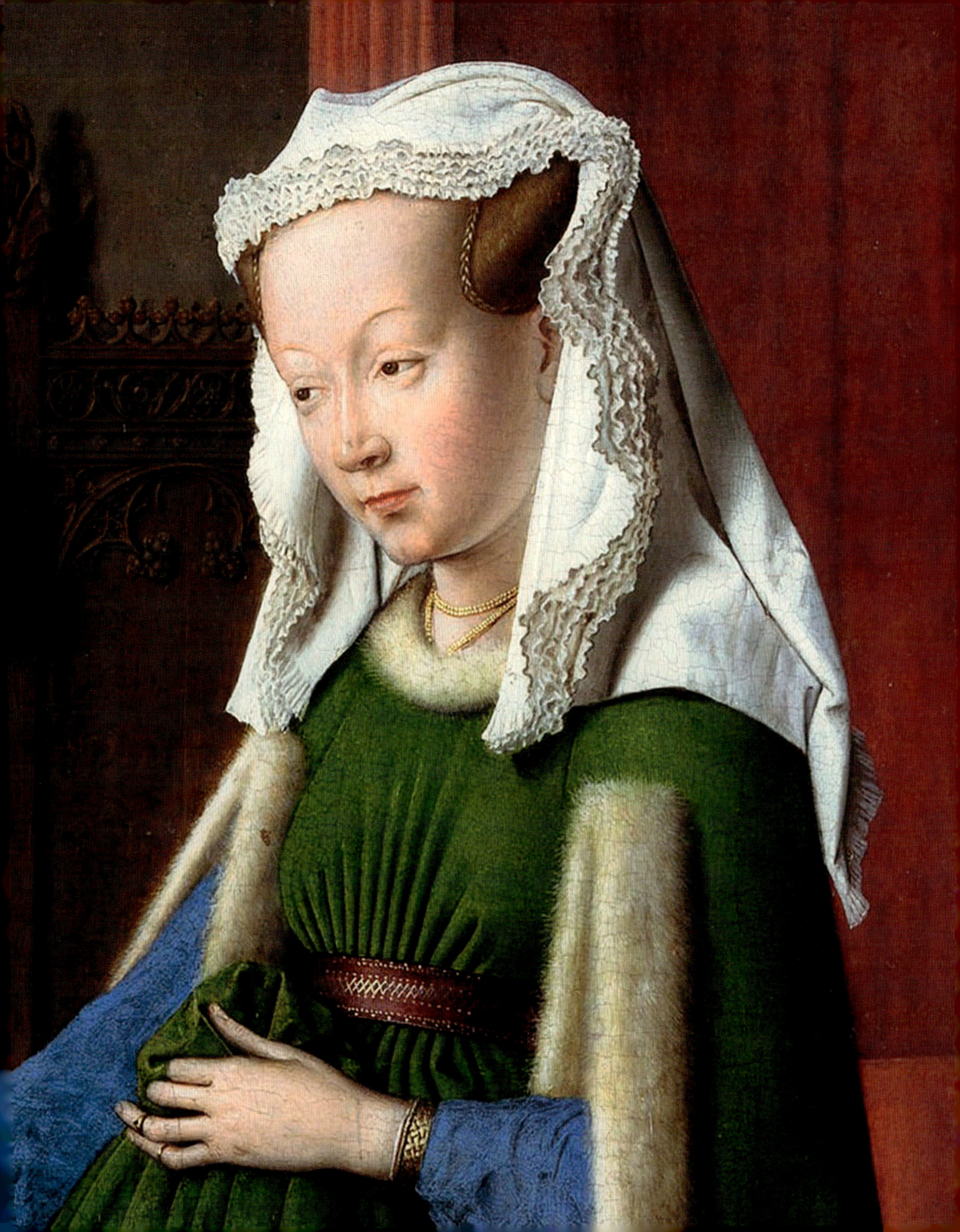

IM KONTEXT

SCHWERPUNKT
Ölmalerei

FRÜHER
um 650 Die ältesten bekannten Ölmalereien entstehen auf Höhlenwänden im Bamiyan-Tal im heutigen Afghanistan.

um 1110–1125 Der Künstler und Mönch Roger von Helmarshausen beschreibt in *De diversis artibus*, wie sich mit Öl Farbpigmente binden lassen.

SPÄTER
1565 Pieter Bruegel d. Ä. zeigt in *Die Kornernte* einen schnellen und sparsamen Gebrauch von Ölfarben: Die hauchdünne Farbschicht verdeckt die darunter liegenden Zeichnungen nicht vollständig.

17. Jh. Rembrandt entwickelt eine lockere Technik mit Ölfarben, bei der er auch dicke Farbschichten auf die Leinwand bringt.

Jan van Eyck gehört zu den Begründern der altniederländischen Malerei. Künstler dieser Schule entfernten sich vom in Europa vorherrschenden extravaganten und dekorativen weichen Stil und entwickelten eine Malweise, bei der sich realistische Details mit spiritueller Symbolhaftigkeit verbanden.

Das Bild *Die Arnolfini-Hochzeit* steckt voller symbolischer Gegenstände, deren konturenscharfe Zeichnung sich einzig van Eycks meisterhaftem Umgang mit Ölfarben verdankt. Dieses und weitere Bilder machten den Künstler dafür berühmt, durch eine mikroskopisch genaue Pinselführung die Ölmalerei zu höchster Perfektion getrieben zu haben. Autoren wie der Italiener Giorgio Vasari (1511–1574) sagten später, van Eyck habe die Ölmalerei neu erfunden. Obwohl der Niederländer keineswegs der Erste war, der mit Ölfarben arbeitete – denn bereits im 7. Jahrhundert wurde in China wie im heutigen Afghanistan mit Farben auf Ölbasis hantiert –, beeinflusste dessen Palette wie sein Umgang mit den Farben die westliche Malerei nachhaltig. Strahlende Details und die Leuchtkraft seiner Bilder machten das Medium und seine Vorzüge unter Malern zunehmend populär.

» Jan van Eycks Auge arbeitet als Mikroskop und Teleskop zugleich. «

Erwin Panofsky
Altniederländische Malerei, 1953

Ein flexibles Medium

Europäische Künstler des 15. Jahrhunderts malten meist mit Eitempera – dabei wurden Farbpigmente mit Eigelb und Wasser vermischt –, obwohl die Grenzen des Mediums durchaus bekannt waren: Die Farben trockneten schnell aus, daher konnte man sie nicht lange aufbewahren und immer nur ein Leinwandsegment bearbeiten. Auch ließen sich Temperafarben nicht mischen, sodass man sich für Farb-

Jan van Eyck

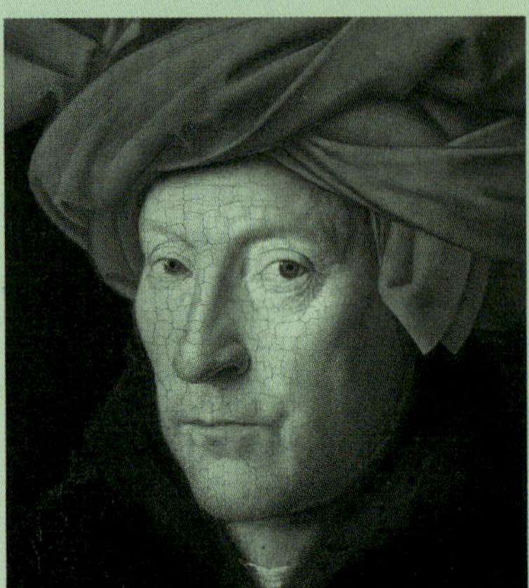

Das Leben des Malers bleibt weitgehend im Dunkeln. Er wurde wohl um 1380 in der Kleinstadt Maaseik nahe Maastricht (heute Belgien) geboren. Erste Aufzeichnungen über ihn finden sich erst 1422 am Hofe Johanns von Bayern (Graf von Holland) in Den Haag. Seit 1425 wirkte van Eyck für Philipp den Guten (Herzog von Burgund) als Hofmaler und im diplomatischen Dienst. Er erwarb um 1432 ein Haus in Brügge, nachdem er dort geheiratet hatte. Im folgenden Jahrzehnt datierte er seine Ölgemälde, z. B. *Mann mit rotem Turban* – wahrscheinlich ein Selbstporträt. Sein Meisterwerk, das Genter Altarbild mit der *Anbetung des Lamms* malte er wohl zusammen mit seinem Bruder Hubert. Der Künstler war am Hof hoch angesehen und wurde reich entlohnt. 1441 starb er in Brügge.

Weitere Hauptwerke

1432 Altarbild für die Sankt-Bavo-Kathedrale in Gent – darin die *Anbetung des Lamms*
1433 *Mann mit rotem Turban*
um 1435 *Die Madonna des Kanzlers Nicolas Rolin*

Siehe auch: Wilton-Diptychon 98–99 ▪ *Kreuzabnahme* 118–119 ▪ *Die Jäger im Schnee* 154–159 ▪ Portinari-Triptychon 163 ▪ *Die Gesandten* 164 ▪ *Die Löwenjagd* 176–177 ▪ *American Gothic* 339

mischungen mit Schraffuren oder Übermalungen behelfen musste. Öl bindet Pigmente weitaus besser und trocknet viel langsamer – deshalb lassen sich Ölfarben besser mischen und bemalte Flächen später weiter bearbeiten. Da Öl nicht wie Wasser verdunstet, trocknen die Farben stufenweise – aufgrund eines chemischen Prozesses, den man Polymerisation nennt.

Van Eyck benutzte für seine Farben eine Mischung aus Leinsamen- und Nussöl. Das Leinsamenöl wurde zunächst erwärmt oder in einer flachen Schale in die Sonne gestellt. So ließ sich der Polymerisationsprozess in Gang setzen, noch bevor die Ölfarben aufgetragen wurden. Auf diese Art vorbereitete Farben wurden unter Beimischung von Bleiweß in der weichen, aus dicken Farbschichten bestehenden Impasto-Malerei oder mit lichtdurchlässigen Farben wie Rot und Grün für leuchtende Lasuren verwendet.

Ein Bild des Wohlstands

Durch sorgfältigen Farbauftrag und akribische Detailausarbeitung mithilfe feinster Pinsel gelang van Eyck die haptische Darstellung dreidimensionaler Gegenstände. Besonders große Aufmerksamkeit schenkte er luxuriösen Stoffen und polierten Oberflächen.

Die Arnolfini-Hochzeit zeigt, so nimmt man an, einen italienischen Kaufmann namens Giovanni di Nicolao Arnolfini und seine zweite Ehefrau. Wie der Maler war auch Arnolfini am Hof Philipps des Guten, des Herzogs von Burgund, beschäftigt. Zusammen mit seiner Frau lebte er in Brügge. Seinen Wohlstand zeigt der Maler in dem Glanz und den edlen Stoffen des Raums, in dem sich das Ehepaar präsentiert – und van Eycks Palette ist genauso reichhaltig wie die der Vermählten: Vom schaumigen Weiß des Leinentuchs auf dem Kopf der Gattin zum üppigen Grün ihres Kleids und vom warmen Rot der Kissen bis zum dunklen Glanz der pelzbesetzten Robe des Hausherrn erweisen sich die Farben und Texturen im Bild als gleichermaßen opulent wie lebensecht.

Van Eyck erkundet in diesem Bild sämtliche Eigenschaften »

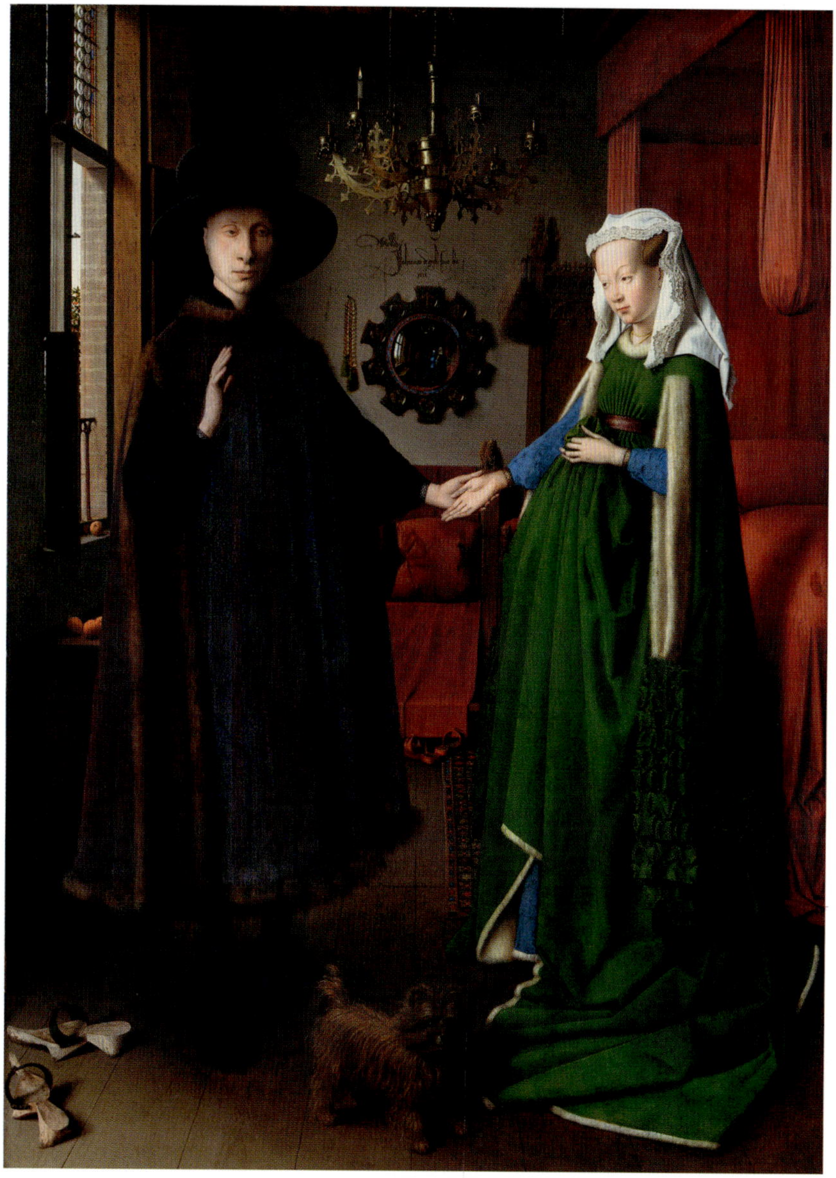

Die Arnolfini-Hochzeit enthält viele Details mit konkreter und symbolischer Bedeutung. So waren z. B. Orangen ein Zeichen des Wohlstands, sie stehen aber auch für Reinheit.

der Ölfarbe – und zaubert daraus dichte, kreidig-porzellanartige Gesichter, Glanzlichter am Messing-Kerzenleuchter und zarte, durchscheinende Schatten, die der Fensterrahmen wirft. Raffiniert und im Auftrag kostspielig, demonstriert das Werk durch seine makellose Perfektion das gewünschte Bild vom Wohlstand und Geschmack der Porträtierten, von ihren moralischen Prinzipien und ihrer Macht.

Fragen nach der Intention

Viele Kunstkritiker fragten nach dem historischen Kontext des Gemäldes. So mutmaßte 1934 Erwin Panofsky, es könne sich bei dabei um eine Art Rechtsdokument – den unabwendbaren Beweis einer Vermählung – handeln, und verwies auf die entsprechende Symbolik zahlreicher Gegenstände im Raum. Andere sahen darin das Festhalten einer Verlobung, eines Versprechens oder auch der Erinnerung an eine verstorbene Gattin. Viele fragten sich auch, ob die Frau im Bild schwanger sei – und mancher Kritiker sah in dem Hund ein Symbol der Lust und deutete das Gemälde als Wunsch des Paars nach einem Kind. Die naheliegendere Erklärung ist indes weniger rätselhaft: Ein runder Bauch galt im 15. Jahrhundert in Flandern als schön – wie Frauenporträts aus jener Zeit vielfach zeigen. Auch könnte van Eyck die Dame derart gemalt haben, um die Aufmerksamkeit auf das opulente Kleid als Zeichen ihres Reichtums zu lenken.

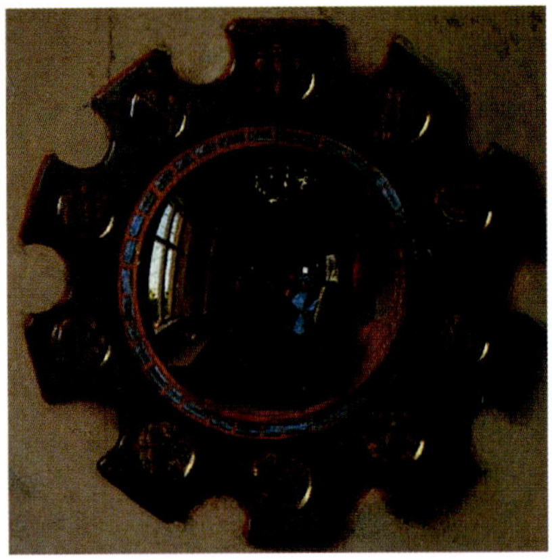

Der Spiegel im Zentrum der Bildkomposition offenbart die Gegenwart zweier weiterer Männer, die aus demselben Blickwinkel auf die Szene blicken wie der Betrachter auf das Bild.

Van Eyck nutzt den materiellen Wohlstand des Paars, um seine künstlerischen Fähigkeiten zu demonstrieren: Im extravaganten schweren Faltenwurf des Kleides kann er seine Fertigkeit im Umgang mit den lebendigen Tönen seiner Ölfarben unter Beweis stellen. Durch eine subtile Mischung von Grüntönen kreiert er tiefe,

Symbole in dem Gemälde *Die Arnolfini-Hochzeit*

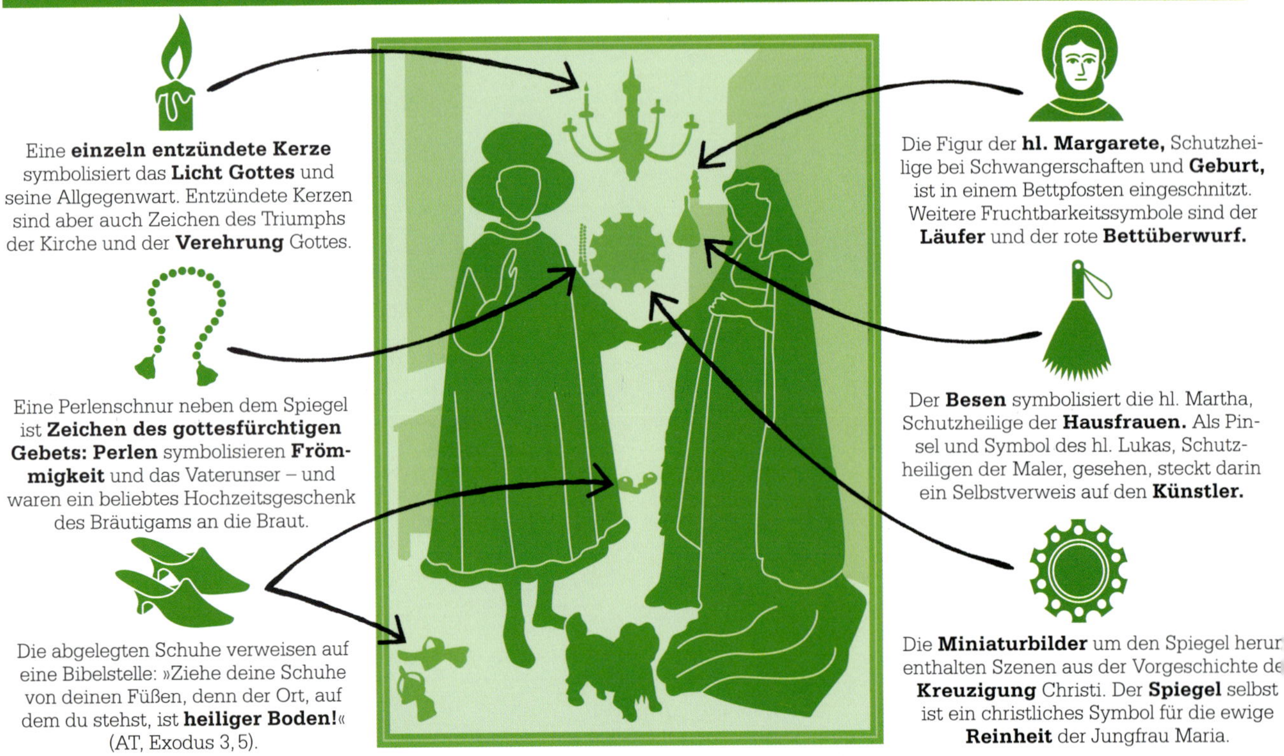

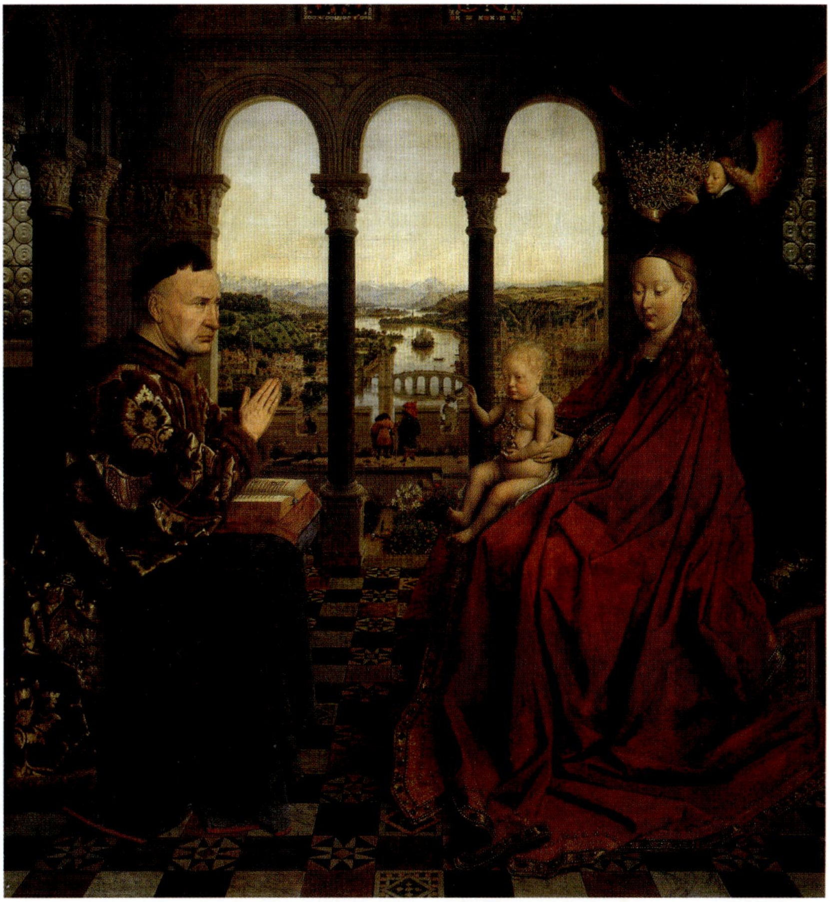

Die Madonna des Kanzlers Nicolas Rolin war ein Auftragswerk für den Kanzler von Burgund. Darin präsentiert die hl. Maria besagtem Kanzler das Jesuskind.

dunkle Falten im Stoff und einen realistischen Eindruck von dessen Gewicht.

Oberfläche und Reflexion

Van Eycks Begeisterung für Oberflächeneigenschaften lässt sich in jedem Raumdetail aufspüren. Winzige blaue und rote Rechtecke sitzen im Fenster Seite an Seite mit runden Butzenscheiben. Die Maserung der Holzdielen auf dem Boden, aber auch die von Arnolfinis Holzschuhen ist sorgfältig nachgezeichnet. Man sieht ein Stück eines gemusterten Läufers. Den Pelzbesatz an den Gewändern möchte man streicheln. Und in allen Details ist der Pinselstrich des Meisters so gut wie nicht zu sehen. Da die Ölfarben nur langsam trocknen, konnte der Maler die verschiedenen Schichten bis zum geschliffenen Resultat wieder und wieder bearbeiten.

Van Eyck setzte auf die Hochglanzqualität der Ölfarben, wenn er auf reflektierenden Gegenständen wirklichkeitsgetreue Glanzlichter und auf matten Oberflächen die Berührung durch warme Sonnenstrahlen sichtbar machte. In diesem Bild zeigen das v. a. der glänzende Messing-Kerzenleuchter und der bemerkenswerte Spiegel an der Rückwand des Raums. Der sechsarmige Leuchter ist kunstvoll verziert und reflektiert das Licht, das zum offenen Fenster hereinfällt, auf diversen Oberflächen in allen möglichen Winkeln. Nur eine einzelne Kerze brennt. In dem an christlichen Symbolen reichen Gemälde repräsentiert die Kerze die Allgegenwart Gottes, doch van Eyck kehrt den buchstäblichen Zweck des Gegenstands auf raffinierte Weise um: Statt Licht in den Raum zu werfen, wird der Leuchter selbst durch die Glanzeffekte seiner vielfach reflektierenden Oberflächen erhellt.

Sehen und gesehen werden

Der Spiegel nimmt auf unheimliche Weise die Kameralinse vorweg: Seine konvexe Oberfläche fängt das verzerrte Bild fast des gesamten Raums ein. Wie ein riesiges Auge späht er die Szene aus. Noch einmal zeigt sich hier die Detailversessenheit des Malers und seines Könnens: Die Spiegeleinrahmung ist mit zehn winzigen biblischen Szenenbildern bestückt – und jedes Bildrund weist am Rand ein geschickt gesetztes Glanzlicht aus weißem Pigment auf. Das Spiegelglas selbst schafft, indem es den gerafften Blick in den vielfach verkleinerten Raum widerspiegelt, eine wundersame optische Illusion. In diesem Spiegelbild erscheint der Kerzenleuchter mit äußerster Präzision als zartes, doch erkennbares Netz aus spinnwebartigen Glanzlichtern. An der Türschwelle des Raums sieht man zwei weitere Figuren, eine ist möglicherweise der Maler selbst.

Van Eyck signierte das Bild auf der Fläche oberhalb des Spiegels – als ob dort auf der Wand die lateinischen Worte geschrieben stünden: »Jan van Eyck war hier.« In einem Bild zum Motiv des Sehens und Gesehen-Werdens wie des Wunsches nach gesellschaftlicher Sichtbarkeit hat der Künstler sich selbst und seinen Pinsel mit Absicht nicht unsichtbar gelassen. ■

ZWEI FLÜGEL HEBEN DEN MENSCHEN ÜBER DAS IRDISCHE: EINFALT UND LAUTERKEIT

KREUZABNAHME (1435–1440), ROGIER VAN DER WEYDEN

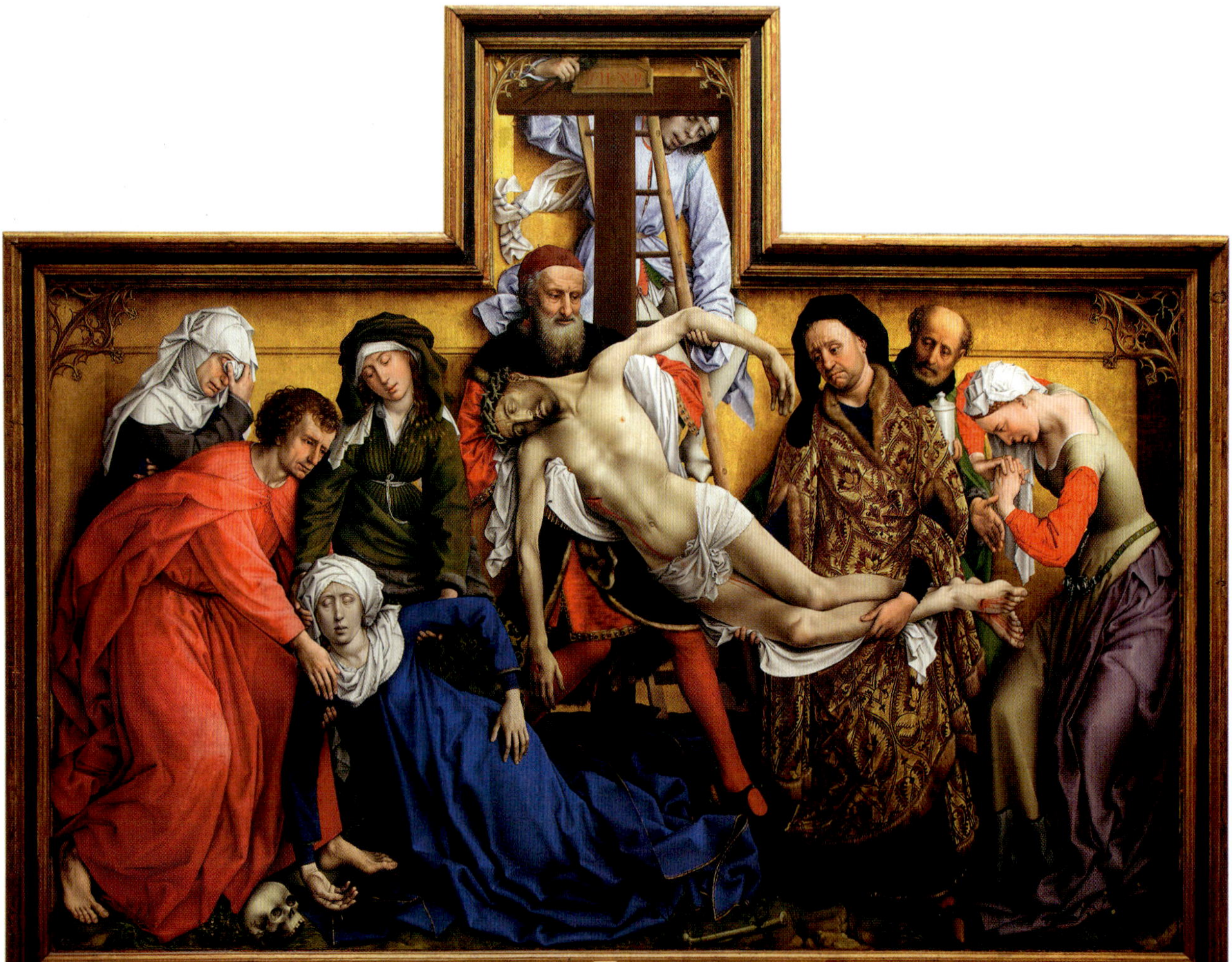

IM KONTEXT

SCHWERPUNKT
Devotio moderna

FRÜHER
um 1425 Robert Campin arrangiert im *Seilern-Triptychon* eine plastische und ausdrucksstarke Christusfigur vor einem mittelalterlichen Goldgrund.

1427 Die vierteilige, durch die *Devotio moderna* inspirierte Schrift *Nachfolge Christi* von Thomas von Kempen wird gedruckt und zum beliebtesten Buch des Jahrhunderts.

SPÄTER
1457–1475 Fromme Bildtafeln des Niederländers Dieric Bouts dienen der privaten Nutzung. Ihre kompakte Größe erleichtert die meditative Konzentration auf das Gebet.

um 1570 Im Zuge der protestantischen Reformation verebbt die *Devotio moderna.*

Siehe auch: *Der Garten der Lüste* 134–139 ▪ *Die Pietà von Villeneuve-lès-Avignon* 163 ▪ Portinari-Triptychon 163 ▪ *Christus der Gnade* 172–175

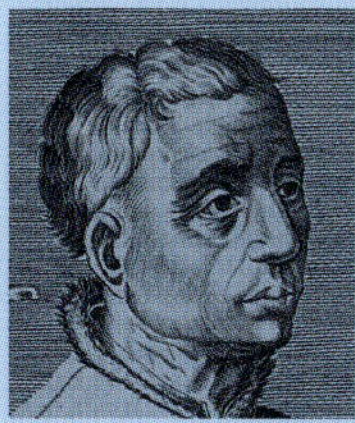

Rogier van der Weyden

Der 1399 im heutigen Belgien geborene Maler soll bei dem bedeutenden flämischen Kollegen Robert Campin gelernt haben, allerdings sind Einzelheiten aus seinem frühen Leben nicht überliefert. 1436 ging van der Weyden nach Brüssel. Seine Bildtafeln für das dortige Gericht gehörten zu seinen berühmtesten Gemälden – bis sie 1695 zerstört wurden. Seine Werke wurden nach Frankreich, Deutschland, Spanien und Italien exportiert, und er wurde auch dort berühmt und viefach nachgeahmt. Die meisten seiner Arbeiten waren religiösen Inhalts, doch er malte auch säkulare Themen und Porträts. 1464 starb er in Brüssel.

Weitere Hauptwerke

um 1445–1450 *Jüngstes Gericht*
um 1455 *Johannesaltar*
um 1460 *Porträt einer Dame*

Eine religiöse Bewegung, die in den Niederlanden ihren Anfang nahm und sich zwischen dem 14. und 16 Jahrhundert in Europa verbreitete – die »neue Frömmigkeit«, *Devotio moderna* genannt –, propagierte die Konzentration auf das innere, spirituelle Ich und die Rückkehr zur Frömmigkeit durch bewusste Nachahmung der Taten und Lehren Jesu. Darin sahen die Anhänger der Bewegung den Kern ihrer Glaubenspraxis.

Ihren gemalten Ausdruck fand die von der *Devotio moderna* angestrebte Intimität und Spiritualität in den Werken Rogier van der Weydens, allen voran in dem Bild *Kreuzabnahme:* Es zeigt den Schmerz der Jungfrau Maria und anderer Personen, die den Tod Christi miterleben. Darunter finden sich Josef von Arimathäa (mit roter Kappe), Nikodemus (in goldenem Gewand) sowie ein Diener (auf der Leiter). Maria wird, als die Trauer ihr die Besinnung raubt, vom hl. Johannes (links, im roten Gewand) und einer heiligen Frau gestützt.

Parallele Posen

Marias Haltung entspricht der ihres toten Sohnes in einer ergreifenden Darstellung ihres lähmenden emotionalen Erlebens seiner physischen Qualen. Dieses äußerst sensible Porträt intensiven Leidens bringt dem Betrachter den Schmerz der Kreuzigungsgeschichte lebendig nahe – mit der Intention, eine engere Beziehung zu Christus und ein Ermessen der Größe seines Opfers zu erfahren.

Die parallelen Posen fordern zur Betrachtung der *Compassio*, Marias Mitfühlen mit dem Leid und Tod ihres Sohnes, auf. Das Gemälde fängt individuelle Leidensmomente ein, betont aber auch die Würde, mit der jede Figur ihre buchstäbliche und physische Bürde trägt. Die Größe des Opfers Christi scheint in der lähmenden Qual auf, die sein Tod den ihn liebenden, ergebenen und bestürzten Anhängern bereitet.

Spirituelles Mitgefühl

Van der Weyden packt seine Komposition in einen kleinen Rahmen und verflacht die Szene durch den goldenen Bildhintergrund. Dadurch schiebt er die Figuren nach vorn, als agierten sie auf einer Bühne. Der enge Raum und seine Intimität betonen die Dramatik und Emotionalität des Werks. Der Goldgrund wirkt wie eine Folie für den blassen Körper Christi und Marias aschfahles Gesicht. Wie bei einem leeren Bühnenraum lenken keinerlei überflüssige Details von der intensiven Gefühlsdargestellung ab. Stattdessen rückt der Moment der kollektiven Trauer ins Zentrum, Güte und Mitgefühl werden zu einem spirituellen Akt, der den Weg zur Nachahmung Christi sowie zum intimen Gespräch mit ihm weist. ▪

EIN ELEGANT-KOMPAKTES BILD DER TUGENDEN DER ABGEBILDETEN

MEDAILLE FÜR CECILIA GONZAGA (1447), PISANELLO

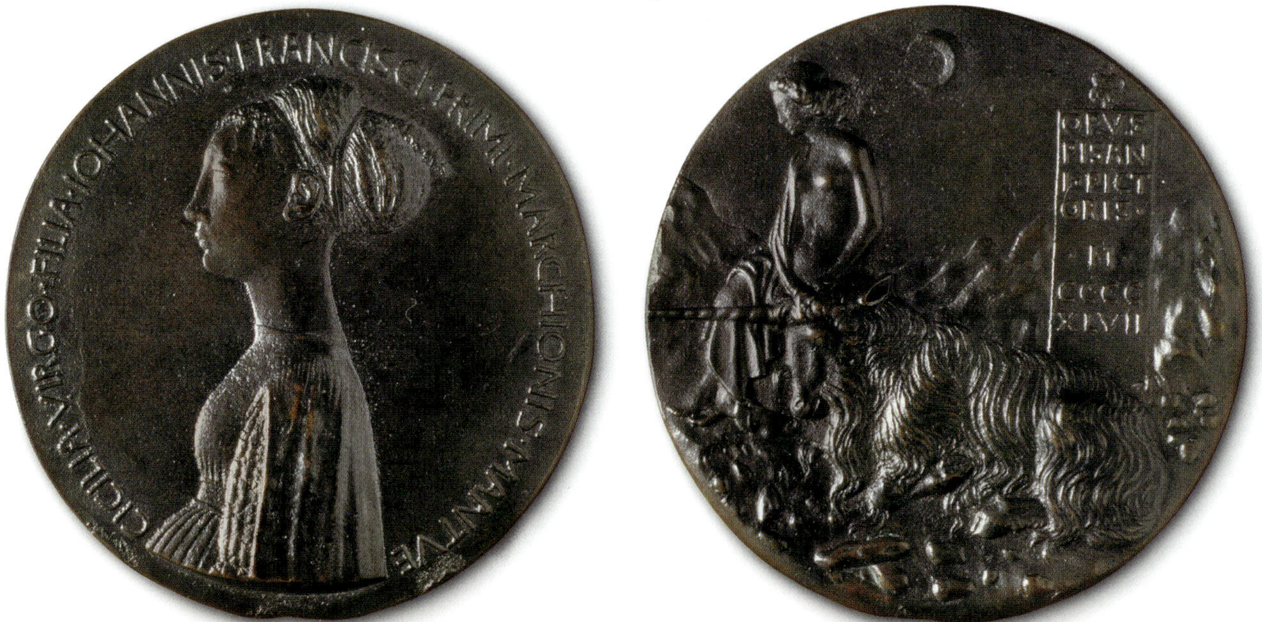

Erinnerungsmedaillen wurden seit der Antike geprägt oder gegossen, um Herrscher zu ehren, an militärische Erfolge zu erinnern oder Verlobungen zu preisen. Die frühesten Exemplare stammen aus Rom. Im späten Mittelalter wurde diese Tradition wiederbelebt. Humanismus und Renaissance – das neu erwachte Interesse an klassischer Kunst und Philosophie – führte zu ihrer wachsenden Beliebtheit. Herrscher und Adelige nutzten die tragbaren Porträts als Propagandamittel und verschenkten sie an politische Verbündete.

Medaillen wurden aus Gold, Silber oder Bronze mithilfe von Gussformen oder Prägestempeln und in Serien von bis zu mehreren Hundert Stück hergestellt. Die Bilder auf beiden Seiten korrespondierten miteinander – dem meist von einer Inschrift eingerahmten Flachrelief-Porträt auf der Vorderseite entsprach auf der Rückseite z. B. ein Wappen, ein symbolhaftes Motiv oder ein allegorischer Verweis auf den Porträtierten.

Pisanello nahm entscheidenden Einfluss auf den Verlauf der Gedenkkunst des 15. Jahrhunderts, indem er die Porträtmedaille zur Porträtkunst erhob. Seine Werke entstanden meist durch Guss (seltener durch Prägung) und sind klar und nuancenreich gestaltet. Seine erste Medaille (um 1438), das Porträt des byzantinischen Kaisers Johann VIII.

IM KONTEXT

SCHWERPUNKT
Bildnismedaillen

FRÜHER
509 v. Chr.–476 n. Chr. In der Römischen Republik und im Römischen Reich zeigen Gold- und Silbermünzen Porträts von Kaisern und Konsuln.

um 578–589 Eine angelsächsische Goldmedaille aus der englischen Stadt Canterbury zeigt den Bischof Liudhard.

um 1400 Der französische Prinz Jean beauftragt Porträtmünzen im klassischen Stil.

SPÄTER
1666/67 Der in Belgien geborene englische Medailleur John Roettiers kreiert für den wiedereingesetzten König Karl II. von England ein Großes Siegel.

16. Jh. Der italienische Bildhauer Leone Leoni stellt u. a. Porträtmedaillen für Michelangelo und Kaiser Karl V. her.

1896 Der französische Münzpräger Jules-Clément Chaplain kreiert eine Münze zur Erinnerung an den Besuch des Zaren Nikolaus II. in Frankreich.

Palaiologos aus Anlass von dessen Besuch in Italien, zeigt bereits den für ihn typischen und bis dato einzigartigen Grad an Ausdruckskraft und Detailreichtum. Er signierte die Medaillen mit den Worten »das Werk des Malers Pisano«, da sie für ihn Gemälden ebenbürtig waren.

Cecilia Gonzaga

Den Auftrag für eine Medaille für Cecilia Gonzaga (1426–1451) erhielt Pisanello wohl von deren Bruder Ludovico – möglicherweise als Teil eines Geschwister-Medaillenpaars. Die Tochter des Markgrafen von Mantua wurde von Vittorino da Feltre, einem italienischen und ebenfalls von Pisanello porträtierten Humanisten, erzogen. Sie wurde durch ihre Verweigerung einer arrangierten Ehe und den Entschluss für ein Klosterleben berühmt.

Ihr elegantes Profil auf der Vorderseite von Pisanellos Medaille zeigt sie jedoch durchaus weltlich und in höfischem Gewand. Die Rückseite ist mit einer Allegorie auf Cecilias Intellekt und Tugend versehen, indem klassische und mittelalterliche Symbole auf ihre humanistische Erziehung verweisen: Eine schöne, halb nackte Frau in klassischem Gewand in einer Felslandschaft streichelt den Kopf eines Einhorns mit dem Körper einer Ziege, wobei Letztere Wissen symbolisiert, während ein Mädchen, das ein Einhorn zähmt, allgemein für Keuschheit stand. Eine Mondsichel über der Szene repräsentiert die römisch-mythologische Göttin Diana.

Die Medaille diente der Verbreitung von Cecilias Ansehen und war Zeichen ihrer Zugehörigkeit zu den Gonzagas. Sie erinnert an die bewundernswerten Eigenschaften Cecilias und demonstriert zugleich Pisanellos meisterhaftes Talent.

Ehrenmedaille

Bis 1449 schuf Pisanello viele Medaillen für mächtige italienische Familien und verband darauf sensible Porträts mit symbolischen und gleichzeitig realistischen Szenen. Sie markierten den Höhepunkt im Werk des Künstlers wie im Medaillenkult der Renaissance. ■

Siehe auch: *Minerva und Kentaur* 122–123 ▪ *Jüngling unter Rosen* 160 ▪ *Stundenbuch des Herzogs von Berry* 162 ▪ *Anbetung der Könige* 162

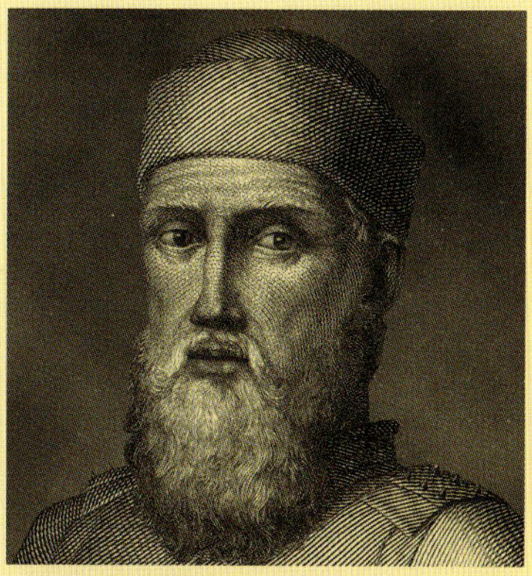

Pisanello

Antonio di Puccio Pisano, genannt Pisanello (»der kleine Pisaner«) kam 1395 in Pisa zur Welt, wird aber meistens mit Verona in Verbindung gebracht. Er stand im Dienst des Herzogs Ludovico Gonzaga und war für ihn u. a. in Ferrara und Mantua tätig – hier machte er durch große Fresken auf sich aufmerksam. Seine nur vereinzelt erhaltenen Gemälde sicherten ihm den Ruf als einer der führenden Köpfe des weichen Stils in Italien. Seine dekorative Malweise wurde von Künstlern des frühen 15. Jh., darunter Gentile da Fabriano, beeinflusst. Auf dem Gebiet der Porträtmedaillen wurde er zum wichtigsten Künstler seines Jahrhunderts. Bis zu seinem Tod im Jahr 1455 in Neapel schuf er mehr als 20 Medaillen.

Weitere Hauptwerke

um 1426 *Mariae Verkündigung*
um 1438 Porträtmedaille Kaiser Johanns VIII. Palaiologos
1449 Porträtmedaille des Königs von Aragon, Alfonso V.

DAS EDELSTE VERGNÜGEN IST DIE FREUDE DES VERSTEHENS

***MINERVA UND KENTAUR* (UM 1482/83), SANDRO BOTTICELLI**

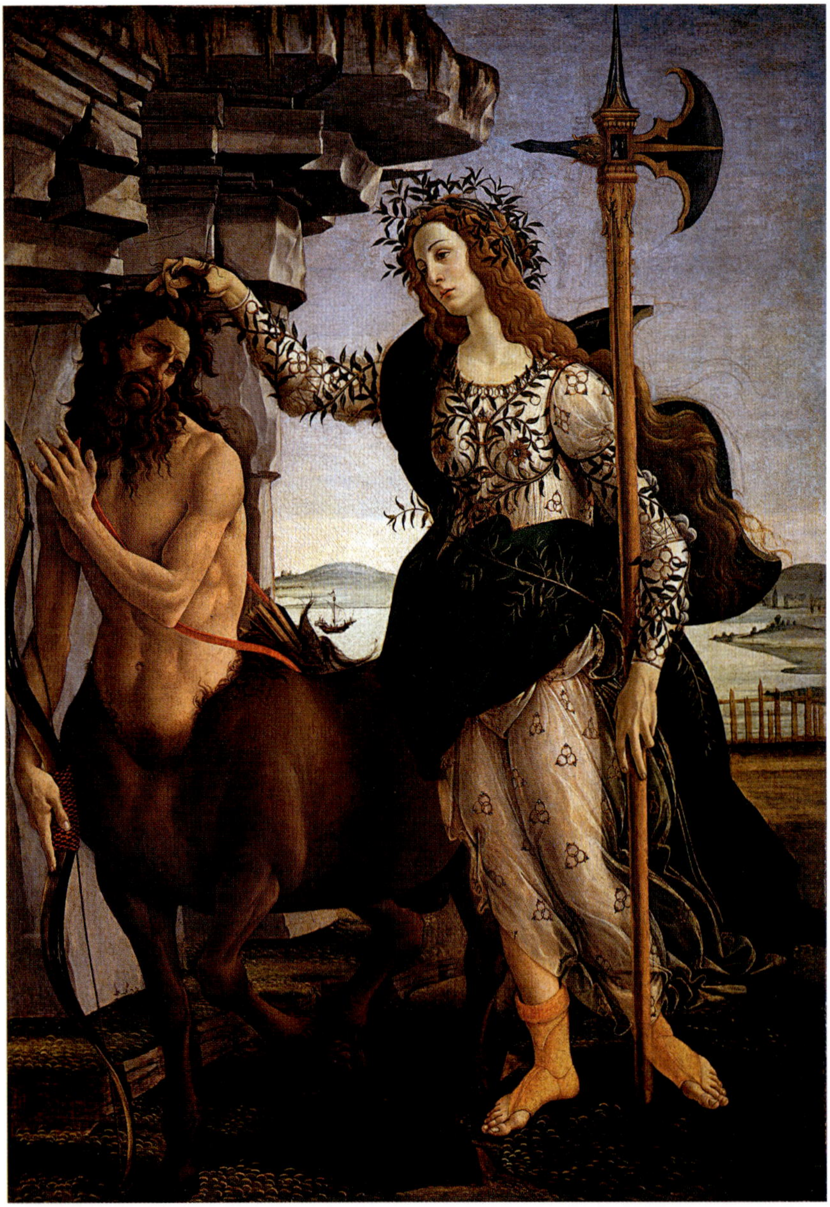

IM KONTEXT

SCHWERPUNKT
Allegorie

FRÜHER
um 3000 v. Chr. In Ägypten kombinieren Künstler allegorische Bildelemente.

1338/39 Ambrogio Lorenzetti schmückt den Palazzo Pubblico in Siena mit einer Reihe allegorischer Fresken aus.

um 1482–1485 Botticelli malt *Die Geburt der Venus* – eine Allegorie mit neuplatonischen Anspielungen.

SPÄTER
Anfang 1530er-Jahre Hans Holbein d. J. malt seine *Allegorie vom Alten und Neuen Testament* und kombiniert darin Bild und Text.

um 1670–1672 Der Maler Johannes Vermeer verwendet in seiner *Allegorie des Glaubens* Elemente christlicher Ikonografie.

In der Zeit der Renaissance (wörtlich »Wiedergeburt«), vom 14. bis zum 16. Jahrhundert, blickten Künstler und Gelehrte auf antike Quellen zur Inspiration zurück, um Weisheit, Anmut und Erhabenheit wiederzubeleben. In der philosophischen Schule des Neuplatonismus wurden die Ideale des Christentums mit jenen der klassischen Antike abgeglichen, und in der Kunst erhielten mythologische Inhalte denselben Stellenwert wie christliche. So nahmen sich im 15. Jahrhundert viele Maler mythologischer Themen an, die v. a. allegorische Funktion besaßen, indem sie eine versteckte Bedeutung, z. B.

Siehe auch: *Hl. Franziskus von Assisi* 86–89 ▪ *Maestà* 90–95 ▪ *Das Gewitter* 164 ▪ *Allegorie der Liebe* 164 ▪ *Allegorie der Planeten und Kontinente* 206–209

Sandro Botticelli

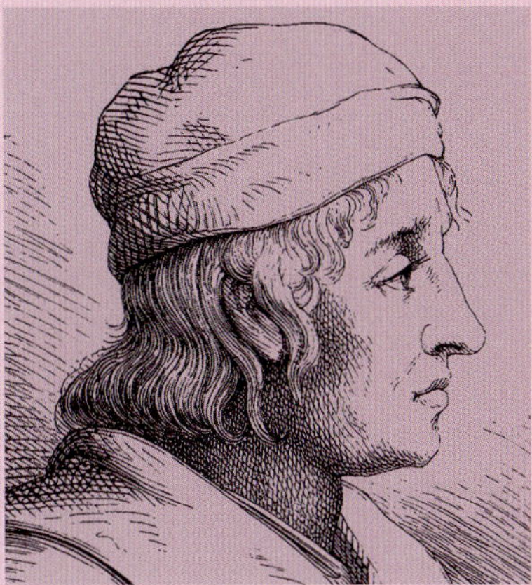

Alessandro di Mariano Filipepi, genannt Sandro Botticelli, wurde 1445 in Florenz geboren, ging bei dem Maler Fra Filippo Lippi in die Lehre und betrieb ab 1470 eine eigene Werkstatt. Er genoss die Förderung seitens der mächtigen Familie de' Medici, für die er zahlreiche Werke schuf. Zwischen 1478 und 1490 entstanden seine berühmtesten mythologischen Gemälde, z. B. *Die Geburt der Venus*. 1481 berief Papst Sixtus IV. Botticelli zur Ausführung von Fresken in der Sixtinischen Kapelle nach Rom. In den 1490er-Jahren folgte Botticelli dem Einfluss des Predigers Savonarola und widmete sich einem einfacheren Stil mit stark moralisierenden Anklängen. Bis zu seinem Tod im Jahr 1510 verlor Botticelli die Gunst seiner mächtigen Gönner und verarmte zunehmend. Am Ende des 19. Jh. war der Name des einst berühmten Malers nahezu vergessen, als er dann, vor allem von den Präraffaeliten, wiederentdeckt wurde.

Weitere Hauptwerke

um 1477–1482 *Primavera*
1500 *Geburt Christi*

einen politischen Standpunkt, eine Botschaft oder einen spirituellen Verweis, enthielten. Die Entschlüsselung von Gemälden mythologischen Inhalts bedurfte einer gewissen Bildung seitens des Betrachters, zumal Allegorien auf verschiedenen Ebenen lesbar waren.

In seinen allegorischen Gemälden wie *Primavera* (um 1477–1482), *Minerva und Kentaur* und *Die Geburt der Venus* (um 1482–1485) kombinierte Botticelli scheinbar unvereinbare Figuren und Symbole, um eine bildhafte Erzählung für einen gebildeten Betrachter zu schaffen. Mit solchen Werken schmeichelte er seinen Förderern, der Familie de' Medici – deren Mitglieder sich, wie er, in neuplatonischen Kreisen bewegten.

Die Allegorie entschlüsseln

Minerva und Kentaur ist ein rätselhaftes Gemälde. Es zeigt eine junge Frau, deren rechte Hand das Haar eines von Schmerz geplagten Kentaurs ergreift – eines mythologischen Geschöpfs, halb Mensch, halb Pferd. Die Darstellung ist mit keiner geläufigen mythologischen Szene in Einklang zu bringen. Die weibliche Figur wird als Minerva, die römische Göttin der Weisheit, interpretiert. Hinweise auf Botticellis allegorische Intentionen finden sich in diversen mit den jeweiligen Figuren assoziierten Zeichen. So erkannte Botticellis Publikum die weibliche Figur u. a. an den um ihren Körper gewundenen Olivenzweigen. Doch hält sie statt eines Speers, mit dem sie üblicherweise dargestellt wird, eine Hellebarde. Diese meist von Wachen getragene Waffe macht aus der Göttin eine Wächterin.

Während der Renaissance galt der Kentaur Italienern als Personifikation ungezügelter Lust. Im klassischen Mythos stellt er häufig jungfräulichen Nymphen nach. Minerva packt den Kentaur am Haarschopf – dem Symbol für seine wilden Instinkte –, wodurch er sich ihr ergibt. So lässt sich das Werk als Sieg der Tugend und Vernunft über Leidenschaft und Laster verstehen.

Eine weitere allegorische Ebene findet sich im Motiv der drei ineinander verschlungenen Ringe – ein Emblem der Medici, das sich in Minervas weißem Gewand vielfach wiederholt. Lorenzo de' Medici hatte eine Allianz mit Neapel geschmiedet, um einen Krieg zwischen Florenz und den antiflorentinischen Kräften unter Führung des Papstes zu verhindern. Eine politische Lesart des Gemäldes setzt daher Minerva mit Lorenzo gleich, der den Frieden repräsentiert, indem er die kriegerischen Instinkte des Kentaurs bändigt. ▪

» Botticellis Göttin – die ›Pallas Medicea‹ – steckt voller nicht reduzierbarer Bedeutung und Identitäten. «

Adrian W. B. Randolph
Engaging Symbols, 2003

DAS AUGE MACHT WENIGER FEHLER ALS DER VERSTAND

ANNA SELBDRITT (1490–1500) LEONARDO DA VINCI

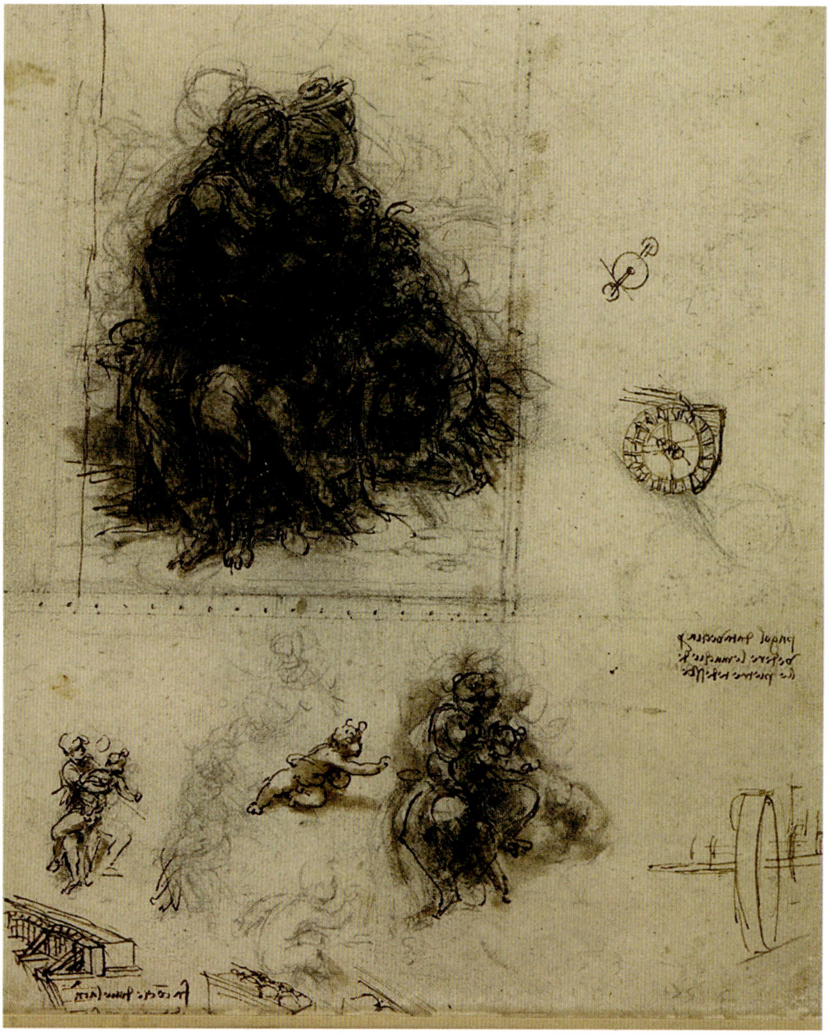

IM KONTEXT

SCHWERPUNKT
Vorzeichnungen

FRÜHER
1400–1425 Ein unbekannter Künstler stellt in seinem *Wiener Musterbuch* Porträts als Vorlagen für Künstler zusammen.

um 1475 Verrocchio fertigt eine detaillierte Vorzeichnung eines weiblichen Kopfes an. Dieser Zeichenkunst eifert sein Schüler Leonardo nach.

SPÄTER
um 1507 Raffael erstellt für sein Gemälde *Die hl. Katharina von Alexandrien* (um 1507) Vorzeichnungen.

1974 Joseph Beuys setzt sich in Zeichnungen mit den wiederentdeckten *Codices Madrid,* zwei verlorenen Skizzenbüchern Leonardos, auseinander.

Künstler des Mittelalters und der Frührenaissance verließen sich hauptsächlich auf Musterbücher als Quellenmaterial. Diese Bände mit Skizzen und Zeichnungen enthielten Figurentypen, Physiognomien und andere formelhafte Elemente, die kopiert und in eigene Werkkompositionen integriert wurden. Im 15. Jahrhundert änderte sich dies jedoch. Nun nutzten Künstler immer häufiger eigene Zeichnungen, um Ideen zu entwickeln und festzuhalten, Formen und Kompositionen auszuarbeiten und mit der Perspektive zu experimentieren.

Leonardo da Vinci lernte bei Andrea del Verrocchio, einem aus-

Siehe auch: *Maestà* 90–95 ▪ *Thronende Madonna* 101 ▪ *Minerva und Kentaur* 122–123 ▪ *Die vier apokalyptischen Reiter* 128–131 ▪ *Der wunderbare Fischzug* 140–143 ▪ *Die Heilige Familie auf der Treppe* 184–185

Zeichentechniken nach Leonardo da Vinci

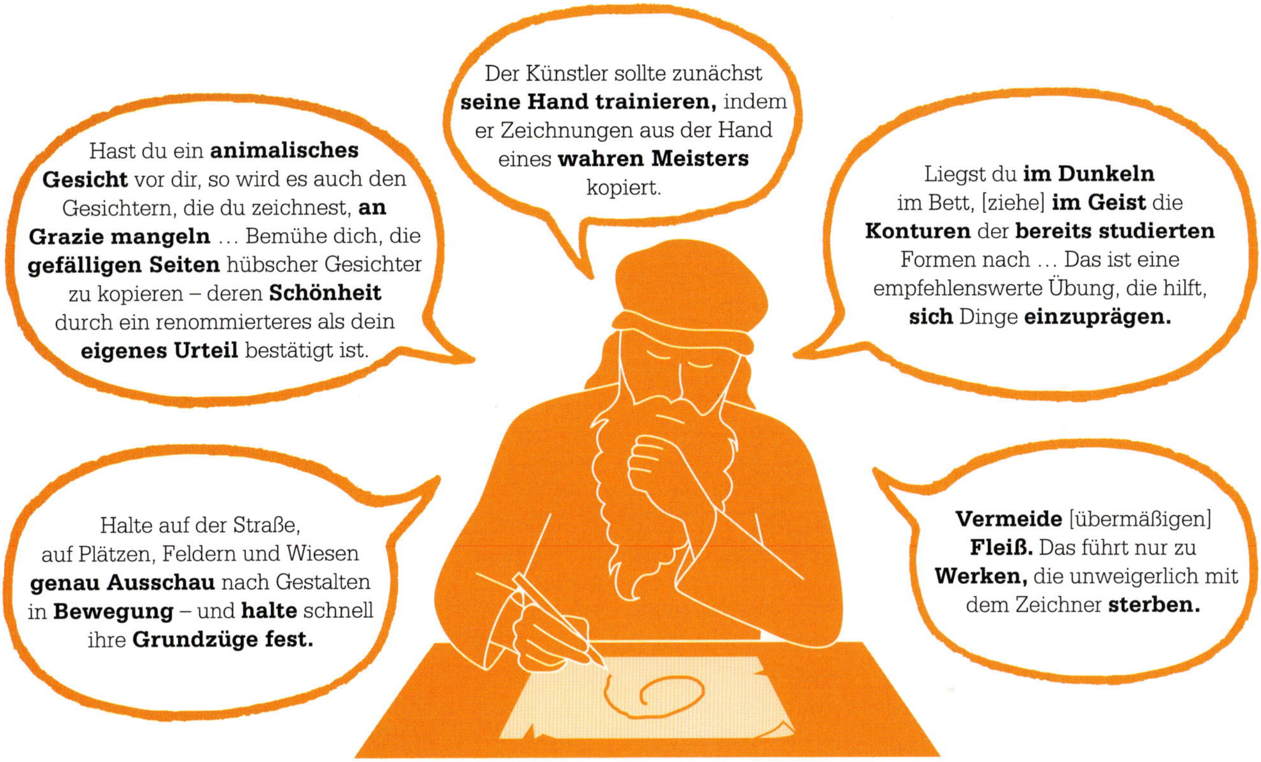

drucksstarken Florentiner Zeichner. Leonardo, v. a. als Maler einiger der bekanntesten Renaissance-Werke berühmt, war ein brillantes Universalgenie und zeigte bei der Erkundung vieler Themen – vom Maschinenbau über Geologie und Anatomie bis zu Optik und Architektur – sein Zeichentalent. Er hinterließ Skizzenbücher mit beinahe 2500 Zeichnungen, die ein großes technisches Können sowie einen ungeheuren Erfindungs- und Vorstellungsreichtum offenbaren.

Leonardo ließ sich von der Funktionsweise einer Sache faszinieren und zeichnete Prozesse seiner direkten Umgebung auf – z. B. das Fließen des Wassers oder den Flug eines Vogels. Dies inspirierte ihn zu eigenen Erfindungen: Zu seinen berühmtesten Zeichnungen gehören z. B. Flugvorrichtungen. Auch war er der Überzeugung, dass sich die »Bewegung der Seele« durch genaueste Beobachtung der menschlichen Körpersprache, der Gestik und Mimik, wahrnehmen lasse – und widmete sich in seinen Skizzen daher zahlreichen Physiognomien. In gleicher Weise nutzte er seine Vorzeichnungen als Vorstudien für seine Kunstwerke.

Absichtserklärung

Zu den vielen Zeichnungen, die Leonardos Arbeitsprozesse offenlegen, gehört eine frühe Studie zu *Anna selbdritt* – ein Sujet, mit dem sich der Künstler mehrfach beschäftigte. Dieses Blatt zeigt aufwendig gearbeitete Skizzen aus dunklen Brauntönen mit Tinte, grauer Lavierung sowie schwarzer und weißer Kreide. Dabei scheint die Studie zu *Anna selbdritt* eher in Richtung Skulptur konzipiert, denn die Figuren überlagern einander, und ihre vagen Konturen lassen Leonardos Ideen hinsichtlich einer möglichen Ausgestaltung der Komposition sichtbar werden. Die Charaktere erscheinen verschwommen, als ob sie, fast wie beim Fotografieren, mitten in der Bewegung festgehalten worden wären. Markierungen des Lichteinfalls an den Rändern »

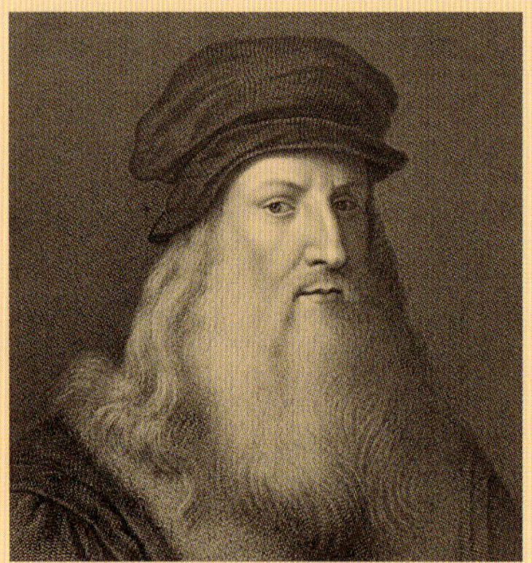

Leonardo da Vinci

1452 als uneheliches Kind eines Florentiner Anwalts und einer Bäuerin in der toskanischen Stadt Vinci geboren, zog Leonardo 1466 nach Florenz, lernte dort bei Verrocchio und legte in der Künstlerzunft seine Meisterprüfung ab. Mit dem Bild *Anbetung der Könige* begründete er seinen Ruf als Maler.

1482 zog Leonardo da Vinci nach Mailand und begann am Hof der Familie Sforza zu arbeiten. In den folgenden 16 Jahren vollendete er u. a. *Die Felsgrottenmadonna* und *Das Abendmahl* für das Refektorium des Mailänder Dominikanerklosters Santa Maria delle Grazie.

1499 kehrte er nach Florenz zurück, malte die *Mona Lisa* und vertiefte seine Studien der Wissenschaften und Erfindungen. Später ließ er sich auf Einladung König Franz' I. im Schloss Clos-Lucé in Amboise (Frankreich) nieder – und starb dort 1519. Seinen Nachlass verwaltete sein Schüler Francesco Melzi.

Weitere Hauptwerke

1481 *Die Anbetung der Könige*
um 1495–1498 *Das Abendmahl*
um 1503 *Mona Lisa*

dienen Berechnungen und sind sichtbare Spuren von Leonardos einzigartigem Schaffensprozess. Der untere Seitenrand ist mit Zeichnungen von Figuren und technischem Gerät übersät. Neben zarten Konturen einzelner Figuren finden sich eng miteinander verwobene Körper in einer geschlossenen Anordnung. Darin lassen sich Leonardos Umgestaltungen und Weiterbearbeitungen einzelner Posen erkennen, um jedem Element zu seinem autonomen Recht wie auch seiner Position im Rahmen der Gesamtkomposition zu verhelfen. Das bemerkenswerte Blatt mit Skizzen zu *Anna selbdritt* gehört zu einer Serie von Zeichnungen im Kontext des unvollendet gebliebenen Gemäldes selben Titels, das heute im Pariser Louvre hängt. Man nimmt an, König Ludwig XII. von Frankreich habe es aus Anlass der Geburt seiner Tochter Claude im Jahr 1499 bei Leonardo in Auftrag gegeben. Sein Thema erscheint doppelt passend, denn Ludwigs Frau hieß Anne, und ihre Namenspatronin im Bild galt als Schutzpatronin der Schwangeren.

Gefeierte Vorzeichnungen

1501 wurde in Florenz eine Vorzeichnung von *Anna selbdritt* in exakt der Größe des endgültigen Gemäldes von einem begeisterten Publikum gefeiert: eine ungewöhnliche Reaktion auf eine Zeichnung anstelle eines vollendeten Werks. Obwohl diese Vorzeichnung verloren ging, blieb eine weitere von Leonardos Vorarbeiten – der sogenannte Burlington-Karton – erhalten. Die in Kohle und Kreide gehaltene Zeichnung ist makellos und ohne Einstichlöcher – die üblichen Folgen bei Übertragung des Kartons auf ein Gemälde und daher ein klares Indiz dafür, dass er nie diesem Zweck gedient hat.

> »Der Maler oder Zeichner sollte ein Einsiedler sein, damit das Wohlbefinden des Körpers nicht die Kraft des Geistes auslaugt.«
>
> **Leonardo da Vinci**

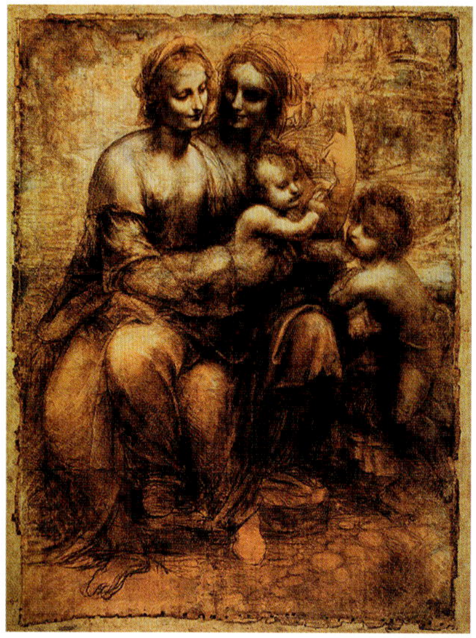

Im »Burlington-Karton« (um 1499–1500) schuf Leonardo mit weicher Kohle und Kreide verschwommene Konturen, um der Szene zu Poesie und einem von Sanftheit geprägten Gesamteindruck zu verhelfen.

Der »Burlington-Karton« ähnelt dem Skizzenblatt weit mehr als dem Gemälde im Louvre. Rechts erkennt man Johannes den Täufer. Die schmale Hand der hl. Anna weist gen Himmel: eine symbolische, auf das Schicksal Christi verweisende Geste. Wie einige weitere Gliedmaßen wirkt auch die Hand flach und unvollendet. Der unfertige Eindruck mag auch ein Indiz des für Leonardo so typischen rastlosen Schaffens sein: War die Geste einmal geklärt, hielt er es offenbar nicht mehr für notwendig, sie weiterzuverfolgen.

Die exakte Reihenfolge, in der Leonardo seine diversen Vorzeichnungen zu *Anna selbdritt* anlegte, bleibt ungeklärt, allerdings überarbeitete er die Gesamtkomposition zwischen der Vorstudie und dem Gemälde beträchtlich. Die Zeichnung enthält die Figuren der hl. Anna, der Jungfrau Maria, Christus' als Kind sowie Johannes' des Täufers. Im späteren Gemälde ersetzte Leonardo Johannes durch das Lamm Gottes (ein biblisches Symbol der Opferung Christi), nahm Jesus aus Marias Schoß und gab der hl. Anna eine stärkere Präsenz im Bild: Sie bildet die Achse der Dreieckskomposition.

Leonardo war für seinen Hang berüchtigt, Werke unvollendet zu lassen. Sein Interesse an der Fertigstellung blieb weit hinter seiner Hingabe beim Entwerfen einer Komposition zurück. Obwohl diese Gewohnheit seine Gönner bisweilen frustriert haben muss, tat sie dem Ruf seines Genies keinerlei Abbruch. Die diversen Zeichnungen zu *Anna selbdritt* offenbaren die Kraft seines Intellekts und fördern einen erstaunlichen und einzigartigen Geist zutage.

Der Aufstieg der Skizze

Vorzeichnungen als Schlüsselinstrumente künstlerischer Praxis wurden von Renaissance-Malern wie Raffael, Sandro Botticelli und Tizian, später aber auch von Künstlern wie J. M. W. Turner und Pablo Picasso bis hin zu dem deutschen Maler und Bildhauer Anselm Kiefer befürwortet. Skizzenbücher und Zeichnungen wurden so zum integralen Bestandteil des kreativen Fortschritts – und zum Synonym für den lebendigen und geheimnisvollen Prozess, der großen Kunstwerken vorausgeht. Solche Zeichnungen stellen heutzutage ein eigenständiges Werk dar und werden als fertige Objekte in Ausstellungen präsentiert und für ihre Unmittelbarkeit geschätzt. Sie stellen eine Art intime Verbindung zum Künstler her. ■

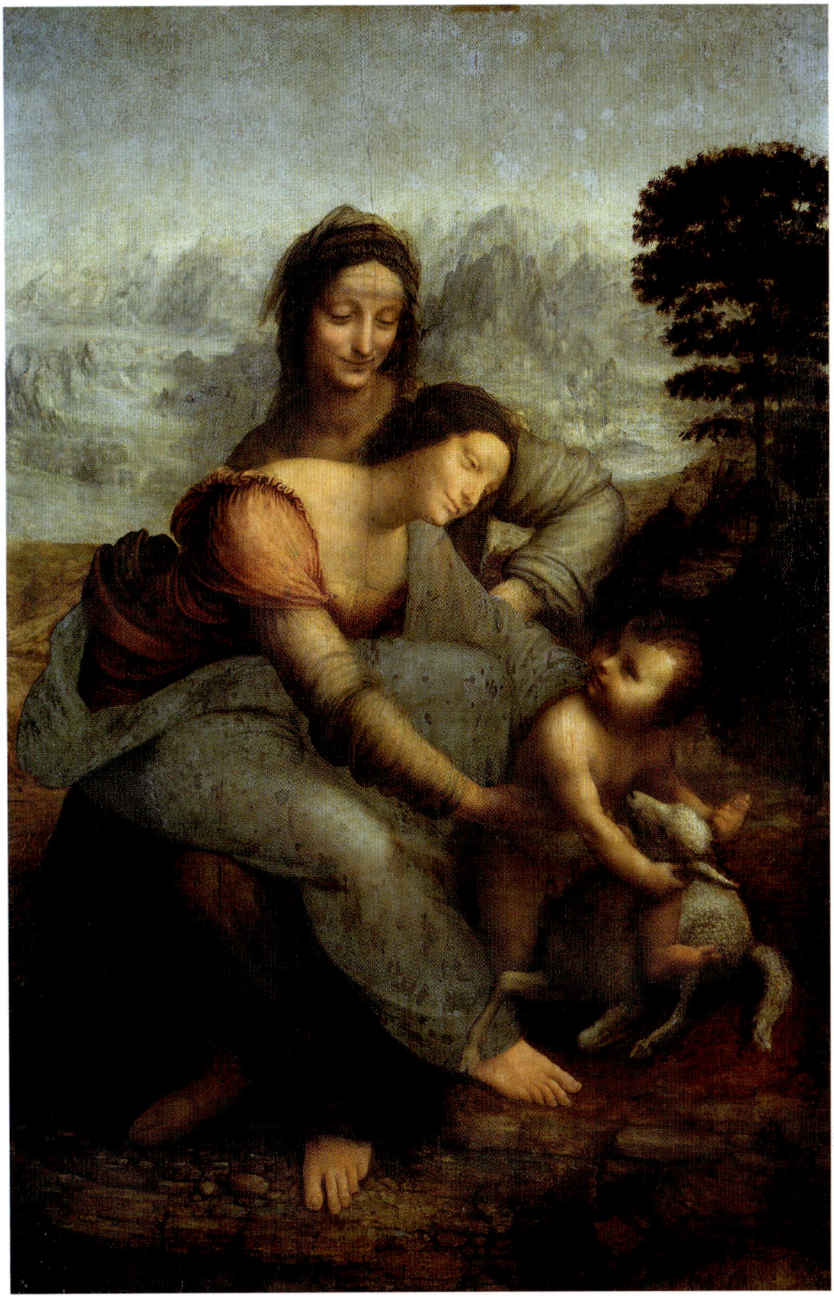

Leonardos Gemälde *Anna selbdritt* (um 1503–1519) zeigt die Figuren in einer dramatischen Landschaft, am Rand einer Schlucht, die der Szene eine eigene Spannung verleiht.

FURCHTBARE GESICHTE VON DEN SCHRECKNISSEN DES JÜNGSTEN TAGES

DIE VIER APOKALYPTISCHEN REITER (1498), ALBRECHT DÜRER

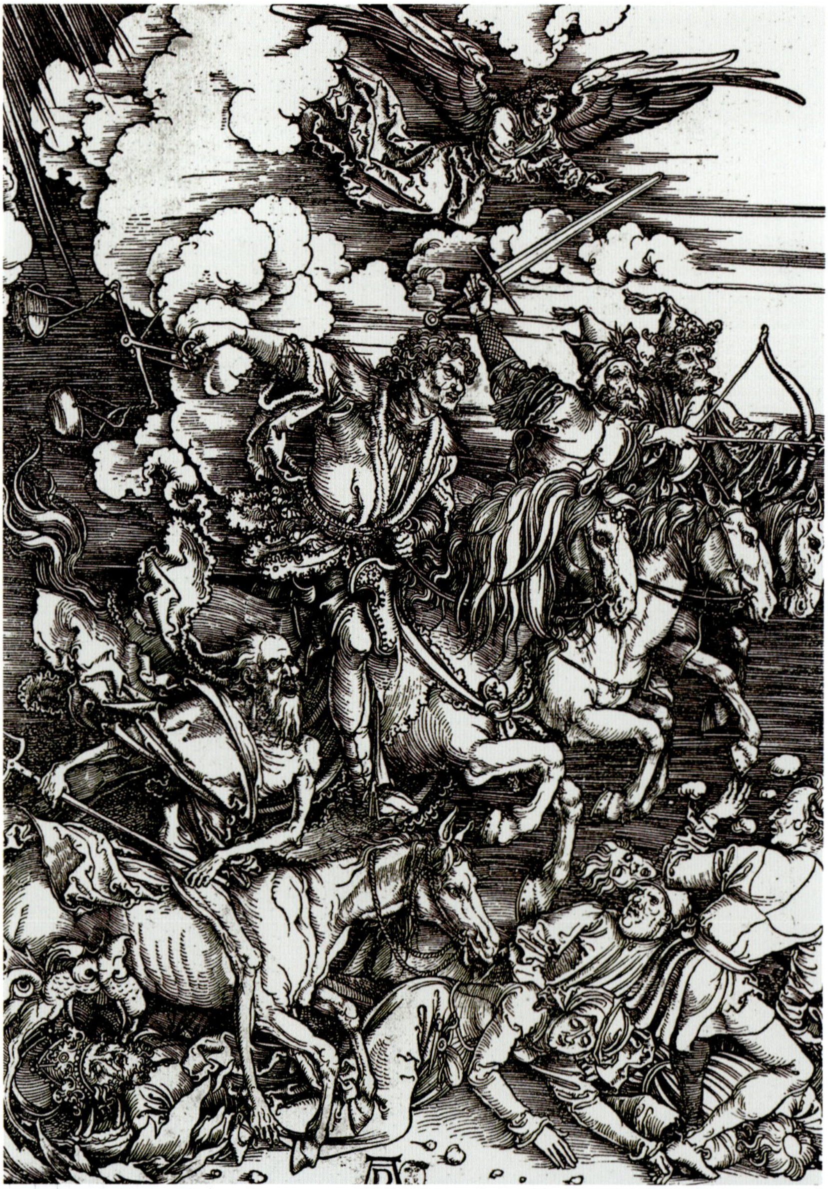

IM KONTEXT

SCHWERPUNKT
Druckgrafik

FRÜHER
1423 Ein anonymer Künstler stellt die erste bekannte Druckgrafik her: ein Bild des hl. Christophorus.

um 1475–1491 Der deutsche Kupferstecher Martin Schongauer zeigt in zwölf Kupferstichen *Die Passion Christi*.

SPÄTER
um 1510 In Rom erstellt Marcantonio Raimondi gestochene Kopien von Raphaels Gemälden.

um 1630 Rembrandt radiert Selbstporträts, in denen er mit verschiedenen Gesichtsausdrücken experimentiert.

1893 Paul Gaugin experimentiert mit groben Holzschnitten von Szenen seiner Reisen nach Tahiti.

Albrecht Dürer veröffentlichte 1498 eine Serie von Holzschnitten, in denen der Höllenzorn über die Menschen hereinbricht. Es handelte sich um jeweils 15 Drucke mit Titelseite sowie dem Bibeltext, der den einzelnen Bildern zugrunde liegt – das alles gebunden unter dem Titel *Apokalypse*. Zwei Versionen wurden gedruckt, eine auf Lateinisch, eine auf Deutsch. Das Werk verhalf dem Künstler zu Ruhm, Reichtum und Unabhängigkeit – und setzte vollkommen neue Maßstäbe für den Kunstdruck. Dürers meisterhafte Handhabung des Holzschnitts zeigt sich exemplarisch in einem Blatt aus der Serie: *Die vier apokalyptischen Reiter*.

Siehe auch: _Der Garten der Lüste_ 134–139 ▪ _Werdegang eines Wüstlings_ 200–203 ▪ _Kolosseum_ 204–205 ▪ _Die Schrecken des Krieges_ 230–335

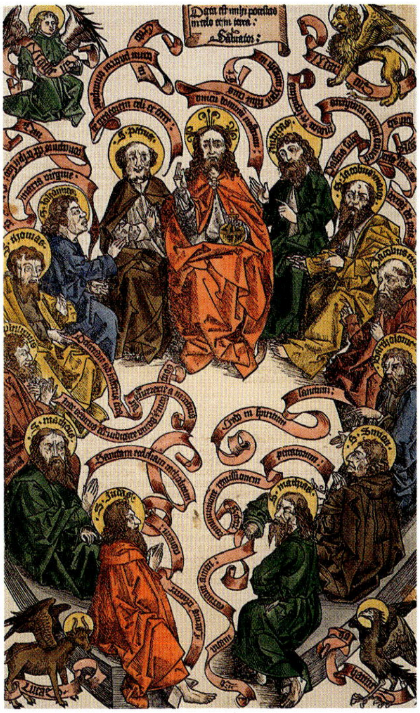

Drucke wie der Holzschnitt aus der _Schedelschen Weltchronik_ mit Bildern Christi und der Apostel waren oft handkoloriert. Ihr Stil war viel gröber als nur ein Jahrzehnt später in Dürers Werk.

Siegeszug der Druckgrafik

Holzschnitte wurden zu Beginn des 15. Jahrhunderts, als Papier günstiger und bald überall verfügbar war, in Europa beliebt. Als Einzelblatt wie in Sammelwerken boten Drucke die Möglichkeit einer schnellen Verbreitung von Bildern – sie waren oft handkoloriert und wurden auch zur Illustration von Texten verwendet, die mit beweglichen Lettern gedruckt wurden.

Der Maler und Drucker Michael Wolgemut in Nürnberg – im 15. Jahrhundert ein Zentrum des Humanismus und Druckwesens – war maßgeblich an der Qualitätsentwicklung des Holzschnitts beteiligt. Zusammen mit Wilhelm Pleydenwurff erstellte er mehr als 600 Holzschnitte für die Illustration der _Schedelschen Weltchronik_ von 1493, eines der ältesten gedruckten Bücher.

Als junger Mann ging Albrecht Dürer bei Wolgemut in die Lehre, doch seine Handhabung des Metiers sollte die des Meisters bald bei Weitem übertreffen. Er war nicht nur ein begabter Zeichner, auch die Techniken des Holzschnitts und Kupferstichs fielen ihm leicht. Die Bilderserie zur _Apokalypse_ war sein erstes mehrteiliges Druckwerk.

Arbeit mit Druckstöcken

Die _Vier apokalyptischen Reiter_ stammen als Bildfindung nicht von Dürer selbst, sondern aus der Offenbarung des Johannes, die im Mittelalter oft als Quelle für biblische Illustrationen diente. Darin wird in bild- und symbolträchtiger Sprache eine Zeit unheilvoller Ereignisse, die Rückkehr Jesu Christi und der Tag des Jüngsten Gerichts beschrieben. Viele Menschen sahen darin die Prophezeiung einer nahenden Endzeit, wobei um 1500 – ob in Manuskripten oder Fresken – zunehmend Fantasien von Gewaltereignissen die Bildwelt prägten. Die in »

> »Im Einklang mit der spätmittelalterlichen Tradition lehrt Dürer, dass der Tod am Ende Gleiche aus uns macht.«
>
> **Robert H. Smith**
> _Apokalypse: A Commentary on Revelation in Words and Images_, 2000

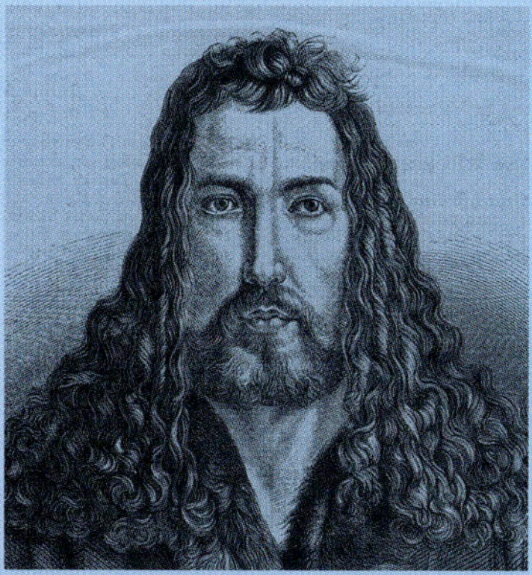

Albrecht Dürer

1471 als Sohn eines Goldschmieds in Nürnberg geboren, kam Albrecht mit 15 Jahren in die Werkstatt Michael Wolgemuts, wo er die Technik des Holzschnitts erlernte. Neben Druckgrafiken zu religiösen Themen und Naturstudien schuf er eine Reihe von Selbstporträts sowie Zeichnungen, Aquarelle und Drucke von Pflanzen, Tieren und menschlichen Akten. Das Altarbild _Das Rosenkranzfest_ malte er 1506 in Venedig. Mit dessen Lebendigkeit reagierte Dürer auf italienische Kritiker, die ihm den Umgang mit Farbe nicht zutrauten. Er schrieb mehrere theoretische Abhandlungen, u. a. über Geometrie, sowie _Vier bücher von menschlicher Proportion_.

Dürer starb 1528 in Nürnberg. Er war der bedeutendste Vertreter der Renaissance in Nordeuropa und der erste Künstler seines Rangs, der sich ausgiebig der Druckgrafik widmete.

Weitere Hauptwerke

1502 _Feldhase_
1513/14 Drei Meisterstiche: _Ritter, Tod und Teufel_, _Melencolia I_ und _Der hl. Hieronymus im Gehäus_

> »Wer auf Dürers Drucke Farbe auftragen würde, verletzte dessen Werk.«
>
> **Erasmus**
> *Dialoge*, 1529

Dürers Holzschnitt illustrierte Passage der Offenbarung (6. Kapitel) erzählt vom Brechen der Siegel, mit denen die Buchrolle in Gottes rechter Hand verschlossen ist, durch ein Lamm mit sieben Hörnern und sieben Augen. Beim Öffnen der ersten vier Siegel erscheinen die detailreich dargestellten vier Reiter: Pest (oder Eroberung), Krieg, Hunger und Tod. Sie entfesseln die göttliche Apokalypse.

Der Betrachter begegnet den Reitern in dem Moment, da sie aus dem Himmel stürmen. Der Höllenschlund öffnet sich links unten im Bild. Nie zuvor hatte der Schrecken dieses Augenblicks einen so drastischen Ausdruck gefunden: Weiße, von Tinte unberührte Ebenen des Druckstocks kontrastieren mit kunstvoll geschnittenen dunklen Graten. Die realistische Darstellung von Menschen und Pferden lässt die Gegenwart des Betrachters anklingen, doch der galoppierende Horror und die übertriebenen Kontraste verleihen der Szene etwas Unheimliches. Mithilfe einer breiten Palette von Grautönen, die er durch Schraffuren und die Kombination aus schmalen und breiten Linien erzielte, deutet Dürer Licht, Schatten, Oberflächen und Körper an und schafft so überzeugend naturalistische Effekte. Die Schwierigkeit, solch feine und dicht beieinanderliegende Linien aus einem Holzblock zu schneiden, ließ manchen Kunsthistoriker annehmen, Dürer selbst habe sie geschnitten.

Die parallelen Linien des Hintergrunds bilden einen jähen Kontrast zum diagonalen Vorwärtsdrang der Pferde – eine Richtung, die das von der Personifikation des Krieges drohend geschwungene Schwert betont. Indem die Reiter die weltliche Ebene unaufhaltsam durchpflügen, demonstriert Dürer die unaufhaltsame Zerstörung des gegenwärtigen Zustands, verdeutlicht durch die empfindsame Verknüpfung von Sujet und Medium.

Dürer charakterisiert die Reiter und ihre Opfer detail- und variantenreich. Solche Differenzierungen auf einem Holzblock erfordern eine große Fingerfertigkeit. Die Personifikation des Todes ist besonders grotesk und ergreifend: Von den knochigen Handgelenken bis zu

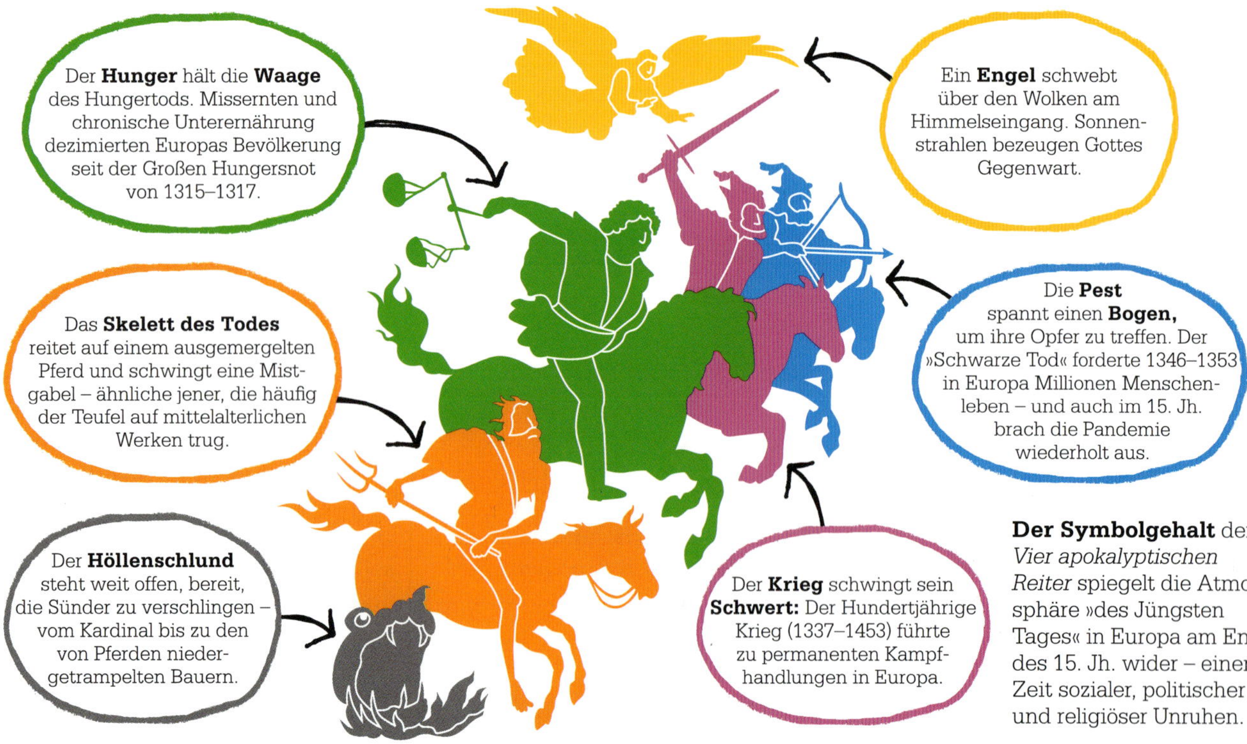

Der Symbolgehalt der *Vier apokalyptischen Reiter* spiegelt die Atmosphäre »des Jüngsten Tages« in Europa am Ende des 15. Jh. wider – einer Zeit sozialer, politischer und religiöser Unruhen.

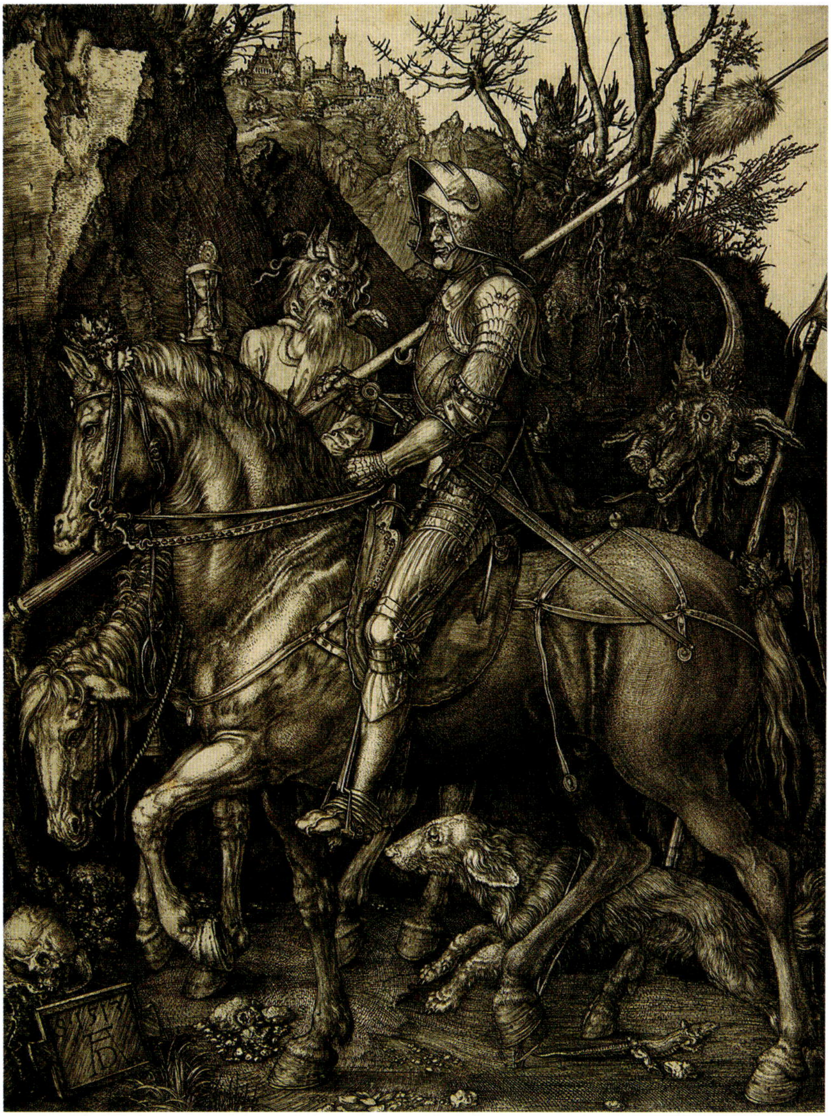

Ritter, Tod und Teufel (1513) gehört zu Dürers druckgrafischen Meisterwerken und steckt voller Symbole. Die Künstlersignatur findet sich auf der Tafel links unten im Bild.

einer herabhängenden Brustwarze, von den schlaffen Gelenken bis zu den wild starrenden Augen und dem wilden Bart – alles vermittelt das Bild eines verblichenen Lebens.

Kunstvolle Stiche

Nach dem Erfolg der *Apokalypse* schuf Dürer weitere Holzschnittserien, meist zu religiösen Themen. Die Werke wurden größer als bisher üblich, quollen schier über vor Bildfantasien und einzigartig feinen Linien. Eindrücke aus einer Italienreise (1494/95), auf der er die neuen Techniken der Renaissancekünstler studierte, zeigen ihre Spuren in Dürers expressiver, detailreicher Gestaltung der Figuren und ihrer sorgfältig gewählten Positionierung innerhalb einer Gesamtkomposition, deren perspektivische Anlage den Blick des Betrachters ins Bild zieht.

Anfang des 16. Jahrhunderts begann Dürer auch Stiche anzufertigen – und zwar zu religiösen wie zu weltlichen Themen, für die er Motive aus Italien mit der Tradition deutscher Gotik verband. Während der Holzschnitt ein Hochdruckverfahren darstellt, bei dem die Bildsegmente, die nicht gedruckt werden sollen, aus dem Druckstock geschnitten werden, ritzt der Stecher zu druckende Rillen in eine Metallplatte. Darin sammelt sich Tinte, die dann aufs Papier gedruckt wird. Mit dieser Technik lassen sich feinere Linien und Details erzielen als im Holzschnitt, weshalb sie neben der Radierung (einer ähnlichen Methode) zu der von Künstlern bevorzugten Drucktechnik avancierte. Beim Kupferstich konnte Dürer mit subtilen Nuancen, weichen Kontrasten und zarten Details experimentieren. Mithilfe von Schraffuren erzeugte er Licht- und Schatteneffekte.

Revolution der Druckkunst

Holzschnitte und Stiche begründeten Dürers Ruhm – und wurden vielerorts nachgeahmt. Mit Stichen ließen sich Kopien von Gemälden erstellen – und so machten viele Künstler als Kupferstecher mit Reproduktionen Karriere, teilweise in Kooperation mit dem Maler des Originals. Marcantonio Raimondi z. B. arbeitete mit Raffael an Reproduktionen seiner Gemälde, andere Künstler wie Pieter Bruegel d. Ä. erstellten Zeichnungen als Stichvorlagen. Im 17. Jahrhundert schuf Rembrandt Originalstiche und -radierungen, darunter Landschaften und Selbstporträts, die seine Experimentierfreude mit unterschiedlichen Medien zeigen. Doch es war Dürer, der mit den *Vier apokalyptischen Reitern* eine anhaltende Revolution im Bereich der Druckkunst auslöste. ■

EIN ALBTRAUM IN WEIBLICHER GESTALT

GÖTTIN COATLICUE (1400–1500)

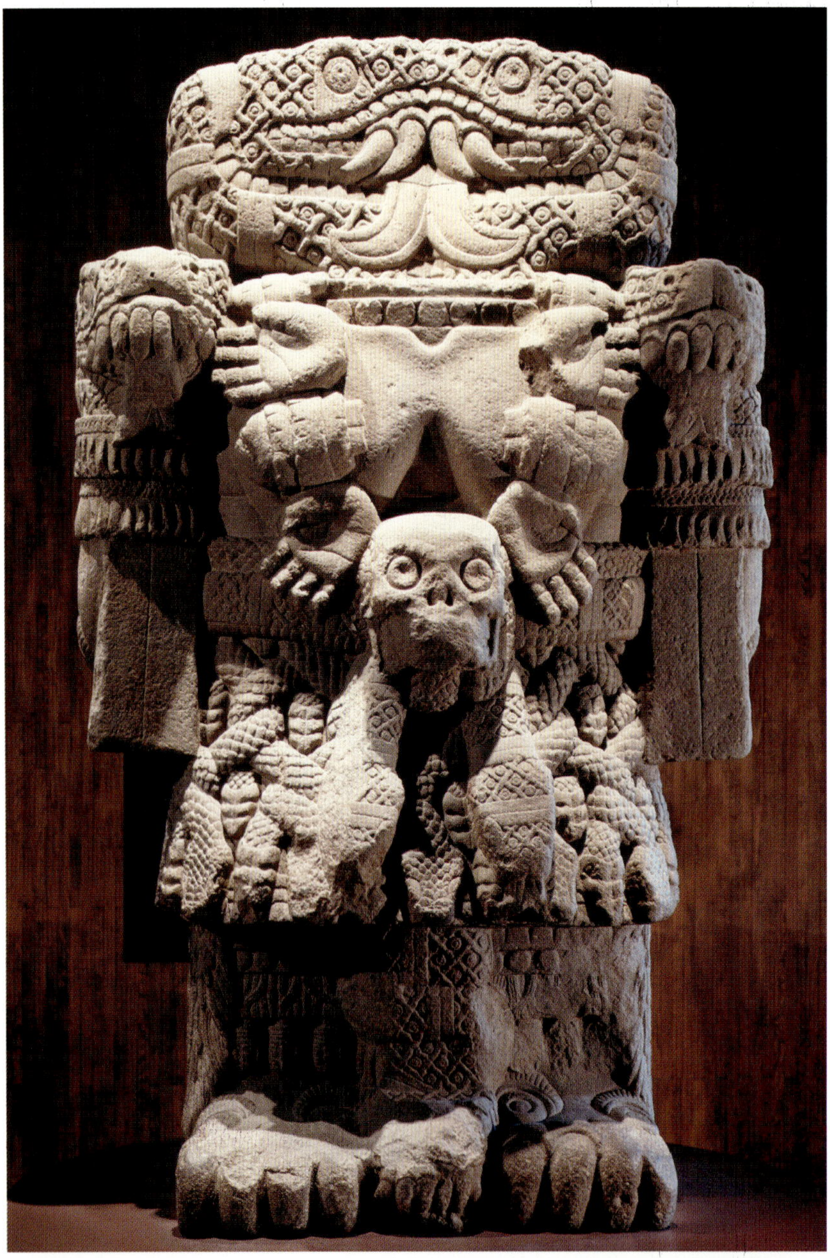

IM KONTEXT

SCHWERPUNKT
Die Erdgöttin

FRÜHER
um 30 000 v. Chr. »Venus«-Figurinen entstehen in Europa.

um 950–930 v. Chr. Der ägyptische Greenfield-Papyrus stellt die Himmelsgöttin Nut in einer die Erde überspannenden Körperhaltung dar.

um 160–150 v. Chr. Ein Truhendeckel im Athena-Tempel in Priene (heute Türkei) zeigt die griechische Muttergöttin Gaia.

SPÄTER
18. Jh. Hölzerne Statuen der Erdgöttin Vasundhara, einer buddhistischen Bodhisattva, in Südostasien zeigen, wie sie Wasser aus ihrem Haar wringt.

1847 Der englische Künstler Dante Gabriel Rossetti malt die römische Fruchtbarkeitsgöttin *Proserpine* (Persephone).

Seit Urzeiten spielten Erdgöttinnen in Schöpfungsgeschichten wie in der Ikonografie der Weltkulturen eine Rolle. Ob in Felszeichnungen, grob behauenen Figurinen, Mosaiken, komplexen Gemälden oder ausgefeilten Skulpturen: Abbilder der Erdgöttin gehören zu den ältesten und langlebigsten Traditionen der Kunst. Oft repräsentierte »Mutter Erde« Leben und Tod als Kernaspekte im Rhythmus der Natur. Jene Kunst, die dazu diente, die weibliche Schöpferkraft zu feiern, gehört zu den eindrucksvollen Antworten auf das Bedürfnis des Menschen, dem Zyklus von Geburt, Leben und Tod Sinn zu verleihen.

Siehe auch: Venus von Willendorf 20–21 ▪ Maske des Teotihuacán 50 ▪ Statuen der Osterinsel 78 ▪ Wandgemälde von Bonampak 100 ▪ *The Dinner Party* 332–333 ▪ *Maman* 334–335

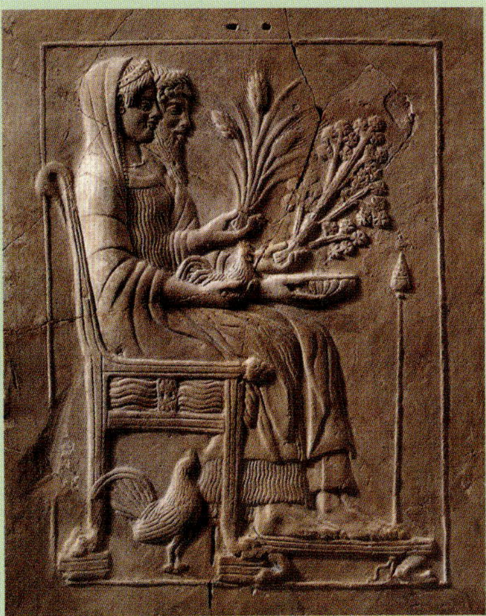

Die ernährende Göttin

Der Doppelnatur von Erdgöttinnen zum Trotz werden sie in der Kunst meist von ihrer wohlwollenden Seite gezeigt – als Göttin der Fruchtbarkeit und Ernte. Demeter, die griechische Göttin des Getreides und der Jahreszeiten, wird oft mit einer Ährenkrone dargestellt. Ihre Tochter Persephone, Göttin der Fruchtbarkeit, hält vielfach einen Granatapfel (als Symbol der Fülle) oder ein Garbenbündel (wie links auf der Votivtafel aus dem 5. Jh.) in Händen. Die phrygische Erdgöttin Kybele (die Römer nannten sie *Magna Mater,* »Große Göttermutter«) wurde bei den Griechen mit der Göttin Artemis in Verbindung gebracht, die in Form einer vielbrüstigen Skulptur, der Artemis von Ephesos, als Ernährerin dargestellt ist.

Die große ägyptische Muttergöttin Isis wurde mit der Geburt wie mit dem Tod assoziiert. Zahllose Statuetten zeigen sie mit ihrem Sohn Horus im Arm, diesen säugend. Diese Darstellung wird den frühen Christen als Vorlage für das Abbild der Mutter Maria mit ihrem Neugeborenen Jesus gedient haben.

Schöpferin und Zerstörerin

Die 3,50 m hohe Basaltstatue der Erdgöttin Coatlicue gilt als skulpturales Meisterwerk der Azteken und ist ein Beispiel für die komplexe Rolle der Figur von »Mutter Erde«. Die Statue wurde 1790 in Mexiko-Stadt entdeckt und war ursprünglich bunt bemalt. Ihr Rock besteht aus ineinander verschlungenen Klapperschlangen, die wohl Fruchtbarkeit symbolisierten. Sie trägt eine Halskette aus Händen und Herzen sowie einen mit konzentrischen Kreisen gemusterten Gürtel mit einem Schädel als Schnalle. Die repetitive Musterung verleiht dem Aztekenglauben Ausdruck, nach dem die Schöpfung sich durch rituelle Nachhahmung wiederholen lässt.

Die Göttin, als Schöpferin wie als Zerstörerin ein Symbol der Natur, wird in ihrer furchtbarsten Gestalt gezeigt: Ohne Kopf treten an dessen Stelle zwei Schlangen aus ihrem Hals hervor (ein bei den Azteken tradiertes künstlerisches Symbol für spritzendes Blut). Die Tiere starren einanderan, jede zeigt ihre gespaltene Zunge und gebleckten Zähne. Die bildnerischen Aspekte von Enthauptung, Blut und Tod verweisen auf den Aztekenglauben, der im Menschenopfer einen zentralen Akt zur Versöhnung der Götter und Fortsetzung des Schöpfungskreislaufs sah – ein Gedanke, der durch die Schädelschnalle bestärkt wird. Die menschlich anmutenden, von Kette und Schädel teilweise verdeckten Brüste wurden von Hunderten von Kindern leer gesaugt.

Die Statue ist detailreich gearbeitet – bis hin zu den Schuppen der Schlangenhaut und der Fettrolle am Bauch der Göttin als Hinweis auf eine zurückliegende Geburt. Sie steht, als Zeichen ihrer ungeheuren Masse, leicht nach vorn gebeugt.

Alles-Verschlingende und Gebährende

Coatlicue war nicht die einzige Erdgöttin mit einer zerstörerischen Seite. In der Ikonografie der Hindus werden Kali, der Göttin des Todes, der Zeit, Sexualität und mütterlichen Liebe, ähnliche Symbole für Zerstörung und Neugeburt zugeschrieben. Sie ist beides: wohlwollend und ernährend, aber auch furchterregend und Chaos stiftend. Oft wird sie mit einer Schädelkette sowie vielen Armen dargestellt – Symbole für den Kreislauf aus Zerstörung und (Neu-)Schöpfung. Ihre rote Zunge spricht für einen blutrünstigen Appetit, ihre makellos weißen Zähne hingegen symbolisieren Reinheit. ▪

» Es ist eines der direktesten und unmissverständlichsten Kunstwerke in der Geschichte – nichts kann seinen Schrecken mildern. «

Burr Cartwright Brundage
The Fifth Sun: Aztec Gods, Aztec World, 1979

DER MEISTER DES MONSTRÖSEN DER ENTDECKER DES UNBEWUSSTEN

DER GARTEN DER LÜSTE (UM 1490–1510) HIERONYMUS BOSCH

Detail aus *Der Garten der Lüste*

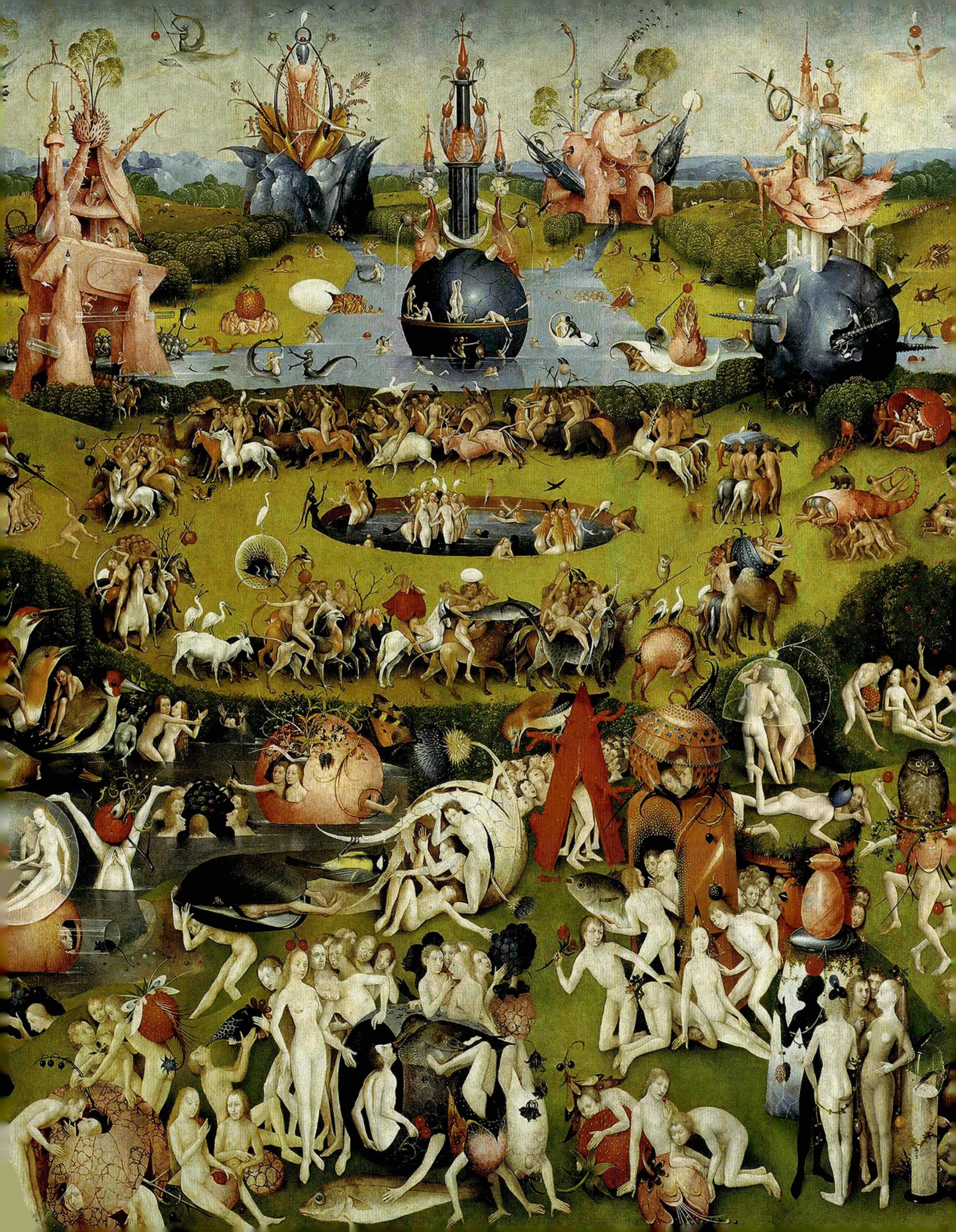

IM KONTEXT

SCHWERPUNKT
Fantastiewelten

FRÜHER
um 700 Künstler der Tang-Zeit gießen in China fantastische Drachen aus Bronze.

ab etwa 1200 Hybride Monster und Fabelwesen bevölkern mittelalterliche Tierdichtungen und werden an den Rändern illuminierter Handschriften platziert.

SPÄTER
1562 Zu Boschs zahlreichen Nachahmern gehört Pieter Bruegel d. Ä. In seinem Gemälde *Der Sturz der rebellierenden Engel* tummeln sich groteske und fantastische Figuren.

ab etwa 1920 Die Surrealisten lassen bei der Darstellung seltsamer Ereignisse, Figuren und Geschöpfe sowie traumähnlicher, fremder Welten ihrer Fantasie freien Lauf.

Boschs wie halluziniert wirkende Bildkomposition *Der Garten der Lüste* ist buchstäblich ein fantastisches Kunstwerk. Das absolut unkonventionelle Gemälde sticht aus der niederländischen Kunst jener Zeit heraus. Seine eigenartige Bildsprache und das Geheimnis seiner Entstehung – denn der Künstler hinterließ keine Briefe, die seine Intentionen erhellen könnten – führten zu wilden Spekulationen über Boschs fantastische Motive: Hatten sie ketzerische oder okkulte Bedeutung? Sollten sie schockieren, oder dienten sie, wie die meisten Kunsthistoriker meinen, der Vermittlung einer konventionellen Moral? Das explosive, düstere Gemälde nutzt fantastische Welten, um die Gefahren irdischer Genüsse – insbesondere der Lust – und ihre nach christlichem Glauben furchterregenden Folgen aufzuzeigen.

Ausmalen von Erfundenem

Grob genommen ist Fantasie Teil jeglicher bildender Kunst, und jede Darstellung, die der Vorstellung eines Künstlers entspringt, enthält fantastische Elemente. In der Kunsttheorie wird der Begriff jedoch spezifischer gebraucht und bezieht sich häufig auf gegenständliche (seltener auch abstrakte) Werke zu übernatürlichen oder fantastischen Themen, z. B. Bilder von Himmel und Hölle, zu mythologischen Figuren, grotesken und imaginierten Landschaften. Religiöse Gemälde gehören in der Regel nicht zu dieser Kategorie – was Boschs Triptychon noch ungewöhnlicher macht. Fantastiewelten spielten in künstlerischen Bewegungen immer wieder eine Rolle – ob im alten Ägypten, in der Romanik und Renaissance oder im Surrealismus.

» Wenn es irgendwelche Absurditäten gibt, dann unsere, nicht seine [...] Das sind gemalte Satiren menschlicher Sünden und Schwärmereien. «

Bruder José de Sigüenza
Geschichte des Ordens des hl. Hieronymus, 1605

Hieronymus Bosch

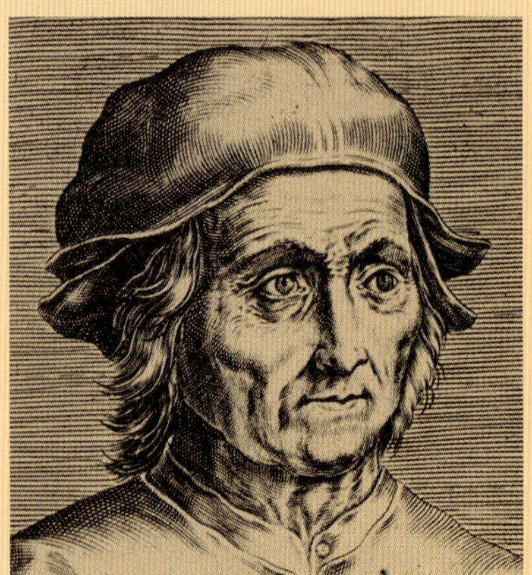

Der Niederländer wurde um 1450 unter dem Namen Jheronimus van Aken in der Nordbrabanter Stadt 's-Hertogenbosch geboren. Er entstammte einer Künstlerfamilie: Sein Großvater war der Maler Jan van Aken, sein Vater ein Kunstberater für eine religiöse Bruderschaft, und auch seine Onkel waren Kunstschaffende.

Seltsamerweise signierte er nur wenige Werke mit seinem Pseudonym: »Hieronymus« (lat. für Jerome) und »Bosch« (Abkürzung seiner Heimatstadt). Bosch trat 1488 der Bruderschaft Unserer Lieben Frau bei, die v. a. aus Angehörigen der Patrizierschicht bestand. Hinweise zeigen ihn als frommes und respektiertes Mitglied. Obwohl seine Werke heute exzentrisch anmuten, spiegeln sie traditionelle Sichtweisen seiner Zeit wider. Aufzeichnungen der Bruderschaft zufolge starb Bosch 1516.

Weitere Hauptwerke
um 1480 *Die Kreuzigung Christi*
um 1480–1490 Tischplatte *Die sieben Todsünden*
um 1485–1490 *Der Heuwagen*
um 1500 *Die Versuchung des hl. Antonius*

Siehe auch: *Book of Kells* 64–65 ▪ *Jüngstes Gericht* 100 ▪ Zyklus der Apokalypse 101 ▪ *Die Jäger im Schnee* 154–159 ▪ *Tiger in einem tropischen Sturm* 281 ▪ *Die Beständigkeit der Erinnerung* 310–315 ▪ *Roter Ballon* 338

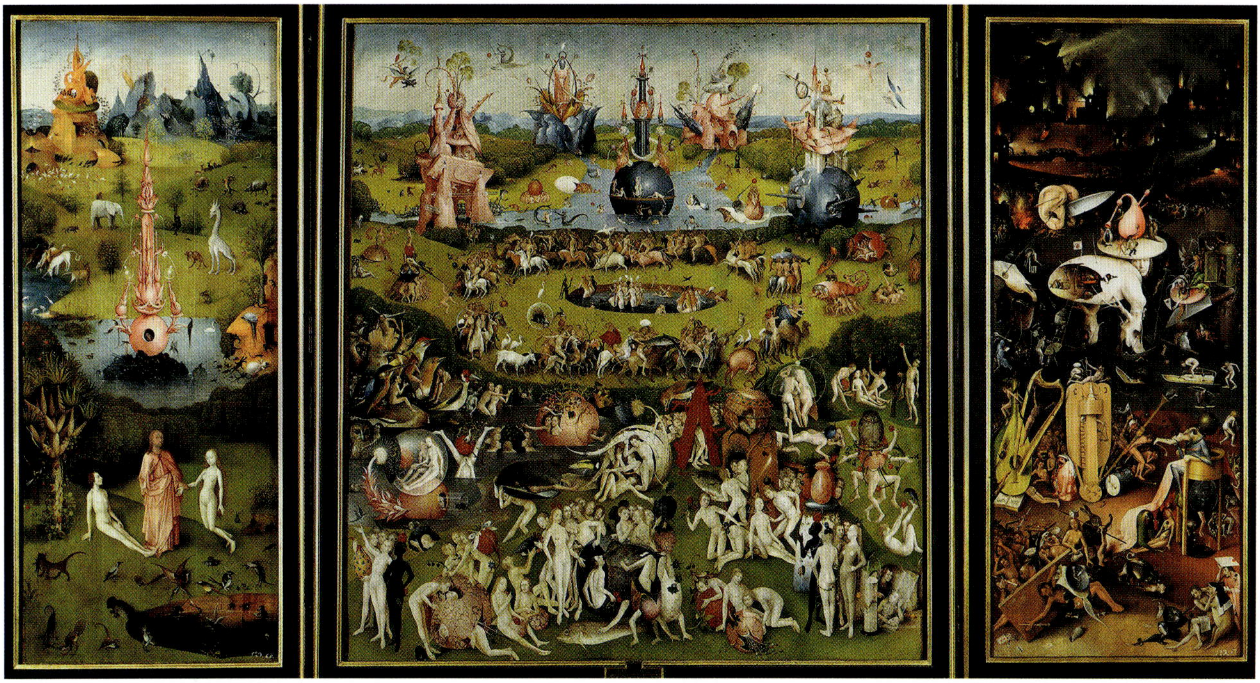

Der Garten der Lüste war wohl die Auftragsarbeit für einen wohlhabenden Mäzen. Das anzügliche Thema macht den Einsatz des Triptychons als Altarbild eher unwahrscheinlich.

Boschs Gemälde ist das Produkt echten Glaubens und realer Ängste, die in einer bestimmten kulturellen Epoche weithin kursierten. Die Monster mögen Boschs Fantasie entsprungen sein, dennoch sind sie Ausdruck der konventionellen christlichen Lehre der Zeit. So schaffen seine fantastischen Themen einerseits Distanz zur Realität, vermitteln aber gleichzeitig klare moralische Botschaften.

Die drei Tafeln

Der Garten der Lüste ist ein Triptychon, d.h., er besteht aus drei Bildtafeln, die nacheinander von links nach rechts betrachtet werden sollen. Die erste Tafel zeigt den Garten Eden: Gott stellt Adam und Eva einander vor und segnet ihre Gemeinschaft. Der üppige Garten blüht, im Zentrum befindet sich ein merkwürdiger pinkfarbener Brunnen, an dem Glasphiolen, wie man sie aus wissenschaftlichen Experimenten kennt, hängen: Er ist Brunnen des Lebens, Quelle aller Flüsse im Paradies. Reale und erfundene Tiere – vom Einhorn und einem zweibeinigen Hund über Alligatoren bis zum Stachelschwein – bevölkern die blühende Landschaft und demonstrieren Gottes grenzenlose Schöpfungskraft. Hier gestaltet Bosch eine paradiesische Momentaufnahme, bevor Sünde und menschliche Fortpflanzung hemmungslos über die Welt hereinbrechen.

Die mittlere Bildtafel warnt vor fleischlicher Lust, Sie zeigt kein Abbild der realen Welt, sondern den »Garten der Lüste«. Die orgiastische Atmosphäre stellt sich durch eine Reihe fantastischer Symbole her, darunter riesige Erdbeeren und überhaupt jede Menge Früchte. Erdbeeren werden mit dem Blut Christi assoziiert, doch versinnbildlichen hier eher Lust und Sexualität. Das Epizentrum des Bildes ist ein Teich voll nackter Frauen. Das implizite sexuelle Laster verweist »

» [Bosch] gelang [es], die Ausgeburten einer gequälten Fantasie, die die Menschen im Mittelalter ängstigten, konkret und anschaulich darzustellen. «

E. H. Gombrich
Die Geschichte der Kunst, 1950

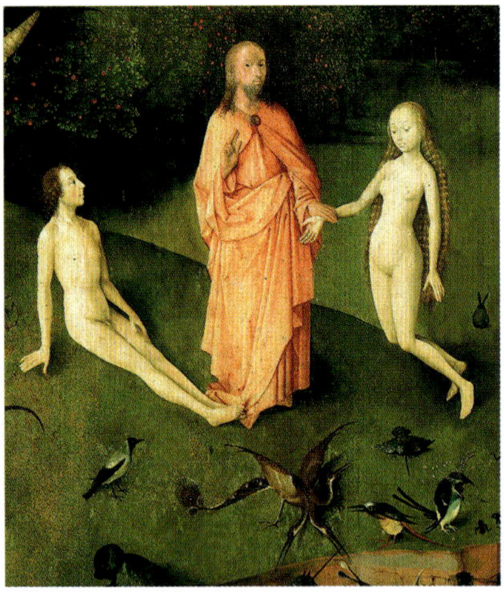

Der Garten Eden (linker Flügel) steckt voll schwarzem Humor. Adams Ausdruck galt als lüstern: Die Saat für die Vertreibung aus dem Paradies war demnach von Anfang an angelegt.

in negativer Gegenüberstellung zurück auf den Brunnen des Lebens in der ersten Tafel. In Bildern und Texten der Zeit wurden Frauen häufig als Verführerinnen angesehen – ganz in der Tradition der paradiesischen Geschichte Evas: Von der Schlange zum Kosten vom verbotenen Baum verführt, lenkt sie auch Adam vom rechten Weg ab. Boschs Frauen sind umringt von nackten Männern auf wilden Tieren: eine direkte Anspielung auf den Geschlechtsakt. Doch intelligent nutzt der Maler fantastische Szenen, um potenziell schockierende Themen metaphorisch zu verschleiern. Er stellt keine Sünde direkt dar, sondern deutet sinnliche Fantasien wie Völlerei und Promiskuität nur an. Für den zeitgenössischen, vom religiösen Glauben belasteten Betrachter waren die moralischen Anspielungen überdeutlich.

Die letzte Szene auf der dritten Bildtafel – die Hölle – zeigt eine unheilvolle Wende: An unerwarteten Orten lugt der Schrecken hervor. Bosch malt eine Höllenfantasie und lässt Monster auf den Betrachter los. Das alles beherrschende Thema ist eine große Säuberung: Flammen züngeln an Stadtmauern, Figuren krümmen sich beim Übergeben. Ein Vogeldämon verspeist auf seinem Thron ein Opfer nach dem anderen – und scheidet sie in die darunterliegende Latrine wieder aus. Überall wird gefoltert, Glieder werden mit Instrumenten zerstochen, und Gerätschaften zerreißen ganze Körper. Unter einem Tierschädel schwingt eine Glocke mit Menschenbeinen als Klöppel hin und her (am linken Bildrand): Für die Menschheit läutet die Totenglocke.

» Andere versuchen, den Menschen so zu malen, wie er äußerlich erscheint – er allein hatte den Mut, ihn von innen zu zeigen. «

Bruder José de Sigüenza
Geschichte des Ordens des hl. Hieronymus, 1605

Sinnliches Verlangen

Ein wiederkehrendes Motiv auf der Höllentafel sind Musikinstrumente als Symbole sinnlicher Ablenkung (Lust wurde auch als »Musik des Fleisches« bezeichnet): Allen voran sind eine mächtige Harfe und eine Laute sowie diverse Flöten zu sehen. Indem er ihre Dimensionen maßlos übertreibt, macht der Künstler hier aus Vertrautem etwas Unheimliches und impliziert so die dissonante Symphonie des Schreckens. Den Instrumenten stellt er zwei abgetrennte überdimensionale Ohren zur Seite, zwischen denen eine blanke Klinge hindurchfährt (gegenüber, Bild unten rechts): ein unverhüllt phallisches Bild. Die Ohren sind auch eine Anspielung auf die Sinne und auf Versuchun-

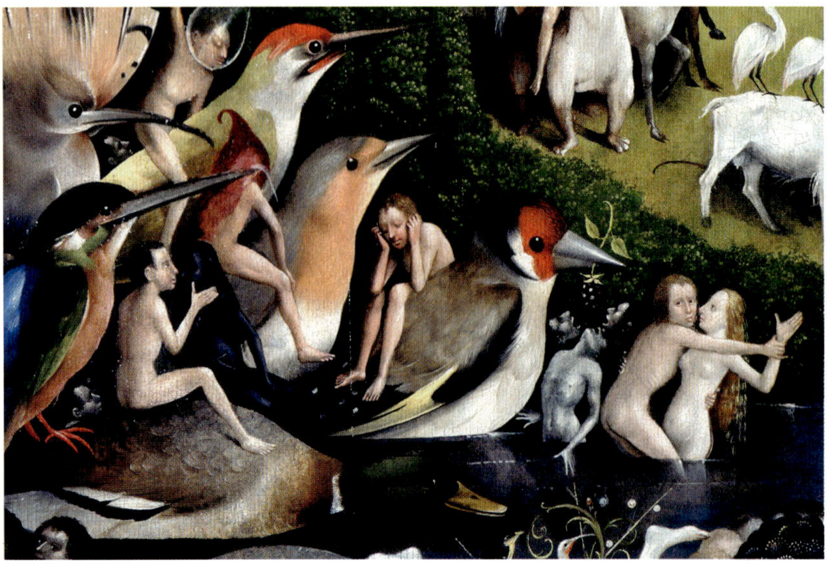

Als Experte in Sachen Ornithologie zeigt sich Bosch durch die akkurate Darstellung der Tiere. Im *Garten der Lüste* wurden fast 25 Vogelarten identifiziert.

gen aller Arten von Genuss und Schwelgerei: Des Menschen sinnliche Lust ist weit größer, als es die fromme Moral je dulden könnte.

Aus all dem sticht ein Monster – halb Baum, halb Ei – hervor, das einen Dudelsack und eine Parade kleiner Kreaturen auf dem menschlichen Kopf balanciert: vielleicht eine Metapher für die gestörte psychische Wahrnehmung? Einige Kunsthistoriker sehen darin ein Selbstporträt des Künstlers (doch es gibt keinen echten Hinweis, der diese These stützen könnte).

Wenn die Seitentafeln des Triptychons geschlossen werden, zeigen ihre Außenseiten das in Grisailletechnik (Grautönen) gehaltene Bild der Schöpfung der Welt – wahrscheinlich am dritten Tag, vor der Erschaffung Evas – und ein Zitat aus dem 33. Psalm (Vers 9) besagt: »Denn er spricht, und es geschieht; er befiehlt, und es steht da!« Manche sehen in dem Bild auch einen Bezug zur Sintflut.

Seltsam strenger Glaube

Boschs Stil und sein äußerst suggestives, surrealistisches Thema unterscheiden sich von der glatten Präzision anderer Künstler seiner Zeit. Sein lebhafter Pinselstrich und sein flüssiger, lasierender Farbauftrag erzeugen eine locker strukturierte Oberfläche und bilden einen starken Kontrast zu der von Zeitgenossen vermittelten glänzenden Finesse. Während viele von ihnen ihre Präsenz als Maler verbergen wollten, gab Bosch sich in der Ausführung zu erkennen – und machte sein Gemälde so zu einer von Menschen erdachten und von Menschenhand erschaffenen fantastischen Szenerie.

Die früheste Reaktion auf den *Garten der Lüste* stammt aus dem Jahr 1517, als Antonio de Beatis, Sekretär des Kardinals von Aragon, das Gemälde im Palast des Grafen von Nassau in Brüssel zu Gesicht bekam. Der Palast galt als politische Drehscheibe der Niederlande und war regelmäßig Empfangsraum hochrangiger Diplomaten, die das Werk enthusiastisch begrüßten.

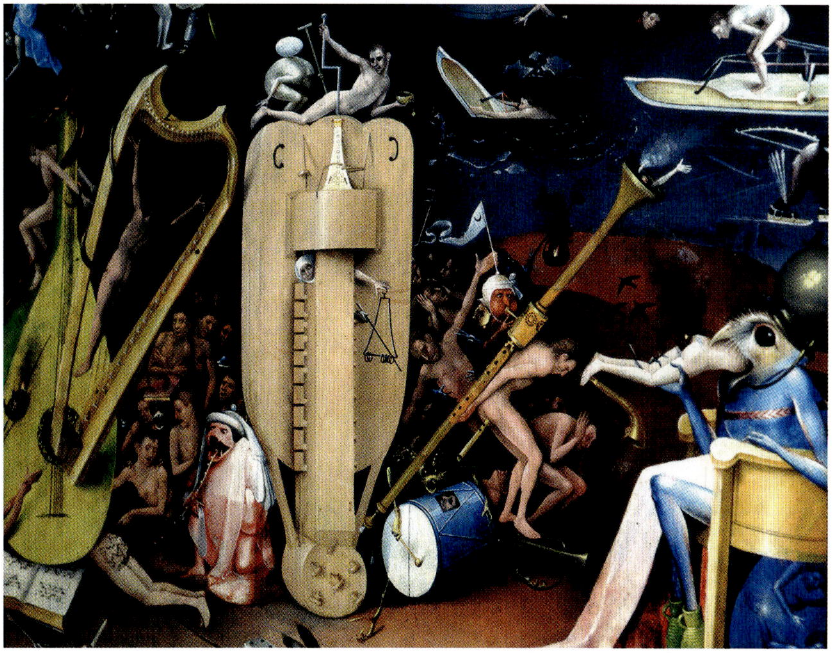

Die Verdammten werden gefressen, gefoltert und gequält. Die Szenen der dritten Bildtafel scheinen Formen und Landschaften surrealistischer Maler des 20. Jh. vorwegzunehmen.

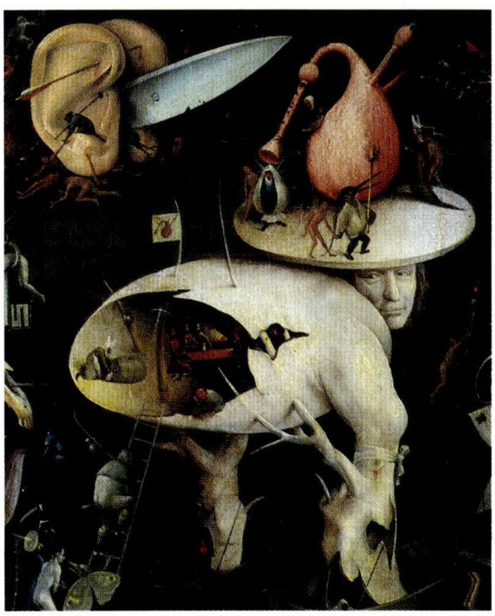

Ein Wesen mit Menschenkopf, baumförmigen Beinen und dem Körper eines zerbrochenen Eis ist im Zentrum des finsteren rechten Tafelteils zu sehen. Der Dudelsack war Symbol fleischlicher Lust.

Nach Boschs Tod wurde es kopiert und mehrfach als Bildteppich reproduziert. Auch orientierten sich andere Meister gemalten Unbehagens an diesem Werk – allen voran Pieter Bruegel d. Ä.

Fantastie und Funktion

Fantastische Kunstwerke und ihre realistische Darstellung unwirklicher Welten dienten verschiedenen Zwecken. Surrealistische Künstler der 1920er-Jahre z. B. malten bizarre Szenen im Stil eines fotografischen Realismus, um so die »Funktionsweise des Geistigen« jenseits der Realität auszudrücken. Bosch hingegen nutzte das Genre als didaktisches Instrument. Die Surrealisten distanzierten sich explizit von moralischen Urteilen, schockierten mit ihrem faszinierenden Übermut das Publikum jedoch in ähnlicher Weise. ■

EIN MALER MUSS DIE NATÜRLICHEN MÄNGEL SEINER KUNST KOMPENSIEREN

DER WUNDERBARE FISCHZUG, KARTON (1515/16) RAFFAEL

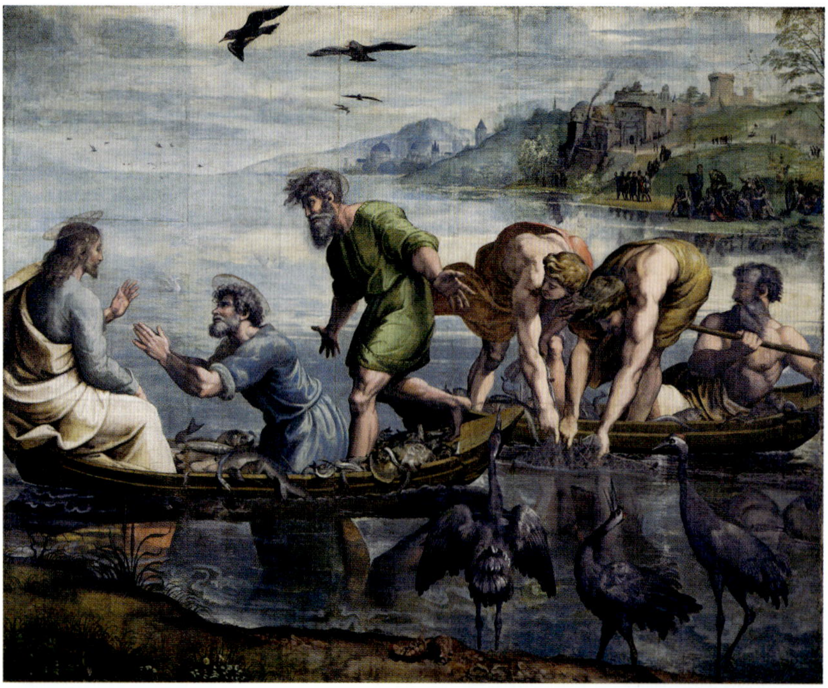

IM KONTEXT

SCHWERPUNKT
Grand Style

FRÜHER
Ende 15. Jh. Michelangelos Werk in Florenz läutet den Höhepunkt der Hochrenaissance ein.

um 1502/03 Pietro Perugino malt in Florenz Kartone für Buntglasfenster. Er wird Raffaels Mentor.

SPÄTER
Ende 16. Jh. Die Bologneser Schule nimmt Bezug auf Raffaels Hochrenaissance-Werke.

17. Jh. Giovanni Pietro Bellori formuliert seine Kunsttheorie. Zentraler Begriff ist die »Idee des Schönen«.

1769–1790 Joshua Reynolds erläutert in seinen *Diskursen über Kunst* an der Londoner Royal Academy of Arts den »Grand Style«.

Der englische Begriff *»Grand Style«* oder *»Grand Manner«* (»Großer Stil«) beschreibt erhabene Kunstwerke, die auch eine moralische Bereicherung des Betrachters zum Ziel haben. Ihre Themen sind bedeutsame und lehrreiche Momente aus Mythologie, Literatur oder Geschichte, wobei sich diese meist als würdevolle, figurenreiche Gesamtkomposition darstellen.

Den kunsttheoretischen Begriff formulierte erstmals der italienische Autor und Sammler Giovanni Pietro Bellori im 17. Jahrhundert – und pries damit Werke von Künstlern wie dem französischen Barockmaler Nicola Poussin und den Carracci-

Siehe auch: Zyklus der Apokalypse 101 ▪ *Anna selbdritt* 124–127 ▪ *Die Heilige Familie auf der Treppe* 184–185 ▪ *Captain the Honourable Augustus Keppel* 224

Brüdern der Bologneser Schule. Sie alle verdankten Raffael viel ihres Könnens: Poussin ließ sich von dessen Formenklarheit inspirieren, und die Brüder Agostino und Annibale Carracci übernahmen Elemente direkt aus seinen Gemälden – wobei sie die modische Theatralik des Manierismus zugunsten einer Wiederbelebung der Erhabenheit und Schönheit des Ausdrucks seiner Figurenschilderung vermieden.

Die Eigenschaften des *Grand Style* und Raffaels Rolle als Initiator dieses Stils untersuchte im 18. Jahrhundert der Präsident der Royal Acedemy of Arts in London, der Porträtmaler und Kunsttheoretiker Joshua Reynolds. In seinen *Diskursen über Kunst* sagte Reynolds, Raffaels Genie liege in seiner einzigartigen Fähigkeit, allgemeine »Ideen« der Realität einzufangen. Statt Letztere zu kopieren, malte er idealisierte Versionen seiner Sujets aus dem Gedächtnis und nutzte seine künstlerische Freiheit, um Würde, Größe und Schönheit auszudrücken und dabei Mängel der Wirklichkeit auszugleichen. Posthum wurde Raffael zum Vater des *Grand Style*, wodurch Kritiker wie Bellori und Reynolds inspiriert wurden, Raffaels Schemata zur Schaffung erhabener Meisterwerke zu studieren.

> »So galt Raffael als der Künstler, der [...] die vollendete Harmonie in der Gruppierung bewegter Gestalten [erreicht hatte].«
>
> **E. H. Gombrich**
> *Die Geschichte der Kunst*, 1950

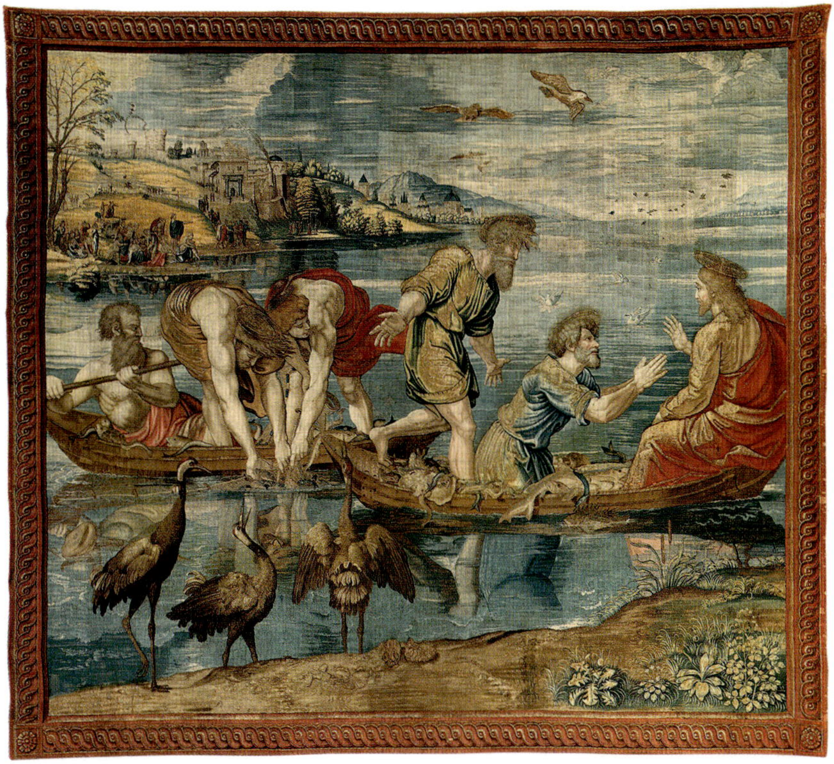

Diese Tapisserie von *Der wunderbare Fischzug* stammt aus Brüssel, der Textilhauptstadt Europas. Der Karton ist hier spiegelverkehrt wiedergegeben, da der Wandbehang von der Rückseite gearbeitet wurde.

Zu Raffaels größten und für diesen Stil beispielhaften Werken gehören seine Kartone: 1:1-Entwürfe von Tapisserien, die die unteren Wandsegmente der Sixtinischen Kapelle schmücken sollten.

Kartone und Bildteppiche

Als »Karton« (ital. *cartone:* ein größeres Stück Papier) bezeichnet man seit der Renaissance eine Vorzeichnung in Originalgröße auf einem anderen Träger. Raffael stellte auf seinen Vatikan-Kartonen die Apostelgeschichten der Heiligen Petrus und Paulus dar. Papst Leo X. gab 1515 zehn davon in Auftrag, was für Raffael einen Ritterschlag bedeutete, denn die auf deren Grundlage zu erstellenden Tapisserien sollten in der Sixtinischen Kapelle neben Fresken so berühmter Maler wie Sandro Botticelli und Perugino und unter Michelangelos Deckenfresko hängen.

Raffaels Kartone haben dieselben Maßen wie die schließlich ausgeführten Webarbeiten und können als Historienbilder betrachtet werden (Werke, deren Themen aus Geschichte, Mythologie oder Bibel stammen). Jeder von ihnen besteht aus rund 200 zusammengeklebten Blättern Papier. Die Bildkompositionen wurden mit Kohle aufgezeichnet und mit Temperafarben (aus Wasser, Pigment und Leim) ausgestaltet. Die fertigen »

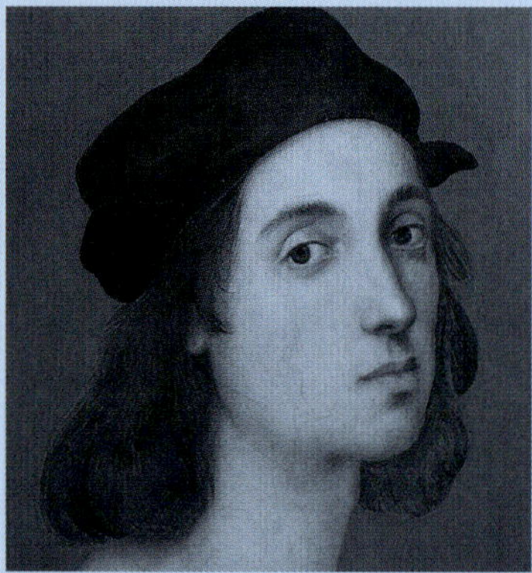

Raffael

Raffaelo Sanzio (genannt Raffael) wurde 1483 in Urbino (Italien) geboren. Sein Vater war Hofmaler unter Prinz Federico da Montefeltro und ließ seinem Sohn eine gründliche Kunstausbildung angedeihen. Bereits 1500 war dieser eigenständiger Meister. Er erhielt Aufträge aus ganz Italien und verbrachte prägende Jahre in Florenz, unter dem Einfluss von Michelangelo und Leonardo da Vinci.

Raffael ging 1508 nach Rom, um Fresken im Vatikan zu fertigen. Wegen des immensen Aufwands führten häufig Assistenten die Malarbeiten nach seinen Entwürfen aus. Ab 1512 arbeitete er auch als Architekt und wurde 1517 mit der Planung einer Studie über Roms antike Monumente beauftragt. Er gilt als einer der bedeutendsten Maler der Kunstgeschichte.

Weitere Hauptwerke

1506 *Madonna im Grünen*
1509–1511 *Die Schule von Athen*
um 1512/13 *Sixtinische Madonna*
1520 Altarbild *Verklärung Christi*

Vorarbeiten gelangten nach Brüssel in eine spezielle Werkstatt, wurden dort in Streifen geschnitten, von spezialisierten Webern gearbeitet und schließlich zu einem großen Bildteppich zusammengenäht.

Raffaels Bild *Der wunderbare Fischzug* zeigt ein biblisches Thema. Es ist moralisch, erbaulich und spirituell. In der dargestellten Szene schickt Christus die Fischer unter seinen Aposteln ins tiefe Wasser, um ihre Netze auszuwerfen, und schnell sind ihre bis dahin leer gebliebenen Boote randvoll mit Fischen. Petrus kniet zu Christi Füßen, und die Apostel geben alles auf, um fortan Christus zu folgen und »Menschenfischer« zu werden. Der moralisch-belehrende Ton, ein Kennzeichen des *Grand Style*, liefert das Beispiel für eine bedingungslose Loyalität, der die Betrachter nacheifern sollen. Hier erfahren sie nicht nur, wie sie sich verhalten sollen, sondern auch vom erlösenden Lohn, der sie anschließend erwartet.

Göttliche Präsenz

Die Fischer haben alle einen muskulösen, von menschlichen Mängeln befreiten Körper und zeigen sich bereit für Gottes Werk. Reynolds nennt Raffaels Darstellung »poetisch«, zumal die körperlichen Gebrechen der Apostel in der Bibel explizit festgehalten sind. Auf dem Karton sind sie in einfache Kittel gehüllt und haben starke Glieder, die die Bereitschaft offenbaren, im Namen Christi zu arbeiten. Auch diese Idealisierung ist typisch für den *Grand Style*.

Reynolds hielt eine einfache Farbpalette für zentral – und Raffaels Gemälde setzt sich aus nur sechs Farbtönen zusammen: Blau dominiert das Bild – von der entfernten Stadt über die Vögel bis hin zum Wasser; Weiß kennzeichnet nur die Robe Christi und einzelne Elemente des Himmels; Grün glimmt auf den Hügeln und im Gewand des Apostels Andreas auf; Rot durchzieht die Backsteingebäude und scheint am hellsten im vom Wind geblähten Kittel des Apostels Jakobus auf. Die Boote

Bei *Der Triumph der Galatea* (1511–1514) wollte Raffael nach eigener Aussage in Galatea eine ideale Schönheit und weniger eine reale Person zeigen.

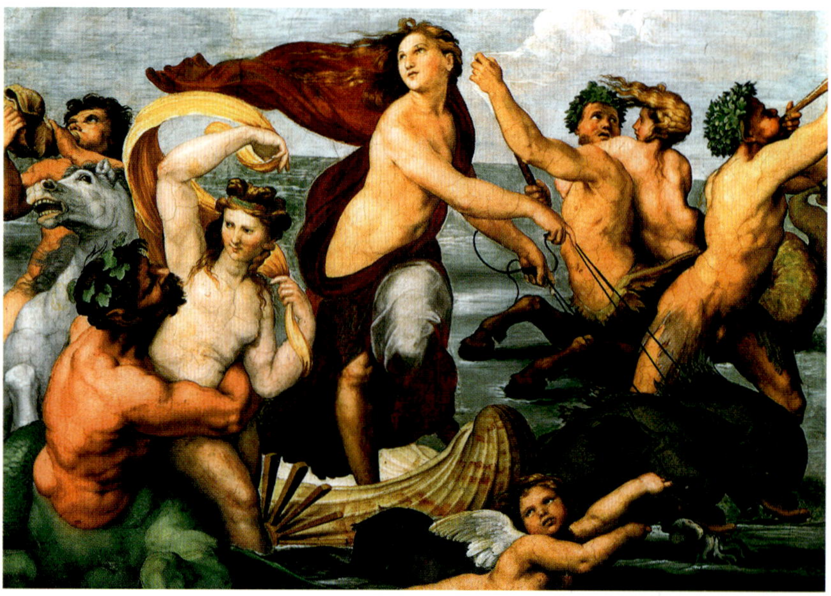

Tiersymbole im Karton *Der wundersame Fischzug*

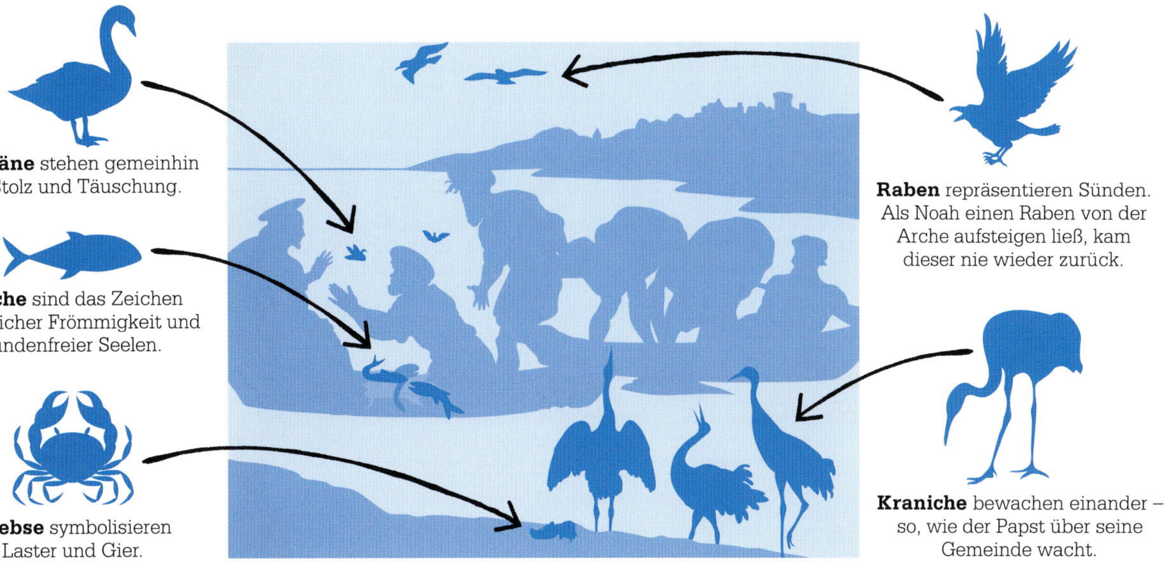

sind gelb – und Gold bleibt allein dem Heiligenschein Christi und jenem zweier Apostel vorbehalten.

Die Ausrichtung der Boote wie des Ufers lenken den Blick auf den sitzenden Christus. Auch die Bewegungen der Apostel sind so gestaltet, dass sie in seine Richtung weisen: Die aufrechte Figur des Andreas und die Vögel über ihm stechen hervor. Die Hände des betenden Petrus münden in ihrer Verlängerung in die segnende Hand Christi.

Indem er alle unwesentlichen Details vermeidet, macht Raffael seine Bilderzählung allein an einer Reihe ausdrucksstarker Körper fest, die sich zu einer wellenförmigen, aber ausbalancierten Gruppe fügen: Ausgewogenheit ist ein weiteres zentrales Merkmal des *Grand Style*. Christus am einen Rand des Bootes spiegelt Zebedäus am anderen Bootsende, worin sich die Demut Christi zeigt: Gottes Sohn wiegt einen einfachen Sterblichen auf. Die Bedeutung dieser harmonischen Komposition wird durch symbolische Farben und andere Elemente verstärkt – besonders durch die dargestellten Tiere (siehe oben).

Prestige und Malerei

Der *Grand Style* war bis ins 19. Jahrhundert der prestigeträchtigste Stil in der etablierten Kunst – sehr zum Nachteil anderer Genres wie der Stilllebenmalerei. Kunststudenten kopierten häufig zum Erlernen des Stils Raffaels Kartone und arbeiteten an Historiengemälden und Porträts. Hier wurde z. B. durch klassische Posen und arkadische Umgebungen der Status des Porträtierten vermittelt.

Auch wenn der *Grand Style* die Entwicklung der europäischen Kunst nachhaltig beeinflusste, endete im 19. Jahrhundert allmählich die Mode makelloser Perfektion zugunsten eines neuen Realismus. Dennoch blieb die konstruierte Schönheit bis heute ein Ziel vieler Künstler, und auch Fotografen verfolgen noch im 21. Jahrhundert ähnliche Werte. ■

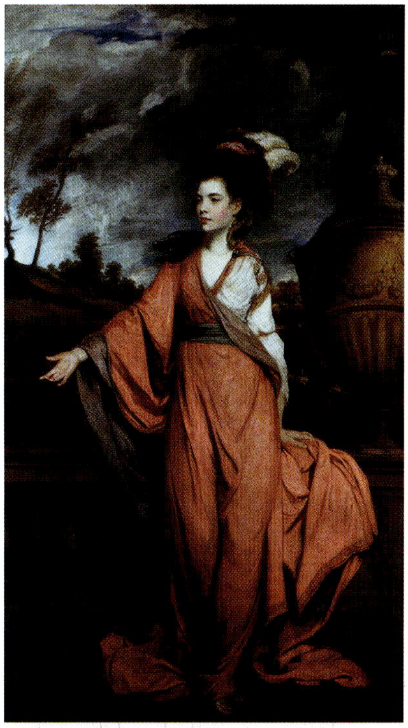

Joshua Reynolds Porträt *Jane, Gräfin von Harrington* (1778) ist typisch für den *Grand Style:* klassische Architektur und anmutige Landschaft als Ausdruck von Wahrhaftigkeit und Zivilisation.

MIT SKULPTUR MEINE ICH DAS, WAS DURCH ENTFERNEN ENTSTEHT

JUNGER SKLAVE (UM 1530–1534), MICHELANGELO

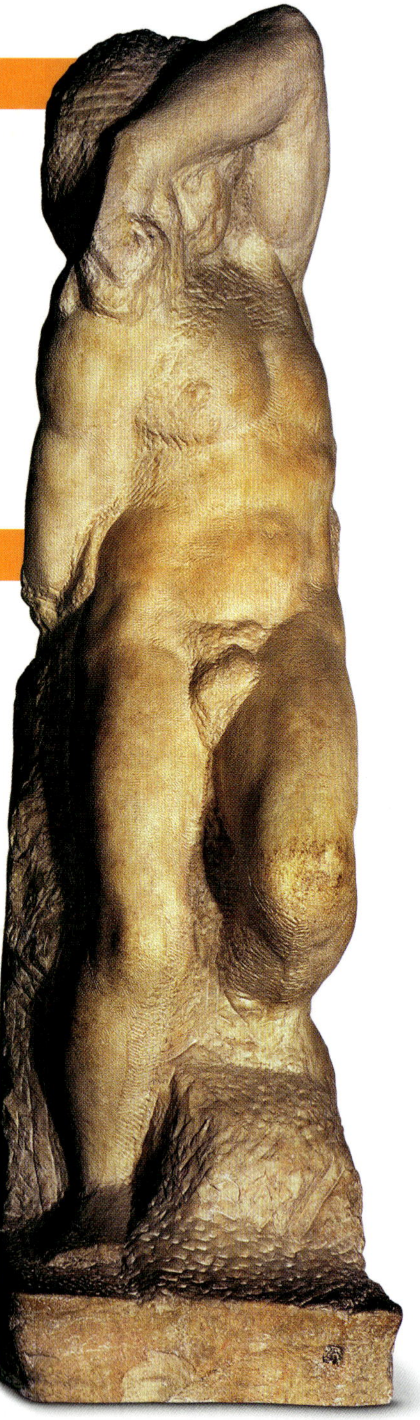

IM KONTEXT

SCHWERPUNKT
Non-finito

FRÜHER
Anfang 15. Jh. Der Florentiner Bildhauer Donatello schafft mit seinen Bronzestatuen und Reliefarbeiten erstmals »unfertige« Werke (Non-finito), um deren spirituelle und dramatische Wirkung zu erhöhen.

Ende 15. Jh. Sandro Botticelli erkundet in der Figurenmalerei Methoden des Non-finito.

SPÄTER
1875 Der französische Bildhauer Auguste Rodin lässt sich durch Michelangelos und Donatellos ausdrucksstarke Non-finito-Technik inspirieren und reist nach Italien, um deren Werke zu studieren.

Anfang 20. Jh. Der Bildhauer Jacob Epstein belebt die Tradition der Steinbildhauerei neu und sagt, die Form müsse sich im Material wiederfinden.

In nur wenigen Kunstwerken kommt der Kampf zwischen Material und Sujet so unmittelbar zum Ausdruck wie in Michelangelos Sklaven – einer Serie von Marmorskulpturen, die ursprünglich als Grabschmuck für Papst Julius II. gedacht war. Vier der Werke sind (in unterschiedlichem Stadium) »non-finito«, also »unfertig«: Einige Bereiche des Steins sind geformt und zeigen Teile des Kopfes wie des Körpers, andere sind teilweise oder ganz unbearbeitet. Dadurch entsteht der Eindruck eines in Stein eingeschlossenen und sich windenden Körpers, der dazu verdammt scheint, auf ewig um Freiheit zu ringen.

Skulpturen als Werk Gottes

Michelangelo war zutiefst religiös. Viele seiner Skulpturen und seine Arbeitsmethode insgesamt lassen sich als Metaphern für den Befreiungskampf der Seele vom Körper bzw. des Geistes, der sich von den Beschränkungen der Materie zu lösen sucht, verstehen. Seine Rolle als Künstler sah er darin, schöne Formen im Stein freizulegen. Dafür besorgte er sich feinste Marmorblöcke aus den Steinbrüchen in Carrara und bearbeitete sie – oft tagelang – von Hand, mit Hammer und Meißel, um den Marmor zu »entfernen«, der nach Gottes Willen überflüssig war. Seine Arbeitsweise stand im Kontrast zu der anderer Bildhauer, die Gipsmodelle einer Figur anfertigten, bevor sie die Abmessungen

Siehe auch: *Hl. Georg* 162 ▪ Grab Heinrichs VII. und der Elisabeth von York 164 ▪ *Griechische Sklavin* 249 ▪ *Der Vogel im Raum* 309 ▪ *Liegende* 316–317 ▪ *Grabmal für Oscar Wilde* 338

Michelangelo

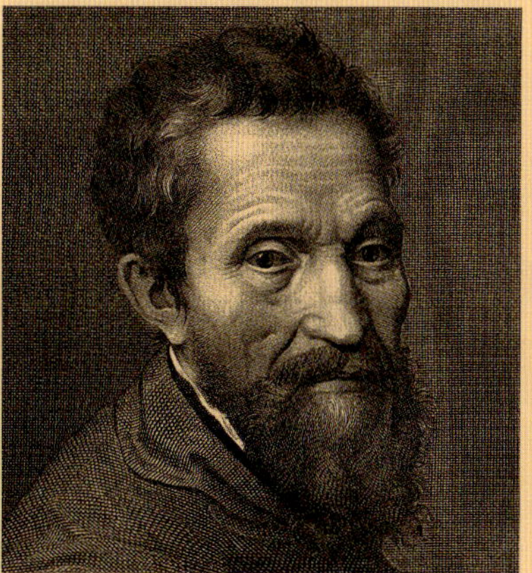

Michelangelo Buonarroti wurde 1475 in der Nähe von Arezzo (Italien) geboren. Ab 1488 ging er bei dem Maler Domenico Ghirlandaio in die Lehre und im Jahr darauf, mit 13, in die von Lorenzo de' Medici gestiftete Kunstschule. Hier zeigte er große Bewunderung für Giotto und Masaccio und fertigte Zeichnungen ihrer Werke an.

Michelangelo ließ sich als Bildhauer in Rom nieder, wo ihn seine Skulpturen *Bacchus* (1496/97) und *Pietà* zum berühmtesten Künstler seiner Zeit machten. 1508 begann er, zuerst zögernd, mit den Arbeiten in der Sixtinischen Kapelle und zeigte schon bald immense Fähigkeiten und Ausdauer bei der Fertigstellung des Deckengemäldes. 1546 wurde er zum Architekten des Doms St. Peter in Rom ernannt und widmete dieser Rolle seine letzten Lebensjahre (bis 1564), ohne dafür einen Lohn entgegenzunehmen.

Weitere Hauptwerke

1501–1504 *David*
1508–1512 Decke der Sixtinischen Kapelle
1536–1541 *Jüngstes Gericht*

auf einen Marmorblock übertrugen, um dann genau zu wissen, wo Stein abgeschlagen werden musste.

Ein großes Mysterium

Für die Arbeit in der Sixtinischen Kapelle unterbrach Michelangelo den Schaffensprozess am *Jungen Sklaven* und an drei weiteren Figuren. Nach dem Tod des Papstes 1513 wurde das Budget für dessen Grabmal gekürzt, weshalb Michelangelo nur eine Handvoll der ursprünglich rund 30 geplanten Figuren schuf.

Obwohl Kunsthistoriker unsicher sind, ob *Junger Sklave*, *Erwachender Sklave* und weitere Skulpturen absichtlich »unfertig« blieben, scheint ihr Formenstadium eine Kombination aus Notwendigkeit und künstlerischem Entschluss widerzuspiegeln: Die Skulpturen waren *non-finito* sowohl aufgrund der finanziellen Lage wie im Sinne des Ausdrucks der immensen Schwierigkeit, eine große künstlerische Vision mit Bedingungen der Auftragsarbeit in Einklang zu bringen.

Zwei seiner Skulpturen vollendete Michelangelo – *Sterbender Sklave* und *Rebellierender Sklave* (beide um 1513) – »mit eigenen Händen«, bevor das Geld versiegte. Das Problem der Finanzierung blieb indes ein Dauerthema für den Bildhauer, der später daran verzweifelte, dass er seine Jugend damit vergeudet hatte, seine kreativen Visionen von den ermüdenden irdischen Fesseln zu befreien.

Die vier Sklaven im *Non-finito*-Zustand zeigen Michelangelos überaus kraftvolle Darstellung vom Kampf des Individuums. ■

» [Michelangelo] wollte diese Figuren aus dem Marmor erlösen, in dem sie schlummerten. «

E. H. Gombrich
Die Geschichte der Kunst, 1950

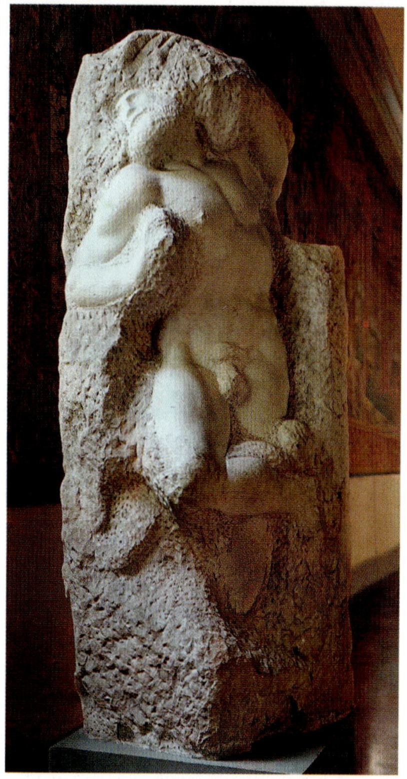

Erwachender Sklave (um 1520–1523) ist die wohl berühmteste *Non-finito*-Skulptur unter den Sklaven. Michelangelos Arbeitsspuren sind im rohen Marmorblock deutlich zu erkennen.

DIE GELIEBTE DES PRINZEN, DIE SICH IN DER WÄRME IHRES EIGENEN FLEISCHES AALT

VENUS VON URBINO (1538)

TIZIAN

Detail aus *Venus von Urbino*

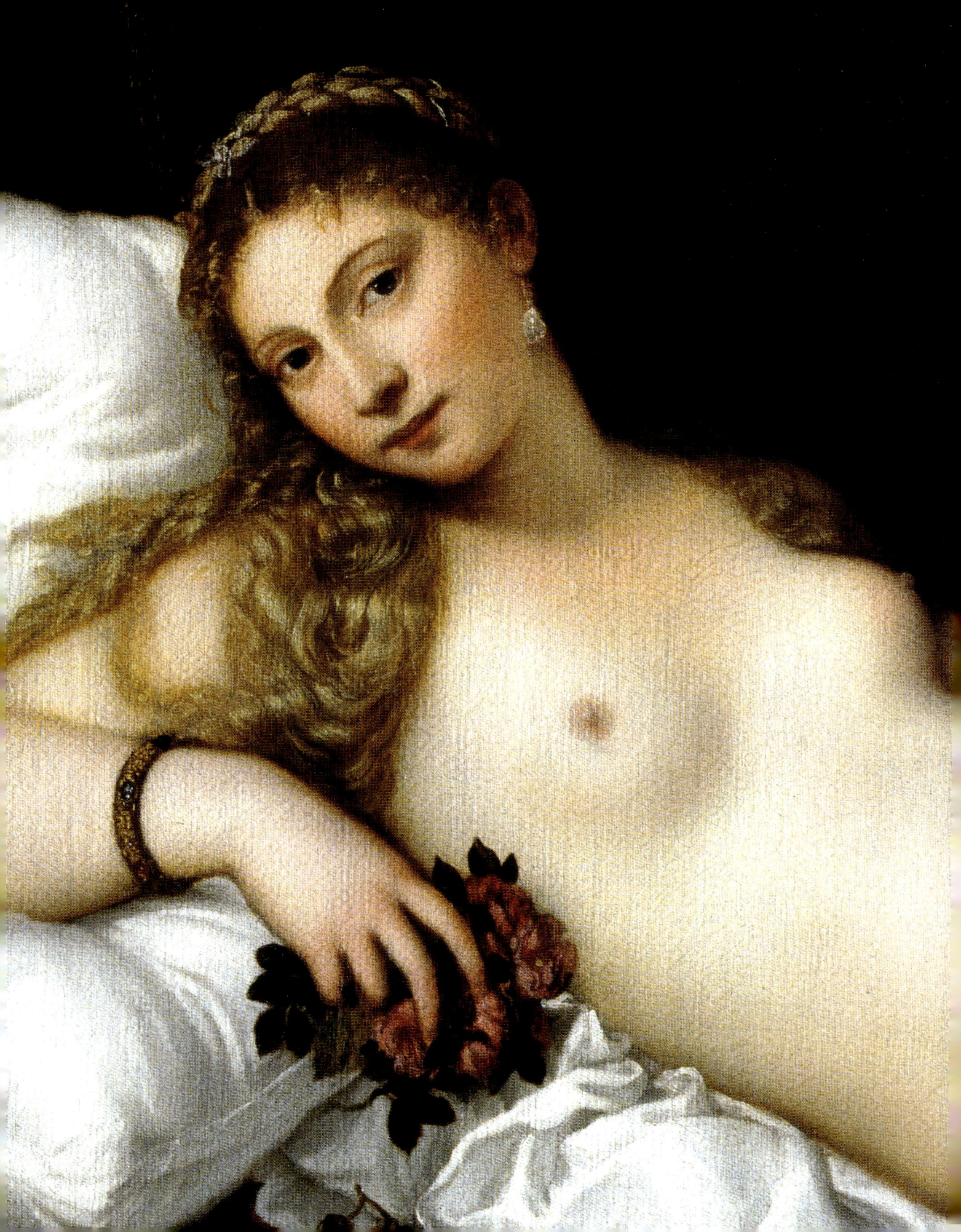

IM KONTEXT

SCHWERPUNKT
Der weibliche Akt

FRÜHER
35 000 v. Chr. Die ältesten bekannten weiblichen Akte, kleine Figurinen als Symbol weiblicher Sexualität und Fruchtbarkeit, entstehen in Europa.

um 350 v. Chr. Der Bildhauer Praxiteles aus Athen schafft als Erster eine lebensgroße weibliche Aktplastik, die *Aphrodite von Knidos*.

um 1508–1510 Der Venezianer Giorgione malt die *Schlafende Venus*, auf die sich Tizian mit seiner Venus bezieht.

SPÄTER
1647–1651 Diego Velázquez malt *Venus vor dem Spiegel*.

1863 Édouard Manet malt *Olympia* und bezieht sich auf Tizians Bild. Er ersetzt Venus durch eine Prostituierte, was 1865 zu einem Skandal führte.

Der Akt in der bildenden Kunst ist selten nur das Abbild eines nackten Körpers. Fast jede Darstellung eines unbekleideten Menschen wird von philosophischen, kulturellen oder erotischen Assoziationen begleitet.

Auch wenn bereits prähistorische Völker die weiblichen Formen in Figurinen zu zwecken von Fruchtbarkeitsriten stilisierten, so trifft man auf rein künstlerische Aktdarstellungen der westlichen Kultur erst im klassischen Griechenland. Bildhauer der Antike schufen meisterhafte Aktskulpturen, in denen sie Götter und Helden porträtierten und den menschlichen Körper priesen. In Griechenland wurden zur Huldigung athletischer Tapferkeit Spiele und Feste veranstaltet. Hier tauchten bereits um das 6. Jahrhundert v. Chr. männliche Aktstatuen in verschiedenen Posen auf, doch erst zwei Jahrhunderte später akzeptierte man auch den weiblichen Akt als künstlerisches Thema.

Eine der frühesten und berühmtesten weiblichen Aktstatuen ist die lebensgroße Aphrodite (im antiken Rom Venus genannt), Göttin der Liebe und der Schönheit, des Bildhauers Praxiteles von Athen.

> »Der Maler muss nach dem Wesen der Dinge suchen und stets die wesentlichen Eigenschaften und Emotionen der Person, die er malt, darstellen.«
>
> **Tizian**

Er schuf angeblich zwei Versionen für die Insel Kos – eine nackt, die andere bekleidet. Obwohl Aphrodite in der nackten Version ihre Scham mit einer Hand bedeckt, lehnten die Koser sie ab. Die Statue wurde später in Knidos aufgestellt und dort vielfach aufgesucht, bewundert und kopiert. Der römische Gelehrte Plinius d. Ä. beschrieb sie als schönste Statue der Welt. Mit ihr setzte eine neue Tradition der Venusdarstellung ein, die in der Kunstgeschichte weihin nachhallte. Mit Ausnahme des Mittelalters (als Nacktheit als Sünde galt) wurden die klassischen idealen

Tizian

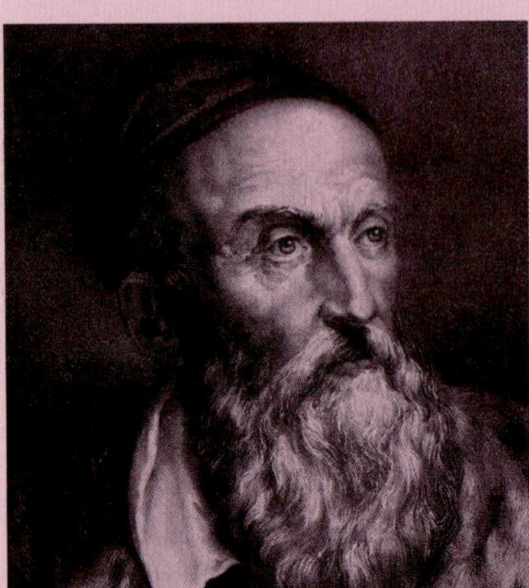

Tiziano Vecellio, genannt Tizian, wurde in den 1480er-Jahren in Pieve di Cadore (Italien) geboren und trat 1507 Giovanni Bellinis Werkstatt in Venedig bei, obwohl sein Stil zunächst eher von Giorgione beeinflusst war. Sein Altarbild *Himmelfahrt Mariä* (1516–1518) zementierte seinen hervorragenden Ruf und verhalf ihm zu Kontakten in italienischen Adelskreisen und zu König Franz I. von Frankreich.

1533 wurde Tizian von Kaiser Karl V. als erster Maler am Kaiserhof zum Ritter geschlagen. Von 1550 bis 1556 malte er für Philipp II. von Spanien sieben mythologische Themenbilder nach Ovids *Metamorphosen*. Er zeigte sich in sämtlichen Genres versiert – ob in Porträts, religiösen Werken oder mythologischen Szenen und Akten – und wurde sehr wohlhabend. Am 27. August 1576 starb Tizian an der Pest: Er gilt als bedeutendster Maler der Venezianischen Schule.

Weitere Hauptwerke

1519–1526 *Madonna der Familie Pesaro*
1530 *Tod des hl. Petrus Martyr*
1548 Porträt Karls V. zu Pferde

Siehe auch: Venus von Willendorf 20–21 ▪ *Das Abendmahl* 165 ▪ *Diana nach dem Bade* 224 ▪ *Die große Odaliske* 236–237 ▪ *Frauen im Garten* 256–263 ▪ *Olympia* 279

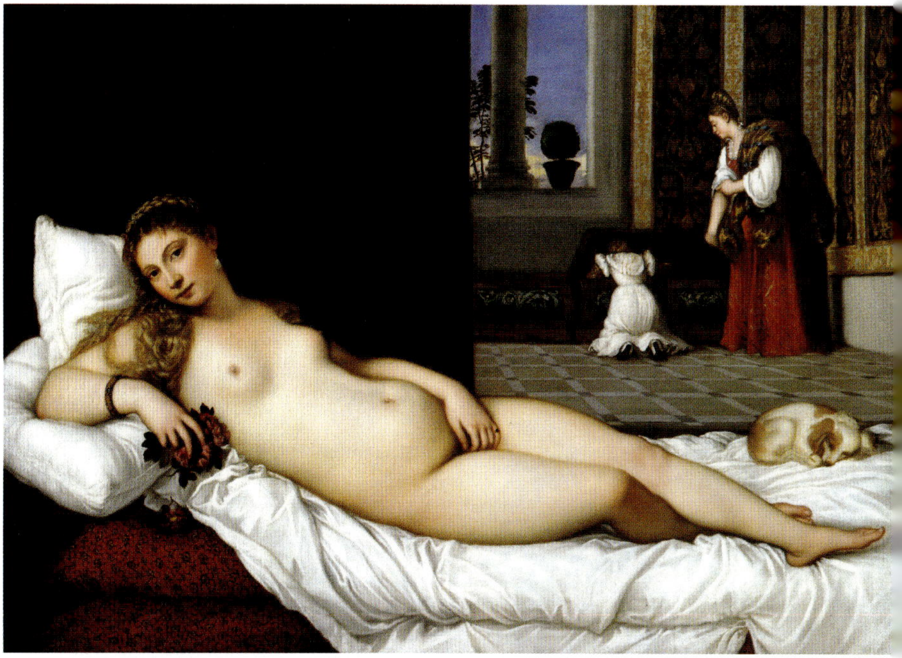

Weibliche Akte wurden oft als »Venus« betitelt, um ihnen Seriosität zu verleihen. Ob es sich bei der dargestellten Frau im Bild *Venus von Urbino* tatsächlich um die Göttin handelt?

Körper unzählige Male nachgeahmt. Antike Statuen wurden aufgrund ihrer Klarheit und Formperfektion gepriesen, wobei die klassische Symbolik klar zwischen männlichen und weiblichen Akten unterschied: Der männliche verkörperte meist aktive, edle Werte, der weibliche hingegen ein passives, erotisches Potenzial. Diese Symbolsprache lebte auch unter den Künstlern der Renaissance und des Barock fort.

Komplett entblößt

In seiner meisterhaften Adaption der klassischen Tradition zeigt sich Tizian der sexuellen Ausstrahlung seiner *Venus von Urbino* sehr wohl bewusst und setzt den Kontrast zwischen der Schärfe dekorativer Details und der Weichheit des fleischlichen Körpers ein, um den Blick des Betrachters auf den hingestreckten Leib zu ziehen. Die Haut der Venus malte er in warmen, sanft zwischen Licht und Schatten changierenden Tönen. Die Körperoberfläche behandelt er wie eine polierte Muschel: Sie ist glatt, weich und schimmert vor dem dunklen Mobiliar. Haut und Haarsträhnen wirken einladend – und das Sträußchen roter Rosen, das Venus lässig in ihrer Rechten hält, verweist metaphorisch auf ihre Scham, die sie mit der Linken bedeckt. Auch die Stoffe wirken sinnlich und verlockend.

Gegen diese sanfte Erotik setzt der Maler den harten Kontrast metallener Schmuckstücke: ein Armband, einen Ring und einen sichtbaren Ohrring. Sie verstärken die weichen Kurven des ansonsten entkleideten und gelösten Körpers. Tizians Maltechnik betont die Sinnlichkeit seines Sujets: Äußerst kontrolliert beschreibt er aufwendige Muster und setzt durch großzügig aufgetragene Farbschichten klare Konturen.

> » Die Augen sind's: Venus' Augen, die unwiderstehlich unserem Blick standhalten – sie offenbaren ihren Charakter, ihren Intellekt und ihre wählerische Macht. «
>
> **Rona Goffen**
> *Tizian's Women,* 1997

Die Augen sind's

Die Venus von Urbino lädt dazu ein, die Schönheit der weiblichen Körperform zu betrachten. Zugleich hinterfragt Tizian die Motive der Dame. Die Leinwand wird durch den schweren Vorhang hinter dem weiblichen Körper optisch zweigeteilt – in eine private und eine öffentliche Zone, eine unerlaubte und eine erlaubte, eine erotische und eine alltägliche – und macht dem Betrachter das Eindringen in Erstere bewusst. Zudem weckt der direkte Blick der Venus subversive Assoziationen – oder, wie die US-amerikanische Kunsthistorikerin Rona Goffen feststellt: »Die Augen sind's.« Statt dem Anblick prüde auszuweichen und passiv zu bleiben, schauen die Augen der nackten Frau dem Betrachter schamlos entgegen. Wir sehen, dass sie ihren Körper bewusst präsentiert, und ihr Blick hinterfragt unseren Voyeurismus. »

Symbol und Identität

Der Akt repräsentiert das weibliche Ideal der Renaissance, das – wie die Göttin Venus – Liebe, Schönheit und Fruchtbarkeit symbolisiert. Immer wieder fragte man sich, wer die Frau im Bild war. Im Hintergrund sind Stubenmädchen mit Kleidern ihrer Herrin beschäftigt: ein Indiz dafür, dass sie eher eine Sterbliche als eine Göttin ist. Briefe aus der Entstehungszeit des Bildes beschreiben sie als *la donna nuda,* die nackte Frau, ohne einen Namen zu nennen. Viele nahmen an, es handele sich um Tizians Geliebte und nicht um die Frau eines Mäzens: Der offensichtlich erotische Ausdruck wäre bei einer verheirateten Frau aus besseren Kreisen nicht akzeptabel gewesen.

Bekannt ist indes, für wen das Gemälde erworben wurde: Guidobaldo II. della Rovere, Herzog von Urbino, schenkte es seiner jungen Gattin Guilia Varano. Das Bild mag seinerzeit in der Brautkammer gehangen haben, um das Paar zu stimulieren. Das Fenster im Bild sieht genauso aus wie jene auf einer Zeichnung des herzoglichen Palasts in Urbino: ein weiterer Hinweis auf den Erstbesitzer des Bildes. Die Myrte auf dem Fenstersims ist ein

> »Gerechtigkeit ist ein Element von Schönheit – ebenso wie Farbe und Konturen auf der Leinwand.«
>
> **Mary Richardson**
> in einem Brief an die Londoner *Times,* 1914

Symbol ewiger Treue. Auch andere Elemente im Bild symbolisieren Beständigkeit: Der Spaniel auf dem Bett steht ebenso für Treue, das Rosensträußchen für Liebe. Die Stubenmädchen könnten gar das Hochzeitsbett vorbereiten.

Veränderte Haltung

Im Lauf der Jahrhunderte änderte sich die Haltung gegenüber weiblichen Aktdarstellungen zunehmend. Nach der Französischen Revolution 1789 gewann der Akt einer Frau vor jenem des männlichen Helden an Popularität und wurde zum respektablen Genre in der Malerei. Während Künstler des Barock wie des Rokoko in einer offen erotischen Verspieltheit schwelgten, nutzten spätere Maler den Akt zur Auslotung sich verändernder Haltungen gegenüber Sexualität: Bei Édouard Manets *Olympia* (1863) z. B. stand die *Venus von Urbino* Pate – wenngleich ihre Hand den Blick des Betrachters weniger zu locken als vielmehr abzuwehren scheint.

Zu Beginn des 20. Jahrhunderts führte die Frauenemanzipation zu einer radikalen Neuinterpretation des weiblichen Akts. 1914 schlitzte die Suffragette Mary Richardson Velázquez' *Venus vor dem Spiegel* in der Londoner National Gallery mit einem Fleischerbeil auf. Das Bild zeigt die Göttin von hinten, sie scheint in ihr eigenes Spiegelbild versunken, das Cupido ihr vorhält. Ihr verschwommen dargestelltes Gesicht im Spiegel könnte man als Hinweis darauf deuten, dass hier eher die Frau im Allgemeinen gezeigt werden sollte, oder aber auf Velázquez' Kritik an dem Interesse des Betrachters. Jenseits dessen sah Richardson das Bild v. a. als eklatantes Beispiel der künstlerischen Degradierung der Frau zum Lustobjekt. Für sie repräsentierte es den männlichen Voyeurismus in Kunstgalerien und die gesamt-

Weibliche Akte mit Einfluss auf die westliche Kunstgeschichte

Aphrodite von Knidos (um 350 v. Chr.), Praxiteles von Athen

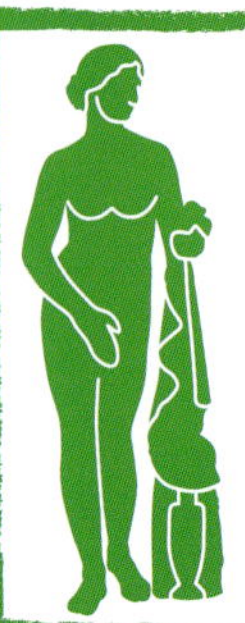

Die Originalstatue zeigte eine sinnliche Liebesgöttin, die beim Bad überrascht wird. Sie war berühmt und wurde vielfach kopiert. Einige Kopien kann man bis heute in Museen finden.

Die Geburt der Venus (um 1484), Sandro Botticelli

Botticelli brach mit der Tradition und zeigte einen Akt in der Größe eines religiösen Gemäldes. Seine *Venus* entspricht dem Renaissance-Ideal von Schönheit: blass, lange Glieder, hängende Schultern und ein leicht gewölbter Bauch.

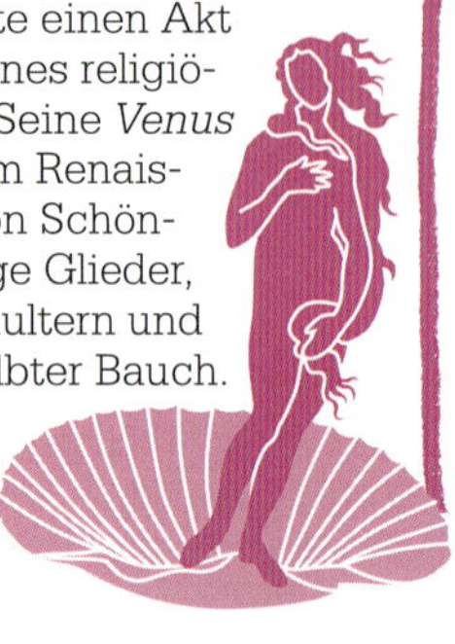

Die Badende von Valpinçon (1808), Jean-Auguste-Dominique Ingres

Der französische Maler war bekannt für lange Glieder und erotische Proportionen. Bei der anmutigen Studie eines sitzenden weiblichen Akts inspirierten ihn antike Kunst und Meister der Renaissance.

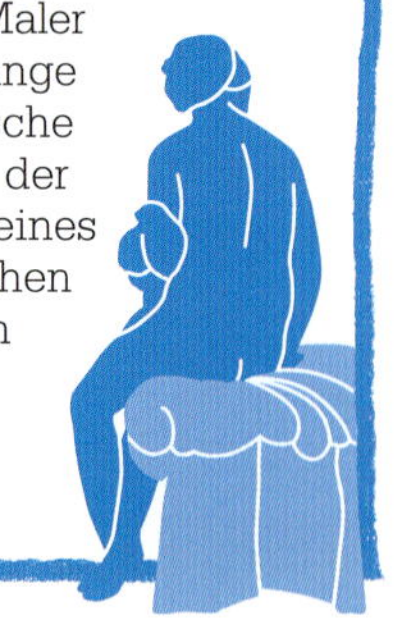

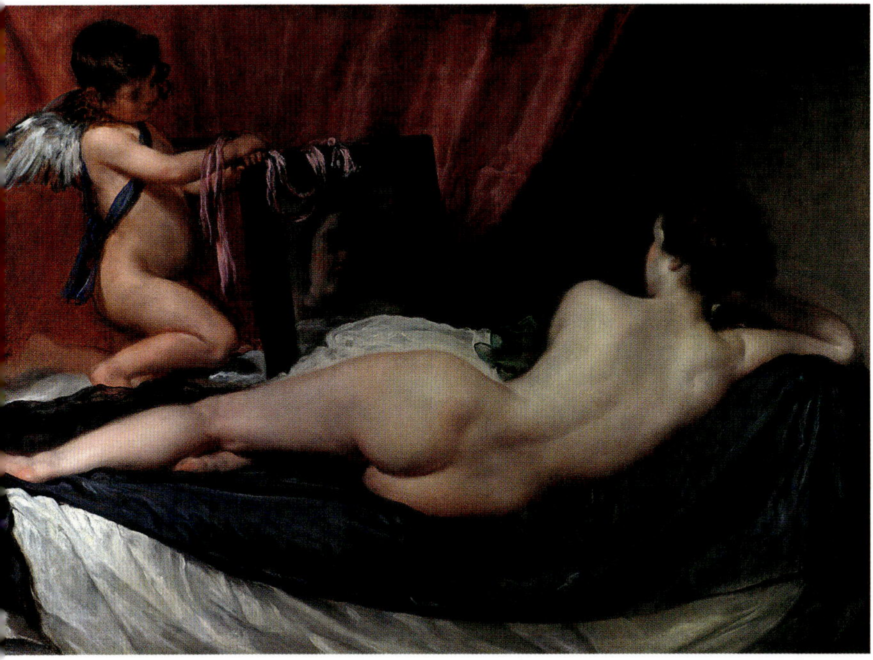

Die sinnliche *Venus vor dem Spiegel* (1648–1651) ist das einzige erhaltene Aktgemälde des Spaniers Velázquez. Aufgrund der Zensur durch die Kirche in seinem Heimatland mied er das Sujet.

gesellschaftliche Ungerechtigkeit gegenüber der Rolle der Frauen.

Fortgesetzter Dialog

In dem Reisebericht *Bummel durch Europa* (1880) beschreibt der US-Autor Mark Twain seine Begegnung mit der *Venus von Urbino* in den Uffizien in Florenz. Er nennt das Bild »das faulste, abscheulichste, obszönste Bild, das die Welt besitzt« und lehnt die implizite Erotik, die die Platzierung von Arm und Hand des Mädchens offenbart, ab. Eine veränderte Rolle der Kunst in der Gesellschaft zeigt sich indes, wenn moderne feministische Kunsthistorikerinnen fragen, wie Tizian mit seiner Venus versucht haben könnte, die Tradition der Degradierung des weiblichen Akts zum Lustobjekt zu unterlaufen: Das Bild gehörte zunächst Guilia Varano, später erwarb es Vittoria della Rovere, die Großherzogin der Toskana, für ihr Schlafzimmer. Die Frau im Bild erlaubte vielleicht den Blick auf ihren Körper nur im häuslichen Kontext und nur von Betrachterinnen. So gesehen ließe sich das Gemälde als Zelebrierung des eigenen weiblichen Körpers deuten.

Interpretationen von Aktdarstellungen werden, als Reaktion auf sich verändernde gesellschaftliche Positionen und Normen, immer wieder differieren und weiterhin den Diskurs über Geschlecht und Macht begleiten. Der Akt ist eine bemerkenswert feste Größe, an der wir uns messen können. Anders als Kunstwerke, die sich mit speziellen kulturellen Aspekten beschäftigen, oder Porträts, die stets aktuelle Moden präsentieren, bleibt das grundlegende Thema des menschlichen Akts unverändert. Tizians Venus zeigt sich seit nunmehr fast 500 Jahren in derselben Pose. Die Reaktionen darauf werden sich indes so lange wandeln, wie der kunsthistorische Dialog anhält. ■

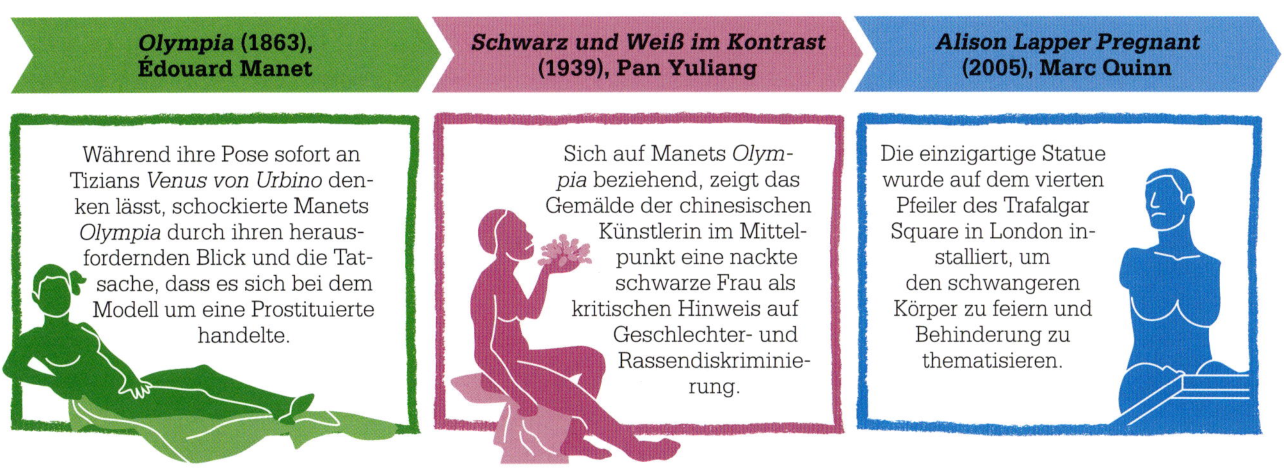

SEINE MAJESTÄT KONNTE SICH NICHT SATTSEHEN AN IHR

SALIERA (1540–1543)
BENVENUTO CELLINI

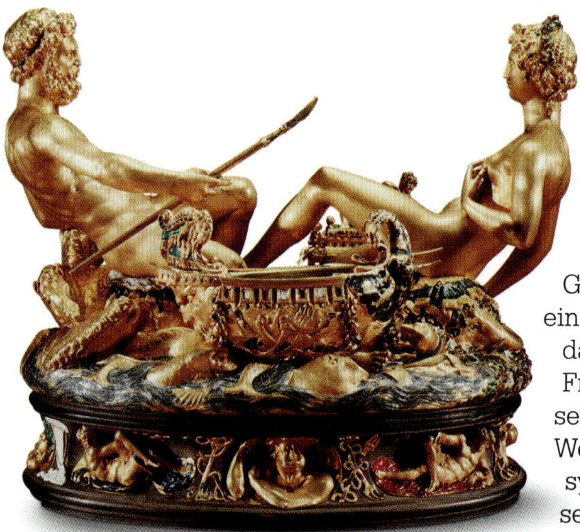

Unter »Manierismus« versteht man meist den italienischen Kunststil des 16. und 17. Jahrhunderts. Er verbreitete sich an den europäischen Höfen, v. a. in Frankreich. Als eleganter, dekorativer und bewusst gekünstelter Stil war er bei Elite und Bildungsschicht beliebt. Seine selbstbewusste Raffinesse hob sich von der Harmonie ab, die Renaissance-Künstler verfolgten.

Der Florentiner Goldschmied und Bildhauer Benvenuto Cellini (1500–1571) – dem man nachsagte, er sei so arrogant und skrupellos gewesen, dass er 1534 einen Kollegen ermordete – genoss die Aufmerksamkeit der Mächtigen und befriedigte ihren dekadenten Geschmack. Die *Saliera* – ein vergoldetes Salzfässchen, das er für König Franz I. von Frankreich schuf – ist eines seiner wenigen erhaltenen Werke. Die männliche Figur symbolisiert den Ozean in all seiner Majestät. Dieser sitzt vor einem Schiff für das Salz und hält einen Dreizack. Die weibliche Figur repräsentiert die Erde – neben ihr ein geschmückter Tempel, der auf der königlichen Tafel für den Pfeffer vorgesehen war. Das Objekt offenbart Cellinis Erfindungsreichtum und seinen Hang zur höfische Grandezza. Es passt zu der kleinen Skulptur und zum stürmischen Leben ihres Schöpfers, dass sie 2003 in Österreich gestohlen und erst drei Jahre später wiedergefunden wurde. ■

IM KONTEXT

FOCUS
Höfischer Manierismus

FRÜHER
um 1530–um 1610 Unter König Franz I. von Frankreich beginnen Künstler, ihre Arbeit am Geschmack des französischen Hofes zu orientieren. Später wird diese Stilrichtung unter dem Begriff »Schule von Fontainebleau« zusammengefasst.

SPÄTER
um 1545 Agnolo Bronzino, Hofmaler unter Cosimo de' Medici, malt seine *Allegorie der Liebe.* Der Florentiner Herrscher schenkt das Werk später König Franz I.

um 1570 Nicholas Hilliard wird Hofmaler Königin Elisabeths I. von England. Seine Bilder stellen ihren Wohlstand und ihre Macht heraus.

» Ein Künstler zu sein bedeutete für ihn nicht mehr, den geachteten und sesshaften Besitzer einer Werkstatt zu spielen; er sah sich als Virtuosen, um dessen Gunst Fürsten und Kardinäle buhlten. «

E. H. Gombrich
Die Geschichte der Kunst, 1950

Siehe auch: Chinesische Jadeschnitzerei 33 ▪ Medaille für Cecilia Gonzaga 120–121 ▪ Benin-Bronzen 153 ▪ *Jüngling unter Rosen* 160 ▪ *Allegorie der Liebe* 164 ▪ *Merkur* 165

BENVENUTO CELLINI HÄTTE SIE NICHT BESSER MACHEN KÖNNEN

BENIN-BRONZEN (UM 1500–1600)

IM KONTEXT

SCHWERPUNKT
Messingguss

FRÜHER
um 9. Jh. Gussbronze-Artefakte aus Igbo-Ukwu (Nigeria) zeigen Herstellungsspuren des Wachsausschmelzverfahrens.

1110–1500 Bei den westafrikanischen Ife entstehen naturalistisch gestaltete Metallköpfe.

um 1400 Durch portugiesische Händler gelangen Messingarmbänder nach Benin. Künstler schmelzen die Metalllegierung ein und machen daraus Schmucktafeln für den Palast ihres Herrschers Oba.

SPÄTER
1914 Oba Eweka II. wird in Benin gekrönt. Er belebt das Handwerk neu und lässt Repliken der 1897 von den Briten entwendeten Objekte fertigen.

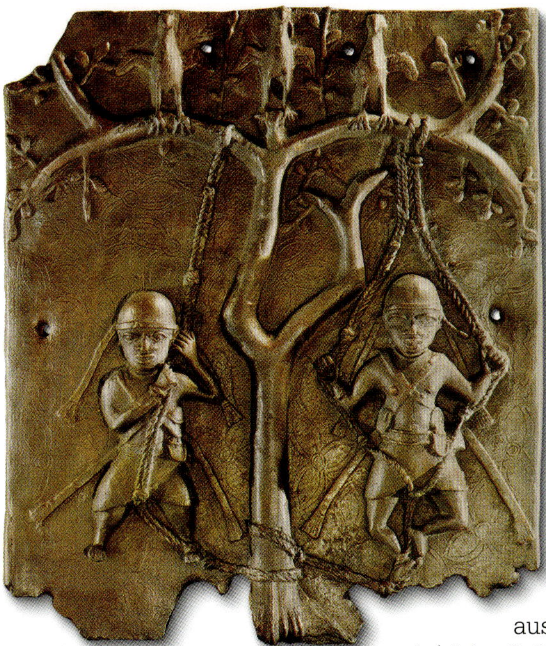

Ein britischer Militärtrupp nahm 1897 im Süden des heutigen Staates Nigeria die damalige Hauptstadt des Königreichs Benin ein – als Reaktion auf ein Massaker an einer britischen Delegation. Die Stadt wurde niedergebrannt und geplündert und damit das Ende des Königreichs Benin besiegelt. Die Briten nahmen Tausende von Bronzen aus dem Obapalast mit, die von so erlesener Qualität waren, dass der österreichische Archäologe Felix von Luschan sagte: »Benvenuto Cellini hätte sie nicht besser machen können.«

Die Benin-»Bronzen« sind eigentlich aus Messing. Für ihre Herstellung stellten die Obas nur äußerst talentierte Messingschmiede ein, die das Wachsausschmelzverfahren (siehe S. 38) anwandten. Zu ihren Werken zählten neben Körperschmuck und frei stehenden Plastiken rund 1000 Relieftafeln, die Wände und Säulen des Herrscherpalasts schmückten. Darauf waren höfische Alltagszenen, historische Ereignisse und Rituale dargestellt. Die Tafel hier zeigt *isiokuo,* ein Ritual zu Ehren Oguns, des Kriegs- und Eisengottes. Die Figuren führen einen akrobatischen Tanz (*amufi*) auf. Drei Vögel auf dem Baum verweisen auf Esigie, einen Beniner Kriegerkönig des 16. Jahrhunderts, den zu Beginn einer Schlacht ein Vogel vor einer nahenden Katastrophe warnte. Der König ließ daraufhin den Vogel töten und verkünden, solche Prophezeiungen sollten ignoriert werden, um den Erfolg nicht zu gefährden. Zur Erinnerung ließ Esigie einen Messingstab mit dem Bild eines Vogels herstellen, wie sie noch heute beim Ugie-Oro-Fest zu Ehren von Esigies Sieg über das Nachbarkönigreich Idah eingesetzt werden. ■

Siehe auch: Chinesische Ritualgefäße 32 ▪ Bronzestatuen von Riace 36–41 ▪ Shiva Nataraja 76–77 ▪ Statuen der Osterinsel 78 ▪ Bernwardstür in Hildesheim 100

SELTEN WURDE EINER LANDSCHAFT ALS THEMA SOLCH EIN EHRENPLATZ ZUTEIL

***DIE JÄGER IM SCHNEE* (1565)**

PIETER BRUEGEL DER ÄLTERE

Detail aus *Die Jäger im Schnee*

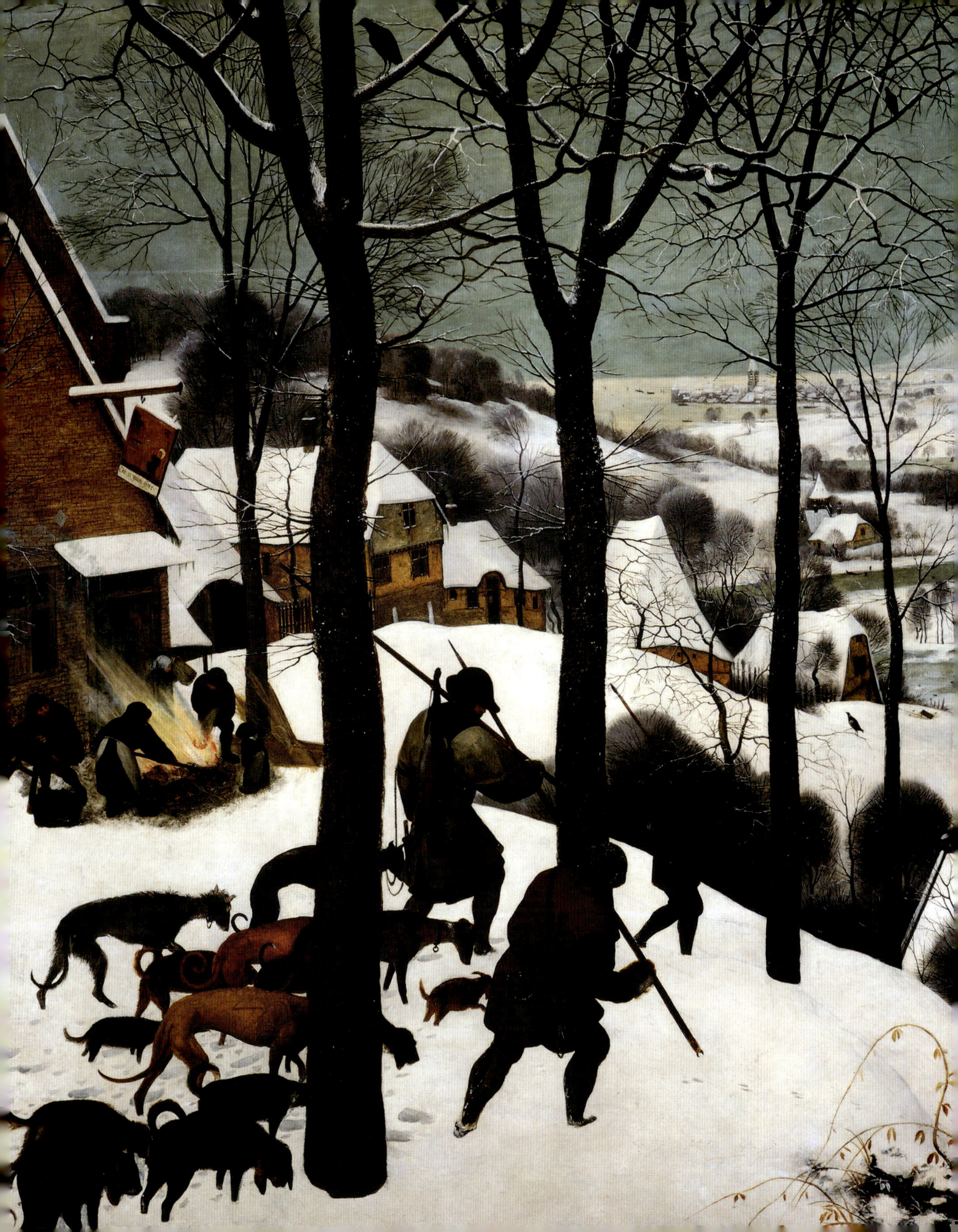

IM KONTEXT

SCHWERPUNKT
Landschafts- und Genremalerei

FRÜHER
um 1420 Das illuminierte Turin-Mailänder Stundenbuch enthält Miniaturen, in denen mit Perspektive und realistischen Landschaftsdarstellungen experimentiert wird.

um 1515–1520 Joachim Patinir aus Antwerpen, der erste Landschaftsmaler, malt den *Hl. Hieronymus in der Wüste*.

SPÄTER
1748 Das Bild *Landschaft in Suffolk* des englische Künstlers Thomas Gainsborough zeigt Einflüsse der niederländischen Landschaftsmalerei des 17. Jh.

1851/52 Der Franzose Gustave Courbet malt *Die Mädchen aus dem Dorf* – darin verbindet er die Landschaft seines Heimatortes Ornans mit einer Szene im Stil der Genremalerei.

»Beinahe jedes Bild Bruegels […] transportiert den Betrachter im Handumdrehen in das Leben, wie man es vor mehr als 400 Jahren kannte.«

Robert L. Bonn
Painting Life: The Art of Pieter Bruegel, the Elder, 2007

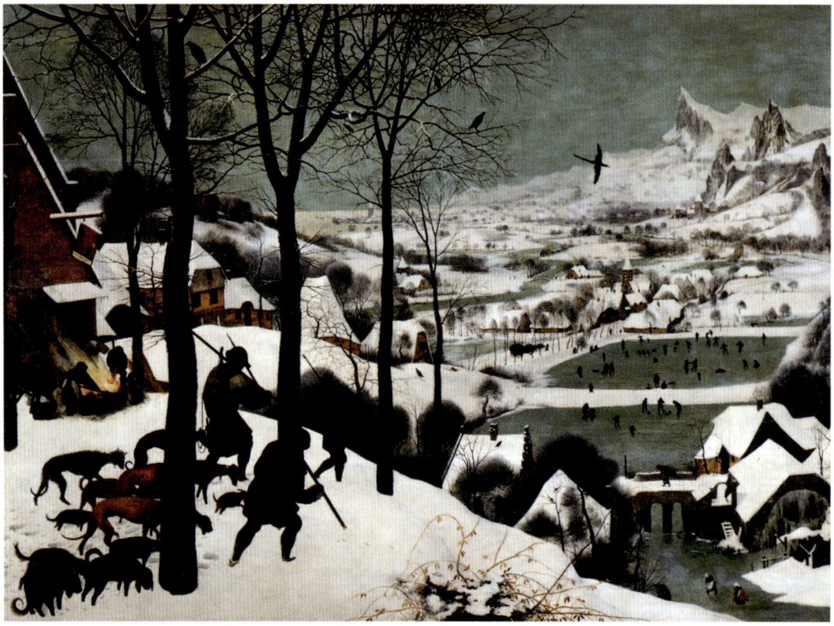

In *Die Jäger im Schnee* zeigt Bruegel die Verwandlung der Landschaft im Winter. Das Panorama von einem erhöhten Aussichtspunkt ist typisch für seine Landschaften.

Pieter Bruegel d. Ä. war ein Wegbereiter der Landschaftsmalerei. In seinem Werk blieb die Natur nicht länger im Hintergrund, sondern wurde selbst zum Thema: Seine Bildkompositionen waren buchstäblich wie thematisch von der Topografie bestimmt. Der erste Künstler aber, der sich auf Landschaftsmalerei spezialisiert hatte, war Joachim Patinir aus Antwerpen.

Bereits im 14. und 15. Jahrhundert hatten Künstler begonnen, Landschaften als Hintergrund für andere Bildthemen zu nutzen. Im Zuge der Renaissance platzierten Maler häufig religiöse und mythologische Szenen in idyllische Landschaften italienischen Stils. Diese blieben aber dem religiösen oder historischen Thema untergeordnet.

Nun aber stellte Bruegel die Landschaft ins Zentrum seiner Werke, und die Aktivitäten des Menschen darin zeigte er als einen Bestandteil. Ihn interessierten die Aussichten, die Geräusche und die alltäglichen Erfahrungen des Lebens mit der Natur. Seine Landschaften wurden von den Bewohnern beeinflusst und umgekehrt.

Die kleine Eiszeit

Mitte des 16. Jahrhunderts erlebte die nördliche Hemisphäre einen drastischen Temperaturrückgang mit klimatischen Veränderungen, die Klimaforscher als »kleine Eiszeit« bezeichneten. Einer der kältesten Winter in der Erinnerung der Menschheit war der von 1565 – im Jahr, als Bruegel sein Bild *Jäger im Schnee* malte.

Er thematisierte darin die Ängste der Menschen angesichts der Wetterveränderungen und ihrer Auswirkungen auf das Leben durch eine innovative Darstellung von Alltagsszenen in ungewohnter, unter Schnee begrabener Landschaft. Als Antwort auf den extremen Kälteeinbruch, der die Landschaft in strahlendes Weiß hüllte, Flüsse und Seen zufrieren und viele Lebewe-

Siehe auch: *Wind in den Bäumen am Flussufer* 96–97 ▪ *Ascanius erlegt den Hirsch der Silvia* 192–195 ▪ *Tintern Abbey* 214–215 ▪ *Burg Bentheim* 223

sen in den ungewohnten Bedingungen umkommen ließ, hielt Bruegel diverse Winterszenen auf Leinwand fest. Seine Werke drücken die Bedrohung aus, die der landschaftlichen Schönheit innenwohnte.

Leben in der Landschaft

Die berühmte Bildkomposition *Jäger im Schnee* zeigt die Schnittstelle zwischen Landschaft und Alltagsleben und öffnet den Blick auf die Freuden und die Nöte in ökologisch turbulenten Phasen europäischer Geschichte. Bruegel hält der Bedrohung die außergewöhnliche Schönheit der Natur und den bewundernswerten Gemeinschaftsgeist der Menschen entgegen, wobei die drückende Angst u. a. in der gebeugten Haltung der heimkehrenden Jäger (im Vordergrund) zum Ausdruck kommt. Der tägliche Kampf gegen eine grimmige Natur bestimmt das Bild und erinnert daran, dass trotz nahe gelegener heimischer Dächer das Überleben auf dem Spiel steht.

Alpine Einflüsse

Bruegel reiste 1552 über die Alpen nach Italien. Unterwegs zeichnete er unentwegt. Beispiele seiner ersten Eindrücke sind ebenso erhalten geblieben wie detailliertere Feder- und Tuschezeichnungen, die er nach seiner Rückkehr anfertigte. Die Alpen beeinflussten Bruegels Stil nachhaltig, und auch in *Jäger im Schnee* sind sie präsent. Die Szenerie ist naturalistisch dargestellt – doch die Aussicht ist eine Erfindung, für die der Maler auf seine Erinnerung an die Alpen zurückgriff. Schroffe Bergformationen, die sich rechts in der Ferne aus dem flachen Gelände erheben, kennzeichnen die Bildlandschaft – noch vor dem quirligen Städtchen im Tal. Jenseits dessen haben sich große Schnee- und Eisfelder gebildet: eine für die Niederlande untypische Topografie. In der weiten, beinahe fantastisch wirkenden alpinen Landschaft wird durch die Palette eiskalter und gedeckter Blau-Grün-, Grau- und Brauntöne die Kälte noch betont.

Die Spitzen der höchsten Berge scheinen die Form der zwei Kirchturmspitzen im Tal aufzunehmen und weisen auf den Größenunterschied zwischen der natürlichen und der von Menschen geschaffenen Welt hin. Ermutigt Bruegel hier zu einer spirituellen Lesart ››

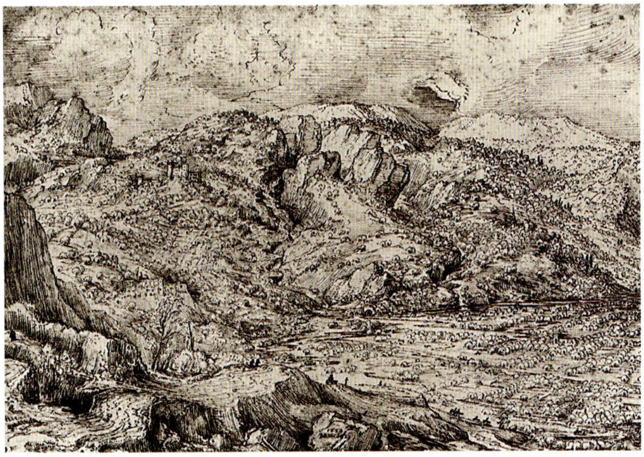

Bruegel schuf zahllose Federskizzen von Alpenszenerien – wahrscheinlich waren dies Kompositionen und weniger tatsächliche Ansichten. Sie fanden später v. a. in die zerklüfteten Berge seiner ansonsten so typisch niederländischen Landschaften Eingang.

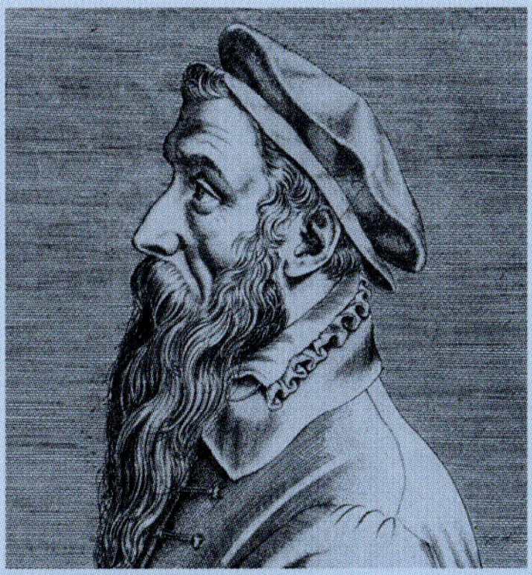

Pieter Bruegel

Über seine ersten Jahre ist wenig bekannt; der große Maler der niederländischen Renaissance wurde wohl um 1525 in Breda geboren und in Antwerpen ausgebildet – vielleicht von Pieter Coecke –, bevor er 1551 der Malerzunft beitrat. Bald darauf reiste er nach Italien und kehrte 1554 nach Antwerpen zurück. Hier entwarf er Stiche für den Verleger Hieronymus Cock. In dieser Zeit bevölkerte er seine Werke mit allerlei Figuren und reagierte damit auf den Ruf nach Werken im Stil des Malers Hieronymus Bosch.

1563 ging Bruegel nach Brüssel; dort entwickelte er größere Figuren in anspruchsvolleren Zusammenstellungen. Seine schönsten Werke datieren aus dieser Zeit, etwa die Bilderserie der Monate (1565). Bruegel starb 1569; sein Einfluss auf die flämische Malerei war immens. Seine Söhne Pieter der Jüngere und Jan der Ältere waren ebenfalls Maler.

Weitere Hauptwerke

um 1555–1558 *Zwölf große Landschaften*
1559 *Die niederländischen Sprichwörter*
um 1568 *Die Bauernhochzeit*

des Bildes, indem er die enorme Weite der Natur als unbestrittenen und unvorhersehbaren Meister menschlichen Schicksals zeigt?

Veränderung im Alltag

Inmitten des eisigen Umbruchs bietet der Maler einen positiven Aspekt zum Ausgleich für die Schatten, die die ungewöhnlichen Berge werfen: Die Gemeinschaft wuselt lebendig umher – trotz oder vielmehr wegen der bitteren Kälte. Der Alltag ist anders als sonst, leuchtet aber in vieler Hinsicht auf.

Im Gemälde zeigen sich die Welt der Menschen und die Natur in einer weit komplexeren Beziehung miteinander verflochten als bei einer Unterordnung der einen unter die andere. Statt sich der großen Kälte zu ergeben, laufen Menschen auf den zugefrorenen Seen Schlittschuh und fahren Schlitten. Tüchtige, entschlossene Männer machen sich, in viele Schichten gehüllt, mit treuen Hunden auf den Weg durch den Schnee. Am linken Bildrand brennt ein Feuer, dessen Flammen in der weißen Landschaft noch heller leuchten. Es entsteht der Eindruck, als würde die kollektive Entschlossenheit im gleichen Maße gestärkt, wie die Landschaft von den Schneeschichten in einheitliches Weiß getaucht wird.

Doch liegt über der Szenerie auch ein Hauch von Melancholie. Die gegen die Kälte gewappneten Jäger kehren mit nur einem erlegten Tier heim. Sie schleppen sich gebeugt voran, ihre Niedergeschlagenheit findet im herabhängenden Schild über dem Gasthaus links im Bild ein Echo. Das Leben hängt an einem Faden, der nicht so robust ist wie einst in wärmeren Tagen.

» Der einzige Meister naturalistischer Landschaften zwischen Bellini und dem 17. Jahrhundert. «

Kenneth Clark
Landscape into Art, 1949

Genremalerei

Bruegels Figurenporträts gehören stilistisch zur Genremalerei. Ihr Thema waren einfache Menschen bei alltäglichen Verrichtungen zu Hause, in der Gemeinschaft oder bei der Arbeit. Die Stilrichtung war im 16. und 17. Jahrhundert v. a. in den Niederlanden sehr beliebt und entsprach dem Geschmack einer neuen wohlhabenden Mittelschicht. Bruegel war einer ihrer Vorreiter und malte viele Genrebilder u. a. vom Leben der Bauern, von Hochzeiten und Tanzfesten. Wie bei *Jäger im Schnee* zeigten seine Landschaftsbilder häufig Genreszenen.

Die Monate

Jäger im Schnee gehört zu einer Serie von sechs oder zwölf Bildern mit dem Titel »Monate« (nur fünf blieben erhalten). Niclaes Jonghelinck, Bruegels wohlhabender Mäzen, beauftragte den Maler damit. Jedes Bild stand unter dem Thema einer Jahreszeit und stellte diese durch eine ausdrucksstarke szenische Idylle dar. Die Idee dafür entnahm Bruegel den mittelalterlichen »Stundenbüchern«: private Gebetbücher, die mit Kalenderblättern zu den Jahreszeiten und den jeweils notwendigen Arbeiten illustriert wurden.

In *Der düstere Tag* (Vorfrühling) bilden ein stürmischer Himmel, schneebedeckte Bergspitzen und ein schaumgekrönter Fluss in winterlichen Farben den strengen Hintergrund für eine wärmende Szenerie, in der Menschen Bäume

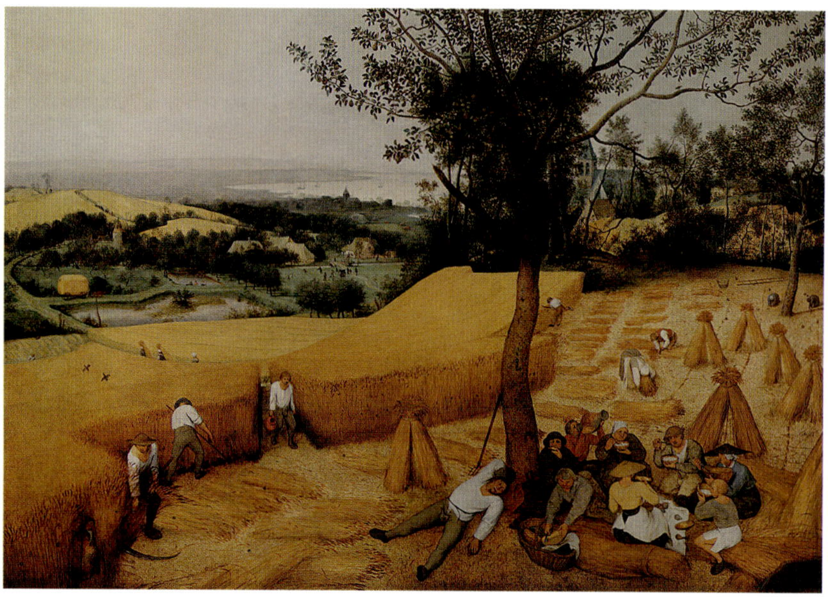

Die Kornernte (1565) zeigt eine humorvolle Genreszene in einer Sommerlandschaft. Bruegel trivialisierte die Figuren nicht, sondern betonte die Produktivität von Mensch und Natur.

Künstler des 15. und 16. Jh. ließen sich von der Aufgabe faszinieren, Landschaften in verschiedenen Jahreszeiten darzustellen – und die jeweiligen Farben und Stimmungen sowie den Lauf der Zeit in ihren Bildern einzufangen.

Frühling
Sandro Botticelli versah sein Bild *Primavera* (1477–1482) mit klassischen Symbolen des Frühlings und dessen Assoziationen mit Romantik und Fruchtbarkeit.

Sommer
Guiseppe Arcimboldo schuf einen Zyklus von Jahreszeitenporträts, darunter den Sommer (1573), bei dem er die Personifikationen aus Früchten, Gemüsesorten und Blumen zusammensetzte.

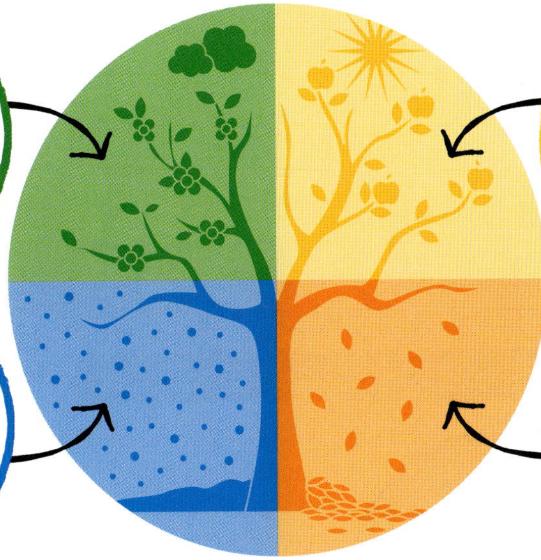

Winter
Der »Februar« im *Stundenbuch des Herzogs von Berry* der Brüder von Limburg (um 1412–1416) zeigt im sogenannten weichen Stil der Gotik eine ländliche Idylle unter einer weißen Schneedecke.

Herbst
Tang Yins Rollbild *Einsiedlergelehrte in herbstlichen Bergen* (um 1500–1510) gehört zu einer Landschaftsserie des chinesischen Künstlers, in der warme Herbstfarben den Ton angeben.

beschneiden, Holz sammeln und ihre Häuser reparieren. Festlichkeiten, die an Karneval denken lassen – Tänze, das Tragen von Papierkronen und Waffel-Essen – kontrastieren mit der düsteren Landschaft, und vom Horizont her leuchtet frisches Grün und kündigt den neu beginnenden Jahreskreislauf an: Der Frühling wird rechtzeitig kommen. So feiern die Arbeiter unter dunklem Himmel. Weder ihre gemeinschaftliche Heiterkeit noch die Düsternis der Landschaft büßen in dem Kontrast ihre jeweilige Wirkung ein. Bruegel gelingt hier beides: eine einfühlsame Genreszene und eine unverfälschte Landschaftsstudie.

Andere Bilder der Monatsserie, wie *Die Heuernte* (Sommer) und *Die Kornernte* (Hochsommer), zeigen Panorama-Aussichten in Sommerlandschaften, in denen Bauern ihrer Arbeit nachgehen. Auch in diesen Gemälden ist die Landschaft zentrales Thema, und die Geschäftigkeit der Menschen fügt sich als Teil in das größere Ganze ein.

Bruegels Erbe

Niederländische Landschaftsmaler wie Jacob van Ruisdael entwickelten den naturalistischen Stil im 17. Jahrhundert weiter. Die Art, in der Künstler wie er die Natur betrachteten, war ein Ergebnis ihrer Beziehung zur Landschaft um sie herum: Land und Leben waren untrennbar miteinander verbunden, beide aber auch extrem anfällig.

> »Bruegel [hat] ein neues fruchtbares Gebiet für die Kunst erobert, das vielen Generationen von niederländischen Malern Arbeit und Brot gab.«
>
> **E. H. Gombrich**
> *Die Geschichte der Kunst,* 1950

Bruegels Erbe zeigt sich zudem in den realistischen Landschaften des flämischen Barockmalers Peter Paul Rubens und beeinflusste die Werke vieler weiterer Künstler, von Gillis van Coninxloos Panoramabildern über die direkten Nachahmungen der Brüder Roelandt und Jacob Saverys zu den dörflichen Szenen David Vinckboons. Zudem bestimmte Bruegels Werk maßgeblich den Weg nordeuropäischer Landschaftsmalerei bis ins 19. Jahrhundert hinein, als Künstler wie Gustave Courbet und Jean-François Millet Landarbeiter in bäuerlichen Genreszenen porträtierten. Trotz seines weitreichenden Einflusses in der Landschafts- wie in der Genremalerei kamen Bruegels Werke für Jahrhunderte aus der Mode und gewannen erst im 20. Jahrhundert wieder an Popularität: Man schätzte Bruegel für seine ausgesprochen innovativen Bildkompositionen und seinen tiefgründigen Blick auf die Menschen. ■

PERFEKTION BEDEUTET, DAS GESICHT DES MENSCHEN NACHZUAHMEN

JÜNGLING UNTER ROSEN (UM 1587), NICHOLAS HILLIARD

Gemalte Porträtminiaturen waren in Europa vom 16. bis zum 19. Jahrhundert in Mode. Zu den versiertesten Malern des Genres gehörte der Engländer Nicholas Hilliard (1547–1619). Wie sein Zeitgenosse William Shakespeare schuf er romantische, aber auch schelmische Werke. Er gehörte zu den großen Günstlingen Elisabeths I. und malte zahlreiche Porträts der Königin und der Angehörigen ihres Hofes.

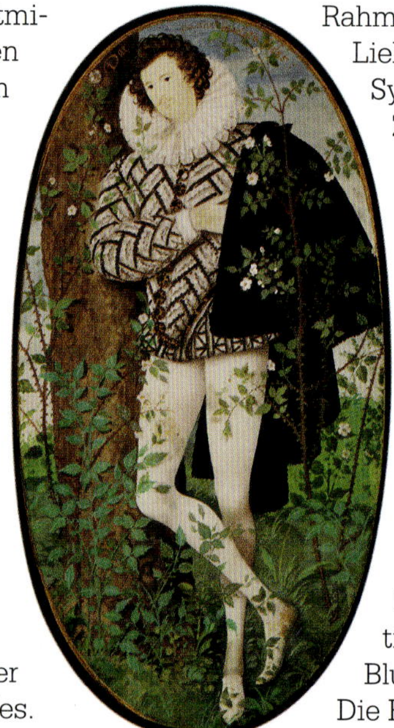

Elisabethanische Miniaturen wurden meist als Ganzkörperporträts mit Wasserfarben auf Kalbspergament gemalt. Sie waren häufig rund 15 cm groß und wurden in schmuckvollen Elfenbeinkästchen oder gravierten Medaillons aufbewahrt. Man fertigte sie zu Ehren eines Monarchen, in Erinnerung an einen Toten oder im Rahmen ausgefeilter Liebeswerbung als Symbol romantischer Zuneigung.

Liebessymbole

Hilliards *Jüngling unter Rosen* steckt voller Symbole der Treue und Hingebung. Der junge Mann ist von Rosenzweigen mit fünfblättrigen Blüten umgeben, die man zur Zeit Elisabeths I. »Eglantine« nannte – die Blumen der Königin. Die Farben seiner Kleidung, Schwarz und Weiß, trug man zu Ehren von Elisabeths Keuschheit und Standhaftigkeit. Deshalb nimmt man an, dass der Jüngling im Bild der Königin seine Liebe erklärt. Seine leidenschaftliche Hingabe wird durch den Baum – das Symbol für Loyalität – betont. Eine lateinische Inschrift am oberen Rand der Miniatur besagt: »Mein gelobter Glauben bereitet mir den Schmerz«. Manche Kunstkritiker nahmen an, bei dem Porträtierten handele es sich um Robert Devereux, den 2. Grafen von Essex, der 1587 der Gefährte der Königin wurde. Später, als er in Ungnade gefallen war, beschrieb dieser sich selbst als Biene, die nicht länger auf der Eglantine weilen durfte. In dem Fall mag *Jüngling unter Rosen* ein Relikt aus glücklicheren Tagen gewesen sein, als Devereux sich noch immer auf der erlesenen Blüte aufhalten durfte. ■

IM KONTEXT

SCHWERPUNKT
Porträtminiaturen

FRÜHER

um 1526 Als Jean Clouet eine Porträtminiatur von König Franz I. von Frankreich anfertigt, gewinnt das Genre an Stellenwert – über die reine Handschriftenillustration hinaus.

um 1526/27 Lucas Horenbout malt sieben Miniaturen König Heinrichs VIII. Sie gehören zu den ersten englischen Werken des Genres.

um 1530er-Jahre Hans Holbein d. J. malt in England höfische Porträts. Sein Werk übt starken Einfluss auf den Stil Nicholas Hilliards aus.

SPÄTER

1839 Die Fotografie ermöglicht erschwingliche und präzise Porträts für ein breites Publikum – zum Leidwesen der Porträtminiaturen.

Siehe auch: Medaille für Cecilia Gonzaga 120–121 ▪ *Venus von Urbino* 146–151 ▪ *Saliera* 152 ▪ *Akbars Abenteuer mit dem Elefanten Hawa'i im Jahr 1561* 161 ▪ *Blumen in einer Vase* 224–225

WIE SEIN KAISERLICHER MENTOR ERSCHUF BASAWAN SO NATÜRLICH, WIE DER WIND BLÄST

AKBARS ABENTEUER MIT DEM ELEFANTEN HAWA'I IM JAHR 1561 (UM 1590–1595), BASAWAN

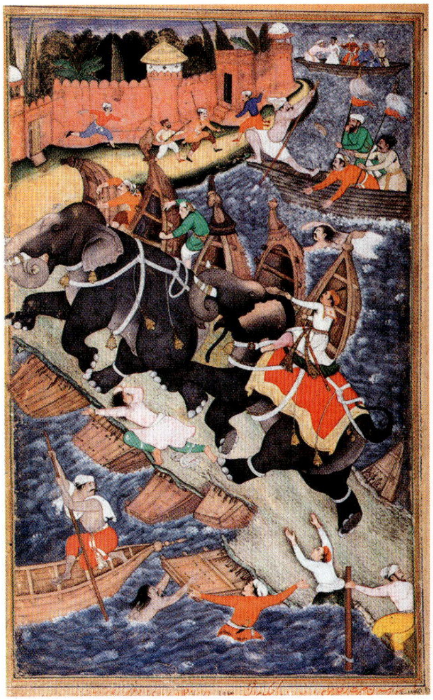

Das Reich der Moguln erblühte im 16. und 17. Jahrhundert und brachte muslimische, v. a. persische Kultur auf den überwiegend von Hindus bevölkerten Subkontinent Indiens. Der Großmogul Akbar I. kam 1556 an die Macht. Er erwies sich als versierter Armeeführer, kluger Verwalter und passionierter Kunstmäzen. An seinem Hof spiegelten die Künste – allen voran die Handschriftenillumination – die Toleranz des Herrschers anderen Kulturen gegenüber wider und ließen persische, indische und europäische Einflüsse verschmelzen. Unter Akbar I. entwickelte die Mogul-Kunst einen spezifischen Stil, der Realismus und Detailreichtum mit einer Vogelperspektive verband und in der frühen persischen Kunst ihren typischen Ausdruck fand.

Ende des 16. Jahrhunderts kam Basawan an Akbars Hof. Über hundert erhaltene Werke zeugen von seiner Meisterschaft im Umgang mit Raum und Farbkontrasten zur Darstellung dynamischer Szenen und starker Charaktere.

Basawans Miniatur *Akbars Abenteuer mit dem Elefanten Hawa'i im Jahr 1561* basiert auf der offiziellen Herrscherbiografie, der *Akbarnama*. Sie zeigt eine Szene vor dem Fort in Agra im Nordwesten Indiens, als der Kaiser den wildesten der königlichen Elefanten, Hawa'i, bestieg. Im Bild verfolgen Akbar und Hawa'i auf der Pontonbrücke über den Jumna-Fluss den wilden Elefanten Ran Bagha. Die Jagd hinterlässt einen Pfad der Zerstörung: Boote kippen um, Diener flüchten oder stürzen ins Wasser.

Basawans Umgang mit Perspektive legt nahe, dass er sich auch von europäischen Maltechniken inspirieren ließ. Alle Schulen der Mogul-Miniaturmalerei weisen reiche Farbpaletten, Vergoldung von Details und feinste Pinselführung auf. Die Sinnlichkeit der Raserei in Basawans Gemälde indes bleibt einzigartig. ■

IM KONTEXT

SCHWERPUNKT
Mogul-Miniaturen

FRÜHER
14. Jh. Illustrierte Manuskripte aus Syrien und Ägypten sind in ihrer Art herausragend, werden später aber von persischen Werken überflügelt.

1540er-Jahre Der Safawiden-Shah Tahmasp I. von Persien gibt zahlreiche Miniaturgemälde in Auftrag.

SPÄTER
um 1610–1615 Basawans Sohn Manohar erschafft bedeutende Miniaturen.

um 1700–1705 Rai Dalchand aus Delhi malt *Zwei Damen auf der Terrasse*, eine Miniatur Gul Safas, der Geliebten des Prinzen Dara Shikoh, des Anwärters auf den indischen Mogul-Thron.

Siehe auch: Mihrab der Großen Moschee von Córdoba 68–73 ▪ *Jüngling unter Rosen* 160 ▪ *Die Löwenjagd* 176–177 ▪ *Watson und der Hai* 225

PORTFOLIO

STUNDENBUCH DES HERZOGS VON BERRY
(UM 1413–1416), DIE BRÜDER VON LIMBURG

Das *Stundenbuch des Herzogs von Berry* gehört zu den schönsten illuminierten Handschriften. Naturalistische Details und dekorative effektvolle Elemente machen es zu einem prächtigen Beispiel des weichen Stils. Das private Gebetbuch blieb das unvollendete Meisterwerk der niederländischen Brüder Herman, Paul und Johan von Limburg. Von dem französischen Herzog von Berry in Auftrag gegeben, enthält es Miniaturen zu den Monaten mit Darstellungen der jeweiligen landwirtschaftlichen Tätigkeiten. Die Limburg-Brüder starben 1416, wahrscheinlich an der Pest, weshalb andere Künstler das Stundenbuch später fertigstellten.

HL. GEORG
(UM 1415–1417), DONATELLO

Die Statue des Drachentöters Georg gehört zu den meistbewunderten Werken Donatellos. Die Heiligenskulptur aus Marmor war als Teil der Fassade des Orsanmichele, eines wichtigen Kirchengebäudes und städtischen Kornspeichers in Florenz, gedacht. Die Florentiner Zunft der Waffen- und Schwertschmiede beauftragte den Künstler mit der Figur ihres Schutzheiligen. Das Marmorporträt des hl. Georg trägt feine Gesichtszüge, die Mut und Entschlossenheit, aber auch nervöse Anspannung ausstrahlen. Beides lässt den beherzten Drachentöter sehr menschlich erscheinen. Ursprünglich war die Heldenfigur wohl mit Bronzeschwert sowie Lanze und Helm ausgestattet.

ANBETUNG DER KÖNIGE (STROZZI-ALTAR)
(1432), GENTILE DI FABRIANO

Der italienische Kaufmann Palla Strozzi gab den Altar für die Familienkapelle in der Florentiner Kirche Santa Trinità in Auftrag. Es ist das beeindruckendste erhaltene Werk des Künstlers. Gentile da Fabrianos (um 1370–1427) kam aus Norditalien und brachte den weichen Stil nach Florenz. Das Bild markiert den Höhepunkt dieser gotischen Stilrichtung. Die kostbar gekleideten Figuren und die Golddekoration vermitteln ausgefeilte Eleganz: Gentiles Werk übte beträchtlichen Einfluss auf die Künstler der Stadt aus – allen voran auf Fra Angelico.

SIR JOHN HAWKWOOD
(1436), PAOLO UCCELLO

Die Wissenschaft von der Perspektive gehörte zu den Eckpfeilern der Renaissance-Malerei. Kein Künstler gebrauchte sie so enthusiastisch wie Paolo Uccello (um 1397–1475). Er betonte die Wirkung zurückgesetzter Objekte und Figuren sowie die Dreidimensionalität. Das Wandfresko zeigt das Reiterstandbild Giovanni Acutos – des englischen Generals John Hawkwood, der für Florenz kämpfte. Im unteren Teil des flachen Bildes sieht man den gemalten architektonischen Sockel.

TAUFE CHRISTI
(UM 1450), PIERO DELLA FRANCESCA

Taufe Christi ist eines der frühesten Werke von Piero della Francesca. Er malte es für das Kloster seiner Heimatstadt Borgo San Sepolcro (Italien). Der Künstler war gleichzeitig

Donatello

Im 15. Jahrhundert war er der größte Bildhauer Italiens: Donato di Niccolò di Betto Bardi, genannt Donatello. Er wurde um 1386 in Florenz geboren und starb dort 1466. Zuweilen arbeitete er auch in Padua und Siena. Er gehörte zu den Begründern der Renaissance-Kunst und hatte immensen Einfluss auf seine Florentiner Kollegen. In der Bildhauerei führte er einen neuen Naturalismus ein und nutzte in Reliefs geschickt die perspektivische Darstellung. Kein anderer Bildhauer der Zeit erreichte seine Versiertheit, Erfindungsgabe und emotionale Bandbreite.

Weitere Hauptwerke

1408–1415 *Der Evangelist Johannes*
um 1427–1430 *David (Bronze)*
1447–1453 *Reiterdenkmal des Condottiere Gattamelata*

Mathematiker, und in vielen seiner Werke erkennt man eine geometrische Reinheit der Form: Christus im Zentrum bildet eine vertikale Achse, die das Bild teilt. Helle Pastelltöne zeigen Pieros sensiblen Umgang mit Farbe und Licht.

Piero della Francesca

Piero della Francesca (um 1415–1492) lebte und starb in der kleinen toskanischen Stadt Borgo San Sepolcro. Obwohl er zeitweise in den Kunstzentren Florenz und Rom arbeitete, blieb er seinem Heimatort eng verbunden. Auch schuf er seine bedeutendsten Werke an abseits gelegenen Orten, was erklärt, warum sie nach seinem Tod zunächst in Vergessenheit gerieten. Neben Borgo San Sepolcro spielte Urbino für den Maler eine zentrale Rolle: Zur Herrschaftszeit des Herzogs Federico da Montefeltro (1444–1482) war die Stadt das führende Zentrum der Renaissance-Kultur.

Weitere Hauptwerke

um 1450–1460 *Die Geißelung Christi*
um 1460 *Auferstehung Christi*
um 1465–1473 *Diptychon des Federico da Montefeltro mit seiner Gattin Battista Sforza*

DIE PIETÀ VON VILLENEUVE-LÈS-AVIGNON
(UM 1460), ENGUERRAND QUARTON

Das Gemälde gilt als Meisterwerk der provenzalischen Schule: Es zeigt den toten Christus, der von seiner Mutter und drei weiteren Trauernden beweint wird. Sein Körper ist über den Schoß einer schicksalsergebenen Maria drapiert, deren Kummer zurückhaltend dargestellt ist. Der Name des Bildes bezieht sich auf den Ort seiner Hängung in Südfrankreich. Man schreibt es Enguerrand Quarton (um 1410–um 1466) zu.

CAMERA DEGLI SPOSI
(1465–1474), ANDREA MANTEGNA

Der große norditalienische Maler (um 1431–1506) arbeitete am Hof der Gonzagas, der Herrscherfamilie von Mantua. Sein bedeutendstes Werk sind Wandfresken für die Camera degli Sposi (Kammer der Brautleute) im Palazzo Ducale – Verherrlichungsszenen der Familie Gonzaga –, deren berühmteste die Deckenfresken Mantegnas sind: ein Rundfenster, das sich zum Himmel zu öffnen scheint. Verkürzte Figuren beugen sich über die Fensterbalustrade und schauen in den Raum herab. Das erste illusionistische Deckengemälde seit römischer Zeit sollte immensen Einfluss haben, v. a. auf die Kunst des Barock.

PORTINARI-TRIPTYCHON
(UM 1475–1477), HUGO VAN DER GOES

Das mächtige Triptychon wurde für Tommaso Portinari, den in Brügge lebenden Vertreter des Bankhauses der Medici, und seine Familienkapelle in Florenz gefertigt. Die Mitteltafel zeigt die Anbetung Jesu durch Maria, Josef und drei Hirten. Auf den Seitentafeln ist Portinaris Familie zusammen mit ihren Namenspatronen zu sehen. Bemerkenswert sind der Naturalismus, der sich insbesondere in den Hirtenfiguren zeigt, sowie die emotionale Intensität des Gemäldes. Der Gebrauch von Ölfarben des flämischen Malers übte beträchtlichen Einfluss auf seine Florentiner Kollegen aus.

KRAKAUER HOCHALTER
(1477–1489), VEIT STOSS

Die Charakteristika deutscher Bildhauerei zur Zeit der Gotik zeigen sich in den Altarbildern aus Lindenholz. Das wohl spektakulärste dieser naturalistischen Schnitzkunstwerke ist der Krakauer Hochaltar des Nürnberger Bildhauers Veit Stoß (um 1450–1533). Das massive Werk ist 12 m hoch und die zentralen Figuren weit überlebensgroß. Die Mitteltafel zeigt Tod und Auferstehung der Jungfrau, die Seitentafeln Szenen aus dem Leben Marias und Jesu. Die Darstellung variiert – von Flachreliefs auf den Seitenflügeln bis zu beinahe frei stehenden Skulpturen im Altarzentrum. Alle Figuren sind naturalistisch bemalt oder vergoldet.

REITERSTANDBILD DES BARTOLOMEO COLLEONI
(1481–1496), ANDREA DEL VERROCCHIO

Der italienische Maler und Bildhauer Verrocchio (1435–1488) bildete Leonardo da Vinci aus. Er arbeitete v. a. an religiösen Themen, wobei er seine letzten Lebensjahre in Venedig verbrachte. Hier schuf er eines der größten weltlichen Meisterwerke seiner Zeit: das Reiterstandbild des Generals Bartolomeo Colleoni. Es wurde erst nach Verrocchios Tod vollendet und birgt einen lebhafteren Ausdruck an Bewegung als sein Vorbild, Donatellos Gattamelata-Statue in Padua.

Hans Holbein der Jüngere

Der deutsche Maler Hans Holbein (1497–1543), Sohn des Malers Hans Holbein d. Ä., wurde in Augsburg geboren, lebte lange in Basel (Schweiz) und ging später nach London (England). Daraufhin entbrannte ein Konflikt zwischen Basler Katholiken und Protestanten, der den Kunstmarkt schwer beeinträchtigte. Holbein wurde v. a. für seine Porträts von führenden Denkern und Mitgliedern des Adels berühmt. Er gehörte zu den bedeutendsten Künstlern seiner Epoche. Gleichzeitig war er ein herausragender Buchillustrator und Maler religiöser Sujets. Er hinterließ u. a. eine bemerkenswerte Porträtserie vom Hof König Heinrichs VIII.

Weitere Hauptwerke

1521 *Der Leichnam Christi im Grabe*
1527 *Porträt von Thomas Morus*
1538 *Christina von Dänemark*

DAS GEWITTER
(UM 1505), GIORGIONE

Obwohl er jung starb, wurde der venezianische Maler Giorgione (1478–1510) einer der einflussreichsten Künstler seiner Zeit. Er spezialisierte sich auf kleinformatige Bilder und war der erste Maler, der den Bildgegenstand einer darzustellenden Stimmung unterordnete. *Das Gewitter* zeigt einige rätselhafte Figuren auf äußerst poetische Weise: Eine ihr Kind stillende Mutter und ein scheinbar nicht zu ihr gehörender Mann in einer Landschaft, in der ein Gewitter aufzieht. Bereits Giorgiones Zeitgenossen gab das Bild Rätsel auf.

GRAB HEINRICHS VII. UND DER ELISABETH VON YORK
(1512–1518), PIETRO TORRIGIANO

Der Florentiner Bildhauer Torrigiano (1472–1528) war ein streitlustiger Mensch: Als Student brach er Michelangelos Nase, und sein Ende fand er im Gefängnis der Spanischen Inquisition. Zwischen beiden Ereignissen liegt ein internationales Malerleben. Das Grab Heinrichs VII. und der Elisabeth von York in der Londoner Westminster Abbey ist sein Meisterwerk. Es zeigt lebensgroße Bronzeskulpturen des ersten englischen Tudor-Königs und seiner Frau, geschmückt mit Renaissance-Ornamenten.

ISENHEIMER ALTAR
(UM 1510–1515), MATTHIAS GRÜNEWALD

Nur wenige Darstellungen der Kreuzigung Jesu können es mit der Intensität der zentralen Szene dieses Altars aufnehmen: Christus krümmt sich im Todeskampf, seine Hände sind vom Schmerz entstellt, der Himmel schwarz verhangen. Das Altarbild wurde für das Spitalkloster der Stadt Isenheim im Elsass (heute Frankreich) geschaffen. Grünewald (um 1475–1528) gehörte seinerzeit zu den bedeutenden Malern Deutschlands, wurde aber erst Anfang des 20. Jahrhunderts wiederentdeckt, als seine emotionale Intensität und Freiheit v. a. die Expressionisten ansprach.

DIE GESANDTEN
(1533), HANS HOLBEIN DER JÜNGERE

Ein realistisches, lebensgroßes Porträt und zugleich ein komplexes Werk vielfältiger Symbolik ist dieses zur Zeit seiner Entstehung heftig debattierte Gemälde. Es zeigt Jean de Dinteville, französischer Botschafter in England, und seinen Freund Georges de Selve, Bischof von Lavur. Sie sind umgeben von symbolträchtigen Objekten, die von der Kürze des Lebens, den Umbrüchen durch zeitgenössische Ereignisse sowie von der Hoffnung des christlichen Glaubens erzählen. Der berühmte »anamorphe« Schädel im Bild lässt sich nur aus einem speziellen Blickwinkel als solcher erkennen.

ALLEGORIE DER LIEBE
(UM 1545), BRONZINO

Das Werk des Florentiner Malers Agnolo di Cosimo (1503–1572), genannt Bronzino, ist mit leuchtenden Farben und theatralen Effekten beispielhaft für den Manierismus. Bronzino malte viele religiöse Themen, doch sein wahres Können zeigte er in säkularen Bildern, z. B. den Porträts der Florentiner Herrscherfamilie Cosimo de' Medici. Über den Titel dieses Bildes wurde viel debattiert; unzweifelhaft indes ist seine immens erotische Ausstrahlung.

FONTAINE DES INNOCENTS (RELIEFS)
(1547–1549), JEAN GOUJON

Der französische Bildhauer Goujon (um 1510–1568) erhielt diverse Aufträge seitens des Königshauses – u. a. zur Ausschmückung der Fontaine des Innocents (Brunnen der Unschuldigen) im 1. Arrondissement von Paris. Der Architekt Pierre Lescot hatte ihn zur Erinnerung an den Einzug König Heinrichs II. in Paris (1549) errichtet. Goujon schuf dafür sechs erlesene Flachreliefs mit Nymphen, deren verlängerte Gestalt den Einfluss des italienischen Manierismus erkennen lässt. Zugleich sind sie durch klassische Würde und wahrhaft französische Raffinesse gekennzeichnet.

MERKUR
(UM 1565), GIAMBOLOGNA

Der flämische Bildhauer Giambologna (1529–1608) lebte die meiste Zeit seines Lebens in Florenz und gehört zu den Bedeutendsten seiner Zunft im späten 16. Jahrhundert. Sein Ruf verbreitete sich in ganz Europa – u. a. durch Miniaturen seiner Skulpturen oder kleine Originalkompositionen, die in großer Zahl in seiner Werkstatt gefertigt wurden. Die meisterhaft gearbeitete, grazile Bronzefigur des Merkur war wohl das populärste Werk, das so Verbreitung fand. Giambolognas römischer Götterbote hat Flügel an den Fersen und steht auf einer Fußspitze, als höbe ihn im nächsten Augenblick der Wind empor. Er trägt einen Helm und einen Stab. Das Original war fast 180 cm hoch und entstand um 1565.

GASTMAHL IM HAUSE DES LEVI
(1573), PAOLO VERONESE

Für sein Gemälde für das Refektorium eines Dominikanerklosters musste sich Paolo Veronese (um 1528–1588) vor der kirchlichen Glaubensgerichtsbarkeit in Venedig verantworten, weil er darin u. a. Betrunkene, Hunde und Narren dargestellt hatte. Der Auflage, Änderungen im Bild vorzunehmen, kam der Maler nach, indem er auf einer Inschrift Bezug auf das im Lukasevangelium erwähnte Gastmahl im Hause des Levi nahm. Damit entzog er sein Gemälde einer Deutung als Szene des Letzten Abendmahls.

DIE ENTKLEIDUNG CHRISTI
(1577–1579), EL GRECO

Das Thema der Entkleidung Christi vor der Kreuzigung ist in der Kunst eher ungewöhnlich. Dort aber, wo das Bild nach Fertigstellung hing, war es passend: in der Sakristei (der Raum, in dem die Priesterroben aufbewahrt werden) der Kathedrale von Toledo (Spanien). Das Bild gehört zu den ersten Werken, die El Greco (1541–1614) nach seiner Übersiedlung nach Spanien schuf. Es zeigt, wie die Kunst des gebürtigen Griechen in seiner Wahlheimat aufblühte und ihn zum originellsten Maler seiner Epoche werden ließ. Die in die Länge gezogenen Figuren offenbaren seine Nähe zum italienischen Manierismus, die Leidenschaft ihres Ausdrucks hingegen eine persönliche Note des Künstlers.

DAS ABENDMAHL
(1592–1594), TINTORETTO

Tintoretto (um 1518–1594), der letzte große venezianische Maler des 16. Jahrhunderts, beendete seine gigantische Laufbahn mit einer beeindruckenden Version des Letzten Abendmahls. Während übliche Darstellungen die Tafel zentral und symmetrisch, parallel zur unteren Bildkante der Leinwand platzieren, ragt er hier schräg in den Bildraum. Dadurch entsteht eine für den Stil des Manierismus typische Dynamik und Asymmetrie. Die feierliche, düstere Szene wird nur durch zwei Lichtquellen erhellt – eine Laterne und den Heiligenschein Christi –, die ihr etwas Dramatisches und Mystisches verleihen. Die spirituelle Dimension wird zusätzlich durch die schwebenden Engel betont. Tintorettos Ruhm verblasste zunächst nach seinem Tod, erst im 19. Jahrhundert zog er erneut das Interesse auf sich.

El Greco

Eine der berühmten Persönlichkeit der spanischen Kunstgeschichte stammt von der griechischen Insel Kreta. Dort wurde Domenikos Theotokopoulos 1541 geboren. Nach einigen Jahren in Venedig und Rom ließ er sich 1576 in Spanien nieder, wo man ihn El Greco (»der Grieche«) nannte. Er malte vorwiegend religiöse Sujets, und die emotionale Intensität seiner Werke entsprach ganz dem spirituellen Eifer seiner Wahlheimat zur Zeit der Gegenreformation. Der zudem hervorragende Porträtmaler arbeitete vorwiegend in Toledo, wo er 1614 starb.

Weitere Hauptwerke

1583–1585 *Bildnis eines Edelmannes mit der Hand auf der Brust*
1586–1588 *Begräbnis des Grafen von Orgaz*
um 1600 *Tempelreinigung*
um 1610 *Blick auf Toledo*

BAROCK KLASSIZ

BIS ISMUS

1610

Rubens' Altar *Kreuzaufrichtung* ist sein erster großer Erfolg nach der Rückkehr von Italien nach Antwerpen.

1624–1633

Für den Petersdom in Rom fertigt **Bernini** einen großen bronzenen Baldachin im Barockstil, der sich über den Hochaltar erstreckt.

UM 1635–1640

Philippe de Champaigne malt mehrere würdevolle Porträts von Kardinal Richelieu, dem mächtigen Ersten Minister unter Ludwig XIII.

1642

In Amsterdam vollendet **Rembrandt** *Die Nachtwache*, das berühmteste Gruppenporträt der niederländischen Kunst.

1656

In Madrid vollendet **Velázquez** *Las Meninas (Die Hoffräulein)*, ein Gruppenporträt des spanischen Königshofs.

1665

Charles Le Bruns beeindruckendes *Einzug Alexanders in Babylon* ist eine schmeichelhafte Hommage an Ludwig XIV.

1675–1783

Für den Garten des Versailler Schlosses fertigt **François Girardon** die Skulptur *Allegorie des Winters* in Form eines bärtigen alten Mannes.

1688–1694

Andrea Pozzos Deckenfresko in Sant'Ignazio in Rom ist eines der spektakulärsten Beispiele barocken Dekors.

Anfang des 17. Jahrhunderts stand Italien wie schon in der Renaissance an der Spitze der bildenden Kunst in Europa. Religiöse Motive waren seit mehr als einem Jahrtausend die dominierenden Sujets in Malerei und Plastik. Doch gegen Ende des Jahrhunderts hatte sich die Situation gewandelt. Nun machte Paris Rom den Ruf als Zentrum innovativen Kunstschaffens streitig. Obwohl der Religion noch immer eine zentrale Rolle als Motivfundus zukam, stand ihr nun eine breite Palette weltlicher Sujets wie Landschaften und Porträts gegenüber. Im 18. Jahrhundert baute Frankreich seine führende Stellung im künstlerischen Bereich aus. Jean-Antoine Watteau war mit seinem szenischen Stil maßgeblich an der Abkehr vom italienischen Einfluss beteiligt.

Dominanz Roms

Um 1600 zog Rom Künstler aus ganz Europa an, die vom Glanz vergangener Tage und den Werken, die Kirchen und Paläste schmückten, fasziniert waren. Caravaggio kam aus seiner norditalienischen Heimat nach Rom. Ausländische Künstler, die dort studierten oder arbeiteten, übernahmen den von ihm begründeten revolutionären Stil, geprägt von dramatischem Licht und profanem Realismus, und etablierten ihn später in ihrer Heimat. Im ersten Viertel des 17. Jahrhunderts hatte dieser Stil Einfluss auf ganz Europa, mancherorts bis in die 1650er-Jahre.

Der flämische Künstler Peter Paul Rubens verbrachte einige Lehrjahre in Rom und nahm in seine Heimatstadt Antwerpen nicht nur stilistische Elemente, sondern auch die neue Technik der Ölskizze mit. Die beiden berühmtesten französischen Maler des 17. Jahrhunderts, Nicolas Poussin und Claude Lorrain, verbrachten den Großteil ihres Schaffens in der Stadt am Tiber und waren führende Vertreter der Ideallandschaft – einem über zwei Jahrhunderte beliebten Bildtypus. Gian Lorenzo Bernini dominierte die Bildhauerei derart, dass sein hoch emotionaler Barockstil nicht nur Rom, sondern ganz Italien beherrschte und auch in andere katholische Länder Einzug hielt.

Rückkehr zur Klassik

Berninis Einfluss hielt sich bis ins 18. Jahrhundert, doch erfuhr er einen Rückschlag durch den Rationalismus der Aufklärung – einer philosophischen Strömung, die sich in ganz Europa ausbreitete. Ein

1708–1713
Camillo Rusconi, der führende italienische Bildhauer seiner Zeit, fertigt vier gewaltige Marmorapostel für die Lateranbasilika in Rom.

1721–1732
Für die Kathedrale im spanischen Toledo fertigt **Narciso Tomé** ein *Transparente* genanntes, faszinierendes Altarwerk mit Gewölbe.

1743–1745
Der international erfolgreiche Schweizer Maler **Jean-Étienne Liotard** schafft das Meisterwerk *Das Schokoladenmädchen* in Pastell.

UM 1750
Thomas Gainsborough malt eines seiner besten Frühwerke, das bezaubernd frische *Mr. und Mrs. Andrews*.

1761
In der Villa Albani in Rom malt **Anton Raphael Mengs** das Deckenfresko *Parnass*, ein wegbereitendes Werk des Klassizismus.

1778
Jean-Antoine Houdon, der bedeutendste Porträtbildhauer seiner Zeit, fertigt das erste einer Reihe von Bildnissen des Philosophen Voltaire.

1785
Auf dem Pariser Salon zeigt **Jacques-Louis David** *Der Schwur der Horatier*, das ihn als führenden klassizistischen Maler etabliert.

1795
William Blake malt die Monotypie *Elohim erschafft Adam*, eine zutiefst persönliche Interpretation der biblischen Geschichte.

neues Interesse an der Kunst des antiken Roms und Griechenlands brachte den Klassizismus hervor, der sich in den Skulpturen Antonio Canovas in Rom vollendet zeigte. Jedoch war Italien damals mehr für seine große Vergangenheit bekannt als für seine modernen Errungenschaften und brachte die Grand Tour in Mode, bei der junge Aristokraten ihre Bildung mithilfe ausgedehnter Kulturreisen durch das Land vervollkommneten. Canaletto und Piranesi zählten zu den Künstlern, die von den ausländischen Besuchern profitierten.

Außerhalb Italiens

Im 17. Jahrhundert erlebten Spanien und die Niederlande ein künstlerisch goldenes Zeitalter. Großbritannien erlangte im 18. Jahrhundert eine neue Vormachtstellung durch seine wichtige Rolle im Weltgeschehen. Auch in Deutschland, das sich allmählich vom verheerenden Dreißigjährigen Krieg erholte, erfuhr die Kunst einen Aufschwung, obwohl hier die beeindruckendsten Gemälde des 18. Jahrhunderts von einem italienischen Künstler stammen – die prächtigen Deckenfresken von Tiepolo in der Würzburger Residenz.

In Spanien dominierten religiöse Sujets Malerei und vor allem Plastik. Zu den typischsten Merkmalen der Landeskunst gehörten hoch realistische bemalte Holzskulpturen – anschauliches Beispiel der gegenreformatorischen Haltung, wonach Kunst den katholischen Glauben propagieren und Werke schaffen sollte, mit denen sich das einfache Volk identifizieren konnte. Am Königshof in Madrid gedieh auch säkulare Kunst: Der größte spanische Künstler jener Zeit, Diego Velázquez, war vorrangig Porträtist und schuf zudem ein Meisterwerk der Historienmalerei.

Im Gegensatz zum tiefkatholischen Spanien überwog in den Niederlanden der Protestantismus. Religiöse Motive hatte künstlerisch weniger Bedeutung. Hier widmeten sich die Maler diversen Sujets für eine wachsende Klientel aus dem Mittelstand, die Werke kauften, die den Stolz auf die neue Unabhängigkeit des Landes und die eigene Leistung widerspiegelten – Porträts, Landschaften, Alltagsszenen usw. Diese Erweiterung des Motivkanons findet sich auch in Großbritannien, besonders in der Gesellschaftssatire William Hogarths und den wissenschaftlichen Szenen von Joseph Wright of Derby. ■

DUNKELHEIT GAB IHM LICHT

ABENDMAHL IN EMMAUS (1601)

MICHELANGELO MERISI DA CARAVAGGIO

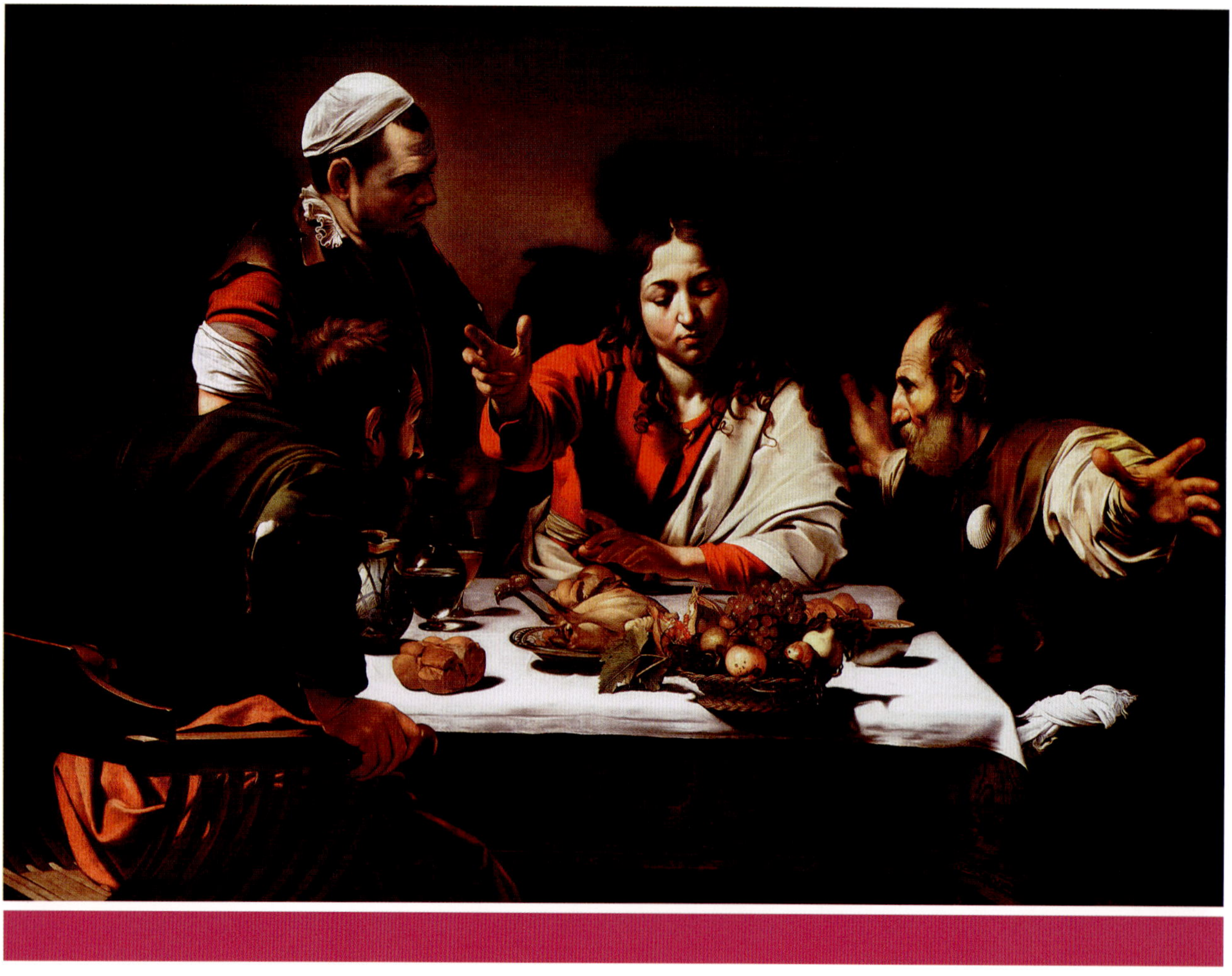

IM KONTEXT

SCHWERPUNKT
Tenebrismus

FRÜHER
Anfang des 16. Jh. führt Leonardo da Vinci die Helldunkelmalerei ein.

SPÄTER
um 1620–1630 Niederländische Künstler aus dem katholischen Utrecht, wie Matthias Stom, Gerrit van Honthorst und Hendrick ter Brugghen, werden von Caravaggios Werk geprägt.

1640er-Jahre Der Franzose Georges de La Tour experimentiert mit dem Tenebrismus: Seine *Magdalena mit der Öllampe* (um 1640) und *Joseph als Zimmermann* (1642) beeindrucken besonders durch den Einsatz von Kerzenlicht vor einem dunklen Hintergrund mit äußerst eindringlichem Schlaglichteffekt.

Siehe auch: *Dreifaltigkeit* 108–111 ▪ *Christus der Gnade* 172–175 ▪ *Die Verzückung der hl. Theresa* 182–183 ▪ *Judith enthauptet Holofernes* 222

Der »Tenebrismus« vom Italienischen *tenebroso* (»finster«) bezeichnet eine Malerei, in der dunkle Töne dominieren. Die Farbgebung ist von einem starken Helldunkelkontrast oder Chiaroscuro (von *chiaro* »hell«, *oscuro* »dunkel«) geprägt, der für Tiefe und Lichteffekte sorgt.

Obwohl Caravaggio den Tenebrismus nicht erfand, wird der Begriff aufgrund seiner einflussreichen tenebrosen Gemälde besonders mit ihm assoziiert. Der Charakter seines Werks wurde 1672 von Giovanni Pietro Bellori, einem seiner frühen Biografen, treffend beschrieben: »… er brachte seine Figuren nie ins Tageslicht, sondern platzierte sie in der dunkelbraunen Atmosphäre eines geschlossenen Raums und nutzte ein hohes Licht, das senkrecht auf die wichtigsten Körperpartien fiel und das Übrige im Schatten ließ, um Kraft durch einen starken Helldunkelkontrast zu erzeugen.«

Reale Menschen

Abendmahl in Emmaus zeigt, wie sich der wiederauferstandene Christus zweien seiner Jünger zu erkennen gibt. Hinter der Gruppe steht ein Wirt. Caravaggios präzise Lichtführung lässt die Figuren deutlich vor dem Hintergrund hervortreten. Ihre physische Präsenz wird durch realistische Details wie die abgewetzte Kleidung und die ausladenden, dramatischen Gesten noch eindringlicher. Der Ellbogen des linken Jüngers scheint fast aus dem Gemälde herauszuragen.

Die Figuren wirken eher wie Menschen aus Fleisch und Blut, als es bei den idealisierten Wesen in der traditionellen religiösen Kunst der Fall war. Einige von Caravaggios Zeitgenossen hielten seine Darstellung von Heiligen für respektlos, andere waren von seiner Neuinterpretation bekannter Themen fasziniert. Seine Werke gewannen im ersten Viertel des 17. Jahrhunderts großen Einfluss. Viele Maler imitierten Caravaggios Technik, doch die meisten Bilder ließen die Erhabenheit und emotionale Tiefe vermissen. Einige Künstler erwiesen sich jedoch als würdige Nacheiferer, besonders Artemisia Gentileschi, die berühmteste italienische Malerin ihrer Zeit, sowie Georges de La Tour, der ein außerordentlich feines Gespür für den Umgang mit nächtlichem Licht besaß. ▪

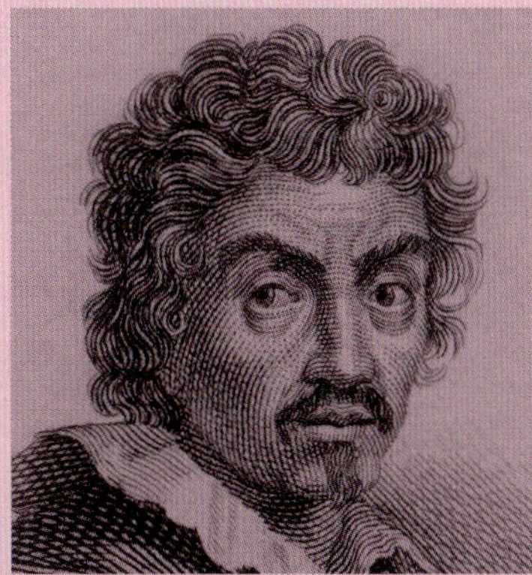

Michelangelo Merisi da Caravaggio

Michelangelo Merisi wurde 1571 in Mailand geboren. Er wuchs in der Stadt Caravaggio auf, nach der er benannt wurde. Nach der Ausbildung in Mailand zog er um 1592 nach Rom und verbrachte dort den Großteil seines restlichen Lebens. Anfangs malte er erotische Werke für Sammler. Nach der Jahrhundertwende konzentrierte er sich auf religiöse Sujets. Seine Altarbilder erregten Bewunderung und Kritik, und er wurde der meistdiskutierte Maler seiner Zeit – auch wegen seiner Neigung zu Gewalt. 1606 floh er aus Rom, nachdem er einen Mann im Streit getötet hatte. Die nächsten vier Jahre war er in Neapel, Malta und Sizilien tätig. Caravaggio starb 1610 »elend und einsam«.

Weitere Hauptwerke

um 1598 *Bacchus*
1600/01 *Bekehrung des Paulus*
1604–1606 *Madonna di Loreto*
1608 *Die Enthauptung Johannes des Täufers*

IN GEMÄLDEN ODER ANDEREN NACHBILDUNGEN WIRD DAS VOLK UNTERRICHTET

CHRISTUS DER GNADE (1603–1606) JUAN MARTÍNEZ MONTAÑÉS

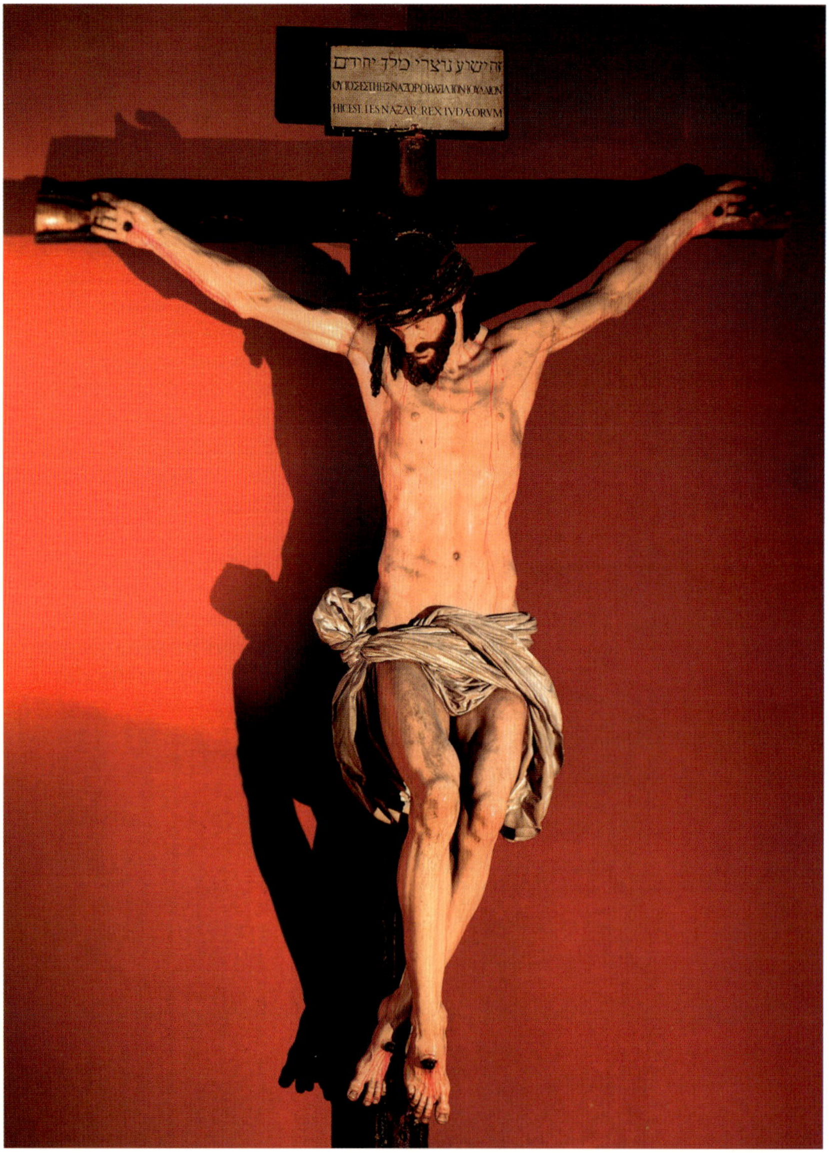

IM KONTEXT

SCHWERPUNKT
Gegenreformation

FRÜHER
1563 Die 25. und letzte Sitzung des Konzils von Trient erörtert die Rolle der Kunst in der Religion.

um 1590–1630 Die Bologneser Schule – damals Zentrum der italienischen Malerei – lehnt den Manierismus ab und strebt im Einklang mit den neuen katholischen Idealen nach mehr Ausdrucksklarheit.

SPÄTER
Anfang 17. Jh. Flämisch-katholische Künstler wie Peter Paul Rubens und Anthonis van Dyck malen bemerkenswerte religiöse Monumentalwerke.

1649 Francisco Pachecos Buch *Arte de la pintura* erscheint. Es ist ein wichtiger Leitfaden für die gegenreformatorische Ikonografie.

Ab Mitte des 16. Jahrhunderts bemühte sich die katholische Kirche um eine Erneuerung als Antwort auf die Ausbreitung des Protestantismus seit 1517, als der deutsche Theologe Martin Luther den Anstoß zur Reformation gab. Diese Erneuerungsbestrebung wird Gegenreformation genannt. Ihre Maßnahmen wurden auf dem Konzil von Trient festgelegt – einer Reihe von 25 Sitzungen kirchlicher Würdenträger, die 1545 bis 1563 im norditalienischen Trient stattfanden. Auf der letzten Sitzung wurde auch über die Rolle der Kunst in der Religion diskutiert. Sowohl Malerei als auch Plastik wurden als effektives Mittel zur Stärkung

Siehe auch: Gerokreuz 66–67 ▪ Cloisters-Kreuz 100–101 ▪ *Dreifaltigkeit* 108–111 ▪ Isenheimer Altar 164 ▪ *Abendmahl in Emmaus* 170–171 ▪ *Unbefleckte Empfängnis von Los Venerables* 223

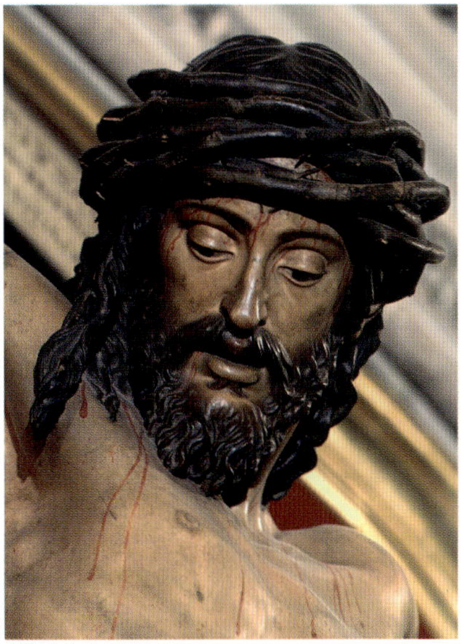

Das gepeinigte Gesicht vom *Christus der Gnade* schaute auf den zum Gebet knienden Sünder; die Nähe zum Leid Christi erregte starke Gefühle im Gläubigen.

des Glaubens befunden: Bilder von Christus und den Heiligen könnten Herz und Verstand der Gläubigen öffnen und sie dazu bringen, »Gott anzubeten und zu lieben und die Frömmigkeit zu pflegen«.

Obwohl die Erklärungen des Konzils zur Kunst unspezifisch waren, folgte ihnen bald eine Flut von Schriften (hauptsächlich von Theologen anstelle von Künstlern), die ihre Umsetzung in die Praxis erörterten. Eines der wichtigsten Bücher war *Discorso intorno alle immagini sacre e profane* (1582) des Bologneser Kardinals Gabriele Paleotti. Er verurteilte die Bilder, die »täglich in Kirchen zu sehen sind und die so unklar und mehrdeutig anstatt erhellend sind … [dass] sie den Geist verwirren und ablenken … zum Nachteil des Glaubens«. Demgegenüber lobte er den Künstler, der »seine Ideen klar erklären … und sie verständlich und einfach erkenntlich wiedergeben kann«. Der Wunsch nach realistischen, leicht verständlichen Bildern war Teil des Hintergrunds, aus dem die Barockkunst hervorging und den gekünstelten, manieristischen Stil ablöste, bei dem Technik und Form häufig mehr Bedeutung zukamen als dem eigentlichen Sujet.

In ganz Europa legte das katholische Dogma die bevorzugten Sujets der gegenreformatorischen Kunst fest. Darstellungen des Leidens Christi, die Bekehrung des Apostels Petrus, die Verkündigung und die Sakramente wurden favoristiert, wohingegen einige Künstler – wie Paolo Veronese und Michelangelo – von der Kirche für ihre vorgeblich »pietätlosen« Gemälde religiöser Szenen zensiert wurden.

> »Heilige Bilder helfen uns, die Andacht, die wir innerlich fühlen, nach außen zu vermitteln.«
>
> **Francisco Pacheco**

Im gläubigen Spanien schuf Diego Velázquez tiefgründige religiöse Werke im Barockstil, die die Sinne der Gläubigen ansprechen sollten. In der spanischen Plastik schlug sich die Gegenreformation in großen polychromen Statuen nieder, für die man Holz anstelle von Bronze und Stein bevorzugte. Zuweilen blieb das Holz »

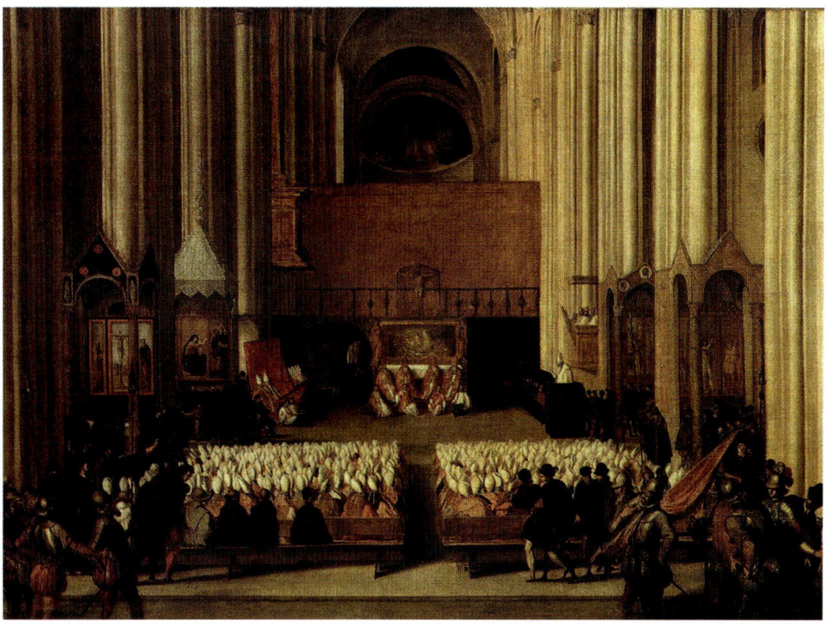

Das Konzil von Trient (1545–1563) wollte katholische Lehren und Bräuche neu definieren. Das Bild zeigt die 23. Sitzung, die 1553 in der Kathedrale von Trient stattfand.

unbemalt (besonders, wenn es ein schön gemaserter Import aus den Kolonien war), häufiger wurde es in naturalistischen Farben gefasst, und manchmal wurde die realistische Anmutung durch Glasaugen, Elfenbeinzähne und Wimpern aus Menschenhaar betont.

Werk der Buße

Der bedeutendste Vertreter dieser Kunstform war Juan Martínez Montañés, der seinen Zeitgenossen als *El dios de la madera* (Gott des Holzes) bekannt war. *Christus der Gnade* ist Montañés' berühmtestes Werk – nicht nur aufgrund der Kunstfertigkeit, sondern auch wegen der überlieferten Dokumentation seines Ursprungs, die Einblicke in die Ideale der Gegenreformation gibt.

Christus der Gnade wurde von Mateo Vázquez de Leca, dem Erzdiakon von Carmona (bei Sevilla), als Sühneakt für seine Sünden in Auftrag gegeben. Er soll ein ausschweifendes Leben geführt und mit Prostituierten verkehrt haben, bevor eine Erscheinung ihn zur Umkehr bewog. Eine Frau, der er nachstellte, lüftete in seiner Vision ihren Schleier und offenbarte sich als Skelett. Der Auftrag des Erzdiakons legte die Bedingungen für den Bildhauer exakt fest. Vázquez de Leca schrieb: »Christus soll lebendig gezeigt werden, in dem Moment, bevor er verscheidet, den Kopf zur Rechten geneigt, den Blick auf die Person gerichtet, die zu seinen Füßen beten mag, damit es scheint, als ob Christus zu ihr spreche und ihr sage, dass er um ihretwillen leide. Daher sollen Augen und Gesicht eine gewisse Strenge aufweisen und die Augen komplett geöffnet sein.«

Montañés setzte die Anweisungen des Erzdiakons treu und einfühlsam um. Er stellte Christi Körper und Gesicht realistisch dar und bewies profunde anatomische Kenntnisse: Die Muskulatur und Details von Brustkorb, Knien und Füßen wirken authentisch. Anders als einige seiner spanischen Zeitgenossen verband Montañés Realismus und emotionale Überzeugung mit einer Anmutung von Würde und Haltung: Die Figur von Christus scheint vor dem Kreuz zu schweben, anstatt daran zu hängen. Der einzige Teil, der stilistisch leicht abweicht, ist das Leinentuch: Die raffinierten Falten wirken kunstfertig um ihrer selbst willen – ein Zeichen dafür, dass in seinem Werk Spuren des Manierismus überdauerten.

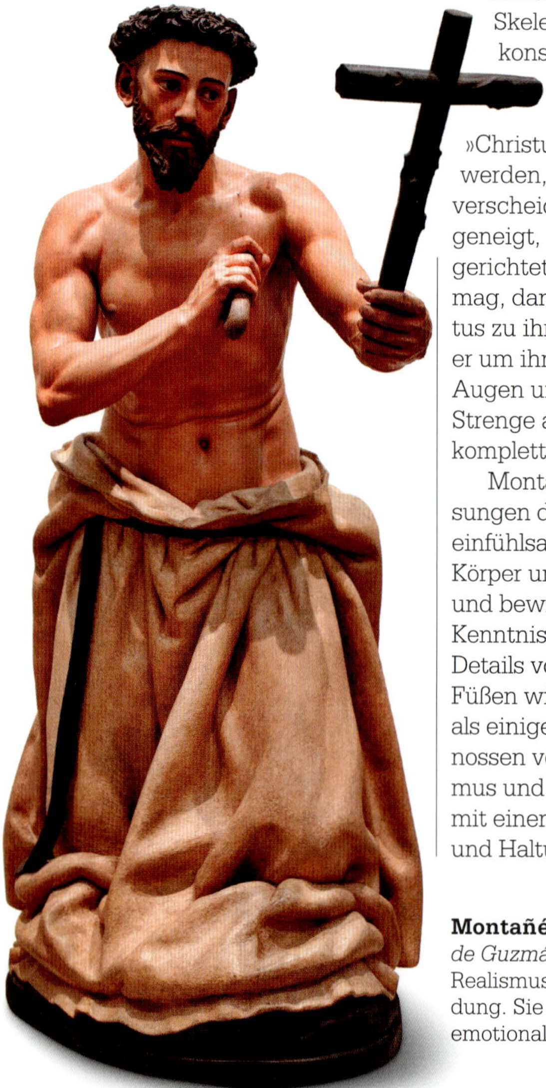

Montañés' Skulptur *Santo Domingo de Guzmán Penitente* (1605) zeigt Realismus und Dramatik in Vollendung. Sie sollte den Betrachter direkt emotional ansprechen.

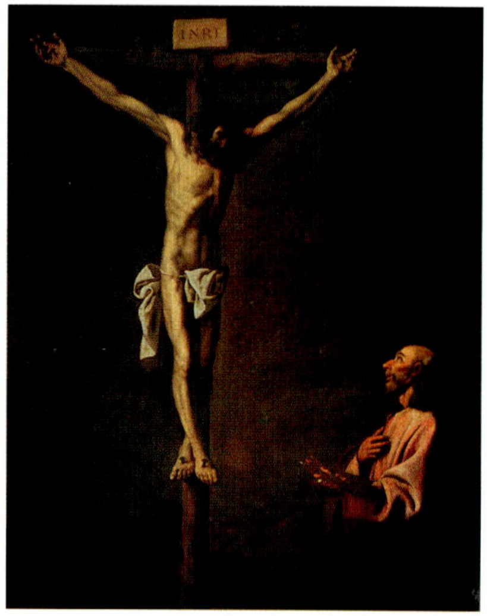

Francisco de Zurbaráns *Hl. Lukas als Maler vor Christus am Kreuz* (um 1650) zeigt Lukas mit Palette – für manche eine Anspielung auf die Rolle der Kunst bei der religiösen Andacht.

Zunftordnung

Montañés bemalte die Skulptur nicht selbst – die Künstlerzünfte schrieben vor, dass solche Arbeiten von einem ausgebildeten Fassmaler durchzuführen seien. In diesem Fall (und bei vielen anderen von Montañés' Skulpturen) handelte es sich dabei um seinen Freund Francisco Pacheco. Er war hauptsächlich für religiöse Werke bekannt und wurde 1618 von der Inquisition in Sevilla, einer Einrichtung zur Reinhaltung des katholischen Glaubens in Spanien, zum Malerzensor ernannt. Das befugte ihn, Werke von Malerkollegen in der Stadt zu zensieren und dafür zu sorgen, dass sie Ansichten zeigten, die von der Kirche gebilligt wurden, und Sujets mieden, die den Gläubigen fehlleiten könnten. Pacheco arbeitete jahrelang an einem Kompendium, das sich mit Theorie und Praxis der Malerei befasste und 1649, fünf Jahre nach seinem Tod, schließlich veröffentlicht wurde. *Arte de la pintura* ist die wichtigste kunsttheoretische Abhandlung im Spanien des 17. Jahrhunderts und wendet sich historischen wie theoretischen und technischen Fragen zu. Das Buch offenbart Pachecos Befürwortung der gegenreformatorischen Ideale. Er charakterisiert Malerei vorrangig als Mittel zur Verteidigung und Verbreitung des katholischen Glaubens und liefert zudem ausführliche Beschreibungen über zulässige und nicht zulässige Darstellungen etablierter Sujets wie der Kreuzigung.

Außerhalb Spaniens

Die Gegenreformation befeuerte eine Vielzahl an Schöpfungen in den katholischen Hochburgen Europas. Anbauten an den Petersdom und Il Gesù, die Mutterkirche des Jesuitenordens, führten den Barockstil in Sakralbauten ein. Gleiches bewirkten Künstler wie Bernini und Caravaggio für Malerei und Plastik. Missionare, besonders die Jesuiten, brachten ihre Ikonografie in die amerikanischen Kolonien, und durch die Verschmelzung mit heimischen religiösen Traditionen entstanden Phänomene wie die »Jungfrau von Guadalupe« – das Bild einer dunkelhäutigen Jungfrau Maria, das einen Kult im kolonialen Mexiko entfesselte und die Werte des Konzils von Trient in den neuen Gebieten vermittelte. ■

Hauptmerkmale der gegenreformatorischen Kunst

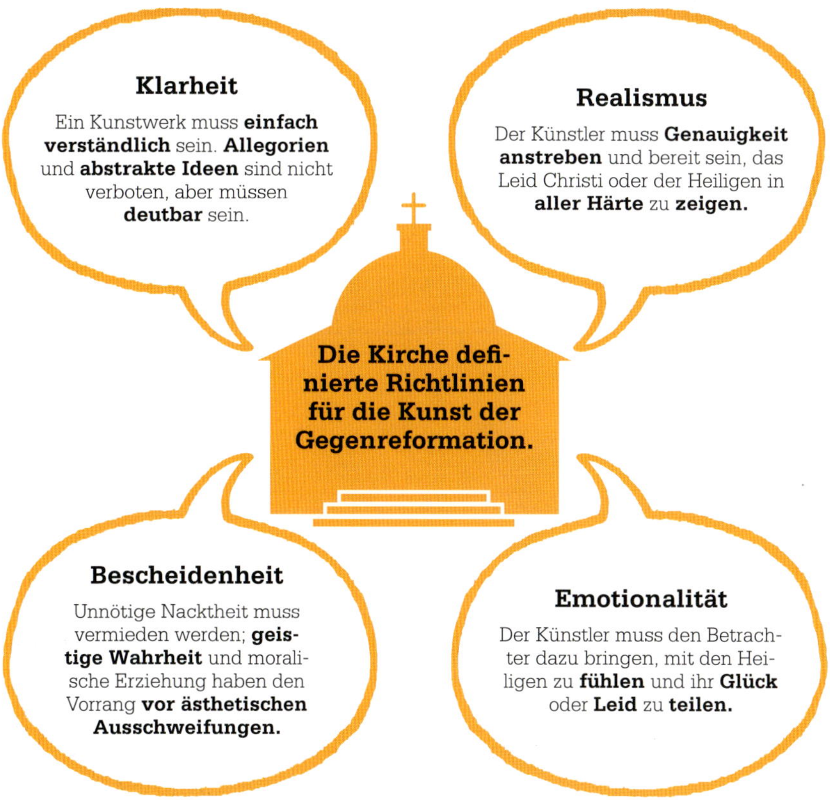

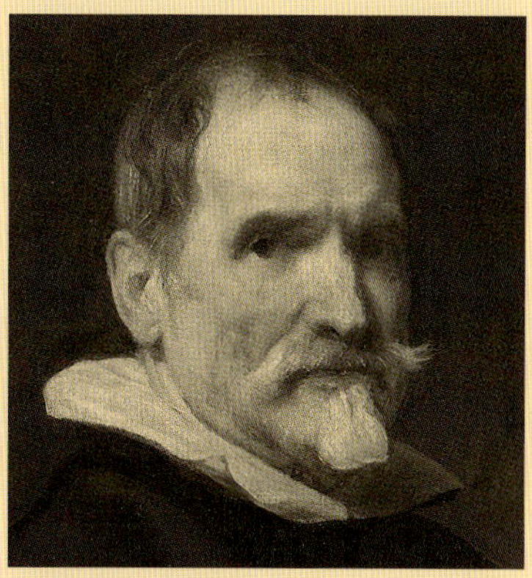

Juan Martínez Montañés

Juan Martínez Montañés wurde 1568 in Alcalá la Real geboren und in Granada ausgebildet. Fast seine gesamte Schaffenszeit verbrachte er in Sevilla – einem bedeutenden kulturellen Zentrum und einer der blühendsten Städte Europas, auch weil es den wichtigsten Hafen für den hochprofitablen Handel Spaniens mit Amerika besaß. Neben vielen Aufträgen für Sevilla wurden in seiner Werkstatt Skulpturen für religiöse Orte in ganz Spanien und den amerikanischen Kolonien geschaffen. Montañés' Werk war mit Ausnahme eines verschollenen Porträts von Philipp IV., das vermutlich nach Italien als Modell für den Kopf einer Königsstatue geschickt werden sollte, religiöser Natur. Er galt als bedeutendster spanischer Bildhauer seiner Zeit mit einem einflussreichen Werk. Er starb 1649 in Sevilla.

Weitere Hauptwerke

1597 *Hl. Christophorus*
1610 *Hl. Ignatius von Loyola*
1628 *Unbefleckte Empfängnis*
1634 *Hl. Bruno*

KEINE UNTERNEHMUNG ÜBERSTIEG JE MEIN SELBSTVERTRAUEN, SEI SIE AUCH NOCH SO GROSS

DIE LÖWENJAGD (UM 1615)

PETER PAUL RUBENS

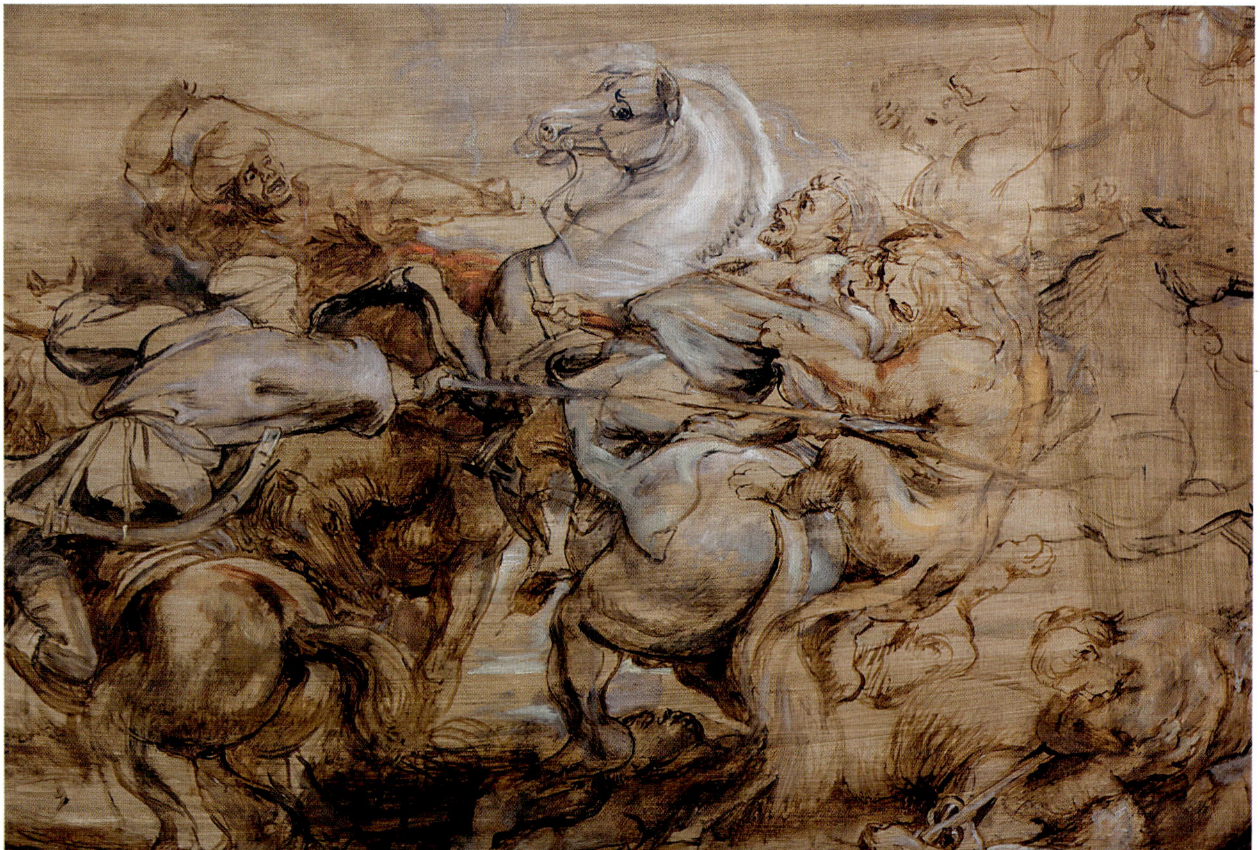

IM KONTEXT

SCHWERPUNKT
Ölskizze

FRÜHER
um 1530 Der italienische Manierist Polidoro da Caravaggio nutzt als einer der Ersten Ölskizzen zum Entwurf eines Gemäldes.

um 1601 Rubens malt *Kopf eines Jünglings,* eine seiner ersten bekannten Ölskizzen.

SPÄTER
1732 Der italienische Maler Sebastiano Ricci schreibt: »Die Skizze ist das fertige Werk … das Altarbild nur die Kopie.«

1888 30 Ölskizzen von John Constable werden dem Londoner Victoria and Albert Museum von seiner Tochter Isabel übereignet.

1944 Der britische Maler Francis Bacon nennt seine figürlichen Ölwerke »Studien«.

Siehe auch: Assyrische Löwenjagd-Reliefs 34–35 ▪ Studien zu *Anna selbdritt* 124–127 ▪ *Watson und der Hai* 225 ▪ *Das weiße Pferd* 278

Während seiner Zeit in Italien (1600–1608) tauchte der flämische Maler Peter Paul Rubens in die Kultur und Lebensart des Landes ein. Mit der Ölskizze übernahm er eine neue italienische Technik in einem solchen Maß, dass sie zentrales Merkmal seiner Kunst wurde. Kein anderer Maler schuf ein derart umfangreiches Œuvre in diesem Medium.

Ölskizzen sind gewöhnlich kleine, mit schnellen Pinselstrichen ausgeführte Bilder als Vorstudien für große Gemälde. Wenn Rubens an einem großformatigen Werk arbeitete, fertigte er eine kleine Kompositionsskizze in Öl an, die – neben Zeichnungen verschiedener Details – als Leitfaden für seine hoch qualifizierten Assistenten diente. Sie führten die Grundarbeiten aus, bevor Rubens das Werk vollendete.

Kraft und Flüssigkeit

Die Skizze für *Die Löwenjagd* ist eine der ersten bekannten Jagdszenen von Rubens – ein Bildtypus, der bei adligen Mäzenen, für die Jagd nicht nur Sport, sondern Symbol ihres privilegierten Status war, beliebt war. Kein bekanntes vollendetes Gemälde basiert gänzlich auf der Skizze, aber einige Details (wie der Reiter, der von einem Löwen vom Pferd gezogen wird) tauchen in anderen Werken auf. Die dynamische, engmaschige Komposition, die die immense Energie und Gewalt – und auch die Schrecken – einer Jagd einfängt, zeigt die Kraft von Rubens' Stil und seinen meisterhaft flüssigen Duktus, bei dem der Pinsel über das Holzpanel tanzt.

Nach Rubens begannen viele Künstler, Ölstudien in ihre Entwürfe zu integrieren. Bald wurden die Skizzen um ihrer selbst willen geschätzt. So fertigte der italienische Maler Luca Giordano Kopien seiner Skizzen für Sammler und andere Interessenten an. Doch ihre bemerkenswerteste Entwicklung erfuhr die Ölskizze durch den englischen Landschaftsmaler John Constable. Ab 1819 schuf er maßstabgetreue Ölskizzen für seine ehrgeizigsten Gemälde wie den bekannten *Heuwagen*. Solche Testläufe waren zu Constables Lebzeiten faktisch unbekannt, doch ihr freier Duktus entsprach dem modernen Geschmack. Das gilt auch für Rubens' Ölskizzen, auf denen – im Gegensatz zum fertigen Werk – die Hand des Meisters in jedem Pinselstrich sichtbar wird. ■

» Die Werke von Rubens … scheinen mit einer Freiheit und Fülle zu schweben. «

Joshua Reynolds
A Journey to Flanders and Holland, 1797

Peter Paul Rubens

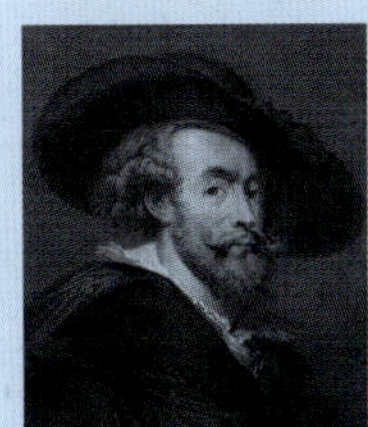

Rubens wurde 1577 in Westfalen geboren. Er verbrachte die Lehrzeit im flämischen Antwerpen. Seine eigentliche künstlerische Ausbildung erhielt er während der acht Jahre in Italien. Zurück in Antwerpen etablierte er sich als führender nordeuropäischer Maler. Er schuf Gemälde für Kunden aus der europäischen Oberschicht. Zudem war er als Diplomat tätig und wurde von den Königen Englands und Spaniens geadelt.

Weitere Hauptwerke

um 1609 *Selbstbildnis mit Isabella Brant in der Geißblattlaube*
1611 *Kreuzabnahme*
1629/30 *Krieg und Frieden*

DIE EHRE DER BESIEGTEN IST DER TRIUMPH DES SIEGERS

DIE ÜBERGABE VON BREDA (1634/35) DIEGO VELÁZQUEZ

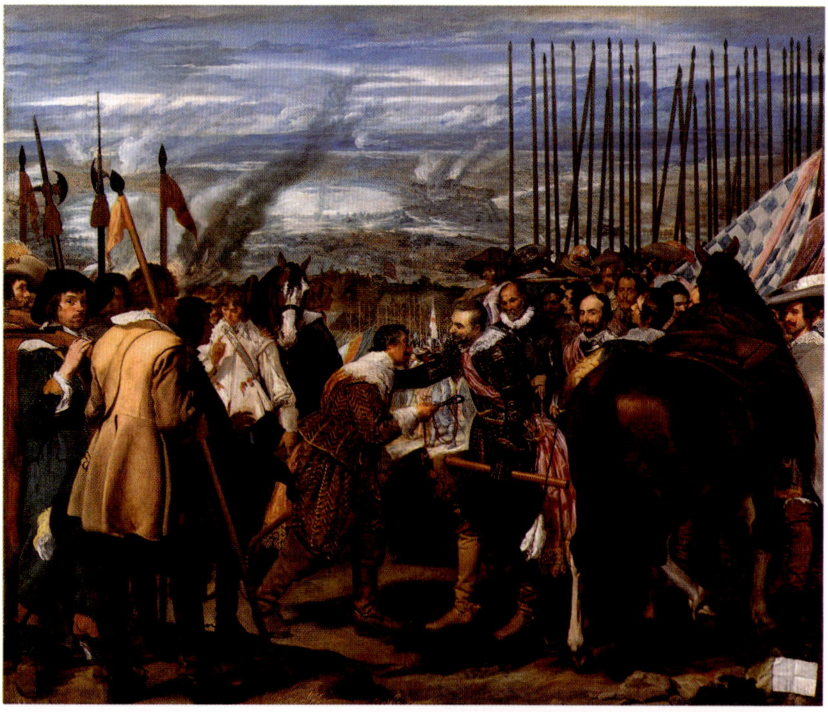

IM KONTEXT

SCHWERPUNKT
Zeitgeschichte in der Kunst

FRÜHER
um 1438–1440 Der Florentiner Paolo Uccello behandelt in der dreiteiligen *Schlacht von San Romano* den Kampf zwischen Florenz und Mailand von 1432.

1627 Velázquez malt sein erstes Historienbild, *Die Vertreibung der Mauren*, das ein Ereignis von 1609 darstellt.

SPÄTER
1808 Das Gemälde *Napoleon auf dem Schlachtfeld* des Franzosen Antoine-Jean Gros zeigt den Feldherrn in Ostpreußen während der Napoleonischen Kriege.

1824 Der Engländer J. M. W. Turner malt im Auftrag von Georg IV. eine Szene aus der Schlacht von Trafalgar (1805).

Zeitgeschichtliche Darstellungen in der Kunst befassten sich meist damit, die Taten mächtiger Männer (und zuweilen Frauen) zu verherrlichen und sie vor der Nachwelt zu rechtfertigen. Krieg, ein konstantes Phänomen der Menschheitsgeschichte, ist ein wiederkehrendes Sujet. So errichtete man im antiken Rom Gedenksäulen für die Kaiser Trajan und Mark Aurel und verzierte sie mit Reliefs ihrer militärischen Siege. Eines der bemerkenswertesten erhaltenen Kunstwerke des Mittelalters ist der Teppich von Bayeux, der die Eroberung Englands durch den Normannenherzog William im Jahr 1066 bildlich darstellt.

Siehe auch: Mark Aurel 48–49 ▪ Trajanssäule 57 ▪ Teppich von Bayeux 74–75 ▪ *Watson und der Hai* 225 ▪ *Napoleon auf dem Schlachtfeld von Preußisch-Eylau* 278 ▪ *Die Verteidigung Petrograds* 338–339

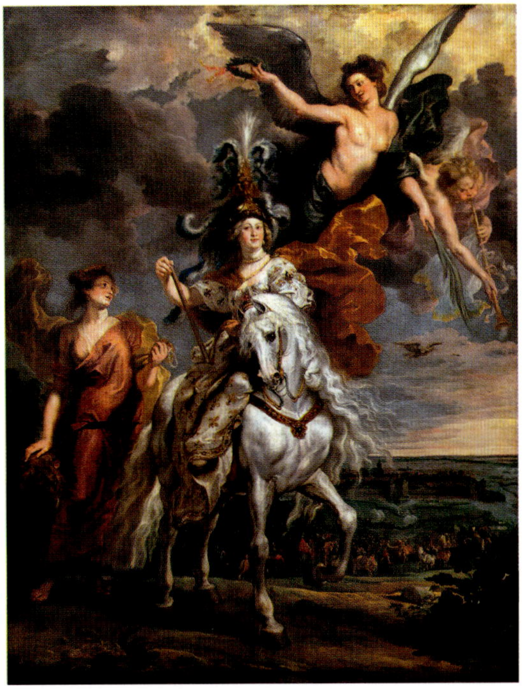

Auf *Der Triumph von Jülich* (1622–1625) nutzt Rubens allegorische Figuren, um Maria de' Medici zu verherrlichen und ihre Feier eines militärischen Sieges darzustellen.

In der Renaissance wurden oft Schlachtenszenen für die Interieurs bedeutender Bauwerke in Auftrag gegeben. 1503/04 begannen Leonardo da Vinci und Michelangelo je ein monumentales Schlachtengemälde für den Palazzo Vecchio (Sitz des Florentiner Stadtparlaments), obwohl keiner von ihnen sein Werk vollendete. In England gedachte man der Niederlage der spanischen Armada von 1588 mit zehn prächtigen Bildteppichen für das House of Lords in London.

Geschichte als Mythos

Es war üblich, die Protagonisten als Teil eines mythologischen statt eines tatsächlichen Ereignisses darzustellen, oft unter Zuhilfenahme allegorischer Mittel. Der führende Vertreter dieses Ansatzes war Peter Paul Rubens, besonders in seinem Zyklus von 25 Monumentalwerken über das Leben der Maria de' Medici (der Mutter von Ludwig XIII.), den er 1622–1625 für das Palais du Luxembourg, ihre Pariser Residenz, anfertigte. Marias politische Karriere war glanzlos, und sie beendete ihr Leben im Exil, doch Rubens verherrlichte sie als glorreiche Regentin. So wird sie auf dem *Triumph von Jülich* (eine Szene, die wie die *Übergabe von Breda* der Eroberung einer Stadt gedenkt) auf einem prächtigen Ross gezeigt, trägt einen Helm, wie er Athene zugeschrieben wird, und ist von den geflügelten Göttinnen Victoria (legt einen Lorbeerkranz auf Marias Haupt) und Fama (verkündet ihren Ruhm mit der Trompete) umringt. Rubens' pompöse Art der Historienmalerei findet sich in der etablierten europäischen Kunst bis weit ins nächste Jahrhundert. In der Gattungshierarchie, die von der einflussreichen Académie royale de peinture et de sculpture festgelegt wurde, galt der allegorisch-heroischen Historienmalerei die höchste Anerkennung. Doch Velázquez verfolgte bei der *Übergabe von Breda* einen radikal anderen Ansatz.

Stolz einer Nation

Die Übergabe von Breda gehörte zu einem Zyklus von zwölf Monumentalwerken, die die Erfolge des spanischens Heers von 1622–1633 unter der Herrschaft Philipps IV. würdigten. Sie waren für den Salón de los Reinos (»Saal der Königreiche«) des neuen königlichen Lustschlosses Buen Retiro gedacht.

Mitte des 16. Jahrhunderts stand Spanien auf dem Gipfel der Macht und herrschte über große Teile Italiens und Nordeuropas sowie über riesige Kolonialgebiete in Amerika. Aber als Philipp IV. »

Diego Velázquez

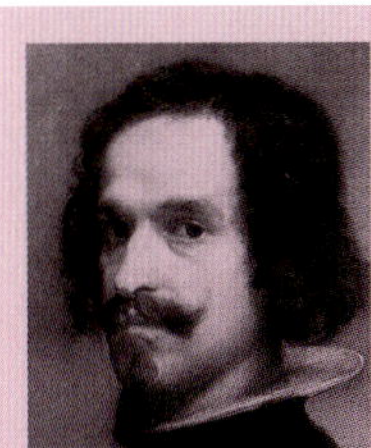

Diego Velázquez wurde 1599 in Sevilla geboren. Dort studierte er bei Francisco Pacheco, dessen Tochter er 1618 heiratete. 1623 ließ er sich in Madrid nieder, nachdem er ein geachtetes Porträt von Philipp IV. gemalt hatte. Er wurde der Lieblingsmaler des Königs und blieb es bis zu seinem Tod. Philipp verlieh ihm mehrere Ämter am Hof, die ihm Prestige einbrachten, aber weniger Zeit zum Malen ließen. Velázquez war hauptsächlich Porträtist (besonders der königlichen Familie und des Hofs) und malte gelegentlich religiöse und andere Sujets. Er starb 1660 in Madrid.

Weitere Hauptwerke

um 1620 *Der Wasserverkäufer von Sevilla*
1630 *Die Schmiede des Vulkan*
1649/50 *Papst Innozenz X.*
1656 *Las Meninas (Die Hoffräulein)*

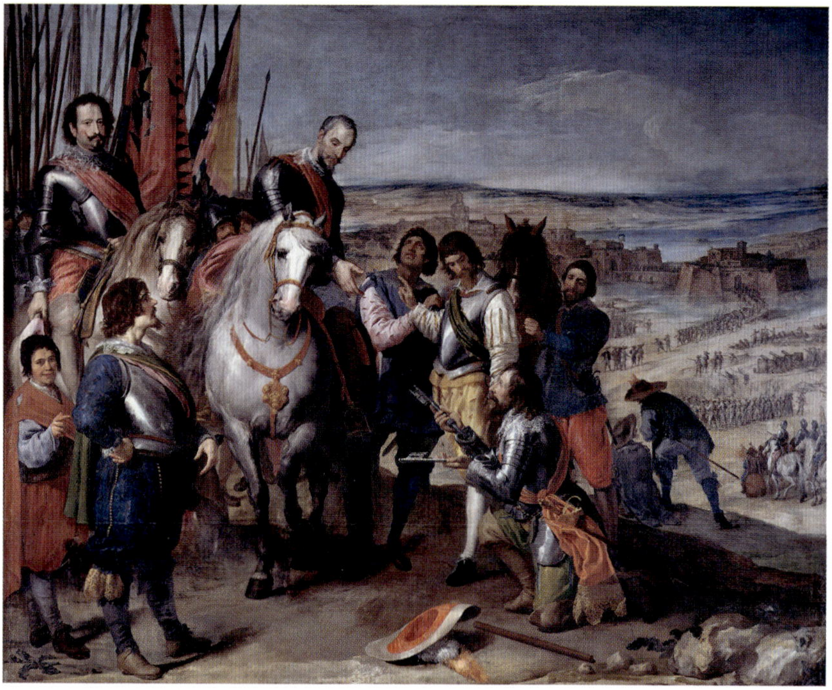

Die Übergabe von Jülich (1635) von José Leonardo zeigt die Einnahme der Festung des niederländischen Jülich durch die Spanier. Seine Darstellung ist konventioneller als die von Velázquez.

1621 den Thron bestieg, befand sich das Land im Niedergang. Trotzdem erlebte Spanien bis etwa 1680 ein goldenes Zeitalter der Kunst. Velázquez' Gemälde sollten den König rühmen und das sinkende Ansehen der Nation aufpolieren.

Obwohl *Die Übergabe von Breda* die anderen Gemälde des Zyklus weit übertrifft, hat es etwas mit ihnen gemein: Alle zeigen die Ereignisse auf durchaus naturalistische Weise, die Figuren sind normal gekleidet und verhalten sich realistisch – damals ein ungewöhnlicher Ansatz in der Historienmalerei.

Ungekünstelter Stil

Breda ist eine niederländische Stadt in der Nähe zum heutigen Belgien. Sie spielte eine wichtige Rolle beim Kampf der Niederlande um die Unabhängigkeit von Spanien und wurde mehrfach erobert und zurückerobert. Velázquez' Gemälde gedenkt der Übergabe Bredas an das spanische Heer am 5. Juni 1625 nach einer zehnmonatigen Belagerung, die die Verteidiger an den Rand des Hungertods gebracht hatte.

Der Gouverneur von Breda, Justinus von Nassau, wird bei der Übergabe des Schlüssels der Stadt an den siegreichen spanischen Heerführer Ambrosio Spinola gezeigt. Links kontrastiert eine zerlumpte Gruppe niederländischer Soldaten die geschlossene Formation der spanischen Truppe zur Rechten. Ihre bedrohliche Reihe von Lanzen verlieh dem Bild seinen bekannten spanischen Namen – *Las Lanzas* (»Die Lanzen«). Hinter den Figuren erstreckt sich eine weite Landschaft, aus der eroberten Stadt steigt Rauch auf.

Velázquez malte die Szene mit außerordentlicher Eindringlichkeit. Die Gesichter sind anschaulich porträtiert und vermitteln die gemischten Reaktionen, die beiden Pferde sind hervorragend herausgearbeitet, und vom Vordergrund bis in den fernen Hintergrund ist die Szenerie von Licht und Atmosphäre durchdrungen. Die Begegnung der beiden Feldherren ist ergreifend – Spinola legt Justinus freundlich die Hand auf die Schulter, ein Soldat tröstet den anderen. Verglichen mit der hier gezeigten malerischen Vollendung und psychologischen Einsicht erscheinen selbst die besten der weiteren elf Bilder des Zyklus (von neun anderen spanischen Malern) recht formelhaft.

Informationsquellen

Velázquez' Version der Ereignisse von Breda ist überzeugend und eine Meisterleistung der Vorstellungskraft, die sich aus mehreren Dokumenten speist. Die Einnahme von Breda wurde mehrfach verarbeitet: auf Gemälden und Druckgrafiken (wie einer Panorama-Radierung des Franzosen Jacques Callot), in einem Augenzeugenbericht von Spinolas Priester Herman Hugo und in einem Stück von Pedro Calderón de la Barca, einem der bedeutendsten spanischen Dichter jener Zeit. Mög-

» Der Tod eines Helden konnte nur durch eine epische Darstellung abgebildet werden. «

Benjamin West
in *The Farington Diary,* 1806/07

licherweise stützte sich Velázquez bei seinem Bild auf diese Werke.

Die Schlüsselübergabe war ein übliches Symbol bei der Darstellung einer eingenommenen Stadt, fand aber in Breda nicht statt. Gewöhnlich wurde gezeigt, wie der besiegte Feldherr vor dem siegreichen General zu Pferde niederkniet. So wird Spinola auf einem anderen Bild des Zyklus porträtiert – der *Übergabe von Jülich* von José Leonardo. In seinem Stück *Die Belagerung von Breda* brach Calderón mit dieser Konvention und ließ Spinola von seinem Pferd absteigen, bevor er die Kapitulation von Justinus annahm. Velázquez folgte dieser Darstellung.

Spinola war bekannt für sein galantes Verhalten. Daher mag die gezeigte Begegnung nicht im eigentlichen, aber im übertragenen Sinn wahr sein. Als das Werk entstand, waren beide Feldherren tot, doch das Porträt Spinolas basierte auf persönlichen Eindrücken von Velázquez. Er besuchte Italien zweimal. Auf der ersten Reise (1629–1631) verbrachte er die Hinfahrt auf demselben Schiff wie der berühmte General und lernte ihn dort möglicherweise kennen.

Naturalistische Darstellung

Wie die meisten von Velázquez' Bildern gehörte *Die Übergabe von Breda* zur königlichen Sammlung und war der Außenwelt kaum bekannt. Sie wurde erst zugänglich, als der Prado 1819 in Madrid eröffnete. Das Museum zeigte 331 Werke aus der königlichen Sammlung, darunter 44 von Velázquez, wie auch *Die Übergabe von Breda*. Erstmals konnte die Öffentlichkeit die Genialität des Malers bewundern. Sein flüssiger Duktus wurde zur Inspiration für andere Künstler.

150 Jahre nach der *Übergabe von Breda* dominierten in der Historienmalerei allegorisch-heroische über naturalistische Darstellungen, doch die realistische Wiedergabe historischer Ereignisse gewann an Einfluss. In Großbritannien hatte 1771 ein Historienbild mit Protagonisten in zeitgenössischer Aufmachung Erfolg – Benjamin Wests *Der Tod des General Wolfe* fand auf einer Ausstellung der Royal Academy Gefallen. ■

Benjamin Wests *Der Tod des General Wolfe* porträtiert den 1759 bei der Schlacht auf der Abraham-Ebene zwischen den Briten und Franzosen tödlich verwundeten General.

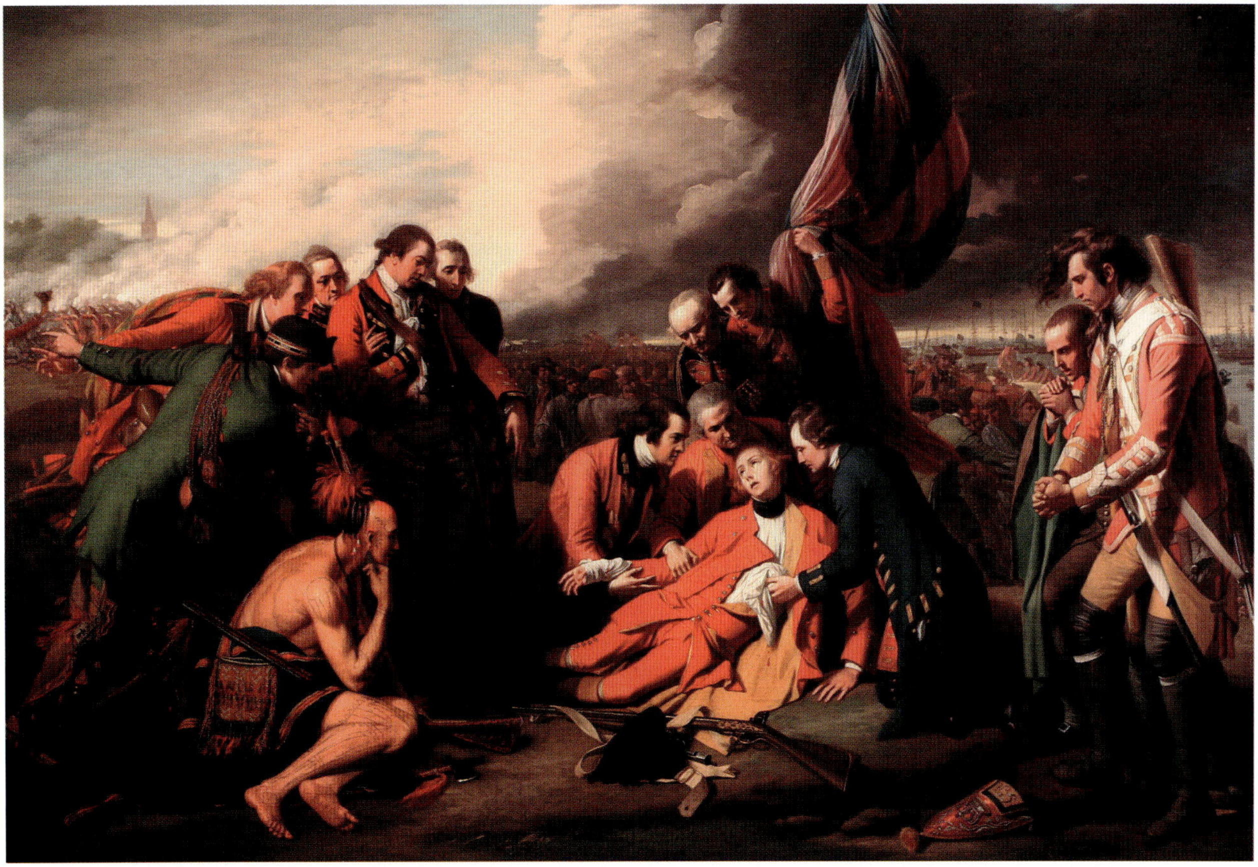

WENN DAS DIE GÖTTLICHE LIEBE IST, DANN KENNE ICH SIE AUCH

DIE VERZÜCKUNG DER HL. THERESA (1647–1652) GIAN LORENZO BERNINI

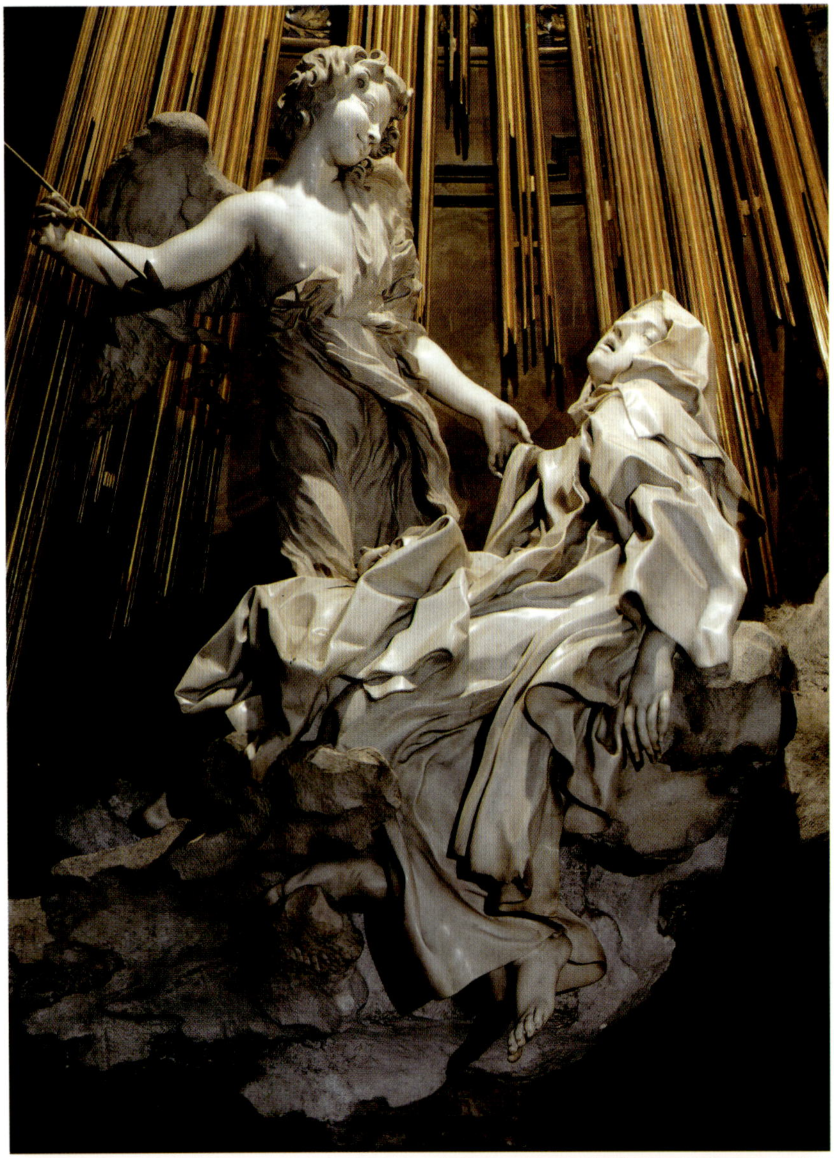

IM KONTEXT

SCHWERPUNKT
Mystik

FRÜHER
um 1500 Sandro Botticellis *Mystische Kreuzigung* zeigt die reuige Maria Magdalena und basiert auf den Visionen des Priesters Girolamo Savanorola.

um 1520 *Das mystische Bad der Seelen* des flämischen Malers Jean Bellegambe porträtiert das Abendmahl als Bad im reinigenden Blut Jesu.

1522–1524 Ignatius von Loyola schreibt seine *Exerzitien*, Meditationen, durch deren Ausübung Gott sich unmittelbar erfahren lässt.

SPÄTER
1795–1827 Der Engländer William Blake malt unter Anleitung spiritueller Lehrer Visionen von Engeln.

1910–1944 Das Mystische in Wassily Kandinskys Werk reflektiert seine Vorstellung vom »Geistigen in der Kunst«.

Während einer Italienreise 1739/40 erkundete der französische Gelehrte Charles de Brosses die Landeskultur, die er in geistreichen Briefen beschrieb. Ein berühmter Kommentar galt Berninis Theresa-Statue in der Cornaro-Kapelle von Santa Maria della Vittoria in Rom: »Wenn das die göttliche Liebe ist, dann kenne ich sie auch.« In seinen Augen wirkte die Verzückung der Heiligen sexuell. Doch Bernini war ein tiefgläubiger Mann und drückte hier eine spirituelle Erfahrung mit Hingabe und Ernsthaftigkeit aus.

Siehe auch: *Entsagung weltlicher Güter* 86–89 ▪ *Triumph des Namens Jesu* 223 ▪ *Fortitudo* 224 ▪ *Griechische Sklavin* 249

» Man könnte glauben, sein Meißel habe Wachs und nicht Marmor geschnitten. «

Filippo Baldinucci
Vita del cavalier Gio. Lorenzo Bernino, 1682

Intuition und Exaltation

Teresa von Ávila (1515–1582) war eine spanische Nonne. Mit Johannes vom Kreuz gründete sie den Ordenszweig der Unbeschuhten Karmelitinnen. Als Mystikerin glaubte sie, durch Intuition, Ekstase oder plötzliche Erleuchtung könne man auf Wegen jenseits normaler körperlicher oder seelischer Vorgänge mit Gott persönlich kommunizieren oder eins werden. In ihrer Autobiografie beschreibt sie eine Begegnung mit einem Engel mit einem »langen goldenen Pfeil mit Feuer an der Spitze«. Den schien er ihr ins Herz zu stoßen. Sie fühlte, wie er ihr »Innerstes durchdrang ... und ich blieb erfüllt von flammender Liebe zu Gott. Der Schmerz war so stark, daß ich klagend aufschrie. Doch zugleich [so süß], daß ich dem Schmerz ewige Dauer wünschte.«

Diese Episode zeigt Bernini in der Skulptur der Karmeliterkirche. Er hatte die schwierige Aufgabe, eine so außergewöhnliche, subjektive Empfindung in massivem Marmor darzustellen, was ihm ausgezeichnet gelang. Er vermittelt Teresas erhabenen Gemütszustand durch die Entrücktheit der Heiligen, das fließende Gewand und die dramatische Szenerie.

Die *Theresa* gilt oft als Berninis Meisterstück, doch in der späteren Skulptur der *Ludovica Albertoni* (1672–1674, San Francesco a Ripa, Rom) ging er bei der Abbildung einer mystischen Erfahrung noch einen Schritt weiter. Obwohl die Skulptur Ludovicas Tod zeigen soll, scheint es eher, als befinde sie sich in einem früheren Zustand der Glückseligkeit, als sie glaubte, einen Vorgeschmack auf den Himmel erhalten zu haben.

Viele Künstler versuchten, mystische Erlebnisse abzubilden, manche davon ihre eigenen, allen voran vielleicht der englische Romantiker William Blake, der Visionen von Engeln hatte und glaubte, er werde in seiner Arbeit von der Seele seines verstorbenen Bruders geleitet. ▪

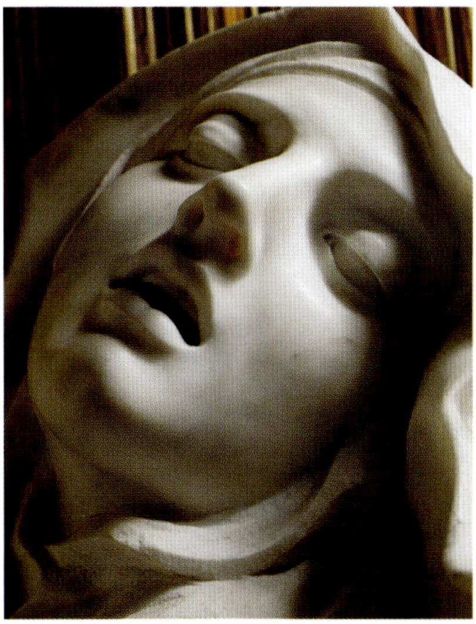

Ein Detail von Berninis Skulptur zeigt die Heilige mit geschlossenen Augen und offenem Mund in vollendeter Darstellung körperlich und geistig empfundener religiöser Ekstase.

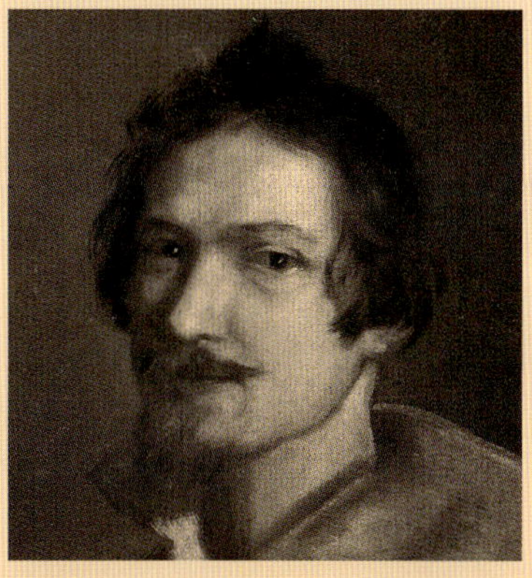

Gian Lorenzo Bernini

Gian Lorenzo Bernini wurde 1598 in Neapel geboren. Als Kind zog er nach Rom, wo er fast sein ganzes Leben verbrachte. Er war Sohn eines Bildhauers. Schon früh zeigte er großes Talent beim Umgang mit Marmor, seinem Lieblingsmaterial, obwohl er sehr vielseitig war. Er galt nicht nur als größter Bildhauer des 17. Jahrhunderts, sondern war auch ein begnadeter Architekt und ausgezeichneter Maler (obwohl er meist nur privat malte). Mit 25 Jahren war er der führende Künstler Roms und prägte mit seinen von Päpsten und Kardinälen beauftragten Statuen, Brunnen und Gebäuden das Erscheinungsbild der Stadt. 1665 ging er nach Paris und war für Ludwig XIV. tätig, doch sein Entwurf für die Ostfassade des Louvre fand keinen Gefallen (einer seiner wenigen Fehlschläge). Bernini starb 1680 in Rom.

Weitere Hauptwerke

1622–1625 *Apollo und Daphne*
1627–1647 Grabmal für Papst Urban VIII.
1648–1651 *Vierströmebrunnen*
1665 Büste von Ludwig XIV.

MEINE NATUR ZWINGT MICH, ALLES WOHLGEORDNETE AUFZUSUCHEN UND ZU LIEBEN

DIE HEILIGE FAMILIE AUF DER TREPPE (1648) NICOLAS POUSSIN

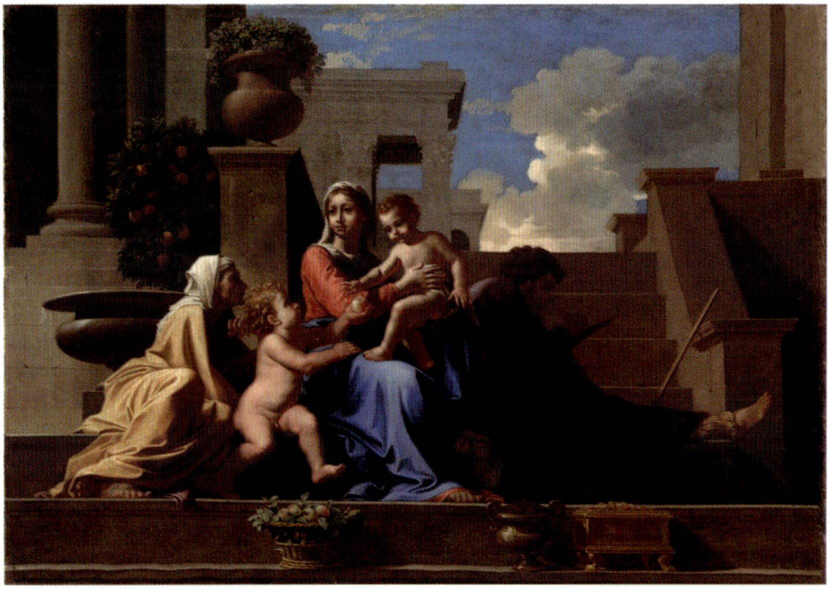

IM KONTEXT

SCHWERPUNKT
Akademismus

FRÜHER
1563 Cosimo de' Medici gründet die erste offizielle Kunstakademie in Florenz, die Accademia del Disegno.

1577 Die Accademia di San Luca wird in Rom gegründet. Der reguläre Lehrbetrieb eröffnet 1595.

SPÄTER
1666 Ludwig XIV. gründet die Académie de France à Rome. Wer den begehrten Prix de Rome gewinnt, darf dort auf Kosten des französischen Staates studieren.

1768 Georg III. ruft in London die Royal Academy of Arts ins Leben.

1860er-Jahre Vertreter des Realismus wie Gustave Courbet kritisieren den idealisierten Stil des Akademismus und dessen Vernachlässigung sozial relevanter Themen.

Im Jahr 1648, als Nicolas Poussin *Die Heilige Familie auf der Treppe* malte, wurde die Académie royale de peinture et de sculpture in Paris gegründet. Obwohl Poussin den Großteil seines Schaffens in Italien verbrachte, geriet er der Akademie zum Vorbild. Sein intellektueller Ansatz in der Malerei – man nannte ihn »Maler-Philosoph« – basierte auf der Überzeugung, Kunst sei primär eine Angelegenheit des Verstands und nicht Mittel der Selbstdarstellung und folge festen Prinzipien und Methoden, die gelehrt und gelernt werden konnten.

Die Gründung der Akademien in Europa hatte ursprünglich zum Ziel, das Ansehen der bildenden Kunst zu fördern. Im Mittelalter galten Malerei und Bildhauerei als Handwerk. In der Renaissance argumentierten Künstler, ihr Schaffen sei auch geistiger Natur und verdiene es, auf eine Stufe mit Musik und Dichtung gestellt zu werden. Leonardo da Vinci und Michelangelo standen an der Spitze dieser Bestrebungen: Michelangelo war einer der Ehrenvorsitzenden der ersten offiziellen Akademie für Malerei, der Accademia del Disegno in Florenz.

Die Académie royale

Die Académie royale de peinture et de sculpture in Frankreich war die erste bedeutende Kunstakademie außerhalb Italiens und wurde die einflussreichste in Europa. Sie war Teil der Politik von Ludwig XIV., einen nationalen Kunststil zu seinen und zu Ehren des Landes zu etablieren. Sie wurde zum vermeintlichen Richter über gute und schlechte Kunst, und ihre Methoden, die Ausbildung, Ambitionen und Laufbahnen von Künstlern zu prägen, wurden von vielen anderen Akademien übernommen. Um 1800 gab es über einhundert davon in Europa.

Siehe auch: *Thronende Madonna* 101 ▪ Studien zu *Anna selbdritt* 124–127 ▪ *Ascanius erlegt den Hirsch der Silvia* 192–195 ▪ Grabmal für Erzherzogin Marie Christine 216–221 ▪ *Die Dekadenz der Römer* 250–251

»Man malt mit dem Hirn und nicht mit den Händen.«

Michelangelo

Die Académie royale legte Merkmale für die unter ihrer Ägide entstandene Kunst fest. Die Werke sollten intellektueller Natur sein – auf Gemälden wurde dies beispielsweise durch ernsthafte Sujets und Bezugnahme auf das klassische Altertum ausgedrückt. Kunst sollte eine moralische Botschaft vermitteln. Aus diesem Grund waren Historiengemälde und Allegorien hoch geschätzt. Formen und Farben waren wirklichkeitsnah, der Pinselstrich unsichtbar und die Oberfläche eines Gemäldes glatt.

Präzision in der Kunst

Poussin malte *Die Heilige Familie auf der Treppe* für den französischen Sammler und königlichen Jagdmeister Nicolas Hennequin. Ernsthaft, klar und harmonisch repräsentiert es den Höhepunkt von Poussins Verehrung für die Antike. Die Anordnung der Figuren in Dreiecksform offenbart den Einfluss von Künstlern der Hochrenaissance wie Raffael. Durch den sorgfältigen Bildaufbau und die antiken Bauten im Hintergrund verkörpert das Bild perfekt die Ideale der Académie.

Befragt, wie er eine solche Klarheit und Ausgewogenheit in seiner Malerei erreicht habe, antwortete Poussin, er habe nichts außer Acht gelassen. Er ging methodisch und akribisch vor und fertigte nicht nur Studien, sondern auch kleine Wachsmodelle, die er so arrangierte, dass er Bildaufbau und Lichteinfall studieren konnte. Alles folgte der Vernunft – einem Wort, das oft in seinen Briefen auftaucht.

Poussin beeinflusste viele französische Künstler bis ins 18. und 19. Jahrhundert. So äußerte der französische postimpressionistische Maler Paul Cézanne, er stelle sich Poussin erneuert durch die Natur vor. Doch im 19. Jahrhundert verloren die Akademien unter den fortschrittlichen Künstlern an Ansehen, besonders im Zug der Romantik, die Wert auf Emotionalität und Individualität legte. Viele der Akademien existieren heute noch. Zu einigen von ihnen gehören ausgezeichnete Kunstschulen, doch der Begriff »akademisch« wird nunmehr für konventionelle, gefällige Kunst verwendet. ▪

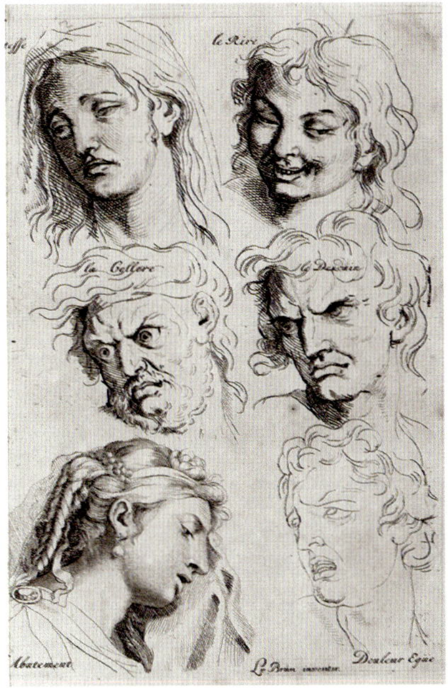

Charles Le Brun war Hofmaler von Ludwig XIV. und ein vollendeter Vertreter des Akademismus. Er verfasste eine strenge Zeichenlehre zur genauen Abbildung menschlicher Emotionen.

Nicolas Poussin

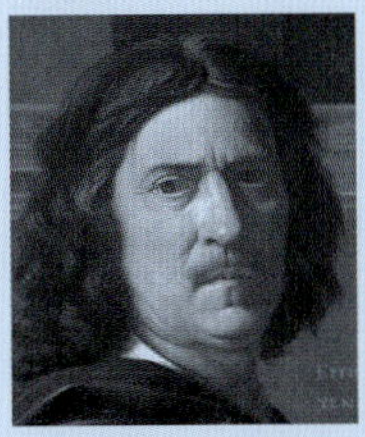

Poussin wurde 1594 in oder bei Les Andelys in der Normandie geboren. Seine künstlerischen Anfänge verliefen stockend. Erst als er sich 1624 in Rom niederließ, fasste er Fuß. Er war ein Intellektueller. In seiner Wahlheimatstadt perfektionierte er einen Malstil von schlichter Noblesse, die seiner tiefen Verehrung der Antike gerecht wurde. Er war für einen kleinen Kreis erlesener Mäzene tätig und erwarb einen ausgezeichneten Ruf. 1641 ging er nur widerstrebend nach Frankreich zurück und trat in den Dienst Ludwigs XIII. Die pompösen Aufträge vertrugen sich nicht mit seinem Stil. So kehrte er 1642 nach Rom zurück. In seinen letzten Jahren lebte er fast wie ein Einsiedler. Doch als er 1665 in Rom starb, würdigte man ihn als einen der größten Künstler seiner Zeit.

Weitere Hauptwerke

1627 *Tod des Germanicus*
um 1640 *Die arkadischen Hirten*
1650 *Selbstbildnis*
1660–1664 *Die vier Jahreszeiten*

DAS LEBEN PRÄGT SICH AUF UNSEREM GESICHT EIN, WÄHREND WIR ÄLTER WERDEN, ZEIGT UNSERE UNBÄNDIGKEIT, EXZESSE ODER FREUNDLICHKEIT

SELBSTBILDNIS MIT ZWEI KREISEN (UM 1665)
REMBRANDT

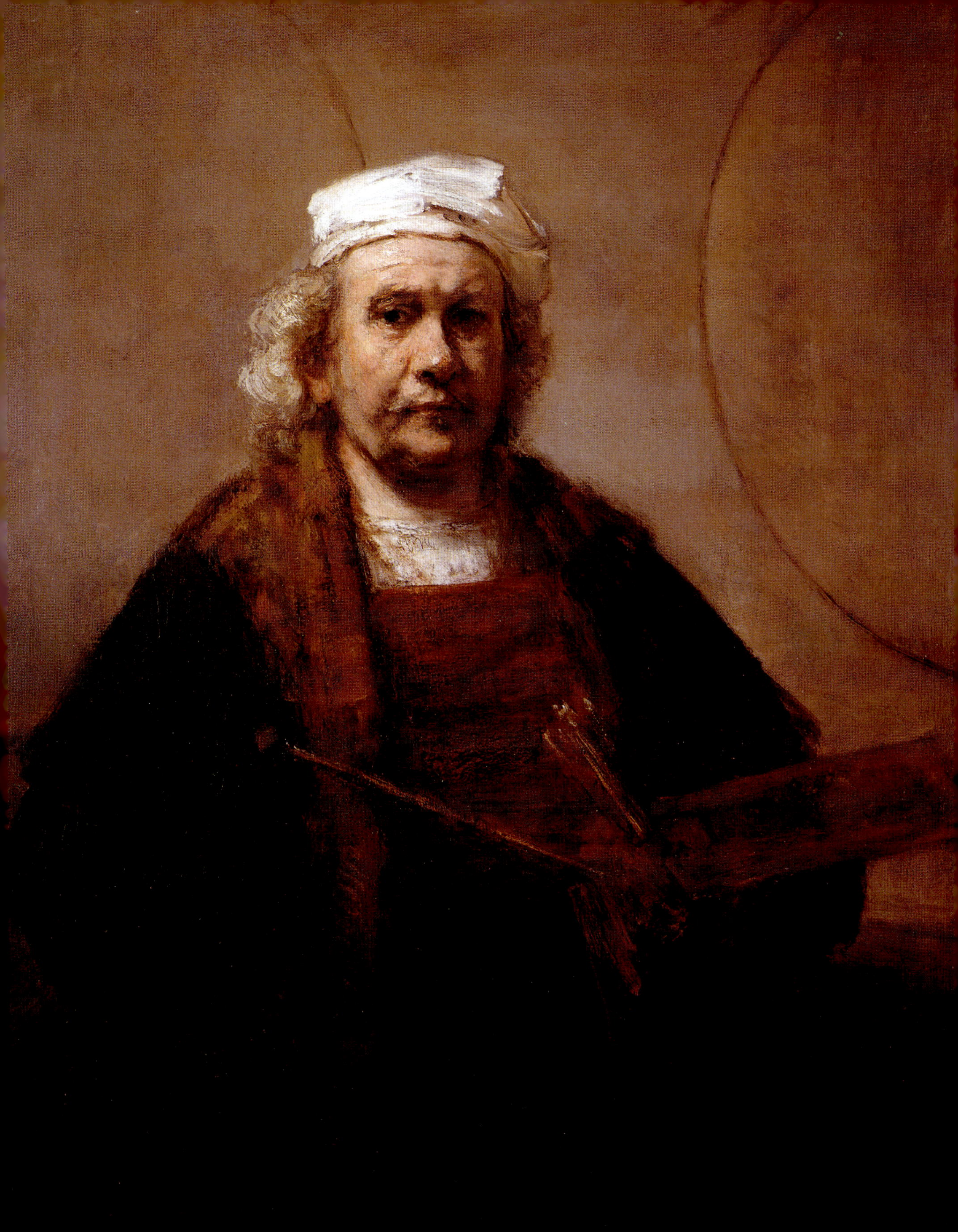

IM KONTEXT

SCHWERPUNKT
Selbstbildnisse

FRÜHER
1484 Mit 12 oder 13 fertigt Albrecht Dürer das erste Selbstbildnis: eine Silberstiftzeichnung mit der Inschrift: »Das habe ich aus einem Spiegel nach mir selbst gemalt«.

um 1490 Der deutsche Kupferstecher Israhel van Meckenem fertigt das erste gedruckte Selbstbildnis.

1664 Leopoldo de' Medici beginnt, Künstler-Selbstbildnisse zu sammeln. Nach seinem Tod formt die wegweisende Sammlung den Grundstock der Selbstbildnis-Kollektion der Uffizien, Florenz.

SPÄTER
1855 Das monumentale *Das Atelier des Künstlers* von Gustave Courbet zeigt den Maler im Kreis von Freunden und allegorischen Figuren.

Viele bedeutende Künstler schufen Selbstbildnisse, doch Rembrandt überragt alle aufgrund der Reichweite und Tiefe seines selbstkritischen Blicks. In Zeichnungen, Radierungen und Gemälden porträtierte er sich praktisch während seiner gesamten Schaffenszeit, von der ungestümen Jugend bis zum gesetzten Alter. Etwa 40 gemalte, 30 radierte und zehn gezeichnete Selbstbildnisse von ihm sind bekannt. Zudem bildete er sich auf seinen historischen und religiösen Gemälden zuweilen als Randfigur ab.

Zu Rembrandts gemalten Selbstbildnissen zählen einige anerkannte Meisterwerke, aber keines wird so hoch bewertet wie das *Selbstbildnis mit zwei Kreisen* (1665), das er mit etwa 60 Jahren vollendete. Auf vielen seiner frühen Selbstporträts zeigt Rembrandt sich extravagant – manchmal in dramatischem Licht oder ausgefallener Kleidung. Hier aber bringt er das Erhabene seines Berufs zur Geltung. Als er das Gemälde schuf, hatte er sich von der Welt abgewandt. Er hatte seine Frau, drei Kinder und die Geliebte verloren und war bankrott. Und doch vermitteln die eindringlich schlichte Frontalansicht, die meisterhaft kräftigen Pinselstriche und der ruhige, würdevolle Gesichtsausdruck den Eindruck einer starken Persönlichkeit. Völlig ungeschönt wirkt Rembrandt von Zeit und Schicksal gezeichnet, aber nicht gebrochen.

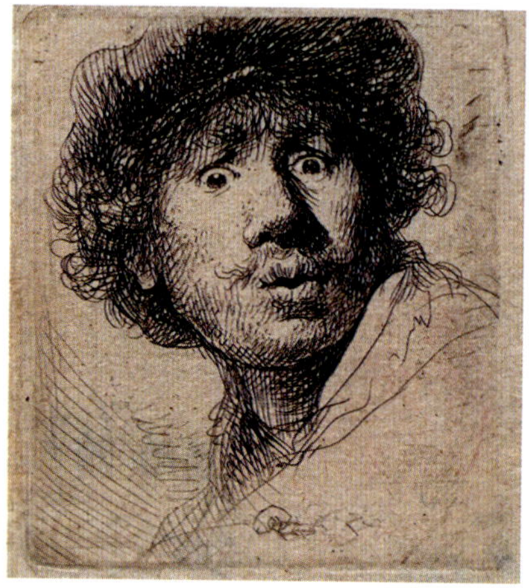

Selbstbildnis mit Mütze und offenem Mund (1630) zeigt Rembrandts Mimikstudien: Durch aufgerissene Augen, den offenen Mund und die hochgezogenen Brauen wirkt der junge Künstler überrascht.

Über die Umstände, unter denen das Bild entstand, ist nichts bekannt, ebenso wenig über den Hintergrund der anderen Selbst-

Rembrandt

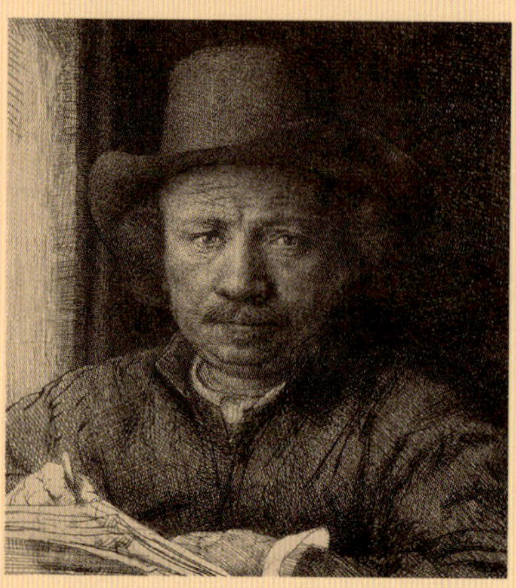

Rembrandt Harmenszoon van Rijn wurde 1606 im niederländischen Leiden geboren und lebte dort, bevor er sich 1631 oder 1632 in Amsterdam niederließ. Er wurde bald zum gefragtesten Künstler und Porträtisten der Stadt und war auch als Kunstlehrer gefragt. In seiner Lebensmitte verließ ihn allerdings das Glück aufgrund seiner Extravaganz: Er malte mehr zu seinem eigenen Vergnügen als zu dem der Kunden. Auch litt die niederländische Wirtschaft unter dem Krieg mit Großbritannien. 1656 wurde er bankrott erklärt und verbrachte den Rest seines Lebens unter bescheidenen Umständen. Er wurde weiterhin als Künstler geschätzt und bekam wichtige Aufträge. Rembrandt arbeitete bis zu seinem Tod 1669. Seine Werke gewannen bis zum Schluss an visuellem und emotionalem Ausdruck.

Weitere Hauptwerke

1632 *Die Anatomie des Dr. Tulp*
1642 *Die Nachtwache*
um 1655 *Der polnische Reiter*
um 1668 *Die Rückkehr des verlorenen Sohnes*

Siehe auch: *Die Arnolfini-Hochzeit* 112–117 ▪ Medaille für Cecilia Gonzaga 120–121 ▪ *Die vier apokalyptischen Reiter* 128–131 ▪ *Ludwig XIV.* 196–199 ▪ *Der lachende Kavalier* 222 ▪ *Selbstbildnis mit verbundenem Ohr und Pfeife* 280

bildnisse. Er hinterließ keine Erklärung, warum er so viele davon schuf, und es gibt nur wenige Angaben darüber, wer die Porträts zu Rembrandts Lebzeiten erwarb. Karl I. von England (1600–1649), einer der größten Kunstsammler jener Zeit, besaß bereits 1633 eines dieser Werke. Abgesehen davon ist nichts überliefert.

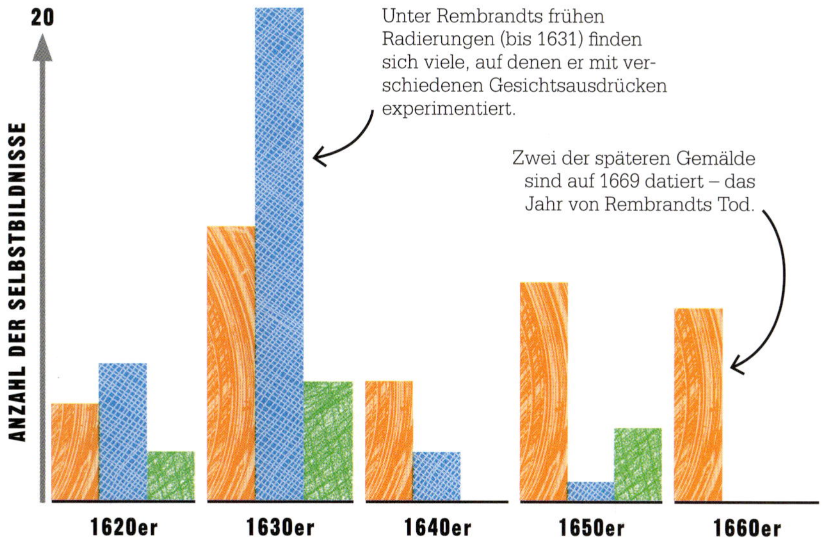

Die meisten gezeichneten und radierten Selbstbildnisse Rembrandts stammen aus der Anfangsphase seines Schaffens. Die Gemälde verteilen sich gleichmäßig über 40 Jahre. Das älteste datierte Selbstbildnis ist ein Gemälde von 1629.

Beweggründe

Die moderne Kunstwissenschaft stellt breite Vermutungen über Rembrandts Beweggründe für die Selbstbildnisse an. Einst hielt man die Werke für eine Art gemalte Memoiren, in denen Rembrandt seinen geistigen und körperlichen Lebensweg aufzeichnete. Dieser Ansatz gilt nun allgemein als sentimental und historisch nicht belegbar.

Eine rationalere Erklärung zielt darauf ab, dass er zumindest einige Selbstbildnisse als Eigenwerbung schuf. Er verdiente seinen Lebensunterhalt hauptsächlich als Porträtist. Durch die Selbstbildnisse konnte er vermutlich zeigen, wie wirklichkeitsgetreu er zu malen imstande war, und ein potenzieller Kunde konnte Rembrandt persönlich mit dem Selbstbildnis vergleichen.

Rembrandt war ein tiefgründiger und vielseitiger Künstler, daher ist es wahrscheinlich, dass er die Selbstbildnisse aus verschiedenen Gründen und in unterschiedlichen Situationen schuf. Einige der frühesten, besonders die Radierungen, zeigen ihn mit überspitztem Gesichtsausdruck. Zweifelsohne nutzte er damals die eigene Mimik für Experimente. Viele Künstler vor und nach ihm verfuhren auf diese Weise. So betrachtete sich der mittellose Vincent van Gogh in späteren Jahren als praktisches, kostenloses Modell, wie er 1888 in einem Brief an seinen Bruder Theo schrieb: »Ich kaufte mir einen Spiegel ..., um nach mir selbst arbeiten zu können in Ermangelung eines Modells.« Wenn es ihm gelinge, sich selbst zu porträtieren, könne er auch andere malen.

Mit einigen der während der ertragreichen Schaffensjahre um 1640 entstandenen Selbstbildnisse wollte Rembrandt wohl seinen Erfolg feiern. Auf diesen Bildern posiert er in teurer Kleidung und äußerst gepflegt – besonders im Vergleich zu der ungepflegten Erscheinung auf einigen der frühen Werke. Er bildet sich in bewusster Verneigung vor den Porträts der Renaissancemeister Raffael und Tizian ab. Andere Selbstbildnisse zeigen den Künstler in verschiedenen Rollen. ››

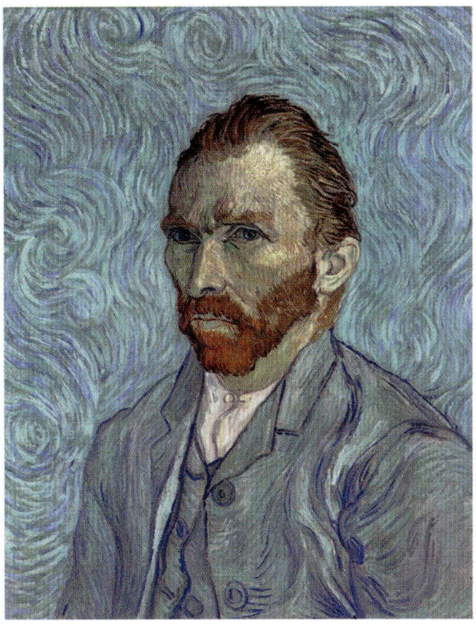

Auf dem *Selbstbildnis* (1889) malt sich van Gogh mit ernster, besorgter Miene. Er schrieb seiner Schwester: »Ich suche eine tiefere Ähnlichkeit als die, die der Fotograf erhält.«

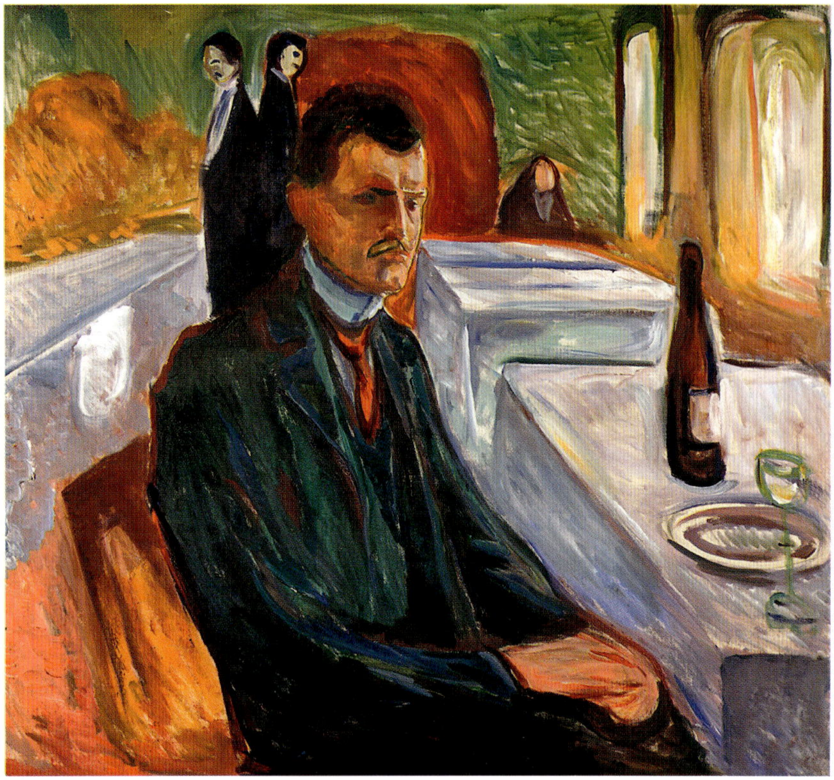

Selbstbildnis mit Weinflasche (1906) von Edvard Munch spielt deutlich auf die Trunksucht des Malers an. Die leeren Tische verstärken das Gefühl von Isolation und Melancholie.

Rembrandt porträtiert sich als verlorener Sohn im Wirtshaus (mit seiner Frau Saskia), als Paulus mit dessen Attributen Schriftrolle und Schwert und als altgriechischer Maler Zeuxis, der vor Lachen gestorben sein soll, als er eine hässliche alte Frau porträtierte.

Anfänge

Selbstbildnisse waren vor Rembrandt natürlich nicht völlig unbekannt. Von einigen altgriechischen Künstlern weiß man, dass sie sich selbst porträtierten, obwohl die Werke nicht erhalten sind. Im Mittelalter konzentrierte sich die abendländische Kunst auf religiöse Motive. Es wurden nur wenige Porträts von einflussreichen Personen wie Herrschern und Kirchenführern geschaffen. In der Renaissance bildete sich das Selbstporträt als eigenständiger Bildtypus heraus. Einer der Gründe hierfür war technischer Natur: Durch die verbesserte Glasverarbeitung im 15. Jahrhundert ließen sich Spiegel einfacher herstellen und waren, obwohl kostspielig, für Künstler zugänglich.

Ein weiterer Grund war der gesellschaftliche Wandel: Die Sujets wurden vielfältiger, und Porträts wurden auch im Mittelstand beliebt. Ein erfolgreicher Kaufmann konnte ein Porträt in Auftrag geben und ein Künstler mit einem Selbstbildnis den Stolz auf seinen Beruf und seine Leistungen ausdrücken.

Jan van Eycks *Mann mit rotem Turban* (1433) gilt gemeinhin als Selbstporträt – nicht zuletzt, weil das rote Tuch auf dem Kopf verknotet ist, vermutlich damit dessen Enden nicht auf die Palette des Künstlers hingen. Ist die Annahme richtig, dann ist van Eycks Werk vielleicht das erste eigenständige Gemälde dieses Typus. Zwei oder drei Generationen später schuf Albrecht Dürer als erster Künstler statt einzelner eine ganze Serie von Selbstbildnissen (drei Gemälde und mehrere Zeichnungen).

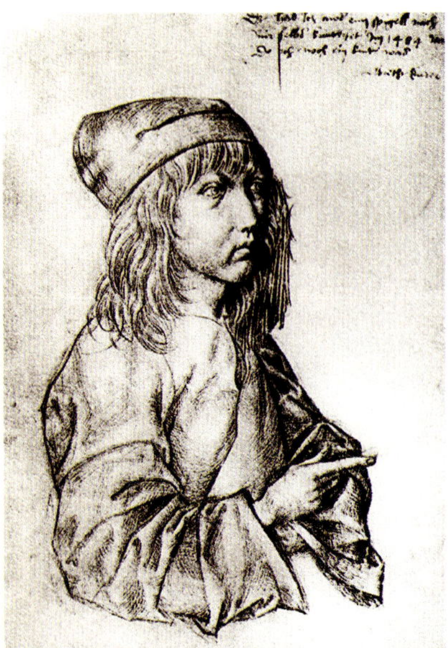

Albrecht Dürer war ein 12- oder 13-jähriger Goldschmiedelehrling seines Vaters, als dieses Selbstbildnis 1484 entstand. Sein zeichnerisches Talent zeigt sich bereits in diesem frühen Werk.

» Die psychologische Wahrhaftigkeit von Rembrandts Gemälden übertrifft die eines jeden anderen Künstlers. «

Kenneth Clark
Civilisation, 1969

Selbstwahrnehmung

Oft brachten Eitelkeit und Eigenwerbung Künstler dazu, sich selbst zu verewigen. So porträtierte sich der flämische Barockmaler Anthonis van Dyck mehrfach als verwegen, gebildet und elegant und zelebrierte sein gutes Aussehen und seinen Erfolg. Van Dycks Selbstbildnisse belegen, was wir aus Zeitdokumenten über seine Persönlichkeit wissen. Einer seiner frühen Biografen schrieb, sein Gebahren sei das eines Herrschers statt eines einfachen Mannes gewesen.

Andererseits war der Norweger Edvard Munch selbst im Alter noch äußerst attraktiv, doch erkundete er mit seinen Selbstbildnissen eher seine Emotionen, als dass er sein Aussehen präsentierte. Die kritische Selbstbetrachtung zieht sich wie ein roter Faden durch seine Selbstporträts, die sich über einen Zeitraum von 60 Jahren erstrecken. Nach Rembrandt ist das vielleicht die eindringlichste Serie aller existierenden Selbstbildnisse, und wie Rembrandts umfasst sie Zeichnungen, Gemälde und Druckgrafiken.

Innere Gefühlswelt

Als das neue Medium der Fotografie im 20. Jahrhundert die Aufgabe des Porträtierens übernahm, begannen die Künstler, Selbstbildnisse zur Erkundung persönlicher Belange zu nutzen. Der wohl bemerkenswerteste Beitrag dazu in der jüngeren Kunst stammt von der mexikanischen Malerin Frida Kahlo. Etwa 150 Gemälde sind von ihr bekannt, mehr als ein Drittel davon Selbstporträts. Darin drückt sie, neben der Abbildung ihrer beeindruckenden Erscheinung, ihre körperlichen und seelischen Traumata aus.

Kahlo begann mit 18 zu malen, nachdem ein Busunfall sie schwer verletzte und sie oft unter starken Schmerzen litt. Auch ihr Gefühlsleben war von Extremen wie Scheidung und erneuter Ehe mit Mexikos berühmtestem Maler Diego Rivera sowie zahlreichen Affären geprägt. Auf ihren Selbstbildnissen verwebt sie Realismus, albtraumhafte Fantasien und Einflüsse der mexikanischen Volkskunst. Durch sie wurde sie eine Ikone der Frauenbewegung und dafür bewundert, dass sie trotz ihres großen Leids nie die Lebenslust verlor.

Die Serie *Self* des britischen Künstlers Marc Quinn ist eine radikale Herangehensweise an Selbstporträts und besteht aus Abdrücken seines Kopfs aus seinem eigenen gefrorenen Blut. Seit 1991 fertigt er alle fünf Jahre eine neue Version und zeigt den Wandel seines Gesichts im Lauf der Zeit. Die Werke, die in gekühlten Vitrinen ausgestellt werden, würden bei einem Stromausfall einfach schmelzen und sollen an »die Zerbrechlichkeit des Daseins« erinnern. ■

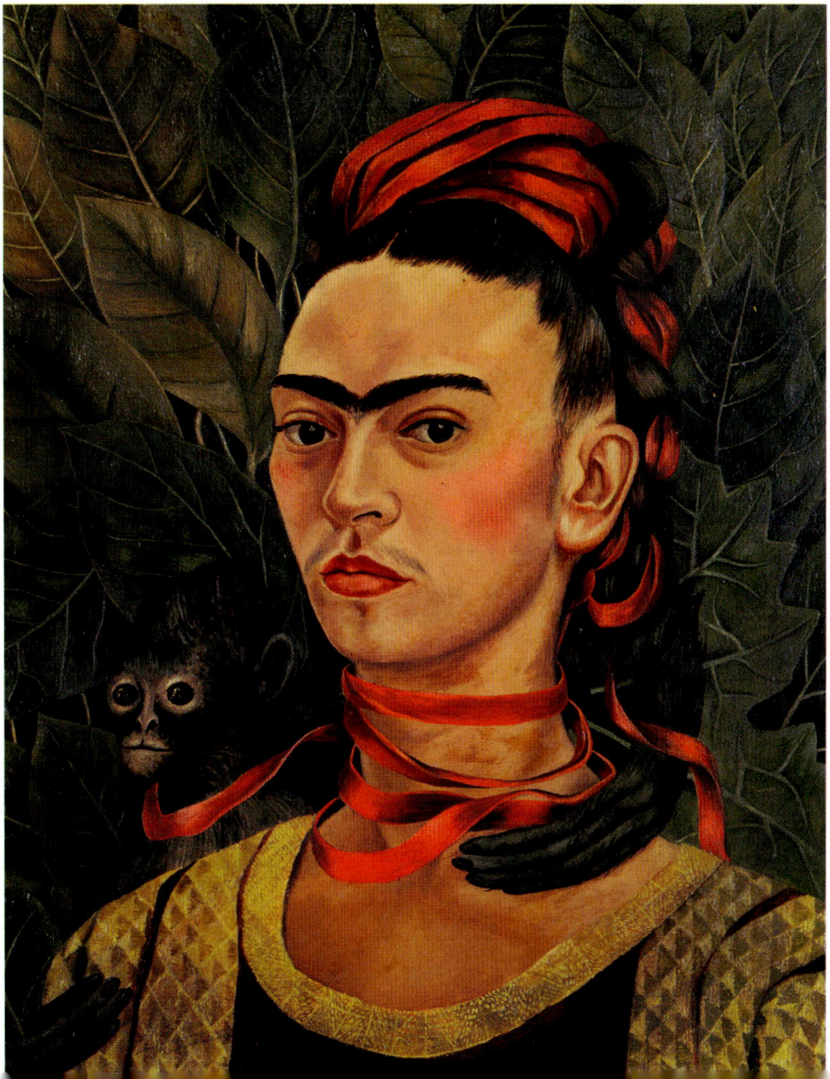

Frida Kahlo konnte nach einem Busunglück u.a. keine Kinder bekommen. Die zahmen Affen, die sich häufig auf ihren Selbstbildnissen finden, werden oft als Ersatzkinder interpretiert.

DER STILLE SONNENSCHEIN DES HERZENS

ASCANIUS ERLEGT DEN HIRSCH DER SILVIA (1682)

CLAUDE LORRAIN

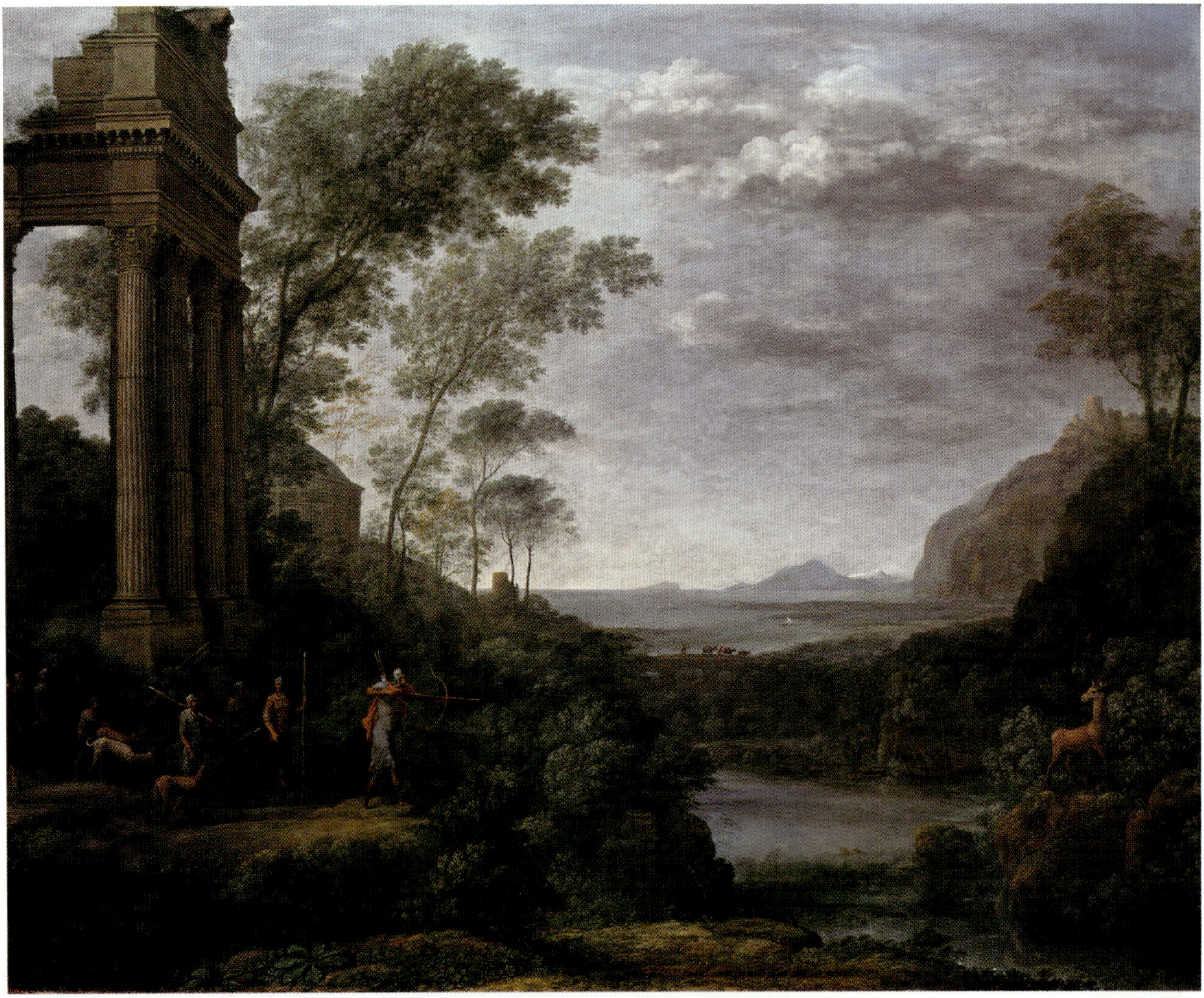

IM KONTEXT

SCHWERPUNKT
Ideallandschaft

FRÜHER

1. Jh. v. Chr.–um 400 v. Chr. Die Landschaftsmalerei erblüht in Rom, gerät aber mit dem Niedergang des Römischen Reichs aus der Mode.

um 1635 Auch Nicolas Poussin und Claude Lorrain malen Landschaften für das neue Madrider Lustschloss Buen Retiro von Philipp IV.

SPÄTER

1800 Die *Elemente der praktischen Perspektive* des Franzosen Pierre-Henri de Valenciennes ermutigen zum Studium der Natur im Rahmen der historischen Landschaftsmalerei.

1969 Eine erste große Ausstellung im englischen Newcastle upon Tyne und in London rückt Claude Lorrains Werk wieder in den Fokus der Öffentlichkeit.

Siehe auch: *Die Jäger im Schnee* 154–159 ▪ *Die Hl. Familie auf der Treppe* 184–185 ▪ *Flucht nach Ägypten* 222 ▪ *Der Wanderer über dem Nebelmeer* 238–239

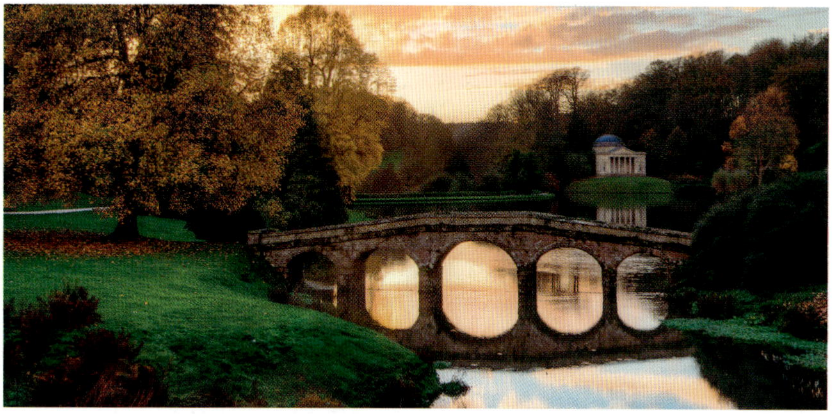

Der idyllische Landschaftsgarten aus dem 18. Jahrhundert des englischen Landhauses Stourhead soll den Ansichten von Lorrains Gemälden nachempfunden sein.

Claude Lorrains Ruf als berühmtester, meist bewunderter Landschaftsmaler Europas blieb über seinen Tod hinaus bis ins 18. und 19. Jahrhundert erhalten. Seine Gemälde gehören zu einer als »ideal« oder »klassizistisch« bezeichneten Landschaftsmalerei. Auf ihnen wird die Natur auf beschauliche Weise dargestellt. Alles Unvollkommene wird geschönt, die einzelnen Teile der Landschaft werden harmonisch angeordnet, sodass eine ruhige, erhabene Wirkung entsteht.

Lorrains traumartiges *Ascanius erlegt den Hirsch der Silvia* fußt auf dem Epos *Aeneis* (29–19 v. Chr.) des Dichters Vergil. Es zeigt Askanius, Sohn des Aeneas, des Stammvaters der Römer. Er verwundet den zahmen Hirsch von Silvia, der Tochter des Hirten des Latinus. Das führt zu einem Krieg, bei dem Aeneas das Gebiet erobert, das zum Zentrum des Römischen Reichs wird.

Die Landschaftsmalerei verfolgte oft, wie auch hier, einen moralisch-intellektuellen Anspruch, indem sie ehrwürdige Schauplätze wählte und sie mit Charakteren aus Dichtung, Mythologie und Bibel belebte. Durch diese Bezugnahme konnte das Genre Ideen transportieren und über einen dekorativen Zweck hinausweisen.

Die Landschaftsmalerei

Als Lorrain in den 1620er-Jahren sein Schaffen begann, stand die Landschaftsmalerei am noch Anfang, doch entwickelte sich im Europa des 17. Jahrhunderts rasch und in zwei gegensätzliche Richtungen. In Nordeuropa, besonders den Niederlanden, bevorzugte man einen realitätsnahen Ansatz: Die Künstler wollten Bilder malen, die die Wirklichkeit möglichst genau wiedergaben. In Italien, wo Lorrain den Großteil seines Schaffens verbrachte, dominierte die Ideallandschaft. Letztere lässt sich auf sechs Gemälde von Annibale Carracci zurückführen, die um 1603 von Kardinal Pietro Aldobrandini in Auftrag gegeben worden waren. Jedes dieser Bilder zeigt eine biblische Szene in einer Landschaft. Die Gemälde sollten die Kapelle des Familienpalasts des Kardinals in Rom schmücken und wurden hauptsächlich von Carraccis Assistenten ausgeführt. Doch eines – *Flucht nach Ägypten* – ist Prototyp einer »

»Er führt uns zu der Beschaulichkeit idyllischer Szenen und des Märchenlands.«

Joshua Reynolds
Diskurse, 1786

Lorrain nutzte wiederkehrende Motive auf seinen Gemälden, deren Kombination er jedoch in unterschiedlichen Kompositionen leicht variierte.

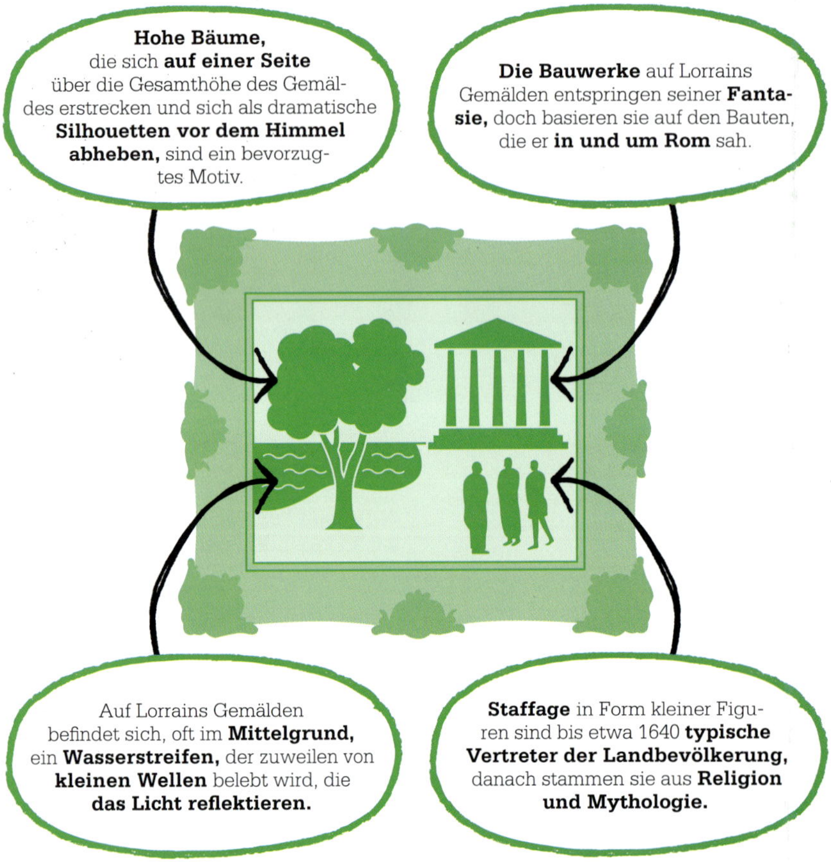

Ideallandschaft und stammt aus Carraccis eigener Hand. Es zeigt, wie die Heilige Familie durch eine beeindruckende, erhabene Landschaft geht, die als idyllische Kulisse dient.

Damals besaß die Landschaft als Sujet in der Malerei kaum Ansehen. Historienbilder mit heroischen Figuren in überhöhten Szenen aus Bibel oder anderer seriöser Literatur galten als oberstes Genre, da sie geistig und technisch am anspruchsvollsten waren.

Landschaftsgemälde wie die von Lorrain bezogen sich oft auf mythologische oder biblische Themen. Auch wenn sie keine bestimmte Geschichte illustrierten, ließen sie häufig das Landidyll, das der berühmteste Dichter der römischen Antike, Vergil, in seinen *Ländlichen Gedichten* beschrieb, auf allgemeinere Weise auferstehen. Die Vorstellung von einem verlorenen goldenen Zeitalter der Ruhe und Zufriedenheit beherrschte die Fantasie, und die Ideallandschaft wurde eines der wichtigsten Ausdrucksmittel dafür.

Lorrains Werk begeisterte reiche, gebildete Auftraggeber, nicht nur wegen dieser Anklänge, sondern auch aufgrund ihrer Qualität. Sie waren zweifelsohne Luxusgüter für die Elite. Lorrain war ein langsamer, akribischer Maler, der nur die besten Materialien verwendete, wie auch das kostspielige Ultramarin (aus dem Halbedelstein Lapislazuli). Gewöhnlich malte er nur wenige Bilder im Jahr. Die Nachfrage nach seinen Werken überstieg das Angebot bei Weitem. 1665 wollte der sizilianische Edelmann Don Antonio Ruffo ein Gemälde von Lorrain erwerben, doch wurde er von dessen Händler unterrichtet, es gebe keine Hoffnung, etwas zu erwerben, da der Künstler bis zum Ende seines Lebens ausgebucht sei.

Zu Lorrains Auftraggebern gehörten drei Päpste, einige Kardinäle, König Philipp IV. von Spanien und Adlige wie Fürst Lorenzo Onofrio Colonna, der *Ascanius erlegt den Hirsch der Silvia* beauftragte. Die Familie Colonna stammte vorgeblich von Askanius ab, was die Wahl des Sujets erklärt.

Harmonischer Bildaufbau

Während des gesamten Schaffens blieb Lorrain bestimmten malerischen Ansätzen treu. Harmonie und Balance waren stets von größter Wichtigkeit beim Bildaufbau seiner Gemälde, obwohl sein reiferer Stil ätherischer und nahezu traumgleich wurde.

Trotz der faszinierenden Schönheit hat *Ascanius erlegt den Hirsch*

» Er gilt als der vortrefflichste Landschaftsmaler, den die Welt je gesehen hat. «

John Constable
Vorlesung in Hampstead, 1834

der Silvia etwas Unheilverkündendes. Claude Lorrain wird selten direkt dramatisch, doch es ist ihm bewusst, dass die Ordnung seiner lyrischen Welt durch den Menschen zerstört werden kann. Das Licht am Himmel ist gewittrig und man kann sich leichtden kühlen Wind in den Bäumen vorstellen.

Lorrain war mit Nicolas Poussin befreundet, seinem bedeutenden Landsmann, der ebenfalls Ideallandschaften malte. Die beiden hatten den gleichen Sinn für Würde und Harmonie, aber unterschieden sich im Stil. Poussins Werk war solider, ernsthafter und geometrischer, ihm fehlte Lorrains außerordentliches Gespür für Licht und Atmosphäre. Die Gemälde von Poussins Schwager Gaspard Dughet bewegen sich dazwischen – sie sind bodenständiger als Lorrains, aber nicht so karg wie Poussins. Alle drei inspirierten die Schöpfer von Ideallandschaften bis weit ins 19. Jahrhundert.

Ruhm und Kritik

Lorrain war als »Fürst der Landschaftsmaler« bekannt und genoss zwischen 1750 und 1850 einen ausgezeichneten Ruf, besonders in Großbritannien. Junge Aristokraten sammelten auf der Grand Tour durch Italien, wo Lorrain lebte, seine Gemälde so eifrig, dass es in britischen Sammlungen mehr davon gibt als sonst wo. Doch Mitte des 19. Jahrhunderts schwand die Begeisterung, als der englische Kunsthistoriker John Ruskin ihm vorwarf, er wiederhole sich und lasse es an echtem Gefühl mangeln. 1925 behauptete der britische Kunstkritiker Roger Fry, Lorrain habe nachgemachte, schlechte Bilder gemalt. Dennoch blieben zahlreiche Bewunderer, und Lorrain wurde nach dem Zweiten Weltkrieg neu entdeckt. Sein Werk ist Thema vieler Bücher und Ausstellungen, und er hat seine führende Stellung in der Landschaftsmalerei wieder eingenommen. ■

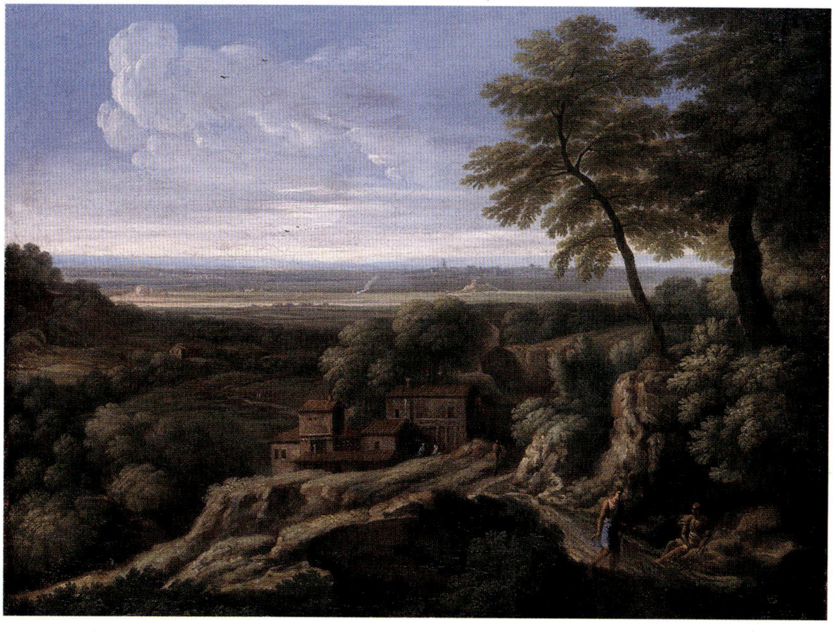

Landschaft (um 1655) von Gaspard Dughet zeigt eine arkadische Szenerie. Trotz französischer Wurzeln lebte Dughet in Italien und war in der dortigen Landschaftsmalerei verhaftet.

Claude Lorrain

Claude Gellée wurde um 1604 im Dorf Chamagne in Lothringen (damals unabhängiges Herzogtum, heute in Nordostfrankreich) geboren. Nach seinem Geburtsort wird er Claude Lorrain genannt. Um 1618 zog er nach Rom und kehrte nach Arbeitsaufenthalten in Neapel und Lothringen dorthin zurück. 1627 ließ er sich in der Stadt dauerhaft nieder. Im folgenden Jahrzehnt etablierte er sich als führender Landschaftsmaler Italiens und wurde bald international bekannt. Trotz des Erfolgs lebte er bescheiden und widmete sich still der Kunst. Zeitgenössische Biografen berichten von seiner Liebenswürdigkeit und Integrität. Er blieb unverheiratet, doch bekam 1653 eine uneheliche Tochter, die ihn im Alter pflegte. Obwohl er kränklich war, arbeitete er unvermindert bis zu seinem Tod 1682.

Weitere Hauptwerke

1631 *Die Mühle*
1641 *Einschiffung der hl. Ursula*
1664 *Das verzauberte Schloss*

ER IST JEDER ZOLL EIN KÖNIG

LUDWIG XIV. (1701), HYACINTHE RIGAUD

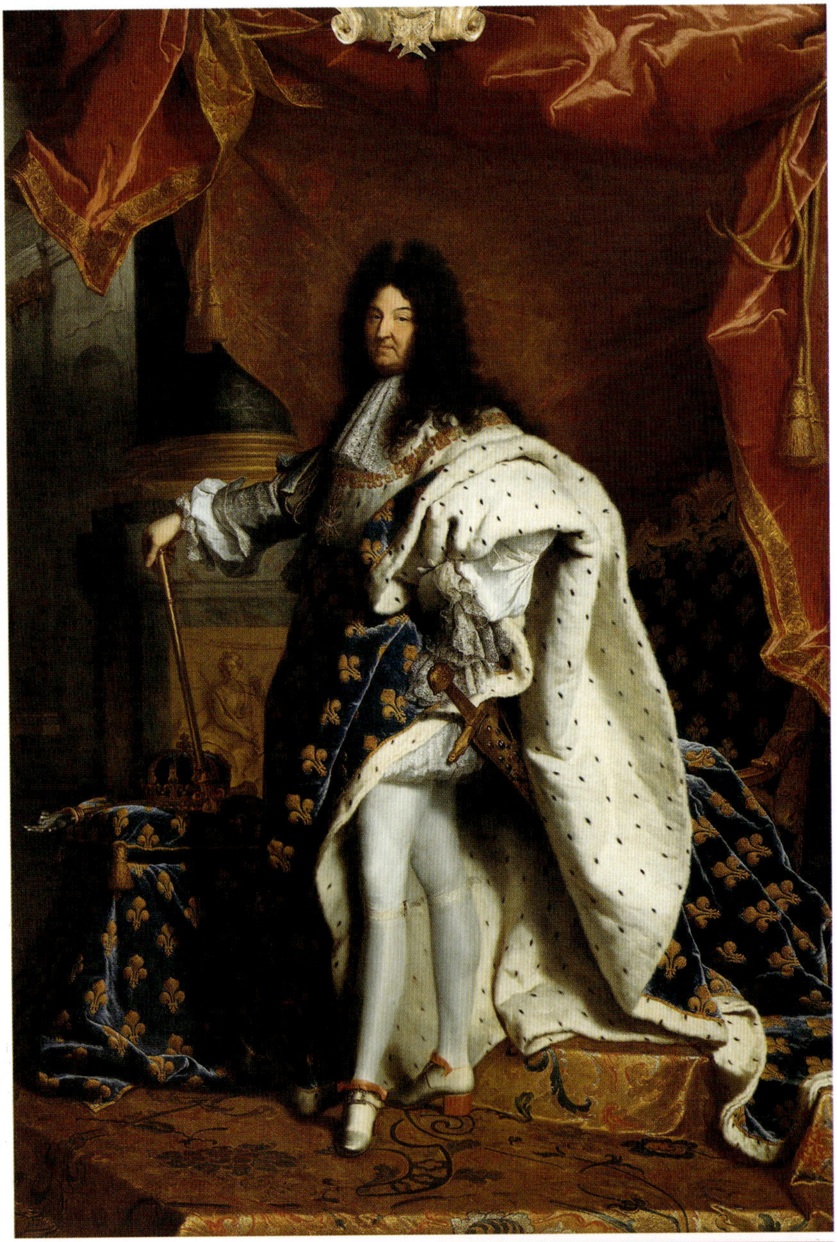

IM KONTEXT

SCHWERPUNKT
Herrscherporträts

FRÜHER
1551 Tizian porträtiert Prinz Philipp II. (später König von Spanien) in Rüstung, Dreiviertelpose und dem Betrachter zugewandtem Gesicht.

um 1635 Ein Porträt von Ludwig XIII. von Philippe de Champaigne zeigt den König in Rüstung, die Hand an der Seite, gekrönt von Victoria.

SPÄTER
um 1789–1815 Francisco de Goya porträtiert Mitglieder der spanischen Monarchie. Viele dieser Bilder sind überraschend ungeschönt.

2001 Das wirklichkeitsnahe Abbild von Königin Elisabeth II. auf einem Porträt Lucian Freuds spaltet die öffentliche Meinung.

Vor der Erfindung der Fotografie gab es eine beständige Nachfrage nach Porträts von Monarchen und führenden Aristokraten. Sie wurden benutzt, um die königlichen Residenzen zu schmücken, gastierende Staatsoberhäupter zu beeindrucken und sie Gesandten und Günstlingen zu schenken. Von den Hofmalern erwartete man, eine Ähnlichkeit zu erreichen, die gleichzeitig den Abgebildeten schmeichelte und einen angemessenen Eindruck ihrer Erhabenheit vermittelte.

Für Ludwig XIV., der 1643–1715 in Frankreich regierte, waren die Porträts Teil einer ausgeklügelten Propaganda zur Festigung seines Status als mächtigster Herrscher

Siehe auch: *Saliera* 152 ▪ *Jüngling unter Rosen* 160 ▪ *Die Heilige Familie auf der Treppe* 184–185 ▪ *Der Tod des Marat* 212–213 ▪ *Karl I. in drei Ansichten* 223

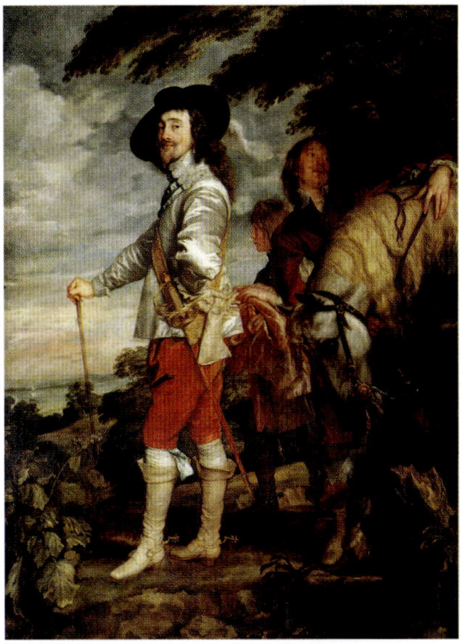

Karl I. auf der Jagd (1635) des Flamen Anthonis van Dyck vermittelt das Überlegenheitsgefühl des Königs durch die selbstbewusste Haltung in der Landschaft, über die er gebietet.

Europas. Er glaubte an die Macht von Gottes Gnaden, wählte die Sonne als sein Symbol, herrschte in einem absolutistischen System und schlug Versuche zur Untergrabung seiner Autorität nieder. Frankreich erlebte während seiner 72-jährigen Herrschaft eine kulturelle Blüte, die im 1682 begonnenen Bau des prunkvollen Schlosses Versailles ihren Höhepunkt fand. Hyacinthe Rigauds Porträt von Ludwig im vollen Ornat steht sinnbildhaft für die Ära des Sonnenkönigs und vermittelt die Überlegenheit und Opulenz Frankreichs.

Königlicher Glanz

Das Monumentalbild zeigt den 63-jährigen König in voller Körpergröße, und obwohl er nicht groß war, scheint er durch seine Haltung auf den Betrachter niederzublicken. Er trägt das ausladende Krönungsgewand, das durch den Hermelinbesatz und das Symbol der französischen Monarchie, die Fleur-de-Lis, seine Gestalt beeindruckender wirken lässt. Das Bild ist so aufgebaut, dass es das Abbild vollkommener Herrschaft vermittelt. Ein wogender roter Vorhang über dem König bildet eine Art Baldachin. Die Krone ist neben ihm auf einem Sitzmöbel drapiert. Sein Schwert trägt er an der Seite, das Zepter hält er in der Hand. Die Säule hinter ihm ruht auf einem Sockel, dessen Reliefverzierung auf die römischen Kaiser anspielt.

Die hochmütige Miene wird durch die natürlich herabhängenden Gesichtszüge gemildert. Doch die wohlgeformten Beine und die Ballettpose sollten dem König wohl schmeicheln – Ludwig war stolz auf seine Tanzkünste in der Jugend.

Rigauds Porträt von Ludwig XIV. stellte seinen Auftraggeber gewiss zufrieden. Der König wollte es seinem Enkel Philipp V. von Spanien schenken, doch es gefiel ihm so sehr, dass er es behielt.

» *L'État c'est Moi* (Der Staat bin ich). «

Ludwig XIV.
1655

Kontinuität im Stil

Der Bildaufbau offenbart das Konservative des Genres. Das Werk ähnelt in vielerlei Hinsicht dem Porträt Karls I. von England des flämischen Malers Anthonis van Dyck. Rigaud hatte eine fast identische Pose für ein früheres Porträt von Ludwig XIV. in voller Rüstung gewählt. Er setzte der dezenten Eleganz von Tizian und van Dyck eine auffallend barocke Pracht entgegen und perfektionierte einen Stil des Genres, der sich bis weit ins 18. Jahrhundert hielt. ■

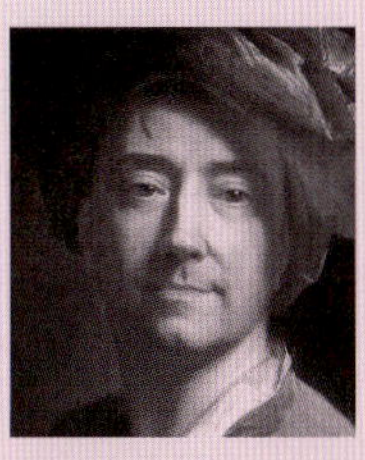

Hyacinthe Rigaud

Rigaud wurde 1659 im französischen Perpignan geboren und in Montpellier ausgebildet, bevor er 1681 nach Paris zog. Dort wurde er zum gefragten Porträtmaler und bekam Aufträge von der Pariser Aristokratie. Rigaud festigte seinen Ruf 1688 mit einem Porträt des Bruders von König Ludwig XIV. und wurde der führende Maler am französischen Hof. Sein 1694 gemaltes Porträt von Ludwig XIV. als Kriegsheld auf dem Schlachtfeld gefiel dem König derart, dass er 34 Kopien fertigen ließ. Rigaud wurde Mitglied und Lehrer an der Académie royale. Er starb 1743 in Paris.

Weitere Hauptwerke

1689 *Philippe II., Duc d'Orléans*
1694 *Porträt Ludwig XIV. in voller Rüstung*
1700 *Philipp V. von Spanien*
1708 *Kardinal de Bouillon*

FREUEN WIR UNS DOCH DER ERLAUBTEN SINNESLUST

EINSCHIFFUNG NACH KYTHERA (1717) JEAN-ANTOINE WATTEAU

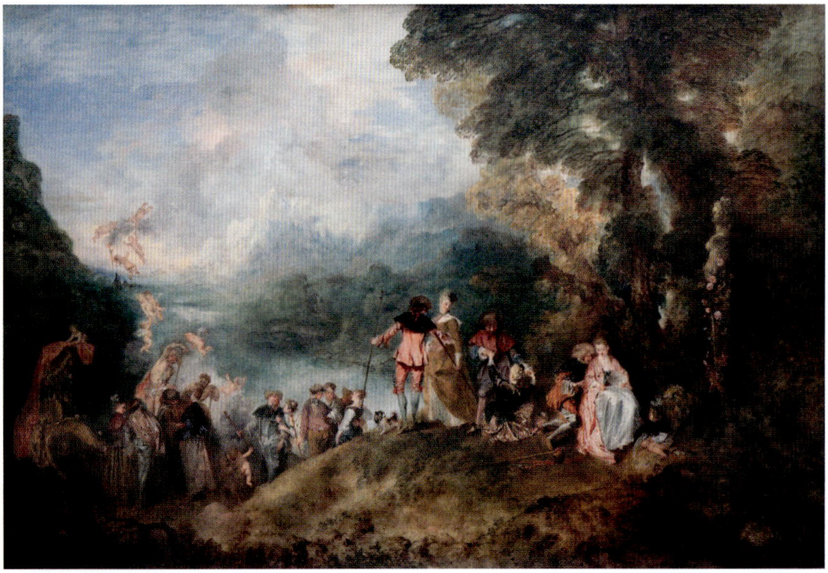

IM KONTEXT

SCHWERPUNKT
Fêtes galantes

FRÜHER

um 1510 *Ländliches Konzert*, dem Venezianer Titian zugeschrieben, zeigt zwei weibliche Akte und zwei Musiker in einer Landschaft.

1633 Rubens *Liebesgarten* zeigt poussierende Menschen in einem idyllischen Garten.

1700 *Die drei Cousinen*, ein Stück mit einer Pilgerreise nach Kythera des französischen Dramatikers Florent Dancourt, wird uraufgeführt.

SPÄTER

um 1754/55 Jean-Honoré Fragonards *Der musikalische Wettstreit* porträtiert eine Frau mit zwei Verehrern im Park.

1863 Édouard Manets *Das Frühstück im Grünen* bildet zwei Frauen (eine nackt) und ihre Verehrer im Park ab. Wie Watteau verwendet Manet ein theatralisches Licht.

Darstellungen der *Fêtes galantes* (galante Feste) waren im 18. Jahrhundert in Frankreich gefragt und bebilderten Zusammenkünfte eleganter Liebespaare, die sich in idyllischen Parklandschaften unterhalten oder Musik hören. Diese unbeschwerten kleinformatigen Bilder widerspiegeln die unter König Ludwig XV. (regierte 1715–1774) vorherrschende Suche nach Zerstreuung. Das Genre übernahm dekorative Elemente des Rokoko und wandte sie auf das Thema Liebe an. Oft wurden Aristokraten in Ballroben oder Maskeraden gezeigt.

Der Begriff *Fête galante* wurde 1712 von der Académie royale de peinture et de sculpture zur Beschreibung der ursprünglichen unvollendeten Version von Jean-Antoine Watteaus *Einschiffung nach Kythera* geprägt, die er einreichte, um in die Akademie aufgenommen zu werden, und die er 1717 vollendete. Da es in keine bestehende Gattung passte, bezeichnete es der Sekretär der Institution als »*une fête galante*«.

Die Kunst der Festlichkeit

Obwohl sich das Bild der Einordnung entzog, hatte es ein klares Vorbild: Es entwickelte sich aus der in der abendländischen Kunst längst etablierten Tradition der *fêtes champêtres* (Feste im Freien), auf denen sich Schafherden, Höflinge, Nymphen oder Musen in idyllischen Landschaften tummelten. Am bekanntesten sind die Darstellungen der venezianischen Renaissancekünstler Giorgione und Tizian als komplexe Allegorien der Musik und Dichtung oder der Einswerdung des Geistigen mit der Natur. In den Händen der nordeuropäischen Maler des 17. Jahrhunderts wie Peter Paul Rubens zelebrierte man mit ihnen die wohlhabende

Siehe auch: *Das Gewitter* 164 ▪ *Ascanius erlegt den Hirsch der Silvia* 192–195 ▪ *Tintern Abbey* 214–215 ▪ *Die Schaukel* 225 ▪ *Sonntagnachmittag auf der Insel La Grande Jatte* 266–273

» Lässt mit ein paar Pinselstrichen eine Welt der Anmut, Jugendlichkeit, Liebe und Frische entstehen … «

Théophile Gautier
Les beaux-arts en Europe, 1855

Oberschicht, die bei Musik oder Festmahl in schönen Gärten oder auf dem Land gezeigt wurde.

Liebesmythen

Im Alterum galt die griechische Insel Kythera als Geburtsstätte der Liebesgöttin Aphrodite (Venus in der römischen Mythologie) und ist daher ein passendes Ziel für die Liebespaare auf Watteaus Gemälde. Doch es bleibt ungewiss, ob die Paare zur Insel aufbrechen oder von ihr zurückkehren. Klar ist, dass die Komposition verschiedene Stadien der Liebeswerbung verdeutlicht. Im Vordergrund unter der Venusstatue ist ein Paar in ein romantisches Gespräch vertieft. Das Paar daneben erhebt sich, das dritte Paar hat sich bereits auf die Reise gemacht, die Frau schaut wehmütig zu den anderen zurück. Im Hintergrund gehen weitere Paare zu einem mit Blüten und Seide bedeckten Schiff, tändeln und sind fröhlich, während Erosfiguren um sie herumtollen.

Das Bild ist eher eine traumartige Beschwörung einer vielleicht melancholisch gefärbten Stimmung, als dass es ein bestimmtes Ereignis oder einen konkreten Ort abbildet. Es hat etwas Theatralisches. Watteaus Sujetwahl und Anordnung der Figuren könnte vom Theater jener Zeit beeinflusst sein: Die zentralen Figuren sind wie von einem Scheinwerfer beleuchtet.

Watteaus Kunst fand in Jean-Baptiste Pater und Nicolas Lancret zwei zeitgenössische Nachahmer. Spätere Künstler wie François Boucher und Jean-Honoré Fragonard schufen eigene Interpretationen des Themas. Die *Fêtes galantes* kamen während der Französischen Revolution aus der Mode, als sie als Verkörperung der Frivolität des Ancien Régime galten. Erst mehr als hundert Jahre nach Watteaus Tod wurden sie neu entdeckt, als sie die Bewunderung von Berühmtheiten wie Victor Hugo, den Brüdern Goncourt und Marcel Proust erregten. ▪

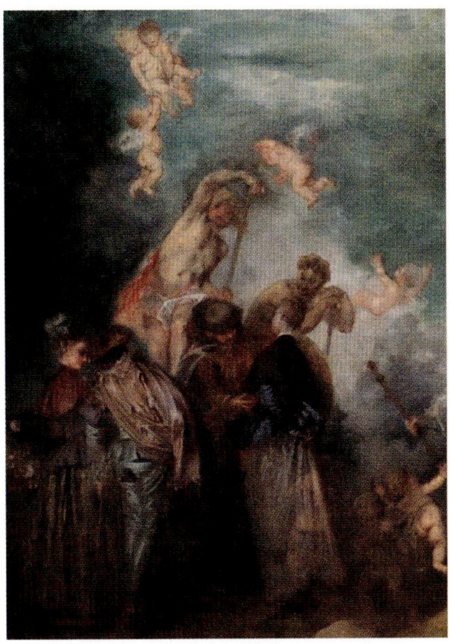

Die Ruderer auf Watteaus *Einschiffung nach Kythera* stechen von oder nach Kythera, Insel der Liebe, in See. Putten (Erosfiguren) über ihnen geleiten die Liebenden auf ihrer Reise.

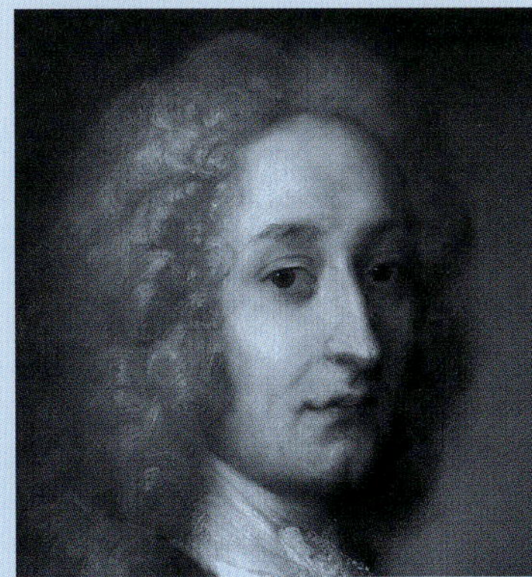

Jean-Antoine Watteau

Jean-Antoine Watteau wurde vermutlich 1684 in Valenciennes geboren, damals Teil von Flandern. Er war kränklich und soll melancholisch gewesen sein. Um 1705 arbeitete er im Pariser Atelier von Claude Gillot, dessen Porträts italienischer Schauspieler der Commedia dell'arte Watteau zu eigenen Darstellungen aus Bühnenstücken inspirierten, bei denen er sich oft auf seinen Kostümfundus stützte. Später war er für den Dekorationsmaler Claude Audran tätig.

Etwa 200 Gemälde werden Watteau zugeschrieben – *Fêtes galantes*, mythologische und zeitgeschichtliche Werke wie *Das Ladenschild des Kunsthändlers Gersaint*, ein spätes Meisterwerk, das die Räume eines gefragten Kunsthändlers zeigt. Zudem schuf er Skizzen und Figurenstudien in Kreide, die sein außerordentliches zeichnerisches Talent offenbaren. Er starb 1721 mit nur 36 Jahren in Frankreich.

Weitere Hauptwerke

um 1716/17 *Lektion der Liebe*
1718/19 *Les Fêtes vénitiennes*
um 1718/19 *Pierrot (Gilles)*
1721 *Das Ladenschild des Kunsthändlers Gersaint*

ANDERE BILDER SEHEN WIR, HOGARTHS LESEN WIR

WERDEGANG EINES WÜSTLINGS, ZWEITE SZENE: UMGEBEN VON KÜNSTLERN UND GELEHRTEN (um 1735)

WILLIAM HOGARTH

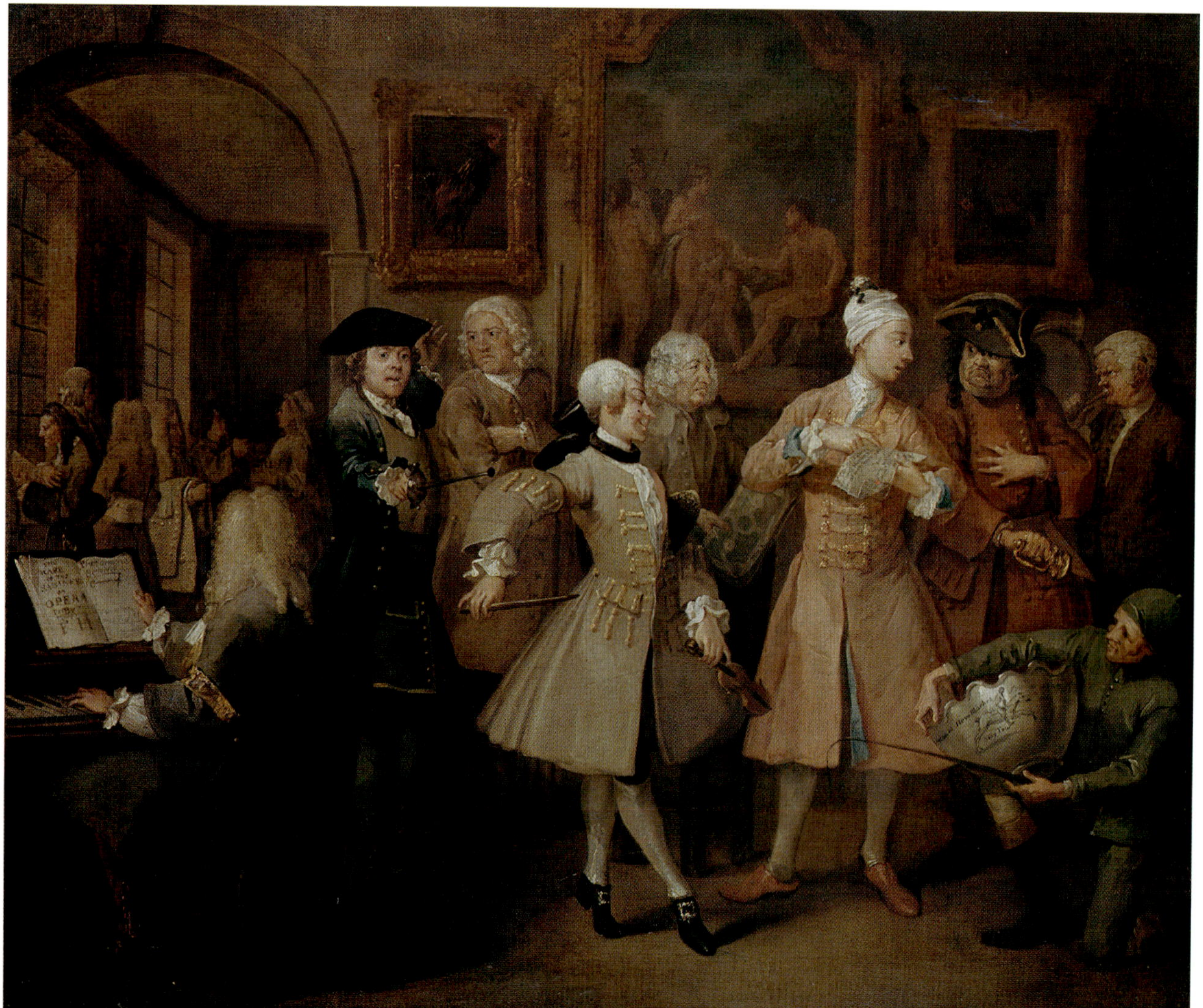

IM KONTEXT

SCHWERPUNKT
Gesellschaftssatire

FRÜHER
1523–1526 Der deutsche Künstler Hans Holbein d. J. fertigt 41 Holzschnitte mit dem Titel *Totentanz*, die Papst, Priester, Nonnen sowie die weltliche Oberschicht parodieren.

1559 Der Flame Pieter Bruegel d. Ä. karikiert mit *Der Kampf zwischen Karneval und Fasten* menschliche Schwächen.

SPÄTER
1792 Der englische Karikaturist und Radierer James Gillray veröffentlicht das satirische Bild *Ein Lüstling*, das die Gier des späteren Königs Georg IV. zum Thema hat.

1812 Der englische Satiriker Thomas Rowlandson bebildert William Combes *Die Reise des Doktor Syntax*, das die Mode für Skizzenreisen und die Suche nach pittoresken Landschaften verspottet.

»Jene Sujets, die sowohl unterhalten als auch den Geist erweitern, versprechen von größtem Nutzen zu sein.«

William Hogarth

Siehe auch: Teppich von Bayeux 74 ▪ *Dienstmagd mit Milchkrug* 223 ▪ *Captain the Honourable Augustus Keppel* 224 ▪ *Die Schrecken des Krieges* 230–235

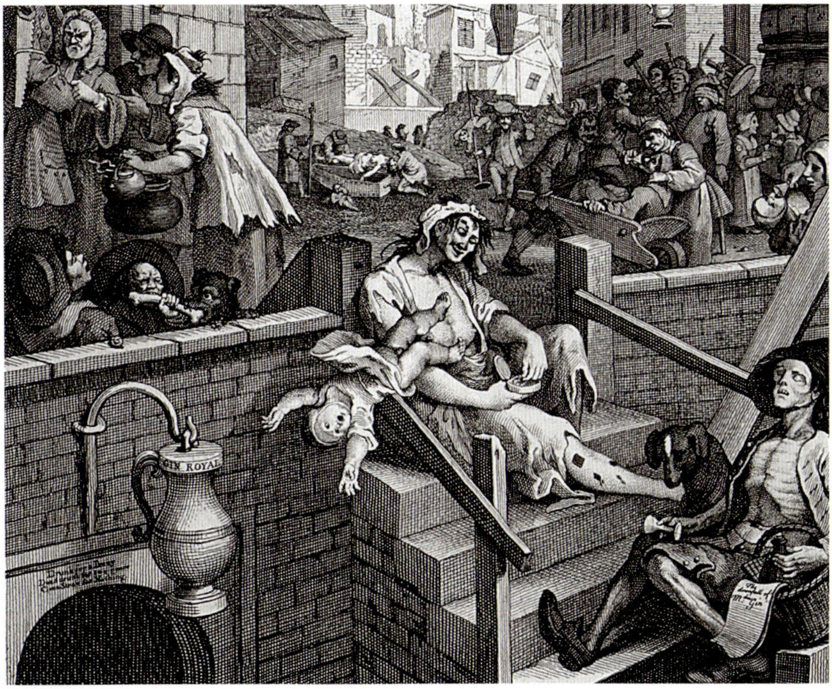

Gin Lane (1751) zeigt Hogarths Vision von dem durch billigen Gin im Niedergang begriffenen London. Damit wollte er nicht einfach schockieren, sondern soziale Reformen anregen.

Satire – die Verspottung menschlicher oder institutioneller Schwächen, Torheiten, Verstöße oder Defizite – bietet Künstlern und Dichtern seit dem Altertum reichhaltiges Material. Ihr Ton variiert von gutmütigem bis zu beißendem Spott, doch oft dient sie letztlich dem Ziel, das Verhalten des Einzelnen, der Politik oder Gesellschaft zu verbessern.

Satirischer Humor zieht sich latent durch die gesamte britische Kultur und erlebte Anfang des 18. Jahrhunderts eine Blüte, zu einem großen Teil dank Hogarths Werk. Er schuf satirische Gemälde und Stiche, wobei er die bekanntesten von ihnen »moderne Moralstücke« nannte. Geistreich kommentieren sie das soziale Leben jener Zeit und kritisieren Snobismus, Egoismus und modische Trends. Hogarths Bilder stecken voller skurriler Einzelheiten, die die Botschaft der Gemälde verstärken. Wie Charakterskizzen erhellen diese Details Hogarths Werk und gewähren dem Betrachter einen tiefen Einblick in das Leben der Protagonisten.

Ein Absturz

Wergegang eines Wüstlings ist ein Zyklus von acht Gemälden (ab 1735 als Kupferstiche reproduziert), die sich wie ein Roman lesen und den Abstieg des fiktiven wohlhabenden jungen Mannes Tom Rakewell zu Armut und Wahnsinn beschreiben.

Die erste Szene zeigt, wie Tom, der gerade das Vermögen seines geizigen Vaters geerbt hat, sich einen Anzug anmessen lässt und versucht, seine schwangere, »

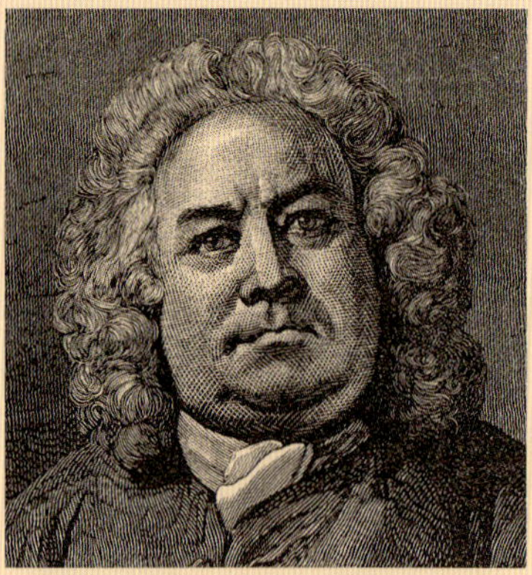

William Hogarth

Hogarth wurde 1697 in London geboren und spielte eine wichtige Rolle bei der Etablierung einer britischen, nicht von ausländischen Einflüssen dominierten Malschule. Nach einer Ausbildung zum Silbergraveur wandte er sich um 1730 der Malerei zu und wurde um 1740 zum gefragten Porträtisten. Am bekanntesten ist er für seine satirischen Werke, die sich aus seinem Wunsch nach Gesellschaftsreformen in einer Zeit der Korruption und Armut in den Städten speiste. Hogarth engagierte sich für wohltätige Zwecke: Er bemalte die Wände des Treppenhauses des Londoner St Bartholomew's Hospital ohne Vergütung und unterstützte die 1739 gegründete Findlingsanstalt Foundling Hospital, die auch als Galerie für britische Malerei diente. Er erkrankte 1762 und starb 1764 mit 67 Jahren in London.

Weitere Hauptwerke

1731 *Eine Szene aus der »Bettleroper« VI*
um 1743 *Heirat nach der Mode*
1745 *Selbstporträt mit Hund*
1751 *Gin Lane* und *Beer Street*
um 1754 *Die Wahl eines Parlamentmitglieds*

weinende Geliebte Sarah Young, die einen Ehering in der Hand hält, mit Geld abzufertigen. Im Hintergrund stiehlt ein Notar Goldstücke, Diener finden Wertsachen im Kamin und unter Deckenleisten, eine Katze sucht in einer Truhe voller Silber nach Essbarem.

Das Lever

Auf der zweiten, *Umgeben von Künstlern und Gelehrten* genannten Szene porträtiert Hogarth Tom bei einem pompösen Lever (Audienz bei der Morgentoilette) in seinem Londoner Haus. Tom will sich unbedingt die gesellschaftlichen Umgangsformen der Oberschicht aneignen. Opportunisten – wie ein Musiklehrer am Cembalo, ein Fechtlehrer mit Degen und ein Tanzmeister mit Violine – bieten ihre Dienste an. Hogarths stilistische Überspitzungen offenbaren das satirische Anliegen. So parodiert er mit der gestelzten Pose des Tanzmeisters französische Bräuche, und die italienischen Gemälde an den Wänden lassen erkennen, dass Hogarth die Mode missfiel, statt der Werke lebender britischer Künstler die der alten Meister zu erwerben.

Dem Wahnsinn entgegen

In der dritten Szene ist der betrunkene Tom dem Lotterleben verfallen. Prostituierte stehlen ihm die Uhr. In der vierten Szene verhaften ihn zwei Büttel wegen seiner Schulden, während ein Dieb ihm den goldverzierten Stock raubt. Er entgeht nur knapp dem Gefängnis, weil seine getreue ehemalige Verlobte ihn mit ihren mageren Verdiensten als Putzmacherin auslöst. Um sich vor dem Bankrott zu retten, heiratet Tom in der fünften Szene eine wohlhabende Frau, die hässlich, alt und wohl einäugig ist. In einer grotesken Parodie des Paars posieren neben ihnen zwei Hunde, der eine ebenfalls einäugig. Sarah Young und ihrer Mutter wird der Zutritt verwehrt.

Die nächste Szene zeigt den knienden Tom. Er hat das Geld

Zeitgeschichte in *Werdegang eines Wüstlings*

Glücksspiel	Das Glückspiel, dem Tom frönte, grassierte in der georgianischen Epoche. Der Prinzregent bat das Parlament um Geld, um die durch Verschwendungssucht angefallenen Schulden zu begleichen.
Schuldturm	Hogarth kannte diesen Ort, weil sein Vater wie Tom im Schuldturm gesessen hatte. Dort war es unhygienisch, die Insassen wurden oft schlecht behandelt und bekamen wenig Nahrung.
Sozialer Aufstieg	Toms Versuch, es durch Lever und Besuch im St James's Palace Aristokraten gleichzutun, reflektiert die gesellschaftlichen Ambitionen der durch Handelserfolge aufsteigenden Mittelschicht.
Bordelle und Wirtshäuser	Überall lauern Fallstricke für Tom: London verzeichnete etwa 10 000 Prostituierte und 450 Tavernen. Auf *Gin Lane* und *Beer Street* (beide 1751) betont Hogarth die Vorzüge von Bier gegenüber Gin.

»Mein Bild ist meine Bühne, und Männer und Frauen sind meine Schauspieler, die ... ein stummes Spiel vorführen.«

William Hogarth

seiner Frau beim Glücksspiel verprasst. In der siebten Szene ist Tom im Schuldturm, wo ihm die vielen Gläubiger weiter zusetzen. Er starrt düster ins Leere, während die ergebene Sarah Young, die ihn mit dem gemeinsamen Kind besucht, in Ohnmacht fällt. Die Gefangenen träumen von der Flucht, über einem Bett hängt ein Paar Flügel – womöglich weil Tom oder seine Mitinsassen ihren Problemen zu entfliehen hoffen.

Die letzte Szene illustriert Toms Abstieg zum Wahnsinn. Er liegt halb nackt und gefesselt auf dem Boden des Londoner Irrenhauses Bedlam und wird von Sarah getröstet. Zwei feine Damen verfolgen die Szene zum Zweck der Unterhaltung – damals ein beliebter Zeitvertreib. Tom hat versucht, wie die Oberschicht zu leben, nun dient er ironischerweise zu ihrer Belustigung.

Menschliche Schwächen

Werdegang eines Wüstlings gehört zu einer Reihe derartiger Zyklen von Hogath. Unmittelbar davor schuf er *Werdegang einer Dirne* (die auf um 1731 datierten Gemälde wurden zerstört, nur die Stiche sind erhalten). Darin erzählt er die Geschichte eines unbedarften Landmädchens, das in London eine Anstellung sucht, zur Prostitution verleitet wird und elendig verendet. Der Erfolg ermutigte Hogarth, mit weiteren Bildgeschichten zu experimentieren. Die sechsteilige *Heirat nach der Mode* (um 1743) erzählt das Schicksal eines unglücklichen Paars in arrangierter Ehe, dessen heimliche Seitensprünge zu Syphilis, einem Duell und Selbstmord führen. Der folgende große Zyklus *Die Wahl eines Parlamentmitglieds* (um 1754) karikiert die englische Politik auf vier Leinwänden, die auch als Stiche reproduziert wurden. Basierend auf seinen Beobachtungen der Wahl in Oxfordshire in jenem Jahr, porträtierte Hogarth Bestechung, Korruption und Gewalt einer Menschenmenge.

Satirische Drucke

Hogarths Werk wurde der breiten Öffentlichkeit durch Kupferstichdrucke bekannt, die er selbst anfertigte. Raubkopien brachten ihn dazu, sich für die 1735 verabschiedete Änderung des britischen Urheberrechts einzusetzen. Die große Reichweite dieses Mediums erwies sich für eine nachfolgende Generation britischer Satiriker wie James Gillray (1756–1815) und George Cruikshank (1792–1878) als bedeutsam. Durch die relative Pressefreiheit und nicht-absolutistische Monarchie konnten sie die Machthaber (selbst Politik und Königshaus) ungestraft attackieren. Sie fühlten sich frei, ihre Sujets zu überspitzen, zu verunstalten oder komplett der Lächerlichkeit preiszugeben, und waren aggressiver als Hogarth, der eher Charaktere als Karikaturen darstellte. Zudem zielte er mit seiner Satire auf allgemeine Schwächen und nicht auf bestimmte Personen ab und wollte die Folgen der in seiner Zeit vorherrschenden Gier, Sittenlosigkeit und Selbsttäuschung anprangern. ■

Die letzte Szene von *Werdegang eines Wüstlings* zeigt Tom im Irrenhaus Bedlam. Zu seinen Leidensgenossen gehören ein Schneider, ein Musiker, ein Astronom und ein Erzbischof.

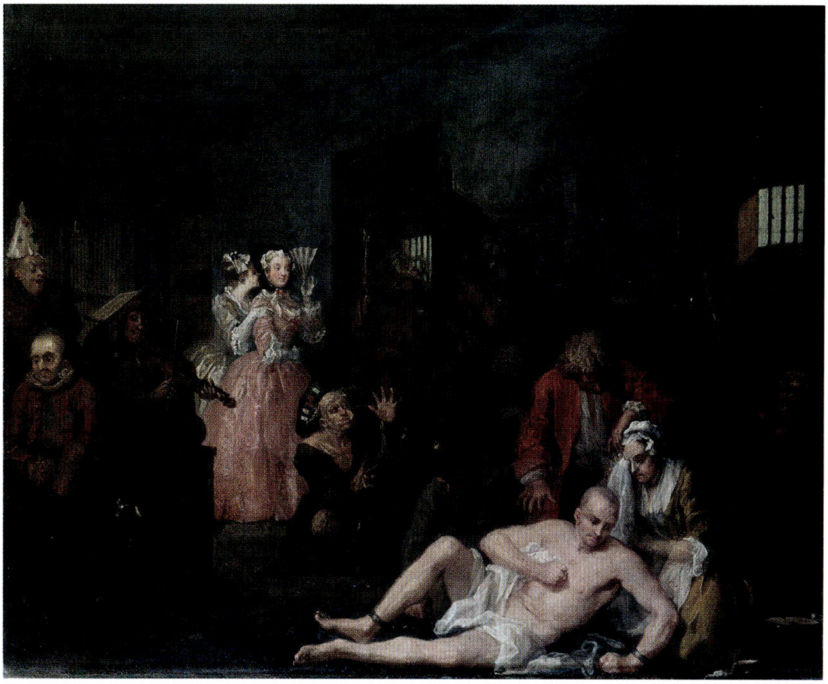

SO HABE ICH DIE RELIKTE MIT ALLER ERDENKLICHER SORGFALT ABGEBILDET

KOLOSSEUM (1756)
GIOVANNI BATTISTA PIRANESI

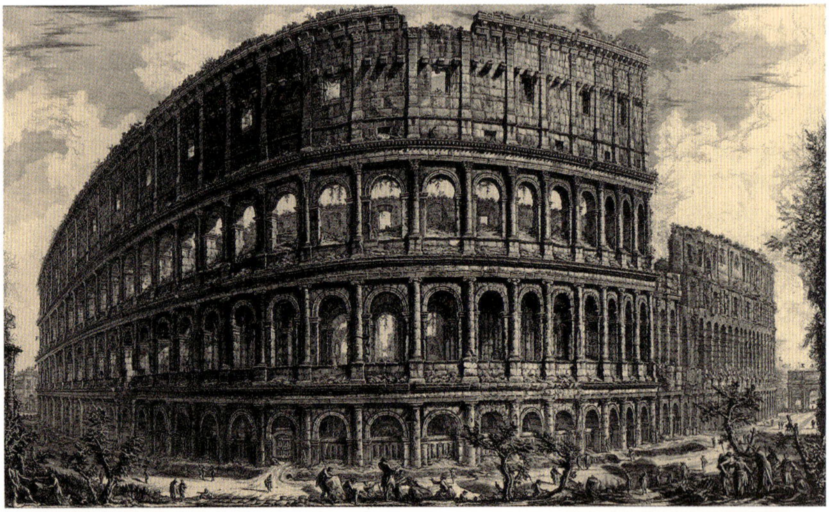

IM KONTEXT

SCHWERPUNKT
Kunst der Grand Tour

FRÜHER
1711 Der Norditaliener Giovanni Paolo Panini zieht nach Rom und wird der wichtigste Vedutenmaler der Stadt.

1752–1755 Der Brite Richard Wilson malt Stätten der römischen Antike für englische und irische Aristokraten.

1754 Der Franzose Hubert Robert malt in Rom Ruinen von realen und imaginären Bauwerken.

SPÄTER
1772 Der deutsche Klassizist Johann Zoffany porträtiert auf *Tribuna der Uffizien* Aristokraten auf Grand Tour beim Bewundern antiker Skulpturen.

1787 Wilhelm Tischbein malt *Goethe in der Campagna*, das den berühmten deutschen Dichter und Philosophen vor den Ruinen antiker Bauwerke zeigt.

Ab Mitte des 16. Jahrhunderts unternahmen junge Männer aus der nordeuropäischen Oberschicht ausgedehnte Reisen auf dem Kontinent, um ihre Bildung und Manieren zu vervollkommnen sowie Kunstwerke und Antiquitäten zu erwerben. Diese sogenannte Grand Tour war besonders unter englischen Aristokraten beliebt. Gewöhnlich in Begleitung eines Mentors reisten sie von Frankreich oder Deutschland über die Alpen nach Italien. Ein Aufenthalt in Rom und die Besichtigung der antiken Ruinen bildeten den Höhepunkt der Reise.

Die Grand Tour, die häufig ein Jahr oder länger dauerte, erlebte im 18. Jahrhundert ihre Blüte, kam jedoch am Ende des Jahrhunderts durch die Napoleonischen Kriege zum Erliegen.

Gelegenheit für Künstler

Die Grand Tour veranlasste eine große Nachfrage nach illustrierten Reiseführern und Souvenirs in Form von Gemälden und Skulpturen, der die Künstler gerne nachkamen. Manche wie Richard Wilson waren im Gefolge der Bildungsreisenden unterwegs und zeichneten deren Erlebnisse auf. Andere wie Pompeo Batoni widmeten sich Porträts, die gewöhnlich am Ende der Reise angefertigt wurden. Künstler wie Giovanni Paolo Panini, der französische Landschaftsmaler Claude-Joseph Vernet und Canaletto spezialisierten sich auf Ansichten berühmter Orte. Für weniger betuchte Kunden boten Druckgrafiken eine erschwingliche Alternative. Der berühmte Vedutenstecher Giovanni Battista Piranesi lebte ausgezeichnet vom Verkauf seiner Drucke an Bildungsreisende in Rom.

Piranesi ließ sich 1740 in Rom nieder und hielt die Bauwerke der Stadt in einer Serie von Druckgra-

Siehe auch: Trajanssäule 57 ▪ Konstantinsbogen 57 ▪ *Tintern Abbey* 214–215 ▪ *Die Werkstatt der Steinmetze* 224 ▪ *Goethe in der Campagna* 225

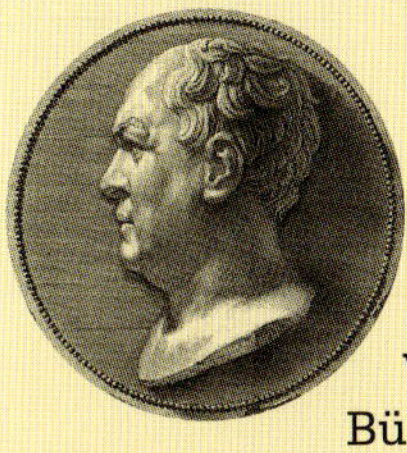

Giovanni Battista Piranesi

Giovanni Battista Piranesi war Architekt, Vedutenstecher, Bühnenbildner, Archäologe und zeitlebens an Architektur interessiert. Er wurde 1720 bei Venedig als Sohn eines Steinmetzes geboren und zunächst in Venedig als Architekt ausgebildet, bevor er sich der Bühnendekoration und der Kunst der Perspektive zuwandte. Im Gefolge des venezianischen Gesandten ging er 1740 nach Rom. In den Jahren darauf schuf er druckgrafische Stadtansichten, die äußerst beliebt waren. Sein originellstes Werk sind die 16 Platten des Zyklus erfundener Kerker (*Carceri*), der später von den Surrealisten bewundert wurde. Zudem war er ein bedeutender Theoretiker und verfasste polemische Abhandlungen über die Erhabenheit römischer Architektur. Er starb 1778.

Weitere Hauptwerke

1745 *Rom-Veduten*
1750 *Carceri*
1761 *Della Magnificenza ed Architettvra de' Romani*
1777/78 *Ruinen von Paestum*

fiken fest – den berühmten *Vedute di Roma* (Rom-Veduten), die er von 1745 bis zu seinem Tod veröffentlichte. Er war ein Experte auf dem Gebiet der antiken Architektur und schuf seine Drucke auf Grundlage des genauen Studiums der Bauwerke. Piranesis detaillierte Kenntnisse der Antike brachten ihm Ansehen unter Architekten und Gestaltern weltweit ein. Seine vierbändige *Antichità Romane* (1756) enthielt mehr als 250 Ansichten, die präzise beobachtet und optisch beeindruckend waren.

Geschönte Wirklichkeit

Das im 1. Jahrhundert errichtete Kolosseum ist eine architektonische Meisterleistung und das größte jemals gebaute Amphitheater. Obwohl es ab dem Mittelalter nicht mehr genutzt und Teile der Bausubstanz später an anderer Stelle verwendet wurden, galt es als ultimatives Symbol der römischen Kaiserzeit und diente Piranesi unweigerlich als Motiv für einen Kupferstich. Als Meister der Perspektive ließ er Bauwerke oft größer als in Wirklichkeit erscheinen, so auch hier. Der Dichter Johann Wolfgang von Goethe, der Rom zunächst von Piranesis Grafiken kannte, soll enttäuscht gewesen sein, als er die Stadt erstmals wirklich besuchte.

Auf dem Druck türmt sich das Kolosseum vor dem Hintergrund auf und lässt die Figuren davor winzig erscheinen. Das Bauwerk, dessen dunkle Außenmauer sich dem Betrachter entgegenwölbt, wirkt dramatisch, doch alle Details sind gut erkennbar: Man kann die verschiedenen Säulenreihen der Fassade sehen – dorisch auf der untersten Ebene, ionisch darüber und korinthisch auf der dritten.

Piranesis äußerst gefragte Drucke antiker Ruinen, Bauwerke und Artefakte etablierten Rom als unverzichtbare Station der Grand Tour. Zudem beeinflussten sie britische Architekten wie Robert Adam und Sir John Soane, die eine entscheidende Rolle in der Entwicklung der klassizistischen Architektur spielten. ■

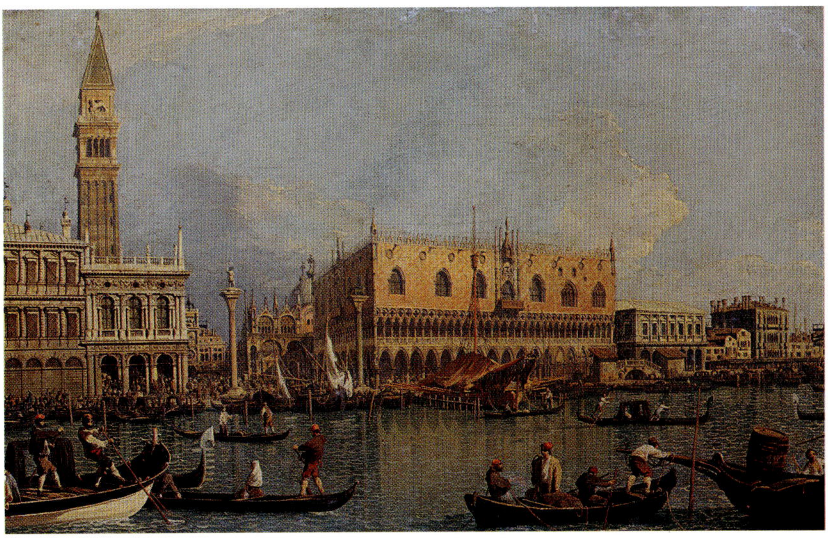

Dogenpalast (um 1730) war eines der vielen lichtdurchfluteten Gemälde Canalettos für Käufer auf Grand Tour. Der Blick über die Lagune von Venedig gehörte zu seinen Lieblingsansichten.

SEINE KUNST IST THEATERGLEICH, MIT EINER BÜHNE, DIE SICH BEWUSST ÜBER UNS ERHEBT

ALLEGORIE DER PLANETEN UND KONTINENTE (1752)
GIAMBATTISTA TIEPOLO

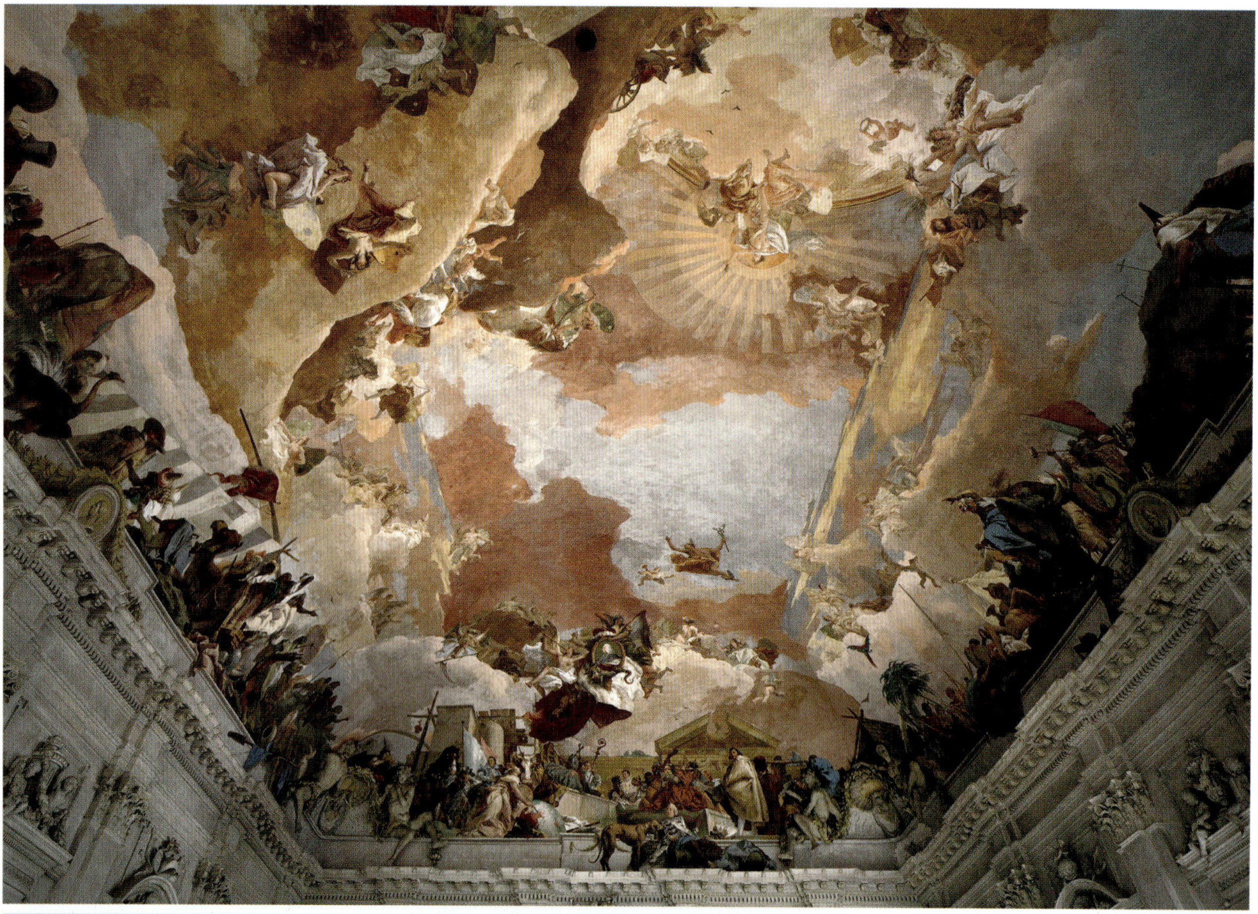

IM KONTEXT

SCHWERPUNKT
Illusionistische Deckenmalerei

FRÜHER

1464–1474 Andrea Mantegna malt ein Rundfenster-Trugbild auf die Decke der Camera degli Sposi in Mantua.

1524–1530 Antonio Correggios Kuppelfresko *Aufnahme Marias in den Himmel* im Dom von Parma erzeugt den Eindruck unendlicher Tiefe.

1560/61 Paolo Veronese malt eine Serie illusionistischer Interieurs, wie die Decken der von Andrea Palladio entworfenen Villa Barbaro in Venetien.

1731 Tiepolos österreichischer Zeitgenosse Paul Troger malt ein illusionistisches Deckenfresko im Stift Melk, eines von vielen Beispielen solcher Arbeiten im Österreich und Bayern des 18. Jahrhunderts.

Siehe auch: Kammer der Brautleute 163 ▪ Deckenfresken im Palazzo Farnese 222 ▪ *Triumph des Namens Jesu* 223

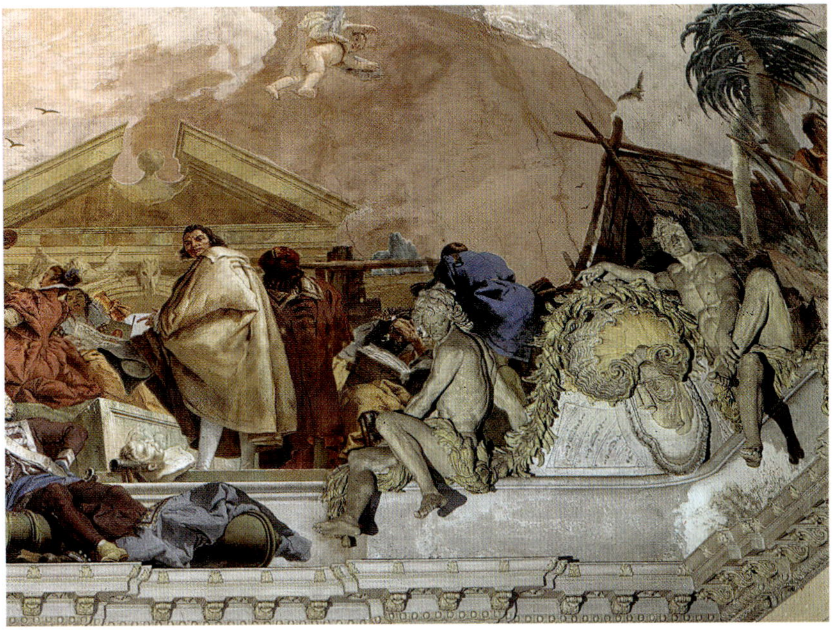

Die Ecken des Gesimses sind mit Stuckfiguren von Tiepolos Mitarbeiter Antonio Bossi verziert, die in spielerischem Kontrast zu den Trompe-l'œil-Figuren über ihnen stehen.

Illusionistische Deckenmalerei beruht auf ausgeklügelten optischen Effekten wie Verkürzung, perspektivischer Verzerrung und Trompe-l'œil-Malerei (»täusche das Auge«), die für verblüffende räumliche Tiefe auf einem zweidimensionalen Bild sorgen.

Die Technik entstand Ende des 15. Jahrhunderts in der italienischen Renaissancekunst und wurde auf äußerst humoristische Weise von Andrea Mantegna auf der Decke der Camera degli Sposi (Kammer der Brautleute) im Palazzo Ducale in Mantua umgesetzt. Er schuf das Trugbild eines zum Himmel hin offenen Rundfensters, durch das Menschen und Cherubine auf den Betrachter herabschauen. Diese Technik, bei der verkürzt gemalte Figuren wirken, als sähe man sie von unten, nennt man *di sotto in su*. Antonio Allegri da Correggio entwickelte die Methode auf seinem Kuppelfresko im Dom von Parma weiter. Dort scheinen Figuren und Wolken an einem Firmament zu schweben, das sich in einen unendlichen Raum über dem Kopf des Betrachters aufwärts windet.

Himmlische Einblicke

Die Kirchen im 16. und 17. Jahrhundert – besonders die der Jesuiten – waren oft mit Deckenfresken verziert, die bei der Gemeinde ein Gefühl der Gegenwart Gottes hervorrufen und bestimmten biblischen Szenen, wie Christi Himmelfahrt, Dramatik verleihen sollten. Um die Illusion zu verstärken, ließ man gemalte architektonische Elemente in die Fresken einfließen. So entstand der Eindruck, der Himmel sei eine physische Fortführung des Gebäudes. Diese Technik der perspektivischen Wandmalerei heißt *quadratura*. Anfang des 18. Jahrhunderts gab es viele kunstfertige Freskenmaler in Italien, doch der Venezianer Giambattista Tiepolo hob mit seinen farbenprächtigen, lichtdurchfluteten Arbeiten die Kunstform auf eine neue Ebene.

Tiepolo genoss in ganz Europa einen ausgezeichneten Ruf. 1750 bekam er den prestigeträchtigsten Auftrag seines Schaffens – die Verzierung der Residenz von Carl Philipp von Greiffenclau, dem neu eingesetzten Fürstbischof von Würzburg. Dieses bedeutende Barockschloss wurde von dem böhmischen Architekten Balthasar Neumann entworfen und 1744 vollendet. »

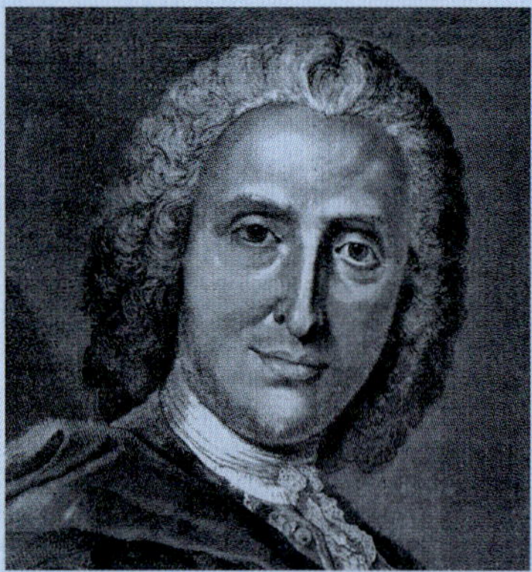

Giambattista Tiepolo

Tiepolo wurde 1696 in Venedig geboren. Seine Kunst wurzelte in der Maltradition seiner venezianischen Vorgänger Tintoretto und Veronese. Er wurde für seine Altarbilder in den Kirchen Venedigs bekannt, die zu einem großen Auftrag für einen Freskenzyklus im Bischofspalast in Udine führten (um 1727/28).

Tiepolos auf dem Höhepunkt seines Schaffens in den 1750er-Jahren entstandene Fresken in Würzburg zogen weitere Aufträge für Fresken in der Villa Valmarana bei Vicenza und der Villa Pisani in Venetien nach sich. 1762 beauftragte ihn der spanische König Karl III. mit der Verzierung des Palacio Real in Madrid. Nachdem er drei Deckenfresken zu Ehren der spanischen Krone geschaffen hatte, starb Tiepolo 1770.

Weitere Hauptwerke

1726–1729 *Sturz der aufständischen Engel* und *Salomonisches Urteil*
1739 *Kreuztragung*
1757 Freskenzyklus mit Szenen nach Homer, Vergil, Ariosto und Tasso
1760 *Apotheose der Familie Pisani*

Tiepolo begann mit dem Kaisersaal. Er bemalte die Decke mit einer ausschweifenden Darstellung einer Episode aus der mittelalterlichen deutschen Geschichte des 12. Jahrhunderts: Apoll befördert die Braut von Kaiser Friedrich Barbarossa im Sonnenwagen über den Himmel. Der Fürstbischof war von dem Werk so beeindruckt, dass er Tiepolo einen noch anspruchsvolleren Auftrag erteilte – ein monumentales Deckenfresko für das Treppenhaus, das zu seinen Gemächern führte.

Schwingen der Fantasie

Das Fresko sollte in erster Linie den Fürstbischof verherrlichen und unsterblich machen. Kernstück bildet das in einen hermelinbesetzten Stoff gehüllte Porträt des Fürstbischofs, das von den Göttinnen der Tugend und des Ruhms emporgehalten wird. Personifikationen der vier Kontinente entlang der anderen Wände erweisen ihm die Ehre. Eine solche Selbstverherrlichung mag überzogen wirken, dennoch ist das Fresko ein Triumph der Kunstfertigkeit und Fantasie.

Zudem ist es ein illusionistisches Meisterwerk, denn der sich verändernde Blickpunkt des Betrachters beim Hinaufsteigen der Treppe wurde berücksichtigt. In einer meisterhaften Zurschaustellung perspektivischen Könnens sind alle Figuren so gemalt, dass man sie aus entsprechenden Winkeln oder von unten sieht.

Vom Treppenanfang aus erblickt man den Kontinent Amerika, von einer auf einem Krokodil reitenden Frau mit Federkopfschmuck repräsentiert. In einer Ecke stapeln sich abgeschlagene Menschenköpfe. Ein über das Gesims kletternder Mann in europäischer Kleidung mit Zeichenbrett ist offenbar ein Künstler, der die Bräuche der Neuen Welt aufzeichnet.

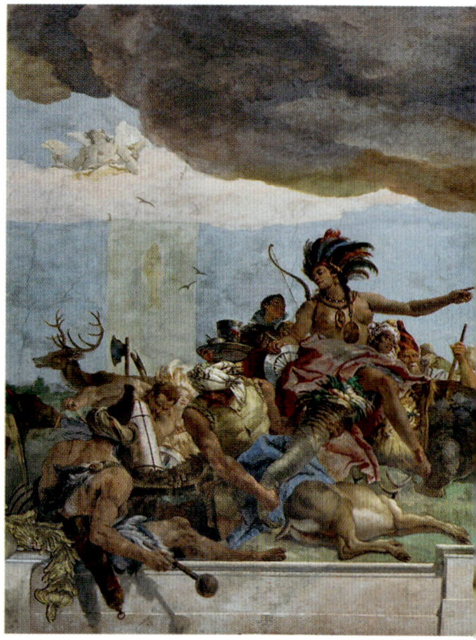

Am Ende des ersten Treppenlaufs kann man sich auf der nun zweigeteilten Treppe nach links oder rechts wenden und erblickt die Kontinente Afrika oder Asien auf den Längsseiten. Die Perspektive ist genau auf den Standpunkt des Betrachters angepasst. Afrika wird von einer halb nackten Frau mit Turban auf einem Dromedar dargestellt. Sie wird von dem betagten Flussgott Nil beobachtet. Türkische Händler überwachen die Beladung eines Schiffs. Ein Elefant und ein Strauß verstärken die exotische

» Der bedeutendste Dekorationsmaler des 18. Jahrhunderts in Europa sowie dessen begabtester Kunsthandwerker. «

Michael Levey
Giambattista Tiepolo, 1986

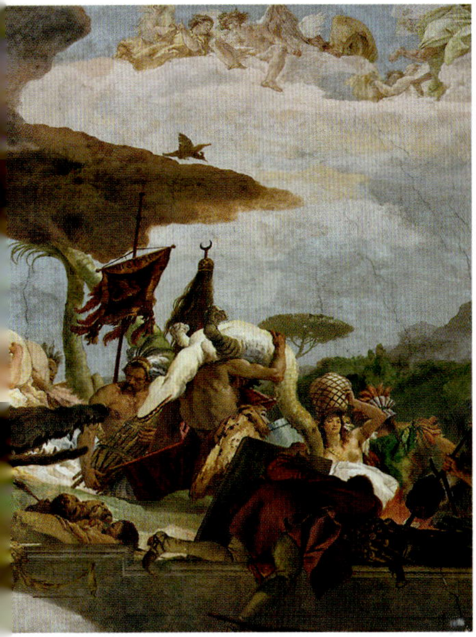

Bei seiner Darstellung der Kontinente zeigte Tiepolo Europa als Gipfel der westlichen Zivilisation, die anderen – wie hier Amerika – als Erdteile in unterschiedlichen Stadien der Barbarei.

Anmutung. Auf der Wand gegenüber reitet Asia vor zwei Untertanen auf einem Elefanten. Im Hintergrund findet eine Tigerjagd statt. Ein Europäer verlädt Waren für den Export.

Am Ende der Treppe erblickt man die thronende Europa mit Zepter, die Verkörperung des Siegeszugs der Zivilisation und Kunst. Bauwerke zieren den Hintergrund. Ihr zur Seite stehen ein Bischof, zwei Ministranten und Musiker sowie der Erbauer des Schlosses, Balthasar Neumann. Tiepolo bildete zudem sich selbst und seinen Sohn Giandomenico ab, der ihm bei den Fresken half.

Planeten erweisen die Ehre

Über den Allegorien der vier Kontinente versammeln sich die Götter, um Tiepolos Auftraggeber zu huldigen. Der lichtumflutete Apoll steigt aus seinem Tempel herab und begibt sich auf seine tägliche Reise mit der Sonne. Zwei weibliche Figuren tragen seine Attribute Leier und Fackel. Die Götter der Planeten Venus, Mars, Merkur und Jupiter sind zugegen. Zu weiteren Figuren und Symbolen inmitten der wirbelnden Wolken zählen die Jagdgöttin Diana und der Feuergott Vulkan.

Entstehungsprozess

Da Tiepolos Fresken nur aus einiger Entfernung zu sehen sind, mussten sie nicht so vollendet ausgearbeitet werden wie seine Gemälde, sondern enfalten ihre Wirkung durch die Komposition, die perspektivische Bearbeitung, die prägnanten Farbtonkontraste, das leuchtende Kolorit und die überwältigenden Lichteffekte. Der Künstler und seine Gehilfen führten die Arbeiten recht zügig durch, denn das Fresko ist in 218 *giornate* (Tagwerke) unterteilt, daher vollendete es Tiepolo vermutlich in weniger als einem Jahr. Erhaltene Ölskizzen und Studien legen nahe, dass er die Komposition während der Arbeit an die Gegebenheiten vor Ort anpasste.

Blüte der Kunstform

Tiepolos Werk wurde zu seinen Lebzeiten geschätzt, und man stellte ihn auf eine Stufe mit Nicolas Poussin und Raffael. Nach dem Tod sank sein Ansehen. Anfang des 19. Jahrhunderts fanden viele Kritiker sein Werk kalt und oberflächlich. Eine Neubewertung erfolgte Ende des 19./Anfang des 20. Jahrhunderts, als die dekorative Kunst zunehmend geschätzt wurde. Tiepolos überschwängliche, meisterhaft illusionistische Fresken gelten heute als letzte Blüte einer monumentalen Maltradition, die Jahrhunderte zuvor mit Giotto ihren Anfang fand. ■

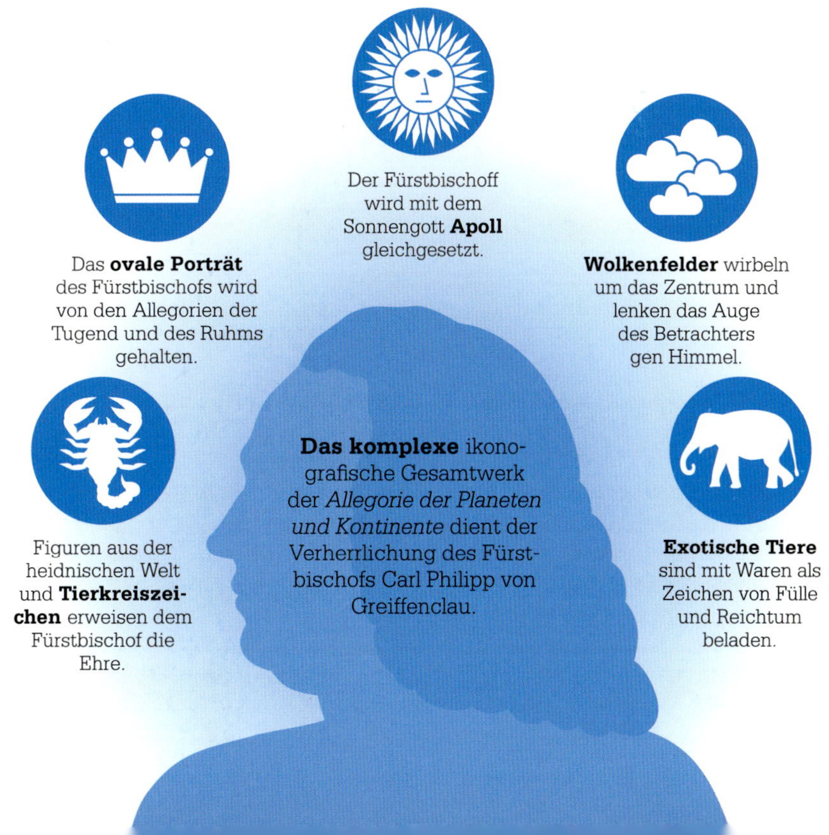

DER GEIST DER INDUSTRIELLEN REVOLUTION

DIE EISENSCHMIEDE (1772), JOSEPH WRIGHT

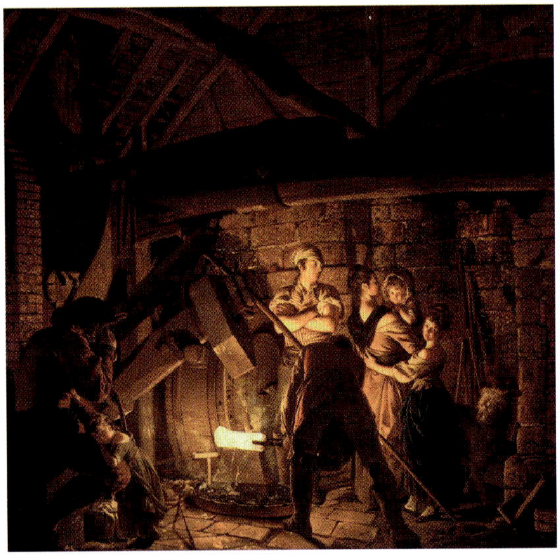

Die industrielle Revolution breitete sich Ende des 18. Jahrhunderts von Großbritannien kommend in Europa aus. Sie veränderte Arbeit und Landschaft radikal. Künstler reagierten auf verschiedene Weise darauf. Einige verharrten in innerer Einkehr und Nostalgie, andere, wie der visionäre Maler und Dichter William Blake, standen ihr kritisch gegenüber, wieder andere waren von der Aufbruchsstimmung, dem Fortschritt und optischen Schauspiel fasziniert.

Einer davon war Joseph Wright (1734–1797), der den Großteil des Schaffens in seiner Heimatstadt Derby verbrachte, einem wichtigen englischen Industriezentrum. Viele seiner Hauptwerke vermitteln das Hochgefühl angesichts wissenschaftlicher Entdeckungen und Fortschritte in der maschinellen Produktion. Wright kannte viele prominente Wissenschaftler und Industrielle seiner Zeit, wie Josiah Wedgwood, Erasmus Darwin und James Watt. Durch die Kenntnis wissenschaftlicher Instrumente und Maschinen konnte er die neue Technik präzise abbilden.

In den 1770er-Jahren porträtierte er in fünf kunstvollen »Nachtbildern« heimische Eisenschmieden, die für ihn das Heroische der Arbeit betonten. *Die Eisenschmiede* zeigt, wie ein Mann einen glühenden Barren unter einen durch Wasserkraft betriebenen Hammer hält, der die manuellen Schmiedewerkzeuge abgelöst hatte. Der Eisengießer schaut zu seiner Familie, die wie er in warmes Licht getaucht ist. Die elegant gestreifte Weste und entspannte Haltung reflektieren den durch Technik herbeigeführten Wohlstand und die Arbeitserleichterung. Im Vordergrund betrachtet ein alter Mann, wohl der Vater des Eisengießers, nachdenklich die Szene: Die Industrialisierung wird sich auf die drei abgebildeten Generationen unterschiedlich auswirken. ■

IM KONTEXT

SCHWERPUNKT
Kunst und industrielle Revolution

FRÜHER
1765–1813 Die Lunar Society – britische Intellektuelle und Freunde Joseph Wrights – debattiert über Wissenschaft und Technik.

SPÄTER
1801 Philip James de Loutherbourgs *Coalbrookdale bei Nacht* zeigt Hüttenwerke bei Ironbridge, frühes Zentrum der Industrialisierung in England.

1875 Der Deutsche Adolph von Menzel porträtiert mit *Das Eisenwalzwerk* körperliche Schwerstarbeit.

1874 Eyre Crowes *Mittagspause in Wigan* ist ein idealisiertes Porträt von Fabrikarbeiterinnen in Lancashire.

Siehe auch: *Abendmahl in Emmaus* 170–171 ▪ *Tintern Abbey* 214–215 ▪ *Flucht nach Ägypten* 222 ▪ *Der Tod des Sardanapal* 240–245 ▪ *Nighthawks* 339 ▪ *Cubi XIX* 340–341

ER WOLLTE DIE GEISTER IN SEINEM KOPF FERNHALTEN

EIN DÜSTRER FINSTERER MANN (UM 1770–1783) FRANZ XAVER MESSERSCHMIDT

IM KONTEXT

SCHWERPUNKT
Kunst und geistige Gesundheit

FRÜHER
1514 Albrecht Dürers Druck *Melencolia I* reflektiert den Glauben an eine Verbindung zwischen schöpferischem Genie und Melancholie.

SPÄTER
1855–1864 Richard Dadd malt *Der Meisterstreich des Feenburschen* in der Londoner Psychiatrie Bedlam, wo seine Schizophrenie behandelt wird.

1893 Edvard Munch, dessen Kindheit traumatisch verlief, bebildert mit *Der Schrei* die Angst einer gequälten Figur.

1950 Die Japanerin Yayoi Kusama drückt Halluzinationen durch Punkte auf Leinwände, Böden und Wände aus.

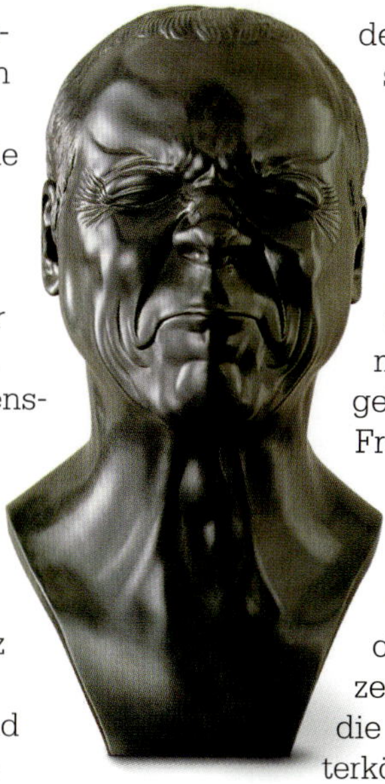

Kunstwerke entstehen aus den verschiedensten Gründen, doch viele sind Ausdruck innerer Unruhe, des Leidens oder des »Wahns«.

Ein düstrer finsterer Mann gehört zu einem Zyklus von 69 bemerkenswerten, aus Alabaster gehauenen oder in Blei gegossenen Charakterköpfen des deutsch-österreichischen Bildhauers Franz Xaver Messerschmidt (1736–1783). Einige sind recht natürlich, andere haben hervortretende Augen, eine gerunzelte Stirn, vorstehende Lippen, angespannte Halsmuskeln oder zerzaustes Haar und porträtieren extreme Gefühlszustände, von Freude, Angst, Trauer und Wut bis hin zu Katatonie.

Die faszinierende Serie wurde vielfach gedeutet. Folgt man der Theorie des Schweizer Pfarrers Johann Kaspar Lavater, wonach sich der Charakter eines Menschen an dessen körperlicher Erscheinung ablesen lässt, könnte es sich um physiognomische Studien handeln. Die Werke sind auch mit den Experimenten von Anton Mesmer in Zusammenhang gebracht worden, einem Freund Messerschmidts und Begründer des animalischen Magnetismus. Ein Theoretiker führte die Serie sogar auf chronische Magenschmerzen zurück, doch scheint die Entstehung der Charakterköpfe mit einer Verschlechterung des psychischen Befindens des Bildhauers einherzugehen.

Ausdruck des »Wahns«

Bis um 1770 war Messerschmidt in Wien äußerst erfolgreich, bekam Porträtaufträge von Kaiserhaus und Aristokratie und lehrte an der Akademie der bildenden Künste. Allerdings begann er an Paranoia und Halluzinationen zu leiden, was Kollegen und potenzielle Kunden abschreckte. Einer Auslegung zufolge schuf er die Köpfe, um die Geister fernzuhalten, von denen er sich verfolgt glaubte. Die meisten Büsten beruhen wohl auf seinen eigenen Gesichtszügen und sind womöglich Ausdruck persönlicher Gefühlszustände – eine zwanghafte Aufzeichnung seelischer Anomalien und seines Unvermögens, diese zu verstehen.

Messerschmidts eindringliche Köpfe sind ein außerordentliches, abseits der akademischen Kunst entstandenes Werk und folgen einer Tradition, die weiterhin neben der etablierten Kunst besteht. ■

Siehe auch: Venus von Willendorf 20–21 ▪ Maske des Teotihuacán 50 ▪ *Selbstbildnis mit verbundenem Ohr und Pfeife* 280 ▪ *Seelenzustände: Die Gehenden* 298–299 ▪ *La vache au nez subtil* 324–325

EIN LICHT IM STURM DER REVOLUTION

TOD DES MARAT (1793) JACQUES-LOUIS DAVID

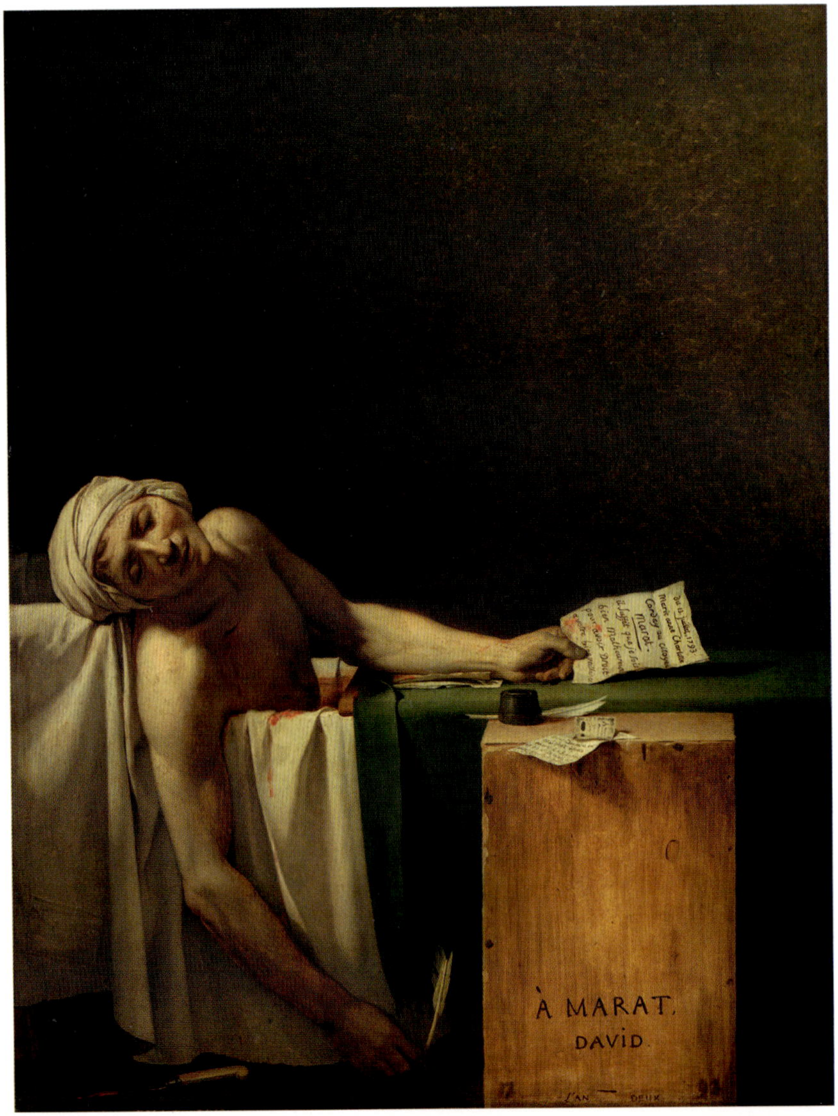

IM KONTEXT

SCHWERPUNKT
Revolutionärer Idealismus

FRÜHER
1775 John Trumbulls *Tod von General Warren in der Schlacht von Bunker Hill* hält ein Ereignis des Amerikanischen Unabhängigkeitskriegs fest.

SPÄTER
1830 Inspiriert von der Pariser Julirevolution malt Eugène Delacroix *Die Freiheit führt das Volk*, das den Revolutionsgeist von 1789 heraufbeschwört.

1848 Der Franzose Ernest Meissonier malt *Die Barrikade* und zeigt die Leichen der Aufständischen der Februarrevolution.

1848 Nach der Februarrevolution wenden sich Künstler wie Gustave Courbet Sujets aus der Arbeiterklasse zu.

1917 Der *Proletkult*, der eine Kunst der proletarischen Klasse erschaffen will, wird in Russland etabliert.

Am 13. Juli 1793 nahm der französische Revolutionsführer und Autor Jean-Paul Marat eines der üblichen langen Bäder zur Linderung eines schmerzhaften Exzems, als Charlotte Corday, eine Anhängerin der Girondisten, hereinstürmte und ihn erstach. Sein Freund Jacques-Louis David organisierte die Beerdigung und machte Marat mit diesem Gemälde unsterblich.

Marat wird beim letzten Atemzug gezeigt. Feder und Papier zeugen von seiner Gewohnheit, das Bad als Büro zu nutzen. In der Lin-

Siehe auch: *Die Übergabe von Breda* 178–181 ▪ *Ludwig XIV.* 196–197 ▪ *Der Tod des Sardanapal* 240–245 ▪ *Napoleon auf dem Schlachtfeld von Preußisch-Eylau* 278

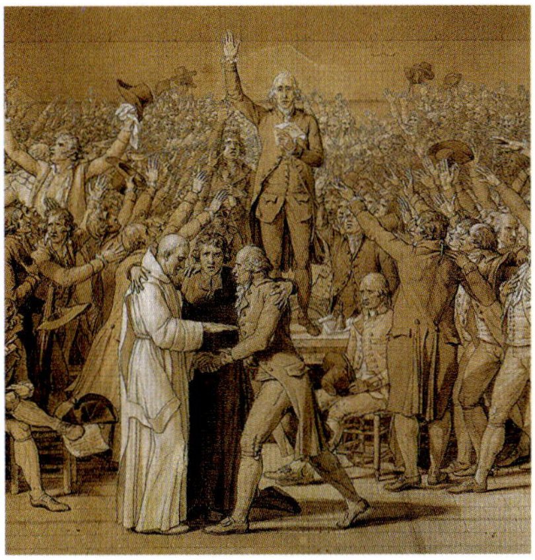

Davids *Der Ballhausschwur* (hier in der Vorzeichnung) setzt der Versammlung der Abgeordneten des Dritten Standes zum Entwurf einer Verfassung, 1789, ein Denkmal.

ken hält er einen Brief der Attentäterin, in dem steht: »Es bedarf weiter nichts, als daß ich unglücklich bin, um Anspruch auf Ihren Schutz zu haben.« Die Szene versinnbildlicht den Märtyrertod und ist keine genaue Beschreibung des Ereignisses: Auf Marats Körper finden sich keine Spuren seines Hautleidens, das Messer steckt nicht in seiner Brust, sondern liegt neben ihm. Corday, die nicht vom Tatort floh, ist auf dem Bild nicht zu sehen. Der Fokus liegt auf dem sterbenden Revolutionär, dessen Pose an den toten, von Maria gehaltenen Jesus von Michelangelos *Pietà* erinnert. Durch die Idealisierung Davids wird das schlichte Porträt zu einer Darstellung universalen Leids.

Ideen und Taten

David war etablierter Künstler vor Ausbruch der Französischen Revolution, doch stellte sich und seine Kunst in den Dienst der Republikaner. Er trat den gegen die Monarchie opponierenden Jakobinern bei, malte Sujets der Revolution und half bei der Organisation republikanischer Veranstaltungen. Sein strenger, klassizistischer Stil griff die edlen, patriotischen Ideale des antiken Griechenlands und Roms auf und lehnte den verspielten, aristokratischen Rokoko ab. Dadurch und durch seine Sujets, die die Bürgertugend überhöhten, passte sein Werk zu Moral und Atmosphäre der neuen Französischen Republik.

Künstler haben oft ihre politischen Ansichten durch persönliches Engagement oder ihre Kunst propagiert. Davids Landsmann Gustave Courbet (1819–1877) war aktiv an der Pariser Kommune, dem radikalen sozialistischen Stadtrat von 1871, beteiligt, während seine Kunst durch die realistische, doch heroisierte Darstellung von Arbeitern und Bauern neue Wege beschritt. Während der Oktoberrevolution 1917 stellten sich russische Avantgardekünstler wie Kasimir Malewitsch (1878–1935), der Vater des abstrakten Suprematismus, in den Dienst der Sache, besonders weil sie Freiheit von bürgerlichen Kunstdogmen versprach. ■

» Wenn es je ein Bild gab, das einen dazu bringt, für eine Sache zu sterben, dann ist es … *Tod des Marat*. Das macht es so gefährlich. «

Simon Schama
Power of Art, 2006

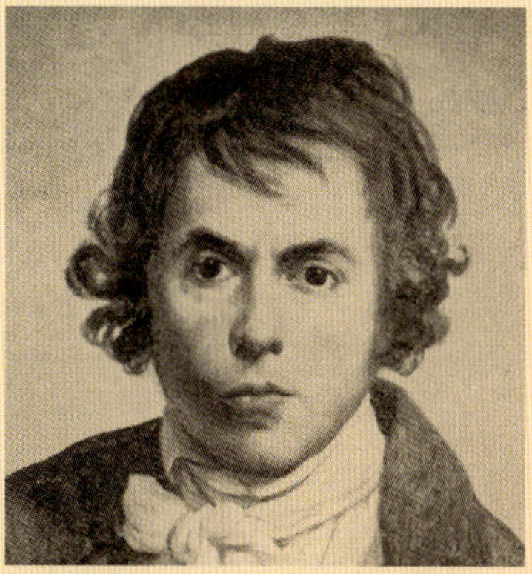

Jacques-Louis David

David wurde 1748 in Paris geboren und war ein Hauptvertreter des Klassizismus. Er studierte bei dem Historienmaler Joseph-Marie Vien und an der Académie royale de peinture et de sculpture. Nach einem Rom-Aufenthalt um 1780 kehrte er nach Paris zurück, wo er einen vom Rokoko befreiten Stil perfektionierte, dessen Strenge seinen Sujets von Pflicht und Selbstaufopferung entsprach. Er war ein einflussreicher Lehrer, sympathisierte mit der Französischen Revolution, saß im Nationalkonvent und verankerte deren moralische Leitsätze in seiner Kunst. Nach dem Sturz seines Freunds und Revolutionsführers Robespierre wurde er kurz inhaftiert. Später wurde er Anhänger von Napoleon und glorifizierte dessen Taten mit seinen Werken. Nach dem Tod des Kaisers emigrierte er nach Brüssel, schuf exquisite Porträts und starb dort 1825.

Weitere Hauptwerke

1784 *Der Schwur der Horatier*
1794–1799 *Die Sabinerinnen*
1800 *Madame Récamier*
1801 *Napoleon überquert die Alpen*

EINE BEZAUBERNDE RUINE. DIE NATUR HAT SIE SICH NUN ANGEEIGNET

TINTERN ABBEY (1794) JOSEPH MALLORD WILLIAM TURNER

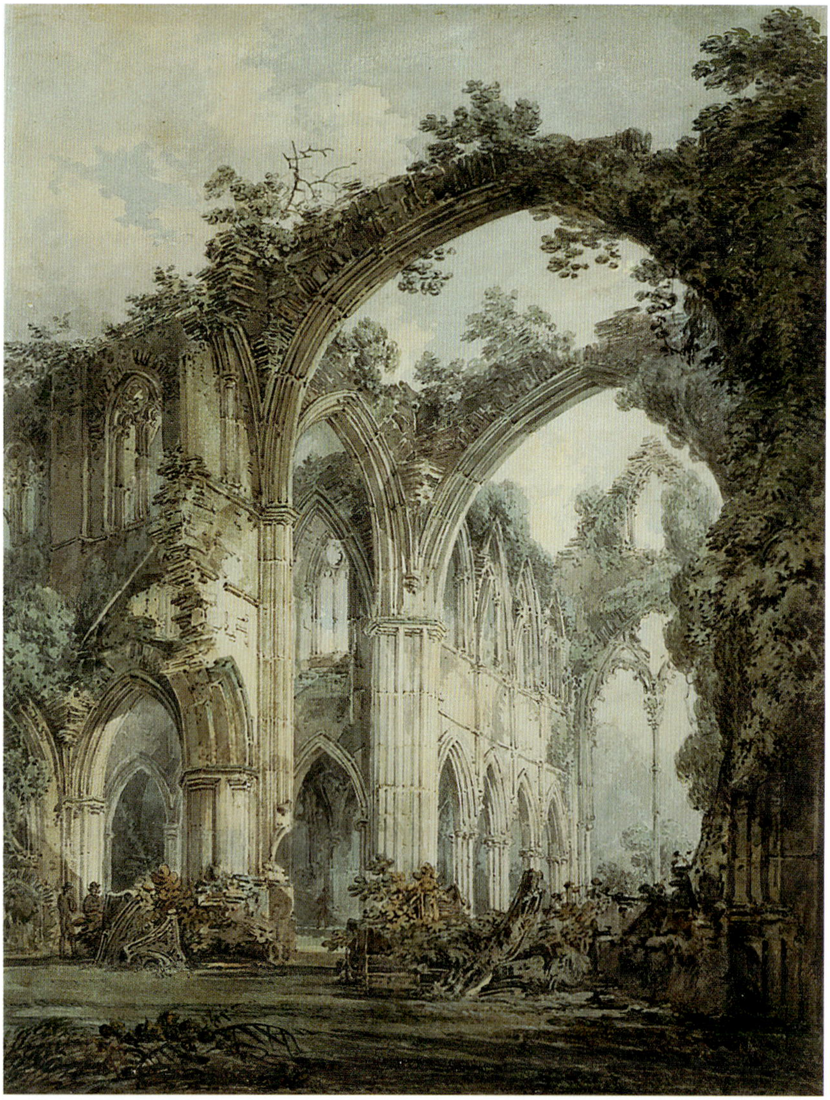

IM KONTEXT

SCHWERPUNKT
Das Pittoreske (Malerische)

FRÜHER
1783 Der englische Künstler und Geistliche William Gilpin veröffentlicht den Reiseführer *Observations on the River Wye* mit Gedanken zu »Regeln der malerischen Schönheit«.

SPÄTER
1795 *Sketches and Hints on Landscape Gardening* des englischen Landschaftsarchitekten Humphry Repton gibt Hinweise für die Gestaltung pittoresker Gärten.

1798 Der Dichter William Wordsworth beschreibt in der romantischen Ode *Tintern Abbey* das urige Wye Valley.

1812 Der englische Karikaturist Thomas Rowlandson nimmt mit Illustrationen in *Die Reise des Doctor Syntax* Skizzenreisen aufs Korn.

Gegen Ende des 18. Jahrhunderts ergriff britische Künstler die Reiselust, und die urigen Landschaften von Wales, Schottland und dem Lake District wurden beliebte Ziele. Dichter und Maler rangen mit verschiedenen Möglichkeiten, diese Regionen abzubilden, da sie nicht so recht in die beiden damals gängigen ästhetischen Hauptkategorien zur Klassifizierung von Landschaften fielen – nämlich das »Erhabene« (wie im Fall der Erfurcht gebietenden Alpen) und das »Schöne« (wie die hübschen italienischen Seen). Die britischen Landschaften lagen dazwischen und erforderten eine neue Kategorie – das »Pittoreske«, »Malerische«.

Siehe auch: *Wind in den Bäumen am Flussufer* 96–97 ▪ *Die Jäger im Schnee* 154–155 ▪ *Die Eisenschmiede* 210 ▪ *Burg Bentheim* 223 ▪ *Das weiße Pferd* 278

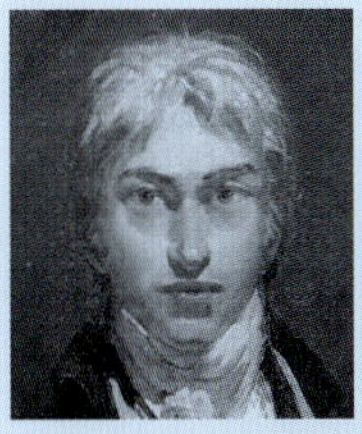

J. M. W. Turner

Der Fürst der englischen Landschaftsmalerei Joseph Mallord William Turner wurde 1775 als Sohn eines Barbiers in London geboren. 1789 trat er der Royal Academy of Arts bei, ab 1790 stellte er dort Aquarelle aus. 1791 unternahm er die erste von jährlichen Skizzenreisen. Um 1800 wandte er sich der Romantik zu. Turner bereiste und malte viele Gegenden Europas. Er starb 1851. Die Tate Britain beherbergt eine umfangreiche Sammlung seiner Werke.

Weitere Hauptwerke

1815 *Dido erbaut Karthago*
1838 *Letzte Fahrt der Temeraire*
1842 *Frieden: Bestattung auf See*
1844 *Regen, Dampf und Geschwindigkeit*

»Ich malte nicht, um verstanden zu werden, sondern um eine solche Szenerie zu zeigen.«

J. M. W. Turner

Pittoreske Landschaften waren von Schroffheit, Diversität, verschiedenen Texturen sowie wilden oder überwucherten Arealen gekennzeichnet. Ruinen, besonders mittelalterliche, verkörperten all diese Eigenschaften. Die Reiseliteratur jener Zeit erklärte Besuchern, von welchem Ort aus sich solche Szenerien am besten betrachten ließen. Das Erlebnis konnte durch ein »Claude-Glas« aufgewertet werden – ein getönter Spiegel, in dem die im Rücken befindliche Landschaft wie von einem alten Meister gemalt erschien.

Skizzenreisen

Viele Künstler wie J. M. W. Turner und sein Freund und Konkurrent Thomas Girtin unternahmen Skizzenreisen, um die Sehenswürdigkeiten Großbritanniens festzuhalten, in der Absicht, Aquarelle oder Drucke davon zu verkaufen. Tintern Abbey, die Ruine eines Zisterzienserklosters am Wye zwischen England und Wales, war ein bevorzugtes Sujet. Turner sah und skizzierte sie erstmals 1792 auf einer Wales-Reise mit gerade 17 Jahren. Er schuf mehrere Ansichten davon. Eine wurde 1794 in der Royal Academy ausgestellt. Fern einer bloßen topografischen Abbildung ist sie mit einem Gespür für das Pittoreske durchflutet: Die Natur ist im Begriff, sich die Ruine wieder anzueignen, das wuchernde Blattwerk mildert die strengen Linien des Bauwerks. Die Dynamik der Komposition, die die Wölbung der in verschiedene Richtungen auf den Hintergrund zulaufenden Bögen unterstreicht, lässt bereits die Kraft erahnen, die sich in Turners Spätwerk entfaltet.

Für viele ist er der bedeutendste britische Landschaftsmaler. Sein Stil bildete sich während seines langen Schaffens heraus: Die frühen Aquarelle waren leuchtend und genau konzipiert. Bald wandte er sich der Ölmalerei und anspruchsvolleren historischen Sujets zu. Er fokussierte weniger auf Details und mehr auf Farb- und Lichteffekte und nahm damit den Impressionismus vorweg. Ab 1830 wurde sein Stil freier, er entwickelte eine Obsession für Naturgewalten und malte Nebel, Sonnenaufgänge, Dampf, Regen, Wind und Sturm. Die Aquarelle in späteren Skizzenbüchern, in denen er den Himmel studierte, sind nahezu abstrakt und damit überraschend modern. ■

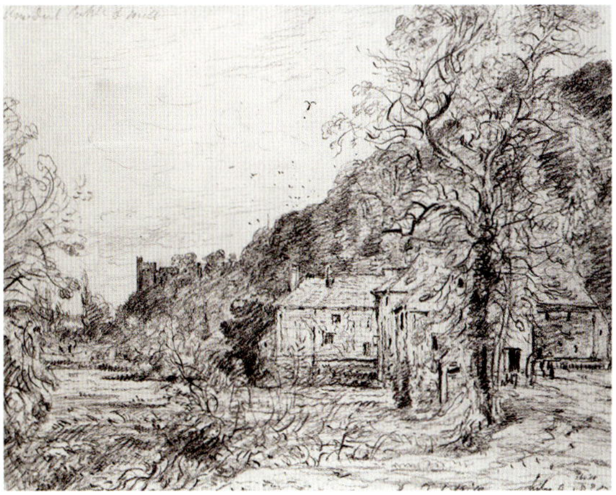

John Constable hatte wie sein Zeitgenosse Turner eine emotionale Beziehung zur Natur. Doch Turners Arbeiten weisen eine größere Dramatik und historische Elemente auf. Constables Werke wie *Mühle und Burg von Arundel* sind hingegen meist ruhiger und gegenständlicher.

EDLE EINFALT UND EINE STILLE GRÖSSE

GRABMAL FÜR ERZHERZOGIN MARIE CHRISTINE (1798–1805) ANTONIO CANOVA

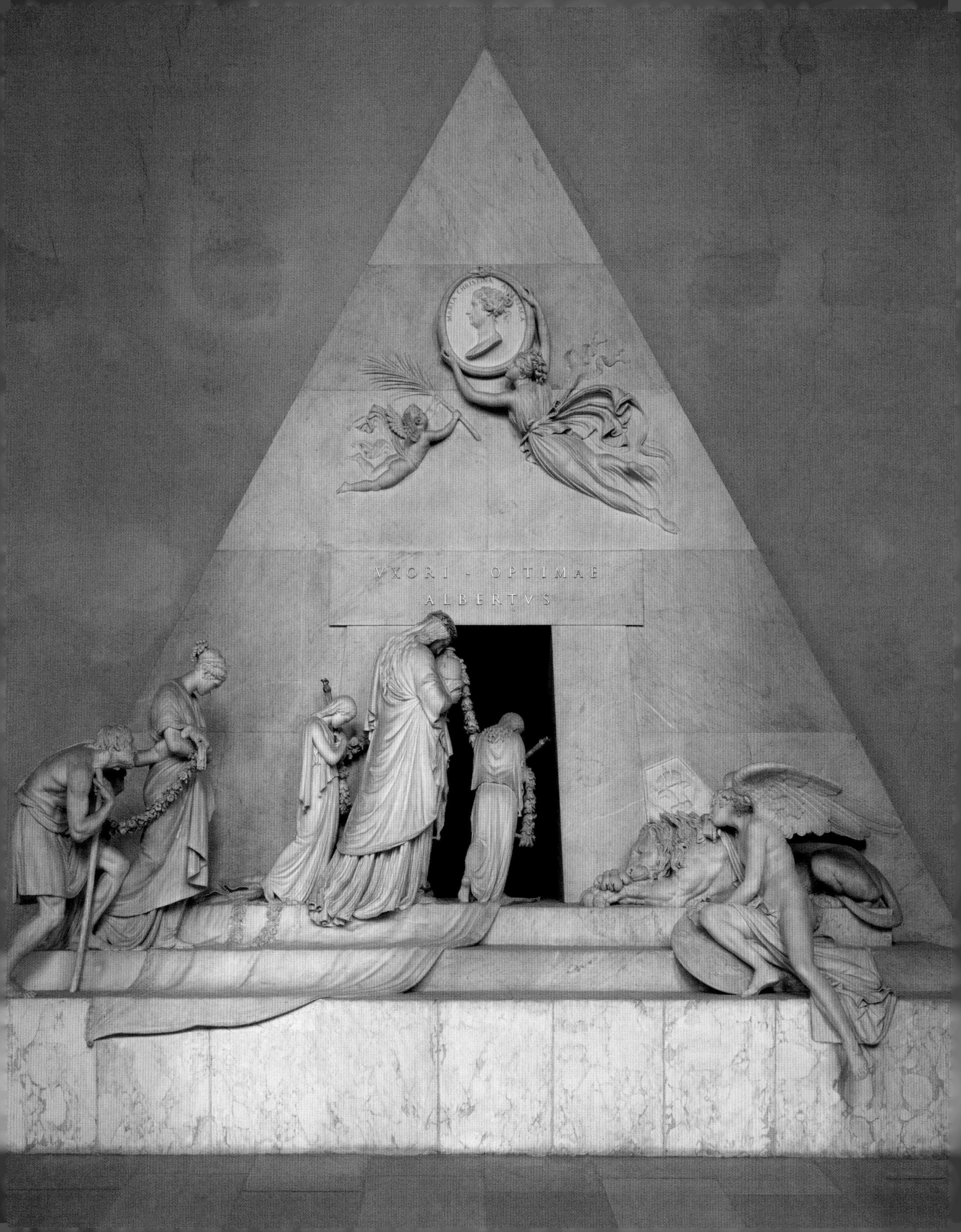
VXORI · OPTIMAE
ALBERTVS

IM KONTEXT

SCHWERPUNKT
Klassizismus

FRÜHER
1709 und 1748 Die vom Ausbruch des Vesuv verschütteten antiken römischen Städte Herculaneum und Pompeji werden wiederentdeckt.

1748–1774 Giovanni Battista Piranesi fertigt Radierungen erhabener antiker römischer Monumente.

1755 Johann Joachim Winckelmann veröffentlicht *Gedanken über die Nachahmung der griechischen Werke*.

SPÄTER
1784–1785 Jacques-Louis David vollendet *Der Schwur der Horatier*, ein edles, in klassizistischer Schlichtheit gehaltenes Sujet.

1804 Napoleon wird zum Kaiser von Frankreich gekrönt und beruft sich auf das römische Kaisertum.

Der Klassizismus war ein in Europa Ende des 18. und Anfang des 19. Jahrhunderts florierender Kunst- und Architekturstil. Er speiste sich aus einem neuen Interesse an den Zivilisationen des alten Griechenlands und Roms, das durch einige bemerkenswerte archäologische Funde, wie die Ausgrabung der verschütteten römischen Städte Pompeji und Herculaneum, ausgelöst wurde.

Die dort geborgenen Wandgemälde und Ausstattungsstücke wurden in Stichen festgehalten und diese in ganz Europa verbreitet. So erhielt man einen umfassenden Einblick in die altrömische Bau- und Gestaltungskunst. Bücher wie *Gedanken über die Nachahmung der griechischen Werke in der Malerei und Bildhauerkunst* (1755) des deutschen Kunsthistorikers Johann Joachim Winckelmann ermutigten Künstler, die Kunst und Werte des antiken Griechenlands und Roms auf das zeitgenössische Leben zu übertragen.

Doch der Klassizismus war mehr als nur eine Neubelebung der Antike: Er drückte das Gedankengut von Aufklärern wie dem französischen Philosophen Denis Diderot aus und spiegelte ihren Wunsch nach der Förderung von Vernunft, Fortschritt und Ernsthaftigkeit wider. Er traf mit dem wachsenden Bedürfnis zusammen, die dekorative Verspieltheit des Rokoko durch eine ernsthaftere Kunst mit moralischen Ansprüchen abzulösen, die das Edle, Klare und Reine verkörperte und bevorzugt die Helden der antiken Götterwelt abbildete.

Diese Ansätze sind in Canovas Grabmal für Erzherzogin Marie Christine vollendet wiedergegeben. Das Bildhauerwerk vereint sinnbildlich das Wesen des Klassizismus und präsentiert die edle Einfalt und

» Eine emotional berührende, doch stoische Klage über die Sterblichkeit der Menschen. «

Hugh Honour
Neo-Classicism, 1968

Antonio Canova

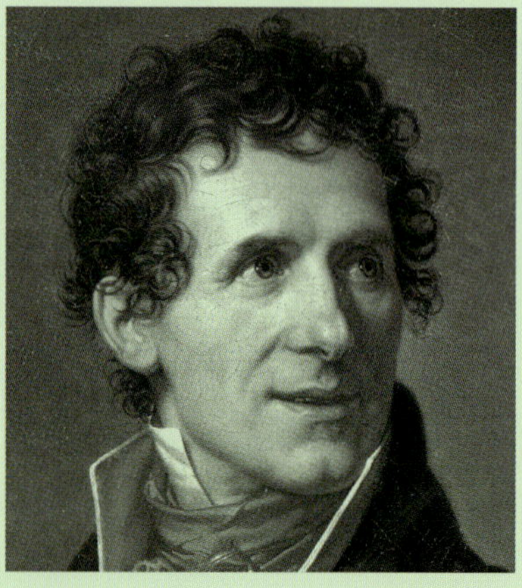

Antonio Canova wurde als Sohn eines Steinmetzes 1757 in Possagno bei Treviso geboren. Seine anfängliche Schaffenszeit verbrachte er in Venedig. 1779 ging er nach Rom, wo er die vollendeten Antiken studieren konnte, und richtete ein großes Atelier ein. Nach einem frühen Erfolg mit der Skulptur *Theseus und Minotauros* (1782) waren seine Werke sehr gefragt, und er bekam Aufträge vom Vatikan. Canova war international bekannt. Obwohl viele Staatsoberhäupter ihn einluden – Napoleon nach Paris, Katharina die Große nach Russland und Kaiser Franz II. nach Wien –, blieb er in Rom in der Nähe seiner Inspirationsquellen. 1816 zog er sich nach Possagno zurück und starb dort 1822. Sein dortiges Atelier ist nun ein Tempel seiner Kunst.

Weitere Hauptwerke

1783–1787 Grabmal für Clemens XIV.
1783–1792 Grabmal für Clemens XIII.
1787–1793 *Amor und Psyche*
1805–1808 *Ruhende Venus (Paulina Borghese)*
1814–1817 *Drei Grazien*

Siehe auch: Mark Aurel 48–49 ▪ Sarkophag des Junius Bassus 51 ▪ Kanzel des Baptisteriums in Pisa 84–85 ▪ Grab Heinrichs VII. und der Elisabeth von York 164 ▪ *Kolosseum* 204–205 ▪ Portlandvase 225 ▪ *Griechische Sklavin* 249 ▪ Grabmal für Oscar Wilde 338

Im Klassizismus glaubte man, die Eigenschaften des Menschen seien beständig und die Kunst solle die unveränderliche, allgemein menschliche Natur abbilden. In Canovas Plastik offenbart sich das Wesen des Klassizismus.

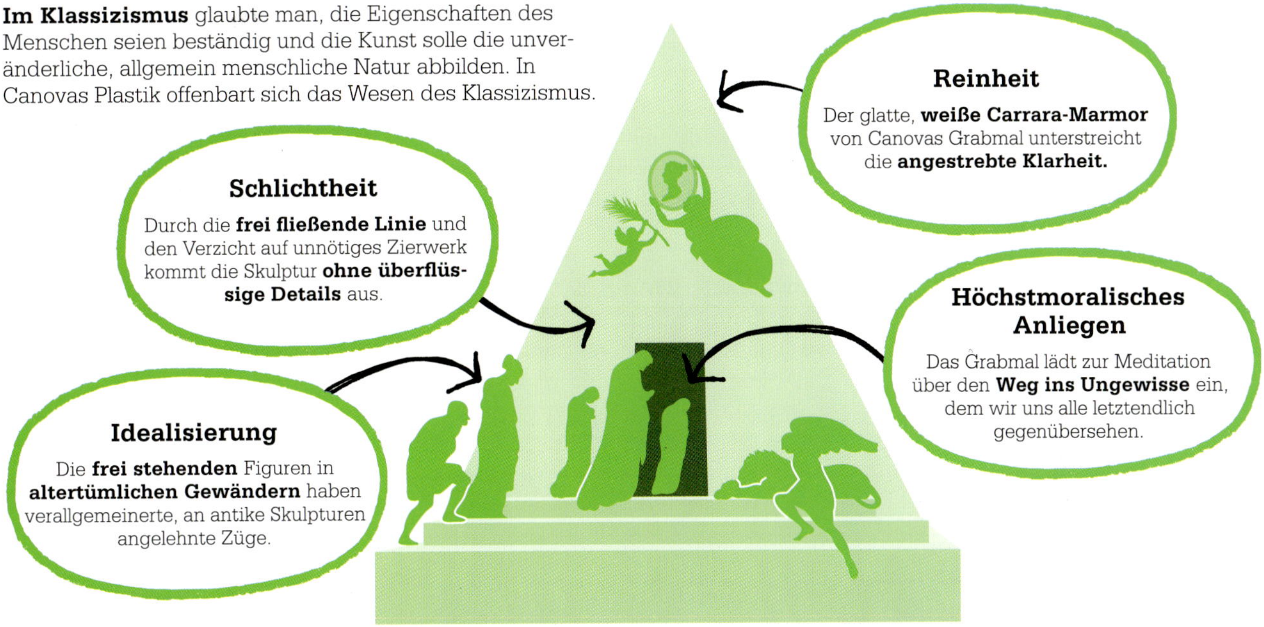

stille Größe, die ein Künstler Winckelmann zufolge anstreben sollte.

Rückkehr nach Rom

Canova war einer von vielen fortschrittlichen Künstlern, die in der zweiten Hälfte des 18. Jahrhunderts nach Rom strömten, um die Prachtwerke der antiken Kunst aus erster Hand studieren zu können. Zu ihnen gehörten die Architekten Robert und James Adam, die Maler Jacques-Louis David und Joshua Reynolds sowie die Bildhauer John Flaxman und Bertel Thorvaldsen. Die Stadt war bereits feste Station der Grand Tour – einer Bildungsreise junger Aristokraten durch Europa. Diese Reisenden wurden wichtige Auftraggeber für die Künstler, Architekten und Gestalter des Klassizismus.

In Rom studierte Canova einige der bedeutendsten Relikte der Antike und wurde allmählich zum gefragten Bildhauer. Den klassizistischen Stil entwickelte er über viele Jahre. Seine Anfangswerke haben eine üppig-barocke Anmutung, die sich in der 1782 geschaffenen Skulptur *Theseus und Minotauros* sichtbar verändert hatte. Die lebensgroße Statue zeigt Theseus (mythologischer König Athens) nicht im hitzigen Kampf, sondern in einem Moment der Ruhe, nachdem er den Minotauros (halb Stier, halb Mensch) getötet hat. Der Körper ist idealisiert (die wichtigsten Züge betont), nicht wirklichkeitsnah. Auch wenn Canova von antiken Mythendarstellungen inspiriert und fasziniert war, ahmte er antike Skulpturen nie einfach nach, sondern übertrug das antike Vorbild auf die Themen seiner Zeit. »

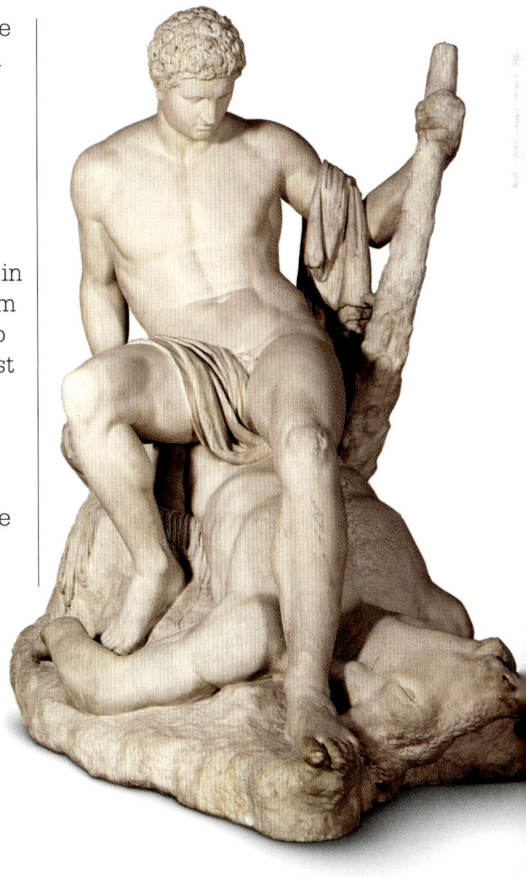

Theseus und Minotauros (1782) stieß bei dem französischen Kunsthistoriker Quatremère de Quincy auf Gefallen, der es als Beginn einer neuen Ära in der Plastik pries.

Auftrag aus Wien

Bei einem Wien-Besuch im Jahr 1798 wurde Canova von dem verwitweten Herzog Albert von Sachsen-Teschen mit einem angemessenen Grabmal für seine kürzlich verstorbene Gattin Marie Christine, Tochter der österreichischen Kaiserin Maria Theresia, beauftragt. Es sollte in der Augustinerkirche in Wien aufgestellt werden. Der Entwurf war eine Adaption eines von Canova für die Frarikirche in Venedig geplanten Tiziandenkmals, das aus politischen Gründen nicht realisiert wurde.

Das Grabmal aus Carrara-Marmor greift auf die Materialien antiker Skulpturen zurück. Die kühle Weißheit passt zu den würdevoll trauernden Figuren. Starke Emotionen werden innerhalb eines streng geometrischen Rahmens zurückgehalten. Ein Trauerzug betritt eine Grabkammer, deren Form altägyptischen Pyramiden und dem Grabmal des römischen Volkstribuns Gaius Cestius um 12 v. Chr. nachempfunden ist.

Der ideale Mensch

Die Skulptur ist eindeutig von Werken vorchristlicher Zeit inspiriert. Das Bildnis der Marie Christine wird in einem Medaillon gezeigt, das nicht – wie in der christlichen Barockkunst – von einem Engel, sondern vom Genius der Glückseligkeit emporgehalten wird. Zudem ist es von einer Schlange umrandet, die sich in den Schwanz beißt, ein altes Symbol des ewigen Lebens.

Canovas radikale Abkehr von Konventionen vertrug sich nicht mit den Wünschen des Herzogs. Er wollte, dass die Figuren der Skulptur die Tugenden seiner Gattin widerspiegelten, Canova hingegen wollte den Tod, gemeinsames Schicksal der Menschheit, thematisieren. Der Künstler musste sich dem Verlangen des Herzogs nach allegorischer Bedeutung beugen – die Frau mit der Urne gilt gemeinhin als Personifizierung der Tugend, die Frau auf der Linken als die der Wohltätigkeit, eine Eigenschaft, für die die Erzherzogin bekannt war. Doch auch andere Allegorien sind zu finden – so können die drei Figuren zur Linken als Personifikationen der drei Lebensalter verstanden werden. Dass sie, in antike Gewänder gekleidet, keine bestimmten Personen repräsentieren, verleiht dem Werk eine universale Bedeutung: Jeder Mensch muss über die Schwelle des Todes schreiten.

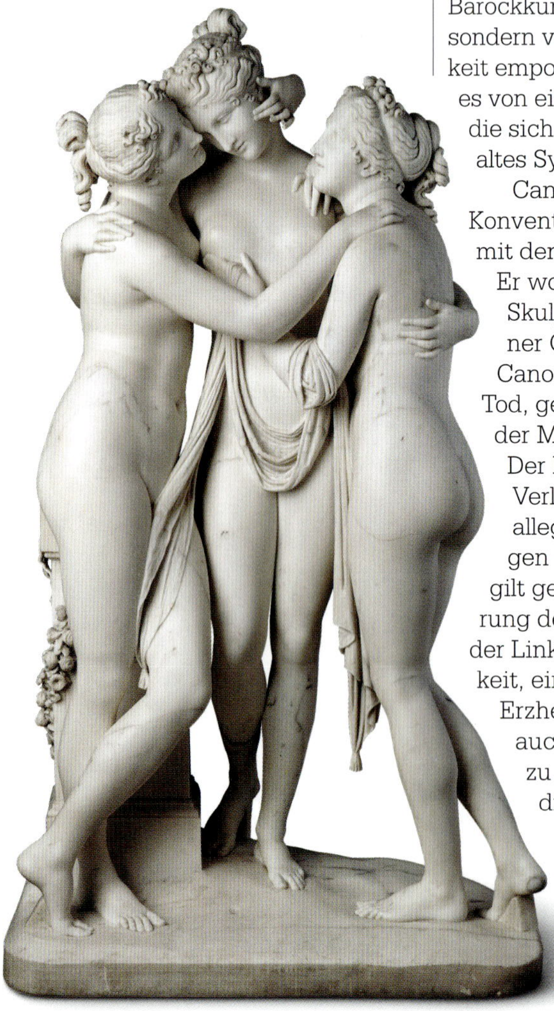

Canova schuf die *Drei Grazien* aus weißem Marmor. Sie sind in Haltung, Gelassenheit und Harmonie typisch für sein Werk.

> »Was ich am sehnlichsten erwarte, ist die Wirkung, die das Werk auf die Seelen dieses Publikums hat.«
>
> **Antonio Canova**

Rechts ruht der Todesgenius auf dem Löwen, Symbol der Stärke. Während der Tod auf mittelalterlichen Grabmalen oft als Skelett dargestellt wird, ist er hier als von der Antike inspirierter nackter Jüngling gegeben. Der Herzog wollte die Wappen der Habsburger und eine detaillierte Inschrift einbeziehen. Canova war einverstanden, doch platzierte er das Wappen fast versteckt hinter dem Löwen.

Neue Klassik

Die meisten anderen Werke Canovas stellen Sujets aus Literatur und Geschichte des Altertums dar und erreichen ihren Höhepunkt in den *Drei Grazien*. Die nach einer ersten Version für Kaiserin Joséphine 1814–1817 für den Duke of Bedford geschaffene zweite Skulptur zeigt die Töchter des Zeus in inniger Umarmung. Auch Canovas Porträts geben das Modell häufig in antikem Aufzug – als Napoleon eine Skulptur von sich beauftragte, schuf Canova eine lebensgroße Statue des nackten Kaisers als Friedensstifter Mars. Die Statue George Washingtons (dem er nie begegnete) bildete den US-amerikanischen Präsidenten als römischen General mit Tunika, Brustharnisch und Umhang ab, wie er seine Abschiedsrede auf eine Tafel schreibt.

Canova war für seine Grabmale bekannt. Als das für Marie Christine in der Wiener Kirche aufgestellt wurde, hatte er bereits Gräber für mehrere bekannte Persönlichkeiten wie die Päpste Clemens XIV. und Clemens XIII., den venezianischen Großadmiral Angelo Emo sowie Bischof Nicolò Antonio Giustiniani gestaltet. In Letzteren nahm er die Form einer griechischen Stele oder Grabsäule wieder auf.

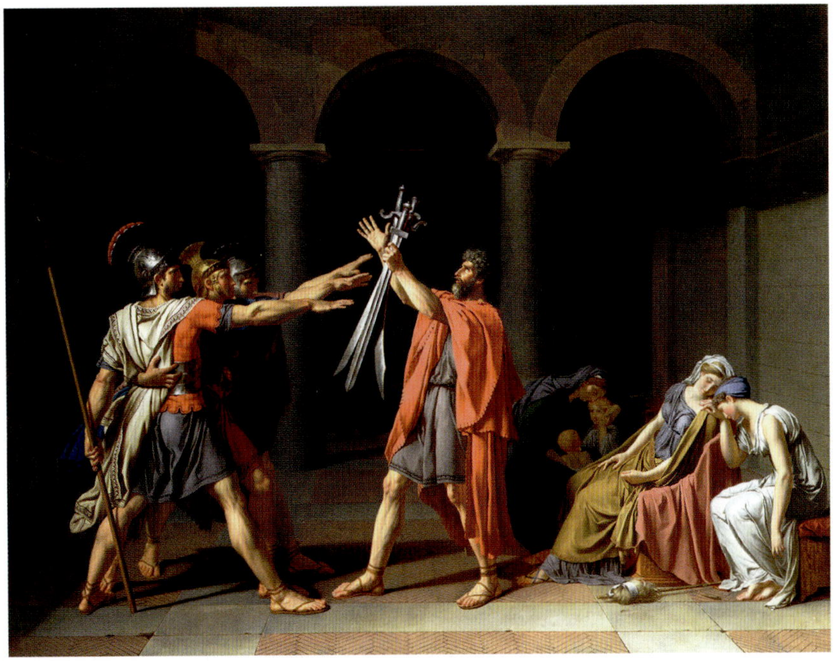

Der Schwur der Horatier (1784) von Jacques-Louis David zeigt den Schwur dreier Brüder, Rom zu schützen, und würdigt die klassischen Tugenden Stoizismus und Patriotismus.

Republikanische Kunst

Auch der deutsche Hofmaler Anton Raphael Mengs, der US-amerikanische Maler Benjamin West, durch dessen gesellschaftliche Kontakte der Klassizismus einem Publikum in Großbritannien und den USA bekannt wurde, sowie der französische Maler Joseph-Marie Vien, dessen Schüler Jacques-Louis David einer der bekanntesten Künstler Frankreichs wurde, teilten Winckelmanns Verehrung der Antike.

David weitete die klassizistischen Ideale auf die narrative Malerei aus und nutzte das Genre zu politischen Zwecken, indem er den französischen Republikanismus mit den römischen Tugenden des Heldenmuts, Stoizismus und der Enthaltsamkeit assoziierte. In Davids Werk wurde der klassizistische Anspruch der Ernsthaftigkeit und Schlichtheit perfekt auf eine politische Ideologie abgestimmt, die Selbstaufopferung und den Dienst am Staat forderte.

Canova erfuhr bereits zu Lebzeiten Anerkennung. Er galt als Künstler, der Winckelmanns Erwartungen an die Kunst erfüllte. Sein Leben für und seine Hingabe an die Kunst wirkten als Beispiel höchstmoralischer Seriosität. Im späteren 19. Jahrhundert, während der Romantik, als klassizistische Kunst oft als kalt und statisch galt, verlor sein Werk an Einfluss. Erst in der zweiten Hälfte des 20. Jahrhunderts wurde es neu geschätzt. ■

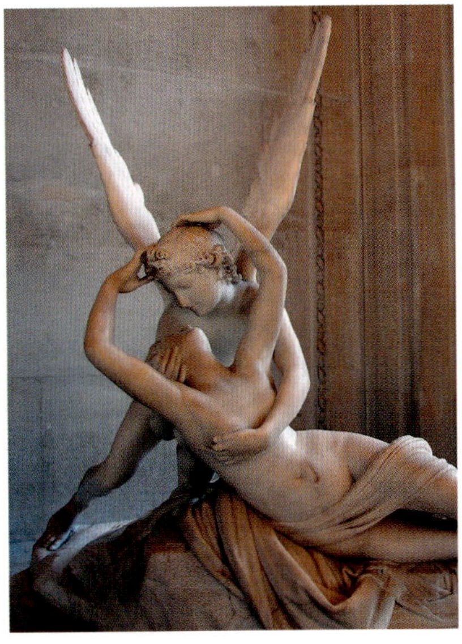

In *Armor und Psyche* verankert Canova die klassizistischen Ideale von Schönheit und Anmut. Oft fertigte er auf Wunsch von Auftraggebern Repliken seiner Figuren und Gruppen.

» Der einzige Weg für uns, groß, ja, wenn es möglich ist, unnachahmlich zu werden, ist die Nachahmung der Alten. «

Johann Winckelmann

PORTFOLIO

DECKENFRESKEN IM PALAZZO FARNESE
(1597–1608), ANNIBALE CARRACCI

Annibale Carracci gilt neben Caravaggio als Schlüsselfigur in der Malerei Anfang des 17. Jahrhunderts. Sein bekanntestes Werk sind die Deckenfresken im Palazzo Farnese in Rom. Sie bilden Liebesszenen der mythologischen Götterwelt ab und sind in eine kunstvolle Scheinarchitektur eingebunden. Das Hauptstück zeigt, wie ein ausgelassenes Gefolge Bacchus und Ariadne ins Bett geleitet. Wie Caravaggio belebte Carracci die italienische Kunst nach dem gekünstelten Manierismus durch neue Impulse. Caravaggios Werk war von schlichtem Realismus, Carraccis hingegen griff den Geist der Hochrenaissance wieder auf, wenngleich mit neuem Überschwang, und war maßgeblicher Einfluss bei der Herausbildung des Barock.

DIE FLUCHT NACH ÄGYPTEN
(1609), ADAM ELSHEIMER

Der deutsche Maler Elsheimer (1578–1610) war für seine Nachtstücke bekannt. *Die Flucht nach Ägypten* ist sein Meisterwerk. Das auf Kupfer in Öl gemalte Bild ist die bis dahin genaueste Darstellung eines Nachthimmels: Die Milchstraße sticht hervor, verschiedene Sternbilder sind klar erkennbar. Elsheimer war vom Licht fasziniert. Bei diesem Bild nutzte er vier Lichtquellen, wie Mond und Feuerschein. Er verbrachte den Großteil seines Schaffens in Rom, wo er verarmt starb. Doch er hatte viele Bewunderer, wie seinen Freund Peter Paul Rubens, und sein Werk war sehr einflussreich.

JUDITH UND HOLOFERNES
(UM 1620), ARTEMISIA GENTILESCHI

Gentileschi (1593–1653) war die bedeutendste Malerin des 17. Jahrhunderts und bildete hier einen brutalen Mord nahezu schockierend realistisch ab. Judith und ihre junge Dienerin fixieren den sich wehrenden assyrischen General, während Judith ihm die Kehle durchschneidet. Sein Blut wird vom Rot seines Gewands und ihrer Ärmel wiederaufgenommen. Der Einfluss Caravaggios wird in der Helldunkelmalerei deutlich. Gentileschi, die Tochter eines Malers, war eine beherzte, unabhängige Frau, die zumeist in ihrer Heimatstadt Rom sowie in Florenz und Neapel tätig war. Der Maler Agostino Tassi vergewaltigte sie und wurde begnadigt. Das drastische Gemälde wird auch auf ihren Zorn über das Ereignis zurückgeführt. Ihre Bilder kreisten gewöhnlich um starke Frauenfiguren.

DER LACHENDE KAVALIER
(1624), FRANS HALS

Der lachende Kavalier weist die lebendige Charakterdarstellung und den schwungvollen Duktus auf, für die Hals (um 1582–1666) bekannt ist. Der Maler zeigt sein Sujet als selbstbewussten Draufgänger. Der lächelnde Porträtierte ist in ein üppiges, farbenfrohes Seidengewand gekleidet, das mit zahlreichen Symbolen detailreich verziert ist. Wie kein anderer verkörpert Hals den Optimismus der Anfangsjahre der Vereinigten Niederlande. Lange Zeit war er der gefragteste Porträtist Haarlems, doch er starb wegen des Unterhalts seiner großen Familie verarmt. Nach seinem Tod schwand sein Ansehen, doch Ende des 19. Jahrhunderts wurde er wiederentdeckt.

Annibale Carracci

Annibale Carracci wurde 1560 in Bologna geboren und gründete dort mit Bruder Agostino und Cousin Ludovico in den 1580er-Jahren eine Akademie. Ihre Methode konzentrierte sich auf das Modellzeichnen und prägte die nachfolgende Malergeneration. 1595 zog Carracci nach Rom, wo er die erhabenen religiösen und mythologischen Gemälde schuf, für die er am bekanntesten ist. Er war zudem ein ausgezeichneter Porträtist und malte einige äußerst originelle Alltagsszenen. Er gilt als Erfinder der Karikatur und der Ideallandschaft. In den Jahren vor seinem Tod 1609 malte er kaum noch.

Weitere Hauptwerke

um 1582 *Der Fleischerladen*
1593 *Auferstehung Christi*
um 1604 *Flucht nach Äygpten*

KARL I. IN DREI ANSICHTEN

(UM 1635), ANTHONIS VAN DYCK

Van Dyck schuf ein bleibendes Bild der englischen Monarchie zu Zeiten Karls I. und malte mehrere denkwürdige Porträts des Königs, wie ein Reiterbild und diese ungewöhnliche Studie seines Kopfs in drei Ansichten. Vor einem Hintergrund aus Sturmwolken blickt der König nachdenklich. Das Gemälde diente als Vorlage für eine Marmorbüste, die Gian Lorenzo Bernini in Rom schuf und die 1698 in England bei einem Brand zerstört wurde.

Anthonis van Dyck

Van Dyck wurde 1599 in Antwerpen geboren. Das Ausnahmetalent wurde mit 18 Rubens' Gehilfe und erntete bald darauf internationalen Ruhm. Er wurde einer der bedeutendsten flämischen Maler des 17. Jahrhunderts. In der von ihm hauptsächlich ausgeübten Porträtmalerei übertraf er seinen Lehrer. Er arbeitete in Italien, Frankreich und England, wo er die letzten Jahre als Hofmaler von Karl I. verbrachte, der ihn adelte. Van Dyck starb 1641. Die vornehme Eleganz und verführerische Schönheit seiner Werke inspirierten Generationen von Porträtmalern. Thomas Gainsborough und John Singer Sargent gehörten zu seinen Bewunderern.

Weitere Hauptwerke

um 1630 *Samson und Delila*
1623 *Marchesa Elena Grimaldi*
1635 *Die drei ältesten Kinder Karls I.*

BURG BENTHEIM

(1653), JACOB VAN RUISDAEL

Ruisdael (um 1628–1682) gehört zu den bedeutendsten niederländischen Landschaftsmalern des 17. Jahrhunderts, unübertroffen in Umfang und Kraft seines Werks. *Burg Bentheim* zeigt die Szene in heroischer Manier. Das Bild unterstreicht die schroffe Schönheit der Natur. Die Burg ist in eine imaginäre Berglandschaft eingebettet. Ruisdaels Werk war nicht nur in den Niederlanden, sondern auch in England einflussreich. Dort verehrte ihn der Romantiker John Constable.

DIENSTMAGD MIT MILCHKRUG

(UM 1660), JOHANNES VERMEER

Viele niederländische Maler schufen Alltagsszenen, die auf den ersten Blick denen Vermeers (1632–1675) ähnelten. Doch sein Werk ist, durch die feine Harmonie in Farbe, Form und Oberflächenbeschaffenheit sowie seine Detailtreue, von anderer Güte – so auch dieses Bild: Eine Küchenmagd ist detailreich und wirklichkeitsnah porträtiert, wie sie Milch in eine Schüssel gießt. Sie trägt ein gelbes Mieder, eine blaue Schürze, hat die Ärmel hochgekrempelt und lächelt leicht. Obwohl sie wie eine Personifikation der Gesundheit wirkt, galten Teile des Bilds, wie der nach vorn geneigte Krug, als erotische Symbole. Nach seinem Tod geriet Vermeers Name 200 Jahre in Vergessenheit, und seine weiterhin bewunderten Gemälde wurden anderen Malern zugeschrieben.

TRIUMPH DES NAMENS JESU

(1674–1679), GIOVANNI BATTISTA GAULLI

Der 1540 gegründete Jesuitenorden stand an der Spitze der Gegenreformation und förderte die Künste. Das Deckenfresko von Il Gesù in Rom – der Mutterkirche der Jesuiten – ist ein faszinierendes Beispiel gegenreformatorischer Kunst. Es zeigt eine Vision des Himmels mit Heiligen und Engeln, die ein Symbol Christi verehren. Das aus Untersicht gemalte Fresko ist ein illusionistisches Meisterwerk. Gaulli (1639–1709) war Schützling von Gian Lorenzo Bernini, der ihm den Auftrag verschaffte und ihn bei der Durchführung beriet.

UNBEFLECKTE EMPFÄNGNIS VON LOS VENERABLES

(UM 1678), BARTOLOMÉ ESTEBAN MURILLO

Die unbefleckte Empfängnis ist ein katholisches Dogma, demzufolge die Jungfrau Maria vor der »Erbsünde« der Menschheit bewahrt wurde. Sie ist ein beliebtes Sujet spanischer Künstler, vor allem Murillos (um 1617–1682), der es mehr als zwei Dutzend Male verarbeitete. Wie auf diesem Bild zeigt er gewöhnlich Maria als Ganzkörperfigur in Blau und Weiß mit gefalteten Händen. Hier steht sie umgeben von Wolken und Engelskindern auf dem Mond. Diese Bilder waren zu seinen Lebzeiten äußerst gefragt und wurden oft kopiert. Im 18. und Anfang des 19. Jahrhunderts galt Murillo als einer der bedeutendsten Maler. Doch durch geschmacklose Kopien seiner Werke wurde sein Ansehen in der Folge beschädigt.

Canaletto

Giovanni Antonio Canal – besser bekannt als Canaletto (»kleiner Kanal«) – wurde 1697 in Venedig geboren und lernte anfangs in der Werkstatt seines Vaters Bernardo Canal, eines Bühnenbildners. Um 1720 wandte er sich der Vedutenmalerei zu und spezialisierte sich auf Ansichten seiner Heimatstadt. Er wurde zum wichtigsten Vertreter dieses Genres. Die meisten seiner Werke wurden von britischen Aristokraten auf der Grand Tour gekauft. Als der Österreichische Erbfolgekrieg solche Reisen erschwerte, zog er 1746 nach London. Dort blieb er der Vedutenmalerei treu und kehrte erst 1756 dauerhaft nach Venedig zurück, wo er 1768 starb.

Weitere Hauptwerke

1730 *Eingang zum Canal Grande*
1744 *Markusplatz*
1747 *Schloss Windsor*

ALLEE VON MIDDELHARNIS
(1689), MEINDERT HOBBEMA

Hobbemas bekanntestes Bild *Allee von Middelharnis* ist ein Spätwerk und gilt als eines der letzten Meisterwerke des goldenen Zeitalters der niederländischen Malerei. Scheinbar schlicht zeigt es eine holprige Baumallee, die auf den Bildmittelpunkt im Hintergrund zuläuft, wo ein Dorf und eine Kirchturmspitze sichtbar sind. Der Anblick hat sich bis heute kaum verändert. Hobbema (1638–1709) war Schüler von Jacob van Ruisdael. Nachdem er 1668 Eichmeister wurde, malte er nur noch nebenbei.

FORTITUDO
(1714–1717), GIACOMO SERPOTTA

Serpotta (1656–1732) war vielleicht der bedeutendste Stuckateur und verbrachte nahezu sein ganzes Leben in Palermo, wo er in zahlreichen Kirchen arbeitete. Seine eleganten, bezaubernden und fantasievollen Kreationen gehören zu den reinsten Beispielen des italienischen Rokoko. Die Tapferkeit, eine der vier Kardinaltugenden, wird gewöhnlich als ernste, kräftige Frau gezeigt. In Serpottas Händen wird sie eine kokette Dame mit Straußenfedern statt des üblichen Helms auf dem Kopf.

DIE WERKSTATT DER STEINMETZE
(UM 1725–1730), CANALETTO

Die meisten Bilder Canalettos zeigen Ansichten Venedigs mit den bedeutenden Gebäuden, imposanten Kanälen und farbenfrohen Festen. Anfangs schuf er jedoch einige innere Einblicke in das Alltagsleben der Stadt, wie *Die Werkstatt der Steinmetze*. Es entstand wohl für einen heimischen Kunden und zeigt, wie aus dem Campo San Vidal eine temporäre Werkstatt wird.

DIANA NACH DEM BADE
(1742), FRANÇOIS BOUCHER

Boucher (1703–1770) war der führende französische Künstler Mitte des 18. Jahrhunderts. Er war ein Meister weiblicher Akte. *Diana nach dem Bade*, das die Göttin unverhohlen sinnlich bei der Entspannung nach der Jagd zeigt, gilt oft als sein Meisterwerk. Das feine zeichnerische Können, das leuchtende Inkarnat und der leichte Duktus verkörpern den Rokokostil. Bocher entwarf zudem ideenreiche Porzellanstücke und Gobelins und war Direktor der Académie royale de peinture et de sculpture. Zum Ende des Schaffens wandte er sich dem Klassizismus zu. Nach der Französischen Revolution galt sein Werk als oberflächlich.

CAPTAIN THE HONOURABLE AUGUSTUS KEPPEL
(1752–1753), JOSHUA REYNOLDS

Nach langer Studienreise durch Italien etablierte Reynolds (1723–1792) mit diesem Gemälde seinen Ruf in London. Die dynamische Pose der Figur, ein Führungsmitglied der Royal Navy, basiert auf der bekannten antiken Statue *Apollo von Belvedere* und sollte den Charakter und Status des Porträtierten widerspiegeln. Reynolds Werk verhalf der britischen Malerei zu neuem Ansehen. Sein Rang als führender Porträtmaler seiner Zeit wurde manifestiert, als er 1768 zum Präsidenten der neu gegründeten Royal Academy of Arts wurde.

BLUMEN IN EINER VASE
(UM 1760), JEAN SIMÉON CHARDIN

Zeitdokumente erwähnen verschiedene Blumengemälde Chardins (1699–1779), doch dieses ist als einziges erhalten. Die Blumen in einer blau-weißen Delfter Vase vor dunklem Hintergrund sind mit bemerkenswert frischem Blick und sicherem Duktus wiedergegeben. Chardin malte gewöhnlich Stillleben mit Haushaltsgegenständen und totem Wild, die er – anders als die überschwängliche französische

Kunst jener Zeit – mit ebenso inspirierter Schlichtheit behandelte. Chardins Werk wurde nach seinem Tod vergessen, doch Mitte des 19. Jahrhunderts wiederentdeckt.

DIE SCHAUKEL
(1767), JEAN-HONORÉ FRAGONARD

Fragonard (1732–1806) wollte anfangs mit monumentalen Historienbildern zu Ansehen gelangen, doch merkte er, dass ihm leichtere Sujets mehr lagen. Auf dem berühmten Bild *Die Schaukel* wird ein Mädchen in luftigem, beigerosafarbenem Kleid von einem älteren Mann angeschoben. Ihr junger Verehrer bewundert sie aus einem Versteck im Gebüsch. Das Werk summiert die verspielt-erotische Natur des französischen Rokoko so gut wie kein anderes. Die Französische Revolution bereitete den von Fragonard bebilderten aristokratischen Vergnügungen ein Ende. 1792 gab Fragonard die Malerei auf, übernahm ein Amt im Louvre (der 1793 als Museum öffnete) und starb in Vergessenheit.

WATSON UND DER HAI
(1778), JOHN SINGLETON COPLEY

Copley war der herausragende Porträtist der amerikanischen Kolonien und zog 1775 nach London. Die besten dort entstandenen Werke waren mehrfigurige Historienbilder. Das erste und bedeutendste war *Watson und der Hai*. Es basiert auf einer wahren Begebenheit und zeigt, wie ein Junge im Hafen von Havanna (Kuba) vor einem Hai gerettet wird. Das Bild ist von erschreckender Direktheit: Der riesige Hai stürzt sich auf den nackten Jungen, die Retter kämpfen sich zu ihm vor. Das Werk war höchst originell, denn es hatte ein Sujet, das einfach aufregend, nicht aber von historischer oder moralischer Bedeutung war, und nahm die Emotionalität von Werken wie Théodore Géricaults *Das Floß der Medusa* vorweg.

GOETHE IN DER CAMPAGNA
(1787), WILHELM TISCHBEIN

Wilhelm Tischbein (1751–1829) gehörte zur Künstlerfamilie Tischbein, die im 18. und 19. Jahrhundert auch Frauen einschloss. Am bekanntesten ist sein Porträt des deutschen Dichters Johann Wolfgang von Goethe, dem der Maler in Rom begegnete. Goethe wird idealisiert dargestellt. Er sitzt im Freien vor antiken Ruinen. Briefe belegen, dass das Gemälde als eine Art Meditation über die vergängliche Natur menschlicher Bemühungen gedacht war, was von den antiken Überresten symbolisiert wird.

PORTLANDVASE
(UM 1790), JOSIAH WEDGWOOD

Wedgwood (1730–1795) war eine tragende Figur des britischen Klassizismus. Seine Ton- und Porzellanwaren brachten den Stil in Mode. Er ließ führende Künstler für sich entwerfen, besonders den Bildhauer John Flaxman. Flaxman lenkte Wedgwoods Augenmerk auf die Portlandvase, eine altrömische Amphore in Weiß auf Dunkelblau, die mit Kameen mythologischer und historischer Figuren verziert war. Wedgwood entwickelte vier Jahre lang eine Methode, um die Vase in Jasperware, einem dichten, harten Steingut, nachzuempfinden. Er betrachtete die so entstandene Replik als sein Meisterwerk.

HAMBLETONIAN, RUBBING DOWN
(1799–1800), GEORGE STUBBS

Stubbs (1724–1806) war der bedeutendste Pferdemaler. Dieses Werk – eines seiner größten und eindringlichsten – malte er mit Mitte 70. Es porträtiert ein berühmtes, nach einem Sieg erschöpftes Rennpferd. Stubbs' Vermögen, Pferde lebensnah mit greifbar wirkenden Muskeln und glänzendem Fell darzustellen, basierte auf anatomischen Studien. Er recherchierte über ein Jahr für sein bebildertes Buch *The Anatomy of the Horse* (1766).

John Singleton Copley

Copley wurde 1738 in Boston (USA) geboren und arbeitete dort schon in seiner Jugend als Porträtmaler. Er gelangte schnell zu Wohlstand und Ansehen. Eines seiner Porträts fand 1766 auf einer Ausstellung in London Gefallen bei Joshua Reynolds. Copley war hin- und hergerissen zwischen der Sicherheit Bostons und dem Wagnis London, doch zog er 1744 aus Angst vor einem drohenden Krieg nach England. Etwa ein Jahrzehnt war er dort ebenfalls sehr erfolgreich, dann sank sein Ruf. Er stritt mit Auftraggebern und anderen Künstlern. In den letzten Jahren war er körperlich und geistig labil. 1815 starb er verschuldet in London.

Weitere Hauptwerke

1768 *Paul Revere*
1783 *Der Tod des Majors Peirson*
1785 *Die drei jüngsten Töchter von Georg III.*

ROMANTIK
SYMBOLIS

BIS
MUS

1800

Francisco de Goyas berühmtes Bild *Die nackte Maja* bringt ihn in Schwierigkeiten mit der Spanischen Inquisition. Ihm wird Obszönität vorgeworfen.

1802

Napoleon Bonaparte beauftragt **Antonio Canova,** ihn als Symbol seiner ehrgeizigen Pläne in Form einer monumentalen Aktstatue in Gestalt des Mars zu porträtieren.

1814

Théodore Géricaults *Verwundeter Kürassier* erhitzt die Gemüter auf dem Pariser Salon und gilt vielen als Symbol des geschlagenen Frankreichs.

1821

Obwohl in einem Londoner Atelier gemalt, beschwört **John Constables** *Der Heuwagen* das Bild einer ländlichen Idylle herauf.

1830

Eugène Delacroix' aufrührendes, von der Pariser Julirevolution inspiriertes Bild *Die Freiheit führt das Volk* verdeutlicht die rebellische Haltung der Romantik.

1836

Thomas Cole, Mitbegründer der Hudson River School, malt *Die Oxbow*, eines der frühen Meisterwerke der US-amerikanischen Landschaftsmalerei.

1844

Regen, Dampf und Geschwindigkeit ist **J. M. W. Turners** Hommage an die neu entwickelte Eisenbahn, die den Transport modernisiert.

1857

Jean-François Millets realistisches Meisterwerk *Die Ährenleserinnen* verdeutlicht die Armut und schwere Arbeit der französischen Bauern.

Das 19. Jahrhundert war eine Zeit des raschen gesellschaftlichen und technischen Wandels und führte zu einer zunehmenden Aufsplitterung der Kunst. Die Maler ergründeten sehr bereitwillig neue Pfade und Ideen. Im Verlauf des Jahrhunderts entstand dadurch eine bemerkenswerte Stil- und Technikvielfalt.

Napoleon Bonaparte dominierte die Zeitgeschichte Anfang des Jahrhunderts. Sein Heer fegte durch Europa und veränderte das Leben Tausender. Die Besetzung Spaniens regte Francisco de Goya zu schonungslosen Kriegsbildern an, die Belagerung Dresdens verlieh Caspar David Friedrichs Gemälden eine patriotische Note (Modell für *Der Wanderer über dem Nebelmeer* war womöglich ein Gefallener der Befreiungskriege).

Der Machtanspruch Napoleons gab dem Klassizismus letzten Auftrieb. Sein Sturz ging mit der Entstehung der Romantik einher, einer breiten Bewegung, die bis weit ins 20. Jahrhundert nachklang. Ihr Stil umfasste den ungestümen Drang von Théodore Géricault, Antoine-Louis Barye und Eugène Delacroix, den Exotismus von Jean-Auguste-Dominique Ingres und die ruhige Spiritualität von Friedrich.

Die Romantik trat für die Freiheit des Einzelnen ein und warb um eigenständiges Denken und eine kritischere Sicht auf die Machthaber. Die Künstler widersetzten sich den Regeln der akademischen Kunst und staatlich geförderten Ausstellungen wie dem Pariser Salon. Immer mehr Maler mit nachhaltigem Einfluss bewegten sich abseits dieser Institutionen und machten sich durch unabhängige Gruppen oder Ausstellungen einen Namen.

Bedeutung des Realismus

Gustave Courbet und die Vertreter des Realismus standen an der Spitze des ersten Angriffs auf die etablierte Kunstwelt. Sie wollten nicht nur wirklichkeitsnähere Bilder schaffen, sondern auch mit den Konventionen jener Zeit brechen, die »künstliche« Sujets – wie Mythen, Allegorien und Historienbilder – sowie idealisierte Figuren und erhabene Posen bevorzugten, wie sie in den Kunstakademien gelehrt wurden.

Der Realismus ging mit einem größeren gesellschaftlichen Wandel einher: Die Industrialisierung revolutionierte die Arbeitsmethoden, und die Eisenbahn erleichterte Reisen aufs Land und befeuerte ein

1862

Jan Matejkos düsteres Porträt des Narren Stańczyk symbolisiert den wachsenden Nationalismus in seiner Heimat Polen.

1866

Auf dem Ölbild *Gefangene von der Front* bildet **Winslow Homer** eine bewegende Szene aus dem Amerikanischen Bürgerkrieg ab.

1873

Claude Monets Hafenszene *Impression, Sonnenaufgang* wird von Kritikern verspottet und verleiht dem Impressionismus seinen Namen.

1877

Mit *Die Probe* bietet **Edgar Degas** einen ruhigen, vertraulichen Blick hinter die Kulissen eines seiner bevorzugten Sujets, des Balletts.

1880

Der Schweizer **Arnold Böcklin** malt erstmals das eindringliche Bild *Die Toteninsel* als »ein Bild zum Träumen«.

1888

Vincent van Gogh malt die *Sonnenblumenserie* und schmückt damit sein Haus in Vorbereitung der Ankunft seines Malerkollegen Paul Gauguin.

1891

Henri de Toulouse-Lautrecs Porträt einer Varietékünstlerin des Moulin Rouge, *La Goulue*, ist ein wegweisendes Beispiel der neuen Kunstform des Plakats.

1893

Edvard Munchs berühmtes, von einer Panikattacke angeregtes Bild *Der Schrei* wird eine wichtige Inspirationsquelle der Expressionisten.

Interesse an der Freilichtmalerei. Die Entwicklung der Fotografie durch Louis Jacques Mandé Daguerre und William Henry Fox Talbot hatte einen tiefen Einfluss auf die Malerei, nicht nur weil sie die Porträtmalerei ablöste.

Die anfängliche Reaktion auf die Fotografie war geteilt. Courbet und Delacroix basierten einige Figurendarstellungen auf Fotografien: Letzterer argumentierte, das neue Medium könne den Künstlern zu einem besseren Verständnis der Natur verhelfen. Doch eine Fotografieausstellung im Rahmen des Salons von 1859 erregte den Zorn einiger führender Künstler, die die Fotografie als »Folge rein manueller Handlungen« abtaten, die nicht »mit Werken verglichen werden können, die Früchte des Geistes und des Kunststudiums« seien. Doch um 1870 hatte sich die Stimmung gewandelt. Die Impressionisten standen dem Medium offener gegenüber. Nadar, der bekannteste Fotograf jener Zeit, gesellte sich zu einer Künstlergruppe im Café Guerbois und überließ ihr sein Atelier für ihre erste Ausstellung. Die Impressionisten nutzten die Fotografie auf vielfältige Weise. Claude Monets *Frauen im Garten* basiert wohl auf einer Fotografie, und einige seiner Ansichten der Pariser Boulevards waren von Aufnahmen Nadars aus einem Heißluftballon inspiriert.

Wachsender Einfluss

Mit zunehmender Qualität der Fotografie sank die Nachfrage nach detailreichen, realistischen Gemälden. Stattdessen experimentierten Künstler mit neuen Ausdrucksmitteln. Viele ließen sich von japanischen Holzschnitten, etwa von Utagawa Hiroshige und Katsushika Hokusai, beeinflussen, deren Werke um 1875 in der westlichen Welt weitverbreitet waren. James Abbott McNeill Whistlers Ansichten der Themse im Nebel waren deutlich davon inspiriert. Einige Künstler, wie Georges Seurat, bedienten sich auf ihrer Suche nach Neuem wissenschaftlicher Farb- und Wahrnehumgslehren. Andere, wie Edvard Munch, erforschten die Psyche nach Symbolen von universaler Bedeutung. Der unstillbare Drang nach neuen Ausdrucksformen führte Ende des Jahrhunderts zu einer fruchtbaren Schaffensperiode. Künstler entdeckten innovative Wege in Form- und Farbbehandlung sowie in der Bildkomposition und legten dabei den Grundstein der modernen Kunst. ■

DER SCHLAF DER VERNUNFT GEBIERT UNGEHEUER

DIE SCHRECKEN DES KRIEGES (UM 1810–1820) FRANCISCO DE GOYA

Detail aus *Die Schrecken des Krieges: Und es gibt keine Hilfe* (Blatt 15)

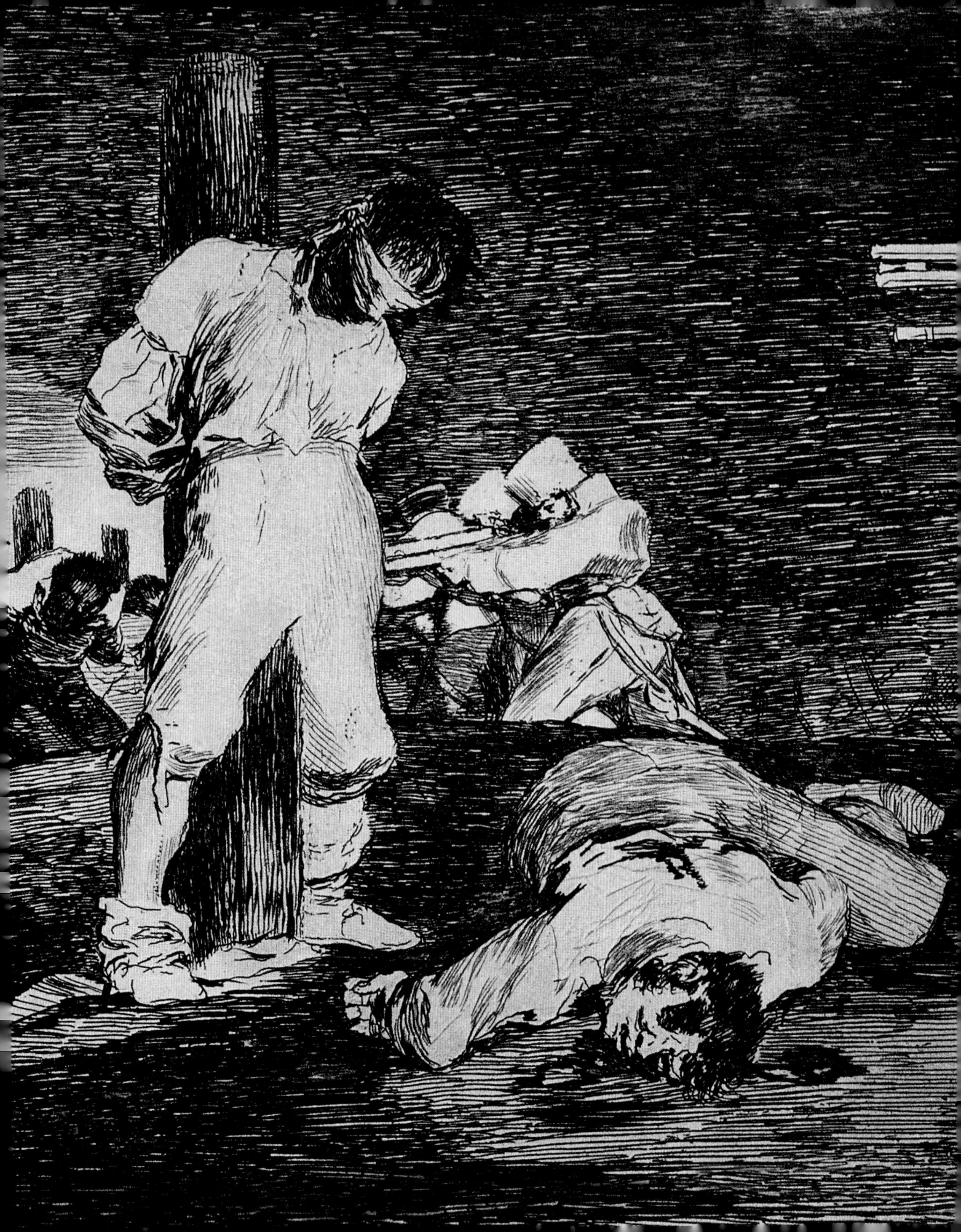

IM KONTEXT

SCHWERPUNKT
Krieg als Sujet

FRÜHER
1633 Der französische Radierer Jacques Callot veröffentlicht den Radierzyklus *Die großen Schrecken des Krieges*.

1808 Antoine-Jean Gros' *Napoleon auf dem Schlachtfeld von Preußisch-Eylau* ist für die napoleonische Zeit ungewöhnlich realistisch.

1812 Théodore Géricault stellt das erste seiner dynamischen Militärporträts aus, *Offizier der Gardejäger beim Angriff*.

SPÄTER
1849 Ernest Meissoniers Darstellung toter Aufständischer auf *Die Barrikade, Rue de la Mortellerie* ist ebenso schonungslos wie Goyas Drucke.

1868 Édouard Manets dramatisches *Die Erschießung Kaiser Maximilians* ist direkt von Goyas Kriegsbildern geprägt.

Künstler haben Kriegsszenen bebildert, seitdem der Mensch über Waffen verfügt. Prägnante Beispiele des Altertums stammen aus dem Reich von Akkad (Narām-Sîn-Stele, um 2250 v. Chr.), aus Altägypten (Wandrelief der Schlacht von Kadesch, 1274 v. Chr) und von den Pikten (Skulpturensteine von Aberlemno, um 710). Die Tradition wird bis heute von Künstlern fortgeführt. Stil und Ansatz haben sich parallel zur sich wandelnden gesellschaftlichen Gesinnung und künstlerischen Entwicklung verändert. Die Haltung des spanischen Malers und Grafikers Francisco de Goya war hier einzigartig für seine Zeit. Seine Werke sind bemerkenswert unvoreingenommen und offenbaren die schrecklichen Folgen eines Kriegs für alle Beteiligten.

Die Beute dem Sieger

Es heißt oft, die Geschichte werde von Siegern geschrieben. Im Allgemeinen gilt das auch für Kunstwerke, die Krieg als Sujet haben. Ein Großteil davon wird – und wurde – von Herrschern und Militärführern zur Würdigung ihrer Siege beauftragt. Zu Goyas Zeiten war Napoleon Bonaparte die dominante politische Figur, und er ließ seine Feldzüge von den besten Künstlern Frankreichs festhalten. Dabei spielte historische Exaktheit kaum eine Rolle. Jacques-Louis David sollte ihn auf einem Porträt beim Überschreiten der Alpen mit seinem Heer »ruhig auf einem feurigen Ross« zeigen, obwohl Napoleon auf einem Maultier ritt.

Die Kriegsbilder des französischen Malers Antoine-Jean Gros, der in Napoleons Gefolge reiste, verfolgten ähnliche Ziele. Gros hatte Informationen über die Kämpfe aus erster Hand, doch seine Werke sollten die öffentliche Meinung beein-

» Der Akt des Malens dient dazu, dass ein Herz ein anderes Herz wissen lässt, wo es Erlösung fand. «

Francisco de Goya

Francisco de Goya

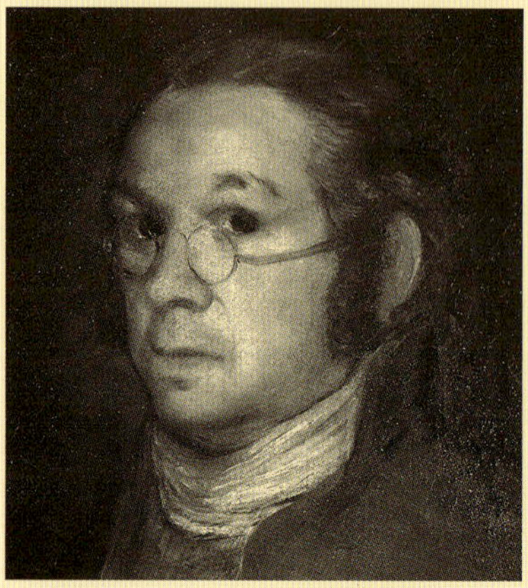

Francisco de Goya wurde 1746 als Sohn eines Vergolders bei Saragossa im spanischen Aragón geboren. Er wurde von dem Barockmaler José Luzán ausgebildet und zog dann nach Madrid, um bei seinem späteren Schwager Francisco Bayeu zu studieren. Er bekam eine Anstellung an der dortigen königlichen Teppichmanufaktur, wo er bis 1792 Dessins in verspielter Rokokomanier schuf. Zudem erwarb er einen Ruf als Porträtmaler und wurde daraufhin 1786 zum Hofmaler ernannt. Goyas Laufbahn erfuhr 1793 einen Rückschlag, als er schwer erkrankte und sein Gehör verlor. Danach wurde seine Kunst düsterer. Goya ließ seiner Fantasie in den späteren sogenannten *Pinturas negras* (schwarzen Gemälden) ungezügelten Lauf. Er starb 1828 in Frankreich.

Weitere Hauptwerke

1797/98 *Der Schlaf der Vernunft gebiert Ungeheuer*
Vor 1800 *Die nackte Maja*
1812 *Herzog von Wellington*
1814 *Die Erschießung der Aufständischen*

Siehe auch: Teppich von Bayeux 74–75 ▪ Wandgemälde von Bonampak 100 ▪ *Die Übergabe von Breda* 178–181 ▪ *Napoleon auf dem Schlachtfeld von Preußisch-Eylau* 278 ▪ *Die Verteidigung Petrograds* 338–339

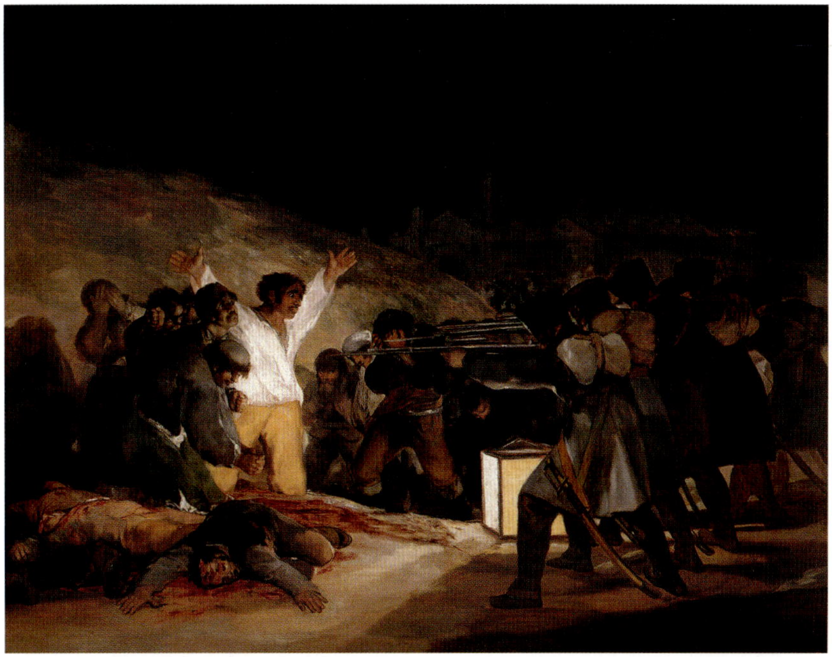

Die Erschießung der Aufständischen zeigt die brutale Antwort der Franzosen und betont das Unmenschliche des Kriegs. Die Opfer sind angstverzerrt, die Soldaten gesichtslos.

flussen. Sein Gemälde *Napoleon bei den Pestkranken von Jaffa* (1804) zeigt, wie Bonaparte die Wunden eines seiner Soldaten berührt. Damit wollte man den Anschuldigungen der britischen Presse entgegenwirken, Napoleon wolle kranke Männer töten lassen.

Damals wurden Kriegsbilder selten ohne Auftrag gemalt, doch mit Aufkommen der Romantik drängte es einige Künstler, das Leid des Kriegs abzubilden. So stellt Eugène Delacroixs *Das Massaker von Chios* (1824) den verzweifelten Anblick hilfloser Opfer in den Vordergrund, während die Kämpfe in den Hintergrund verbannt werden. Ebenso verzichet er auf *Der Einzug der Kreuzfahrer in Konstantinopel* (1840) auf jegliche Siegesgebärden und zeigt stattdessen erschöpfte Soldaten, die angesichts des verursachten Leids nahezu beschämt wirken.

Krieg in Spanien

Goya lebte während des Spanischen Unabhängigkeitskriegs (1808–1814) in Madrid, als Kaiser Napoleon mit dem französischen Heer in das ehemals verbündete Spanien einfiel und seinen Bruder Joseph Bonaparte als König einsetzte. Am 2. Mai 1808 erhoben sich die Einwohner von Madrid gegen die Franzosen und lösten damit jahrelange Auseinandersetzungen aus. Mehr als eine Million Menschen starben im Krieg, eine beträchtliche Anzahl, wenn man bedenkt, dass Spanien damals nur elf Millionen Einwohner hatte.

1814 endete die zerstörerische Auseinandersetzung. Der spanische König Ferdinand VII. wurde wieder eingesetzt. In Madrid fand eine öffentliche Gedenkfeier der Ereignisse des 2. Mai 1808 und der darauffolgenden brutalen Repressalien statt. Die Regierung organisierte einen Gedenkgottesdienst für die »Märtyrer« und stellte Geld für Gedenkbilder zur Verfügung.

» Und so geht die Aufzeichnung weiter, Gräuel um Gräuel. «

Aldous Huxley
The Complete Etchings of Goya, 1947

Goya schuf daraufhin zwei Monumentalbilder – *Kampf mit den Mamelucken* und *Die Erschießung der Aufständischen* (beide 1814). Letzteres, eine albtraumhafte Vision eines Erschießungskommandos, ist besonders eindringlich. Doch damals fanden die Bilder nur mäßigen Anklang. Goya wurde zwar vergütet, die Gemälde wurden allerdings nicht gezeigt und weitestgehend ignoriert. Dafür gibt es mehrere mögliche Gründe: Im Gegensatz zu anderen Malern betonte Goya nicht den Heldenmut der Spanier, sondern porträtierte sie als angstverzerrte, blutbeschmierte, verwirrte Opfer. Auch zweifelte man wohl an der Loyalität des Malers. Goya hatte während der jahrelangen Fremdherrschaft einen diplomatischen Kurs eingeschlagen und Ehrenbezeigungen sowie Aufträge von der französischen Regierung angenommen, obwohl er die Kriegsgräuel unverblümt abbildete. »

Themen von *Die Schrecken des Krieges*

Blätter 2 bis 47 illustrieren die Schrecken des Kriegs zwischen der französischen Armee und der spanischen Zivilbevölkerung.

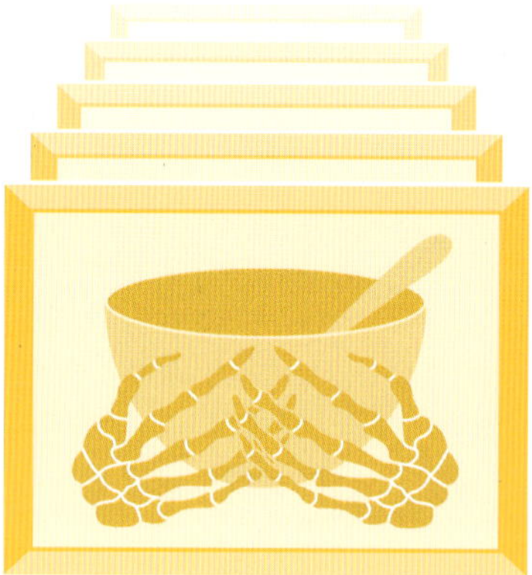

Blätter 48 bis 64 thematisieren eine Folge des Kriegs – eine schreckliche Hungersnot in Madrid mit mehr als 20 000 Toten.

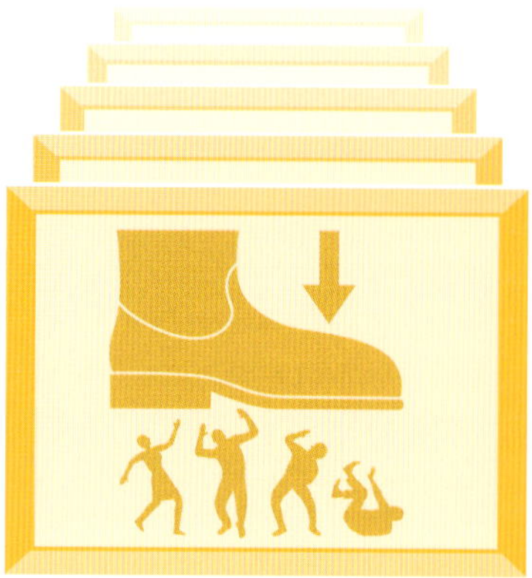

Blätter 65 bis 82 verspotten und kritisieren den Machtmissbrauch der Monarchie und des Klerus im Nachkriegsspanien.

Es ist sehr unwahrscheinlich, dass Goya Zeuge der Maiereignisse wurde. So erlaubte er sich auf beiden Bildern künstlerische Freiheiten. *Der Kampf mit den Mamelucken* scheint lose auf einer Stierkampfszene zu basieren, während *Die Erschießung der Aufständischen* teilweise von Propagandabildern der Briten (die aufseiten der Spanier kämpften) inspiriert war. Auf Letzterem überhöhte Goya einige Elemente, um die emotionale Wirkung des Bilds zu steigern. So ist der kniende Mann in Weiß, der gerade getötet werden soll, viel größer als seine Begleiter – würde er sich erheben, würde er alle überragen. Ebenso hätte der Kugelhagel den im Vordergrund prominent platzierten Hingerichteten in Wirklichkeit nach hinten geworfen.

Die Schrecken des Krieges

In dem Zyklus *Die Schrecken des Krieges*, der anderen bedeutenden Darstellung des Kriegs, nimmt sich Goya deutlich weniger künstlerische Freiheiten heraus, sondern porträtiert die Gräuel des Spanischen Unabhängigkeitskriegs mit ungeschöntem Realismus.

Der Zyklus besteht aus 82 Radierungen, die sich in drei Kategorien unterteilen lassen: Schrecken, Hunger und Satire. Die Idee zum Zyklus mag Goya bereits 1808 gekommen sein. Der spanische Gouverneur von Saragossa, General Palafox, bot an, Goya die durch die jüngste Belagerung verursachte Zerstörung zu zeigen, als sich die Stadt 61 Tage gegen die Franzosen verteidigt hatte. Der Künstler

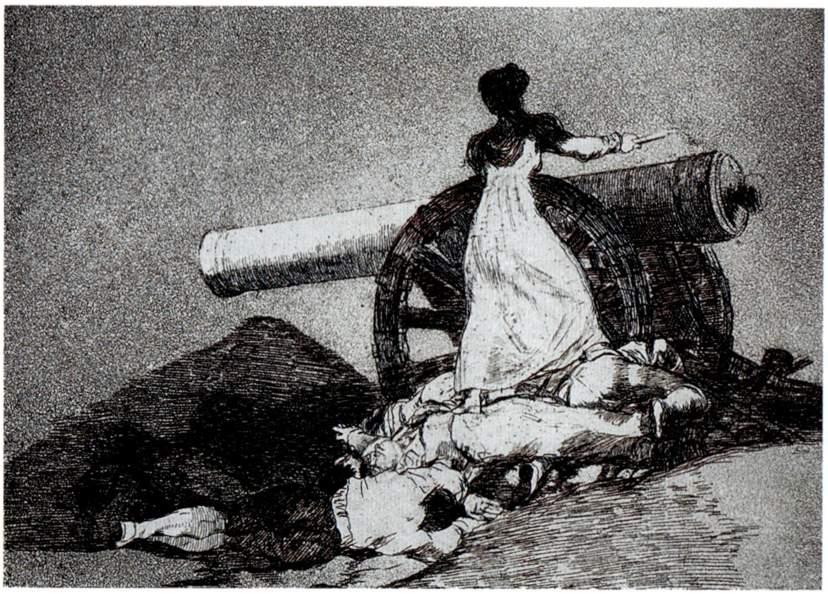

Welcher Mut! (Blatt 7) nutzt den starken Kontrast des weißen Kleids der Frau vor der dunklen Kanone, um den Heldenmut zu zeigen, mit dem sie sich gegen die Franzosen zur Wehr setzt.

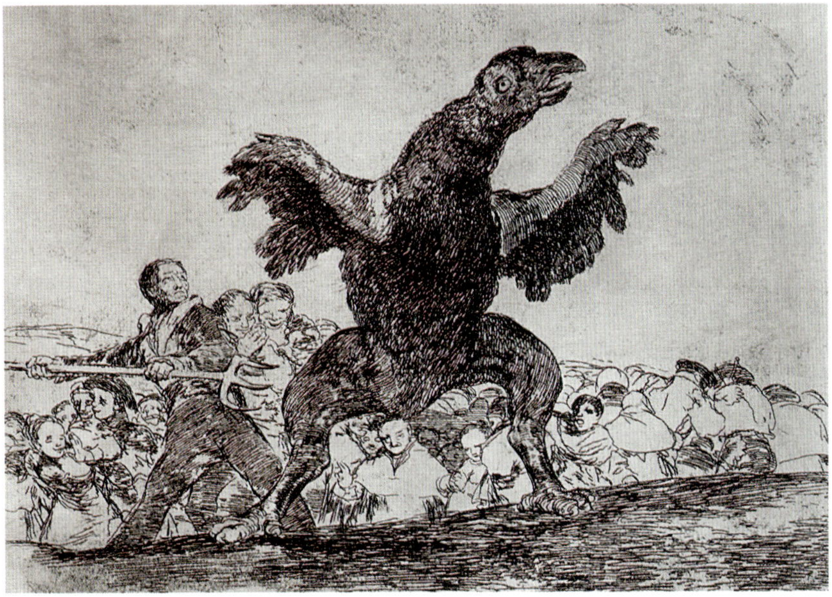

Der fleischfressende Geier (Blatt 76) zeigt einen hässlichen Riesenvogel – wohl eine Parodie des Napoleonischen Adlers –, der von einem Soldaten vor einer johlenden Menge attackiert wird.

willigte ein, obwohl er nur kurz in der Stadt blieb, denn die Franzosen nahmen die Belagerung wieder auf.

Die ersten Drucke sind auf 1810 datiet. Goyas Engagement lässt sich daran ablesen, dass er aufgrund des kriegsbedingten Materialmangels einige Druckstöcke seiner besten Aquatinta-Radierungen zerschnitt und wiederverwendete.

Seine anschauliche Darstellung der Kriegsgräuel auf diesen Bildern war beispiellos. Dort finden sich keine geordneten Kampfszenen, heroischen Duelle oder Porträts von Generälen, kein Appell an Gerechtigkeit oder Patriotismus, sondern lediglich die traurige Bestätigung dafür, zu welchen Grausamkeiten der Mensch fähig ist – Vergewaltigung, Folter, Verstümmelung und Mord. Nur *Welcher Mut!* (Blatt 7) nimmt auf ein tatsächliches Kriegsereignis Bezug. Es zeigt Agustina de Aragón, die Heldin Saragossas, die während der Belagerung ein Geschütz auf die Franzosen abfeuerte, weil alle Verteidiger bereits gefallen waren. Agustina diente Byron und mehreren Malern als Sujet. Goya zeigt sie mit typischer Zurückhaltung von hinten, kaum mehr als eine Silhouette, wie sie auf einem Berg von Leichen steht.

> »Ziel meines Schaffens ist, die Ereignisse wirklichkeitsgetreu darzustellen.«
>
> **Francisco de Goya**

Kriegsgräuel

Als Inspiration für diesen Zyklus diente Goya möglicherweise *Die großen Schrecken des Krieges*, ein Radierzyklus über den Dreißigjährigen Krieg von Jacques Callot von 1633. Wie der Franzose zuvor, fügte Goya auf den *Schrecken des Krieges* kurze narrative Sequenzen ein, um den sinnlosen Kreislauf der Gewalt zu unterstreichen. Ein Vergewaltiger wird auf einem späteren Blatt kastriert; ein Soldat, der einen Unbewaffneten ersticht, kurz darauf von Bauern gesteinigt. Das Erschreckendste an dem Zyklus ist aber die Anonymität der Gewalttäter. Auf *Ich sah es* (Blatt 44) fliehen Mütter mit ihren Kindern vor einem unsichtbaren Feind, auf *Man kann es nicht ansehen* (Blatt 26) kniet eine Figurengruppe vor einer Reihe auf sie gerichteter Bajonettspitzen.

Als schonungslose Darstellung von Kriegsgräueln stellt *Die Schrecken des Krieges* einen Meilenstein in der Geschichte der Kunst dar, doch der Einfluss auf die Malerei jener Zeit war minimal. Der Zyklus war zu umstritten und nur Freunden des Künstlers zugänglich. Erst 1863 wurde er veröffentlicht.

Damals nahm die Darstellung militärischer Konflikte eine andere Form an. Illustrierte Zeitungen schufen Nachfrage nach unmittelbareren Kriegsbildern, der die Lithografien von William Simpson und frühe Kriegsfotografen wie Roger Fenton und Mathew Brady nachkamen, die bahnbrechende Berichterstattungen über den Krimkrieg (1853–1856) und Amerikanischen Bürgerkrieg (1861–1865) lieferten. ■

> »Mein Werk ist sehr schlicht. Meine Kunst offenbart Idealismus und Wahrheit.«
>
> **Francisco de Goya**

EINE DENKWEISE ZUR DEFINITION DER VORGEBLICHEN KULTURELLEN UNTERLEGENHEIT DES ISLAMISCHEN ORIENTS

***DIE GROSSE ODALISKE* (1814)**

JEAN-AUGUSTE-DOMINIQUE INGRES

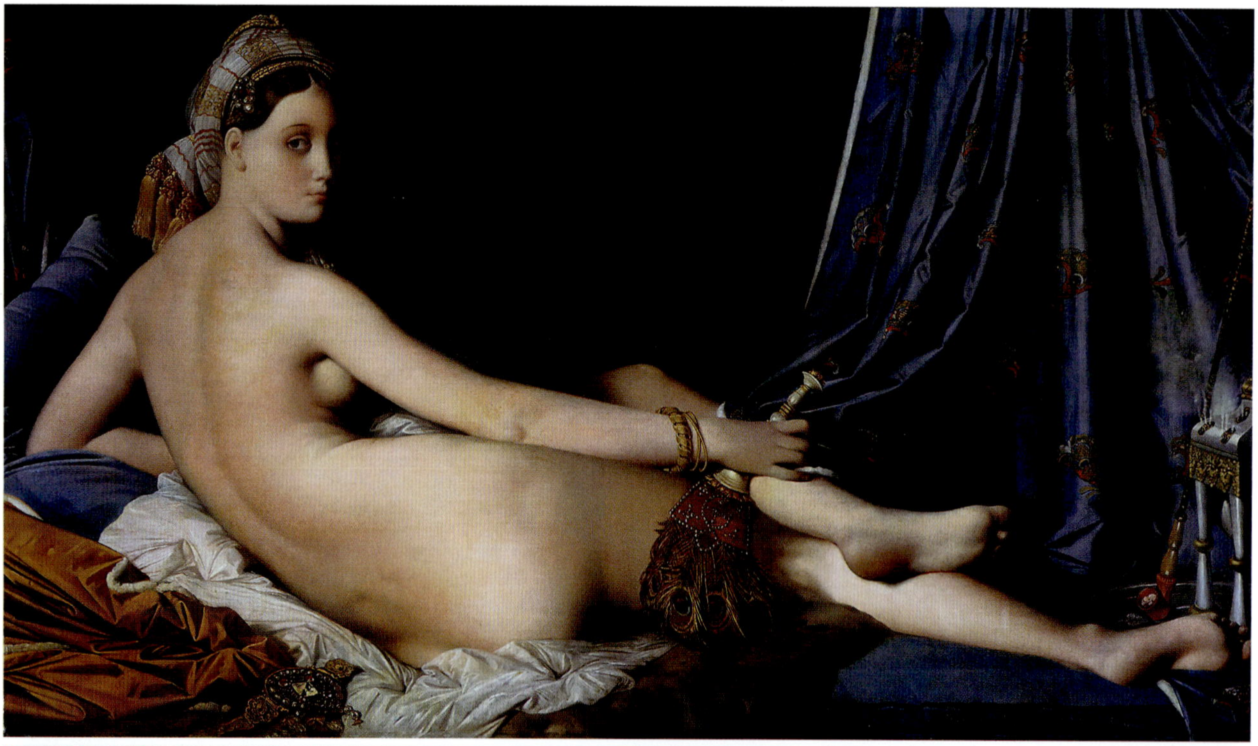

IM KONTEXT

SCHWERPUNKT
Orientalismus

FRÜHER
1799 Der Stein von Rosette, eine Stele mit Hieroglyphen- und altgriechischer Inschrift, wird auf Napoleons Ägyptenfeldzug entdeckt.

1800 Jacques-Louis David malt das Porträt der Madame Récamier, bei dem Ingres assistiert. Die Pose dient als Grundlage für die Odaliske.

1802 Baron Dominique-Vivant Denon veröffentlicht Stiche altägyptischer Monumente.

SPÄTER
1834 Delacroix malt *Die Frauen von Algier* nach längerem Aufenthalt in Nordafrika.

1846 Ingres' Lieblingsschüler Théodore Chassériau malt nach einer Algerienreise orientalische Sujets.

Siehe auch: *Venus von Urbino* 146–151 ▪ *Diana nach dem Bade* 224 ▪ *Der Tod des Sardanapal* 240–245 ▪ *Olympia* 279

Der Orientalismus war eine Strömung in der westlichen Kunst und Gestaltung des 19. Jahrhunderts. Er war von Land, Bewohnern und Motiven des Nahen und Fernen Ostens inspiriert, besonders von deren tatsächlicher oder vermeintlicher Exotik.

Anstoß gab Napoleons Ägytenfeldzug (1798–1801) in Begleitung von Gelehrten und Archäologen. Bald nach deren Rückkehr griffen Künstler die Forschungsergebnisse auf. Napoleons neue Residenz, Schloss Malmaison, wurde mit zahlreichen ägyptischen Motiven verziert. Die Maler kamen der Nachfrage nach orientalischen Sujets bereitwillig nach. Für sie war der »Orient« eine aufregende, neue Inspirationsquelle, doch wurde in dieser Ära des Kolonialismus die exotische »orientalische« Welt meist als sehr sinnlich, wild oder gewalttätig in Szenen abgebildet, die eher auf westlichen Fantasiegebilden als auf der Wirklichkeit fußten.

Die Orientalisten unterteilten sich in zwei Gruppen. Einige, wie Eugène Delacroix und der englische Aristokrat Frederic Leighton, gaben ihre Eindrücke nach Reisen in den Nahen Osten und nach Nordafrika wieder. Andere, wie auch Jean-Auguste-Dominique Ingres, ein Verfechter der akademischen Kunst, stützten sich auf Berichte aus zweiter Hand und auf geliehene Requisiten.

Exotische Sujets

Zu bevorzugten Sujets der Orientalisten gehörten exotische Landschaften, Sklavenmärkte, Harems und Odalisken (Konkubinen im Harem). Ingres' *Große Odaliske* war ein frühes Beispiel für diese Kunstform und wurde von Napoleons Schwester, Königin Caroline von Neapel, beauftragt. Orientalische Odalisken dienten als Vorwand weiblicher Aktbilder, ebenso wie die Göttin Venus in früheren Werken. Ingres zeigt die Figur in einer provokanten Pose, umgeben von üppigen, sinnlichen Stoffen. Die Szene soll eine hedonistische Stimmung erzeugen. Die Frau spielt mit einem Federfächer und wirft einen anzüglichen Blick über die Schulter. Eine Opiumpfeife unten rechts suggeriert dem westlichen Betrachter weitere Vergnügungen. Das bewusst überlängte Rückgrat der Frau – kein Fehler, Ingres war ein exzellenter Zeichner – betont ihre sinnlich-orientalische Laszivität. ▪

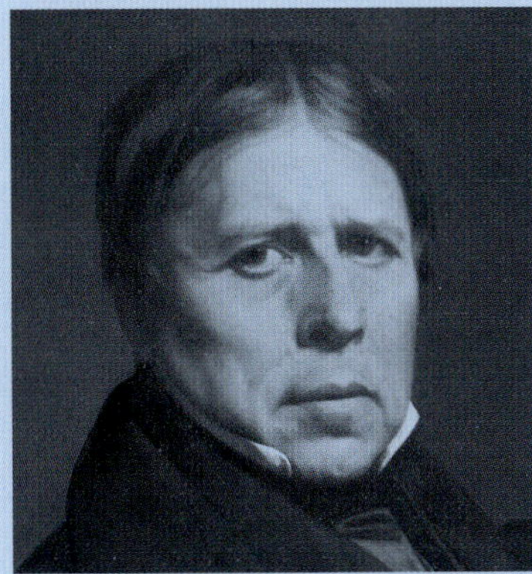

Jean-Auguste-Dominique Ingres

Jean-Auguste-Dominique Ingres wurde 1780 in Südfrankreich geboren und studierte Kunst in Toulouse und später in Paris bei Jacques-Louis David. 1801 gewann er den renommierten Prix de Rome, doch durch die politisch instabile Lage in Frankreich verzögerte sich die Abreise nach Italien. Später wurde er als Porträtmaler bekannt, doch er gab der Historienmalerei den Vorzug und schuf zwei entsprechende Werke für Napoleons geplanten Palast in Rom. Nach vier Jahren in Florenz kehrte Ingres 1824 nach Paris zurück – wo sein Werk als primitiv verurteilt worden war – und fand schließlich Anklang mit klassizistischen Gemälden. Ingres lehrte an den Kunstschulen in Paris und Rom und starb 1867 in Paris.

Weitere Hauptwerke

1806 *Napoleon I. auf seinem kaiserlichen Thron*
1827 *Die Apotheose Homers*
1863 *Das türkische Bad*

ICH MUSS ALLEIN BLEIBEN UND WISSEN, DASS ICH ALLEIN BIN, UM DIE NATUR VOLLSTÄNDIG ZU SCHAUEN UND ZU FÜHLEN

***DER WANDERER ÜBER DEM NEBELMEER* (UM 1818)**
CASPAR DAVID FRIEDRICH

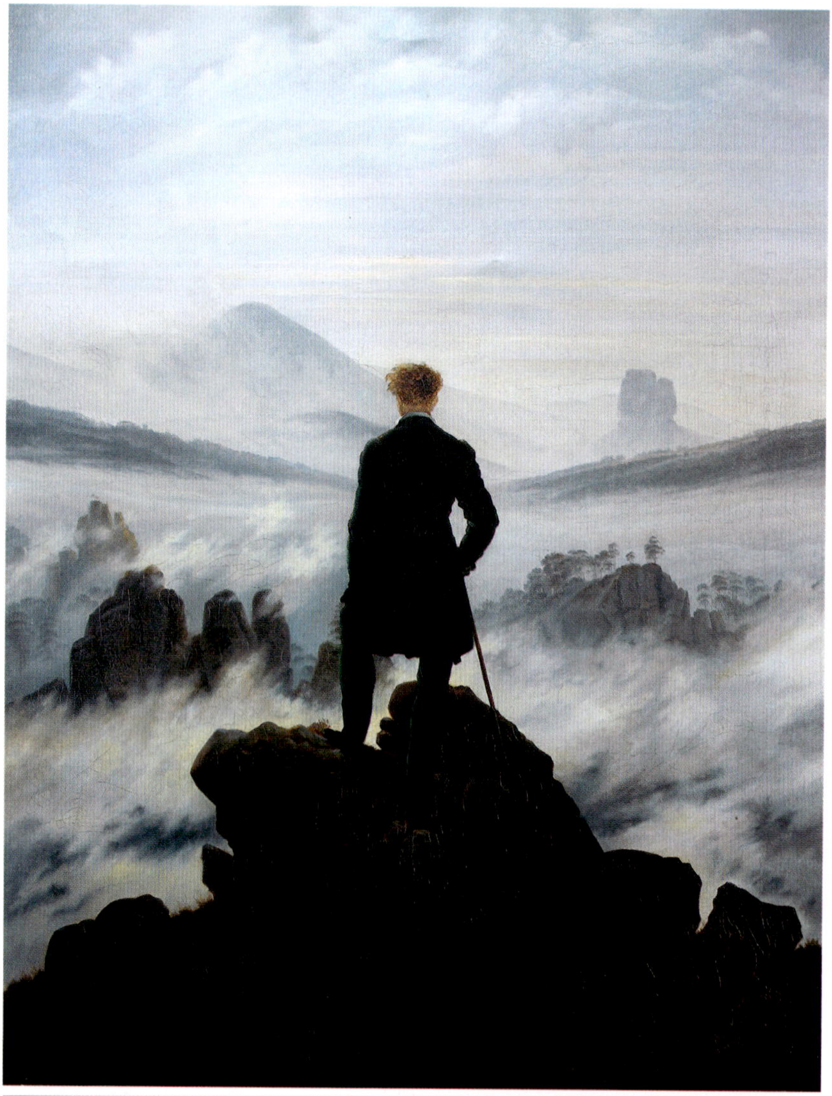

IM KONTEXT

SCHWERPUNKT
Landschaften der deutschen Romantik

FRÜHER
1802 Die Werke von Novalis, dem deutschen Dichter der Romantik, werden posthum veröffentlicht.

1808 Der Romantiker Philipp Otto Runge malt sein Meisterwerk *Der Morgen*.

1810 Johann Wolfgang von Goethes einflussreiche Farbenlehre erscheint.

SPÄTER
1823 Der Norweger J. C. Dahl zieht ins Haus seines Freunds Friedrich und arbeitet mit ihm.

1831 Carl Gustav Carus veröffentlicht Friedrichs Lehren in *Neun Briefe über Landschaftsmalerei*.

1832 Carus malt das berühmte *Goethe-Denkmal*.

Ab Anfang des 19. Jahrhunderts belebten die Maler der Romantik in Ablehnung des vernunftgeprägten Klassizismus die Landschaftsmalerei neu. In Deutschland und anderenorts stellten sie Empfindungen und das Individuum in den Mittelpunkt. Während in England und Frankreich der Mensch oft in Auseinandersetzung mit der Natur porträtiert wurde, war der deutsche Stil meditativer, introspektiver und bildete den Menschen entfremdet und allein in der Natur ab. Besonders Caspar David Friedrich und sein Kreis erfüllten ihre Bilder mit spiritueller Intensität – eher seelische als gesehene Landschaften.

Siehe auch: *Wind in den Bäumen am Flussufer* 96–97 ▪ *Das Gewitter* 164 ▪ *Der Tod des Sardanapal* 240–245 ▪ *Berge und See* 340

» Schließe dein leibliches Auge, damit du mit dem geistigen Auge zuerst siehest dein Bild. «

Caspar David Friedrich

Friedrichs Stil beruhte in Teilen auf seiner strengreligiösen Erziehung, die viel zu seiner düsteren, weltabgewandten Persönlichkeit beitrug. Möglicherweise war er auch von den Predigten Gotthard Kosegartens beeinflusst, für den die Wunder der Natur einer göttlichen Offenbarung glichen und der Menschheit durch Maler und Dichter vermittelt werden konnten. Diese Gedanken teilten Friedrichs Dichterfreunde in Dresden und halfen ihm bei der Entwicklung seines Ansatzes in der Landschaftsmalerei. »Die einzig wahre Quelle der Kunst ist unser Herz«, erklärte er. »Nicht die treue Darstellung von Luft, Wasser, Felsen und Bäumen ist die Aufgabe des Bildners, sondern seine Seele, seine Empfindung soll sich darin widerspiegeln.«

Romantische Fantasien

Der Wanderer über dem Nebelmeer versinnbildlicht das Ideal einer Kunst des Herzens und der Seele. Es zeigt keinen bestimmten Ort, sondern setzt sich aus Bergansichten zusammen, die Friedrich skizziert hatte, verbunden durch Nebelschwaden – die für Friedrich das Erhabene der Landschaft hervorhoben. Durch das ungewöhnliche Hochformat und die Rückensicht der Figur konzentriert sich das Bild auf das Erleben des Wanderers. Friedrich plante das Bild wohl als christliche Allegorie; das zerklüftete Gelände in der Mitte steht für die Mühsal des Lebens, die fernen Berge für die Hoffnung auf letztendliche Erlösung. Einige interpretieren das Bild als *Gedächtnisbild* für einen Verstorbenen – etwa den Oberst der Infanterie Friedrich Gotthard von den Brincken.

Friedrichs Ansatz war nicht einzigartig. In Deutschland beschritten Philipp Otto Runge und Carl Carus ähnliche Wege; in England schufen Samuel Palmer und die Ancients überbordende Landschaftsbilder als Beweis von Gottes Großzügigkeit. Doch keiner erreichte die Eindringlichkeit von Friedrichs Werken. ■

Goethe-Denkmal (1832) war Carus' posthume Hommage an den großen deutschen Dichter. Carus war bei der Darstellung des Grabs eindeutig von seinem Lehrer Friedrich beeinflusst.

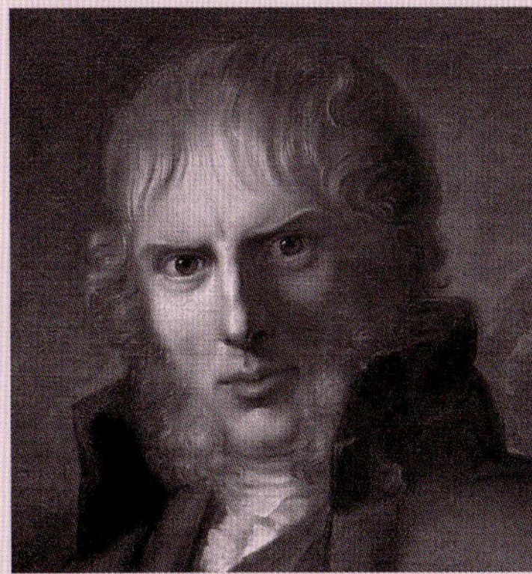

Caspar David Friedrich

Caspar David Friedrich wurde 1774 in der Ostseestadt Greifswald als Sohn eines Seifensieders geboren. Er studierte an der Kunstakademie Kopenhagen bei dem Landschaftsmaler Jens Juel. 1798 zog Friedrich nach Dresden, wo er bis zum Lebensende blieb. Das »deutsche Florenz« war ein Zentrum der Romantik, und Friedrich übernahm die neuen Lehren.

Seinen Durchbruch erlangte er mit *Das Kreuz im Gebirge* (um 1807) für den Altar einer privaten Kapelle. 1810 wurde er außerordentliches Mitglied der Königlichen Kunstakademie in Berlin. Seine faszinierende Mischung aus religiösen Allegorien und getragenen, mystischen Landschaften war beliebt, doch als die Romantik aus der Mode kam, führte er ein einsames Leben und verwendete in seinen Bildern bevorzugt Todesmetaphern. Nach mehreren Schlaganfällen starb er 1840 in Dresden.

Weitere Hauptwerke

um 1807 *Das Kreuz im Gebirge*
1818 *Kreidefelsen auf Rügen*
1824 *Das Eismeer*
1836 *Küste bei Mondschein*

VERNUNFTGEPRÄGTE MALEREI IST MIR ZUWIDER

DER TOD DES SARDANAPAL (1827)
EUGÈNE DELACROIX

Detail aus *Der Tod des Sardanapal*

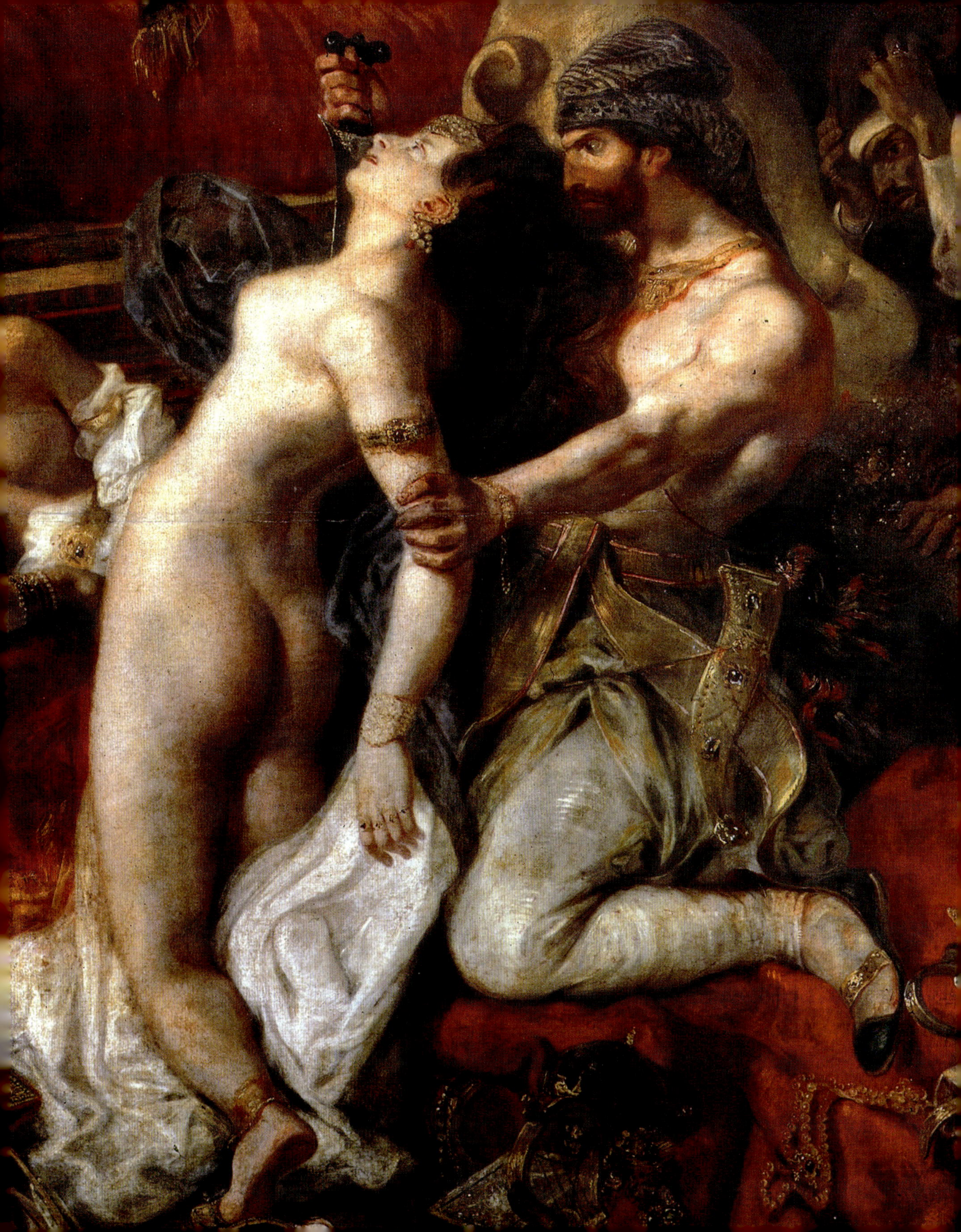

IM KONTEXT

SCHWERPUNKT
Romantik

FRÜHER
1615/16 Peter Paul Rubens malt das hochdramatische Bild *Nilpferd- und Krokodiljagd* in lebhaften Farben.

1818/19 Théodore Géricault zeigt menschliches Leid auf *Das Floß der Medusa* und späteren Gemälden von Kranken.

1821 John Constable malt *Der Heuwagen*, das Delacroix auf einer Ausstellung des Pariser Salons tief beeindruckt.

SPÄTER
um 1880 Pierre-Auguste Renoir ist von Delacroix' Marokkobildern fasziniert und kopiert dessen *Jüdische Hochzeit in Marokko*.

1930–1955 Britische Neuromantiker wie Graham Sutherland und John Piper stehen unter dem Einfluss der Romantik.

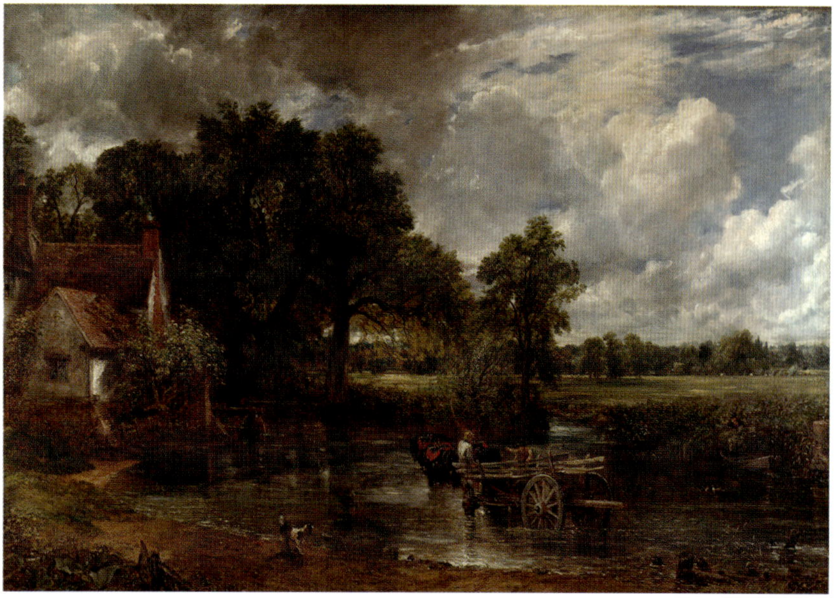

Auf *Der Heuwagen* (1821) übertrug John Constable die Ideen der Romantik auf die Darstellung der Natur seiner Heimat Suffolk. Er erzeugte Tiefe und Realismus durch kurz Pinselstriche und Farbschichtung.

Die Romantik war eine weitreichende Strömung in bildender Kunst und Literatur, die Ende des 18. Jahrhunderts in Europa aufkam und die erste Hälfte des 19. Jahrhunderts dominierte. Sie richtete sich gegen die Werte der Aufklärung, Rationalismus und Ordnung, und deren Niederschlag im Klassizismus und befürwortete Unabhängigkeit und Individualismus.

Die Betonung von Subjektivität, Gefühl und Vorstellungskraft vor Verstand und Lehrhaftigkeit ist vielen Werken der Romantik gemein. In den einzelnen Ländern nahm sie vielfältige Stile und Formen an. In Großbritannien umfasste sie die Fantasiewelten eines William Blake, die düsteren Visionen des in der Schweiz geborenen Johann Heinrich Füssli und das leuchtende Kolorit der Präraffaeliten, in Spanien wurde sie in den Darstellungen von Wahn und Magie Francisco de Goyas sichtbar, und in Deutschland beriefen sich die Nazarener auf die Kunst des Mittelalters. In Frankreich und später Großbritannien verlieh ein Faible für östliche Exotik der Romantik ein orientalisches Flair. In der Landschaftsmalerei entwickelte sich die Romantik aus dem ästhetischen Prinzip des Erhabenen. Das Genre wurde von den innovativen Ansätzen Caspar David Friedrichs, J. M. W. Turners und John Constables dominiert. Besonders Friedrich beschritt neue Wege mit der spirituellen Intensität seiner pommerschen Landschaftsstücke, die von einer lyrischen Mischung aus Melancholie und tiefer Religiösität durchdrungen sind.

Eugène Delacroix' Monumentalwerk *Der Tod des Sardanapal* vereint viele typische Merkmale der Bewegung. Es zeigt den legendären assyrischen König Sardanapal, der seine Geliebten, Sklaven und Tiere töten lässt. Das schöne und zugleich grausame Bild in warmen, satten Farben ist von Sinnlichkeit und Gewalt getränkt und erzeugt widersprüchliche Gefühle.

» Die Romantik liegt eigentlich weder in der Wahl des Gegenstandes noch in der Genauigkeit der Wiedergabe, sondern in der Art des Empfindens. «

Charles Baudelaire

Siehe auch: *Der Tod des Marat* 212–213 ▪ *Die Schrecken des Krieges* 230–235 ▪ *Die große Odaliske* 236–237 ▪ *Der Wanderer über dem Nebelmeer* 238–239 ▪ *Die Dekadenz der Römer* 250–251 ▪ *Das weiße Pferd* 278

Kampf der Generationen

Der starke Gegensatz zwischen der verhaltenen klassizistischen Malerei und der Emotionalität der neuen Romantik wird von den Malern Jean-Auguste-Dominique Ingres und Delacroix verkörpert, zwei Meistern der französischen Kunst des 19. Jahrhunderts. Zwischen ihnen entstand eine – hauptsächlich von Autoren und Kritikern befeuerte – Rivalität, bei der der ältere Ingres für die Werte von Tradition, Konservativismus und Autorität stand, Delacroix hingegen als ungestümes Nachwuchstalent galt. Es handelte sich hier nicht nur um einen Wettkampf der Generationen, sondern auch zweier kontrastierender Stile. Ingres legte Wert auf zeichnerisches Können und Ausdrucksklarheit. Delacroix war vor allem ein Meister der Farben, der mit expressivem Duktus Leidenschaft und Bewegung abbildete.

Der Wettstreit der französischen Romantiker entbrannte in den 1820er-Jahre. Delacroix sorgte für einen Skandal, als sein Bild *Das Massaker von Chios* auf dem Pariser Salon 1824 im gleichen Raum wie ein Werk von Ingres ausgestellt wurde. Es zeigt Zerstörung und Verzweiflung nach dem Massaker auf der griechischen Insel Chios, als das osmanische Heer im Griechischen Unabhängigkeitskrieg über 20 000 Bewohner tötete. Das Werk stieß wegen Sujet und Stil auf Kritik. Das Ereignis hatte erst zwei Jahre zuvor stattgefunden. Während es der Romantik als Cause célèbre galt, war es konservativen Kritikern, die es als journalistisches Sujet einschätzten, viel zu gegenwartsnah.

Neue Technik

Die eigentliche Aufregung galt jedoch eher Delacroix' neuer Technik als dem Sujet. Kurz vor Eröffnung des Salons hatte er John Constables *Der Heuwagen* gesehen, das 1824 auf einer Ausstellung in Frankreich von König Karl X. mit einer Goldmedaille prämiert wurde. Der englische Maler setzte kurze Farbstriche nebeneinander, um seinen Bildern zusätzliche Frische und Lebendigkeit zu verleihen. Inspiriert von dieser Technik, malte Delacroix den Hintergrund von *Das Massaker von Chios* neu. Damit brach er mit der Konvention, Farbe zu einer glatten Oberfläche zu verschmelzen, wodurch ein Bild auch aus der Nähe wirklichkeitsnah wirkte. Der Betrachter wurde stattdessen mit einer lebhaften »

> »Und dennoch heißt es sehr kühn sein! Ohne Kühnheit, und zwar äußerste Kühnheit, gibt es keine Schönheiten!«
>
> **Eugène Delacroix**

Werte des Klassizismus und der Romantik im Vergleich

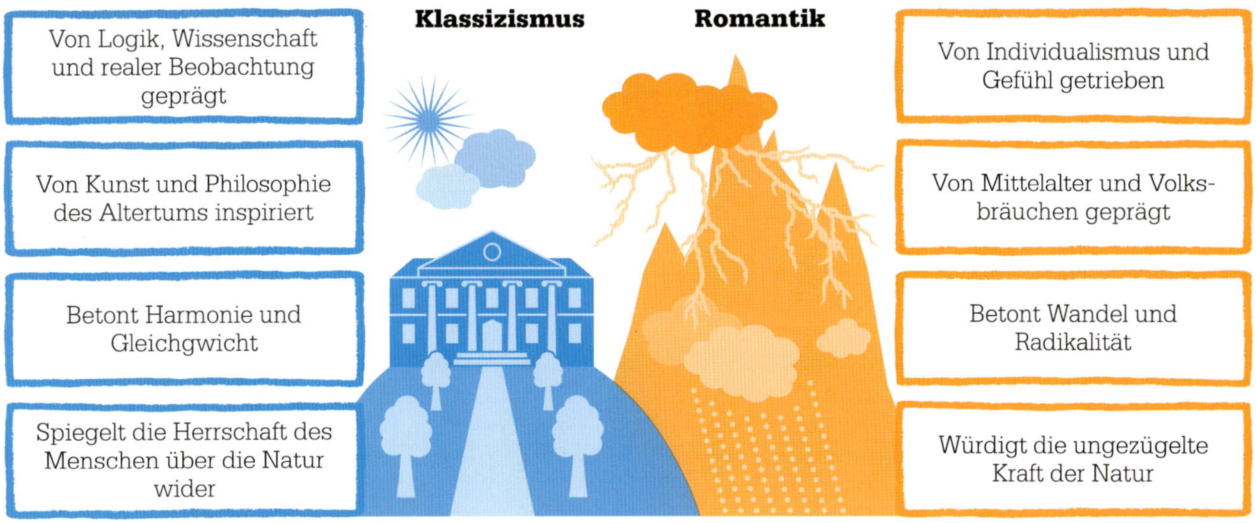

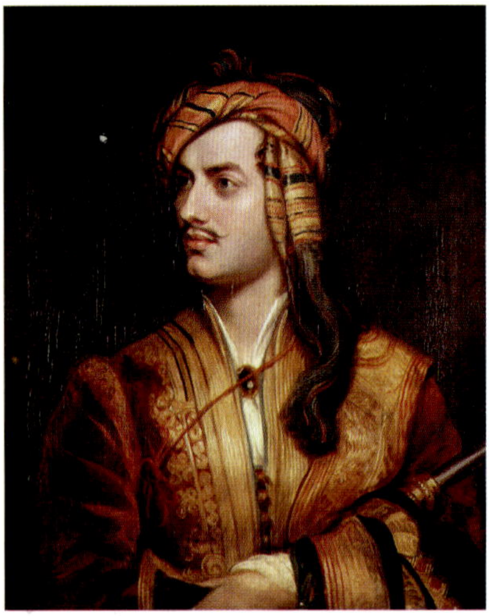

Thomas Phillips' Porträt des Romantikers Lord Byron (1813) zeigt ihn in albanischer Tracht. Samtjacke und Kopfschmuck im orientalischen Stil folgen dem Geschmack der Romantik.

Anordnung kleiner Pigmenttupfer konfrontiert. Ein Kritiker bezeichnete das Werk als »Massaker der Malerei«, für viele war es kaum mehr als eine Skizze. Delacroix' Stil stieß in der Folge meist auf selbige Kritik: Obwohl man ihm zugutehielt, prächtige Farbpassagen auf der Leinwand zu schaffen, galten seine Werke allgemein als »unfertig«.

Einfluss Byrons

Auch nach den Ereignissen von Chios zog der Freiheitskampf der Griechen die Aufmerksamkeit der geistigen und künstlerischen Elite der Romantik auf sich. Einige reisten nach Griechenland und boten ihre Unterstützung an. Der englische Dichter Lord Byron wollte sich aktiv am Kampf beteiligen, starb aber noch zuvor in Mesolongi an Fieber. Sein Tod verlieh ihm jedoch Heldenstatus in den Kreisen der Romantiker, und Delacroix war gewiss einer seiner glühendsten Bewunderer. Er ließ sich von Byrons Schriften inspirieren und seine nächsten großen Gemälde – *Die Hinrichtung des Dogen Marino Faliero* und *Der Tod des Sardanapal* – basieren auf Stücken Byrons. Byrons 1821 veröffentlichte Tragödie *Sardanapal* beruhte lose auf einer Erzählung des altgriechischen Geschichtsschreibers Diodor über einen legendären assyrischen König aus dem 7. Jahrhundert v. Chr. Er führte ein Leben in Luxus, doch musste er sein Reich gegen einen Aufstand verteidigen. Ein verheerender Kampf entbrannte, bei dem die Truppen des Königs geschlagen wurden. Sardanapal zog sich in seinen Palast zurück und errichtete einen Scheiterhaufen unter seinem Thron. Er wollte sich lieber opfern, als dem Feind in die Hände zu fallen.

In Byrons Stück findet Sardanapal ein würdevolles Ende, seine Lieblingskonkubine stirbt mit ihm in den Flammen. Delacroix erdachte einen blutigeren Ausgang. Auf seinem Bild befiehlt der König, alle Schätze zu zerstören und alle Konkubinen, Diener und Pferde zu töten. Nichts, was ihm Freude bereitete, darf ihn überleben.

Das Bild bediente den in Frankreich seit Napoleons Feldzügen in Mode gekommenen Orientalismus und befriedigte die vorgefasste Meinung über den Orient, besonders in Bezug auf Luxus, Opulenz und Gewalt. Delacroix stützte sich bei seiner Vision des alten Assyriens auf verschiedene Quellen, wie Berichte über den Vorderen Orient von seinem Freund, dem Maler Charles-Émile Champmartin, und architektonisch detailreiche Radierungen Indiens von William Daniell.

Reaktion der Kritiker

Der Tod des Sardanapal ist Delacroix' radikalstes Bild in romantischer Manier und stieß auf dem Pariser Salon 1828 nahezu uneingeschränkt auf Ablehnung. Kritiker bemängelten den verworrenen Bildaufbau und das offensichtliche Faible des Künstlers für Gewalt und Erotik: »Die Romantiker haben den Salon überfallen«, schrieb ein entrüsteter Kritiker.

Ein Hauptkritikpunkt war die vermeintlich chaotische Anmutung des Bilds. Objekte scheinen wahllos angeordnet, Figuren drängen sich auf der bemalten Fläche, aber es scheint den Betrachtern oft unklar,

Eugène Delacroix

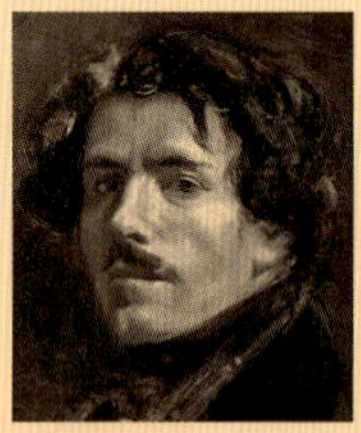

Eugène Delacroix wurde 1798 in einem Pariser Vorort geboren. Sein offizieller Vater war Diplomat, doch er soll das uneheliche Kind des französischen Staatsmanns Talleyrand gewesen sein. Delacroix studierte bei dem renommierten Maler Pierre Guérin, doch wurde mehr von seinem Freund Théodore Géricault und seiner Verehrung für Rubens beeinflusst. Um 1820 wurde er mit umstrittenen Gemälden im Stil der Romantik bekannt, die in dem dynamischen Bild *Die Freiheit führt das Volk* gipfelten. Nach Reisen nach Marokko und Algerien im Jahr 1832 wurde sein Stil getragener. In späteren Lebensjahren schuf er monumentale Wandbilder. Delacroix starb 1863 in Paris.

Weitere Hauptwerke

1824 *Das Massaker von Chios*
1834 *Die Frauen von Algier*
1840 *Die Einnahme von Konstantinopel*

worauf sie stehen, die Stellung einiger Gliedmaßen folgt keinen anatomischen Regeln. Zudem war die Szene für sie nicht verortbar: Oben rechts ist eine brennende Stadt zu sehen, doch das ausladende Bett des Königs im Vordergrund lässt auf einen Innenraum schließen. Nur bei genauem Hinsehen sind die Holzscheite erkennbar, die darauf deuten, dass das Bett auf einem Scheiterhaufen steht.

Die Widersprüchlichkeit des Gemäldes wurde auf eine rasch hingeworfene, nachlässige Komposition zurückgeführt. Doch Delacroix fertigte zahlreiche Vorstudien und ergründete die Dynamik der Gruppe. Das scheinbare »Chaos« war sorgfältig geplant.

Der französische Dichter Charles Baudelaire war ein Bewunderer von Delacroix und bezog sich indirekt auf Sardanapal in seinem Gedicht *Schwermut,* das wohl den erschreckendsten Aspekt des Bilds betont, nämlich die Haltung des Königs. Sardanapal steht im Zentrum eines selbst geschaffenen Sogs – Gegenstände werden zerstört, Lebewesen getötet, alles auf seinen Befehl hin. Doch inmitten des Grauens ruht der König, gleichgültig gegenüber den Schreien und Bitten derer, die ihn umgeben. Der Protagonist eines klassischen Gemäldes hätte sich nie so verhalten. Die Weltverdrossenheit des Königs ist typischer für die Romantik. Um es mit Baudelaire auszudrücken: »Ein Fürst, der seine Höflingsschar verachtet / Die Tiere selbst voll Überdruss betrachtet / Der taub für jeder Freude Lockruf scheint /... Zum Sarg wird ihm sein goldnes Ruhebett.« ■

Der Tod des Sardanapal offenbart den Hang des Königs zu Gräuel und Gewalt. Ein Diener schlitzt einer nackten Konkubine die Kehle auf, während der König teilnahmslos zuschaut.

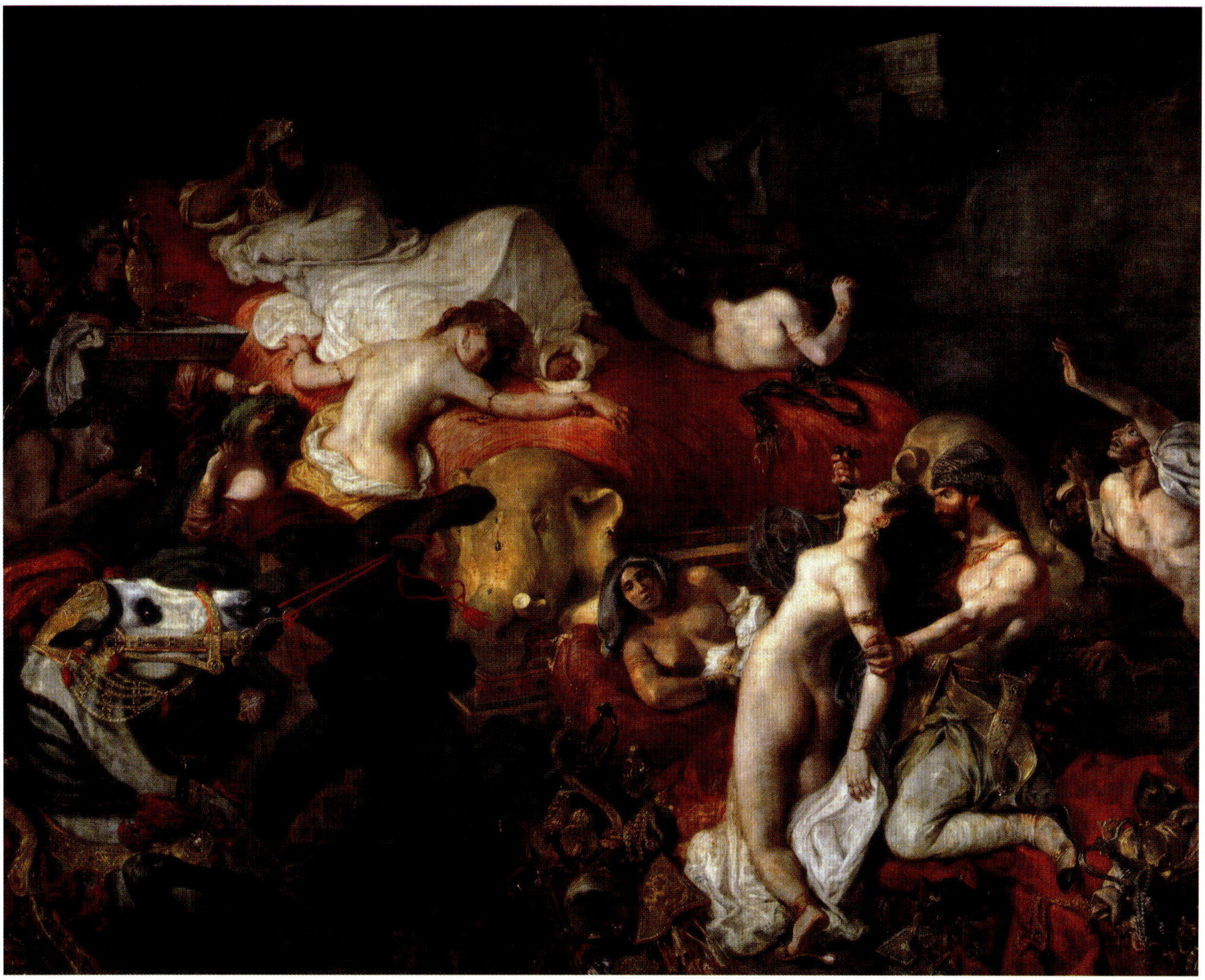

MIT DEM HEUTIGEN TAG IST DIE MALEREI TOT

BOULEVARD DU TEMPLE (1838)

LOUIS JACQUES MANDÉ DAGUERRE

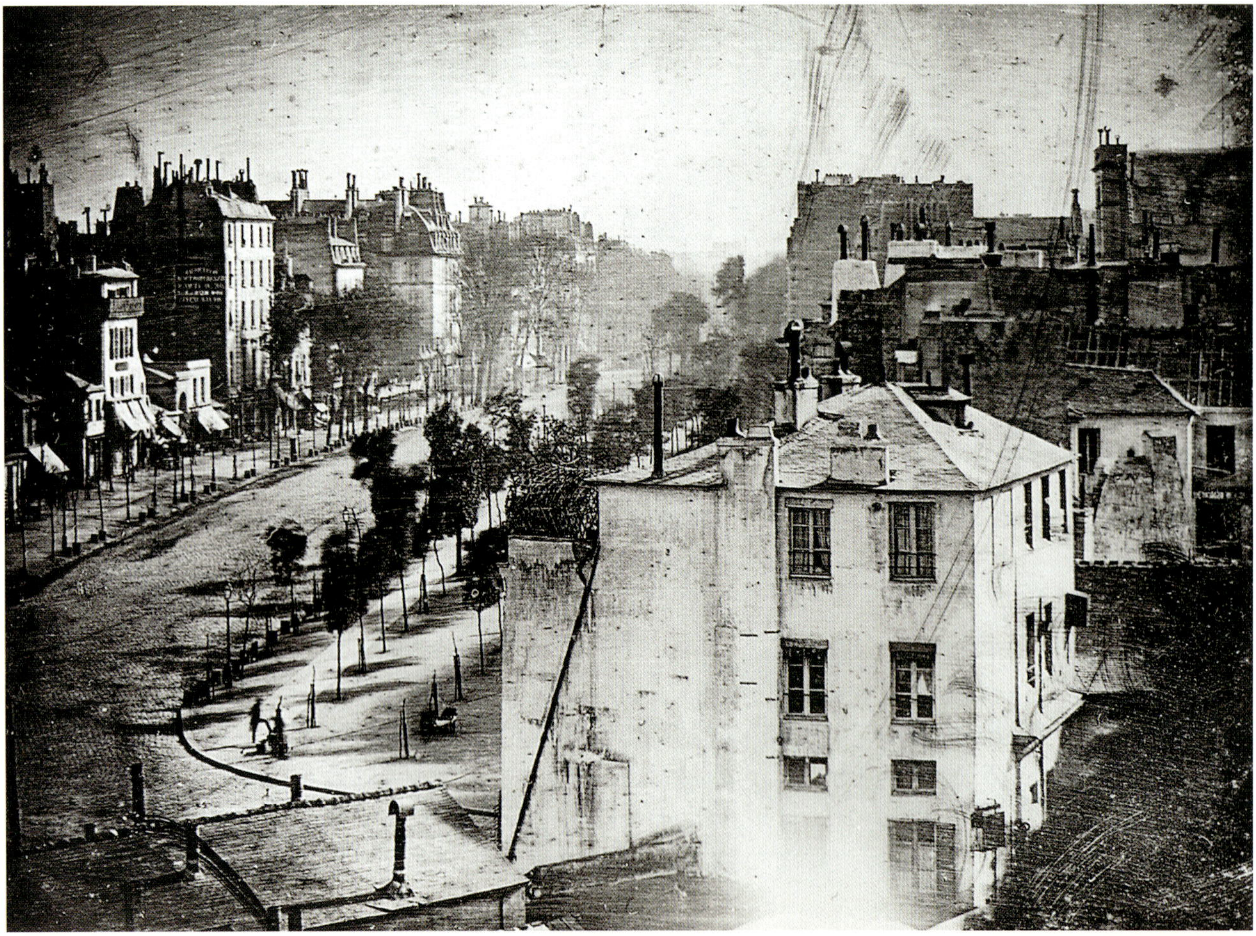

IM KONTEXT

SCHWERPUNKT
Fotografie und Kunst

FRÜHER
1819 Der englische Wissenschaftler John Herschel entwickelt ein erstes Fixiermittel.

1827 Nicéphore Niépce hält eine Aufnahme der Camera obscura auf Zinnplatte fest.

1835 Fox Talbot belichtet das erste Negativ, *Erkerfenster der Lacock Abbey*.

SPÄTER
1839 Alphonse Giroux erhält die Lizenz zur Produktion der ersten Daguerreotypie-Kamera.

1844 Fox Talbot veröffentlicht *Der Zeichenstift der Natur*, das erste Buch mit Fotografien.

ab 1850 Künstler wie Gustave Courbet und Paul Gauguin nutzen Fotografien als Inspiration, Referenz oder Ausgangsmaterial.

Siehe auch: *Straße in Dresden* 290–293 ▪ *Hurrah, die Butter ist alle!* 339 ▪ *Frau, die Treppe herabgehend* 341

Die Erfindung der Fotografie war nicht das Ende der Kunst, wie einige mutmaßten. Sie diente Künstlern vielmehr als Inspiration und ermutigte sie, neue Wege zu ergründen, ihre Umgebung, Erlebnisse und Ideen zu betrachten und festzuhalten. Zudem vereinfachte sie die Abbildung der materiellen Welt und korrigierte lang bestehende Theorien über visuelle Wahrnehmung.

Die Fotografie fußt auf mehreren Erfindungen. Um 1820 entwickelte Joseph Nicéphore Niépce ein Heliografie genanntes Verfahren (von griech. »Sonne« und »zeichnen«), durch das er Aufnahmen einer Camera obscura fixieren konnte, allerdings mit unverhältnismäßig langer Belichtungszeit. Ab 1829 entwickelte er gemeinsam mit Louis Daguerre die »Daguerreotypie«, die im Januar 1839 publik gemacht wurde. Ebenfalls in Frankreich erfand Hippolyte Bayard ein Direktpositiv-Verfahren, das für viele als der Daguerreotypie überlegen galt, doch seine Bemühungen um Patentierung und Veröffentlichung wurden abgelehnt.

Das Licht einfangen

Daguerres *Boulevard du Temple* war ein von seiner Wohnung aus aufgenommenes Demonstrationsexemplar, das er mehreren angesehenen Persönlichkeiten schickte. Das Bild ist seitenverkehrt und ein interessantes Dokument von Paris vor Haussmanns Umgestaltung des Stadtbilds. Der geschäftige Platz wirkt verlassen: Die Daguerrotypie erforderte oft eine Belichtung von über zehn Minuten, sodass alles, was sich in Bewegung befand, nicht aufgenommen wurde. Das faszinierendste Detail ist ein Mann, der sich an der Straßenecke die Schuhe polieren lässt – vermutlich bat Daguerre die beiden Männer, sich nicht zu bewegen. Es sind die ersten auf einer Fotografie abgebildeten Menschen.

> »Wir sehen nur, was Anteil erregt, während der Apparat alles wiedergegeben hat.«
>
> **Eugène Delacroix**
> *Journal*, 1853

Die Daguerreotypie lieferte ein einzelnes, nicht reproduzierbares Bild mit feiner Tonalität auf einer polierten Metallplatte. In England hatte William Henry Fox Talbot die Kalotypie erfunden. Da hier von einem Negativ mehrere Abzüge gemacht werden konnten, setzte sich dieses Verfahren durch. Bald darauf nutzten Künstler die Fotografie für Kunden, die sich keine teuren Porträtgemälde leisten konnten. Zudem diente sie als Hilfsmittel beim Malen, um mehr Genauigkeit zu erreichen oder sich bei Porträts Zeit und Mühe zu sparen. ▪

Louis Jacques Mandé Daguerre

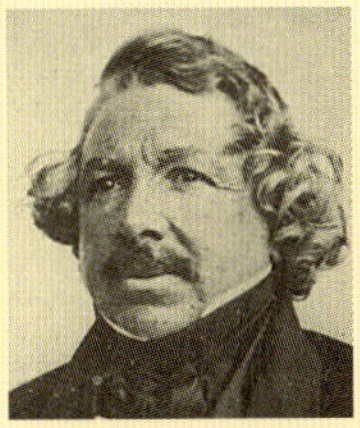

Der Erfinder Daguerre wurde 1787 geboren und arbeitete anfänglich als Bühnenmaler. 1822 eröffnete er das Diorama, eine Schaubühne mit Panoramalandschaften, bei der durch wechselnde Beleuchtung Effekte erzielt wurden. Das führte zur Zusammenarbeit mit Nicéphore Niépce auf dem Gebiet der Fotografie. Nach dessen Tod 1833 vollendete Daguerre das Projekt mit Niépces Sohn. Die französische Regierung erwarb 1839 die Rechte an dem Verfahren der Daguerreotypie, und Daguerre erhielt viele Auszeichnungen. Bei einem Brand im Diorama wurde der Großteil der Aufzeichnungen und Werke zerstört. Daguerre starb 1851 bei Paris.

BEOBACHTE DIE NATUR. WELCH ANDEREN LEHRER BRAUCHT MAN?

LÖWE IM KAMPF MIT SCHLANGE (1832) ANTOINE-LOUIS BARYE

IM KONTEXT

SCHWERPUNKT
Tierallegorie

FRÜHER
1762 Der Engländer George Stubbs malt *Löwe, ein Pferd attackierend* in Fortführung der künstlerischen Tradition, kämpfende Tiere abzubilden.

1825 Eugène Delacroix porträtiert auf *Tiger, ein Pferd angreifend* Tiere in ihrer erbarmungslosesten Gestalt.

SPÄTER
1858 Der Engländer Edwin Landseer wird mit vier Bronzelöwen, dem Symbol des British Empire, für den Sockel der Nelsonstatue auf dem Londoner Trafalgar Square beauftragt.

um 1860 Der französische Bildhauer Christophe Fratin modelliert *Löwe, einen Keiler reißend* im Stil Baryes.

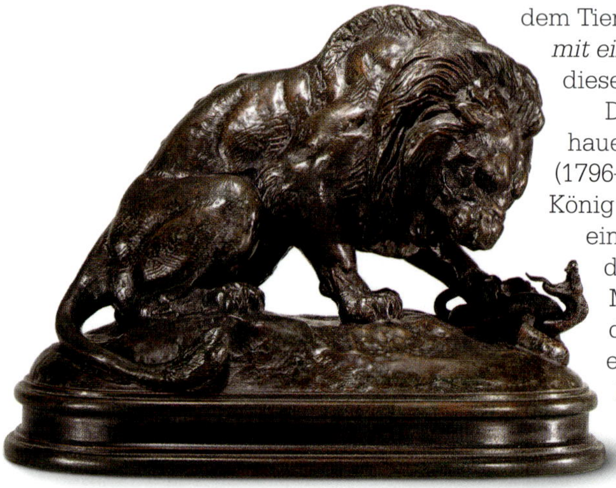

Tierallegorien in der Kunst reichen bis zu den schamanischen Zeichnungen der prähistorischen Felsbilder Südafrikas und den illustrierten Bestiarien im mittelalterlichen Europa zurück.

Im 18. und 19. Jahrhundert wurden sie in politischem Kontext verwendet. Britische Satiriker wie James Gillray verspotteten Politiker oft, indem sie ihre Köpfe auf Tierkörper zeichneten. Andere Künstler würdigten politische Erfolge mit metaphorischen Darstellungen aus dem Tierreich. *Löwe im Kampf mit einer Schlange* fällt in diese Kategorie.

Der französische Bildhauer Antoine-Louis Barye (1796–1875) wurde von König Louis-Philippe mit einer Skulptur beauftragt, die an dessen rasanten Machtgewinn während der Julirevolution 1830 erinnern sollte. Damals löste Louis-Philippe als »König der Franzosen« den reaktionären König Karl X. ab, um Monarchie und liberales Bürgertum auszusöhnen.

Vielschichtige Bedeutung

Barye war auf lebensnahe Tierbronzen spezialisiert und hatte seine Fertigkeiten durch Zeichen- und Sezierstudien im Zoo des Pariser Jardin des plantes geschult. Als Vertreter der Romantik porträtierte er Tiere in ihrer wildesten Gestalt, etwa wie sie sich gegenseitig töteten oder fraßen, was oft menschliche Gefühle symbolisierte.

Der Löwe galt bereits lange als Zeichen des Königtums. Hier packt der Löwe der Monarchie die teuflische Schlange, doch hat das Werk auch eine astrologische Bedeutung: Da die Machtergreifung im Sternbild des Löwen und der Hydra (Wasserschlange) stattgefunden hatte, symbolisiert die Skulptur auch die himmlische Zustimmung.

Animaliers (Tierbildner) wurden auf dem Salon gering geschätzt, doch waren ihre Werke bei der Öffentlichkeit sehr beliebt. Baryes 1832 im Garten des zwei Jahre zuvor eingenommenen Tuilerienpalasts aufgestellte Skulptur verhalf dem Genre zu neuem Ansehen. ■

Siehe auch: Assyrische Löwenjagd-Reliefs 34–35 ▪ *Laokoon-Gruppe* 42–43 ▪ Mark Aurel 48–49 ▪ *Die Löwenjagd* 176–177 ▪ *Der Tod des Sardanapal* 240–245

JEDES KUNSTWERK SOLLTE EINE MORAL HABEN

GRIECHISCHE SKLAVIN (1845)
HIRAM POWERS

IM KONTEXT

SCHWERPUNKT
Kunst und Moral

FRÜHER
1837 Der Bildhauer Henry Weekes porträtiert den Bischof von Madras in ausladendem Gewand, einen einheimischen Bekehrten dagegen fast nackt.

um 1844 William Behnes' Statue *Lady Godiva* ist ebenso wie Powers' *Griechische Sklavin* ein nicht klassisches Sujet im Stil der klassischen Antike.

SPÄTER
1853 John Bells *Eine Tochter Evas* ist direkt von Powers' Werk inspiriert.

1862 John Gibsons *Farbige Venus* schockiert auf der Londoner Weltausstellung. Anders als die edlen, einfarbigen Skulpturen empfindet man sie als nahezu pornografisch.

Hiram Powers (1805–1873) wuchs in Cincinnati (Ohio) auf und verbrachte den Großteil seines Schaffens in Italien, wo ihn antike Skulpturen inspirierten. Bekannt wurde er mit einer Reihe eindrucksvoller Porträtbüsten, am berühmtesten ist jedoch die Skulptur *Griechische Sklavin*. Sie wurde auf der Londoner Industrieausstellung 1851 gelobt und zog in den USA viele Besucher an.

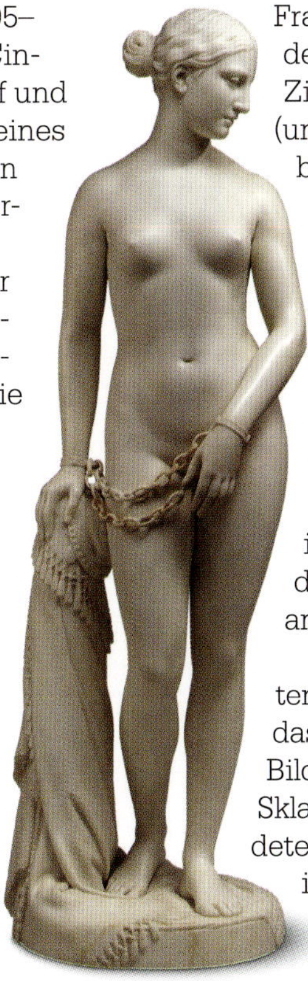

Rein und nackt

Die klassizistische Marmorstatue zeigt eine nackte griechische Sklavin, die von türkischen Händlern zum Verkauf angeboten wird. Die künstlerischen Konventionen jener Zeit setzten bekleidete Figuren mit einer zivilisierten, nackte hingegen mit einer primitiven Kultur gleich. *Griechische Sklavin* lief dem entgegen: Die nackte Frau ist aus Griechenland – der Wiege der westlichen Zivilisation – und Christin (unter der rechten Hand befindet sich ein Kreuz). Powers wollte die Skulptur als Sieg des Christentums über die Heiden verstanden wissen – die Sklavin ist rein, keusch, geduldig und über ihr Leid erhaben. Die moralische Botschaft war so eindringlich, dass Priester in den USA ihre Gemeinde drängten, sich die Skulptur anzusehen.

Die Statue war umstritten. Man fand es paradox, dass ein US-amerikanischer Bildhauer eine europäische Sklavin zu einer Zeit abbildete, als die Sklavereigegner in den USA Zulauf erhielten. »Wir haben eine griechische Gefangene aus totem Stein – warum nicht auch eine Sklavin aus Virginia aus lebendigem Ebenholz?«, fragte das Satiremagazin *Punch* 1851. ■

» Wie vollkommen sind die Symbole des Göttlichen und Teuflischen – des Schönen und Barbarischen – der menschlichen Natur hier repräsentiert! «

Brief in *The North Star*
(Abolitionistische Zeitung), 1850

Siehe auch: Bronzestatuen von Riace 36–41 ▪ *Junger Sklave* 144–145 ▪ *Venus von Urbino* 146–151 ▪ Grabmal für Erzherzogin Marie Christine 216–221 ▪ *Olympia* 279

ES GIBT KAUM EINEN NEULING, DER DIE EHRE DER AUSSTELLUNG NICHT ANSTREBT

DIE DEKADENZ DER RÖMER (1847) THOMAS COUTURE

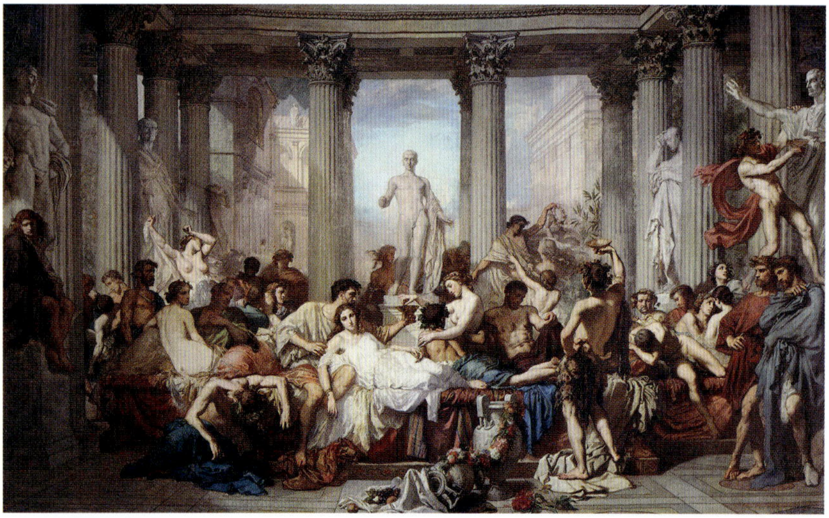

IM KONTEXT

SCHWERPUNKT
Salonmalerei

FRÜHER
1667 Die Académie royale de peinture et de sculpture veranstaltet die erste offizielle Ausstellung.

1725 Erste Ausstellungen finden im Salon Carré des Louvre statt.

um 1800 Jean-Auguste-Dominique Ingres wird zum erfolgreichen Salonmaler, doch will 1806 nach einer Kritik nie wieder ausstellen.

SPÄTER
1859 Jean-Léon Gérômes *Ave Caesar! Morituri te salutant* versinnbildlicht die im Salon populäre Sicht auf die Antike.

1863 Édouard Manets *Das Frühstück im Grünen* wird von der Jury des Salons abgelehnt.

1881 Die Académie des beaux-arts tritt die Leitung des Salons an die neue Société des artistes français ab.

Während des Großteils des 19. Jahrhunderts führte der Weg zum Erfolg als Künstler in Frankreich über den Salon – eine offizielle Kunstausstellung in Paris unter Leitung der Académie des beaux-arts. Sie bezog ihren Namen vom Salon Carré im Louvre, der die Ausstellung beherbergte, und wurde 1667 von Ludwig XIV. als Ausstellung der Werke von Künstlern der Académie royale de peinture et de sculpture initiiert. Bis 1737 fand sie in unregelmäßigen Abständen statt, im Anschluss erfolgte sie jährlich, später zweijährlich und stand allen Künstlern offen. Dennoch dominierten die Maler der Académie den Salon. Ab 1748 entschied eine Jury aus Akademiemitgliedern, die einen in Stil und Sujet konservativen Ansatz bevorzugte, über die Zulassung von Werken.

Dekadente Pracht

Der Salon erlebte in der ersten Hälfte des 19. Jahrhunderts seine Blüte als ein Ort, an dem Karrieren begründet oder vereitelt wurden. An seinen Wänden drängten sich Gemälde ehrgeiziger Künstler, die lukrative Aufträge oder einen Ankauf durch den Staat anstrebten.

Coutures *Die Dekadenz der Römer* hat viele Merkmale, die typisch für jene Kunst ist, die im Salon gedieh. Es ist ein Historiengemälde – ein Genre, das im 19. Jahrhundert als oberste Gattung galt und Sujets aus dem klassischen Altertum, der Mythologie sowie Allegorien umfasste und gemeinhin eine moralische Botschaft enthielt. Demzufolge schlägt auch Coutures Bild einen moralisierenden Ton an: Es zeigt die Auswirkung des Lasters auf die einstmals bedeutende römische Zivilisation, die sich im Niedergang befindet. Die Eskapaden der Feiernden stehen im Gegensatz

Siehe auch: *Die Heilige Familie auf der Treppe* 184–185 ▪ *Ascanius erlegt den Hirsch der Silvia* 192–195 ▪ *Kolosseum* 204–205 ▪ *Der Tod des Sardanapal* 240–245 ▪ *Löwe im Kampf mit Schlange* 248 ▪ *Madame X* 280

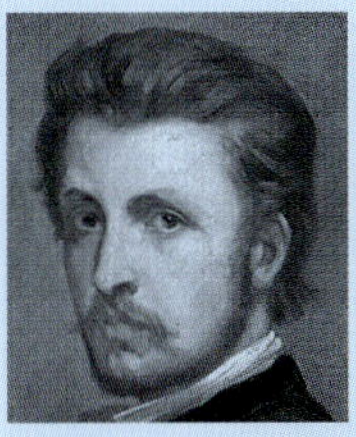

Thomas Couture

Thomas Couture wurde 1815 geboren und zog mit seiner Familie mit elf Jahren nach Paris. Dort studierte er Kunst und gewann 1837 den renommierten Prix de Rome. Um 1840 profilierte er sich im Salon mit einer Reihe anschaulicher Moralstücke, die in seinem berühmtesten Bild *Die Dekadenz der Römer* gipfelte. Couture begann darauf sein zweites großes Historienbild, *Die Rekrutierung von Freiwilligen 1792*, das er nicht vollendete. Sein Spätwerk war von Misserfolgen und versprochenen, aber nicht erfolgten Aufträgen geprägt. Dennoch war er ein begabter Porträtmaler und gefragter Lehrer, zu dessen Schülern Édouard Manet gehörte. Er starb 1879.

Weitere Hauptwerke

1840 *Der junge Venezianer nach einer Orgie*
1848–1852 *Die Rekrutierung von Freiwilligen 1792*
1857 *Das Duell nach einem Maskenball*

zu vergangenem Ruhm, Statuen längst verschiedener römischer Helden scheinen missbilligend auf die Schar herabzublicken. Das Pariser Publikum erkannte das Werk als satirische Allegorie der Skandale der Julimonarchie (einer liberalen Monarchie unter Louis-Philippe von 1830 bis 1848). Wie ein Kritiker es ausdrückte, war Coutures eigentliches Sujet »die Dekadenz der Franzosen«.

Die Dekadenz der Römer erregte Aufsehen auf dem Salon von 1847 und wurde wegen der Bildgröße und technischen Perfektion bewundert. Das imposante Bild misst 472 × 772 cm. Der dramatische Bildaufbau basiert auf einer zentralen Figurengruppe, der glatte Duktus erzeugt Wirklichkeitsnähe. Das Werk wurde vom Staat erworben, doch der Künstler und sein auf das klassische Altertum zurückgreifender Stil kamen mit der Etablierung des Realismus bald aus der Mode. Couture erkannte die Zeichen der Zeit. Auf *Der Realist* (1865) verspottet er die aktuelle Strömung und zeigt einen Künstler der neuen, von Gustave Courbet bekannt gemachten Schule: Der Porträtierende sitzt auf einer antiken Büste und malt einen Schweinekopf als Zeichen der Verderbtheit und Unwissenheit.

Außerhalb des Salons

Im Verlauf des 19. Jahrhunderts belächelten progressive Kritiker die vom Salon präferierte konservative Kunst und nannten sie *l'art pompier* (»Feuerwehrmann-Kunst«) – wohl weil die Helme der französischen Feuerwehr den attischen Helmen auf Schlachtszenen glichen. 1863 kam es zum Skandal, als die Jury des Salons 3000 Gemälde ablehnte, darunter Werke von Édouard Manet und Paul Cézanne. Mit dem Salon des Refusés entstand eine parallele Ausstellung der abgelehnten Bilder, die viel Aufmerksamkeit fand. Obwohl die Reaktion auf diesen Salon überwiegend kritisch war, verringerte er das Ansehen des offiziellen Salons und begründete eine Tendenz unabhängiger Ausstellungen progressiver Kunst. 1881 legte die Regierung die Schirmherrschaft des Salons nieder. ▪

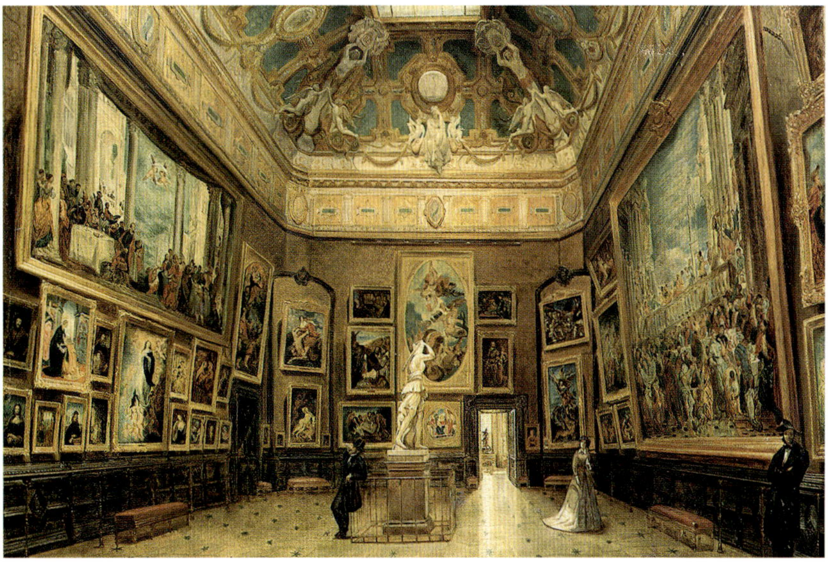

Der Salon Carré im Louvre-Palast, hier auf einem Gemälde um 1870, beherbergte ab 1725 unter Schirmherrschaft von Ludwig XV. den renommierten Pariser Salon.

ZEIGT MIR EINEN ENGEL, UND ICH WERDE EINEN MALEN

EIN BEGRÄBNIS IN ORNANS (1849/50) GUSTAVE COURBET

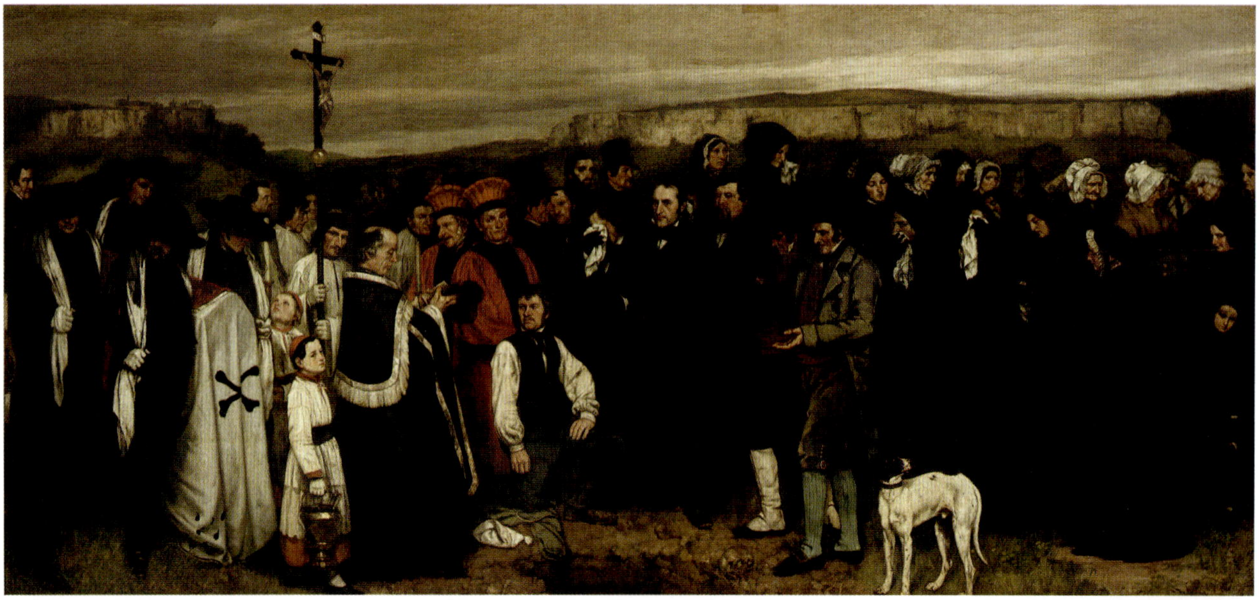

Der Begriff Realismus trifft auf jede Art wirklichkeitsnaher Kunst zu, besonders jedoch auf eine Strömung, die Mitte des 19. Jahrhunderts in Frankreich entstand. Sie wird hauptsächlich mit dem Maler Gustave Courbet in Zusammenhang gebracht, der im französischen Ornans geboren wurde und mit *Ein Begräbnis in Ornans* seinen Durchbruch in der Pariser Kunstszene hatte.

Courbet malte ihm bekannte Alltagsszenen, statt sich auf die erbaulichen, imaginären und moralisierenden Sujets des Salons (der akademischen französischen Kunst) zu konzentrieren. Sein nüchterner Ansatz allein hätte nicht zu großen Kontroversen geführt, doch er wählte für zahlreiche Bilder ein Monumentalformat, das traditionell pompösen heroischen, historischen, tragischen oder mythologischen Szenen vorbehalten war. Damit wollte Courbet – der eine rebellische Gesinnung besaß – eine Lanze für künstlerische Freiheit brechen. Seine Haltung gab Anlass zur Sorge im Zug der Februarrevolution von 1848, die zum Sturz des Bürgerkönigs Louis-Philippe und der Errichtung der konservativen Zweiten Französischen Republik führte. Unter diesen ideologischen Bedingungen wertete das bürgerliche Regime jedwedes Zeichen von Rebellion und jedweden Ruf nach Freiheit als politischen Sprengstoff.

Eine Frage der Größe

Als *Ein Begräbnis in Ornans* 1850 auf dem Pariser Salon ausgestellt wurde, stieß es auf heftige Kritik. Courbets Figuren waren keine idealisierten Salondarstellungen, sondern Freunde, Verwandte und das einfache Volk von Ornans, die Courbet ungeschönt und nach dem Leben gemalt hatte. Einige Kritiker mutmaßten gar, Courbet habe sie

IM KONTEXT

SCHWERPUNKT
Realismus

FRÜHER
um 1640 Werke der französischen Brüder Le Nain, wie *Bauernmahlzeit* (1642), waren wichtige Vorläufer von Courbets realistischem Stil.

1848 *Ein Kornschwinger* von Jean-François Millet stieß durch den Fokus auf das einfache Volk im Salon auf Kritik.

SPÄTER
um 1862–1864 Honoré Daumiers Gemälde *Wagen dritter Klasse* ist, getreu dem Prinzip des Realismus, ein Zeitzeugnis des modernen Lebens.

1872 Der Franzose Gustave Doré illustriert das gesellschaftskritische Buch *London, A Pilgrimage* mit Ansichten der städtischen Armenviertel.

1885 Das düstere Bild *Die Kartoffelesser* von Vincent van Gogh greift auf Bauernszenen des Realismus zurück.

absichtlich hässlich dargestellt. Auch das Format war ein Problem. Courbet hatte ein einfaches Landbegräbnis in epischer Größe abgebildet. Die Leinwand maß 660 × 310 cm. Ein Monumentalgemälde sollte die Fantasie anregen oder Emotionen hervorrufen, doch Courbets Sujet galt als banal, die Figuren waren zu gewöhnlich für dieses Format.

Radikale Malerei

Auch wenn Courbet mit Anarchisten, Freidenkern und republikanischen Aktivisten verkehrte, bleibt fraglich, ob er sich selbst als radikal sah. Er behauptete, die Rolle als Hauptvertreter der realistischen Malerei sei ihm übergestülpt worden und alle sogenannten radikalen Merkmale – wie die ungeschönte Darstellung von Armut und manueller Arbeit – seien in den Gemälden der anderen Realisten ausgeprägter. Tatsächlich ist *Ein Begräbnis in Ornans* eine getreue Wiedergabe einer französischen Bestattung jener Zeit – die Trennung der Trauergäste nach Männern und Frauen, die breitkrempigen Filzhüte der Sargträger und das Sargtuch mit schwarzen, gekreuzten Knochen und schwarzen Tränen. Doch einige Bildelemente folgen nicht bloßen Fakten: So könnten zwei der Figuren Courbets gerade verstorbene Großeltern darstellen, der Schädel im Vordergrund ist eine Allegorie des Jedermann, und obwohl das offene Grab direkt vor dem Betrachter liegt, wird bezeichnenderweise die Identität des Verstorbenen nicht preisgegeben. Das Bild ist eine Meditation über den Tod und umso bewegender, weil sie von einfachen Menschen und nicht von den Göttern oder Helden der Antike vermittelt wird. ■

Siehe auch: *Die Jäger im Schnee* 154–159 ▪ *Das Angelusläuten* 279 ▪ *Die Wolgatreidler* 279 ▪ *Die Klinik Gross* 280

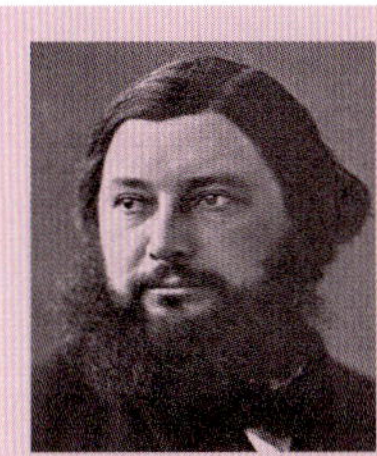

Gustave Courbet

Gustave Courbet wurde 1819 im französischen Ornans geboren und zog 1839 nach Paris, wo er rasch zum eigenen Stil fand. In den 1850er-Jahren feierte man ihn als führenden Vertreter des Realismus. 1855 zeigte er auf einer wegweisenden Einzelausstellung während der Weltausstellung sein berühmtestes Bild *Das Atelier des Künstlers*. Später stieß er mit seiner rebellischen Gesinnung auf Schwierigkeiten. 1871 beteiligte er sich an dem revolutionären Stadtrat der Pariser Kommune. Repressalien folgten, er wurde kurz inhaftiert, bevor er in die Schweiz emigrierte. Dort blieb er bis zu seinem Tod 1877.

Weitere Hauptwerke

1849 *Nach dem Essen in Ornans*
1854–1855 *Das Atelier des Künstlers*
1866 *Der Ursprung der Welt*

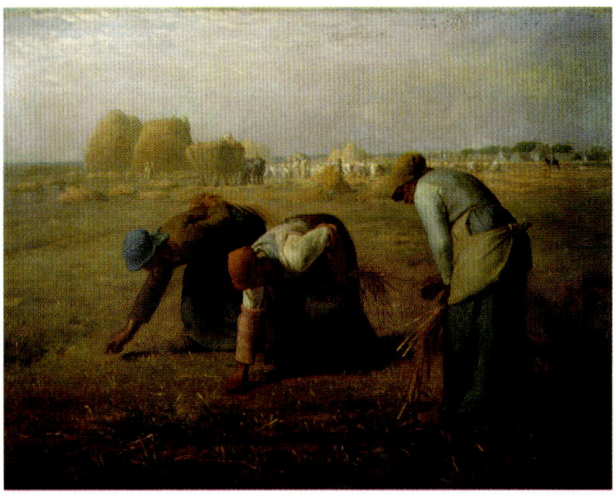

Jean-François Millets *Die Ährenleserinnen* (1857) widmet sich der Realität und sozialen Ungerechtigkeit von Landarbeit. Drei Frauen bücken sich, um die Ähren aufzulesen, während ein Reiter (ganz rechts) – wohl der Aufseher des Landbesitzers – sie dabei überwacht.

MAN KANN DAS DONNERGROLLEN FÖRMLICH HÖREN

ABENDSCHAUER ÜBER DER GROSSEN BRÜCKE IN ATAKE (1857), UTAGAWA HIROSHIGE

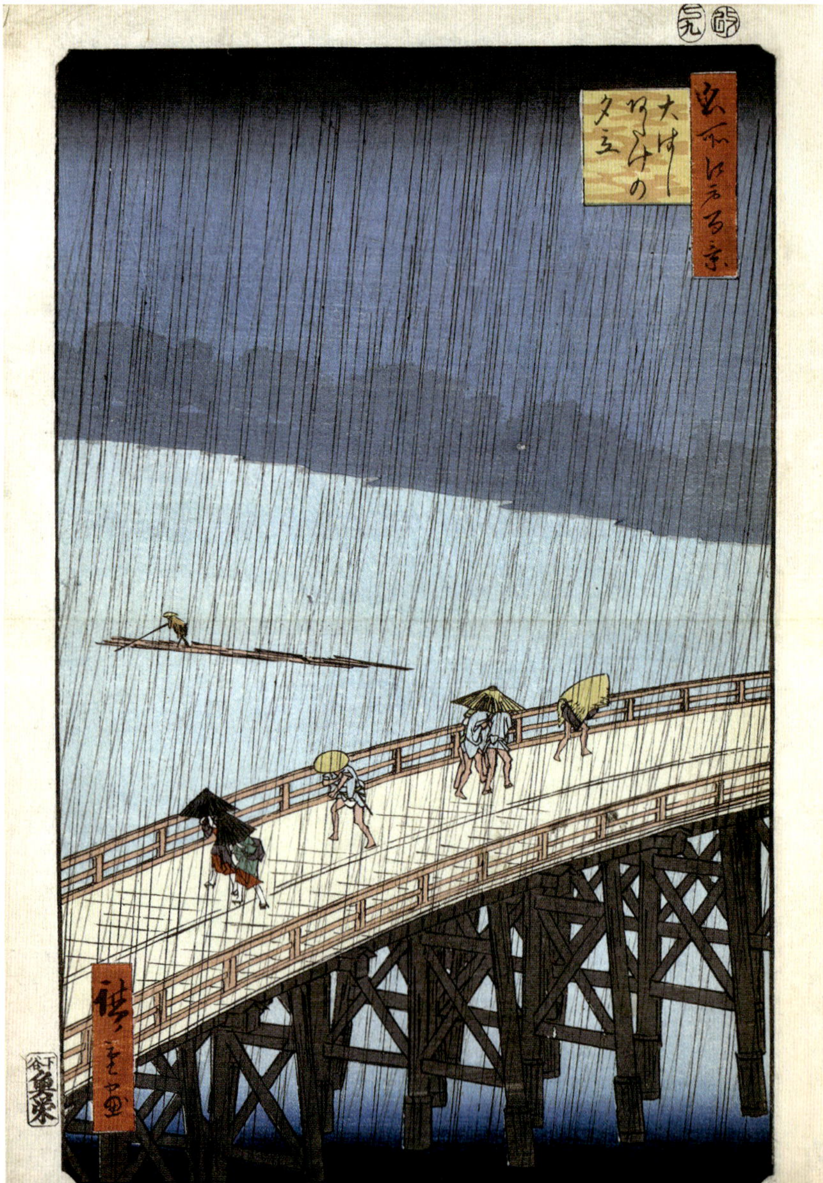

IM KONTEXT

SCHWERPUNKT
Japanische Drucke

FRÜHER

Ende 17. Jh. Hishikawa Moronobu begründet mit Illustrationen von mehr als 100 Büchern den *Ukiyo-e*-Stil.

1765 Suzuki Harunobu fertigt erste mehrfarbige, *Nishiki-e* genannte Holzschnitte.

1826–1833 Katsushika Hokusai fertigt den Druckzyklus *36 Ansichten des Berges Fuji*.

SPÄTER

1887 Vincent van Gogh kopiert Hiroshiges *Abendschauer*. Japanische Drucke inspirieren Maler wie Edgar Degas und Claude Monet.

1904 Kanae Yamamotos *Fischer* begründet die Kunstströmung des *Sosaku-hanga* (Kreativer Holzschnitt).

Japanische Drucke hatten einen großen Einfluss auf die europäische Kunst in der zweiten Hälfte des 19. Jahrhunderts, als Japan sich nach jahrhundertelanger Isolation dem Westen öffnete. Progressive europäische Künstler, die ständig nach neuen Inspirationen suchten, waren beeindruckt vom leuchtenden Kolorit, der frischen, aufgeräumten Anmutung sowie der neuen Kultur, die die Drucke offenbarten.

Holzschnitte erlebten im Japan der Edo-Zeit (1603–1868) ihre Blüte, einer friedlichen Ära unter der Herrschaft der Tokugawa-Shogune, in der Kunst und Kultur gediehen. Ende des 18. Jahrhunderts war das goldene Zeitalter des Holzschnitts.

Siehe auch: Niō-Tempelwächterstatuen 79 ▪ *Wind in den Bäumen am Flussufer* 96–97 ▪ *Die vier apokalyptischen Reiter* 128–131 ▪ *Frauen im Garten* 256–263 ▪ *Die große Welle vor Kanagawa* 278

» Hiroshige ist ein prachtvoller Impressionist. «

Camille Pissarro
Brief an seinen Sohn, 1893

Massenproduzierte Drucke machten Kunst für alle erschwinglich. Einige Meister dieser Kunstform – wie Kitagawa Utamaro, berühmt für Ansichten schöner Frauen, Katsushika Hokusai und Hiroshige – schufen herausragende Werke, die zu Sammlerobjekten wurden.

Die von den europäischen Künstlern bewunderte Schlichtheit der Drucke resultierte auch aus dem komplizierten Druckvorgang, der in Gemeinschaft zwischen Verleger, Künstler, Holzschneider und Drucker entstand. Der Entwurf des Künstlers auf Papier wurde von einem geschickten Holzschneider auf Kirschholz übertragen. Ein Drucker fertigte den Druck, zuweilen mit 20 bis 30 Druckstöcken für die Einzelfarben. Daher eigneten sich einfache Entwürfe am besten.

Die fließende Welt

Am bekanntesten waren *Ukiyo-e*-Drucke (Bilder der fließenden Welt). Diese Welt kreiste um hedonistische Vergnügungen in den Amüsiervierteln großer Städte mit Kabuki-Theatern, Teehäusern, Bordellen, Feuerwerken und Sumo-Wettkämpfen. *Ukiyo-e*-Drucke zeigten vor allem Schauspieler,

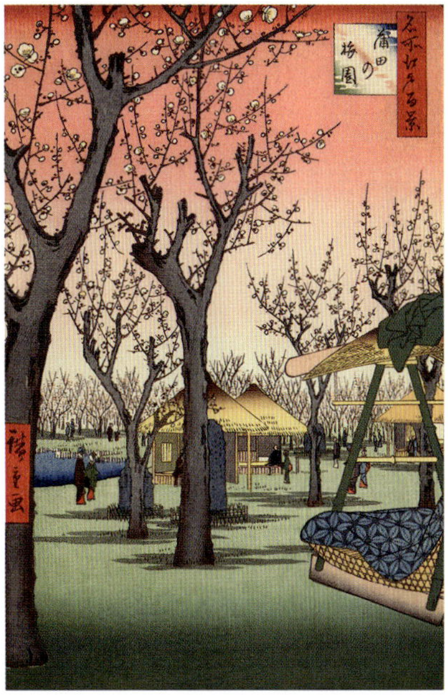

Der Pflaumengarten in Kamata (1857) aus Hiroshiges *Hundert berühmte Ansichten von Edo* hat eine typische Struktur. Große Elemente im Vordergrund rahmen den Hintergrund.

Geishas und Kurtisanen, zu denen sich später Landschafts- und Stadtansichten gesellten, zunächst als Hintergrundgestaltung, dann als eigenständiges Genre.

Hiroshige wurde in Edo geboren, das 1868 in Tokio umbenannt wurde, als die Hauptstadt aus Kyotō dorthin verlegt wurde. Er porträtierte sein Haus zu jeder Jahreszeit unter verschiedenen Wetterbedingungen. *Abendschauer* stammt aus seinem letzten großen Druckzyklus *Hundert berühmte Ansichten von Edo*. Auf diesem Druck beschwört er den heftigen Sommersturm durch den dunklen, drohenden Farbverlauf (*Bokashi*) im oberen Bildteil und die geniale Darstellung der Regentropfen herauf. Er benutzte zwei Druckstöcke für den Regen und zeichnete die Linien in leicht verschiedenen Winkeln und Farben. Wie viele japanische Künstler verwendete Hiroshige nicht die westlichen Perspektiveregeln und schuf mit Mitteln wie der Brücke und dem hohen Blickpunkt räumliche Tiefe. Zusammen mit den sparsam gezeichneten, unter Hüten und Schirmen verborgenen Figuren entstand ein überzeugendes und bezauberndes Bild. ▪

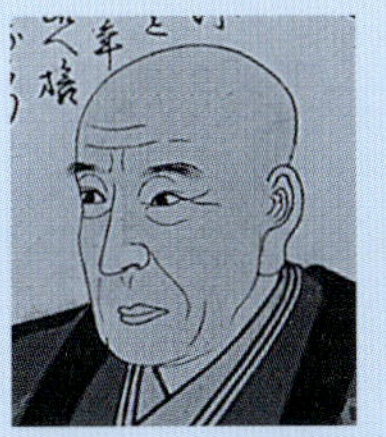

Utagawa Hiroshige

Utagawa Hiroshige wurde 1797 in Edo als Sohn eines Feuerwehroffiziers geboren. Dieses Amt erbte er später. Er studierte bei dem *Ukiyo-e*-Meister Utagawa Toyohiro und fand allmählich zum eigenen Stil. Sein Werk wurde erstmals 1818 ausgestellt, seine ersten Drucke kreisten um Sujets wie Krieger und Kabuki-Schauspieler. Später konzentrierte er sich auf natürliche Formen und Landschaftsansichten, die oft seine Reisen dokumentierten. Hiroshige schuf Tausende Drucke. Er beeinflusste die westliche Kunst, besonders die Impressionisten. 1858 starb er während einer Choleraepidemie.

Weitere Hauptwerke

1833/34 Zyklus *Die 53 Stationen des Tōkaidō*
1837 Zyklus *Die 69 Stationen des Kisokaidō*

MALEN, WIE DER VOGEL SINGT

FRAUEN IM GARTEN (1866/67)

CLAUDE MONET

Detail aus *Frauen im Garten*

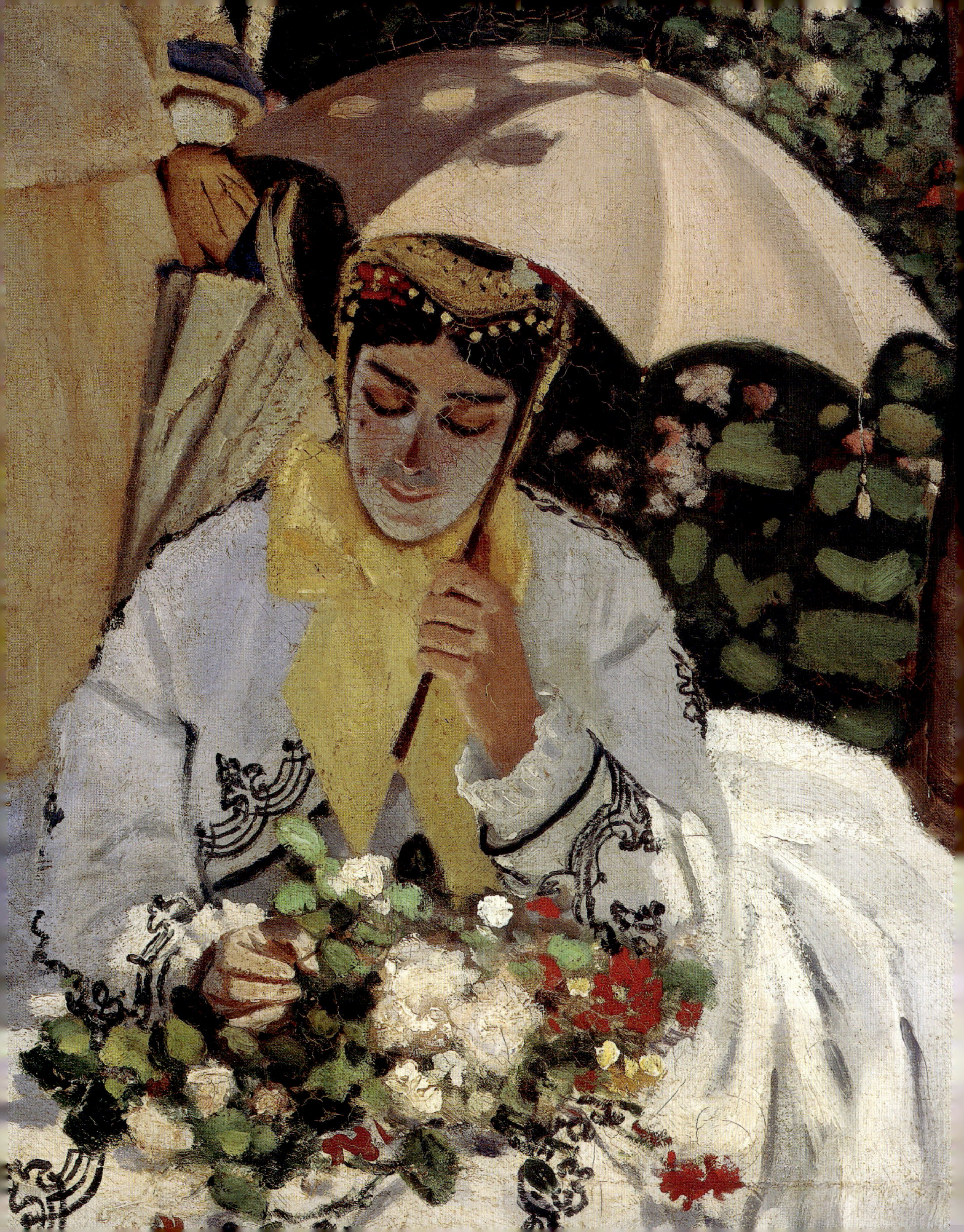

IM KONTEXT

SCHWERPUNKT
Impressionismus

FRÜHER

1858 Eugène Boudin malt luftige Strandstücke und führt Monet in die Freilichtmalerei ein.

1863 Édouard Manets *Das Frühstück im Grünen* erregt einen Skandal.

1864 Der Niederländer Johan Barthold Jongkind malt lichtdurchflutete Landschaften in der Normandie.

SPÄTER

1867 *Familientreffen* von Frédéric Bazille strahlt in mediterranem Kolorit und Licht.

1869 Monet und Pierre-Auguste Renoir arbeiten zusammen in La Grenouillère.

ab 1899 Monet malt eine Serie der Seerosen in seinem Garten in Giverny.

Der Impressionismus war eine äußerst einflussreiche Strömung und einer der Grundsteine der modernen Kunst. Er entstand in den 1860er-Jahren in Frankreich und erreichte dort seine Blüte, doch Stilvariationen bildeten sich in vielen Teilen Europas sowie in den USA und Australien heraus. Die Impressionisten hatten kein klares Manifest, doch vereinte sie eine Reihe von Zielen und Idealen. Diese liefen denen des Salons, der Ausstellung der Académie des beaux-arts, die das französische Kunstestablishment des 19. Jahrhunderts verkörperte, entgegen.

Mitte des 19. Jahrhunderts feierte der Salon Künstler, die erbauliche Sujets aus Geschichte und Mythologie abbildeten. Derartige Szenen umfassten idealisierte Figuren in detailreicher, vollendeter Technik mit nicht erkennbarem Pinselduktus. Gustave Courbet und andere Vertreter des Realismus hinterfragten die Vorgaben des Salons in den 1850er-Jahren durch prosaische anstelle der etablierten »edlen« Sujets. Doch erst im Werk Édouard Manets kristallisierte sich ein Gegenentwurf zum Akademismus heraus. Auf zwei seiner berühmtesten Bilder, *Das Frühstück im Grünen* und *Olympia*, übertrug er traditonelle Motive in eine moderne Sprache und empörte damit die Salonbesucher.

> »Arbeiten Sie nebeneinander am Himmel, Wasser, an den Zweigen und der Erde … Haben Sie keine Angst, kräftige Farbe aufzutragen … Malen Sie flott und ohne Zögern, denn es ist wichtig, den ersten Eindruck festzuhalten.«
>
> **Camille Pissarro**

Mitglieder der Gruppe

Der innere Kreis der Impressionisten lernte sich Anfang der 1860er-Jahre in Paris als Schüler der Académie Suisse (Claude Monet, Camille Pissarro, Paul Cézanne und Armand Guillaumin) oder des Ateliers des Schweizer Malers Charles Gleyre (Claude Monet, Pierre-Auguste Renoir, Alfred Sisley und Frédéric Bazille) kennen. Manet und Edgar Degas, die auch zu den Gründern der Bewegung zählten, waren etwas älter und brachen nicht völlig mit der etablierten Kunst, um einen Erfolg auf diesem Weg nicht zu gefährden. Manet stellte nie mit den Impressionisten aus. Mary Cassatt lernte die Gruppe über ihren Freund Degas kennen, Berthe Morisot über ihre familiäre Beziehung zu Manet.

Malen, was man sieht

Manets Maxime, »Man muss in seiner Zeit leben und malen, was man sieht«, fand bei den jungen

Claude Monet

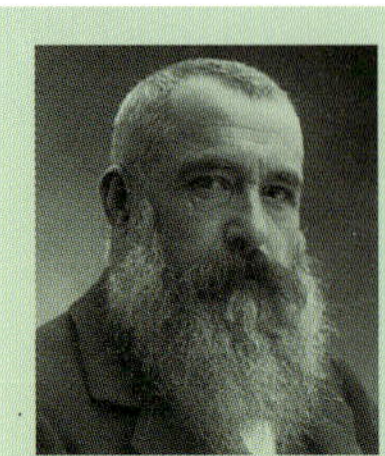

Claude Monet wurde 1840 als ältester Sohn eines Kaufmanns geboren. Er studierte an der Académie Suisse und in Gleyres Atelier. Seine eigentlichen Lehrer waren Boudin und Jongkind, die ihm die Freilichtmalerei nahebrachten. Nach dem Militärdienst in Algerien war er in Paris tätig und errang Erfolge am Salon. Während des Deutsch-Französischen Kriegs (1870/71) floh er nach London, wo er den Kunsthändler Paul Durand-Ruel traf, der fortan seine Werke kaufte. 1890 erwarb er ein Haus in Giverny, wo er den Wassergarten schuf, den er bevorzugt malte. Er starb 1926.

Weitere Hauptwerke

1869 *Badende in La Grenouillère*
1873 *Mohnfeld bei Argenteuil*
1877 *Bahnhof Saint-Lazare*
1892–1894 *Die Kathedrale von Rouen* (Serie)

Siehe auch: *Ascanius erlegt den Hirsch der Silvia* 192–195 ▪ *Ein Sonntagnachmittag auf der Insel La Grande Jatte* 266–273 ▪ *Olympia* 279 ▪ *Die Loge* 279–280 ▪ *Der Absinth* 280 ▪ *Mutter, ihr Kind badend* 281

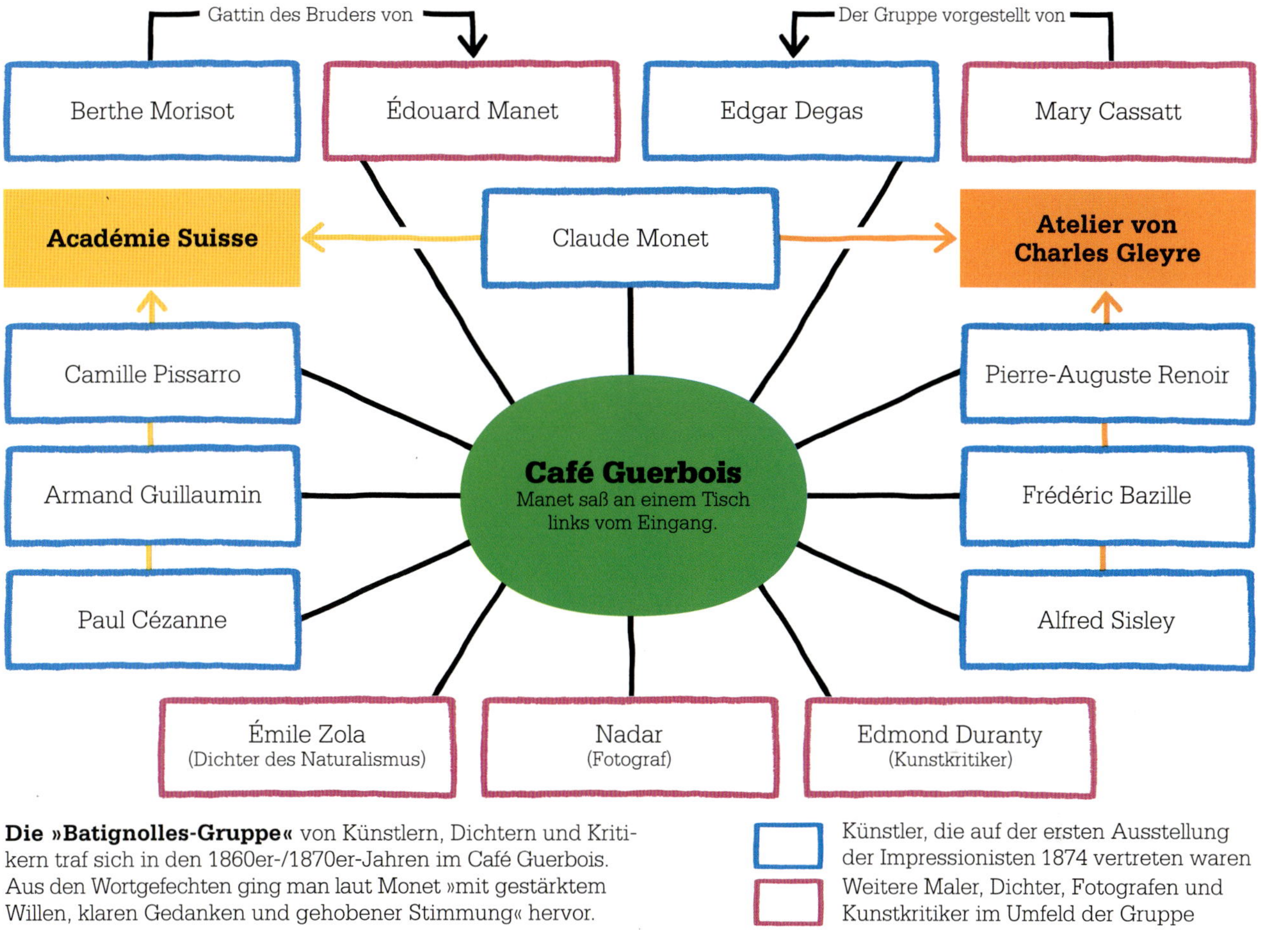

Die »Batignolles-Gruppe« von Künstlern, Dichtern und Kritikern traf sich in den 1860er-/1870er-Jahren im Café Guerbois. Aus den Wortgefechten ging man laut Monet »mit gestärktem Willen, klaren Gedanken und gehobener Stimmung« hervor.

Impressionisten Anklang, die daraufhin Paris in ihren Bildern ein Denkmal setzten. Die Stadt wurde damals von Baron Haussmann radikal umgestaltet, die engen, mittelalterlichen Gassen durch breite Boulevards, offene Plätze und Parks ersetzt. Die Impressionisten wandten sich von klassischen Sujets ab und zeigten stattdessen, wie die Pariser sich amüsierten – tranken, sich in Cafés trafen, Boot fuhren und an der Seine oder auf dem nun durch die Eisenbahn zugänglichen Land picknickten. Degas malte Ballerinen der Pariser Oper und fing die Atmosphäre auf der Pferderennbahn Longchamp ein. Morisot und Cassatt hingegen widmeten sich dem Leben der Frauen und malten Besuche im Theater oder beim Schneider. Ironischerweise lebten Monet, Renoir, Sisley und Pissarro in Armut, während sie unbekümmerte Szenen von sich vergnügenden Menschen heraufbeschworen.

Freilichtmalerei

Die Impressionisten wollten flüchtige Momente einfangen. Ein Hauptmerkmal des Stils ist die Freilichtmalerei (*en plein air*). Davor wurden Landschaften im Atelier aus Skizzen komponiert, doch die Impressionisten suchten nach einer direkteren Auseinandersetzung mit der Natur.

Im Freien zu arbeiten war kein neues Konzept. Die Künstler der Schule von Barbizon, wie Jean-François Millet, hatten ab den 1830er-Jahren im Wald von Fontainebleau gemalt, doch ihre Bilder im Atelier vollendet. Andere Maler hatten Witterungsbedingungen präzise in ihren Landschaften dokumentiert. Der englische Künstler John Constable – dessen Werke ››

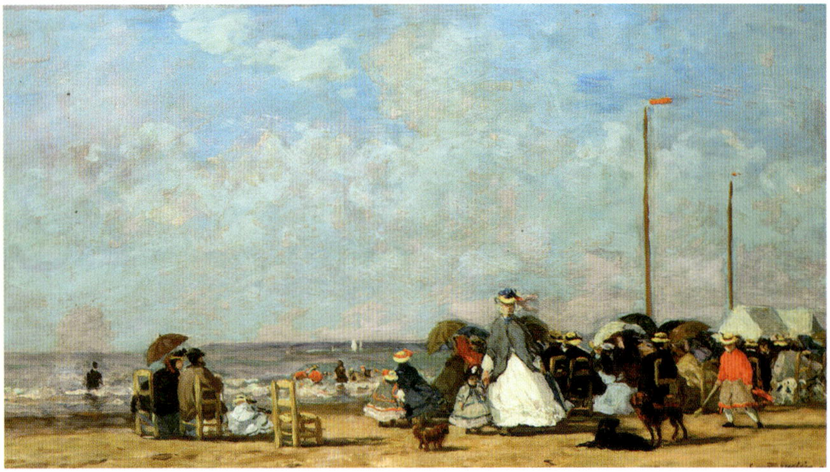

Eugène Boudin malte in den 1860er- und 1870er-Jahren mehrere Ansichten des Strands von Trouville. Sein Duktus fängt das klare Licht und den frischen Wind des beliebten Seebads ein.

die Schule von Barbizon inspiriert hatten – fertigte zahlreiche Ölstudien von Wolken und Himmel und notierte dabei Wetter und Uhrzeit. Auf seinen Skizzen der Küste der Normandie analysierte Eugène Boudin die Form von Wellen und Wolken und vermerkte am Rand Uhrzeit und Windrichtung.

Die Impressionisten gingen einen Schritt weiter und befanden, Naturphänomene ließen sich nur völlig erfassen, wenn man das gesamte Bild im Freien malte. Dieser Ansatz warf das Problem auf, wie ein Bild unter wechselnden Licht- und Wetterverhältnissen zu vollenden sei. Die Lösung der Impressionisten bestand darin, schnell zu arbeiten und kleine Formate zu wählen. Zudem entwickelten sie Mittel, Formen zu vereinfachen. Sie mieden unbedeutende Details oder dezidierte Umrisse und verwendeten kein Schwarz für den Schatten. Stattdessen nutzten sie eine optische Wirkung: Sie setzten Komplementärfarben nebeneinander (Rot und Grün, Orange und Blau, Gelb und Violett), die sich aus einiger Entfernung im Auge des Betrachters vermischten und eine vibrierende Farbigkeit erzeugten.

Der Vorteil dieser Farbgebung war, dass man weniger Zeit zum Anmischen der Farbnuancen auf der Palette brauchte. Man setzte einfach Komplementärfarben in kurzen Pinselstrichen nebeneinander, um den gewünschten Effekt zu erreichen. Der Nachteil war, dass die Bilder zuweilen skizzenhaft und formlos erschienen, was anfänglich zu Kritik führte.

Die Freilichtmalerei wurde durch zwei technische Neuerungen begünstigt: Durch die schnelle Entwicklung synthetischer Pigmente stand Künstlern eine viel größere Farbauswahl zur Verfügung. Entscheidender noch war aber das Aufkommen transportabler Tubenfarben, die viel praktischer waren als die Schweineblasen oder Glasbehälter, in denen Farbe zuvor aufbewahrt worden war.

Experimente

Monet malte *Frauen im Garten* zu einem frühen Zeitpunkt seines Schaffens, als er verschiedene Methoden der Freilichtmalerei erprobte. Die größte Inspiration bot

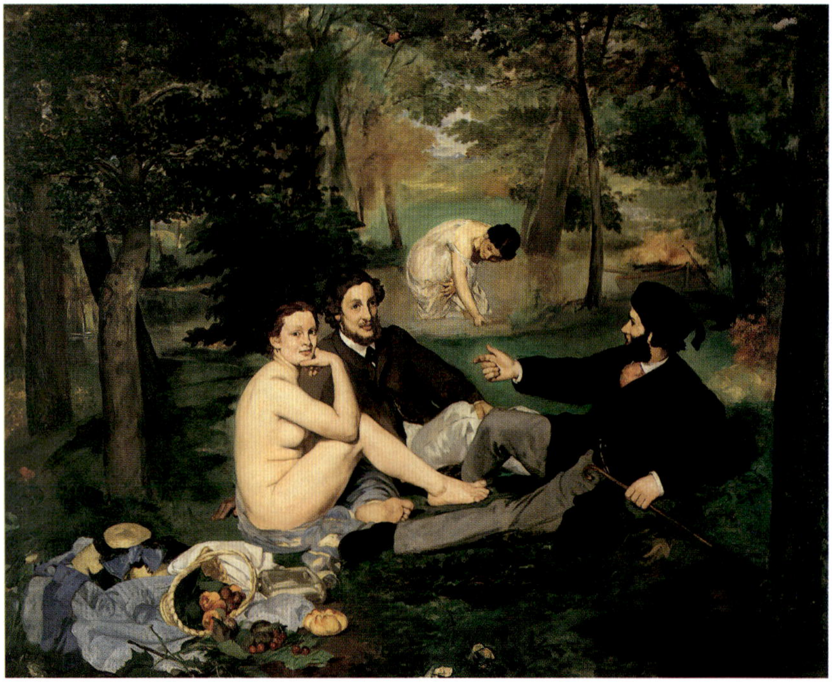

Manets *Das Frühstück im Grünen* (1863) brach mit Konventionen, weil es die Regeln der Perspektive missachtete und modern gekleidete Männer beim Picknick mit einer nackten Frau zeigte.

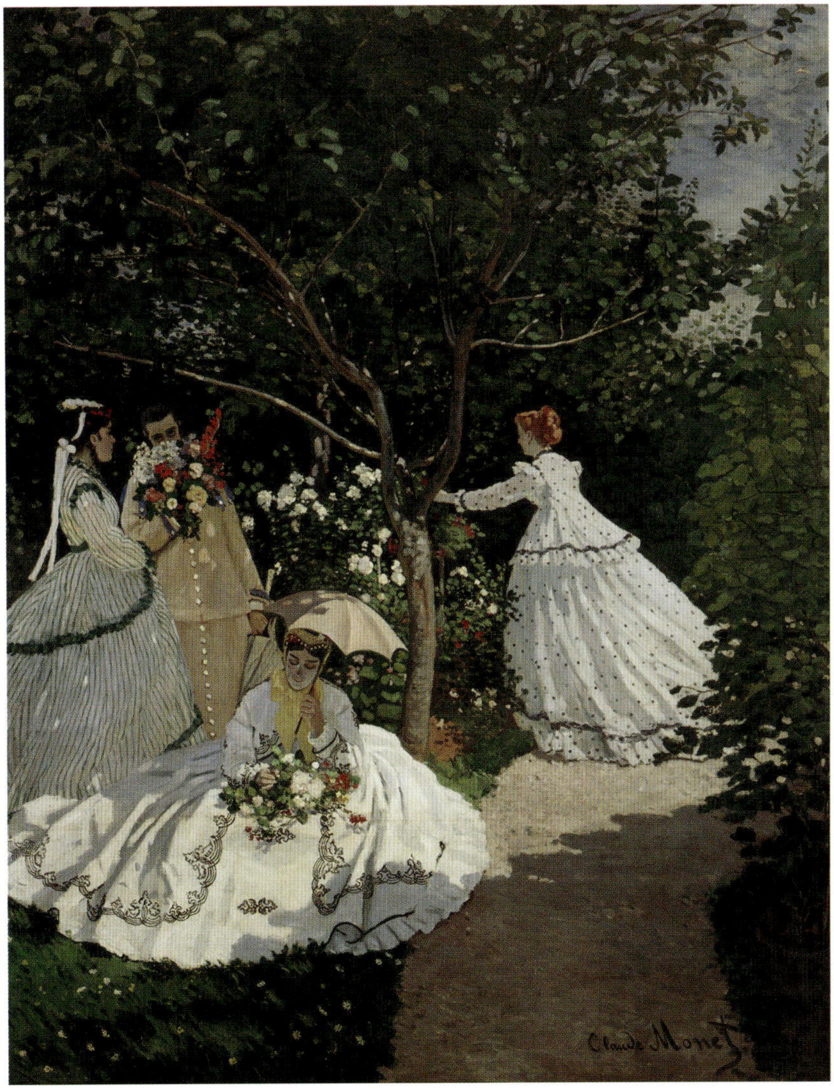

Frauen im Garten ist kein Porträtbild – die Gesichter der Frauen sind undeutlich. Es beschäftigt sich vielmehr mit der Farbe des Lichts und der Beziehung zwischen Licht und Schatten.

Manets *Das Frühstück im Grünen*, ein Gemälde, das auf dem Salon de Refusés (einer Ausstellung von Werken, die vom offiziellen Salon abgelehnt worden waren) einen großen *Succès de scandale* verbuchen konnte. Monet wollte zwar unbedingt den Erfolg von Manets Bild wiederholen, jedoch weniger den Skandal. Demzufolge verzichtete er auf Aktdarstellungen, als er eine Serie mit Figuren in einer Landschaft begann.

Die Umgebung auf Manets *Das Frühstück im Grünen* war vollständig im Atelier komponiert worden. Monet hingegen war entschlossen, seine Szenen im Freien zu malen. Er war in dieser Praxis bereits recht geübt und beim Skizzieren in der Normandie von Eugène Boudin und Johan Barthold Jongkind unterwiesen worden.

Licht des Gartens

Monets erster, ebenfalls *Das Frühstück im Grünen* betitelter Versuch schlug fehl. Er begann 1865 mit dem 400 × 600 cm messenden Monumentalwerk, doch stellte die Arbeit daran ein, als er es 1866 seinem Hauswirt als Pfand überlassen musste. Mit *Frauen im Garten* nahm er das Sujet wieder auf, jedoch in nur noch halb so großem Format und deutlich handlicher.

Um das Werk im Freien malen zu können, hob Monet einen Graben aus und errichtete einen komplexen Flaschenzug, um das Bild herablassen oder heraufziehen zu können. Durch diesen Geniestreich konnte er an verschiedenen Bildteilen arbeiten, ohne seinen Blickwinkel verändern zu müssen.

Frauen im Garten entstand im Garten des Hauses, das Monet in dem Pariser Vorort Ville d'Avray gemietet hatte, und zeigt vier Damen beim Blumenpflücken. Es heißt, der Bildaufbau basiere auf einer Fotografie der Familie von Monets Freund und Kollegen Bazille. Monets Geliebte (und spätere Frau) Camille Doncieux stand für die weiblichen Figuren Modell, doch das eigentliche Sujet des Bilds ist das Spiel des Lichts auf den Kleidern der Frauen. Das Leuchten der reflektierten Sonnenstrahlen auf dem Rock der Frau im Vordergrund wird verstärkt durch den Kontrast zu den fein nuancierten Schatten des Blattwerks zur Rechten und des Sonnenschirms der Frau.

Monet stieß auf große Schwierigkeiten. Er wollte das Bild im Freien vollenden, doch musste sich bei Wintereinbruch ins Atelier zurückziehen. Zudem musste er sich wegen der hohen Materialkosten für das großformatige Gemälde verschulden. Zu allem Übel lehnte die Jury des Salons von 1867 das Werk ab und bemängelte den »

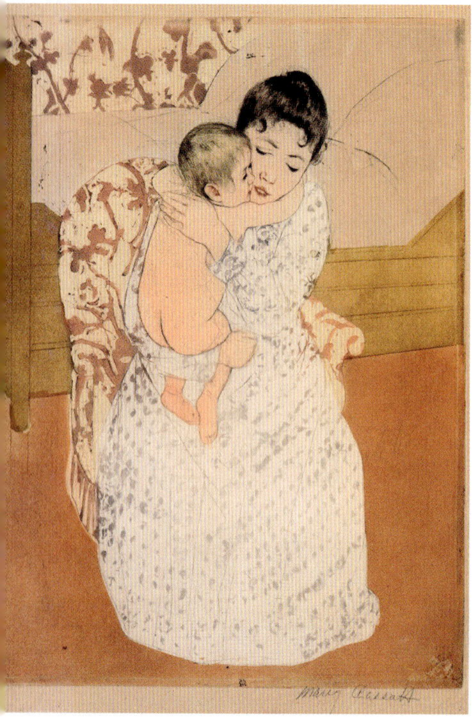

Die scherenschnittartig dekorative Flächigkeit von *Mütterliche Liebkosung* (1890/91) aus einer Serie von zehn Farbradierungen der US-Amerikanerin Mary Cassatt ist deutlich japanisch inspiriert.

achtlosen Pinselduktus und fehlenden narrativen Inhalt.

Der Misserfolg von *Frauen im Garten* markierte einen Wendepunkt in Monets Schaffen. Er löste sich von dem Kompromiss, Bilder zu malen, die geeignet waren für den Salon, ihm aber dennoch Raum zum Experimentieren ließen, verschrieb sich zunehmend der Freilichtmalerei und entwickelte hierbei effektivere Methoden. Statt Monate an einem Bild zu arbeiten, konzentrierte sich Monet auf deutlich kleinere Formate und malte so schnell, dass er kleinste Veränderungen des Lichts oder Wetters festhalten konnte.

Kreative Einflüsse

Neben der Freilichtmalerei wurde der Impressionismus von zwei weiteren Faktoren beeinflusst – der japanischen Kunst und der Fotografie. Ab 1850 waren japanische Drucke in der westlichen Welt verbreitet. Ihr frischer, dekorativer Ansatz bot große Inspiration. Japanische Künstler folgten nicht dem westlichen Verständnis von Perspektive und sorgten sich nicht um einzelne Details. Sie stützten sich auf prägnante kompositorische Mittel – flächige Formen, ungewöhnliche Winkel und beeindruckende Nahansichten.

Die meisten Impressionisten standen bis zu einem gewissen Grad unter dem Einfluss japanischer Drucke, Degas und Cassatt jedoch am augenfälligsten. Beide schufen höchst originelle, eigenständige Grafiken. Bei Cassatt wird der japanische Einfluss bei einer eindrucksvollen Serie von zehn um 1890 entstandenen Farbradierungen am deutlichsten. Sie ließ sich derart inspirieren, dass einige ihrer Figuren unverkennbar japanische Züge tragen.

Einige Impressionisten standen ebenfalls unter dem Eindruck der neu entstandenen Fotografie. Manche nutzten sie als Hilfsmittel, obwohl sie die tatsächliche Rolle, die Fotografien in ihren Werken spielte, verschwiegen. Andere ließen sich von den merkwürdigen Bildausschnitten oder Blickwinkeln der frühen Fotografien inspirieren. Degas' *Die Ballettschule* ist ein solches Beispiel: Vor Erfindung der Fotografie hätte kein Maler eine unvorteilhafte Pose wie die der sich bückenden Tänzerin in der Mitte abgebildet. Auch ein Element wie die Wendeltreppe zur Linken, auf der man die Beine der hinabgehenden Ballerinen sieht, wäre nicht zum Einsatz gekommen. Dieser Kompositionsstil war radikal neu und verlieh der Szene echte Frische und Spontaneität.

» Alles, was man direkt vor Ort malt, hat eine Kraft, eine Stärke, eine Lebendigkeit, die im Atelier wiederzugeben nicht möglich wäre. «

Eugène Boudin

» Sie geben nicht die Landschaft wieder, sondern die von der Landschaft ausgelöste Empfindung. «

Jules-Antoine Castagnary
Le Siècle, 1874

Unabhängige Ausstellung

Die Impressionisten formten und diskutierten ihre Ideen in den Cafés und Lokalen von Paris. Das Café Guerbois auf der Avenue de Clichy in der Nähe von Manets Atelier im Viertel Batignolles war ein beliebter Treffpunkt für bildende Künstler, Dichter, Musiker und Kritiker wie Edmond Duranty, der ihr Werk unterstützte. Monet beschrieb später die erhebende Stimmung und den gestärkten Willen, die aus diesen Begegnungen resultierten. Als Folge der Diskussionen beschloss die Künstlergruppe, eine eigene Ausstellung zu organisieren, die frei von den Einschränkungen des Salons und dessen rigoroser Jury war. Die Ausstellung eröffnete am 15. April 1874 im Atelier des Fotografen Nadar. Die Gruppe bezeichnete sich als Anonyme Gesellschaft der Kunstmaler, Bildhauer und Grafiker. Ihren berühmten Namen erhielt sie erst im Zuge der Ausstellung: Der Kritiker Louis Leroy verfasste eine negative Kritik in der Satirezeitschrift *Le Charivari* und bezeichnete die Künstler in Anspielung auf den Titel von Monets Bild *Impression, Sonnenaufgang* abwertend als »Impressionisten«. Was ursprünglich als Beleidigung gemeint war, wurde bald darauf von der Gruppe selbst als Bezeichnung übernommen.

Öffentliche Anerkennung

Insgesamt fanden zwischen 1874 und 1886 acht Ausstellungen der Impressionisten statt, obwohl sich nicht alle gänzlich dem neuen Stil verschrieben hatten, wie Paul Gauguin, Georges Seurat und der symbolistische Maler Odilon Redon. Die ersten Ausstellungen wurde von den meisten Kritikern verrissen, doch die Einstellung der Öffentlichkeit zu dem Stil änderte sich allmählich. Gleiches gilt für die Besucherzahlen. Die erste Ausstellung zog insgesamt nur etwa 3500 Besucher an, die letzte wurde von etwa 500 Menschen täglich gesehen.

Um 1886 hatten die Ausstellungen ihren Zweck erfüllt. Der Erfolg der Werkschau der Impressionisten hatte das Quasimonopol des Salons als Hüter des guten Geschmacks wirksam untergraben und andere Gruppen bestärkt. Auch wenn sich die Mitglieder noch gelegentlich trafen, gingen sie stilistisch eigene Wege. 1884 veranstaltete eine Künstlergruppe den Salon des Indépendants, der gänzlich auf eine Auswahljury verzichtete. Andere Präsentationen folgten, insbesondere der 1903 initiierte Salon d'Automne, der die kontroverse Kunst der vielen Anfang des 20. Jahrhunderts entstandenen Avantgarde-Strömungen präsentierte. ■

Die Ballettschule (1873) von Edgar Degas ist eine kühne Komposition von Tänzerinnen in nicht klassischen Posen. Degas malte viele Szenen mit Ballerinen und Pferden sowie Porträts.

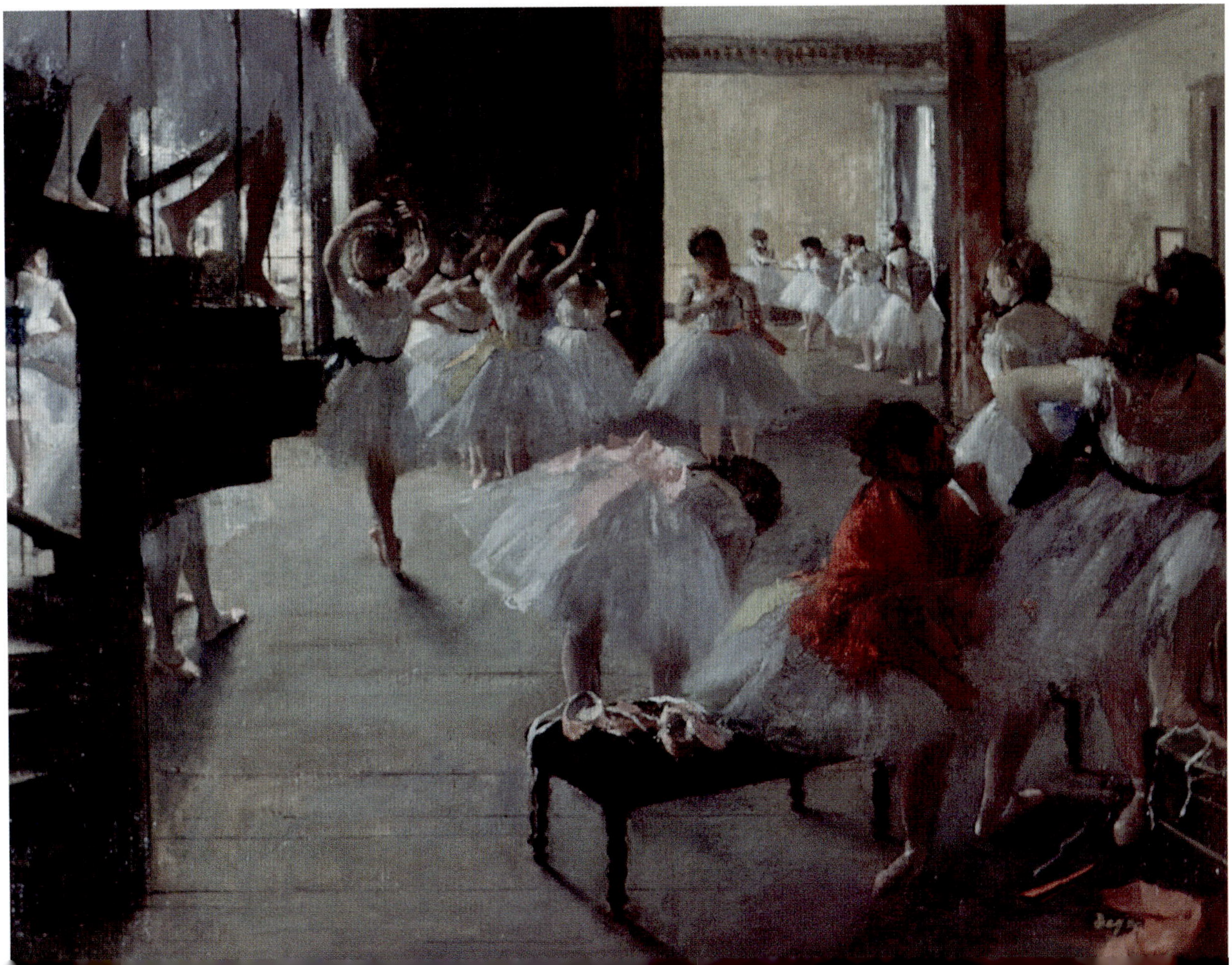

DER GEGENSTAND HAT NICHTS ZU TUN MIT DER HARMONIE DER FARBEN

NOCTURNE IN SCHWARZ UND GOLD: DIE FALLENDE RAKETE (1875), JAMES ABBOTT McNEILL WHISTLER

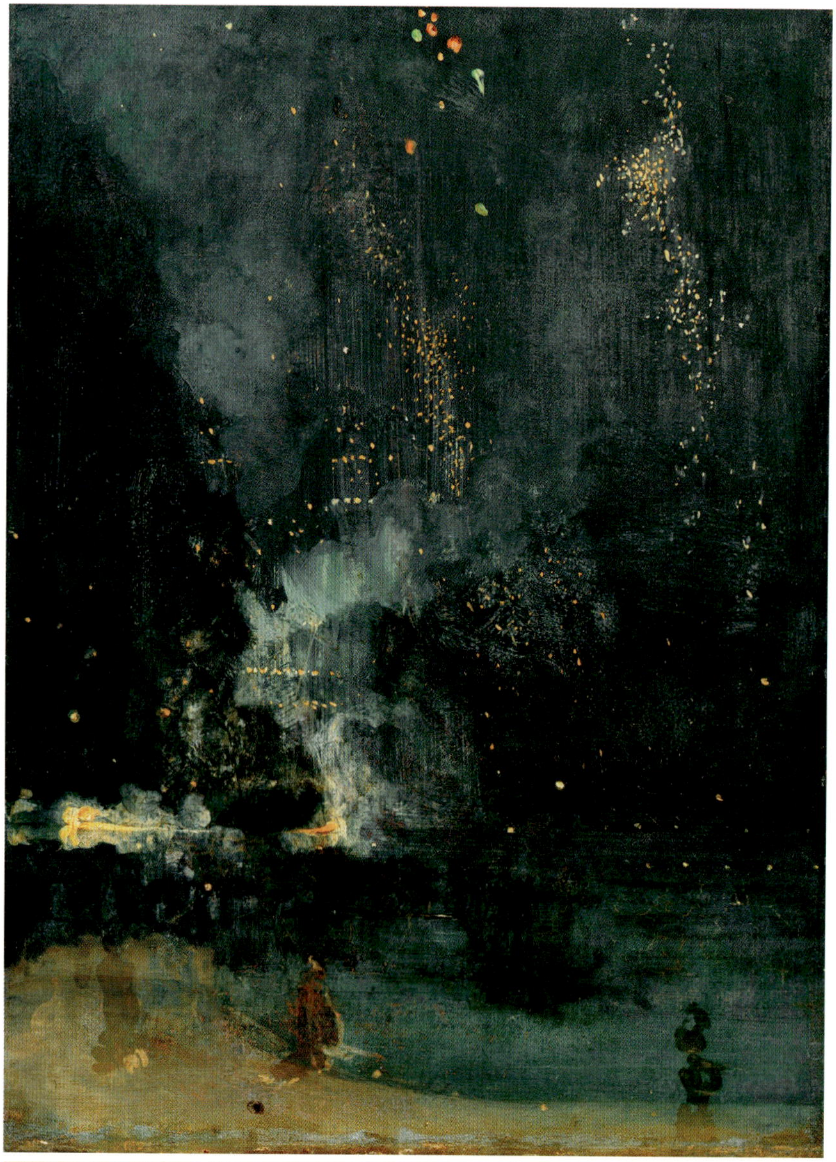

IM KONTEXT

SCHWERPUNKT
Ästhetizismus

FRÜHER

1848 Dante Gabriel Rossetti ist Mitbegründer der englischen präraffaelitischen Bruderschaft, die sich gegen das Konventionelle und Banale in der Kunst richtet.

1854 Die Flächigkeit und das limitierte Kolorit der japanischen Kunst beginnt, westliche Maler zu beeinflussen.

SPÄTER

1880 Edward Burne-Jones stellt das traumartige Bild *Die goldene Treppe* aus, das auf Whistlers Gedanken zu Malerei und Musik zurückgreift.

1880er-Jahre Der Whistlerschüler Walter Greaves malt Flussszenen, die den *Nocturnes* seines Lehrers sehr ähneln.

1892 Walter Cranes *Die Rosse des Neptun* verkörpert sein vom Ästhetizismus beeinflusstes Schaffen.

Der Ästhetizismus entstand in der zweiten Hälfte des 19. Jahrhunderts, basierend auf dem Grundprinzip »L'art pour l'art« (»Kunst um der Kunst willen«). Die Theorie wurde Anfang des Jahrhunderts von dem französischen Schriftsteller Théophile Gautier entwickelt und beschrieb eine autonome Kunst, die den Künstler von dem Druck befreie, moralische oder didaktische, narrative oder naturalistische Werke zu schaffen. James Abbott McNeill Whistler erkannte Parallelen zwischen Malerei und Musik und gab seinen

Siehe auch: *Tintern Abbey* 214–215 ▪ *Flucht nach Ägypten* 222 ▪ *Frauen im Garten* 256–263 ▪ *Ein Sonntagnachmittag auf der Insel La Grande Jatte* 266–273 ▪ *Die Kindheit der Jungfrau Maria* 278–279 ▪ *Herbstlaub* 279 ▪ *Komposition VI* 300–307

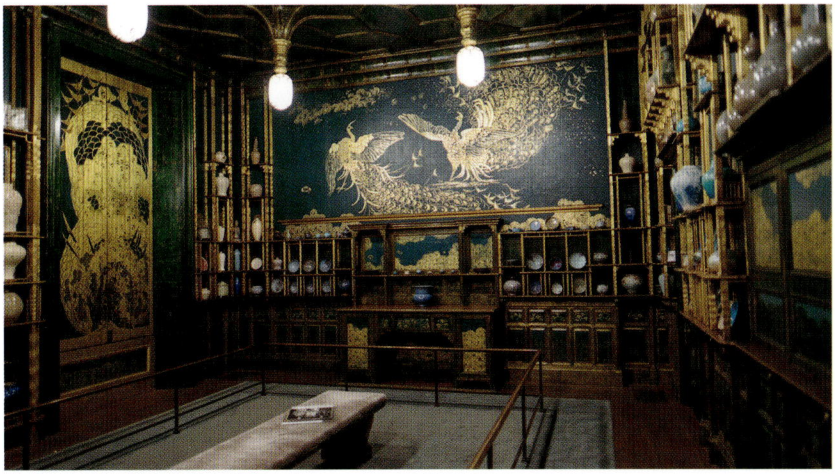

Whistler malte das Pfauenzimmer zwischen 1876 und 1877 im Haus des wohlhabenden Reeders Frederick Leyland. Es war deutlich von japanischer Kunst beeinflusst.

Werken Titel von Musikstücken. Seine Bilder – selbst die Porträts – sind »Harmonien«, »Arrangements«, »Symphonien« oder »Nocturnes« (träumerische Nachtstücke).

Bilder der Nacht

Die meisten *Nocturnes* von Whistler beschwören neblige, dämmrige Ansichten der Londoner Themse herauf. Whistler ließ sich oft stundenlang von seinen Atelierassistenten Walter und Henry Greaves über das Wasser rudern. Er skizzierte das gewählte Sujet und prägte es sich ein, während das eigentliche Bild im Atelier entstand, wo er mit flüssiger »Soße« arbeitete – Farben, die er mit Leinöl, Terpentin und Kopal verdünnt hatte. Er trug sie in dünnen, transparenten Schichten auf, um ein zartes, harmonisch abgestuftes Kolorit zu erreichen.

Nur gelegentlich porträtierte Whistler Uferszenen: *Die fallende Rakete* zeigt den Vergnügungspark Cremorne in Chelsea, wo ein Feuerwerk zu den nächtlichen Amüsements gehörte. Obwohl das Bild auf den ersten Blick quasi abstrakt erscheinen mag, kann man bei genauem Hinsehen einen sich windenden Weg mit drei verschwommenen Figuren ausmachen – ein Effekt, den Whistler womöglich von den geisterhaften Bildern der frühen Fotografie entlehnte. Neben formalen Studien ließ er sich von unterschiedlichsten Quellen inspirieren: Lebenslang bewunderte er das Werk des großen spanischen Malers des 17. Jahrhunderts, Diego Velázquez, und begegnete in Frankreich dem Vertreter des Realismus, Gustave Courbet, der seinen anfänglichen Stil prägte. In London freundete er sich mit Dante Gabriel Rossetti und den Präraffaeliten an und kombinierte ihren Stil mit seinem steigenden Interesse an japanischer Kunst.

Die fallende Rakete war keinesfalls sein bestes *Nocturne*-Werk, doch sicher das bedeutsamste: Es verursachte einen berüchtigten Prozess, als der gefeierte Kritiker John Ruskin das Bild 1877 verriss. Der entrüstete Whistler klagte wegen Verleumdung. Die anschließende Verhandlung wurde in der Öffentlichkeit geführt. Der Maler bekam recht, doch ihm wurde nur ein symbolischer Schadensersatz zugesprochen. Für beide war der Prozess eine persönliche Tragödie. Ruskins psychischer Zustand verschlechterte sich, und Whistler ging bankrott. In weiterem Sinne handelt es sich jedoch um ein wegweisendes Urteil zugunsten künstlerischer Freiheit. ▪

James Abbott McNeill Whistler

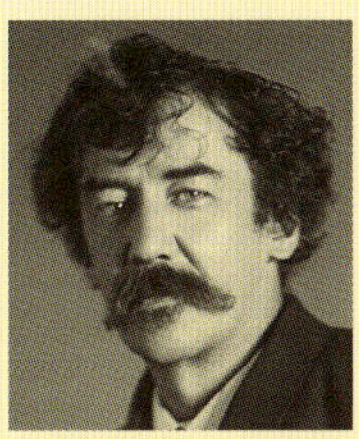

James Abbott McNeill Whistler wurde 1834 in den USA als Sohn eines Militäringenieurs geboren. Er trat der Militärakademie in West Point bei, die er nicht beendete. Er wandte sich der Kunst zu, zog 1855 nach Paris und ließ sich im Atelier von Charles Gleyre ausbilden. Um 1870 begann Whistler die *Nocturnes*, die zu avantgardistisch für den Geschmack des Publikums waren. Seine Porträts waren jedoch gefragt. 1879 zog er sich nach Venedig zurück, wo er einen kunstvollen Radierzyklus schuf. Später lebte er in Paris und London. Dort starb er 1903.

Weitere Hauptwerke

1862 *Symphonie in Weiß Nr. 1: Mädchen in Weiß*
1871 *Arrangement in Grau und Schwarz: Porträt der Mutter des Künstlers*

EIN KUNSTWERK, DAS SEINEN URSPRUNG NICHT IN EMPFINDUNGEN HAT, IST KEINE KUNST

EIN SONNTAGNACHMITTAG AUF DER INSEL LA GRANDE JATTE **(1884), GEORGES SEURAT**

Detail aus *Ein Sonntagnachmittag auf der Insel La Grande Jatte*

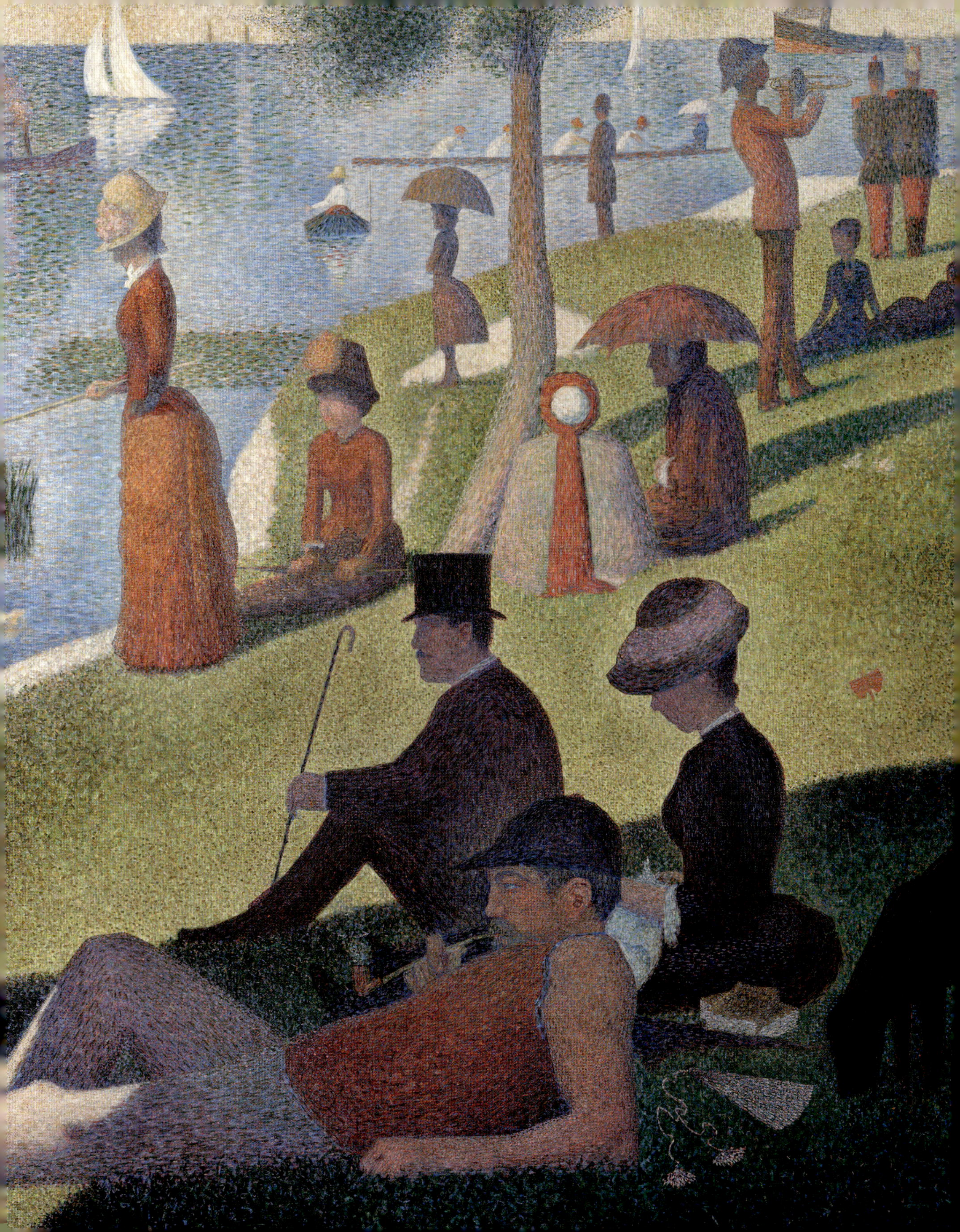

IM KONTEXT

SCHWERPUNKT
Postimpressionismus

FRÜHER
1879 Ogden Roods wegweisendes Buch *Die moderne Farbenlehre* formuliert eine wissenschaftliche Farbtheorie.

1881 Seurat kopiert *Der arme Fischer* des Malers Pierre Puvis de Chavannes, den er sehr bewunderte.

1884 Seurat begegnet dem Malerkollegen Paul Signac auf dem Salon des Indépendants.

SPÄTER
1888 Paul Gauguin besucht Vincent van Gogh in Arles, doch reist nach van Goghs Zusammenbruch sofort ab.

1891 Gauguin zieht nach Tahiti, um dem »gekünstelten« europäischen Leben zu entfliehen.

1904 Der Salon d'Automne zeigt die Werke Paul Cézannes.

Zum Zeitpunkt ihrer letzten Ausstellung 1886 in Paris hatten die Impressionisten einen neuen Malstil etabliert, der die französische Kunst reformiert hatte. Getreu Édouard Manets berühmter Maxime »Man muss in seiner Zeit leben und malen, was man sieht« wollten sie Bewegung, Licht und Reflexion flüchtiger Momente einfangen. Doch ihr Fokus auf die visuelle Erscheinung ihrer Sujets rief den Widerstand von Künstlern hervor, die nach intellektuell, spirituell oder emotional aufgeladenen Themen suchten. Ihre Werke werden oft als »postimpressionistisch« bezeichnet, ein Begriff, der sich nicht auf eine bestimmte Philosophie oder Herangehensweise bezieht, sondern auf Künstler, die einen Gegenentwurf zum Impressionismus etablierten. Im Speziellen beschreibt er das Schaffen von vier Künstlern Ende des 19. Jahrhunderts – Georges Seurat, Paul Gauguin, Vincent van Gogh und Paul Cézanne – sowie ihrer zugehörigen Kreise.

Werkschau in London

Keiner von ihnen kannte den Begriff »postimpressionistisch«. Er wurde 1910 von dem englischen Kritiker Roger Fry geprägt, der einen Titel für eine Ausstellung in den Londoner Grafton Galleries suchte. Die Ausstellung »Manet and the Post-Impressionists« konzentrierte sich auf die Werke Manets, Gauguins, van Goghs und Cézannes.

Fry verfasste mit dem jungen Literaturkritiker Desmond MacCarthy das Vorwort des Katalogs. Sie suchten nach Merkmalen, die die Gruppe einten. Fry und MacCarthy konstatierten, dass alle zugehörigen Maler sich gegen den

» Ich war dem Impressionismus bis ans Ende gefolgt … ich war in einer Sackgasse … Indem er direkt nach der Natur malt, sucht der Maler nur nach der Wirkung … «

Pierre-Auguste Renoir

Georges Seurat

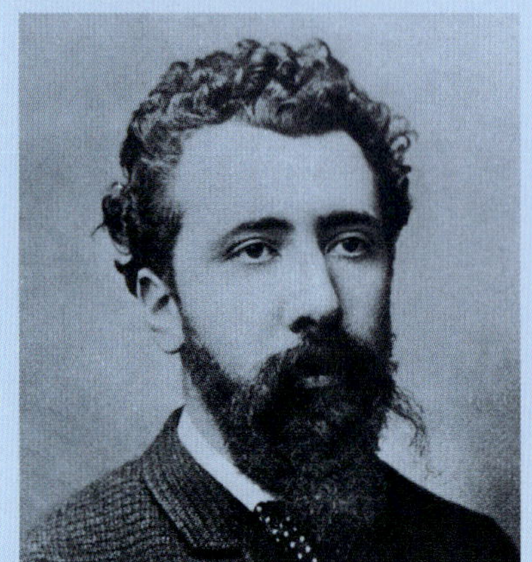

Seurat wurde 1859 in Paris als Sohn eines wohlhabenden Gerichtsdieners geboren. Früh zeigte sich sein zeichnerisches Talent. Er studierte an der École des beaux-arts, doch lernte mehr durch seine Begegnung mit dem Symbolisten Pierre Puvis de Chavannes. Seurats erstes wichtiges Gemälde war das 1884 ausgestellte *Badende in Asnières*. Zusammen mit dem Erfolg von *Ein Sonntagnachmittag auf der Insel La Grande Jatte* sicherte es seinen Ruf in progressiven Kunstkreisen. Seurat sah sich als Erfinder der neoimpressionistischen Technik und wandte sie nicht nur auf Pariser Ansichten, sondern auch auf einen atmosphärischen Zyklus verlassener Häfen in der Normandie an. Er experimentierte mit vielen Ideen und erforschte gerade neue Theorien über die psychologische Wirkung expressiver Farben und Linien, als er 1891 einer Krankheit erlag.

Weitere Hauptwerke

1883/84 *Badende in Asnières*
1888 *Die Zirkusparade*
1890 *Frau mit Puderquaste*
1890 *Der Kanal von Gravelines*

Siehe auch: *Frauen im Garten* 256–263 ▪ *Tanz des Lebens* 274–277 ▪ *Olympia* 279 ▪ *Die Loge* 279–280 ▪ *Selbstbildnis mit verbundenem Ohr und Pfeife* 280 ▪ *Der Tag Gottes* 281 ▪ *Badende* 281 ▪ *Frau mit Hut* 288–289

Die Postimpressionisten verfolgten einen methodischen (Seurat und Cézanne) oder intuitiven Ansatz (Gauguin und van Gogh) beim Experimentieren mit vereinfachten Formen und verfremdeten Farben.

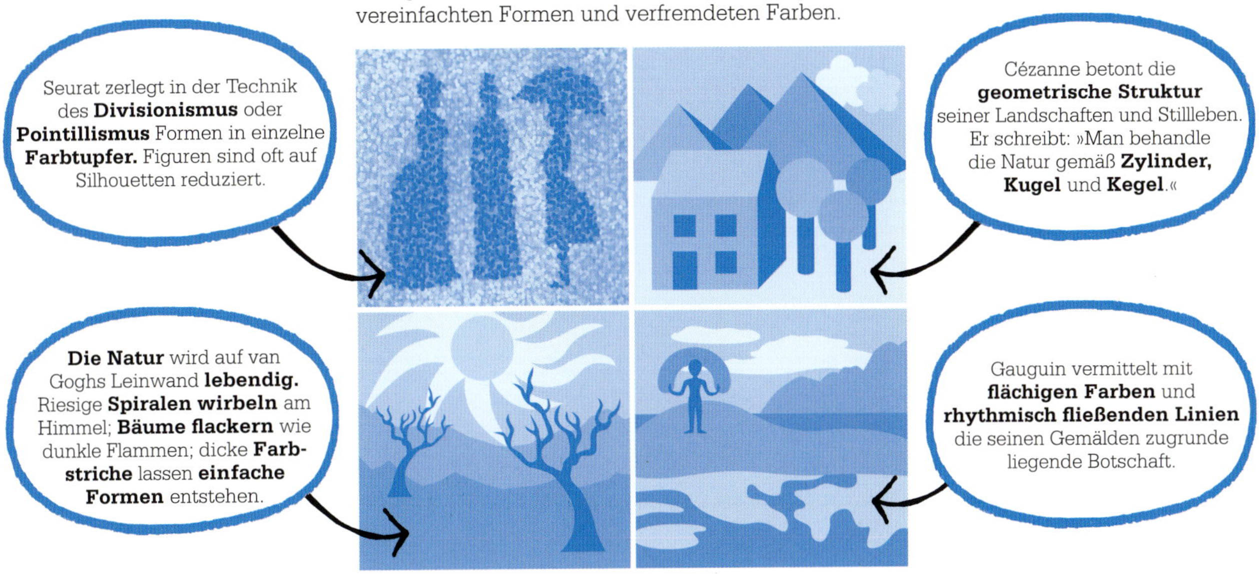

Naturalismus der Impressionisten wandten und stattdessen nach einer »emotionalen Bedeutung der Dinge« suchten. Nach mehreren Vorschlägen entschieden sie sich für die Bezeichnung »Post-Impressionisten«, ohne zu ahnen, dass der Begriff mehr als hundert Jahre später noch in Gebrauch sein würde.

Die Ausstellung verursachte einiges Aufsehen. Viele Kritiken fielen negativ aus, was die Galerie nicht von einer zweiten Werkschau der Postimpressionisten im Jahr 1912 abhielt.

Anfänge

Für Fry zählte Seurat nicht zum Kern der Gruppe. Er war auf der Ausstellung von 1910 nur mit zwei Werken vertreten, doch hatte er sich als Erster von den Prinzipien des Impressionismus entfernt. Sein Monumentalbild des Parks auf der Île de la Jatte stand bei der letzten Werkschau der Impressionisten 1886 im Mittelpunkt der Aufmerksamkeit. Auf den ersten Blick war es durch zahlreiche Merkmale mit dem Impressionismus verbunden – es war eine moderne Ansicht der Pariser Stadtbevölkerung bei Vergnügungen im Freien, und auch Seurat lag die Behandlung des Lichts sehr am Herzen.

> »Sie sehen Poesie in dem, was ich mache. Nein, ich wende meine Methode an, das ist alles.«
>
> **Georges Seurat**

Doch wo Claude Monet und Pierre-Auguste Renoir Licht und Farbe intuitiv eingesetzt und zügig im Freien gemalt hatten, wandte Seurat wissenschaftliche Methoden zu Optik und Farbe systematisch und präzise an, um ein leuchtendes, lebendiges Kolorit zu erreichen. Im Gegensatz zu dem für impressionistische Werke typischen Gefühl von Bewegung atmet Seurats Bild eine greifbare Stille. Die Figuren sind steif und statisch, die Schatten unveränderlich, was dem Gemälde etwas Traumartiges verleiht.

Ein Sonntagnachmittag auf der Insel La Grande Jatte ist ein bis ins Detail geplantes Bild. Seurat fertigte zahlreiche Kohlezeichnungen der Figuren und Details. Mithilfe mehrerer Ölskizzen entwickelte er die Komposition. Eine davon war so detalliert, dass sie mit ausgestellt wurde. Sie zeigte die Landschaft der Insel ohne die Figuren des »

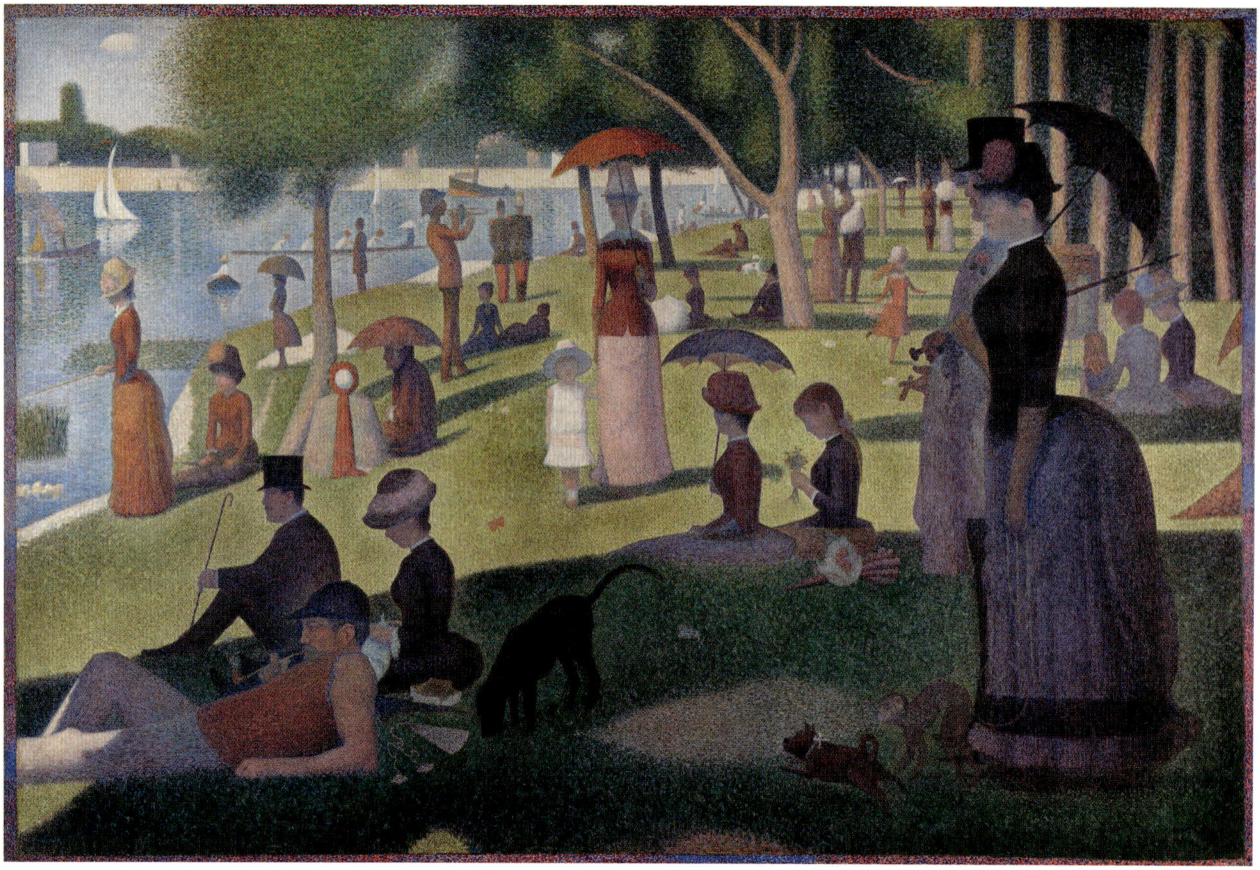

Die Île de la Jatte ist eine Seine-Insel im Westen von Paris. Seurats Darstellung von Menschen im dortigen Park gilt zuweilen als seine Stellungnahme zur heuchlerischen französischen Etikette.

letztendlichen Gemäldes. Seurat nutzte die Skizze zur Platzierung der Schatten. Sie waren ein Schlüsselelement der Komposition; so lenkt der große Schatten im Vordergrund das Auge des Betrachters in das Bild hinein.

Anders als die übliche temporeiche Freilichtmalerei der Impressionisten, entstand das letztendliche Gemälde gänzlich im Atelier. Das große Format von 310 cm Breite mag Seurat Schwierigkeiten bereitet haben, denn er konnte nicht weit genug zurücktreten, um das Bild als Ganzes zu sehen. Im finalen Werk sind einige proportionale Diskrepanzen erkennbar: So ist die Dame in der Mitte zu groß, da sie sich auf derselben Bildebene wie die angelnde Frau auf der Linken befindet.

Farbenlehre

Wie andere Künstler jener Zeit kannte Seurat die jüngsten Theorien zur Farbwahrnehmung und setzte sie bewusst in seinem Werk ein. In dem Buch *Grammaire des arts du dessin* (1867) des Kunstkritikers Charles Blanc erfuhr er von Michel Eugène Chevreuls Gesetzen der Simultankontraste. Sie besagen, dass Komplementärfarben wie Rot und Grün an Intensität gewinnen, wenn man sie direkt nebeneinandersetzt, und an Kraft verlieren, wenn man sie mischt. Seurat las auch *Die Moderne Farbenlehre mit Hinweisung auf ihre Benutzungen in Malerei und Kunstgewerbe* (1879) des US-amerikanischen Physikers und Malerdilettanten Ogden Rood. Das an Künstler gerichtete, wegweisende Buch ergänzte Chevreuls Farbkontrastlehre. Es unterteilt Farben nach den drei Parametern Helligkeit, Farbton und Reinheit und beinhaltet einen detaillierten Farbkreis mit den Komplementärtönen für 22 Farben.

Seurat fand sein Kolorit am wirkungsvollsten, wenn er kleine Farbpunkte mit der Pinselspitze auftrug. Er nannte die Technik »Divisionismus« (Teilungsmalerei). Viele Zeitgenossen bevorzugten den Begriff »Pointillismus« (Punktierstil). Seurats Technik hob sich von der intuitiven Malweise der Impressionisten, die häufig kurze Pinselstri-

»Versuche nicht, die Natur nachzuahmen. Kunst ist eine Abstraktion; gehe von der Natur aus, während du in ihr träumst.«

Paul Gauguin

che mit Komplementärfarben übereinandersetzten, ab. Der Begriff »Neoimpressionismus« wurde für Seurats Neuinterpretation des impressionistischen Prinzips mithilfe eines wissenschaftlich-methodischen Ansatzes verwendet.

Am Ufer

Ein Sonntagnachmittag auf der Insel La Grande Jatte war nicht nur aufgrund des schimmernden Kolorits, sondern auch der befremdlichen, fast kindlichen Formen bemerkenswert. Kritiker verglichen die Steifheit von Seurats Figuren mit Spielzeugsoldaten, andere bemerkten »Promenierende im Sonntagsstaat ... mit dem vereinfachten, klar umrissenen Charakter einer pharaonischen Prozession«. Bei einer seltenen Stellungnahme zu dem Gemälde erklärte Seurat, er habe die Figuren denen des Parthenon-Frieses der Athener Akropolis nachempfinden wollen: »Ich möchte, dass heutige Menschen ... sich umherbewegen, wie sie es auf diesen Friesen tun.« Er wollte also die Modernität der Impressionisten mit den strukturierten Formen der antiken Kunst verbinden, um eine Zeitlosigkeit zu erreichen.

Ein Sonntagnachmittag auf der Insel La Grande Jatte war in vielerlei Hinsicht ein Gegenstück zu *Badende in Asnières,* ein Gemälde, das Seurat ein paar Jahre zuvor gemalt hatte. Beide Orte lagen sich direkt gegenüber am Ufer der Seine, und viele der Figuren werden im Profil gezeigt, als ob sie sich über das Wasser hinweg ansähen; auch die kleine Fähre erscheint auf beiden Bildern.

Seurat nannte den Sonntag im Titel, denn das war der eine Wochentag, an dem sich verschiedene Gesellschaftsschichten auf der Île de la Jatte mischten. Es gab die Wohlhabenden, die im extravaganten Putz ein wenig lächerlich wirkten, und die Ärmeren, wie die Soldaten (oben Mitte) und die Amme (links sitzend mit unverkennbar oranger Kopfbedeckung).

Seurats Stil war eine Zeit lang, als auch andere mit ähnlicher Technik experimentierten, sehr gefragt und auf der letzten Werkschau der Impressionisten 1886 teilte er sich einen Raum mit drei der wichtigsten Vertreter des Neoimpressionismus – Paul Signac, Camille Pissarro und dessen Sohn Lucien. Seurat machte den Stil bekannt, indem er das Gemälde auf zwei weiteren wichtigen Ausstellungen zeigte – dem Salon des Indépendants in Paris und der Les Vingt in Brüssel. Dennoch währte die Popularität des Neoimpressionismus nur kurz, nicht zuletzt, weil die Technik Akribie und Mühe erforderte.

Gauguin und der Synthetismus

Andere postimpressionistische Stile hielten sich länger. Paul Gauguin schuf Werke im impressionistischen Stil, nachdem er seine Arbeit als Börsenmakler aufgegeben hatte und sich ganz der Malerei widmete. Er beteiligte sich an impressionistischen Ausstellungen, wo seine Bilder guten Anklang fanden, »

Auf *Vision nach der Predigt* (1888), auch als *Jakob im Kampf mit dem Engel* bekannt, stellt Gaugins flächiges, kaum schattiertes Kolorit eine deutliche Abkehr vom früheren Naturalismus dar.

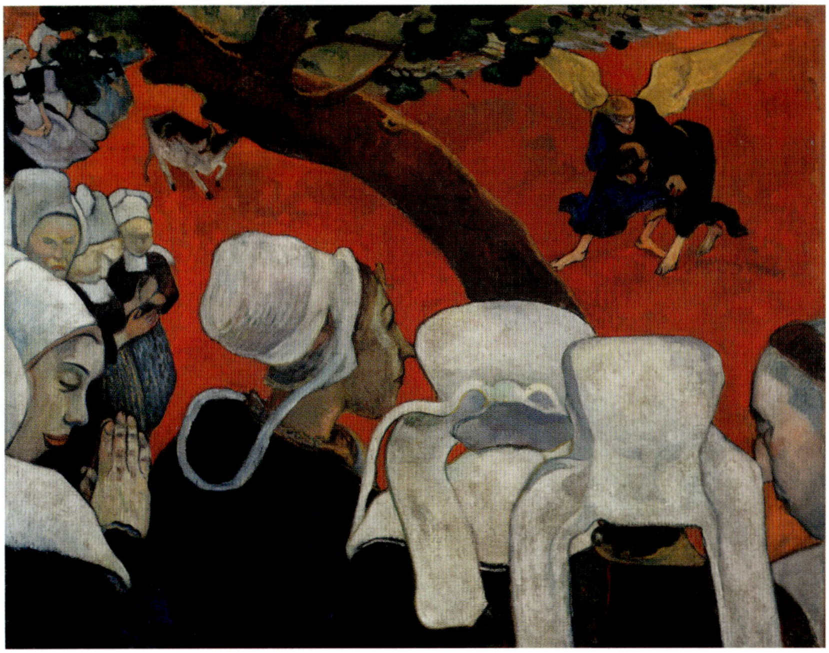

doch auf der letzten Werkschau stellte Seurat ihn in den Schatten. Gauguin lehnte dessen Pointillismus ab und missgönnte dem »jungen Chemiker« seinen Erfolg ein wenig.

Wie Seurat erkannte er die Grenzen des Impressionismus, doch verfolgte er einen ganz anderen Ansatz. 1886 trat er einer Künstlerkolonie in der Bretagne bei, wo er gemeinsam mit Émile Bernard einen Synthetismus genannten Stil entwickelte. Die »Synthese« bestand darin, Eindrücke der Natur in vereinfachten Formen und expressivem Kolorit wiederzugeben, um der Bildidee mehr Gewicht zu verleihen. In direktem Gegensatz zu den Impressionisten, die sich der Moderne hingaben, ließ sich Gauguin auch von der »primitiven« Kunst alter Kulturen inspirieren – anfänglich von keltischen Volksbräuchen, dann von den alten Legenden Tahitis.

Gauguins Ideen kristallisierten sich in seinem ersten wahren Meisterwerk heraus, *Vision nach der Predigt*. Es zeigt eine bretonische Gemeinde nach einer Predigt über den mit dem Engel kämpfenden Jakob. Der Kampf wird als wahre Begebenheit, aber in einer befremdlichen, fast surreal roten Landschaft dargestellt, die durch einen großen Ast von der Gemeinde getrennt ist (ein Stilmittel, das Gauguin von japanischen Holzschnitten übernahm). So entsteht eine mystische Anmutung.

Van Gogh und Cézanne

1887 begegneten Gauguin und Bernard in Paris Vincent van Gogh. Sie stellten gemeinsam aus, und

Sternennacht (1889) ist van Goghs obsessive Studie der Vielfalt an Blautönen des Nachthimmels. Er sagte: »Es will mir oft scheinen, dass die Nacht noch farbiger ist als der Tag.«

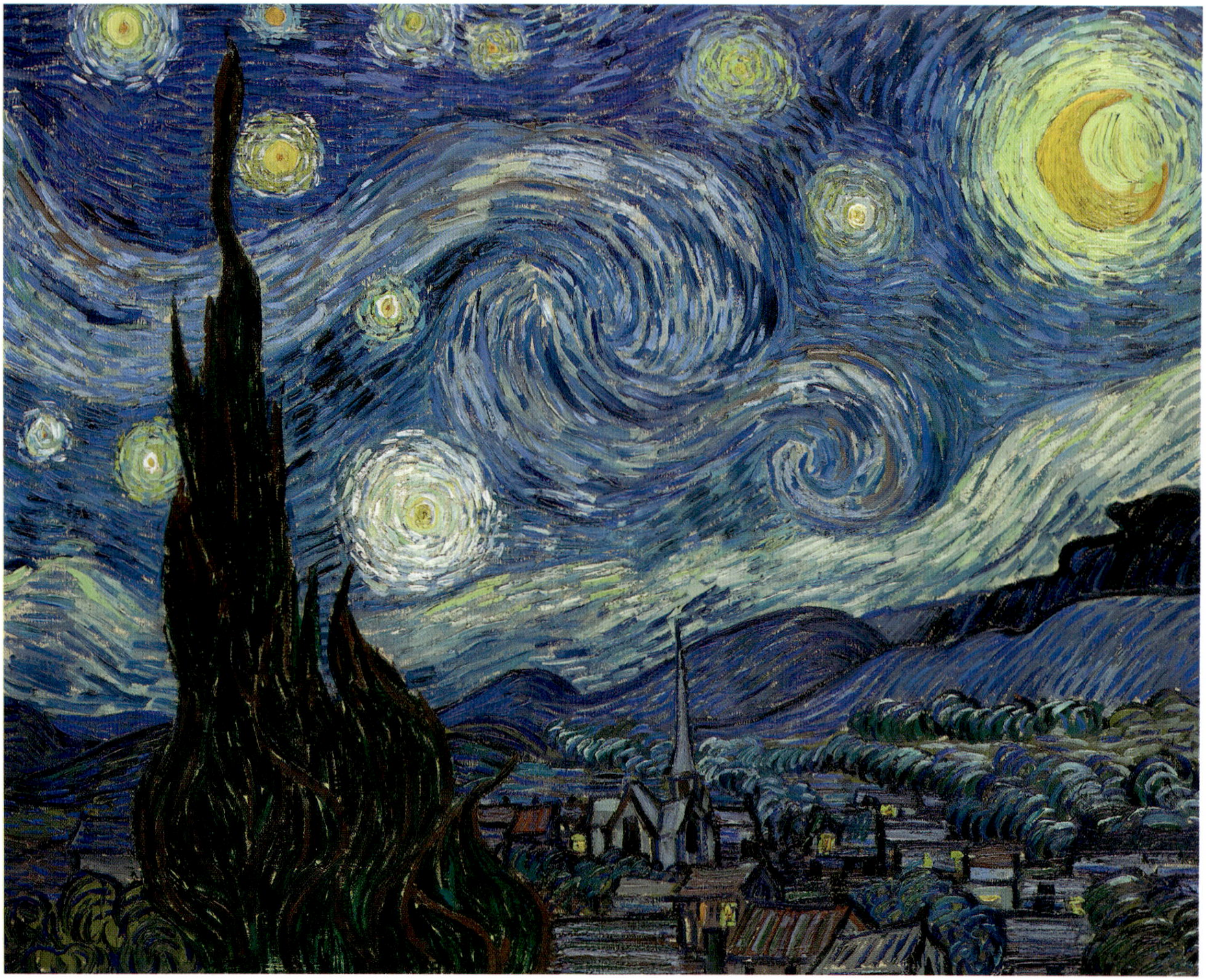

van Gogh übernahm viele Merkmale des neuen Stils. Seine frühen Bilder, wie *Die Kartoffelesser* (1885), waren düster und naturalistisch, doch nach seiner Ankunft in Paris 1886 wurde sein Kolorit heller, und er schuf mehrere Ansichten der Windmühlen auf dem Montmartre in impressionistischer Manier. Das jedoch war nur ein kurzes Zwischenspiel, bevor er japanische Holzschnitte für sich entdeckte, die seinen Stil nachhaltig prägten.

Van Goghs zunehmender Kontakt zu anderen Malern wirkte sich auf sein Schaffen aus, auch wenn er ihr Anliegen nicht immer teilte. Er wollte mit expressiven Formen und Farben nicht bloß neue Ideen ergründen; die Anziehungskraft der sichtbaren Welt war hierfür zu stark. Van Gogh konstatierte, es sei »die Ehrlichkeit des Naturempfindens, die uns die Hand führt«. In seinen späten Jahren ließ er in der Hitze Südfrankreichs seine Empfindungen in aufsehenerregende Bilder seiner unmittelbaren Umgebung einfließen.

Für van Gogh konnte die Natur wunderbar erscheinen – wie auf der berühmten *Sternennacht*, auf der der Himmel voller großer Sterne und dynamischer Wirbel ist –, andererseits konnte ein einfaches gelbes Kornfeld bedrohlich wirken.

» Anstatt genau wiederzugeben, was ich vor Augen habe, bediene ich mich der Farbe eigenmächtiger, um mich kraftvoll auszudrücken. «

Vincent van Gogh

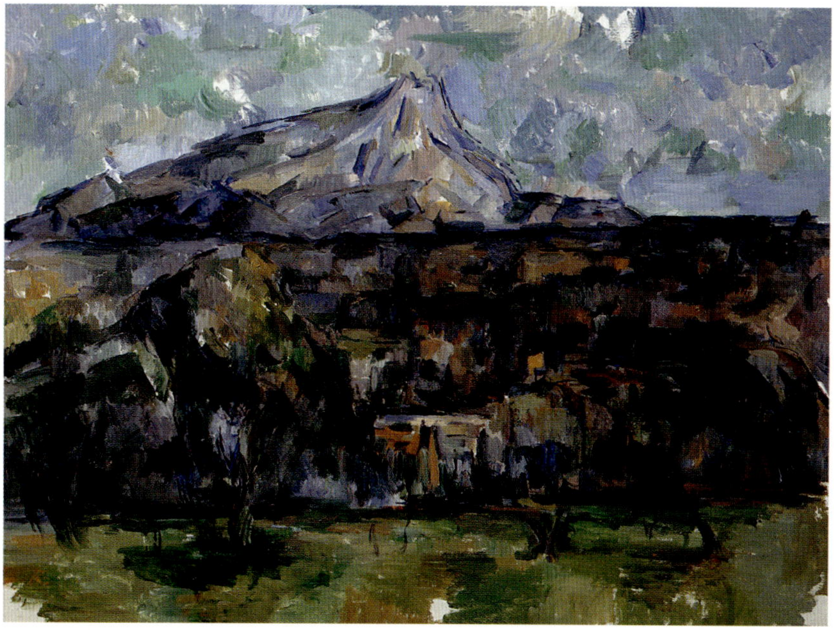

Cézannes Studien des Gebirges Sainte-Victoire tendierten immer mehr in Richtung Abstraktion. Die späten Bilder (dies entstand 1902–1906, kurz vor seinem Tod) verzichteten gänzlich auf Wirklichkeitsnähe.

Wie van Gogh malte auch Paul Cézanne oft in Südfrankreich und isolierte sich von anderen Künstlern. Anfangs verkehrte er mit den Impressionisten und beteiligte sich an deren erster und dritter Ausstellung. Das resultierte größtenteils aus seiner Freundschaft mit Camille Pissarro; beide malten um 1870 gemeinsam im Freien in Pontoise. Vor Ort zu malen – ein Leitmotiv der Impressionisten – wurde unverzichtbarer Bestandteil von Cézannes Arbeitsweise, obwohl er manche Elemente des Stils ablehnte. Ihm missfiel die Betonung des Vergänglichen, er wollte etwas »Solides und Dauerhaftes wie die Kunst in Museen« schaffen.

Wie Monet entwickelte Cézanne eine Vorliebe dafür, das gleiche Sujet immer wieder zu malen. Er schuf mehr als 60 Ansichten des Gebirges Sainte-Victoire in seiner Heimat Provence, doch während sich Monet mit den Serien auf äußere Eigenschaften wie Licht, Schatten und Wetter konzentrierte, wollte Cézanne tiefer eindringen. Zunehmend verzichtete er auf Details wie Häuser und Straßen, bis sich die Landschaft auf Muster aus Formen und Farben reduziert hatte.

Nachwirkungen

Die Postimpressionisten einte der Wunsch, den Impressionismus zu hinterfragen, während sie gleichzeitig auf ihm aufbauten. Dennoch unterschieden sie sich im Stil. Die abstrakten Tendenzen und das Interesse an reinen Formen aller Postimpressionisten erwies sich als wichtige Inspirationsquelle für andere Wegbereiter der abstrakten Kunst. Durch die Betonung von Struktur und Farbeffekten waren Cézannes Arbeiten der primäre Vorläufer des Kubismus. Der persönlichere, expressive Stil von van Gogh und Gauguin hingegen beeinflusste die Expressionisten. ■

DIE IDEE IN EINE SINNLICH WAHRNEHMBARE FORM KLEIDEN

TANZ DES LEBENS (1899–1900)

EDVARD MUNCH

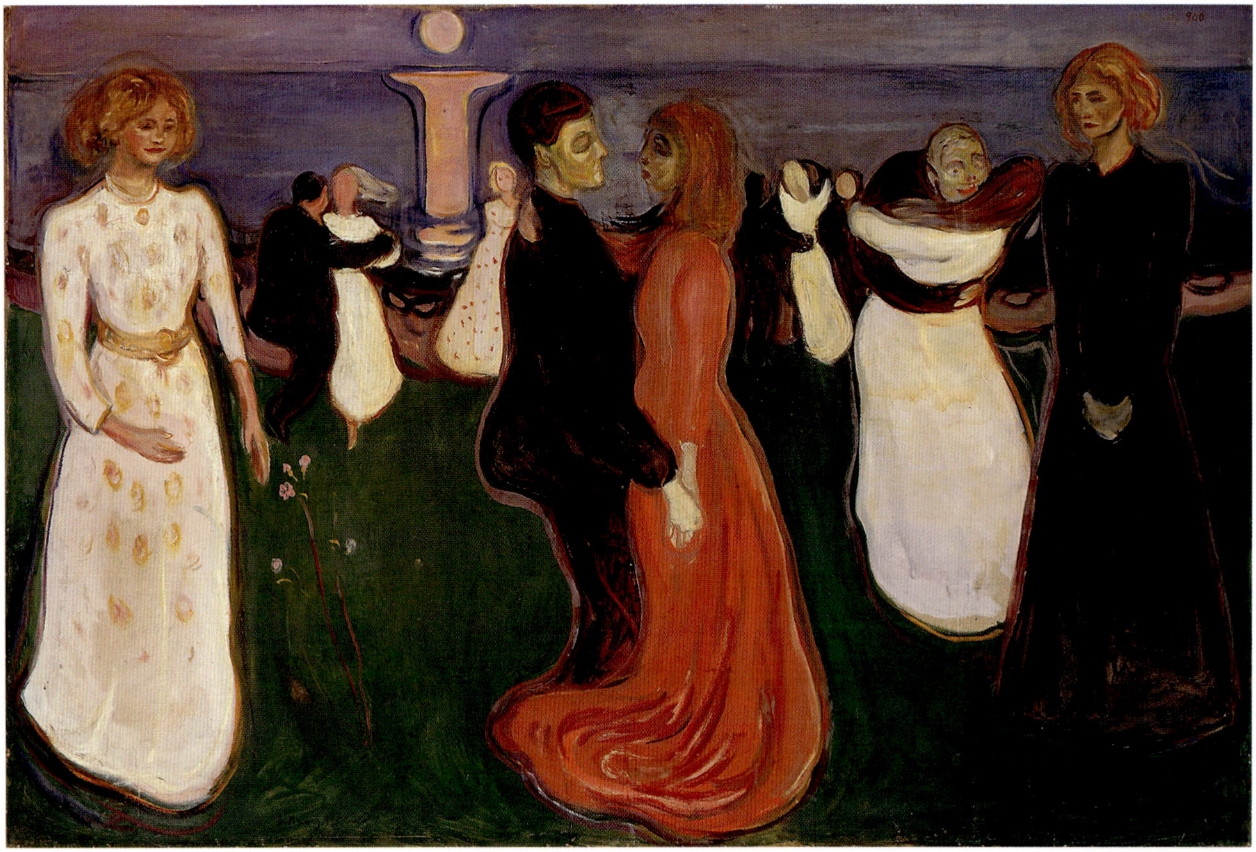

IM KONTEXT

SCHWERPUNKT
Symbolismus

FRÜHER
1884 *Gegen den Strich*, ein Kultbuch des Symbolismus des Franzosen J. K. Huysmans, wird veröffentlicht.

1886 Der griechische Dichter Jean Moréas publiziert in Paris das symbolistische Manifest.

1890 Die eindringliche Symbolik und autobiografischen Details des Bilds *Intrige* des Belgiers James Ensor gleichen denen der Werke Munchs.

SPÄTER
Um 1900 Munchs Werk beeinflusst den Expressionismus, der durch Verfremdung subjektive Gefühle ausdrückt.

1937 Die Faschisten konfiszieren 82 als »entartet« bezeichnete Werke Munchs in deutschen Galerien.

Siehe auch: *Nocturne in Schwarz und Gold* 264–265 ▪ *Das Tor zur Hölle* 280 ▪ *Beethovenfries* 286–287 ▪ *Straße in Dresden* 290–293 ▪ *Das Abendmahl* 338

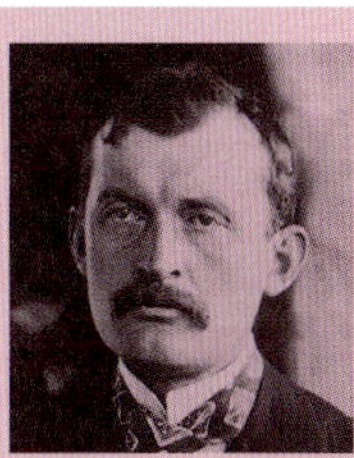

Edvard Munch

Edvard Munch wurde 1863 im norwegischen Løten geboren. Seine Kindheit wurde vom Tuberkulosetod seiner Mutter und Schwester und der strengen Religiösität seines Vaters beeinträchtigt. Nach dem Studium an der Königlichen Zeichenschule in Kristiania (heute Oslo) lebte und arbeitete er ebenda. Da er naturalistische Darstellungen oberflächlich fand, begann er, sich bei der Arbeit von eigenen Gemütszuständen inspirieren zu lassen. Die produktivste Schaffensphase von 1889 bis 1892 verbrachte er in Frankreich. Anschließend war er in Deutschland tätig. Um 1900, in schlechter psychischer Verfassung, trank er übermäßig und erlitt 1908 einen Nervenzusammenbruch. Nach der Behandlung kehrte er nach Oslo zurück und lebte dort zurückgezogen. Er starb 1944.

Weitere Hauptwerke

1885/86 *Das kranke Kind*
1893 *Der Schrei*
1893–1895 *Vampir*
1894/95 *Madonna*
1899–1902 *Mädchen auf der Brücke*

Symbole in der Kunst sind Bildzeichen, die oft eine indirekte Bedeutung tragen. Auf vielen christlichen Darstellungen erkennt man Heilige an ihren Attributen – Petrus am Schlüssel zum Himmelreich, Johannes am Kelch mit der Schlange. Menschliche Tugenden, selbst ganze Geschichten lassen sich durch Symbole beschreiben: Weiße Lilien stehen für Reinheit, ein Apfel für den Sündenfall. Auch mithilfe von Allegorien und mythologischen Darstellungen werden in der Kunst verschiedene Bedeutungsebenen transportiert.

Diese Symbolik unterscheidet sich vom Symbolismus, einer Strömung in Kunst und Literatur, die Ende des 19. Jahrhunderts ihre Blüte erlebte. Ihre Vertreter interessierten sich weniger für Symbole mit fest kodierter Bedeutung, sondern wollten poesiegleiche Bilder erschaffen, die Gefühle und Gedanken durch eine sinnträchtige Bildsprache entstehen ließen.

Themen des Symbolismus

Genährt von den Ansichten von Dichtern wie Stéphane Mallarmé, Charles Baudelaire und Jean Moréas, gedieh der Symbolismus in Frankreich, doch wurde er anderenorts rasch übernommen, etwa von dem norwegischen Maler Edvard Munch. Die Strömung wurzelte in der Gefühlsbetontheit der Romantik und richtete sich ursprünglich gegen die Objektivität des Naturalismus und Impressionismus. Sie umfasste keinen einheitlichen Stil, ihre Vertreter bedienten sich unterschiedlichster Ausdrucksmittel.

Sie modifizierten Linie und Kolorit, verwendeten ungewöhnlich kombinierte Metaphern und widmeten sich einer Vielzahl von Sujets, wie Angst, Tod, Verfall, Liebe und Verlangen, oft auch mit Assoziation zur Musik: Das rührte teilweise aus der Korrespondenzen-Lehre Baudelaires, derzufolge Farben Töne »suggerieren«. Weitere übliche Symbole waren die Femme fatale, androgyne Figuren Sphingen und der Kuss. »

» Krankheit, Wahnsinn und Tod hielten wie schwarze Engel Wache an meiner Wiege. Sie haben mich mein ganzes Leben begleitet. «

Edvard Munch

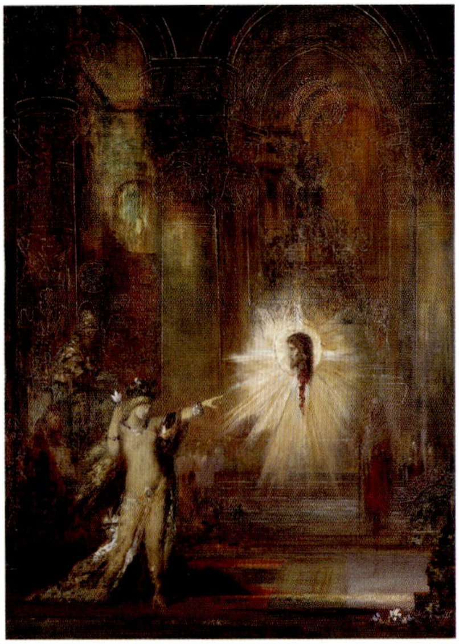

Auf *Die Erscheinung* (1876) betonte Gustave Moreau durch Farbeffekte die Emotionalität und Symbolhaftigkeit der theatralischen Darstellung von Salome mit dem Haupt Johannes' des Täufers.

Gemälde hatten oft eine esoterische oder mystische Note, die sich u. a. aus der Wiederentdeckung der Theosophie speiste (einer Philosophie, die eine direkte Erfahrung des Göttlichen durch intuitives, schauendes Erfassen anstrebte).

Zu den Wegbereitern des französischen Symbolismus gehören Gustave Moreau, Pierre Puvis de Chavannes und Odilon Redon. Der Einzelgänger Moreau schuf Meisterwerke mit Sujets aus Mythologie oder Religion, wie *Die Erscheinung* (1874–1876). Das Bild erweckt den Eindruck eines orientalischen Palasts, in dem Salome von dem abgeschlagenen Haupt Johannes' des Täufers verfolgt wird.

Puvis de Chavannes hingegen inspirierte eine jüngere Symbolistengeneration mt dem berühmten Bild *Der arme Fischer* (1881), das dem dominierenden Realismus entgegenlief. Mit rhythmischen Linien und flächigem, blassem Kolorit stellt er die Not der Fischerfamilie in einer öden, verlassenen Landschaft dar.

Die traumartige Bildsprache von Redons Kohlezeichnungen und Litografien war eine Synthese seines Interesses an Botanik, Insekten und der Dichtkunst Edgar Allan Poes. Ein zeitgenössischer Kritiker beschrieb sein Werk als »äußerst merkwürdig ... wie so viele Rätsel, Albträume, makabre Visionen und Halluzinationen«.

Gemützustände

Der Norweger Munch lebte abseits der symbolistischen Hauptströmung. Anfangs fühlte er sich dem Naturalismus verbunden. Um 1885 gesellte er sich zur Kristiania-Bohème, einer Künstler- und Intellektuellenbewegung, die neun Gebote aufstellte. Das erste, in rücksichtsloser Offenheit sein Leben zu schreiben, könnte als Motto seines Schaffens dienen. Ab 1889 reiste Munch viel, stellte international aus und nahm das Gedankengut der Symbolisten auf. Besonders beeinflusst war er vom Synthetismus Paul Gauguins – einer Synthese aus Wahrnehmungs- und Vorstellungswelt – und der eindringlich-fantastischen Bildsprache des Schweizer Malers Arnold Böcklin. Bald schuf Munch eigene symbolistische Werke, wie *Melancholie* (1892), das eher einen Gemütszustand als ein narratives oder realistisches Sujet abbildet. Viele Werke Munchs sind nach abstrakten Begriffen benannt und beruhen auf eigenen Erfahrungen oder denen von Freunden. Sein berühmtestes Bild *Der Schrei* (1893) war die Wiedergabe eines von ihm auf einem Spaziergang gespürten »Schreis, der durch die Natur ging«.

Lebensfries

Früh entwickelte Munch das Konzept, Gemäldezyklen zu schaffen, die zusammen ausgestellt werden sollten. *Tanz des Lebens* gehört zu einem gemeinhin als *Lebensfries* bekannten Bilderzyklus, der über

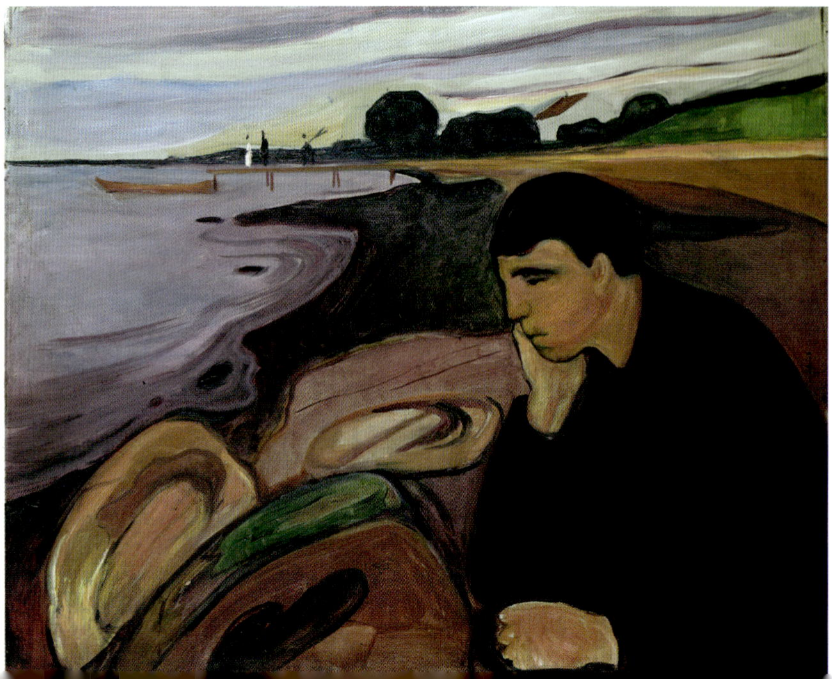

Auf dieser Version von *Melancholie* (1894) verwendete Munch expressive, düstere Farben und geschwungene Konturen, um die Niedergeschlagenheit seines Freunds aufgrund einer unglücklichen Liebesbeziehung darzustellen.

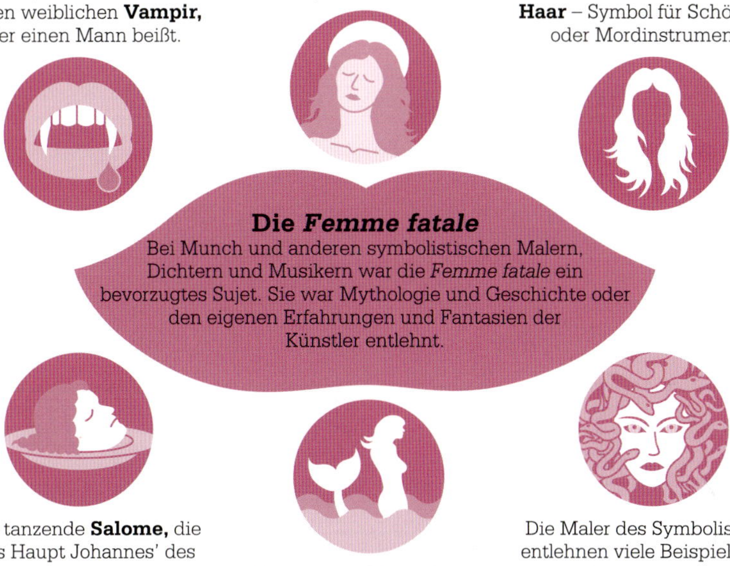

Munchs Kunst reflektiert seine gestörte Beziehung zu Frauen. Auf *Vampir* (ursprünglich *Liebe und Schmerz,* 1893–1895) malt er einen weiblichen **Vampir,** der einen Mann beißt.

Auf *Madonna* (1895–1902) zeigt Munch statt einer üblichen **Jungfraudarstellung** eine Frau mit **verkümmertem Embryo.** Der Rand ist mit Spermien verziert.

Die *Femme fatale* in Georges Rodenbachs symbolistischem Roman *Das tote Brügge* (1892) hat **wallendes Haar** – Symbol für Schönheit oder Mordinstrument.

Die *Femme fatale*
Bei Munch und anderen symbolistischen Malern, Dichtern und Musikern war die *Femme fatale* ein bevorzugtes Sujet. Sie war Mythologie und Geschichte oder den eigenen Erfahrungen und Fantasien der Künstler entlehnt.

Die tanzende **Salome,** die das Haupt Johannes' des Täufers forderte, fasziniert die Maler Gustave Moreau, Aubrey Beardsley und den Dichter Oscar Wilde.

Sirenen und Meerjungfrauen sind für die Symbolisten Wesen der **Verführung.** Arnold Böcklin und Gustav Klimt porträtieren sie auf ihren Bildern.

Die Maler des Symbolismus entlehnen viele Beispiele der *Femme fatale* aus der griechischen Mythologie, besonders **Medusa, Sphinx** und die Zauberin **Kirke.**

mehrere Jahre entstand. Auf der ersten Ausstellung 1893 umfasste er 15 Werke, bei der Präsentation der Berliner Secession 1902 bestand er aus 22, in vier Gruppen unterteilten Bildern: *Keimen der Liebe*, *Blühen und Vergehen der Liebe* (einschließlich *Tanz des Lebens*), *Lebensangst* und *Tod*.

Die kürzeste Nacht

Tanz des Lebens war von den Mittsommer-Festen Skandinaviens in der kürzesten Nacht des Jahres inspiriert. Als Kulisse diente hier Åsgårdstrand, eine kleine Stadt, in der Munch mehrere Sommer verbrachte. Der abgebildete Küstenstrich repräsentiert den Verlauf von Zeit und Leben. Die Spiegelung des Monds auf dem Wasser ist phallisch in Form und Kolorit und unterstreicht eine erotische Grundstimmung. Wie auf einigen seiner Gemälde basiert Munchs Komposition hier auf einer dreiteiligen Struktur. In seinen Tagebüchern gibt er eine Erklärung für die drei Hauptteile des Bilds. In der Mitte wird der Künstler mit seiner ersten großen Liebe tanzend gezeigt. Links nähert sich ein junges unschuldiges Mädchen, das die Blume der Liebe pflücken will, jedoch ohne Erfolg. Rechts im Abseits schaut eine ältere Frau verbittert, weil sie sich nicht zu der »rasenden, in wilden Umarmungen gefangenen Menge« gesellen kann.

Munchs Bild ist gleichzeitig universal und höchstpersönlich. Er verwendete das Motiv eines sich in die Augen blickenden Paars auf mehreren Gemälden und Drucken, wie *Auge in Auge* und *Anziehung*. Auf beiden ist die Frau die dominierende Figur. Auf einer Version von *Anziehung* windet sich das Haar der Frau um den Kopf des Manns wie ein Insekt, das seine Beute einwickelt. Auf *Tanz des Lebens* spielt das sich um die Füße des Manns schlingende Kleid der Frau eine ähnliche Rolle.

Viele der Figuren auf Munchs Bildern basieren auf Frauen aus seinem Lebensumfeld. Die junge Dame in der Mitte von *Tanz des Lebens* bezieht sich wohl auf seine Cousine, mit der er eine leidenschaftliche Affäre hatte, die sie zu seinem Leidwesen beendete. Ebenso könnten die Frauen zu beiden Seiten Tulla Larsen darstellen, eine unabhängige, vermögende Frau, die Munch unentwegt nachstellte und die er schließlich zurückwies.

Nachhaltige Inspiration

Der *Lebensfries* ist Munchs größtes Vermächtnis. Er versuchte zwar vergebens, es als Gesamtwerk an einen Ausstellungsort zu verkaufen, dennoch hat der Zyklus nachhaltige Wirkung. Munch gilt gemeinhin als Norwegens bedeutendster Maler. Sein einzigartig symbolistischer Stil war eine Hauptinspirationsquelle der Expressionisten. ■

»Ein Kunstwerk ist wie ein Kristall – wie ein Kristall muss es auch eine Seele haben und die Kraft, zu erstrahlen.«

Edvard Munch

PORTFOLIO

NAPOLEON AUF DEM SCHLACHTFELD VON PREUSSISCH-EYLAU
(1808), ANTOINE-JEAN GROS

Gros' Gemälde porträtiert Napoleon, wie er das Schlachtfeld am Tag nach dem Sieg gegen Russland aufsucht. Es soll den Kaiser als menschlichen Eroberer zeigen. Napoleon war kein Kunstkenner, doch schätzte er deren Propagandawert. Gros (1771–1835), der ein Flair von Bewegung und Farbe mit Detailtreue verband, war sein bevorzugter Maler. Dieser setzte sich bei dem Auftrag für das Bild gegen 25 Mitbewerber durch. Unter den zahllosen von Napoleon inspirierten Kunstwerken sind wenige so einprägsam wie dieses.

Katsushika Hokusai

Katsushika Hokusai (1760–1849) ist wohl der bekannteste japanische Künstler und führte als Maler, Zeichner und Druckgrafiker ein langes, schaffensreiches Leben. Von botanischen bis zu erotischen Bildern brachte er es in nahezu jedem Genre seiner Zeit zu Meisterschaft. Er wurde in Edo (heute Tokio) geboren und verbrachte dort den Großteil seines Lebens. Durch seinen Ideenreichtum, seine sichere Ausführung, seine Gefühlstiefe und Scharfsinnigkeit rangiert er unter den weltbesten Künstlern. Auf dem Totenbett (mit fast 90) soll er den Himmel gebeten haben, ihm noch fünf Jahre zu schenken, damit er seine Kunst perfektionieren könne.

Weitere Hauptwerke

1814 *Der Traum der Fischersfrau*
um 1838 *Bilder zu hundert Gedichten*
1839 *Selbstbildnis*

DAS WEISSE PFERD
(1819), JOHN CONSTABLE

Mit *Das weiße Pferd* wollte der englische Landschaftsmaler Constable (1776–1837) auf der gut besuchten Jahresausstellung der Royal Academy Aufmerksamkeit erregen. Wie viele seiner Werke zeigt das Gemälde den Arbeitsalltag am Fluss Stour in Suffolk, wo der Maler geboren wurde und lebte. Er fertigte eine Vorstudie in Originalgröße an. Auch aufgrund des Monumentalformats von 180 × 120 cm kam das Bild gut an. 1819 wurde Constable zum Mitglied der Academy ernannt.

DIE GROSSE WELLE VOR KANAGAWA
(UM 1830–1833), KATSUSHIKA HOKUSAI

Diese Druckgrafik ist wohl das berühmteste japanische Kunstwerk und wurde unzählige Male in Werbung und Populärkultur reproduziert. Es ist Teil eines *Sechsunddreißig Ansichten des Berges Fuji* betitelten Zyklus, wobei der Berg hier vor der riesigen, über drei Fischerbooten zusammenschlagenden Welle klein wirkt. Auf dem polychromen (mehrfarbigen) Druck verändert Hokusai geschickt die Perspektive, sodass das Tal der sich aufbäumenden Welle den schneebedeckten Gipfel des Fuji rahmt. Von dem Holzdruckstock wurden, bevor er abgenutzt war, Tausende Drucke gefertigt, von denen einige Hundert erhalten sind.

NAPOLEON ERWACHT ZUR UNSTERBLICHKEIT
(1845–1847), FRANÇOIS RUDE

Der Napoleonkult setzte sich nach dessen Tod 1821 fort, und eines der eindringlichsten Zeugnisse dafür ist diese Bronzeskulptur. Sie wurde auf dem Land (heute ein öffentlicher Park) eines ehemaligen Soldaten der Grande Armée errichtet, der es als Winzer zu Wohlstand gebracht hatte. Die Skulptur zeigt, wie der Kaiser sein Leichentuch abwirft und sich von einem Felsplateau erhebt. Rude (1784–1855), damals der bekannteste französische Bildhauer, war ein Bewunderer Napoleons und fertigte das Modell für dieses Werk ohne Vergütung.

DIE KINDHEIT DER HL. JUNGFRAU MARIA
(1849), DANTE GABRIEL ROSSETTI

Das Gemälde ist das erste Bild, das Rossetti (1828–1882) ausstellte, und eines der Schlüsselwerke der Präraffaeliten. Die Gruppe wurde 1848 von sieben idealistischen jungen englischen Künstlern und Dichtern gegründet, die die Schlichtheit der

Ilja Repin

Ilja Repin (1844–1930) wurde in Tschugujew (Ukraine) geboren und studierte in St. Petersburg. Zum Höhepunkt seines Schaffens um 1880 bis um 1890 lebte er hauptsächlich dort und in Moskau. In Vorbereitung für Historienbilder bereiste er das ländliche Russland und besuchte mehrfach Westeuropa. Neben den engagierten Darstellungen des russischen Lebens, für die er am bekanntesten ist, schuf Repin viele Porträts. Er starb auf seinem Grundstück in Kuokkala, das damals in Finnland, heute in Russland liegt und ihm zu Ehren Repino benannt wurde.

Weitere Hauptwerke

1881 *Porträt Modest Mussorgski*
1880–1883 *Kreuzprozession im Gouvernement Kursk*
1884 *Unerwartete Rückkehr*

frühen italienischen Kunst wiederbeleben wollten. Rossetti porträtiert die Jungfrau, Sinnbild weiblicher Tugend, als Kind. Sie stickt mit ihrer Mutter, der hl. Anna, eine Lilie, ihr Vater, der hl. Joachim, bindet Wein um eine Laube. Das Bild ist symbolträchtig: Die Lilie ist Zeichen der Reinheit Marias, der Wein steht für Wahrheit, die Lampe für Frömmigkeit, die Taube für den Heiligen Geist. Rossetti stellte anschließend kaum in der Öffentlichkeit aus, wurde aber mit Porträts schöner Frauen äußerst erfolgreich.

HERBSTLAUB
(1856), JOHN EVERETT MILLAIS

Der englische Maler Millais (1829–1896) entfernte sich bald von der präraffelitischen Bildsprache seiner ersten größeren Werke. *Herbstlaub* ist das Bemühen um einen anderen Ansatz, der sich von narrativen Sujets zu einem Werk hinwendete, das um Atmosphäre und Symbolhaftigkeit kreiste. Die von einer Kinderschar verbrannten welken Blätter, der aufsteigende Rauch und das dämmrige Abendlicht stehen für Vergänglichkeit und Tod. Kritiker fanden das Werk schwer verständlich. So konzentrierte sich Millais in der Folge auf eingänglichere Sujets und wurde wohl der bekannteste britische Maler seiner Zeit.

DAS ANGELUSLÄUTEN
(1859), JEAN-FRANÇOIS MILLET

Der Franzose Millet (1814–1875) war einer der großen Maler ländlicher Szenen. *Das Angelusläuten* porträtiert zwei Bauern auf dem Feld, die zum Gebet innehalten. Im Hintergrund ist eine Kirche erkennbar. Das Gemälde besitzt den für Millets Werk typischen Ernst und klaren Bildaufbau. Es wurde zwischen 1860 und 1890 mehrfach verkauft und gewann deutlich an Wert. Ende des Jahrhunderts war es eines der berühmtesten Bilder weltweit. Später geriet seine fromme Sentimentalität aus der Mode, doch wurde es für Salvador Dalí zum Objekt der Besessenheit.

OLYMPIA
(1863), ÉDOUARD MANET

Olympia basiert eindeutig auf Tizians geschätztem Bild *Venus von Urbino*. Doch Manet (1832–1883) ersetzte dessen römische Göttin durch eine Pariser Prostituierte, die den Betrachter direkt anblickt. Die unverhohlene Erotik und der kühne Pinselduktus entrüsteten die Besucher des Pariser Salons von 1865, wo das Werk erstmals gezeigt wurde, doch am Ende seines Lebens hatte sich Manet den Respekt des Kunstestablishments erworben und wurde als einer der einflussreichsten Maler seiner Zeit gewürdigt. Er inspirierte die Impressionisten, obwohl er nie gemeinsam mit ihnen ausstellte.

DIE WOLGATREIDLER
(1870–1873), ILJA REPIN

Ilja Repin war der berühmteste russische Maler des 19. Jahrhunderts und wurde für seine naturalistischen Alltagsszenen geschätzt. *Die Wolgatreidler* entstand kurz nach der Bauernbefreiung 1861 und ist eine anschauliche Darstellung der schweren Arbeit der Treidler. Obwohl alle elf Männer mit Ausnahme des blonden Jünglings in der Mitte gebrochen wirken, zeigt Repin sie als eigenständige Individuen von Format und Würde. Mit dem Bild feierte er seinen ersten großen Erfolg und gewann 1873 auf der Weltausstellung in Wien eine Medaille. Es inspirierte andere russische Maler jener Zeit und später die Künstler des Sozialistischen Realismus in der Sowjetunion.

DIE LOGE
(1874), PIERRE-AUGUSTE RENOIR

Renoirs Gemälde ist eine Studie über soziale Schicht und Status und porträtiert ein elegantes Paar, das sich in einer Theaterloge präsentiert: Die Frau trägt ein aufsehenerregendes schwarz-weißes Kleid, der Mann beäugt das Publikum durch sein Binokel. Als Renoir (1841–1919) das Bild auf der ersten Ausstellung der Impressionisten 1874 in Paris zeigte, erhielt es als eines der wenigen positive Kritiken. Damals war die Theaterloge ein neues Sujet in der Kunst, doch gehörte es bald zum impressionistischen Repertoire der »Spektakel des modernen Lebens«.

DIE KLINIK GROSS
(1875), THOMAS EAKINS

Die Klinik Gross ist ein eindringliches, realistisches Porträt einer Vorlesung des berühmten Chirurgen Dr. Gross. Der Künstler Eakins (1844–1916) – der in seinen Werken das Leben der Intellektuellen seiner Heimat Philadelphia festhielt – gilt heute gemeinhin als bedeutendster US-amerikanischer Maler des 19. Jahrhunderts und dieses Bild als sein Meisterwerk. Doch Eakins' Schaffen war umstritten, nicht zuletzt auch dieses Werk. Er malte es für die Weltausstellung in Philadelphia von 1876. Obwohl die Auswahljury das Bild lobte, lehnte sie es aufgrund der ungeschönten Darstellungsweise ab.

DER ABSINTH
(1876), EDGAR DEGAS

Der Absinth zeigt ein berauschtes Paar in einem Pariser Café – gelangweilt, einsam und unglücklich. Ein Glas Absinth steht vor der Frau auf einem Tisch. Das Bild vermittelt das Gefühl von Verzweiflung und Hoffnungslosigkeit so realistisch, dass es viele entrüstete. Doch Degas (1834–1917) galt unter Kritikern – vielleicht wegen seines zeichnerischen Könnens – als akzeptables Gesicht der Moderne und war schon vor den anderen Impressionisten erfolgreich.

DAS TOR ZUR HÖLLE
(1880–1917), AUGUSTE RODIN

Das Höllentor, Rodins ehrgeizigstes Werk, entstand als Auftrag für ein nie erbautes Kunstgewerbemuseum in Paris. Erst nach seinem Tod wurde es in Bronze gegossen. Die lose auf Dantes *Göttlicher Komödie* basierende Plastik umfasst etwa 180 Figuren, die das Tragische der Menschheit verdeutlichen. Aus einigen entstanden später Einzelskulpturen, wie *Der Denker* und *Der Kuss*. Rodins aussdrucksstarke, symbolhafte Interpretation menschlicher Erfahrungen öffnete seiner Kunstform neue Wege.

Auguste Rodin

Rodin (1840–1917) wurde in Paris geboren, wo er den Großteil des Lebens verbrachte. Nach anfänglichen Schwierigkeiten erwarb er 1877 mit dem Bronzeakt *Das eherne Zeitalter* Anerkennung. Bis 1900 hatte er sich zum bedeutendsten Bildhauer seiner Zeit entwickelt. Seine Werke waren aufgrund ihres ungewöhnlichen Ausdrucks und teils auch ihrer Sinnlichkeit oft umstritten. Neben großen Skulpturen für den öffentlichen Raum schuf er Porträtbüsten und besonders in späteren Lebensjahren zahlreiche Zeichnungen. Er beschäftigte in seinem Atelier viele Assistenten, die Kopien seiner Werke in Bronze oder Marmor schufen.

Weitere Hauptwerke

1885–1889 *Die Bürger von Calais*
1897 *Denkmal für Balzac*
1906 Büste des George Bernard Shaw

MADAME X
(1884), JOHN SINGER SARGENT

Der durch *Madame X* verursachte Skandal kostete den großen US-amerikanischen Gesellschaftsporträtisten John Singer Sargent (1856–1925) fast die Karriere. Obwohl das Bild unter diesem Titel auf dem Pariser Salon ausgestellt wurde, war bekannt, dass es Virginie Gautreau zeigte, die US-amerikanische Frau eines französischen Bankiers. Viele fanden das Bild schamlos, und Gautreaus Mutter bat ihn, es zurückzuziehen. Er weigerte sich, doch musste Paris verlassen und zog nach London, wo er bis zum Lebensende blieb.

SELBSTBILDNIS MIT VERBUNDENEM OHR UND PFEIFE
(1889), VINCENT VAN GOGH

Van Gogh versinnbildlicht das gequälte Genie, und dieses Selbstbildnis gedenkt eines Schlüsselereignisses seines Lebens: 1888 schnitt er sich nach einem Streit mit Paul Gauguin im Wahn ein Ohr ab. Das Bild zeigt den Künstler in Mantel und Mütze mit verbundenem Ohr und melancholischer Miene. Die langen Pinselstriche und dissonanten Farben zeugen vom inneren Aufruhr des Malers. Mehrere Ausstellungen im ersten Jahrzehnt des 20. Jahrhunderts begründeten van Goghs Ruf als bedeutender Maler und wichtiger Vorläufer des Expressionismus.

Vincent van Gogh

Vincent van Gogh (1853–1890) wurde im niederländischen Zundert geboren. Zunächst war er für eine Kunsthandlung, in der sein Onkel Teilhaber war, in Den Haag, London und Paris tätig, dann als Prediger in England und Belgien. 1880 wandte er sich der Kunst zu, die für ihn ein Mittel zur Linderung menschlichen Leids war. Van Goghs künstlerisches Schaffen währte nur zehn Jahre, doch er schuf trotz häufiger Mittellosigkeit und psychischer Schwierigkeiten ein immenses Œuvre. 1885 zog er nach Paris, 1888 nach Arles und 1890 nach Auvers-sur-Oise, wo er sich das Leben nahm (nach einer jüngsten Theorie wurde er versehentlich erschossen).

Weitere Hauptwerke

1885 *Die Kartoffelesser*
1888 *Das Nachtcafé*
1889 *Sternennacht*

TIGER IN EINEM TROPISCHEN STURM
(1891), HENRI ROUSSEAU

Die erste Urwaldszene des französischen Autodidakten Rousseau (1844–1910) zeigt einen zum Sprung bereiten Tiger im tropischen Sturm. Satte, lebendige Farben und Muster dominieren. Die silbrig schimmernde Leinwand verdeutlicht den heftigen Regen und verleiht dem Werk etwas Unverkennbares und Traumartiges. Die Frische der fantasievollen Gemälde Rousseaus und sein einzigartiger, naiver Stil beeindruckten seine Zeitgenossen und brachten ihm die Bewunderung von Avantgardekünstlern wie Pablo Picasso ein.

MUTTER, IHR KIND BADEND
(1893), MARY CASSATT

Die Intimität und starke Komposition dieses Bilds sind charakteristisch für das Werk der US-amerikanischen Künstlerin Mary Cassatt (1844–1926). Ihre Vorliebe für ungewöhnliche Blickwinkel und prägnante Muster rührte von japanischen Drucken. Die kräftigen Streifen auf dem Kleid der Mutter werden durch die Stofftapete und den orientalischen Teppich kontrastiert. Die Aufsicht lässt den Betrachter an der innigen Szene teilhaben. Neben Berthe Morisot ist Cassatt die wichtigste Vertreterin des Impressionismus. Sie lebte größtenteils in Frankreich. Ihre bevorzugten Sujets waren Kinder bzw. Mutter und Kind.

DER TAG GOTTES
(1894), PAUL GAUGUIN

Gauguins (1848–1903) Gemälde zeigt ein Abbild der polynesischen Göttin Hina an einem tahitischen Strand. Die drei Frauen vor ihr werden zuweilen als Symbol von Geburt, Leben und Tod interpretiert. Die im Vordergrund dominanten, leuchtenden, kontrastierenden Farben deuten Spiegelungen auf dem Wasser an und sind typisch für den postimpressionistischen Stil Gauguins, bei dem er mit lebhaftem Kolorit flächige, geschwungene Formen erzeugte. Das Fantasiebild basiert auf polynesischer Symbolik und Gauguins Erlebnissen im Südpazifikraum. Hauptsächlich durch ihn wurde der Primitivismus und die damit verbundene Abkehr vom Naturalismus zu einer wichtigen Strömung der modernen Kunst.

BADENDE
(UM 1895–1906), PAUL CÉZANNE

In seinem Werk *Badende*, einer abstrakten Darstellung elf weiblicher Akte in einer Landschaft, lenkt der französische Maler Cézanne (1839–1906) die Aufmerksamkeit des Betrachters auf die Beziehung zwischen Figuren und natürlicher Umgebung. Das Bild wird durch die schwungvollen Striche lebendig. Figuren, Bäume und Himmel sind fein aufeinander abgestimmt. Kräftige, gekonnt gemalte geometrische Formen schaffen Harmonie zwischen Figuren und Landschaft. In späteren Lebensjahren wurde der »Vater der Moderne« genannte Cézanne zum Vorbild einer Generation von Avantgardekünstlern. Schlüsselaspekt seines Werks war die Idee, die Bildoberfläche habe unabhängig vom Sujet eigene Integrität.

SARAH BERNHARDT ALS KAMELIENDAME
(1896), ALPHONSE MUCHA

Der tschechische Künstler Mucha (1860–1939) porträtierte die französische Schauspielerin Sarah Bernhardt mehrfach. Dieses Plakat ist ein wundervolles Beispiel der kunstvoll geschwungenen Linien des Jugendstils. Mucha war ein bedeutender Vertreter des Stils, der in Abkehr von der Historienmalerei des 19. Jahrhunderts nach einer neuen Bildsprache suchte. Er schlug sich hauptsächlich in Design und Architektur, aber auch in Malerei und Plastik nieder und florierte im Großteil Europas und den USA von etwa 1890 bis zum Ersten Weltkrieg.

MODERNE GEGENWA

BIS
RT

1905
Der Fauvismus bildet sich in Paris heraus. Brücke, Deutschlands erste **Expressionistengruppe,** wird in Dresden gegründet.

1914
In Moskau beginnt **Wladimir Tatlin,** Reliefs zu fertigen, die vielleicht die ersten rein abstrakten Skulpturen sind.

1918/19
Der als Porträtist bekannte US-Amerikaner **John Singer Sargent** malt eines der berühmtesten Kriegsbilder, *Gassed*.

1926
Der Belgier **René Magritte** malt *Der bedrohte Mörder*, das erste Werk in seinem unverkennbaren surrealistischen Stil.

1936
Die **International Surrealist Exhibition** in London markiert einen Höhepunkt der Bewegung.

1937
In Paris malt **Picasso** *Guernica*, eine leidenschaftliche Reaktion auf den unmenschlichen Spanischen Bürgerkrieg.

1943
Broadway Boogie-Woogie zeugt von dem lebendigen Stil, den der niederländische Maler **Piet Mondrian** in New York entwickelte.

1947
Der Schweizer Bildhauer **Alberto Giacometti** fertigt *Zeigender Mann* in dem schlanken »existenzialistischen« Stil, mit dem er berühmt wurde.

Nie waren Künstler so experimentierfreudig wie in der Periode zwischen 1900 und dem Ausbruch des Ersten Weltkriegs 1914. Die Hinterfragung und Abkehr von etablierten Ansichten, Merkmal der progressiven Kunst Ende des 19. Jahrhunderts, verstärkten sich Anfang des 20. Jahrhunderts durch eine Reihe innovativer Stile und Strömungen wie dem im damaligen Zentrum der Weltkunst Paris entstandenen Fauvismus und Kubismus, dem deutschen Expressionismus und der international aufkeimenden abstrakten Kunst. Die traditionelle Vorstellung, Malerei und Skulptur dienten im Wesentlichen der Abbildung der äußeren Welt, wurde endgültig überworfen.

Zuweilen werden all die Strömungen unter dem Begriff der »Moderne« zusammengefasst, doch ihre Konzepte waren vielfältig und unterlagen keiner einheitlichen Ideologie. Wegbereiter der abstrakten Kunst, wie der Russe Wassily Kandinsky, fühlten sich berufen, mit ihrem Werk eine bessere Welt zu schaffen. Bei anderen führten die Gräuel des Ersten Weltkriegs zu einer anarchistisch-nihilistischen Abwehrhaltung, die um 1915 den Dadaismus hervorbrachte.

Er war vielleicht die radikalste der Bewegungen, denn der Dadaismus ging über stilistische Neuerungen hinaus und stellte Bedeutung und Wert der Kunst insgesamt infrage. Einer ihrer führenden Vertreter war der in Paris und New York tätige Marcel Duchamp. Zuvor hatte er seine Protesthaltung bereits durch »Readymades« zum Ausdruck gebracht. Duchamps Ideen waren äußerst einflussreich und bestimmten in der Folge maßgeblich Versuche, etablierte künstlerische Werte zu unterlaufen.

Spiel mit dem Unbewussten

Der Dadaismus war Quelle für den Surrealismus, die verbreitetste Avantardebewegung zwischen den Weltkriegen, der sich ebenso wenig auf Stilfragen beschränkte, sondern eine – wenngleich optimistische und nicht nihilistische – Lebensphilosophie verfolgte. Er wollte vor allem die Macht des Unbewussten wecken und damit gegen den übertriebenen Rationalismus und Materialismus der modernen Welt opponieren. Dazu bedienten sich die Surrealisten unterschiedlichster Mittel. Salvador Dalís detailreiche, traumartige Visionen sind die bekanntesten Werke der Strömung,

1952

Der Niederländer **Willem de Kooning** malt *Woman I;* durch den ekstatischen Pinselduktus ordnet es sich in den **Abstrakten Expressionismus** ein.

1955

Der US-Amerikaner **Jasper Johns** entwirft das erste *Flag*-Bild; dessen bewusste Banalität führt vom Abstrakten Expressionismus zur Pop-Art.

1965

Die Ausstellung **»The Responsive Eye«** im Museum of Modern Art, New York, macht die **Op-Art** bekannt.

1977

Jean-Paul Riopelle, Kanadas führender abstrakter Künstler, besucht die Arktis, die ihn zur *Iceberg*-Serie inspiriert.

1981

Die Ausstellung **»A New Spirit in Painting«** an der Londoner Royal Academy macht den **Neoexpressionismus** zunehmend publik.

1983

Anselm Kiefers *Sulamith* ist ein eindringliches Werk, das die dunkle Vergangenheit deutscher Geschichte thematisiert.

1998

Tracey Emins Installation *My Bed* ist eines der umstrittensten Werke der Young British Artists.

2010

Der US-Amerikaner **Cy Twombly** malt ein riesiges, abstraktes Deckengemälde für den Salle des Bronzes im Pariser Louvre.

doch sie umfasste auch Automatismus (den Versuch, die Bewegung der Hand nicht bewusst zu steuern) und Abstraktion.

Die Surrealisten verstanden es, ihre Werke mithilfe von Ausstellungen und Zeitschriften zu vermarkten. Viele Künstler jener Zeit waren von der sonderbaren Bildsprache der Surrealisten beeinflusst, auch wenn sie deren Lebensphilosophie ablehnten: Die Briten Henry Moore und Paul Nash sind Beispiele hierfür. Einige Künstler jedoch, wie die Vertreter des Amerikanischen Realismus, distanzierten sich bewusst von avantgardistischem Ideengut. In Hitlerdeutschland und der Sowjetunion unter Stalin wurde progressive Kunst ohnehin geächtet. Diese Diktaturen unterdrückten gewöhnlich künstlerische Individualtität und Ambitionen. Einige sowjetische Maler, besonders Alexander Deineka, schufen in diesem repressiven Umfeld dennoch außergewöhnliche Werke.

Nachkriegskunst

Viele europäische Künstler flohen vor Faschismus und Zweitem Weltkrieg in die USA. Auch durch ihr kreatives Wirken löste New York nach dem Krieg Paris als Zentrum avantgardistischer Kunst ab. Die US-amerikanische Malerei dominierte durch den inhaltlichen und finanziellen Erfolg des Abstrakten Expressionismus die weltweite Kunstszene in den 1950er-Jahren. Er markierte einen Wendepunkt und brachte Ableger, aber auch Reaktionen gegen seine Gefühlsbetontheit hervor, etwa in Form der verspielten Finesse der Pop-Art und der kühlen Klarheit des Minimalismus.

In den 1960er-Jahren entstand die Konzeptkunst, die der Idee den Vorrang vor dem eigentlichen Kunstwerk gab. Seither hat sich ein Großteil der progressiven Kunst von gewöhnlichen Materialien und Methoden verabschiedet. So werden bei der Land Art Teile der Landschaft in ein Kunstwerk einbezogen oder zu einem solchen arrangiert. Mithilfe neuer Video- und Digitaltechnik entstanden zeitbasierte Werke.

Malerei und Plastik bestehen neben neuen Medien. In den USA und Europa entstand in den 1980er-Jahren der Neoexpressionismus mit kraftvoller Bildsprache und Farbgebung als Reaktion auf die Konzeptkunst. Die figürliche Malerei der Neuen Leipziger Schule half bei der Wiederbelebung traditioneller künstlerischer Werte. ■

EIN DEM BEETHOVEN-KULT GEWEIHTER TEMPEL

BEETHOVENFRIES (1902) GUSTAV KLIMT

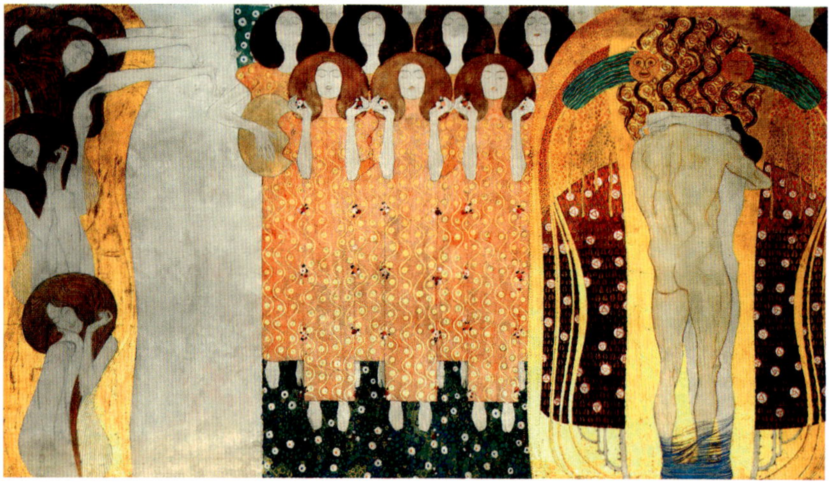

IM KONTEXT

SCHWERPUNKT
Gesamtkunstwerk

FRÜHER

1849 Richard Wagner prägt den Begriff »Gesamtkunstwerk«.

1897 Die Wiener Secession, zu der Maler, Architekten, Designer, Bildhauer und Handwerker gehören, wird gegründet. Ihre Zeitschrift *Ver Sacrum* will ein gedrucktes Gesamtkunstwerk sein.

SPÄTER

1903 Die Wiener Werkstätte – eine Produktionsgemeinschaft verschiedener Kunstgewerbe – wird eingerichtet.

1909 Sergei Djagilew gründet die Ballets Russes, die Kostüm, Bühnenbild, Choreografie, Musik und Tanz vereinen.

1919 Walter Gropius gründet das Bauhaus in Weimar. Er will eine Zusammenarbeit zwischen Künstlern, Architekten und Gestaltern fördern.

Ein Gesamtkunstwerk vereint verschiedene Künste miteinander. Das Konzept lässt sich auf altägyptische Grabanlagen zurückführen, die mit Gemälden, Reliefs und Skulpturen verziert waren, die nur einem Zweck dienten – der Verherrlichung eines Regenten. Auch die als ganzheitliche, religiöse Erfahrung ausgelegten tridentinischen Messen in Barockkirchen, die mit Musik, Chor und Weihrauch zelebriert wurden, basierten auf diesem Zusammenspiel der Künste. Selbst in der modernen Installationskunst lässt sich die Idee erkennen. Der Begriff wurde jedoch erstmals im 19. Jahrhundert gebraucht, besonders von dem deutschen Komponisten Richard Wagner, der ihn auf die in seiner Oper verwendete Synthese aus Dichtung, Musik und Theater anwandte.

Die Wiener Secession

Anfang des 20. Jahrhunderts wurde das Konzept des Gesamtkunstwerks von einer Gruppe junger Wiener Künstler begeistert übernommen, die sich von der konservativen Wiener Künstlergenossenschaft abgewandt und eine als Wiener Secession bekannte Gruppe gegründet hatte. 1902 eröffnete ihre 14. Ausstellung im eigenen Ausstellungsgebäude. Sie war als Gesamtkunstwerk konzipiert, bei der Musik, Architektur, Dekoration, Malerei und Plastik sich zu einer Hommage an den deutschen Komponisten Ludwig van Beethoven (1770–1827) in einem säkularen Tempel mit einem Haupt- und zwei Seitenschiffen vereinten. Den Mittelpunkt bildete die Beethovenstatue von Max Klinger, die durch Klimts Fries und weitere Werke ergänzt wurde. Der österreichische Komponist Gustav Mahler dirigierte eigens arrangierte Ausschnitte aus Beethovens Neunter Sinfonie.

Siehe auch: Mosaike des Kaisers Justinian und der Kaiserin Theodora 52–55 ▪ *Nocturne in Schwarz und Gold* 264–265 ▪ *Tanz des Lebens* 274–277

»Der künstlerische Mensch kann sich nur in der Vereinigung aller Kunstarten zum gemeinsamen Kunstwerk vollkommen genügen.«

Richard Wagner

Klimts monumentaler Fries war dieser Sinfonie und besonders Wagners Interpretation derselben als Verkörperung der menschlichen Sehnsucht nach dem Glück gewidmet. Der sich über drei Wände erstreckende Fries besteht aus Themengruppen, die wie eine Sinfonie aufeinander aufbauen.

Eine Synthese der Formen

Am Anfang steht die Komposition dreier über der Erde schwebenden Frauenfiguren, die als Genien die menschlichen Sehnsüchte symbolisieren. Darauf folgen Darstellungen des Leids, Ehrgeizes und Mitleids. Auf der zweiten Wand wird der Kampf gegen Krankheit, Wahnsinn, Tod, Kummer und Maßlosigkeit bebildert. Die Narration endet auf der dritten Wand mit der Erlösung durch die Kunst. Ein Himmelschor wird von einer Figur mit Leier begleitet, die verzückten Genien tauchen wieder auf – sowie ein nacktes, in einen goldenen Kokon eingesponnenes Paar (siehe gegenüber). Ihr Kuss nimmt Bezug auf die Textzeile »diesen Kuss der ganzen Welt« aus der Ode »An die Freude« des deutschen Dichters Friedrich Schiller, die in Teilen im furiosen Schlusssatz von Beethovens Sinfonie vertont ist. Diese Verschmelzung von Kunstformen ist ein vollkommenes Beispiel eines Gesamtkunstwerks.

Klimt schuf zudem einen Fries für das Palais Stoclet, eine 1905–1911 von dem Architekten Joseph Hoffmann in Zusammenarbeit mit mehreren Architekten, Kunsthandwerkern und Künstlern erbaute Villa in Brüssel. Hoffmann wollte, dass alle Elemente des Bauwerks aufeinander abgestimmt sind, »wie die Organe eines Lebewesens«. ▪

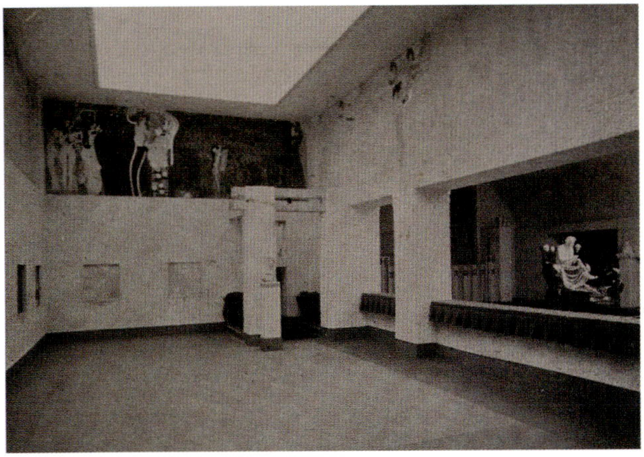

Klimts Fries war 34 m lang und 2 m hoch. Er malte ihn 1902 direkt auf die Wände des Wiener Secessionsgebäudes. Rechts sieht man Klingers Beethovenstatue.

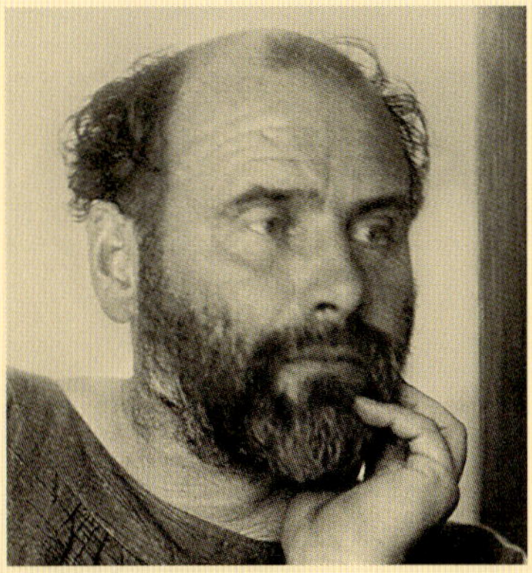

Gustav Klimt

Gustav Klimt wurde 1862 bei Wien geboren und starb dort 1918. Er studierte an der Wiener Kunstgewerbeschule und übernahm Einflüsse aus Impressionismus, Symbolismus und Jugendstil. Klimt schuf mehrere Wand- und Deckenbilder für öffentliche Gebäude, bevor seine Unzufriedenheit mit der Wiener Künstlergenossenschaft ihn und eine Gruppe von Freunden zur Gründung einer eigenen Künstlervereinigung bewog, der Secession. Nachdem Klimts Wandgemälde für die Universität Wien als pornografisch befunden wurden, gingen die Aufträge aus öffentlicher Hand zurück, doch er wurde weiterhin von privaten Auftraggebern geschätzt. Klimts Schaffen war vielfältig und umfasste Plakate und Wanddekorationen ebenso wie Landschaften, Porträts und Allegorien. Viele Werke sind mit dekorativen Details aus byzantinischer, keltischer und orientalischer Kunst verziert.

Weitere Hauptwerke

1898 *Pallas Athene*
1905 *Stoclet-Fries*
1907/08 *Der Kuss*
1907 *Adele Bloch-Bauer*

DEM PUBLIKUM EINEN TOPF FARBE INS GESICHT GEWORFEN

FRAU MIT HUT (1905), HENRI MATISSE

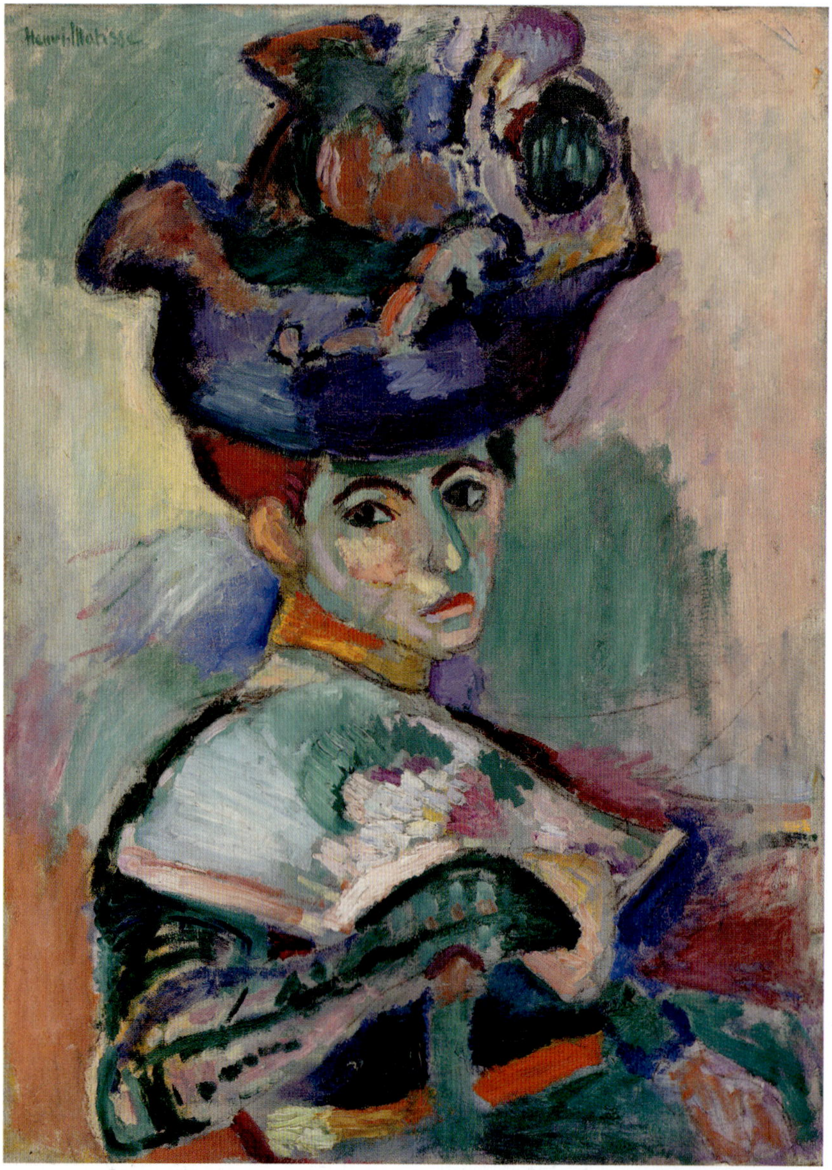

IM KONTEXT

SCHWERPUNKT
Fauvismus

FRÜHER
1886–1890 Vincent van Gogh malt reine, leuchtende Töne.

1891–1903 Paul Gauguin schafft flächige Werke in verfremdeten Farben.

1892 Paul Signac zieht nach Saint-Tropez und arbeitet im neoimpressionistischen Stil.

SPÄTER
1905–1913 Das Werk der deutschen Expressionistengruppe Brücke ist gefühlsbetont und von grellem Kolorit.

1907 Pablo Picassos *Les Demoiselles d'Avignon* läutet den Kubismus ein.

1912 Der Begriff Orphismus beschreibt das farbenfrohe Werk von František Kupka sowie Robert und Sonia Delaunay.

Anfang des 20. Jahrhunderts hinterfragten innovative, experimentierfreudige, um Ausdruck bestrebte Künstler die etablierte wirklichkeitsnahe Malerei. Sie begründeten den avantgardistischen Fauvismus und schufen Werke, die von leuchtenden Farben (oft direkt aus der Tube auf die Leinwand aufgetragen), vereinfachten Formen und kraftvollem Duktus geprägt waren.

Die Bewegung hatte kein Manifest – ihre Ästhetik wurde von einer losen Gruppe befreundeter Maler unter Führung von Henri Matisse verfolgt. Weitere Anhänger waren André Derain, Maurice de Vlaminck, Albert Marquet, Georges Rouault und Georges Braque.

Siehe auch: *Frauen im Garten* 256–263 ▪ *Ein Sonntagnachmittag auf der Insel La Grande Jatte* 266–273 ▪ *Die Loge* 279–280 ▪ *Straße in Dresden* 290–293 ▪ *Akkordeonspieler* 294–297 ▪ *Komposition VI* 300–307

Ihre Bezeichnung erhielt die Strömung 1905 auf dem dritten Salon d'Automne in Paris, wo ein Saal mit Werken der Fauvisten für Aufruhr sorgte. Empört über die brachiale Verfremdung von Farbe und Linie, betitelte der Kunstkritiker Louis Vauxcelles die Künstler als *Fauves* (»wilde Tiere«), und der Name hielt sich. Matisse' *Frau mit Hut* stieß auf besonders harsche Kritik, weil die Farben nicht naturgetreu waren und die an Stellen frei gelassene Leinwand dem zeitgenössischen Publikum unfertig erschien.

Sommer des Fauvismus

Matisse malte *Frau mit Hut* im Sommer 1905 während der Wochen, die er in Gesellschaft von Derain im südfranzösischen Fischerdorf Collioure verbrachte. Es ist ein Porträt seiner Frau Amélie, die nach der damaligen Mode gekleidet ist, einen Fächer in der behandschuhten rechten Hand sowie einen überdimensionierten Hut trägt. Die Farbgebung ist jedoch mehr als ungewöhnlich. Nach der eigentlichen Farbe des Kleids befragt, das seine Frau anhatte, antwortete Matisse: »Natürlich schwarz.« Das mag Wahrheit oder Ironie sein, jedenfalls malte er Amélies Kostüm als Rausch von Blau-, Grün, Violett- und Rosatönen. Den raffinierten Hut fertigte Amélie möglicherweise selbst. Sie war eine geschickte Hutmacherin. Seine Dominanz hat eine besondere Brisanz, da die Einnahmen aus Amélies Hutgeschäft die Familie während der schwierigen Anfangsjahre von Matisse' künstlerischem Schaffen über Wasser hielten. Die US-amerikanischen Sammler Leo und Gertrude Stein kauften *Frau mit Hut* und wurden Matisse' erste Gönner. Viele weitere folgten und stärkten Selbstbewusstsein und Finanzen des Künstlers.

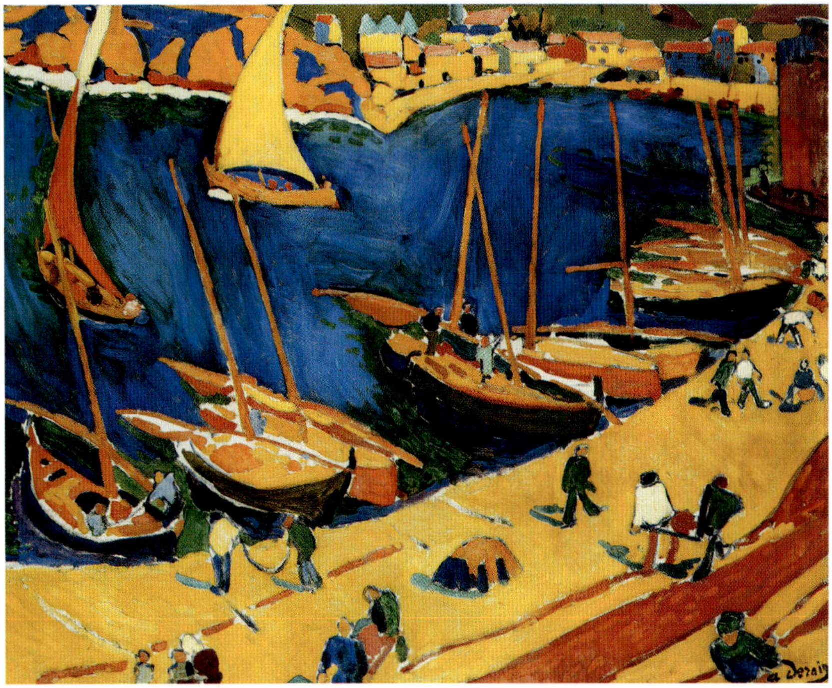

Das intensive Licht des Fischerdorfs Collioure faszinierte die Fauvisten. Derains Bild *Fischereihafen, Collioure* (1905) verwendet das für die Bewegung typische flächige, leuchtende Kolorit.

Henri Matisse

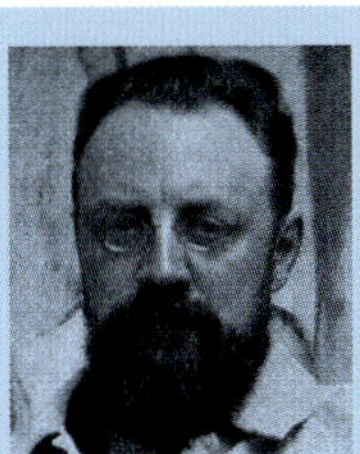

Matisse wurde 1869 in Frankreich geboren, studierte Rechtswissenschaften und begann 1891 zu malen. Unter Einfluss der Impressionisten wurde sein dunkles Kolorit ab 1896 leuchtender. Er übernahm neoimpressionistische Techniken und strebte anders als sein Freund Picasso nach einer »Kunst des Gleichgewichts, der Reinheit, der Ruhe«. Der äußerst vielseitige Künstler schuf Zeichnungen, Plastiken, Scherenschnitte und Wandbilder. Er starb 1954 bei Nizza.

Weitere Hauptwerke

1904 *Luxus, Stille und Begierde*
1909/10 *Der Tanz, Die Musik*
1949–1951 Rosenkranzkapelle von Vence

Hin zum Expressionismus

Der Fauvismus war in vielerlei Hinsicht eine Übergangsphase für die beteiligten Künstler. Das freie, expressive Kolorit wurde durch die deutschen Expressionisten und eine jüngere Generation, wie die französischen Maler Sonia und Robert Delaunay, übernommen. ■

EINE QUALVOLLE UNRUHE TRIEB MICH TAG UND NACHT IMMER WIEDER HINAUS

STRASSE IN DRESDEN **(1908)**

ERNST LUDWIG KIRCHNER

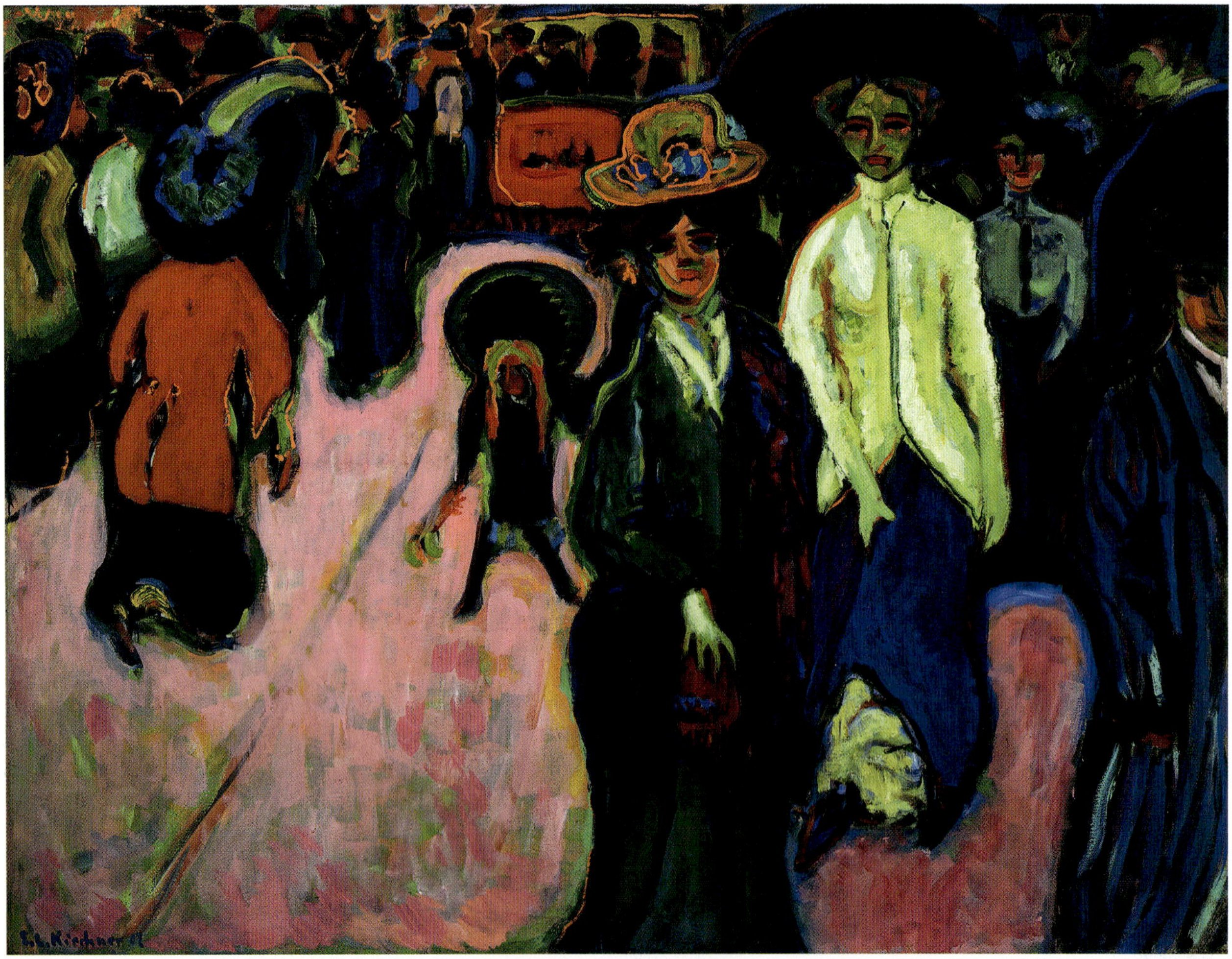

IM KONTEXT

SCHWERPUNKT
Expressionismus

FRÜHER
1516 Matthias Grünewald vollendet den Isenheimer Altar, dessen Verfremdung und Gefühlsbetontheit die deutschen Expressionisten später fasziniert.

1893 Edvard Munchs *Der Schrei* verkörpert die Angst einer entfremdeten Figur.

SPÄTER
1910 Der Wiener Künstler Egon Schiele beginnt lebhafte Werke, die durch anatomische Verzerrungen gekennzeichnet sind und u. a. sexuelle Ängste ausdrücken, zu malen.

1920er-Jahre In Deutschland reagiert die Neue Sachlichkeit auf den Expressionismus. Sie konzentriert sich auf die Abbildung der Außenwelt, oft mit äußerst satirischer Note.

Siehe auch: *Tanz des Lebens* 274–277 ▪ *Seelenzustände: Die Gehenden* 298–299 ▪ *Das Abendmahl* 338 ▪ *Nighthawks* 339

Merkmale des Expressionismus

Kräftige, verfremdete, teilweise grelle Farben

Vereinfachte, verzerrte Formen

Fokus auf subjektiven Empfindungen anstelle objektiver Beobachtung

Überspitzte emotionale Effekte, Ausdruck von Furcht, Unruhe und Entfremdung oder Liebe und Spiritualität

Am 7. Juni 1905 gründeten die vier Architekturstudenten Ernst Ludwig Kirchner, Fritz Bleyl, Erich Heckel und Karl Schmidt-Rottluff die Künstlergruppe Brücke in Dresden. Der Name stand für den Willen, in eine neue künstlerische Zukunft aufzubrechen, und war eine Hommage an den Philosophen Friedrich Nietzsche, der schrieb: »Was groß ist am Menschen, das ist, dass er eine Brücke und kein Zweck ist.« Obwohl keiner von ihnen eine künstlerische Ausbildung besaß, wollten sie die Kunst revolutionieren. Sie wandten sich von der realistischen Malerei am Ende des 19. Jahrhunderts ab und gaben stattdessen in ihren Bildern Empfindungen Ausdruck. Dafür ergründeten sie jüngste Entwicklungen in der internationalen modernen Kunstszene und widmeten sich Zeichnung, Malerei und Druckgrafik. Die menschliche Figur – oft in Bewegung abgebildet – stand im Mittelpunkt ihres Schaffens und betonte die emotionsgeladene Anmutung ihrer Werke.

Die Einflüsse der Brücke-Künstler waren vielfältig und reichten von der Stammeskunst Afrikas und der Südsee bis zu den Stichen Albrecht Dürers und den Gemälden Matthias Grünewalds. Zudem ließen sie sich von den reinen Farben, kräftigen Linien und dynamischen Pinselstrichen der expressiven Kunst Paul Gauguins, Vincent van Goghs und Edvard Munchs inspirieren. Sie verwendeten kräftige, oft »primitive«, verzerrte Formen, um emotionale und subjektive Reaktionen auf die Außenwelt und die psychischen Zwänge des modernen Lebens auszudrücken.

1911 bildete sich in München die Künstlergruppe Der Blaue Reiter, die ähnliche Ziele verfolgte. »

> »Die künstlerische Arbeit gibt uns die innere Überlegenheit, denn in ihr ist Raum für alle Empfindungen, deren der Mensch fähig ist …«
>
> **Ernst Ludwig Kirchner**

Unter Führung von Franz Marc und Wassily Kandinsky widmete sie sich einem spirituelleren Ansatz als die Brücke, doch das Schaffen beider Gruppen wird unter dem Begriff Expressionismus zusammengefasst. Gemeinsam begründeten sie eine Tendenz in der bildenden und darstellenden Kunst sowie Literatur Deutschlands, nach neuen Ausdrucksmitteln für seelische Empfindungen zu suchen. Die Intensität des Ausdrucks hatte dabei Vorrang vor Form und Harmonie.

Bei *Fünf Frauen auf der Straße* (1913) verwendete Kirchner lebhafte, grobe Linien und intensive Farben für eine provokante Darstellung von Berliner Prostituierten. Er zeigt sie, als wären sie Tänzerinnen auf einer Bühne.

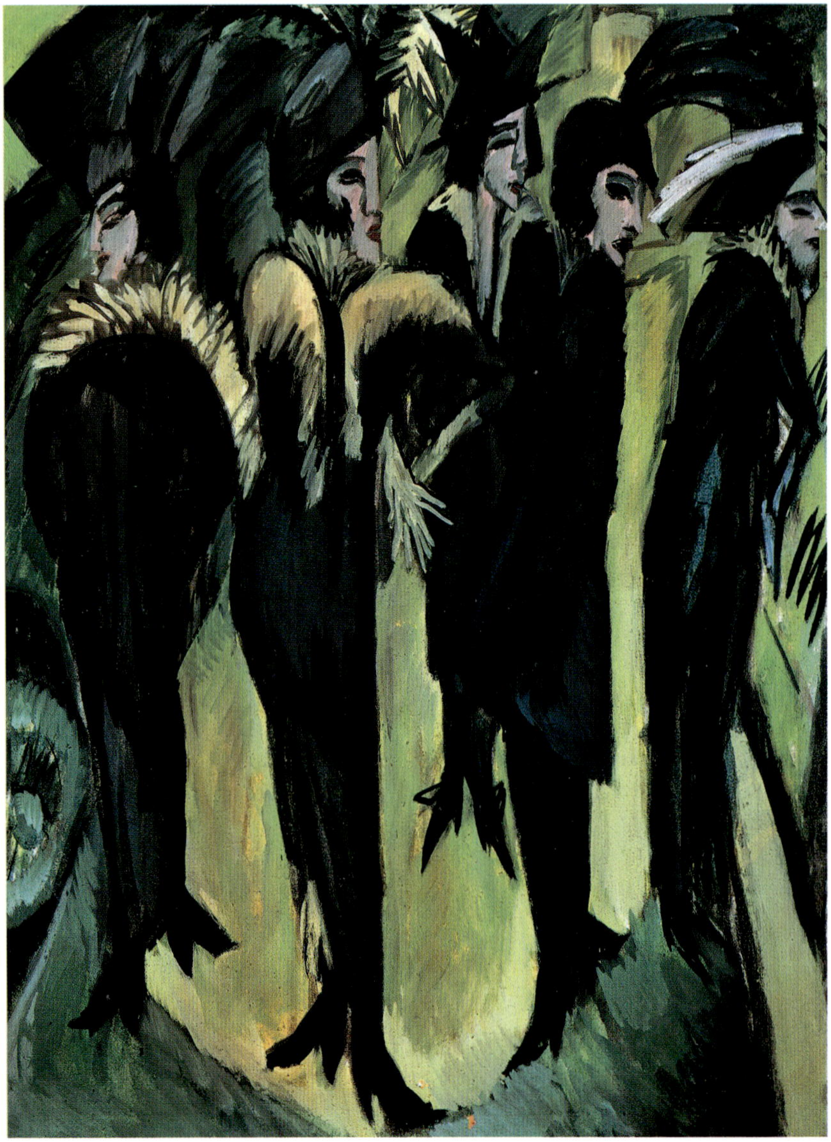

Straßenleben

Auf dem 1908 entstandenen Bild *Straße in Dresden* porträtiert das Brücke-Gründungsmitglied Ernst Ludwig Kirchner die prachtvolle Königstraße der Stadt. Das Werk wirkt zutiefst befremdlich. Kirchner kannte die Arbeiten der französischen Fauvisten, und sein Kolorit mag auf den ersten Blick Matisse' Palette ähneln, doch die schrillen Farben sollen Dissonanz anstelle von Harmonie erzeugen. Die lebhafte, nahezu fluoreszierende Farbgebung vermittelt die Grellheit des künstlichen Straßenlichts, das Objekten und Figuren eine kränkliche Färbung verleiht.

Die rastlose Komposition wird von dem aufdringlichen Rosa der leeren, bizarr gekrümmten Straße dominiert, die zu der Rückansicht eines Straßenbahnwaggons führt. Die sich auf der linken Seite auf dem Bürgersteig drängenden Figuren scheinen zum oberen Bildende zu eilen. Die Frauen im Vordergrund haben ausdruckslose Gesichter. Ihre Mienen, die Kirchners Faszination für afrikanische Masken offenbaren, sind in kräftigen Orange- und Grüntönen gemalt. Keiner redet; die voneinander isolierten, beherrschten Frauen umklammern ihre Kleidung. Ein Mädchen in der Mitte des Bilds wirkt verloren. Eine einzelne, etwas bedrohlich blickende Männerfigur wird ganz rechts durch den Bildrand abgeschnitten.

» Die Form ist uns Geheimnis, weil sie der Ausdruck von geheimnisvollen Kräften ist. «

Auguste Macke
»Die Masken«, in *Der Sturm*, 1915

»Kunst dient der Erkenntnis, nicht der Unterhaltung, der Verklärung oder dem Spiel.«

Max Beckmann

1911 zog Kirchner nach Berlin, wo Stadtansichten ihn weiterhin faszinierten. Seine Berliner Bilder zeigen Straßen mit Prostituierten oder Frauen mit ihren Verehrern und vermitteln eine noch unbehaglichere Atmosphäre als die frühen Arbeiten – vielleicht ausgelöst durch die angspannte Stimmung kurz vor Ausbruch des Ersten Weltkriegs.

Die ursprünglich weichen Formen wurden eckiger, waren nervös schraffiert und ließen an die Holzschnitte und Holzskulpturen denken, denen er sich nunmehr zugewandt hatte.

Persönliche Differenzen zwischen den Brückemitgliedern rückten in den Vordergrund, und eine 1913 von Kirchner veröffentlichte Chronik über die Bewegung, in der er seine Mitstreiter nicht genügend würdigte, führte zur letztendlichen Auflösung. Auch der Blaue Reiter löste sich um jene Zeit auf, doch der Expressionismus machte sich anderenorts bemerkbar, besonders in Österreich durch die psychologisch tiefgründigen, angsterfüllten Bilder Egon Schieles, Oskar Kokoschkas und Richard Gerstls.

Einfluss und Vermächtnis

Auch nach dem Krieg war der Einfluss des Expressionismus in Deutschland spürbar. Das Werk von Künstlern wie Otto Dix, Max Beckmann und George Grosz – Anhängern der Neuen Sachlichkeit – kreiste zwar eher um Gesellschafskritik und -satire als um die Abbildung des Seelenlebens der Künstler, doch die eckigen Formen und Intensität des Ausdrucks ließen den Einfluss der Expressionisten erkennen.

Teilweise als Gegenreaktion auf den Minimalismus entstand Ende der 1970er-Jahre in Deutschland, den USA und Großbritannien der Neoexpressionismus. An dessen Spitze stand Georg Baselitz und schuf emotionsgeladene Monumentalbilder mit rauer Oberfläche und verzerrten Formen. ■

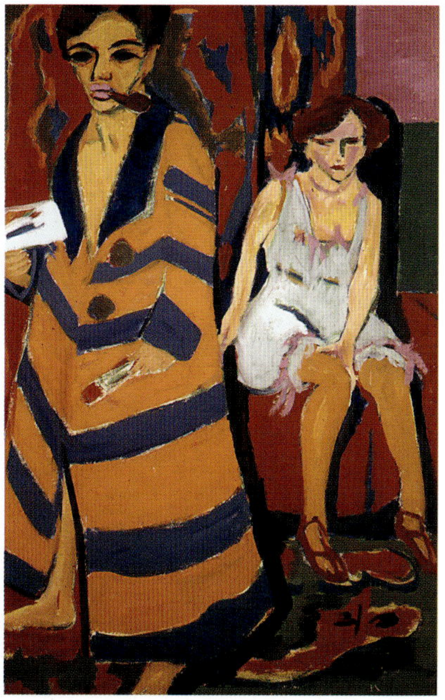

Kirchners *Selbstbildnis mit Modell* (1910) schafft mit warmen Farben eine sinnliche Atmosphäre. Es hat starke Anklänge an die »primitive« Kunst, deren Direktheit Kirchner bewunderte.

Ernst Ludwig Kirchner

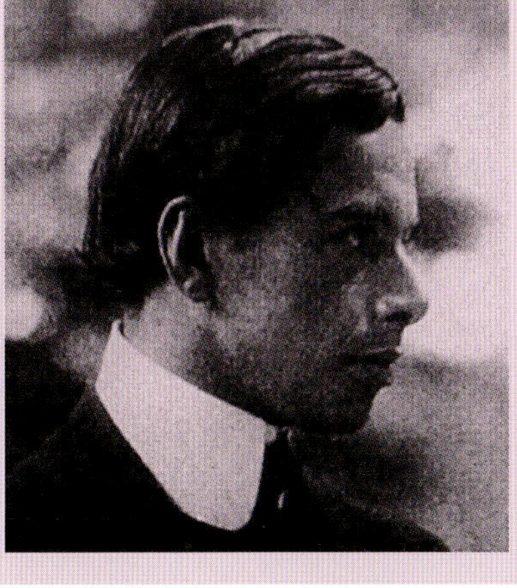

Ernst Ludwig Kirchner wurde 1880 in Bayern geboren und studierte Architektur in Dresden. Durch sein Interesse an Malerei gründete er 1905 die Künstlergruppe Brücke. Er war als Maler, Grafiker und Bildhauer tätig und entscheidend an der Wiederentdeckung des Holzschnitts beteiligt. Während der Anfangsjahre waren Stadtansichten Dresdens und Berlins bevorzugte Sujets. Zudem malte er Prostituierte, Modelle und Freunde. Als Soldat im Ersten Weltkrieg erlitt er einen Nervenzusammenbruch. 1917 wurde er zur Genesung in die Schweiz geschickt, wo er bis zum Lebensende blieb und sich von Berglandschaften inspirieren ließ. Später wandte er sich in seiner Kunst der Abstraktion zu. Kirchner gehörte zu jenen, deren Kunst von den Nationalsozialisten 1937 als »entartet« erklärt wurde. Krank und an Depressionen leidend, beging er 1938 Selbstmord.

Weitere Hauptwerke

1912 *Ins Meer Schreitende*
1914 *Postdamer Platz*
1915 *Selbstbildnis als Soldat*

DIE SINNE DEFORMIEREN, ABER DER GEIST FORMT

AKKORDEONSPIELER (1911), PABLO PICASSO

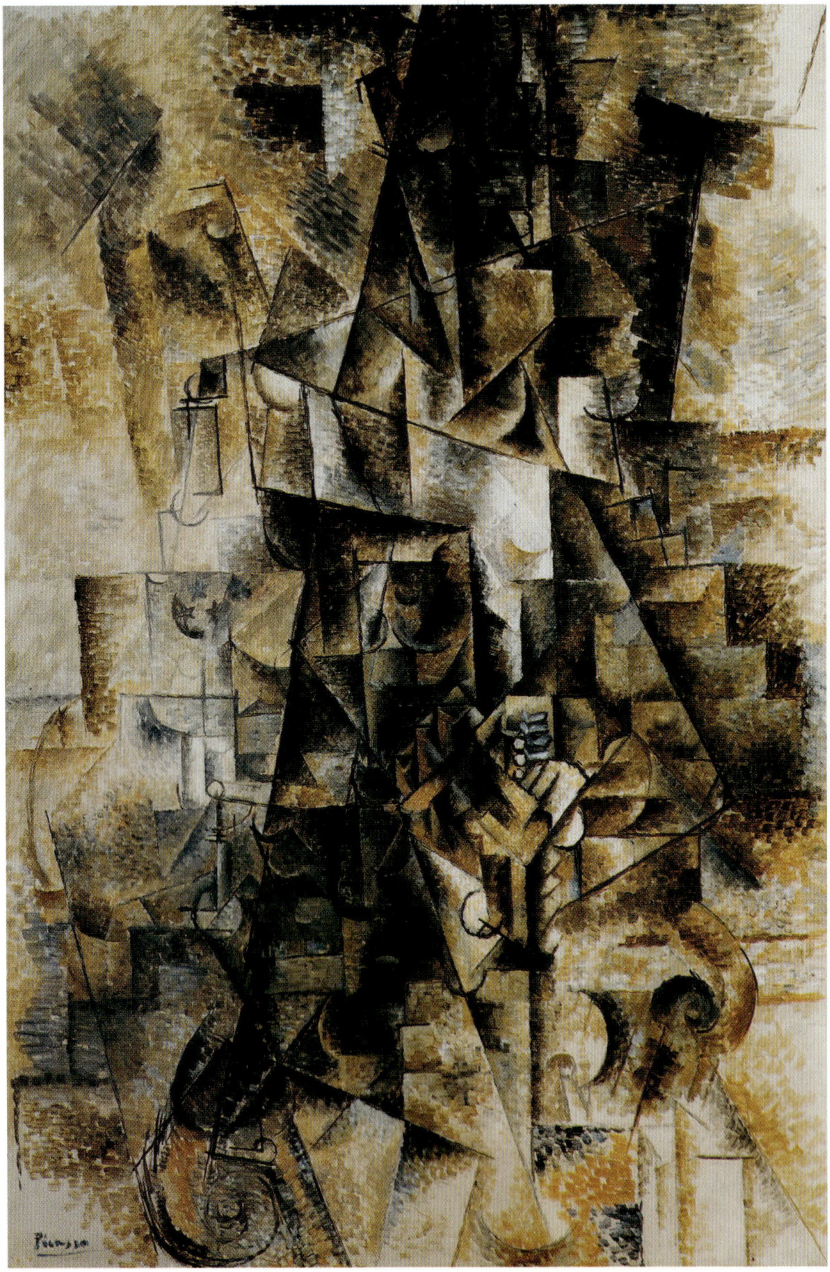

IM KONTEXT

SCHWERPUNKT
Kubismus

FRÜHER
1904–1906 Cézannes Bilder der Montagne Sainte-Victoire brechen die Perspektive und deuten Form durch Farbe an.

1906 Picasso entdeckt afrikanische Stammeskunst für sich.

1907 Eine posthume Cézanne-Ausstellung inspiriert die zukünftigen Kubisten.

1907 Picasso vollendet *Les Demoiselles d'Avignon* als Ankündigung des Kubismus.

1908 Georges Braques ausgestellte Werke führen zum Begriff »Kubismus«.

SPÄTER
1911 An der ersten kubistischen Werkschau auf dem Salon d'Automne sind Fernand Léger, Jean Metzinger, Henri Le Fauconnier, Robert Delaunay, aber nicht Picasso und Braque beteiligt.

Der Kubismus war eine der radikalsten Strömungen der Avantgardekunst in Europa an der Wende zum 20. Jahrhundert. Die Kubisten malten die Welt nicht mehr, wie sie zu sehen war, und hinterfragten das seit der Renaissance die westliche Kunst dominierende Konzept, Kunst diene der realistischen Nachahmung der Natur. Wegbereiter der neuen Ausdrucksform waren Pablo Picasso und Georges Braque, die in den Anfangsjahren des Kubismus so eng zusammenarbeiteten, dass Braque von »zwei Bergsteigern an einem Seil« sprach.

Siehe auch: *Badende* 281 ▪ *Seelenzustände: Die Gehenden* 298–299 ▪ *Komposition VI* 300–307 ▪ *Cubi XIX* 340–341

Statt eine Landschaft, ein Objekt oder eine Person aus einem Blickwinkel zu zeigen, kombinierten die Kubisten mehrere Eigenschaften des Sujets auf einem Bild, sodass sie gleichzeitig zu sehen waren. Festkörper wurden fragmentiert und auf eine Weise neu angeordnet, dass sie häufig nicht mehr erkennbar waren. Die Kubisten gaben die Regeln der Perspektive und Formgebung auf und wollten die Aufmerksamkeit auf die Zweidimensionalität der Leinwand lenken.

Regelbruch

Die Anfänge des Kubismus werden gemeinhin auf 1907 datiert, als Picasso das wegweisende *Les Demoiselles d'Avignon* vollendete. Auf der vollen Leinwand tummeln sich fünf Prostituierte aus der Carrer d'Avinyó in Barcelona. Auch frühere Bilder kreisten um die menschliche Figur, jedoch nicht in der verzerrten Form, wie hier zu sehen. Die Frauen entsprechen nicht dem klassischen Schönheitsideal. Zwei haben Köpfe, die Masken ähneln und von Picassos Bewunderung der afrikanischen Kunst zeugen. Die Formen sind fragmentiert, der Raum unklar. Diese Merkmale sind möglicherweise in Teilen vom Spätwerk Paul Cézannes (1839–1906) übernommen, dessen Landschaften mit einer Perspektive experimentieren, in der das Sujet aus verschiedenen Blickwinkeln zu sehen ist.

Picassos radikales Bild stieß bei vielen Freunden auf Unverständnis, doch durch die variierenden Blickwinkel, anatomischen Verzerrungen und die flache Perspektive gilt es als Wendepunkt in der Geschichte der Malerei. Ein Jahr darauf schuf Braque, der im südfranzösischen L'Estaque malte, eine Serie von geometrisch vereinfachten Landschaften, mit Formen, die sich scheinbar nach vorn oder hinten neigten und die Regeln der Perspektive auf den Kopf stellten. Als der Kunstkritiker Louis Vauxcelles die Bilder sah, sprach er von »Kuben« und »kubistischen Bizarrerien« und verlieh damit der neuen Kunstform einen Namen.

Picasso malte 1909 eine Reihe Bilder in Spanien – wie *Buste de femmes* und *Sitzender Akt* –, die ebenfalls die Regeln der Perspektive missachteten. Zudem durchbrach er die Konturen der dargestellten Sujets und verwischte damit die Grenze zwischen Raum und Körper.

Analytischer Kubismus

Die Anfangsphase des Kubismus, oft als analytischer Kubismus bezeichnet, währte bis um 1912. Sie umfasste eine detaillierte Analyse der Objekte und des Raums, den sie einnahmen, sowie ihre Zerteilung und Neuanordnung auf »

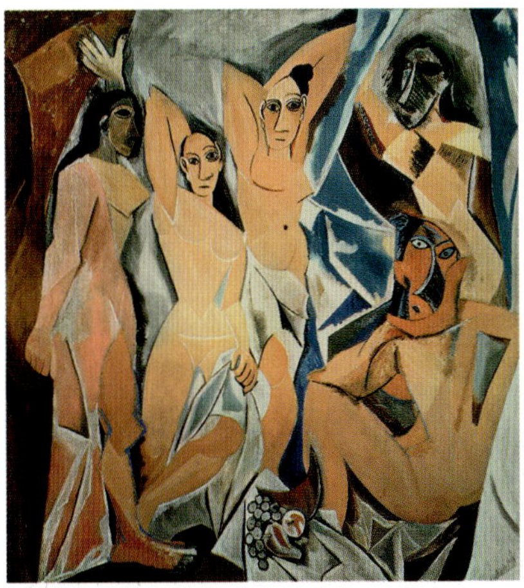

Les Demoiselles d'Avignon gibt naturgetreue Darstellung, bekannte Formen und Perspektiven zugunsten fragmentierter Flächen und Körper sowie grob gemalter Figuren auf.

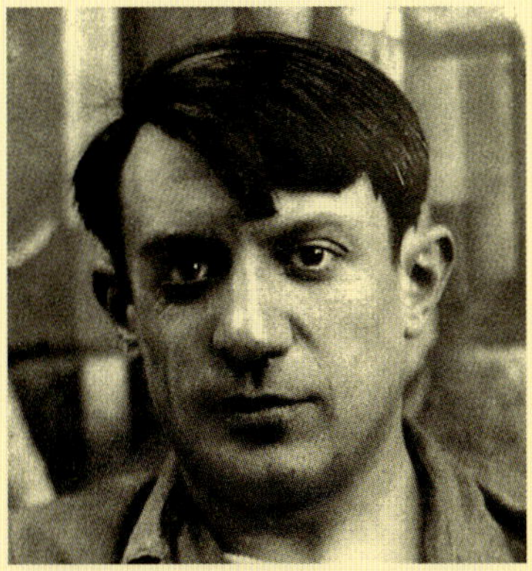

Pablo Picasso

Pablo Picasso gilt gemeinhin als einflussreichster Künstler des 20. Jahrhunderts. Er wurde 1881 im spanischen Málaga als Sohn eines Kunstlehrers geboren, der die frühe Begabung entdeckte. 1904 ließ sich Picasso in Paris nieder. Drei Jahre darauf wagte er das bedeutende künstlerische Experiment, das als Kubismus bekannt wurde. Später bediente er sich zahlreicher Formensprachen, wie Elementen des Surrealismus.

Picasso hatte früh Erfolg: Er wurde von einflussreichen Personen finanziell unterstützt und erhielt Aufträge für renommierte Projekte, wie Kostüme und Bühnenbilder für die Ballets Russes. Er war vielseitig, ideenreich (er soll etwa 20 000 Werke geschaffen haben) und ein Meister verschiedener Medien wie Malerei, Plastik, Grafik und Keramik. Sein Werk drückt die volle Bandbreite menschlicher Emotionen aus, von Freude bis Leid. Picasso starb 1973 im französischen Mougins.

Weitere Hauptwerke

1904 *Das karge Mahl*
1925 *Die drei Tänzerinnen*
1937 *Guernica*

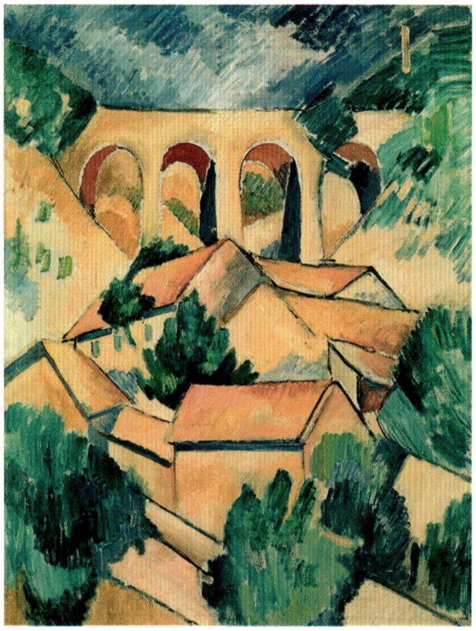

Braques *Der Viadukt bei L'Estaque* (1908) zeigt durch die Komprimierung des Raums und die Ergründung geometrischer und aufgelöster Formen Merkmale des analytischen Kubismus.

der Leinwand. Wie der Dichter und Kritiker Guillaume Apollinaire anmerkte, studierte Picasso »einen Gegenstand wie ein Chirurg, der einen Leichnam seziert«.

Picassos *Akkordeonspieler* ist eines der extremsten Beispiele des analytischen Kubismus. Es entstand 1911, als er und Braque sich ein Atelier in Céret in den französischen Pyrenäen teilten. Auf den frühen kubistischen Werken waren Objekte gewöhnlich erkennbar, aber als dieses Gemälde entstand, waren sie nahezu abstrakt und bestanden hauptsächlich aus sich überschneidenden Ebenen und Winkeln, zuweilen aus Fragmenten einer Figur, eines Gegenstands oder aus Schrift. Die Künstler bevorzugten in dieser Periode immer noch Stillleben und Personen anstelle von Landschaften. Sie übernahmen ein gedämpftes, fast monochromes Farbschema, vielleicht als direkte Reaktion auf die dekorativeren Farben der Impressionisten und Fauvisten. Das im Titel angedeutete Sujet ist auf diesem Bild schwer erkennbar, aber bei genauer Betrachtung zeigt sich ein sitzender Akkordeonspieler. Sein Kopf ist im oberen Bildteil, die Falten und Tasten des Akkordeons sind darunter auf ein Drittel der Bildhöhe, die geschwungenen Lehnen des Stuhls sind am unteren Bildende zu sehen. Die Formen sind fragmentiert, es gibt keine räumliche Tiefe, durch die sich das Modell verorten lässt.

Synthetischer Kubismus

1912 führten Picasso und Braque ein neues Element in ihre Arbeit ein – die Collage. Braque klebte Tapete mit Holzimitat auf eine Serie von Kohlezeichnungen. Picasso montierte ein mit Rohrstuhlgeflechtmuster bedrucktes Stück Wachstuch auf ein Stillleben eines Kaffeehaustisches. Diese Werke läuteten eine zweite, als

> »Jeder Akt der Schöpfung ist zunächst ein Akt der Zerstörung.«
>
> **Pablo Picasso**

synthetischer Kubismus bekannte Phase ein und entfernten sich von der Abstraktion des analytischen Kubismus. Während dessen frühe Experimente um die visuelle Analyse von Objekten und deren Fragmentierung kreisten, konzentrierte sich der synthetische Kubismus auf Form, Oberflächenbeschaffenheit, Muster und die Verflachung von Bildern, die jegliche dreidimensionale Anmutung verloren.

In dieser Phase wurden Bilder aus bestehenden Elementen – wie Zeitungen, Drucken, gemusterten Papieren – statt aus Fragmenten zusammengesetzt. Die Werke wurden farbiger und enthielten zuweilen Schrift. Fremde Materialien sorgten für Verwirrung: Die Betrachter fragten sich, ob sie etwas Bestimmtes repräsentierten. Sollte Braques Holztapete vielleicht eine Kommode andeuten, oder wollte das Material einfach nur mit Erwartungen spie-

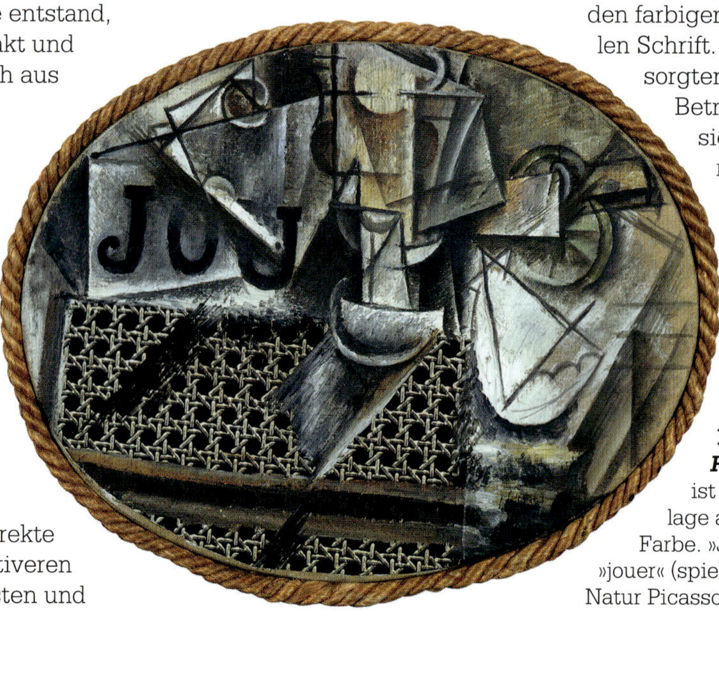

Picassos *Stillleben mit Rohrstuhlgeflecht* (1912) ist frühes Beispiel einer Collage aus Seil, Wachstuch und Farbe. »JOU« vom Französischen »jouer« (spielen) zeigt die spielerische Natur Picassos.

Vermächtnis des Kubismus

Der Kubismus war eine anpassungsfähige Kunstform, die Ursprung oder wichtiger Aspekt zahlreicher Kunstströmungen des 20. Jahrhunderts wurde.

Futurismus
(1909–um 1916)
Angeführt von Tommaso Marinetti und Umberto Boccioni, vermittelten die italienischen Futuristen mit den fragmentierten Formen des Kubismus ihre Sicht auf die schnelllebige, moderne Welt.

Orphismus
(1911–1914)
Der kubistische Ableger, dessen Hauptvertreter Robert und Sonia Delaunay sowie František Kupka waren, war von farbintensiven, abstrakten Bildern gekennzeichnet.

Vortizismus
(1914/15)
Die britische Avantgardeströmung unter Führung von Wyndham Lewis bediente sich der facettierten Formen des Kubismus. Ihre Werke hatten oft fragmentierte, kantig-mechanische Formen.

Suprematismus
(1915–1930)
Der russische Künstler Kasimir Malewitsch begründete den Suprematismus. Er schuf abstrakte Werke mit Linien und geometrischen Formen wie Kreisen und Quadraten.

Präzisionismus
(1920er–1930er)
Charles Sheeler war der führende Vertreter des Präzisionismus, einer US-amerikanischen Spielart des Kubismus. Die Präzisionisten nutzten einfache, facettierte und geometrische Formen.

len? Was auch immer der Zweck war, der Effekt war dekorativ und weniger streng als die frühen analytischen Werke. Braque experimentierte auch mit Sand- oder Gessotexturen und betonte damit die Oberflächenbeschaffenheit und den Status des Bilds als ein zweidimensionales Objekt.

Die Verwendung ungewöhnlicher, kunstfremder Materialien – die sich als revolutionäre Entwicklung in der Kunst erweisen sollte – war nicht auf die Malerei beschränkt. Picasso, Braque und andere Künstler ihres Kreises schufen auch Skulpturen im kubistischen Stil und wendeten das Prinzip der Collage an, indem sie Fundstücke integrierten.

Neue Formensprache

Der kubistische Ansatz verbreitete sich rasch. 1911 hatten sich einige weitere progressive Künstler der Strömung zugewendet und führten sie in neue Richtungen. Zwei Hauptvertreter waren Fernand Léger und der Spanier Juan Gris. Neben Picasso und Braque wurden sie von dem Galeristen Daniel-Henry Kahnweiler finanziell unterstützt. Das ermöglichte ihnen, experimentelle Werke zu schaffen, die an eine kleine Kennergruppe verkauft wurden.

Die Arbeiten der Kubisten wurden auf öffentlichen Ausstellungen wie dem Salon d'Automne und Salon des Indépendants in Paris gezeigt. Dort stellten Künstler wie Albert Gleizes, Jean Metzinger und Robert Delaunay aus. 1912 veröffentlichten Gleizes und Metzinger *Über den Kubismus* und erläuterten darin die theoretischen Prinzipien der kubistischen Ästhetik, einschließlich der Auffassungen über Geometrie, Perspektive und Raum sowie die Methode, ein Objekt aus verschiedenen Blickwinkeln gleichzeitig abzubilden. Zudem erörterten sie den Gegensatz zwischen der neuen »konzeptionellen« und der vormals »visuellen« Realität. »Mag doch das Gemälde nichts Wirkliches nachahmen und seine raison d'être in sich selber haben«, schrieben sie.

> »Ich male nicht das, was ich sehe, sondern das, was ich denke.«
>
> **Pablo Picasso**

Bleibender Einfluss

Der Kubismus erblühte in den Jahren vor dem Ersten Weltkrieg. Picasso und Braque gingen mit den Kriegsjahren eigene Wege, viele Künstler wurden an die Front gerufen. Nach dem Waffenstillstand entstanden weitere kubistische Werke, doch um 1925 arbeiteten viele Kubisten zunehmend in anderen Stilen. Auch Picasso experimentierte neben dem Kubismus mit weiteren Formensprachen. Doch der Kubismus hatte sich in Europa und den USA verbreitet. Sein Einfluss war in Malerei, Plastik, Kunstgewerbe und Architektur spürbar. Seine neue Bildsprache war Ausgangspunkt vieler weiterer Strömungen, dazu zählten Futurismus, Orphismus, Vortizismus, Suprematismus und Präzisionismus. ■

DIE GESTE, DIE WIR WIEDERGEBEN, IST DIE DYNAMISTISCHE EMPFINDUNG AN SICH

SEELENZUSTÄNDE: DIE GEHENDEN (1911)
UMBERTO BOCCIONI

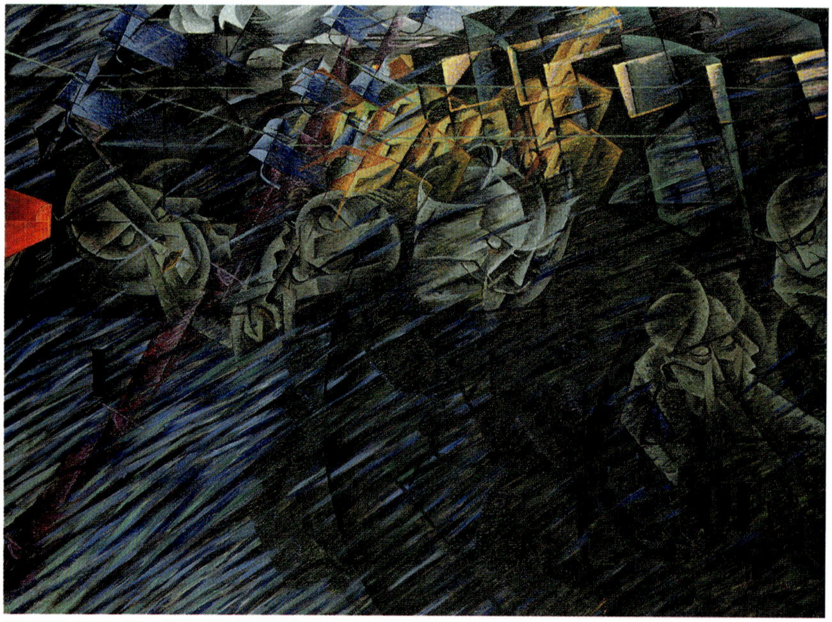

IM KONTEXT

SCHWERPUNKT
Futurismus

FRÜHER
1882 Étienne-Jules Marey entwickelt die Einzelbildfotografie zur Abbildung von Bewegungsabläufen.

1896–1901 Giovanni Segantini und Gaetano Previati malen spirituelle und gesellschaftliche Themen im divisionistischen Stil mit gebrochenen Farben.

SPÄTER
1913 Michail Larionow veröffentlicht das Manifest des Rayonismus, der russischen Version des Futurismus.

1913 Joseph Stella malt *Battle of Lights, Coney Island, Mardi Gras*, ein Frühwerk des US-amerikanischen Futurismus.

1914 Percy Wyndham Lewis publiziert das Manifest des Vortizismus in London, der mit der traditionellen Kunst bricht.

Die Geburt des Futurismus wurde 1909 durch ein zündendes Manifest auf der Titelseite der französischen Zeitung *Le Figaro* verkündet. Sein Verfasser, der italienische Dichter Tommaso Marinetti, hatte eine Bombe platzen lassen und die Welt erschüttert – so, wie er es gehofft hatte.

Dem Manifest zufolge sollte Italien vom »Krebsgeschwür der Professoren, Archäologen, Fremdenführer und Antiquare« befreit werden. Die Futuristen wollten »die Liebe zur Gefahr besingen, die Vertrautheit mit Energie und Verwegenheit«. Zum Anbruch der Moderne wollten die Futuristen nach vorn und nicht zurück schauen und kühne Werke schaffen, die Gewalt, Dynamik, Industrie, Grausamkeit und Jugend verherrlichten. Sie hatten eine radikale Agenda politischer Neuerungen und waren bereit, diese mit Gewalt zu verwirklichen.

Hinter den hochtrabenden Thesen dieses und der vielen folgenden futuristischen Manifeste stand der ernsthafte Versuch der Künstler, der Moderne und der durch die Technik – wie Telefon, Flugzeug, Autos, Kinos, Zeitungen und Krieg – geschaffenen Realität des 20. Jahrhunderts offen gegenüberzustehen. Die Hauptvertreter des Futurismus – Giacomo Balla, Umberto Boccioni, Carlo Carrà, Gino Severini und Luigi Russolo – sahen »eine neue Schönheit, die Schönheit der Geschwindigkeit«. Ein »Rennwagen« war ihnen zufolge »schöner als die Nike von Samothrake«.

Beharrlicher Wandel

Boccionis Triptychon *Seelenzustände,* das erste bedeutende Werk der futuristischen Malerei, zeigt einen Bahnhof und ergründet die modernen Reisemittel sowie die widersprüchlichen Gefühle, die sie

Siehe auch: *Straße in Dresden* 290–293 ▪ *Akkordeonspieler* 294–297 ▪ *Fahrrad-Rad* 308 ▪ *Frau, die Treppe herabgehend* 341

» Wir werden die großen Menschenmengen besingen, welche die Arbeit, das Vergnügen oder der Aufruhr erregt. «

Tommaso Marinetti

erzeugen. Es war von den Theorien des französischen Philosophen Henri Bergson über die Universalität von Fluss, Dynamik, Wandel und Intuition inspiriert. Boccioni malte zwei Versionen, die erste im Sommer, die zweite im Herbst 1911, nachdem er auf einer Parisreise den Kubismus entdeckt hatte. Die zweite Version übernimmt dessen Fragmentierung und Ansicht aus mehreren Blickwinkeln, während sie gleichzeitig Seelenzustände abbilden und eine »Synthese dessen sein [will], was man erinnert und was man sieht.« Die kühnen Linien und Farben fassen eine der wichtigsten futuristischen Thesen aus Marinettis erstem Manifest zusammen: »Zeit und Raum sind gestern gestorben.«

Triptychon der Bewegung

Die Abschiede – das Mittelstück des Triptychons – fängt das Durcheinander auf einem Bahnhof bei Abreise ein. Das linke Bild, *Die Gehenden*, drückt »Einsamkeit, Kummer und Desorientierheit« der Abreisenden aus. Kräftige Diagonalen in Schwarz, Lavendelblau und Grün verwischen die Grenze zwischen Vorder- und Hintergrund und deuten die erbarmungslose Geschwindigkit an, mit der sich die Abreisenden von ihren Lieben entfernen. Ihre Köpfe sind in fragmentierter Form und aus mehreren Blickwinkeln zu sehen. Am oberen Bildrand werden Häuser und Landschaft flüchtig sichtbar. Das rechte Werk, *Die Bleibenden*, vermittelt die Wehmut der Zurückgebliebenen, »ihre unendliche Trauer, die alles zu Boden zieht«.

Das Triptychon war Teil der von 1912 bis 1913 europaweit gezeigten Futurismus-Ausstellung, die die Kunstwelt in Aufruhr versetzte. Die Schockwellen wogten durch Europa und schlugen Wellen in Frankreich, Großbritannien und Russland, wo das avantgardistische Gedankengut von Vortizisten und Rayonisten übernommen wurde. ▪

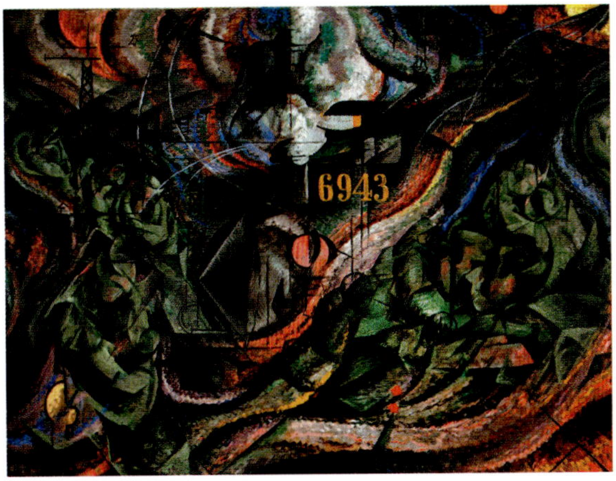

Seelenzustände II – Die Abschiede zeigt Dampfwolken, Paare in Umarmung und die Bewegung des abfahrenden Zugs.

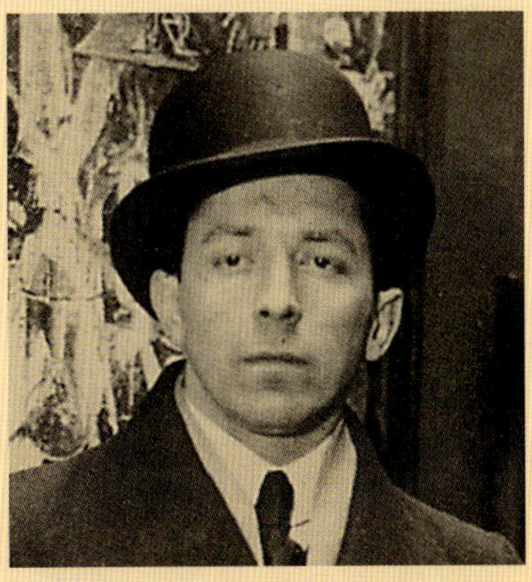

Umberto Boccioni

Umberto Boccioni wurde 1882 im italienischen Reggio Calabria geboren. Da sein Vater Amtsdiener war, musste die Familie oft umziehen. Nach Schulabschluss studierte Boccioni in Rom an der Akademie der Schönen Künste und arbeitete als Gebrauchsgrafiker. In Rom begegnete er Giacomo Balla und Gino Severini, die ihn mit dem Divisionismus bekannt machten, der Formen in Farbtupfer zerlegt, eine Technik, die Boccioni anfangs aufgriff. Nach Aufenthalten in Paris und Russland zog er 1907 nach Mailand, wo er Teil der futuristischen Bewegung wurde und viel zu deren theoretischem Werk beitrug. Wie die anderen Futuristen begrüßte er den Ausbruch des Ersten Weltkriegs und meldete sich freiwillig. Allerdings starb er 1916 während der Ausbildung und wurde nie zum Kampf eingesetzt.

Weitere Hauptwerke

1910 *Die Stadt erhebt sich*
1911 *Die Straße dringt in das Haus*
1912/13 *Einzigartige Formen der Kontinuität im Raum*
1913 *Dynamik eines Radfahrers*

FARBE IST EIN MITTEL, EINEN DIREKTEN EINFLUSS AUF DIE SEELE AUSZUÜBEN

***KOMPOSITION VI* (1913)**

WASSILY KANDINSKY

Detail aus *Komposition VI*

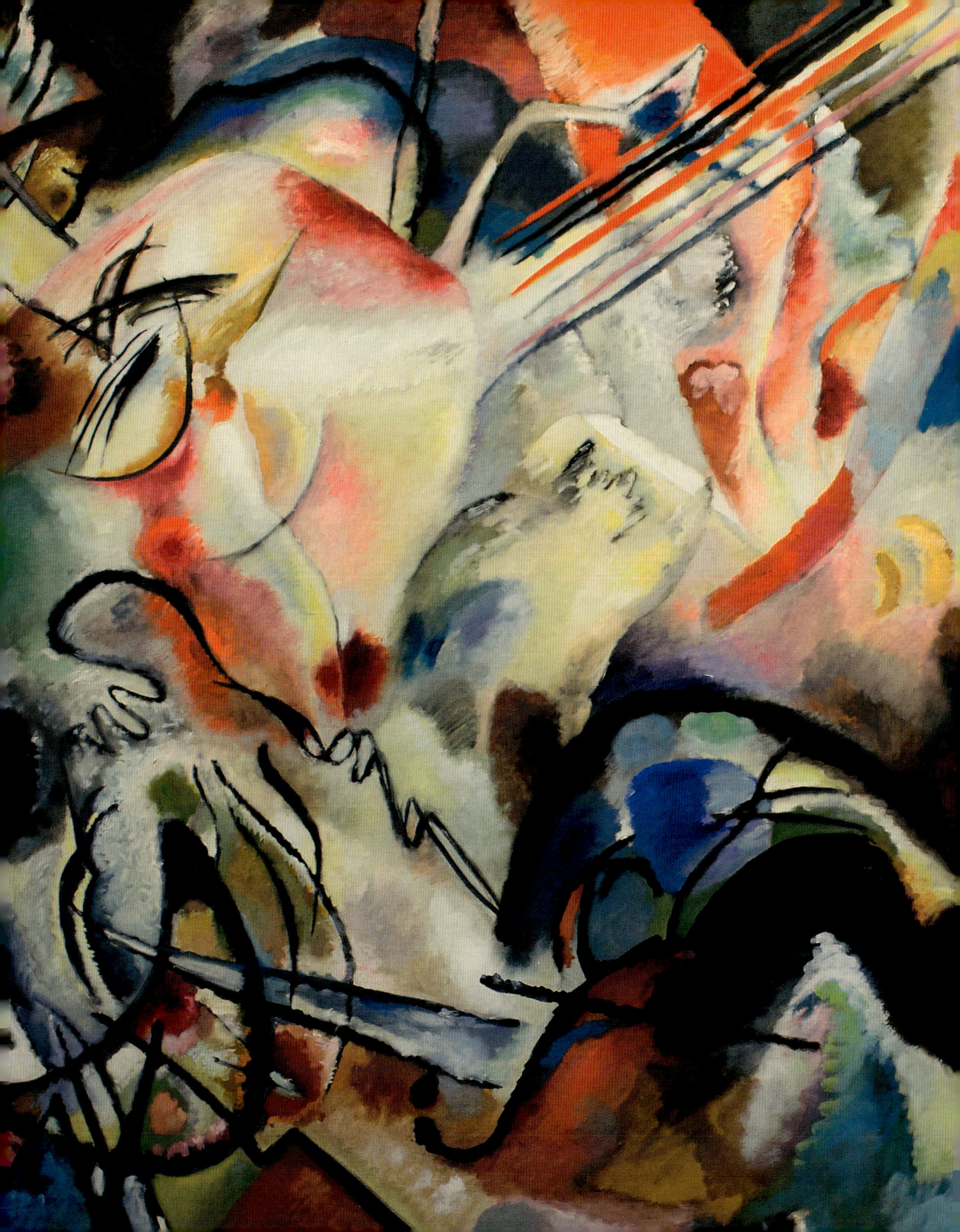

IM KONTEXT

SCHWERPUNKT
Abstrakte Kunst

FRÜHER
1846 J. M. W. Turners *Engel vor der Sonne* zeigt erkennbare Motive in einem Wirbel von Farben.

1908–1912 Pablo Picasso und Georges Braque schaffen kubistische, an Abstraktion grenzende Werke.

SPÄTER
1915 Der Suprematismus, ein abstrakt-geometrischer Stil, der auf der »Suprematie der reinen Empfindung« basiert, kommt in Russland auf.

1917 Die Niederländer Theo van Doesburg und Piet Mondrian gründen *De Stijl*, eine Zeitschrift über abstrakte Kunst.

1930er-Jahre Paris wird mit den Gruppen *Abstraction-Création* und *Cercle et Carré* Zentrum der abstrakten Kunst.

Das ästhetische Verständnis der abstrakten Kunst, wonach Farbe und Form Beschaffenheiten haben, die unabhängig vom Gegenstand sind, existiert seit dem Altertum und wurde in Theorie und Praxis im Lauf der Jahrhunderte immer wieder aufgegriffen. Doch abstrakte Kunst, die keine erkennbaren Szenen oder Gegenstände, sondern Formen und Farben um ihrer selbst willen abbildet, ist ein modernes Phänomen, das Anfang des 20. Jahrhunderts entstand. Ein abstraktes Werk kann seinen Ausgangspunkt in der sichtbaren Welt haben oder reine Farben und Formen verwenden, die sich nicht auf die äußerlich wahrnehmbare Realität beziehen. Der Begriff umfasst viele verschiedene Stile, von gestisch-expressiven bis zu streng geometrischen.

Theoretische Grundlagen

Die konzeptuellen Grundlagen der Abstraktion bildeten sich im 19. Jahrhundert in den Theorien des französischen Symbolismus heraus, der auf wirklichkeitsnahe Darstellung zugunsten des Ausdrucks emotionaler Erfahrungen verzichtete. Die Abwendung von einer wirklichkeitsnahen Wiedergabe der Natur fand sich auch im Schaffen der Kubisten und Futuristen Anfang des 20. Jahrhunderts, die die wahrnehmbare Welt beinah bis zur Unkenntlichkeit verzerrt und fragmentiert abbildeten, sowie im verfremdeten Kolorit der Fauvisten. Die ersten wirklich abstrakten Werke ohne Bezug zur erkennbaren Realität entstanden in den Jahren vor dem Ersten Weltkrieg. Die Abwesenheit identifizierbarer Sujets bedeutete aber nicht das Fehlen von Inhalt und Bedeutung. Die frühen abstrakten Werke waren vom Streben der Künstler nach einer tieferen geistigen Wahrheit

» Je beängstigender die Welt wird … umso abstrakter wird die Kunst. «

Wassily Kandinsky

Wassily Kandinsky

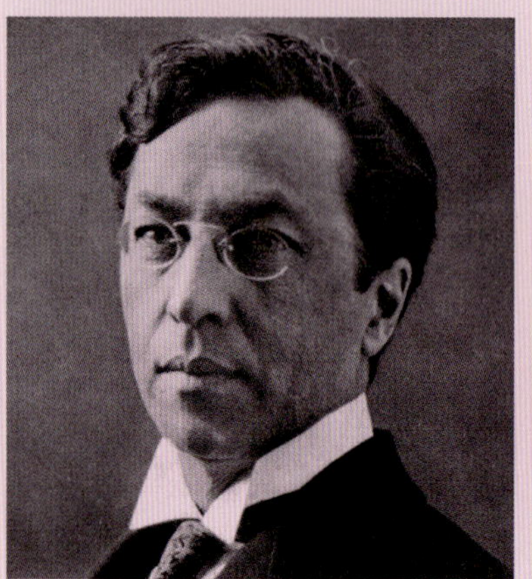

Wassily Kandinsky wurde 1866 in Moskau geboren, gab seine juristische Laufbahn auf, ging 1896 nach München und studierte an der dortigen Kunstakademie. 1908 zog er ins nahe gelegene Dorf Murnau, wo er Landschaften malte, die Ausgangspunkt seiner abstrakten Werke wurden. Mit gleichgesinnten Künstlern (wie Paul Klee, Franz Marc und Alexej Jawlensky) bildete er 1911 die einflussreiche Gruppe Der Blaue Reiter. Während der sieben Jahre (1914–1921) im revolutionären Russland war er an der Reformierung der Kunstausbildung und Neugestaltung der Moskauer Museen beteiligt. 1922 nahm er eine Lehrtätigkeit am Dessauer Bauhaus auf und verfolgte diese bis zu dessen Schließung durch die Nationalsozialisten 1933. 1934 zog er in den Pariser Vorort Neuilly-sur-Seine, wo er den Lebensabend verbrachte. Er starb 1944.

Weitere Hauptwerke

1903 *Der blaue Reiter*
1916 *Moskau I (Der rote Platz)*
1921 *Schwarzer Fleck*
1925 *Schaukeln*
1926 *Einige Kreise*

Siehe auch: *Nocturne in Schwarz und Gold* 264–265 ▪ *Tanz des Lebens* 274–277 ▪ *Straße in Dresden* 290–293 ▪ *Akkordeonspieler* 294–297 ▪ *Autumn Rhythm* 318–323 ▪ *Komposition II in Rot, Blau und Gelb* 339 ▪ *Berge und See* 340

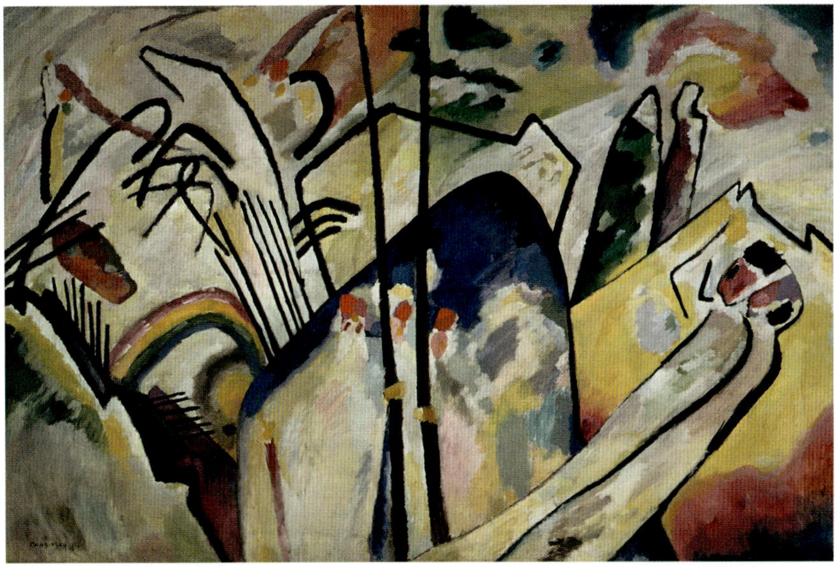

Kandinskys *Kompositionen* wie *Komposition IV* (1911) waren Meilensteine auf dem Weg des Künstlers zur Abstraktion – je mehr er schuf, umso gegenstandsloser wurden die Bilder.

hinter der objektiven Welt oberflächlicher Erscheinungen beseelt.

Geistige Grundlagen

Die abstrakte Kunst bildete sich gleichzeitig in verschiedenen Ländern heraus, daher lässt sich ihr Ursprung keinem bestimmten Künstler zuschreiben. Der russische Maler Wassily Kandinsky, der 1896–1914 in München lebte, war jedoch einer der entscheidenden Wegbereiter. Sein erstes vollkommen abstraktes Werk *Ohne Titel* signierte er 1910 (manche glauben, er habe es nachträglich datiert). Als es entstand, hatte er begonnen, seine Theorien über künstlerische Anliegen festzuhalten, die eine gedankliche Begründung für die Abstraktion lieferten. Sie wurden 1911 in *Über das Geistige in der Kunst* veröffentlicht, einem der einflussreichsten Texte über abstrakte Kunst überhaupt. In der Abhandlung äußerte er seine Überzeugung, Kunst solle aus einer »inneren Notwendigkeit« statt aus äußeren Eindrücken erwachsen. Er glaubte an die geistige Rolle der Kunst und dass sie als Gegengewicht zu einer von materiellen Werten dominierten Kultur dienen könne. Ein Künstler müsse die Seele des Betrachters berühren, und das könne man durch Farbe erreichen, deren »physische Kraft eine seelische Vibration« hervorrufe. Kandinskys Gedankengut stand unter dem starken Einfluss der Theosophie, einer okkulten Strömung, die ein spirituelles Weltbild vertrat und die Ansicht verfolgte, dass unter dem offenbaren Chaos Harmonie herrsche.

Wenngleich Kandinskys Weg zur Abstraktion auf seinen theoretischen Überlegungen fußte, wurde er auch durch einschneidende persönliche Erlebnisse geebnet. Noch in Moskau sah er 1896 Monets *Heuschober*-Gemälde, die in einer Ausstellung verkehrt herum aufgehängt waren. Das brachte ihn zu der Erkenntnis, dass deren Schönheit auf den abstrakten Eigenschaften der Farbe und Form beruhte und unabhängig vom gezeigten Gegenstand war. Das gleiche Erlebnis hatte er viele Jahre darauf, als er nach einem Spaziergang in sein Atelier zurückkehrte und ihn die Schönheit seines auf der Seite stehenden Gemäldes *Komposition IV* überraschte.

Musikalische Einflüsse

Ebenfalls 1896 besuchte Kandinsky eine Aufführung von Richard Wagners Oper *Lohengrin*, wodurch er zu der Einsicht gelangte, dass die Art, wie Musik Emotionen beeinflusste, ohne um ein erkennbares Thema zu kreisen, auch auf die Malerei übertragen werden konnte. Die Farben eines Gemäldes konnten sich aufeinander beziehen wie Akkordfolgen in der Musik. 1909, also einige Jahre später, begann Kandinsky Bilderzyklen mit Titeln wie *Impression*, *Improvisation* oder *Komposition*, die also Bezug zur Musik nahmen. Während die Serie *Impression* noch von der äußeren Natur beeinflusst war, definierte der Künstler die Serie *Improvisation* als »hauptsächlich unbewusste, größtenteils »

» Es ist nötig, daß der Maler außer seinen Augen auch seine Seele kultiviert. «

Wassily Kandinsky

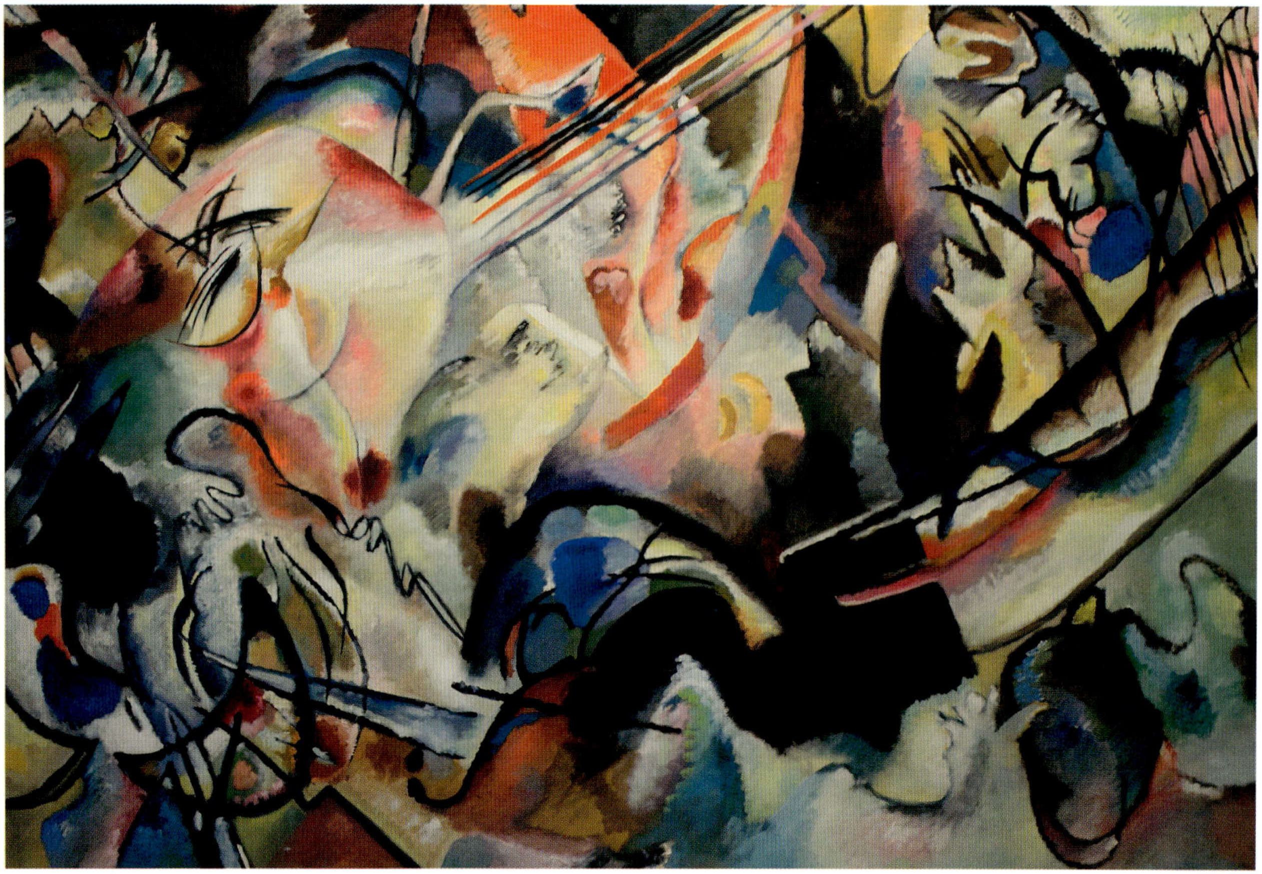

Die monumentalen Maße von *Komposition* VI (195 × 300 cm) verstärken das Gefühl des Betrachters, von dem Gemälde völlig überwältigt zu werden.

plötzlich entstandene Ausdrücke der Vorgänge inneren Charakters, also Eindrücke von der inneren Natur«. Diesen Gemälden gingen oft Aquarellskizzen voraus, die sich schrittweise von erkennbaren Motiven wegbewegten, sodass nur Spuren des Gegenständlichen übrig blieben. Die *Kompositionen* verkörperten den komplexesten der drei Gemäldetypen. Kandinsky äußerte, die Serie bestehe aus sich in ihm »bildenden Ausdrücken, die lange und beinahe pedantisch ... geprüft und ausgearbeitet werden«.

Energieflut

Kandinsky bereitete sich sechs Monate auf das Gemälde *Komposition VI* vor. Dessen Vorläufer war *Improvisation. Flut*. Mit einem ähnlich apokalyptischen Thema vor Augen malte er *Komposition VI*, als dessen Sujet er die biblische Sintflut nannte, die zu einer Erneuerung des Bundes zwischen Gott und Menschheit führte. Für Kandinsky ähnelte der künstlerische Schaffensprozess dieser Katastrophe. Er beschrieb den Akt des Malens als »donnernden Zusammenstoß verschiedener Welten, die in und aus dem Kampfe miteinander die neue Welt zu schaffen bestimmt sind«.

Nachdem er *Komposition VI* auf Holz angelegt hatte, litt Kandinsky unter einer Schaffensblockade. Seine Malerkollegin und Lebensgefährtin Gabriele Münter riet ihm, das Wort »Sintflut« zu wiederholen und sich nur auf dessen Klang, nicht dessen Bedeutung zu konzentrieren. Kandinsky sagte das Wort wie ein Mantra auf, kehrte zur Leinwand zurück und vollendete das Bild in drei Tagen. Wenn man das Sujet kennt, kann man auf dem Bild die Form von sich brechenden Wellen, von Schiffen und Regenstrichen erkennen. Doch Kandinsky versuchte, gegenständliche Elemente zu verschleiern – er wollte eine Stimmung, keine Erzählung oder ein Ereignis vermitteln.

Das hochkomplexe Werk strahlt Energie und Farbe aus. Durch die kontrastierenden Flächen heller und dunkler Töne und die kräftigen Diagonalen entsteht der Eindruck von Bewegung. Das Bild folgt

> »Die Farbe ist die Taste. Das Auge ist der Hammer. Die Seele ist das Klavier mit vielen Saiten. Der Künstler ist die Hand, die durch diese oder jene Taste zweckmäßig die menschliche Seele in Vibration bringt.«
>
> **Wassily Kandinsky**

keinen Regeln der Perspektive. Stattdessen sorgen übereinandergelagerte Formen und Farben für eine dynamische Räumlichkeit. Das trägt zu dem von Kandinsky beschriebenen »inneren Klang« des Bilds bei. Das Auge des Betrachters schweift ruhelos über die riesige Leinwand, vielleicht weil sie, wie Kandinsky ausführte, nicht ein, sondern drei Zentren hat: »1. links das zarte, rosige, etwas verschwommene Zentrum mit schwachen unsicheren Linien in der Mitte, 2. rechts (etwas höher als das linke) das grobe, rotblaue, etwas missklingend, mit scharfen, etwas bösen, starken, sehr präzisen Linien.« Zwischen beiden liegt das Hauptzentrum, in dem Rosa und Weiß in einen unendlichen Raum entschweben und durch ihre Verschwommenheit Entfernung entstehen lassen; der Künstler verglich das mit einem im Dampf stehenden Menschen, der sich nicht verorten lasse.

Farbharmonien

In *Über das Geistige in der Kunst* führte Kandinsky aus, Formen und Farben würden bestimmte Gefühle hervorrufen. Der Künstler solle in seinem Werk nicht nach Harmonie streben, denn Gegensätze und Widersprüche reflektierten die derzeitige gesellschaftliche und geistige Lage.

Demzufolge ist *Komposition VI* von langen, feierlichen und geschwungenen Linien durchsetzt, die in Konflikt zu stehen scheinen, aber von den Rosa- und Blautönen im Gleichgewicht gehalten werden. Kandinsky zufolge erzeugten die Brauntöne, besonders oben links, ein Element des Hoffnungslosen, Gelb- und Grüntöne belebten den Seelenzustand. Durch die Kombination aus rohen und glatten Flächen auf der Leinwand würden sich »

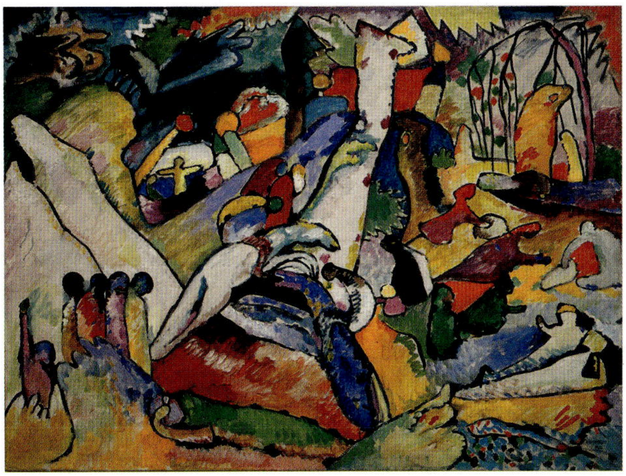

Die Skizze zu *Komposition II* (1910) ist eine lebhafte Mischung aus Formen und Farben. Die Figuren links scheinen unter einem dunklen, stürmischen Himmel von Wasser überflutet zu werden. Rechts ist eine hellere, idyllischere Szene abgebildet.

Elemente der Abstraktion auf *Komposition VI*

Biblische Themen

Das Bild beschwört die Atmosphäre der Sintflut herauf. Die Formen erinnern an Schiffe, Wellen und Regenschauer, ohne deren direkte Abbildungen zu sein.

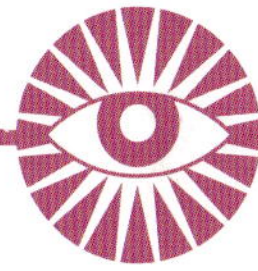

Mystische Absicht

Kandinsky wollte mit dem Bild durch die abstrakten Farben und Linien direkt mit der Seele des Betrachters kommunizieren.

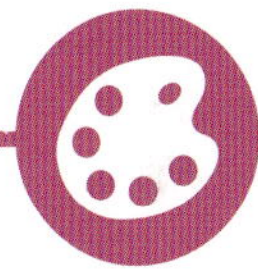

Farbassoziationen

Die Farben haben keine naturalistische oder beschreibende Funktion, doch für Kandinsky hatten sie einen starken Bezug zu seelischen und emotionalen Zuständen.

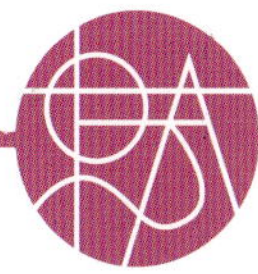

Aufbau

Die wirbelnden Linien und Farbflächen verzichten auf die Regeln der Perspektive und widersetzen sich dem Versuch, eine gewöhnliche räumliche Tiefe auf dem Bild zu erkennen.

dem Betrachter beim Näherkommen neue Erlebnisse offenbaren.

Kriegsjahre und später

Wie viele Werke Kandinskys in den Jahren vor Ausbruch des Ersten Weltkriegs, so beschwört *Komposition VI* eine Welt am Rande der Zerstörung herauf. Damals befand sich Russland im Umbruch. Es hatte bereits 1905 eine Revolution erlebt und sah sich 1917 einer weiteren gegenüber. Die Außenpolitik seiner Wahlheimat Deutschland wurde immer aggressiver. Daher mag es nicht verwundern, dass sich eine apokalyptische Stimmung durch alle sieben der vor 1914 gemalten Bilder der *Kompositionen* zieht. Die ersten drei Werke des Zyklus wurden im Zweiten Weltkrieg zerstört und sind nur in Form von Fotografien oder Skizzen erhalten. Das Sujet der Skizze zu *Komposition II* (1910) ist umstritten, doch die linke Seite scheint eine Flutkatastrophe zu zeigen, die rechte hingegen Paradies und Erlösung (siehe vorherige Seite).

Auf *Komposition IV* und *V* lassen sich gegenständliche Elemente erkennen. *Komposition IV* (1911) deutet Kosaken mit Lanzen sowie Schiffe, liegende Figuren und eine Burg auf einem Berg an. Die Kosaken versinnbildlichen eine Schlacht, die Ruhe der liegenden Figuren hingegen Frieden und Erlösung. Das Kolorit auf *Komposition V* ist dunkler und vermittelt ein Gefühl von Bedrohung. *Komposition VII* entstand kurz nach *Komposition VI*, ist eng mit dieser verbunden und behandelt ähnliche Themen wie Sintflut, Auferstehung und Jüngstes Gericht.

Die drei nach dem Krieg gemalten *Kompositionen* sind stilistisch völlig anders geartet. Als Nichtdeutscher musste Kandinsky bei Kriegsausbruch nach Russland zurückkehren und blieb dort bis 1921. In dieser Zeit stieß er auf die abstrakten Werke von Kasimir Malewitsch

Auf der Suche nach einer allgemeinen Formensprache wandte sich Kandinsky auf *Komposition VIII* (1923) geometrischen Formen, wie sich überlappenden Flächen und Umrissen, zu.

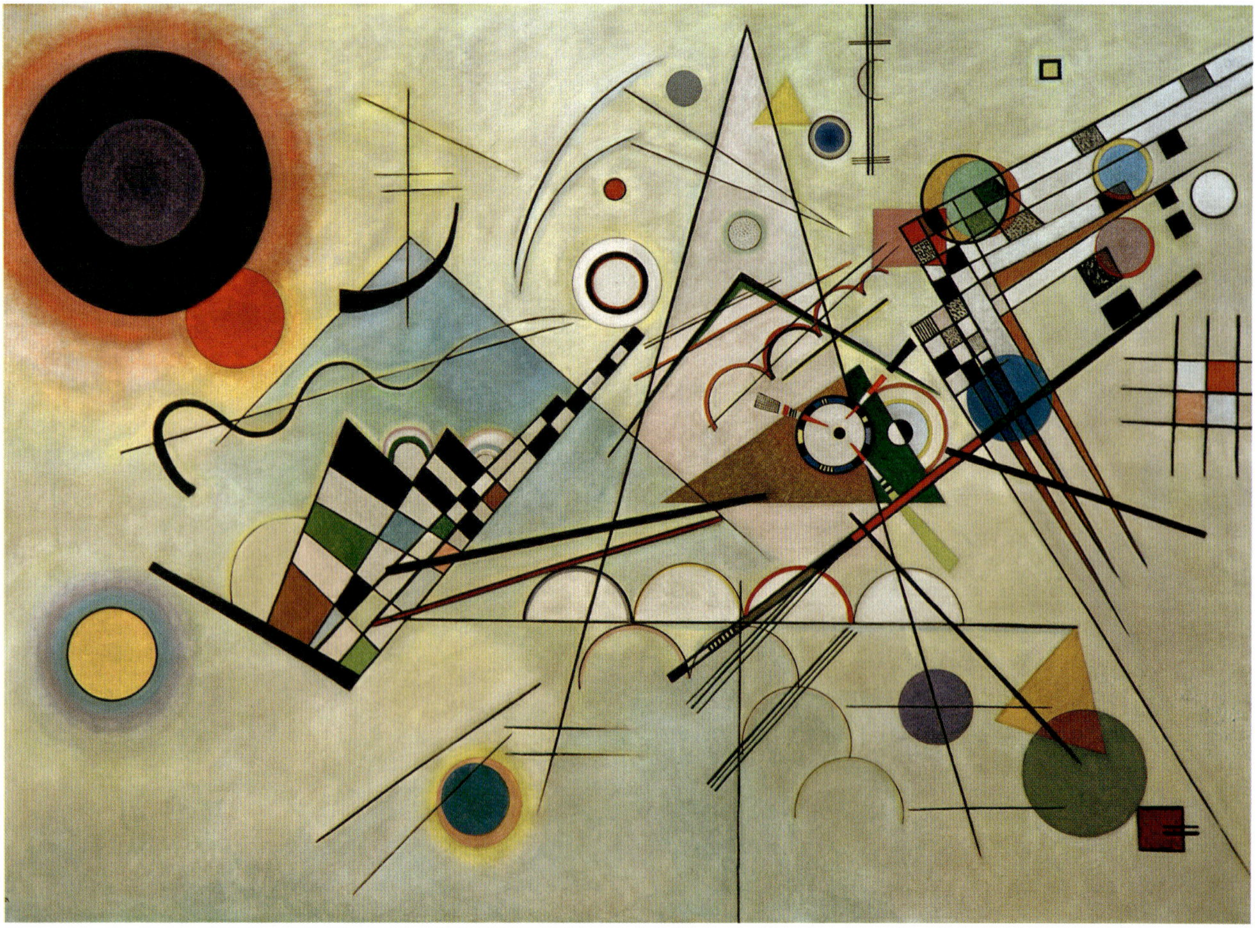

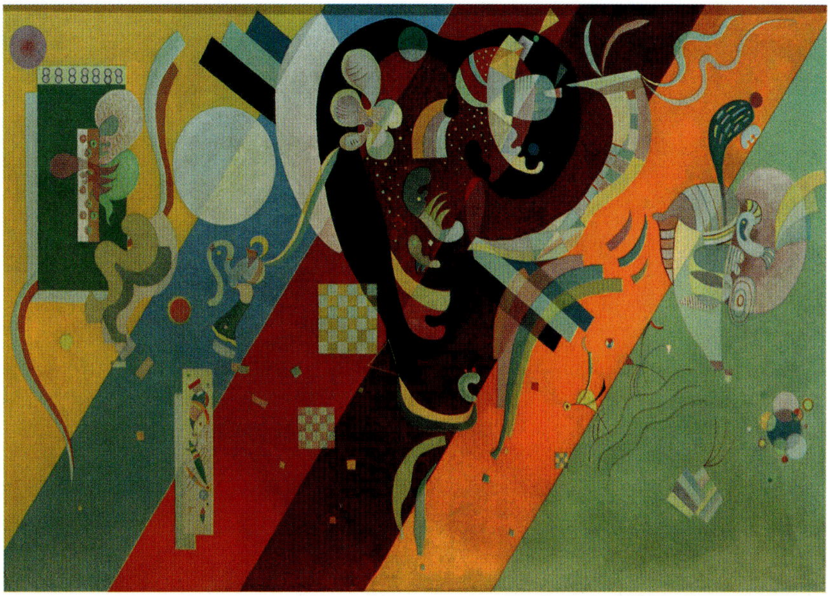

Kandinskys spätere Werke enthalten freifließende quasi-molekulare Formen. *Komposition IX* (1936) ist ein hochatmosphärisches, traumartiges Bild, das ans Surreale grenzt.

und den russischen Konstruktivisten. Sie weckten sein Interesse an Geometrie, das er während der Lehrtätigkeit am Dessauer Bauhaus ab 1922 weiter ausbaute.

Komposition VIII (1923) stellt eine totale Abkehr von den Vorkriegsbildern dar. Hier lassen Dreiecke, Kreise und linienförmige Elemente eine Oberfläche interagierender Formen entstehen, und die Form dominiert über die Farbe. Auf dem Bild empfindet Kandinsky die strenge Abstraktion Malewitschs nach. Wie Kandinsky glaubte Malewitsch, wenn er auf die Abbildung der natürlichen Welt verzichte, könne er in tiefere Bedeutungsebenen vordringen. 1913 entwickelte er den Suprematismus, eine Kunst der radikalen Vereinfachung, die die Reinheit der Form anstrebte. Frühes und extremstes Beipsiel ist *Schwarzes Quadrat* (um 1915) – ein schwarzes Quadrat auf weißem Grund.

Europäische Vertreter

Kandinskys vorletztes Bild der Serie, *Komposition IX* (1936), offenbart einen weiteren Richtungswandel. Das dekorativere Bild hat diagonale Streifen, auf denen biomorphe Formen schweben, wie man sie von Surrealisten wie Joan Miró kennt. Das letze Werk, *Komposition X* (1939), weist flächige, farbige Formen auf, die vor einem schwarzen Hintergrund tanzen und Henri Matisse' spätere *Gouaches découpées* vorwegnehmen – farbenfrohe Formen aus ausgeschnittenem Papier.

Kandinsky wird oft das erste rein abstrakte Kunstwerk zugeschrieben, doch waren in den Vorkriegsjahren weitere europäische Künstler maßgeblich an der Herausbildung der Abstraktion beteiligt. In Paris experimentierten der Tscheche František Kupka und die Franzosen Robert und Sonia Delaunay mit abstrakten Bildern und ergründeten Theorien über Farben und die Verbindung zwischen Musik und Malerei.

Der Niederländer Piet Mondrian zog 1911 nach Paris und wurde durch die Begegnung mit den Kubisten angeregt, die der Natur zugrunde liegenden linearen Strukturen zu erforschen und erkennbare Motive aus seinem Werk zu verbannen. Das gipfelte in den Bildern aus drei Primärfarben und einem Raster aus schwarzen waagerechten und senkrechten Linien auf weißem Grund, für die er am bekanntesten ist. Mondrians strenge Bilder unterscheiden sich stark von Kandinskys fließenden, expressionistischen Werken, doch beide waren von einer mystisch-theosophischen Weltsicht und dem festen Glauben an eine geistige Mission geprägt.

Die von Kandinsky und seinen Mitstreitern vor dem Ersten Weltkrieg begründete Kunstströmung war schlichtweg revolutionär, doch wurde die abstrakte Kunst in Kandinskys Heimat Russland in den 1930er-Jahren geächtet und galt auch im faschistischen Deutschland als »entartet«. Es dauerte bis in die 1960er-Jahre, bis die abstrakte Kunst endgültig in der etablierten westlichen Kunstwelt angekommen war. In den USA galt der Abstrakte Expressionismus weithin als Sinnbild für geistige Freiheit und den Triumph des Individuums über den Totalitarismus. ■

» Bei dem Wort Komposition wurde ich innerlich erschüttert und stellte später zu meinem Lebensziel, eine ›Komposition‹ zu malen. Dieses Wort selbst wirkte auf mich wie ein Gebet. «

Wassily Kandinsky

EINEN REMBRANDT ALS BÜGELBRETT BENUTZEN

FAHRRAD-RAD (1913) MARCEL DUCHAMP

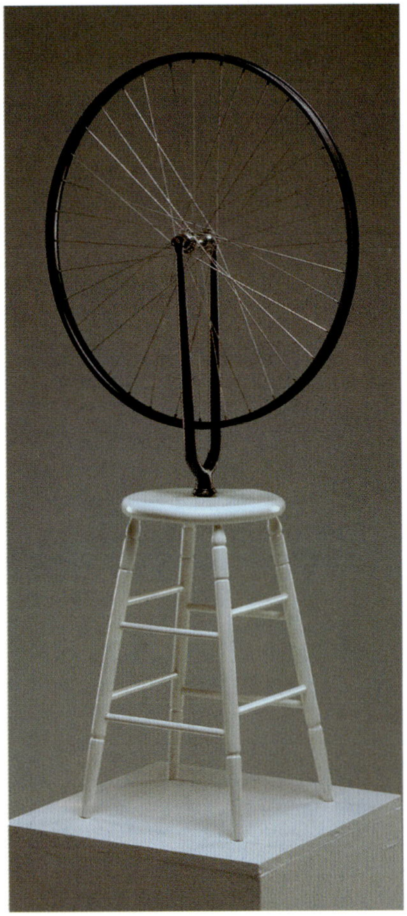

Im Jahr 1913 wandte sich der Franzose Marcel Duchamp (1887–1968) von konventionellen künstlerischen Materialien und Methoden ab und schuf eines der radikalsten Kunstwerke der Moderne. Er montierte Vordergabel und Rad eines Fahrrads auf einen Holzhocker und erfand so das erste »Readymade«.

Duchamp war allerdings nicht der Erste, der Alltagsgegenstände in seine Werke integrierte – die Kubisten waren auf Collagen ebenso verfahren, hatten aber Objekte nach ihrem bildnerischen oder ästhetischen Wert gewählt. Indem er sich für zwei seriell gefertigte Gegenstände ohne eigentliche Bedeutung oder Schönheit entschied, hinterfragte Duchamp die Definition von Kunst und erklärte künstlerisches Können und visuelle Wirkung für irrelevant. Er wählte ein gewöhnliches, des eigentlichen Zwecks beraubtes Objekt und verlieh ihm durch den Titel eine neue Bedeutung.

Da *Fahrrad-Rad* aus zwei montierten Teilen bestand, war es ein »unterstütztes Readymade.« Es folgten einteilige Readymades wie *Flaschentrockner* (1914) und das Urinal *Fontäne* (1917), das von der New York Society of Independent Artists abgelehnt wurde, weil es keinesfalls ein Kunstwerk sei.

Objekte und Gedanken

Diese Version des *Fahrrad-Rads* ist eine Replik, die Duchamp vier Jahrzehnte nach dem Ursprungswerk fertigte. Für ihn war die »Authentizität« der anonymen Komponenten unwichtig. Die Readymades hatten großen Einfluss, besonders auf Pop-Art und Konzeptkunst, die oft Konsumgüter verwendeten. ■

IM KONTEXT

SCHWERPUNKT
Das Readymade

FRÜHER
1912 Pablo Picasso und Georges Braque fügen Materialien wie Zeitungsausschnitte in ihre Collagen ein.

SPÄTER
ab 1916 Die Vertreter des Dadaismus hinterfragen den Kunstbegriff und geben dem Absurden den Vorrang vor Logik und Verstand.

1964 Der US-amerikanische Pop-Art-Künstler Andy Warhol macht mit den *Brillo-Kartons* Waren zu Kunstwerken.

1993 Der Mexikaner Gabriel Orozco stellt einen Schuhkarton als banales, bedeutungsloses Objekt aus, das die Aufmerksamkeit des Betrachters auf das Umfeld lenken soll.

Siehe auch: *Ein Sonntagnachmittag auf der Insel La Grande Jatte* 266–273 ▪ *Frau mit Hut* 288–289 ▪ *Akkordeonspieler* 294–297 ▪ *Die Beständigkeit der Erinnerung* 310–315 ▪ *Whaam!* 326–327 ▪ *One and Three Chairs* 328 ▪ *Big Red* 340

WENN DAS KUNST IST, BIN ICH VON NUN AN MAURER

DER VOGEL IM RAUM (1923) CONSTANTIN BRÂNCUŞI

IM KONTEXT

SCHWERPUNKT
Minimalismus

FRÜHER
1910–1912 Der Italiener Amedeo Modigliani fertigt eine Serie abstrakter, überlängter Kopfskulpturen.

1914 Der Fanzose Henri Gaudier-Brzeska gestaltet erste Skulpturen mit radikal vereinfachten Formen.

1915 Kasimir Malewitsch malt *Schwarzes Quadrat* – ein wegweisendes Bild der minimalistischen Malerei.

SPÄTER
1964 Der US-Amerikaner Donald Judd errichtet Objekte aus gestapelten Kisten ohne persönlichen Bezug.

1966 Der US-Amerikaner Carl Andre legt eine *Equivalent VII* genannte Form aus Ziegeln.

Constantin Brâncuşi (1876–1957) lernte das Holzschnitzen, als er in seiner Heimat Rumänien als Schäfer arbeitete. Er studierte Kunst in Bukarest, bevor er 1904 nach Paris ging, wo er den Rest des Lebens verbrachte. Nach Abbruch einer Assistentenstelle bei dem Bildhauer Rodin verfolgte er einen eigenen Ansatz, bei dem er das Material direkt schnitt, anstatt Gipsmodelle in Stein nachzubilden. Er befreite eine Skulptur von allem, was er als überflüssig erachtete, und polierte die Oberfläche seiner Bronze- und Marmorplastiken, um zu dem Wesentlichen einer Form vorzudringen. Dabei beschränkte er sich auf wenige Sujets, schuf Abbildungen von Köpfen, sich umarmenden Paaren und Vögeln im Flug, die er fast bis zur Abstraktion vereinfachte.

Alle 16 der von 1923 bis 1940 entstandenen Versionen von *Der Vogel im Raum* zeigen die Aufwärtsbewegung des Flugs an sich: Es gibt keine Anzeichen von Flügeln, Federn oder anderen physischen Attributen eines Vogels.

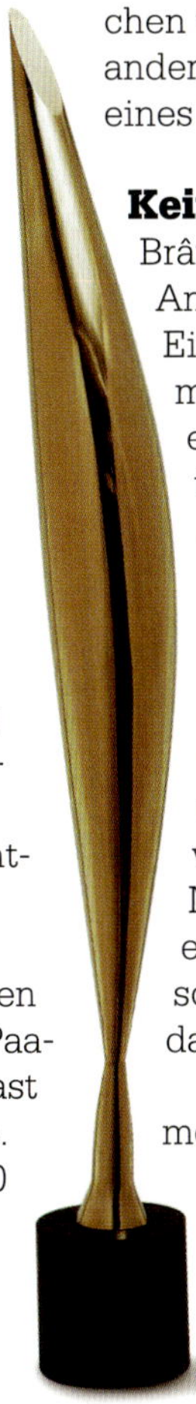

Keine Kunst

Brâncuşis minimalistischer Ansatz hatte einen immensen Einfluss auf die Entwicklung der modernen Plastik, doch stiftete er außerhalb der avantgardistischen Kreise Verwirrung. Als *Vogel im Raum* 1926 zu einer Ausstellung in die USA geschickt wurde, wollte der Zoll in New York es nicht als ein von Einfuhrzöllen befreites Kunstwerk anerkennen und klassifizierte es als zu versteuerndes Metallfabrikat. Nach langer Verhandlung, was ein Kunstwerk ausmache, entschied ein Richter zwei Jahre darauf zugunsten des Künstlers.

Brâncuşis Werk fußt auf Formen der Natur, doch spätere minimalistische Arbeiten bedienen sich oft rein abstrakter, geometrischer Formen, die keinen Bezug mehr zur Natur haben. ■

» Einfachheit ist in der Kunst kein Ziel an sich. Aber man gelangt geradezu ungewollt dahin, wenn man sich dem wahren Sinn der Dinge nähert. «

Constantin Brâncuşi

Siehe auch: *Sechs Kakifrüchte* 101 ▪ *Junger Sklave* 144–145 ▪ *Merkur* 165 ▪ *Das Tor zur Hölle* 280 ▪ *Komposition VI* 300–307 ▪ *Liegende* 316–317 ▪ Grabmal für Oscar Wilde 338 ▪ *Single Form* 340

HANDGEMALTE TRAUM-FOTOGRAFIEN

DIE BESTÄNDIGKEIT DER ERINNERUNG (1931), SALVADOR DALÍ

Detail aus *Die Beständigkeit der Erinnerung*

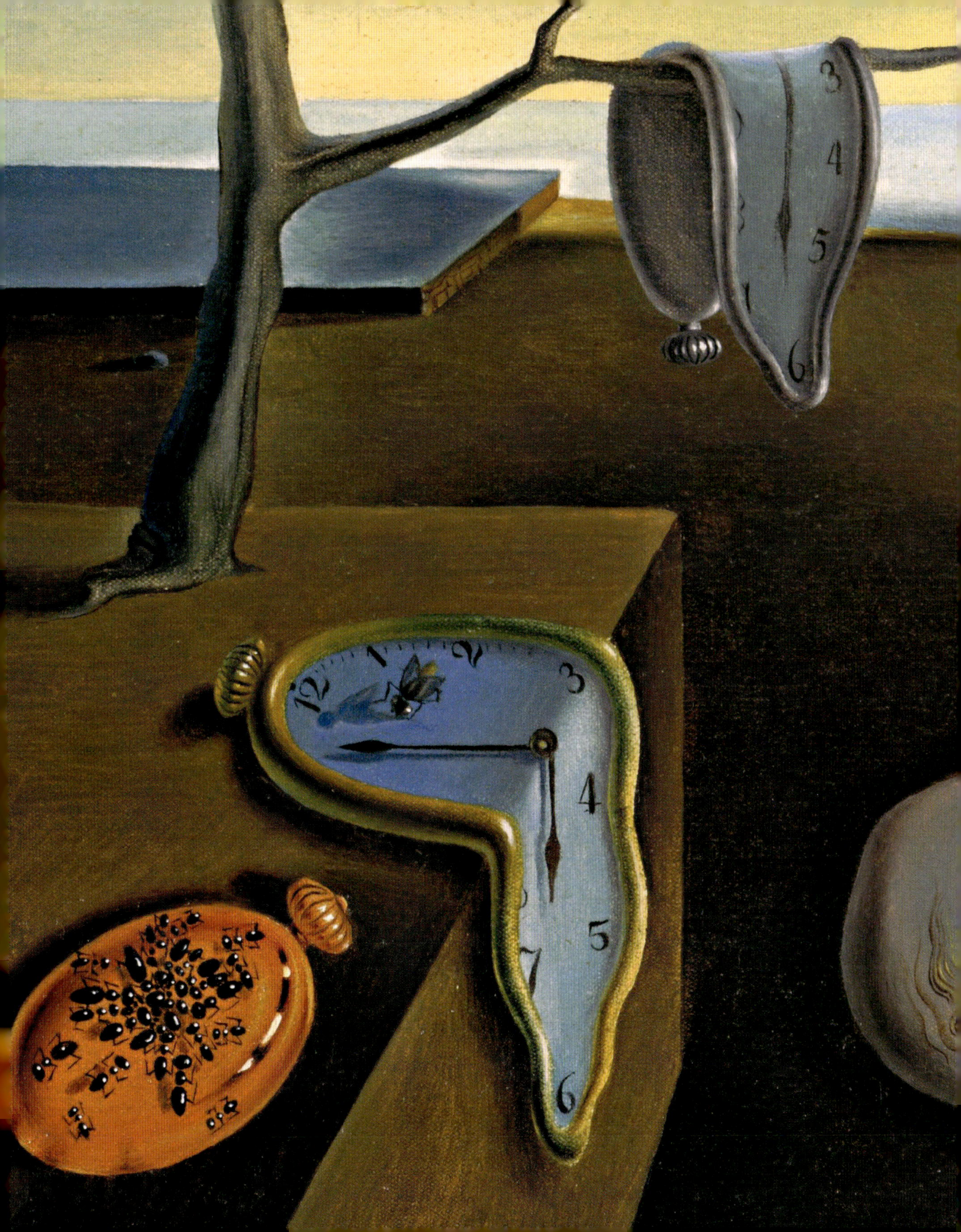

IM KONTEXT

SCHWERPUNKT
Surrealismus

FRÜHER
1900 Sigmund Freuds *Die Traumdeutung* wird veröffentlicht und hat einen immensen Einfluss auf die Surrealisten.

1916–1922 Die provokante Kunst des Dadaismus will aufrütteln und schockieren.

1924 André Breton publiziert das *Manifest des Surrealismus*.

SPÄTER
1936 Auf der Londoner International Surrealist Exhibition hält Dalí eine Rede im Taucheranzug.

1938 Die Pariser Galerie Beaux-Arts zeigt etwa 300 Gemälde von 60 internationalen Surrealisten.

1939–1945 Im Zweiten Weltkrieg fliehen viele Surrealisten nach New York, wo sie die lokale Kunstszene prägen.

In den 1920er- und 1930er-Jahren interessierten sich viele Maler und Dichter zunehmend für das Irrationale. Die Besessenheit vom Absurden entstand Ende des Ersten Weltkriegs. Er hatte für eine weitverbreitete Desillusionierung über eine Gesellschaft gesorgt, die ein solch schreckliches Blutbad angerichtet hatte.

Der 1916 in Zürich begründete Dadaismus reagierte auf die unbegreifliche Welt mit provokanter Kunst, die von Nihilismus, Ironie und Spott getränkt war und die bürgerliche Gesellschaft insgesamt hinterfragte. 1919 hatte die dadaistische Revolte gegen das Rationale Paris ereicht, wo sie eine andere Richtung einnahm und dem Surrealismus den Weg ebnete. Zahlreiche Dadaisten schlossen sich nach offizieller Auflösung der Bewegung 1922 den Surrealisten an.

Etwas von dem dadaistischen Geist lebte in den Avantgardedichtern und -künstlern weiter, die aus ganz Europa um 1920 nach Paris strömten. Mit possenhaften Mitteln hinterfragten sie Annahmen zur Realität. Ihr Spiel mit neuen Lebensweisen nahm oft absurde Züge an: Ein Dichter klingelte wahllos an Türen und stellte dem Pförtner sinnentleerte Fragen, andere beleidigten Priester auf der Straße, liefen auf allen vieren, aßen Hundefutter und lebende Spinnen oder schlugen Kritiker. Salvador Dalí hielt später einen Vortrag an der Sorbonne und stand dabei mit einem Fuß in einem Topf Milch.

> »Das Erscheinen Dalís stellt vielleicht das erste Mal dar, daß die Fenster des Geistes weit aufgestoßen wurden.«
>
> **André Breton**

Manifest der Revolution

Maßgeblich an der Gründung des Surrealismus beteiligt und dessen wichtigstes Sprachrohr war der Dichter und Theoretiker André Breton, der 1924 das *Manifest des Surrealismus* verfasste und kurz darauf die Zeitschrift *La Révolution surréaliste* ins Leben rief. Breton, der ursprünglich zu den Dadaisten gehörte, war fasziniert vom Wirken des Unbewussten. Dieses Interesse wurde von Sigmund Freuds Anfang des 20. Jahrhunderts veröffentlichten Theorien über Träume und das Unbewusstsein angeregt. Freuds Erkenntnisse sollten eigentlich der Heilung psychisch Kranker dienen, während die Surrealisten gerade fasziniert waren von der Abkehr vom Bewusstsein. Breton wollte die Vorstellungskraft von der Kontrolle durch das Bewusstsein sowie von ästhetischen oder moralischen Belangen befreien. Bevorzugt durch

Salvador Dalí

Salvador Dalís fantasievolle Bildsprache und exzentrische Persönlichkeit machten ihn zu einem der berühmtesten Künstler des 20. Jahrhunderts. Er wurde 1904 im katalanischen Figueres geboren. Ab 1929 Mitglied der Surrealisten in Paris und fasziniert von der Psychoanalyse und von Freud, kreisten viele seiner Werke um sexuelle Begierden, Ekel und Neurose. 1939 schlossen ihn die Surrealisten aus, weil er General Franco im Spanischen Bürgerkrieg unterstützte. Den Zweiten Weltkrieg verbrachte er in den USA. Später vorwiegend kommerziell an der Kunst interessiert, sind seine Werke als Maler, Bildhauer, Illustrator und Designer in Galerien weltweit und in dem seiner Kunst gewidmeten Museum in Figueres zu sehen, wo er 1989 starb.

Weitere Hauptwerke

1936 *Hummer- oder Aphrodisisches Telefon*
1937 *Metamorphose des Narziss*
1951 *Christus des hl. Johannes vom Kreuz*

Siehe auch: *Der Garten der Lüste* 134–139 ▪ *Das Angelusläuten* 279 ▪ *Straße in Dresden* 290–293 ▪ *Akkordeonspieler* 294–297 ▪ *Seelenzustände: Die Gehenden* 298–299 ▪ *Komposition VI* 300–307 ▪ *Fahrrad-Rad* 308 ▪ *Autumn Rhythm* 318–323

Die Surrealisten nutzten eine Vielzahl von Techniken diverser Quellen, wie Werbung und Psychoanalyse, um Kunstwerke zu schaffen sowie ihre Kreativität zu ergründen und anzuregen.

Yves Tanguy
malte hyperrealistische **Traumlandschaften** mit abstrakten Formen. Besonders im Fall der Felsformationen waren sie oft von **Kindheitserinnerungen** inspiriert.

René Magritte
Unter dem Einfluss der Werbeindustrie schuf Magritte **präzise ausgearbeitete Bilder,** auf denen Alltagsgegenstände in einen **ungewöhnlichen Kontext** oder in **unerwarteter Gegenüberstellung** platziert wurden.

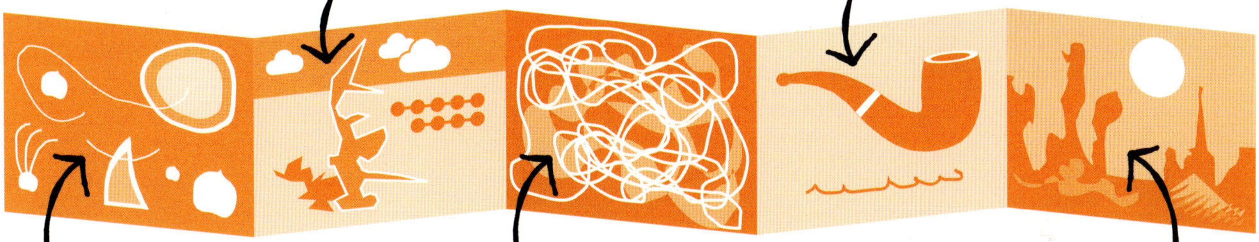

Joan Miró
malte Bilder, die geheimnisvolle **abstrakte Symbole** mit einer **eigenen Ikonografie** verbanden und oft Vögel, Frauen, Blumen und den Mond umfassten.

André Masson
nutzte die Technik des **automatischen Zeichnens** (ohne bewusste Kontrolle) und verzichtete auf Essen, Schlaf oder nahm Drogen, um die Grenzen des **Verstandes** zu **überwinden.**

Max Ernst
setzte mit Techniken der **Frottage** (Oberflächenstrukturen mit Bleistift auf Papier abreibend) und **Décalcomanie** (Farbabklatsch) Bilder aus seinem **Unbewussten** frei.

freies Assoziieren und automatisches Schreiben wollte er dem Unbewussten unerwartete Gedanken und Bilder entlocken. Er glaubte an die »Auflösung dieser ... gegensätzlichen Zustände von Traum und Wirklichkeit in einer Art absoluter Realität, [einer] Surrealität«.

Befreiung von der Vernunft

Die auf der Dichtung begründeten Prinzipien des Surrealismus wurden bald von bildenden Künstlern übernommen, die Bretons Ansichten und Wunsch nach einer wahrhaft revolutionären Kunst teilten.

Wie von einer Bewegung zu erwarten, die bewusst die Vernunft umging, um »den wirklichen Ablauf des Denkens auszudrücken«, gibt es keinen einheitlichen surrealistischen Malstil, doch es sind Tendenzen erkennbar. Eine, wie in Werken Max Ernsts und André Massons deutlich zu sehen, gibt mit Methoden des Automatismus (des Schreibens oder Malens unter Ausschluss der Vernunft) die bewusste Kontrolle auf und erzielt spontane, direkt aus der Imagination gewonnene Werke. Eine andere Herangehensweise wird im Schaffen Dalís und René Magrittes deutlich und lässt seltsame, halluzinative Gebilde entstehen, deren Sujets in unwirklichen, traumartigen Kompositionen auf nahezu akademisch-realistische Weise abgebildet werden.

Beide Formen setzten häufig beziehungslose Gegenstände nebeneinander, gemäß der Definition von Schönheit, die der von den Surrealisten bewunderte Dichter Comte de Lautréamont geliefert hatte: »Schön wie das zufällige Zusammentreffen einer ››

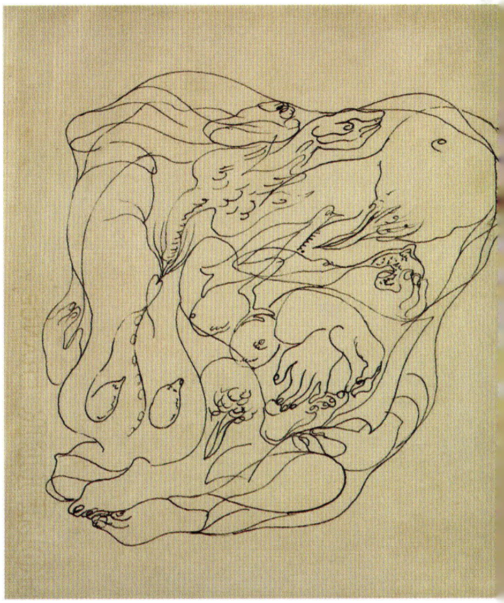

André Massons automatische Zeichnungen, wie diese von etwa 1924, wurden ohne nachzudenken gemalt. Dennoch sind in dem Linienwirrwarr Formen und Figuren erkennbar.

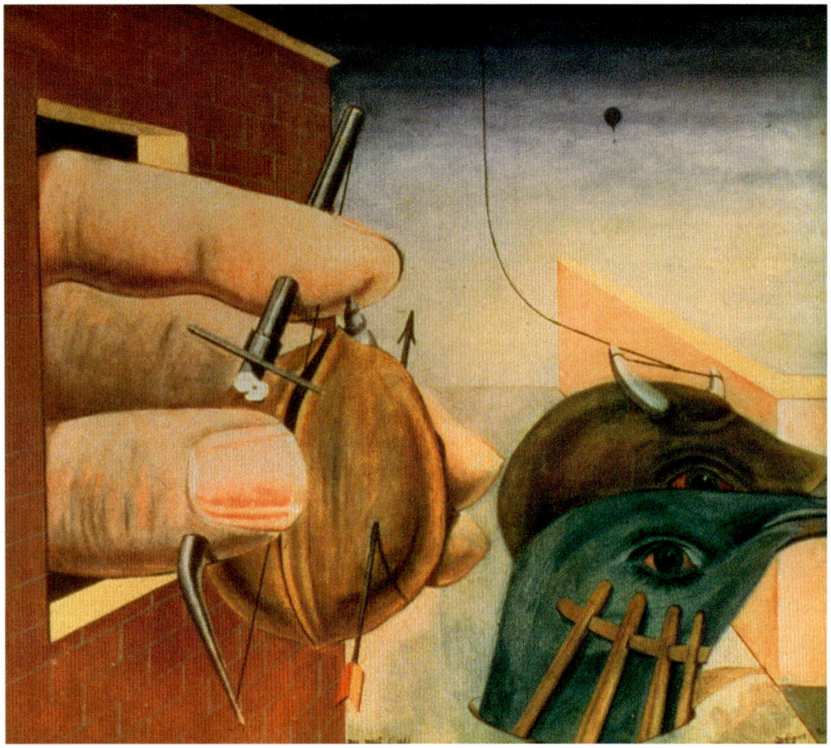

Oedipus Rex (1922) ist ein frühes surrealistisches Werk von Max Ernst. Die Bedeutung der durchbohrten Finger und Walnuss sowie der gefangenen vogelartigen Köpfe bleibt ungewiss.

Nähmaschine und eines Regenschirms auf einem Seziertisch.« Auch wenn die Bilder der Surrealisten dem Unbewussten entsprangen, erforderte der Akt, sie zu malen, Disziplin, Kontrolle und technisches Können.

Surreale Experimente

Dalí begann um 1928, mit dem Surrealismus zu experimentieren, als er mit seinem Freund Luis Buñuel an dem Film *Ein andalusischer Hund* arbeitete. Der Film ersetzte Handlung und Narration durch eine Abfolge von Traumsequenzen, von denen einige auf tatsächlichen Träumen der beiden Künstler basierten. Bei einem im Film zu sehenden Traum Dalís wird eine Hand von Ameisen zerfressen – ein Motiv, das auf späteren Werken wie auch auf *Die Beständigkeit der Erinnerung* (rechte Seite) auftaucht.

Das augenscheinlich sinnfreie Bild offenbart Dalís großes technisches Können. Er war ein Meister der von ihm so bezeichneten »gewöhnlich paralysierenden Possen des Trompe-l'œil« und nutzte feine Rotmarderpinsel und das Vergrößerungsglas eines Juweliers, um das minutiöse Werk zu malen. So entstand eine künstlerisch vollendete, realistisch gemalte, surreale Szene, die den Betrachter quasi in eine Halluzination hineinversetzt. Die Atmosphäre ist still und unheimlich. In der Ferne liegt eine felsige Küstenlandschaft in »transparentem, melancholischem Dämmerlicht«. Sie beruht auf einem Küstenabschnitt in der Nähe von Dalís Haus im katalanischen Port Lligat. Der Mount Pani, der in der Nähe des Fischerdorfs Cadaqués liegt, wo seine Familie ein Sommerhaus besaß, wirft einen Schatten über den Vordergrund. Am Ufer gestrandet liegt eine bizarre schlaffe Kreatur auf einem Stein oder einer Erhöhung. Überlange Wimpern bedecken ihr geschlossenes Auge, und etwas Zungenartiges ragt aus ihrer Nase. Viele interpretierten das Wesen als schemenhaftes Selbstbildnis des Künstlers, auch weil das Motiv bereits auf den früheren Werken von 1929, *Der große Masturbator* und *Das Rätsel der Begierde*, auftauchte. Das geschlossene Auge deutet an, dass das Wesen schläft, vielleicht träumt, und nimmt möglicherweise Bezug auf Freuds Beschreibung von Träumen als »Königsweg zum Unbewussten«.

Uhrensymbolik

Die drei weichen Uhren auf dem Gemälde zeigen alle unterschiedliche Zeiten an. Ameisen krabbeln über eine Taschenuhr aus Metall, ein verdorrter Olivenbaum mit einem blattlosen Zweig scheint aus einer hölzernen Tischplatte anstelle der Erde zu wachsen.

Uhren und Ameisen – Letztere ein Symbol des Verfalls – spielen auf die verrinnende Zeit und den

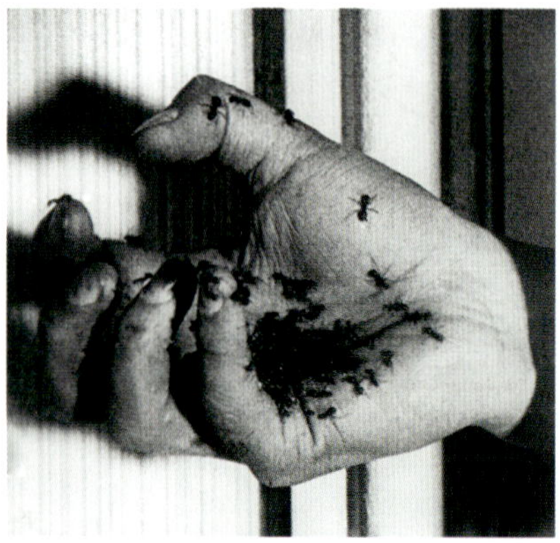

Ein andalusischer Hund (1929) war ein Film, der einer expliziten Regel folgte: Er durfte nichts enthalten, wofür der Betrachter eine rationale, psychologische oder kulturelle Erklärung fand.

» Ich bin der Erste, der überrascht und oft erschrocken ist über die Bilder, die ich auf meiner Leinwand entstehen sehe. «

Salvador Dalí

Tod an. Kunstwissenschaftler sehen in den weichen Uhren einen unbewussten Bezug zu Einsteins dem Glauben an universell gültige Ordnungsstrukturen entgegenlaufender Relativitätstheorie, wonach Zeit nicht feststehend, sondern relativ ist. Dalí bestritt die Verbindung zur Physiktheorie und behauptete stattdessen – vielleicht scherzhaft –, der Gedanke zu den Uhren sei ihm beim Anblick von weichem Käse gekommen: »Wir hatten zum Abschluss unseres Abendessens einen sehr starken Camembert gegessen, und nachdem alle gegangen waren, blieb ich noch lange am Tisch sitzen und dachte über die philosophischen Probleme des ›Superweichen‹ nach, die der Käse mir vor Augen führte.«

Systematische Verwirrung

Andere mutmaßten, die weichen Uhren widerspiegelten die Beobachtung, dass die Ereignisse in einem Traum nicht chronologisch sind – die Zeit folgt dort keiner Logik. Wieder andere näherten sich dem Werk aus psychoanalytischer Sicht und interpretierten die weichen Uhren als Ausdruck von Dalís gut dokumentierter Furcht vor Impotenz. Letztendlich ist das Bild schwer zu interpretieren, was dem Künstler gefallen hätte, der angab, er habe das Bild mit der »herrschsüchtigsten Genauigkeit« gemalt, um damit »die Konfusion zu systematisieren und zur totalen Entwertung der Welt der Realität beizutragen«.

Ikone

Dalís Gemälde misst gerade einmal 24 × 33 cm, wurde aber zu einem seiner unverkennbarsten Werke und erregte bei der Ausstellung in der New Yorker Julien Levy Gallery 1932 großes Aufsehen. Es wurde von einer Privatperson gekauft, die es dem New Yorker Museum of Modern Art (MoMA) schenkte, wo es nun zu den Höhepunkten der Sammlung gehört. Das Bild wurde auch von der Popkultur rezipiert und war in Fernsehserien wie *Die Simpsons*, *Sesamstraße* und *Doctor Who* sowie in Filmen, Cartoons und Videospielen zu sehen.

Dalí kam 1952 auf das Werk zurück, als er mit der Arbeit an *Die Auflösung der Beständigkeit der Erinnerung* begann, einer Neuinterpretation des Originals. Nach dem Abwurf der Atombombe 1945 wandte er sich der Atomphysik und der Vorstellung zu, dass Materie aus kleinsten Teilchen besteht. Daraufhin malte er Objekte, die sich zu Atomen auflösten. Auf dem neuen Bild greifen Quader und durch den Raum schnellende Nashorn-Hörner die dem Original zugrunde liegende Struktur auf. Die weichen Uhren hängen nicht mehr über Objekten, sondern schweben im Raum.

Dalís Interessen hatten sich in den 23 zwischen den Bildern liegenden Jahren stark gewandelt. Später erklärt er: »In der surrealistischen Epoche wollte ich die Ikonografie der Innenwelt schaffen – der Welt des Wunderbaren, die meines Freundes Freud. Es ist mir gelungen ... Heute hat die Außenwelt, die der Physik, die der Psychologie überstiegen. Heute ist Heisenberg mein Vater.« ■

Dalís »paranoisch-kritische« Methode entlockte seinem Unbewussten Bilder. Durch selbst herbeigeführte Halluzinationen vermischten sich Traum und Fantasie mit der Realität.

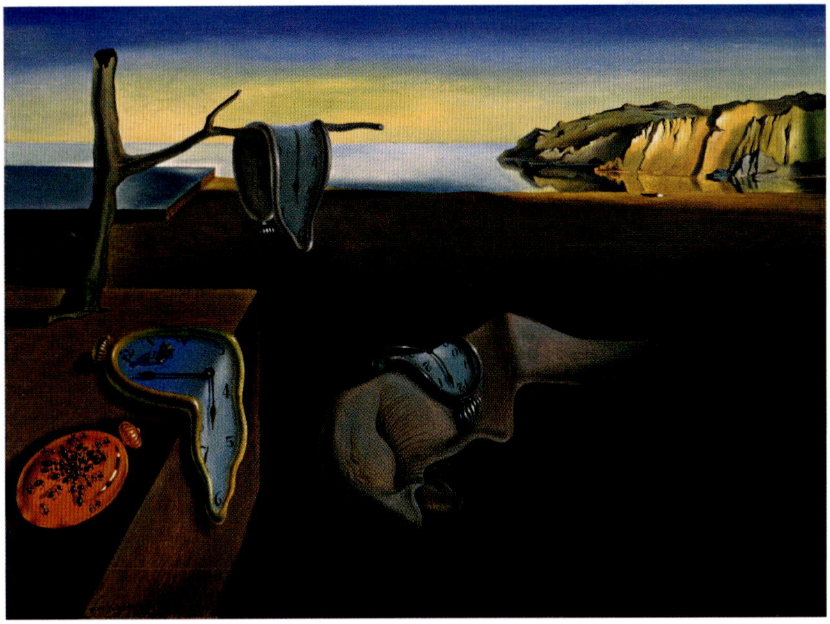

JEDES MATERIAL HAT SEINE INDIVIDUELLEN EIGENSCHAFTEN

***LIEGENDE* (1938), HENRY MOORE**

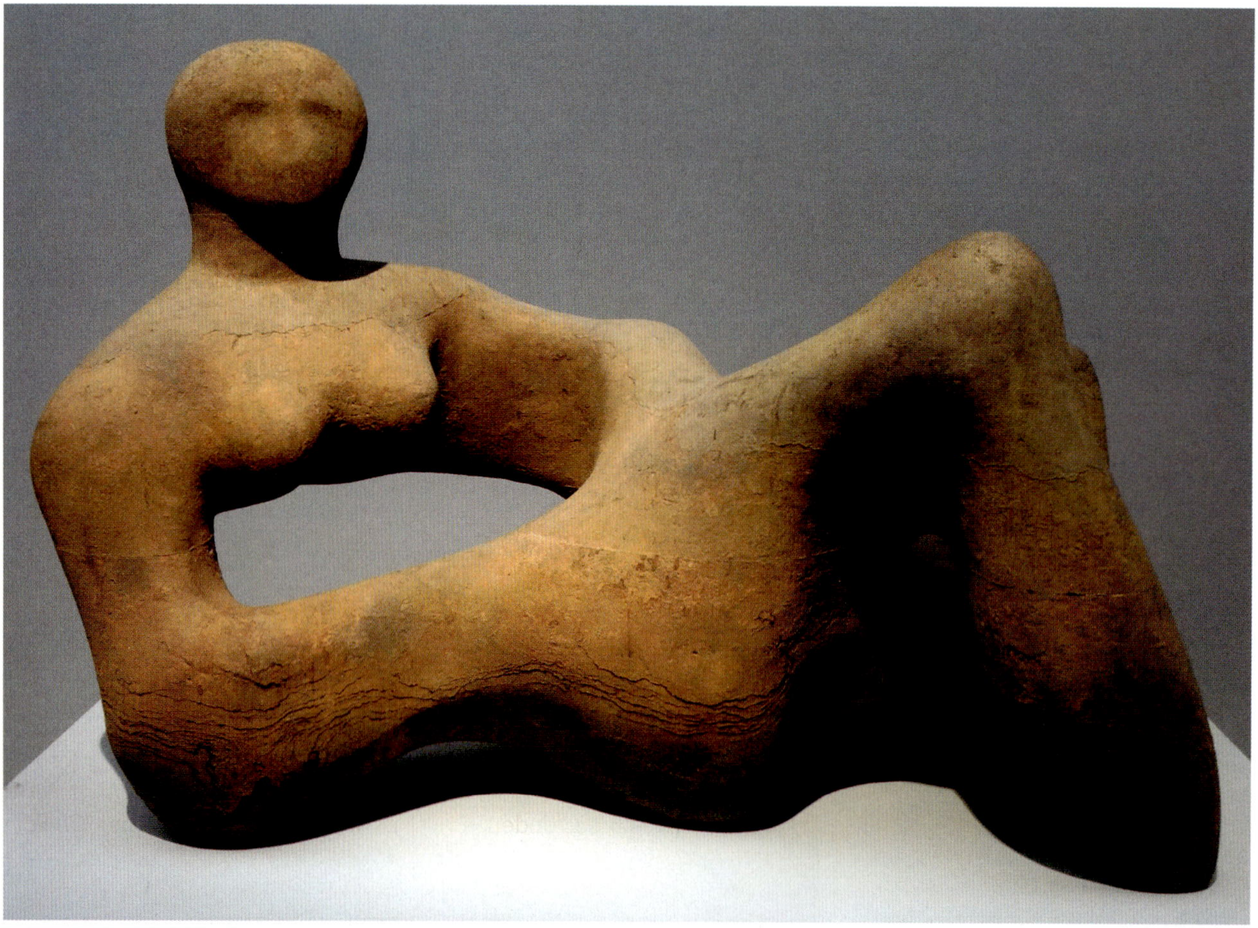

IM KONTEXT

SCHWERPUNKT
Materialgerechtigkeit

FRÜHER

1872 Der englische Kritiker John Ruskin verurteilt die Praxis, Skulpturen von Gehilfen fertigen zu lassen.

um 1907 In Paris fertigt Constantin Brâncuşi erste Skulpturen, indem er direkt in Holz oder Stein meißelt.

1925 Barbara Hepworth und John Skeaping beginnen, direkt aus dem Material Skulpturen herauszuarbeiten.

SPÄTER

1940/41 *Jakob und der Engel* des Briten Jacob Epstein lässt den ursprünglichen Alabasterblock erkennen.

1977 Moore gründet die Henry Moore Foundation zur Förderung eines öffentlichen Verständnisses für Bildhauerei.

Im 19. Jahrhundert schufen Bildhauer Werke für Ausstellungen in Gips. Nur wenn ein Auftrag für eine dieser Skulpturen erteilt wurde, fertigte man Bronzeabgüsse oder eine Marmorversion davon an. Mithilfe eines Geräts, das Punkte auf der Oberfläche genau vermaß und sie auf das zu fertigende Stück übertrug, wurde eine Kopie des Gipsmodells erstellt. So konnte ein Bildhauer mithilfe seiner im Atelier angestellten Gehilfen von einem einzigen Modell mehrere Versionen anfertigen. Es war gar nicht unüblich, dass Künstler wie Auguste Rodin nur wenige Handgriffe an der letztendlichen Skulptur selbst vornahmen.

Siehe auch: *Laokoon-Gruppe* 42–43 ▪ *Junger Sklave* 144–145 ▪ *Das Tor zur Hölle* 280 ▪ Grabmal für Oscar Wilde 338 ▪ *Single Form* 340

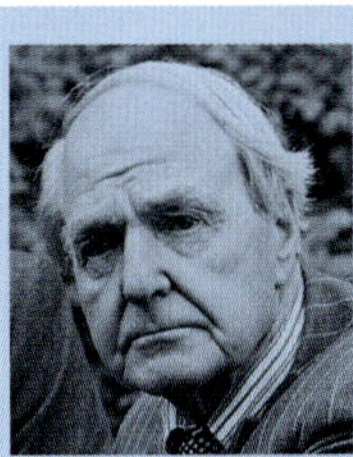

Henry Moore

Henry Moore wurde 1898 in Yorkshire als Sohn eines Bergarbeiters geboren. Im Ersten Weltkrieg bei einem Gasangriff verletzt, besuchte er nach dem Krieg das Royal College of Art. Sein Frühwerk war von der historischen Kunst nicht westlicher Kulturvölker geprägt. Moore schuf einige abstrakte Werke, doch die meisten Skulpturen waren figurativ, mit der weiblichen Figur sowie Mutter und Kind als bevorzugte Sujets. Im Zweiten Weltkrieg war Moore »offizieller Kriegskünstler«. Im Anschluss erhielt er renommierte Preise und Aufträge. Moore starb 1986.

Weitere Hauptwerke

1929 *Liegende*
1934 *Mutter und Kind*
1940/41 Shelter-Zeichnungen
1953/54 *Krieger mit Schild*
1957/58 *Sitzende*

Anfang des 20. Jahrhunderts gelangten einige Bildhauer jedoch zu der Einsicht, die einzigartige Beschaffenheit des Materials solle in der fertigen Skulptur erkennbar sein, das vom Künstler und nicht seinem Gehilfen geschaffen werden müsse. Künstler wie Constantin Brâncuşi, Amedeo Modigliani, Jacob Epstein, Henri Gaudier-Brzeska und Eric Gill begannen, direkt das Material zu bearbeiten, statt Wachs-, Ton- oder Gipsmodelle für den Guss zu fertigen.

Material und Landschaft

Henry Moore gehörte zu einer etwas späteren Generation britischer Künstler, die sich nach dem Ende des Ersten Weltkriegs begeistert der direkten Bearbeitung des Materials zuwandten. Seine Werke sollten die Form und Oberflächenbeschaffenheit des Holzes oder Steins, aus dem sie bestanden, widerspiegeln. Getreu dem Prinzip der »Materialgerechtigkeit« und der Berücksichtigung der inhärenten Eigenschaften des Mediums behielt er einfache, detailarme Formen bei. Sie ließen das Material, das er oft polierte, um dessen Farbe und Zeichnung zu betonen, sichtbar werden. Moores Skulpturen beruhten fast ausschließlich auf natürlichen Formen – der menschlichen Figur, Kieseln, Knochen und Muscheln – und nahmen Elemente der Landschaft auf. *Liegende* war für die Terrasse eines modernen Hauses mit Blick auf die hügeligen South Downs in England geplant. Dadurch und weil sie aus Hornton-Stein der Region gehauen war, sollte die Skulptur eine Verbindung schaffen zwischen den sanften Hügeln in der Ferne und den kantigen Linien des Hauses.

Wie viele Zeitgenossen war Moore von der so bezeichneten »primitiven« Kunst fasziniert. Für ihn besaßen die altmexikanischen und sumerischen Skulpturen Kraft und Materialgerechtigkeit. Die *Liegende* ist wohl von mexikanischen *Chak Mo'ols* inspiriert.

Obwohl Moore seine Werke später in Bronze oder Blei gießen ließ, bearbeitete er zeitlebens Holz, Stein oder Gips auch direkt. ■

JEDER GUTE MALER MALT, WAS ER IST

AUTUMN RHYTHM (1950)
JACKSON POLLOCK

Detail aus *Autumn Rhythm*

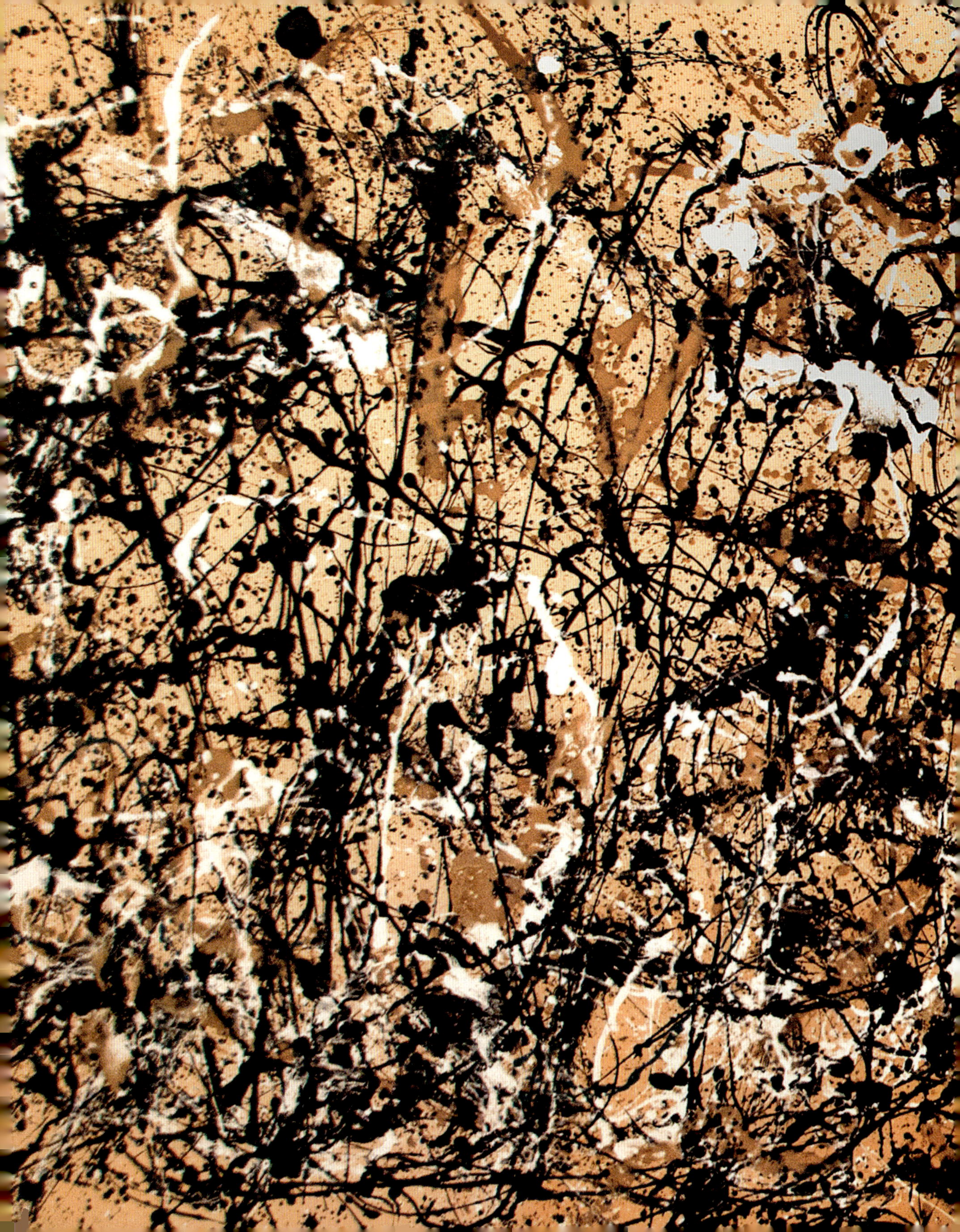

IM KONTEXT

SCHWERPUNKT
Abstrakter Expressionismus

FRÜHER
Anfang 20. Jh. Vincent van Gogh bringt durch Verzerrung, Farbe und Linie emotionale Botschaften zum Ausdruck und ebnet den Weg für den Expressionismus.

1920er-Jahre Wassily Kandinskys Bilder gelten als abstrakt-expressionistisch.

1935 Das Federal Art Project fördert Künstler in den USA, unter anderem die künftigen Abstrakten Expressionisten de Kooning, Pollock und Rothko.

1939–1945 Europäische Künstler flüchten während des Kriegs in die USA.

SPÄTER
Ende 1950er-Jahre Allan Kaprows »Happenings« in New York bereiten der expressiven Performance Art den Weg.

Der Begriff Abstrakter Expressionismus beschreibt sehr unterschiedliche Malstile, deren extrem emotionaler oder expressiver Inhalt sie verbindet. Obwohl die der Strömung zugeordneten Künstler der konservativen US-amerikanischen Nachkriegsgesellschaft äußerst distanziert gegenüberstanden, gilt der Abstrakte Expressionismus gemeinhin als »amerikanisches« Phänomen. Die im Kalten Krieg entstandenen Werke waren das genaue Gegenteil der streng konformen Kunst der Sowjetunion.

Schöpfungsakte

Der Abstrakte Expressionismus lässt sich grob in die zwei Bereiche Action Painting und Farbfeldmalerei unterteilen, obwohl einige Vertreter beiden Kategorien zugeordnet werden können. Die Anhänger des Action Paintings, wie Jackson Pollock, Willem de Kooning und Franz Kline, malten dramatische, von einem dynamischen Gestus gekennzeichnete Bilder, bei denen der Schaffensprozess im Mittelpunkt stand. Die Farbfeldmaler, wie Mark Rothko und Barnett Newman, schufen hingegen einfachere, ruhigere Kompositionen, deren Farbflächen eine transzendente, meditative Erfahrung beim Betrachter auslösen sollten.

> »Mir scheint, der moderne Künstler verleiht einer inneren Welt Form und Ausdruck – mit anderen Worten: Er drückt Energie, Bewegung und andere innere Kräfte aus.«
>
> **Jackson Pollock**

Viele Abstrakte Expressionisten verschrieben sich dem surrealistischen Ansatz, Kunst aus dem Unbewussten entstehen zu lassen. Besonders zugeneigt waren sie dem Automatismus, bei dem der Künstler die Hand nicht kontrolliert, sondern vom Unbewussten leiten lässt. Das Action Painting brachte starke Emotionen durch eine überschwänglich, häufig auf große Leinwände aufgetragene Farbe zum Ausdruck. Am

Jackson Pollock

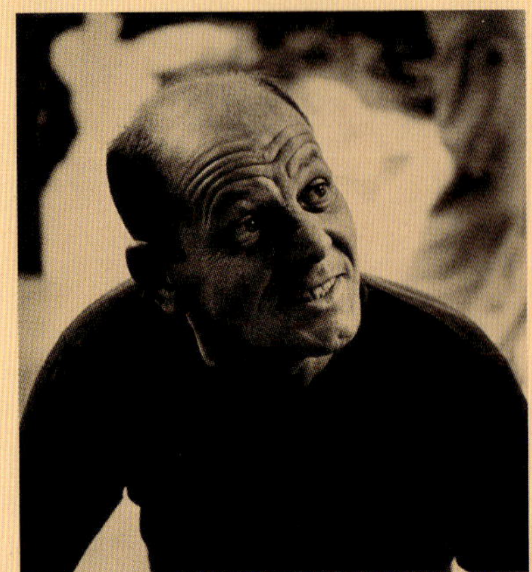

Jackson Pollock wurde 1912 in eine arme Bauernfamilie in Cody (Wyoming) geboren. Er studierte an der New Yorker Art Students League bei Thomas Hart Benton. 1935–1943 schuf er für das Federal Art Project Wand- und Staffeleibilder. Die erste Einzelausstellung hatte Pollock 1943 in der Galerie von Peggy Guggenheim. Daraufhin erwarb das New Yorker Museum of Modern Art ein erstes Gemälde von ihm. 1945 heiratete er die Malerin Lee Krasner und zog mit ihr in ein Landhaus in East Hampton, wo seine Drip Paintings entstanden. Pollock hatte zeitlebens Alkoholprobleme. Seine sprunghafte Persönlichkeit, Alkoholsucht, revolutionäre Kunst und das Machoimage lenkten die Aufmerksamkeit der Medien auf ihn und führten zu einer Mythisierung seiner Person. Pollock gab 1954 die Malerei auf und starb zwei Jahre darauf bei einem Autounfall.

Weitere Hauptwerke

1943 *Mural*
1946 *Eyes in the Heat*
1950 *Lavender Mist: Number 1*
1952 *Convergence*

Siehe auch: *Straße in Dresden* 290–293 ▪ *Akkordeonspieler* 294–297 ▪ *Komposition VI* 300–307 ▪ *Die Beständigkeit der Erinnerung* 310–315 ▪ *Berge und See* 340 ▪ *Cubi XIX* 340–341 ▪ *Humanity Asleep* 341

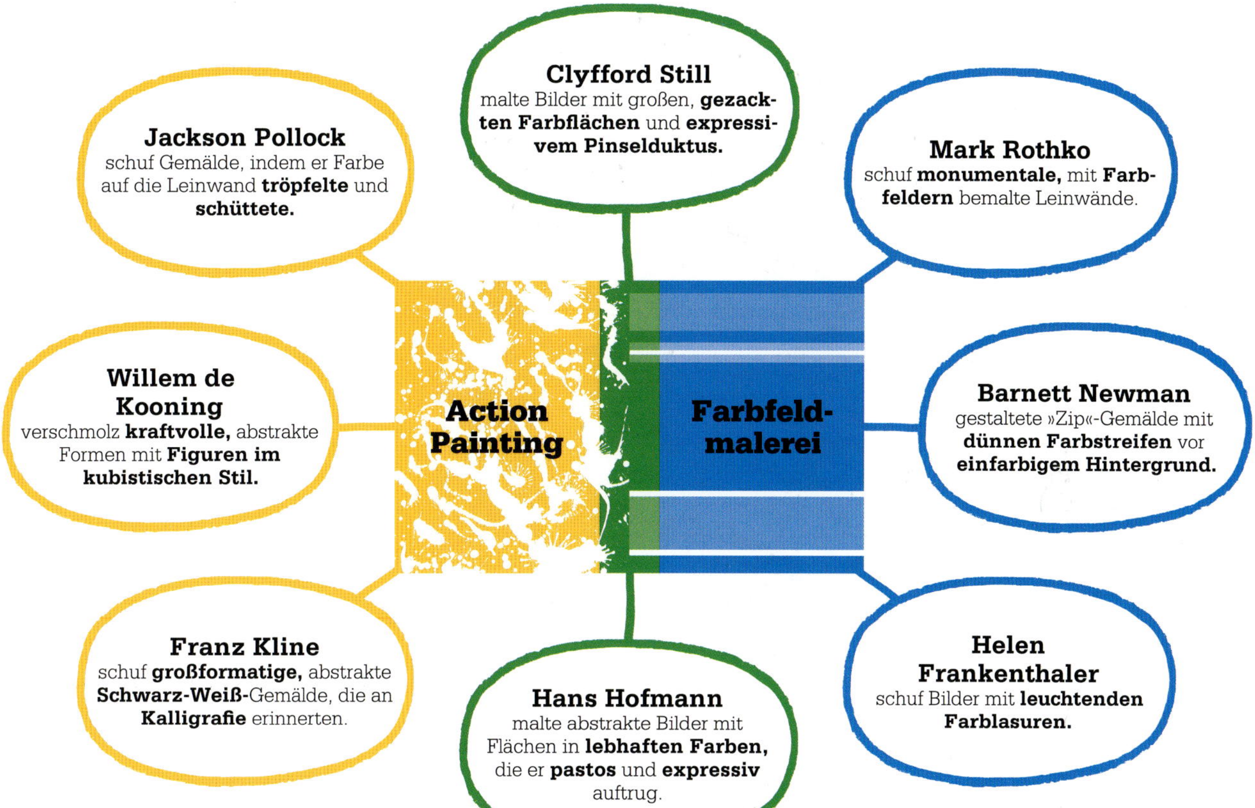

Im Abstrakten Expressionismus folgten die Vertreter des Action Paintings ihren Impulsen, während die Anhänger der Farbfeldmalerei elementare menschliche Emotionen ausdrücken wollten. Manche widmeten sich beiden Richtungen.

bekanntesten sind die von Jackson Pollock 1947–1952 geschaffenen Drip Paintings (»getröpfelte Bilder«) – aufgrund derer das Nachrichtenmagazin *Time* ihm den Beinamen »Jack the Dripper« verlieh.

Jack the Dripper

Autumn Rhythm ist eines der berühmtesten Drip Paintings von Pollock. Der deutschstämmige Fotograf Hans Namuth fotografierte Pollock bei der Arbeit an dem Bild und schuf so ein unschätzbares Zeugnis der Technik und Entstehungsphasen des Gemäldes. Die Fotografien zeigen, dass Pollocks Arbeitsweise, obwohl sie spontan ablief und ohne feste Vorstellung und Skizzen auskam, alles andere als willkürlich war und großes Können sowie Konzentration erforderte. Zudem gab Pollock die Kontrolle nicht völlig auf, sondern erklärte: »Ich kann den Fluss der Farbe kontrollieren, es gibt keinen Zufall.«

Pollock ging methodisch vor, begann in der oberen rechten Ecke der Leinwand und bewegte sich dann von rechts nach links. Er hielt die Farbdose in der linken Hand; in der rechten hatte er einen großen, steifen Pinsel, den er über der Leinwand schwang. Zuerst schuf er ein Gerüst aus dünnen schwarzen Linien, die er mit Spritzern akzentuierte. Die Farbe war verdünnt und zog in die ungrundierte Leinwand ein. Namuths Fotografien enthüllen drei menschlich wirkende Formen in der Frühphase des Bilds, die schließlich unter den dichten Farbschichten verschwanden.

In der nächsten Phase trug Pollock Beige, Weiß und Grau über das Grundgerüst auf und unterbrach die durchgehenden Linien, bevor er eine letzte Schicht dichter »

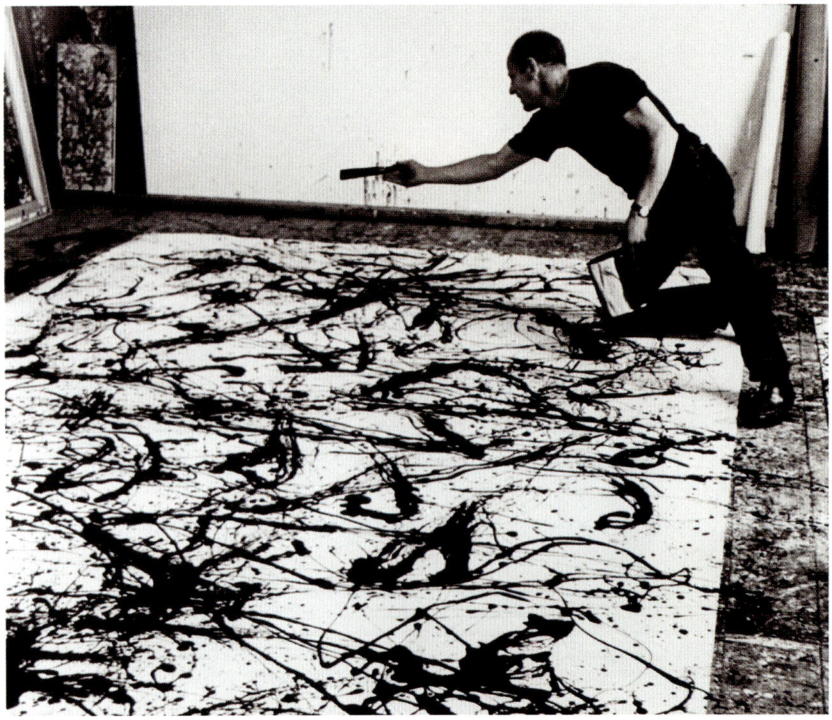

Hans Namuths Fotos zeigten Pollocks Technik und rückten ihn in den Fokus der Medien. Einige argumentieren, Namuths Anwesenheit habe Pollocks Impulsivität eingeschränkt.

schwarzer Linien hinzufügte, die die Unruhe der Komposition ohne Hauptmotiv weiter verstärkten.

Obwohl das Gemälde abstrakt ist und Pollock sich bemühte, alles Figürliche auszulöschen, ist das Bild nicht inhaltsleer. Durch die schwungvollen Linien, das Kolorit und den im Titel versteckten Hinweis auf das Sujet (Pollocks Galerist hatte auf einem Namen bestanden) fällt es nicht schwer, die Energie sich wiegender Bäume und wirbelnder Blätter an einem windigen Herbsttag in das Gemälde hineinzuinterpretieren.

Allein die Größe des 279 × 530 cm messenden *Autumn Rhythm* kann im Betrachter das Gefühl erzeugen, vor einem massiven Panorama zu stehen, in dem elementare Kräfte am Werk sind. Einige wollen in dem Gemälde Anklänge an die Rhythmen von Dixieland-Jazz erkannt haben, den Pollock sehr liebte, während die Ausdehnung und das Querformat andere an die Weite der Landschaften im Westen der USA erinnerten.

Künstlerischer Werdegang

Pollocks Gemälde waren trotz aller Spontaneität das Ergebnis einer langwierigen, komplexen künstlerischen Entwicklung, die von verschiedenen Einflüssen geprägt war. Pollock studierte bei Thomas Hart Benton, der auf Ansichten des ländlichen und städtischen Lebens in den USA spezialisiert war. Später arbeitete er im experimentellen Atelier des mexikanischen Muralisten David Alfaro Siqueiros, wo er mit unorthodoxen Malweisen wie dem Aufspritzen und Tropfen von Farbe in Berührung kam.

> »Ich möchte meine Gefühle ausdrücken, statt sie zu illustrieren.«
>
> **Jackson Pollock**

1938 wurde Pollocks Alkoholsucht behandelt. In der Therapie ermutigte ihn sein nach C. G. Jung geschulter Analytiker, durch Zeichnungen aus dem Unbewussten zutage tretende Symbole festzuhalten. Damals tauchten archetypische Formen in seiner Kunst auf.

Pollock war mit dem Werk der europäischen Avantgarde vertraut und bewunderte besonders Pablo Picasso und Joan Miró. Die europäische Moderne war für ihn durch Surrealisten wie André Masson, Max Ernst und Roberto Matta Echaurren in Reichweite gelangt, nachdem sich diese aus Angst vor den Gräueltaten der Nationalsozialisten in New York niedergelassen hatten.

Eine neue Malweise

Pollocks Frühwerk war figurativ und umfasste Bilder des ländlichen Lebens, die von einer gewissen ungestümen Energie gekennzeichnet sind. Um 1940 malte er abstrakte biomorphe Formen und Figuren aus der indianischen Mythologie, zu denen er möglicherweise durch die zeremoniellen, farbigen Sandbilder der Navajo inspiriert wurde.

Um 1946 begann Pollock mit einer radikal neuen Malweise zu experimentieren, die zu seinem Markenzeichen wurde. Er heftete ungrundierte Leinwand auf den Boden seines Ateliers. Dann beugte er sich darüber und schüttelte, sprengte oder tröpfelte Farbe auf

»Er hat unsere Vorstellung vom Bild radikal über den Haufen geworfen.«

Willem de Kooning

die Oberfläche. Die Größe seines Ateliers erlaubte es ihm, die Leinwand zu umrunden – so konnte er ein flächendeckendes »All-Over«-Gemälde schaffen, das kein Hauptmotiv hat und dessen äußere Ecken ebenso bedeutsam sind wie die Bildmitte. In dem Bestreben der Abkehrung von gewöhnlichen Malmitteln verbannte Pollock Staffelei, Palette und übliche Pinsel zugunsten von Stöcken, Spachteln und Messern. Manchmal verwendete er statt Öl- flüssige Aluminium- und Emailfarbe. Auch Materialien wie Sand oder gar Glasscherben kamen zum Einsatz.

Leben in der Öffentlichkeit

Pollocks Action Paintings erregten zu seinen Lebzeiten Bewunderung und Spott. Zudem brachten sie ihm große Bekanntheit ein. Ein Artikel im Magazin *Life* von 1949 bezeichnete ihn als bedeutendsten lebenden Künstler der USA. Nach 1952 schuf er keine weiteren Drip Paintings, und in seinen Werken tauchten wieder Motive mit Bezug zur Wirklichkeit auf.

Pollock begründete keine Malschule oder fand eine Flut von Nachahmern; sein Einfluss war im allgemeineren Sinn spürbar. Er gab Anstoß zur Befreiung von traditionellen Malweisen und zur Erkenntnis, dass der Schöpfungsprozess an sich von Bedeutung sein kann. Wie der US-amerikanische Kunstkritiker Harold Rosenberg bemerkte, sahen Maler die Leinwand nun als »Arena, in der es zu agieren galt«.

»Jedes Zeitalter findet seine eigene Technik.«

Jackson Pollock

Hans Namuths verschwommene, hektische Fotografien von Pollock in Aktion vermitteln ein Gespür für die Energie des Malaktes, die in der Performance Art der 1960er- und 1970er-Jahre ihre logische Fortsetzung fand, als die Grenzen zwischen Künstler und Werk schrittweise aufgelöst wurden. ■

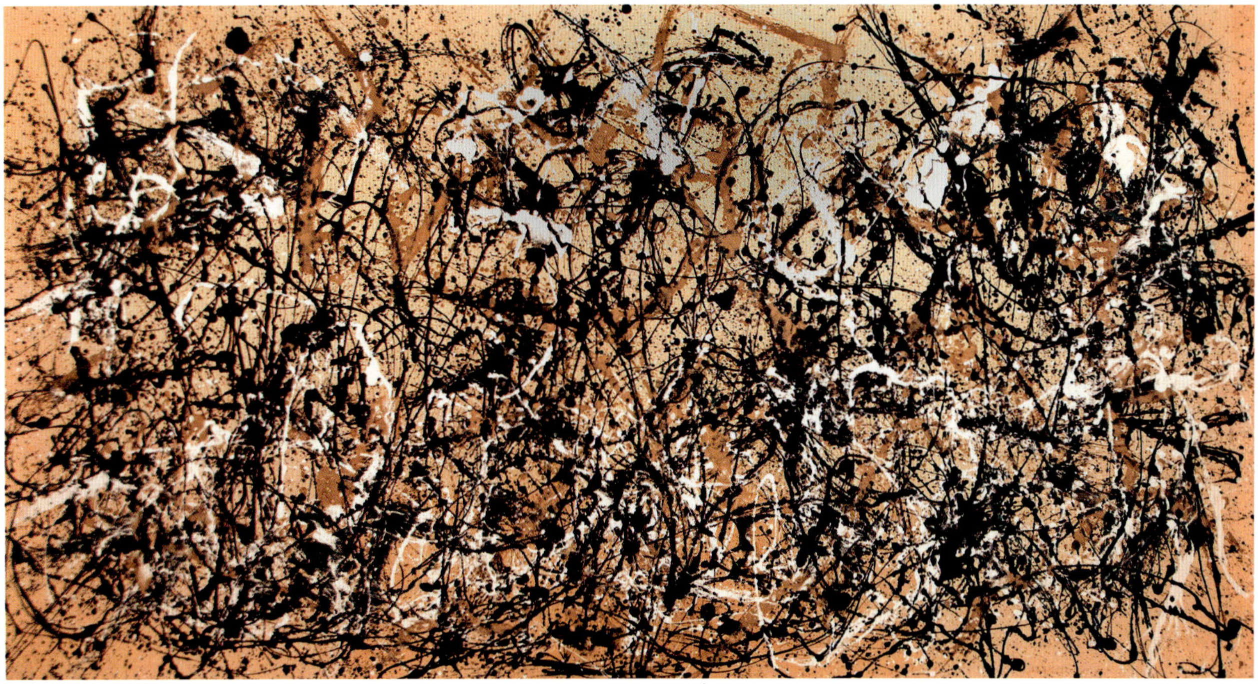

Schwünge, Haken und Linien ziehen sich durch Pollocks *Autumn Rhythm* und bilden die komplexen, sich wandelnden Formen der Natur nach.

DIE WAHRE KUNST IST IMMER DA, WO MAN SIE NICHT ERWARTET

LA VACHE AU NEZ SUBTIL (1954), JEAN DUBUFFET

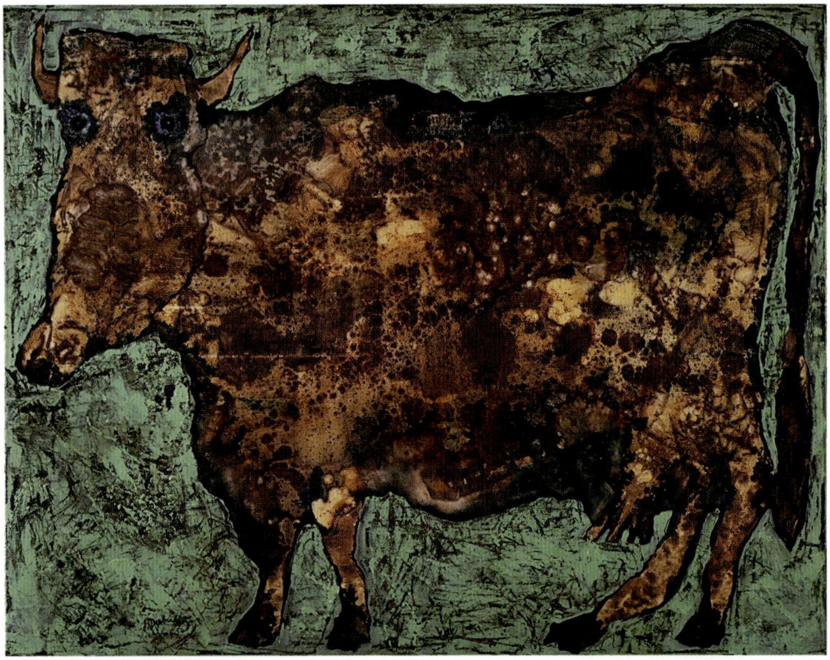

IM KONTEXT

SCHWERPUNKT
Outsider Art

FRÜHER
1912 Paul Klee mahnt, die Kunst von Kindern und Geisteskranken ernst zu nehmen.

1939 Der afroamerikanische, als Sklave geborene Autodidakt Bill Traylor zeichnet mit 85 erste Bilder mit vereinfachten, flächigen Formen. Er gilt als Wegbereiter der »Außenseiterkunst«.

1949 Dubuffet organisiert eine *Art-brut*-Ausstellung in Paris mit über 200 Werken von 63 Künstlern.

SPÄTER
1972 Der englische Kunstkritiker Roger Cardinal prägt den Begriff »Outsider Art« für Werke, die abseits etablierter Kunstinstitutionen entstehen.

1979 Die Londoner Hayward Gallery zeigt die erste große, von Cardinal kokuratierte Ausstellung zur »Outsider Art«.

Outsider Art (»Außenseiterkunst«) ist eine Sammelbezeichnung für Kunst von Personen, die sich jenseits etablierter Institutionen und Strömungen bewegen. Zuweilen wird sie für Werke von Menschen gebraucht, die außerhalb der Mitte der Gesellschaft stehen, wie Inhaftierte und Geisteskranke, aber auch für »naive«, von inneren Visionen anstelle von künstlerischen oder historischen Vorbildern inspirierte Bilder. Diese Kunst hat keinen einheitlichen Stil. Ihre Vertreter sind in der Regel Autodidakten und schenken künstlerischen Strömungen kaum Beachtung. Oft sind ihre Werke minutiös auf ein einziges Sujet fixiert und werden zur Befriedigung persönlicher Bedürfnisse und weniger zu kommerziellen Zwecken geschaffen.

»Rohe Kunst«

Im 19. Jahrhundert begannen Psychiater, die Bilder ihrer Patienten zu sammeln. Outsider Art wurde jedoch erst im 20. Jahrhundert als besondere Kunstform anerkannt, als Künstler wie Franz Marc, Paul Klee und Max Ernst deren Ausdruckskraft und Originalität schätzen lernten. Jean Dubuffet förderte diese Kunst wie kein anderer und stand ihr als Theoretiker, Sammler und vor allem in seinem eigenen Kunstschaffen aufgeschlossen gegenüber. Seine von der Faszination für die Werke von Kindern und Geisteskranken geprägten Arbeiten besaßen einen ursprünglichen, von Konventionen unbeeinflussten Ausdruck. Dubuffet nannte sie *Art brut* (»rohe Kunst«), weil sie frei von kulturellen Einflüssen waren.

»Die Kuh mit der empfindlichen Nase« weist viele Merkmale der Outsider Art auf und verkörpert Dubuffets Ästhetik, die das Unmoderne, Unnatürliche und Hässliche

Siehe auch: Höhlenmalerei von Altamira 22–25 ▪ *Ein düstrer finsterer Mann* 211 ▪ *Straße in Dresden* 290–293 ▪ *Komposition VI* 300–307 ▪ *Roter Ballon* 338

» Wir können die künstlerische Arbeit in ganz reiner – sozusagen roher – Form miterleben, wie sie vom Künstler ganz und gar in all ihren Phasen aus eigenem Antrieb neu entdeckt wird. «

Jean Dubuffet

pries. Die Linie ist zittrig, die Oberfläche uneben, die naiv gemalte Kuh mit großen Augen passt kaum ins Format und steht in keinem Verhältnis zum Hintergrund. Das Bild wirkt auf intuitiver Ebene; das Tier erscheint zerbrechlich, verletzlich und doch lächerlich.

Dubuffet verachtete die seinem Empfinden nach elitäre Kunstwelt und förderte die Ursprünglichkeit einfacher Menschen. Er glaubte, die französische Kultur und westliche Gesellschaft insgesamt versuchten, die Menschen auf einen etablierten Kunstkanon zu eichen. Für ihn gab es keinen einheitlichen Maßstab für außergewöhnliche Leistungen und daher auch keine ästhetische Hierarchie.

Malen und Sammeln

Obwohl sich Dubuffet gegen das Establishment auflehnte, wurde er äußerst einflussreich. Seine rebellische Haltung, Ablehnung des etablierten Kunstgeschmacks und Verwendung von Abfallmaterialien wurden von anderen Künstlern übernommen. Er trug eine umfangreiche *Art-brut*-Sammlung zusammen, die sich nun in einem eigens geschaffenen Museum in Lausanne befindet. Unter den vielen bekannten, dort ausgestellten Künstlern sind Adolf Wölfli (1864–1930), der den Großteil des Erwachsenenlebens in der Psychiatrie verbrachte, Madge Gill (1882–1961), eine spiritistische englische Künstlerin, die – von einer Stimme namens »Myrninerest« geführt – Tausende Zeichnungen schuf, sowie Henry Darger (1892–1973), ein zurückgezogen lebender Hausmeister aus Chicago, der großformatige Illustrationen weiblicher Charaktere mit männlichen Genitalien namens »Vivian Girls« schuf. ▪

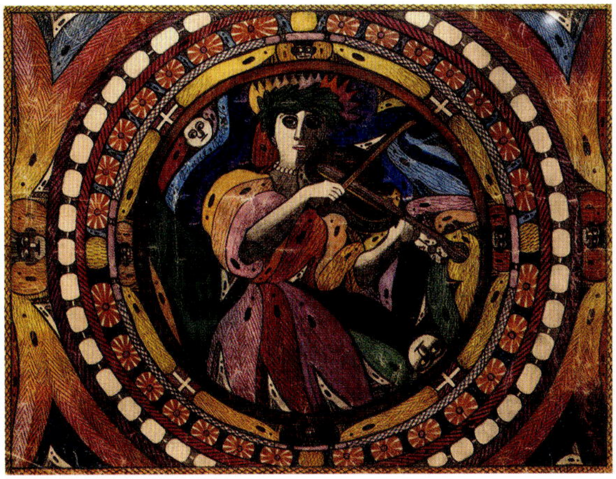

Die heilige Centtenaaia (1927), eine Buntstiftzeichnung, ist eine von einer Vielzahl von Zeichnungen, Texten und musikalischen Werken des Schweizer *Art-brut*-Künstlers Adolf Wölfli.

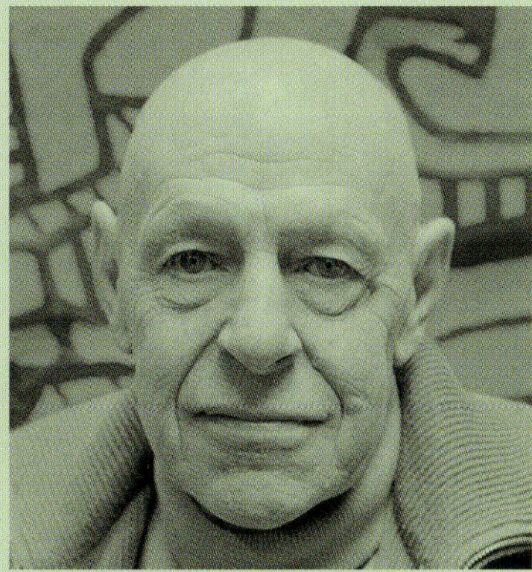

Jean Dubuffet

Jean Dubuffet wurde 1901 im französischen Le Havre geboren. Er studierte Malerei in Paris, doch arbeitete, abgeschreckt vom Kulturestablishment, zunächst als Weinhändler. Erst nach dem 40. Lebensjahr wandte er sich, inspiriert von Graffiti auf Pariser Mauern und der spontanen Kunst von Geisteskranken, wieder der Malerei zu. 1948 gründete er die Compagnie de l'Art Brut, die sich der Sammlung von Außenseiterkunst widmete. Er begann Eigenschaften dieser Werke in seine eigene experimentelle Kunst zu übernehmen, oft unter Verwendung von Sand und Gips. Zudem fertigte er Skulpturen aus Abfallmaterialien. Dubuffet war äußerst produktiv und arbeitete rasch, ohne kritische Reflexion seiner Werke. Er starb 1985, nachdem er sein Gesamtwerk in 37 Bänden katalogisiert hatte.

Weitere Hauptwerke

1950 *Le Métafisyx* (Teil der Serie *Corps de dames*)
1952 *Le Voyageur sans boussole*
1955/56 *L'Homme à la hotte*
1972 *Coucou Bazar*

ICH NEHME EIN KLISCHEE UND ORDNE DESSEN FORMEN SO AN, DASS ES MONUMENTAL WIRD

WHAAM! (1963) ROY LICHTENSTEIN

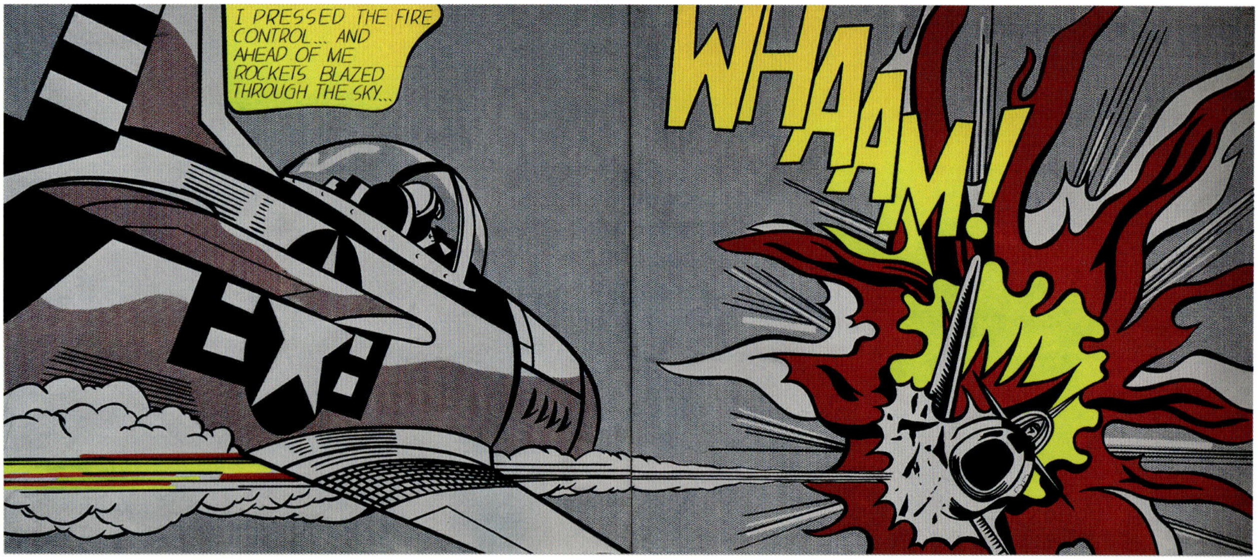

Mitte der 1950er-Jahre begannen Künstler auf beiden Seiten des Atlantiks, sich gegen den traditionellen Kunstbegriff aufzulehnen und in der Konsumwelt nach Motiven zu suchen. Sie wandten sich von der kultivierten Formensprache der »gehobenen« Kunst ab, die sie oft als elitär, exklusiv und irrelevant einschätzten, und eigneten sich die massenmedial geprägte Bildsprache der Popkultur an.

Bilder von Verpackungen, aus Comics, Zeitschriften, Kino und Fernsehen wurden Ausdrucksmittel einer neuen Strömung, die von dem einflussreichen Kritiker Lawrence Alloway »Pop-Art« getauft wurde. Der Wegbereiter der britischen Pop-Art, Richard Hamilton, fasste ihr Wesen in einem Brief von 1957 zusammen und listete folgende Eigenschaften auf: »Populär (entworfen für ein Massenpublikum), vergänglich (kurzlebig), verbrauchbar (schnell vergessen), billig, Massenprodukt, jung (für die Jugend bestimmt), witzig, sexy, trickreich, glamourös und großes Geschäft.«

Comics

In den 1950er-Jahren erlebten die USA durch den allgemeinen Wohlstand ein Aufblühen der Konsumgesellschaft. Die Entwicklung der Popkultur, besonders die Ausbreitung der damit verbundenen Werbung, bot vielfältiges Bildmaterial. Viele US-amerikanische Künstler – wie Roy Lichtenstein, Andy Warhol, James Rosenquist, Claes Oldenburg und Tom Wesselmann – hatten Wurzeln in der Gebrauchsgrafik, verstanden die Sprache und erkannten die Reichweite der Massenmedien.

IM KONTEXT

SCHWERPUNKT
Pop-Art

FRÜHER
1940er-/50er-Jahre Der Abstrakte Expressionismus wendet sich einem eigenwilligen, abstrakten und persönlichen Stil zu. Als Gegenentwurf bildet die Pop-Art triviale Motive der Konsumkultur ab.

1956 Die Londoner Independent Group organisiert die Ausstellung »This is Tomorrow« mit Werken, die Pop- und Konsumkultur feiern.

1962 Andy Warhol fertig seine berühmte Serie *Campbell's Soup Cans*.

SPÄTER
1967 David Hockney malt *A Bigger Splash* – die Ansicht eines kalifornischen Swimmingpools an einem sonnigen Tag – in einem typisch flächigen, wirklichkeitsnahen Stil.

Siehe auch: *Fahrrad-Rad* 308 ▪ *Autumn Rhythm* 318–323 ▪ *Berge und See* 340 ▪ *A Bigger Splash* 341 ▪ *Frau, die Treppe herabgehend* 341

Wie viele Werke Lichtensteins basiert das Diptychon *Whaam!* auf einer Comiczeichnung – hier aus einem Band von *All-American Men of War*. Auf dem linken Bildteil feuert ein Kampfjet eine Rakete ab, die ein Flugzeug auf dem rechten Bildteil trifft. Das Gemälde behält den Charakter des Originals bei, doch Lichtenstein nahm mehrere Änderungen vor, um die Dramatik der Komposition zu betonen. Auf dem zweiteiligen Bild vergrößerte er den Kampfjet und die Flammen und rückte sie näher aneinander. Das Original ist klein, Lichtensteins Gemälde monumental. Es empfindet die knalligen Primärfarben, schwarzen Umrisse und Rasterpunkte des Originals nach, damit es wie ein gedrucktes Bild wirkt. Die Comiczeichnung gehört zu einer Traumsequenz des Kampfjetpiloten, doch Lichtenstein riss den Einzelmoment aus dem Zusammenhang und überließ es dem Betrachter, sich selbst einen Kontext auszudenken.

> »Ich möchte, dass meine Malerei programmiert und distanziert wirkt, aber während des Schaffensprozesses bin ich nicht distanziert.«
>
> **Roy Lichtenstein**

Ernst und Satire

Die US-amerikanische Pop-Art besaß eine satirische Note und in ihrer Darstellung einer Konsumgesellschaft, die die Kultur banalisierte, oft eine versteckte Kritik. Britische Künstler wie Hamilton, Eduardo Paolozzi, David Hockney, Allen Jones und Peter Blake lebten unter bescheideneren Umständen. Sie beobachteten den glamourösen Lebensstil in den USA aus der Ferne, übernahmen Teile der auf Hochglanz polierten Bildwelten, häufig auf offen karikierende Weise.

Pop-Art ist leicht verständlich, verwendet wiedererkennbare Bilder und ist weiterhin in der Öffentlichkeit beliebt. Zuweilen wird sie von Kritikern als oberflächlich abgewertet, doch gilt sie gemeinhin als passende Reaktion der Kunst auf die Konsumkultur. ▪

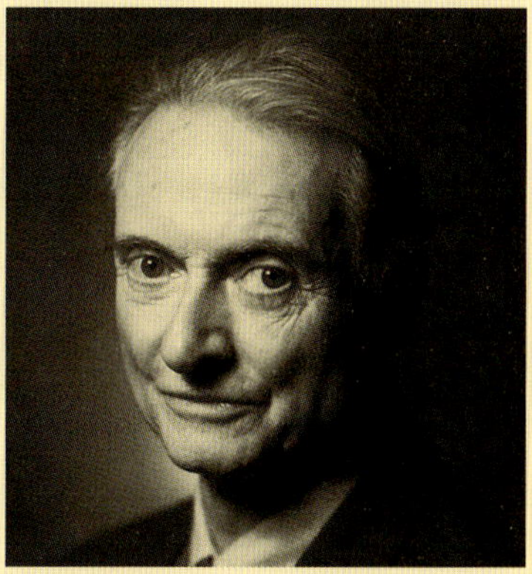

Roy Lichtenstein

Der Maler, Druckgrafiker und Bildhauer Roy Lichtenstein wurde 1923 in New York geboren. Anfangs experimentierte er mit dem Abstrakten Expressionismus. 1961 nahm er einen neuen Stil mit flächigen Farben, banalen Motiven und der unpersönlichen Anmutung von Gebrauchsgrafik, Comicbüchern und Werbung an. Mitte der 1960er-Jahre schuf Lichtenstein Pop-Art-Versionen der Werke Cézannes und Mondrians und wandte sich verstärkt der Plastik und Druckgrafik zu. Später erhielt er bedeutende öffentliche Aufträge, wie das monumentale *Mural with Blue Brushstroke* (1986) für das Atrium des New Yorker Equitable Buildings (heute AXA Center). Er starb 1997 in New York.

Weitere Hauptwerke

1963 *Drowning Girl*
1964 *Anxious Girl*
1967/68 *Modern Sculpture* (Serie)
1970–1972 *Mirror* (Serie)
1980er-Jahre *Reflections* (Serie)

TRADITIONELLE KUNSTWERKE SIND KAUM MEHR ALS HISTORISCHE KURIOSITÄTEN

ONE AND THREE CHAIRS (1965), JOSEPH KOSUTH

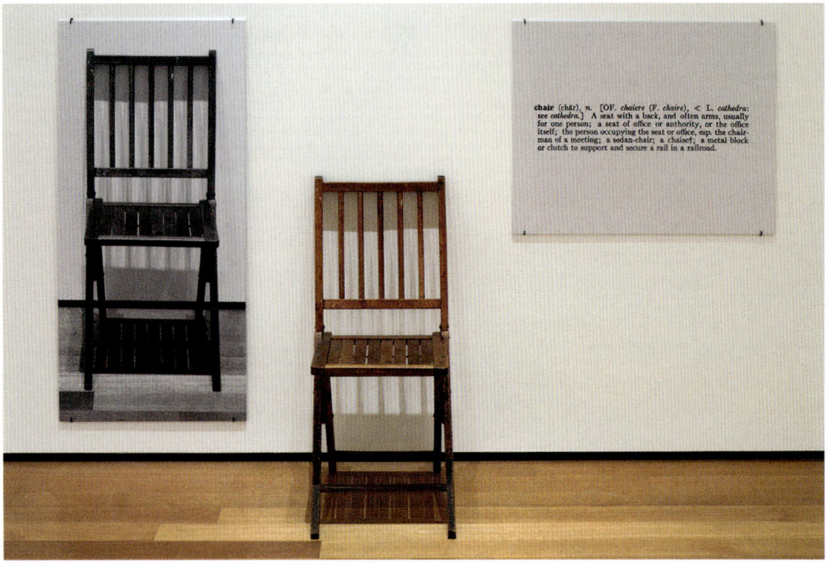

IM KONTEXT

SCHWERPUNKT
Konzeptkunst

FRÜHER
1913–1917 Marcel Duchamp entwickelt die »Readymades«, beliebige, als Kunstwerk präsentierte Alltagsgegenstände.

1929 René Magrittes *Der Verrat der Bilder*, ein Gemälde einer Pfeife mit der Inschrift »*Ceci n'est pas une pipe*« (Das ist keine Pfeife), hinterfragt den Bezug von Bildern und Wörtern zu Gegenständen.

SPÄTER
1993 Auf der Biennale in Venedig zerstört Hans Haacke systematisch den Marmorfußboden des einst von den Nationalsozialisten genutzten Deutschen Pavillons und demontiert damit das Kunstwerk an sich und die es ausstellende Institution.

Der US-Amerikaner Joseph Kosuth (*1945) ergründet seit vielen Jahren die Definition von Kunst. Seiner Meinung nach ist Kunst eine Fortsetzung der Philosophie, die im 20. Jahrhundert ein Ende fand. 1965 schuf Kosuth erste Werke, die auf Sprache basierten. Zuweilen reproduzierte er Texte, zuweilen verband er sie mit Objekten und Bildern.

One and Three Chairs präsentiert dem Betrachter drei Versionen eines Stuhls. Der Stuhl im Original wird von einer fotografischen Abbildung desselben, wie er im Raum installiert wurde, und einer Wörterbuchdefinition des Worts »Stuhl« flankiert. Die Installation ist variabel, da die Wahl des Stuhls und damit der Fotografie jeweils dem Aussteller überlassen bleibt. Die einzige Konstante ist die Wörterbuchdefinition. Das Werk soll Fragen aufwerfen über die Beziehung zwischen dem realen, physischen Körper (ein »Readymade«) und der visuellen und verbalen Repräsentation des Objekts. Dieses Spiel mit Erwartungen ist ein Grundstein der Konzeptkunst, die in den 1960er-Jahren in Europa und den USA als Kritik am westlichen Kunstschaffen aufkam. Kosuth gibt in seinem Schaffen Begriff und Information Vorrang vor Emotion und Ästhetik. In den 1970er- und 1980er-Jahren weiteten Künstler die Konzeptkunst auf eine Kritik an dem wirtschaftlichen und politischen System aus, von dem die Kunst abhängig ist. Zudem wollten sie den Schaffensprozess an sich demokratisieren, indem der Betrachter in diesen einbezogen wird. ■

Siehe auch: *Fahrrad-Rad* 308 ▪ *Die Beständigkeit der Erinnerung* 310–315 ▪ *The Dinner Party* 332–333 ▪ *The Clock* 336–337 ▪ *Away from the Flock* 341

UNSER GEIST UND DIE ERDE SIND IN KONSTANTER EROSION

SPIRAL JETTY (1970), ROBERT SMITHSON

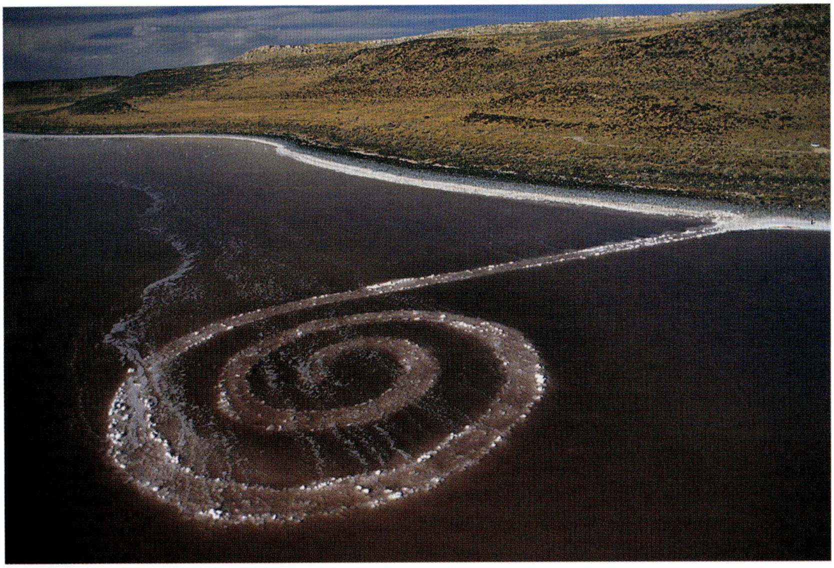

IM KONTEXT

SCHWERPUNKT
Land Art

FRÜHER
um 1000–700 v. Chr. Ein stilisiertes weißes Pferd wird in einen Hügel in Uffington, Oxfordshire (England) eingekerbt.

um 500 v. Chr.–500 Geoglyphen in Form von Tieren werden in den Boden der Nazca-Wüste in Peru eingeritzt.

1967 Richard Long läuft auf einer Wiese vor und zurück und erzeugt *A Line Made by Walking*. Das vergängliche Werk ist als Fotografie erhalten.

SPÄTER
1977 Der US-Amerikaner James Turrell beginnt mit der Umgestaltung des Vulkankraters Roden Crater als Ort synästhetischer Lichtwahrnehmung.

Ab Ende der 1960er-Jahre entwickelte sich mit der Land Art eine gesellschaftskritische neue Kunstform, die Werke schaffen wollte, die nicht mehr als Spekulationsobjekte dienten, sondern jenseits des Marktes weder transportabel noch käuflich noch dauerhaft waren. Eine Gruppe hauptsächlich britischer und US-amerikanischer Künstler wie Richard Long, Walter De Maria, Dennis Oppenheim und Michael Heizer begann, direkt in der Natur zu arbeiten. Sie wandelten Landschaftsräume in monumentale Skulpturen um oder dokumentierten sie in Texten und Fotografien. Ihre Werke hatten wichtige Vorläufer im Altertum, wie die steinzeitlichen Megalithbauwerke in Großbritannien oder der Bretagne oder die Nazca-Linien in Peru.

1970 schuf der US-Amerikaner Robert Smithson (1938–1973) das monumentale Naturkunstwerk *Spiral Jetty*, eine spiralförmige Aufschüttung von 457 m Länge und 4,6 m Breite aus Schlamm und Basalt am Rand des Großen Salzsees in Utah. Er platzierte das Werk bewusst in einem Teil des Sees mit unverkennbar blutroter Färbung. Je nach Wasserstand ist die Spirale sichtbar oder nicht. Smithson wollte mit dem Werk zum Nachdenken anregen über unsere Bedeutungslosigkeit angesichts von Zeit und Entropie – der physikalischen Tendenz zu immer größerer Unordnung. Die ursprüngliche Farbe der Steine hat sich durch Einwirkung von Natur und Salz verändert, was dem Künstler sicher gefallen würde. ■

Siehe auch: Höhenmalerei von Altamira 22–25 ▪ Terrakotta-Armee 56–57 ▪ Statuen der Osterinsel 78 ▪ *Running Fence* 341

KREATIVITÄT ALS FREIHEITSWISSENSCHAFT

I LIKE AMERICA AND AMERICA LIKES ME (1974)

JOSEPH BEUYS

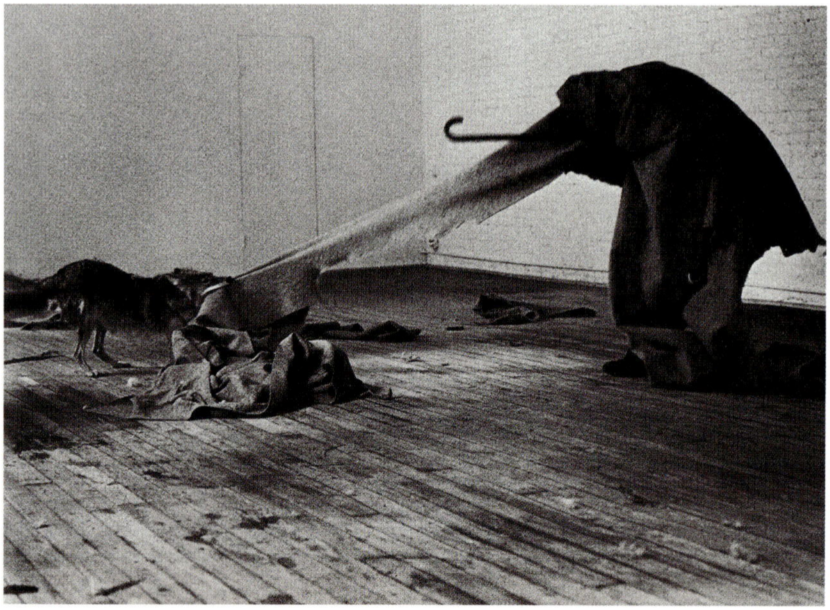

In der zweiten Hälfte des 20. Jahrhunderts entwickelte sich ein bedeutendes neues Phänomen der Avantgardekunst: Der Fokus verlagerte sich von den Werken hin zur Persönlichkeit des Künstlers, seinen Handlungen und seinem Auftreten. Die Futuristen, Dadaisten und Surrealisten hatten zwar bereits Anfang des Jahrhunderts mit provokanten Aktionen ihr Werk propagiert, doch wurde die »Performance« als eigenständige Kunstform erst um 1970 anerkannt.

Im Rahmen einer Performance nutzt der Künstler den Körper als Medium und nimmt eine Reihe von Handlungen vor, die selbst zum Kunstwerk werden. Weil Performances vergänglich sind, werden sie gewöhnlich auf Fotografien, Filmen und Videos festgehalten, um sie einem breiteren Publikum und der Nachwelt zugänglich zu machen.

Die Kunst der Performance will oft schockieren oder provozieren, um die Ansichten eines Künstlers zu verbreiten. Mit ihren häufig sozialkritischen Elementen fordert sie das Publikum auf, seine Beziehung zum Umfeld zu überdenken. Die Performances von Joseph Beuys, einem führenden Vertreter dieser Kunstform, hingen eng mit seinem politischen Aktivismus zusammen. Beuys glaubte, seine von ihm so bezeichnete »soziale Plastik« könne, wenn auch autobiografisch motiviert, die Gesellschaft verändern.

Performance in der Galerie

Beuys' berühmteste Aktion, *I Like America and America Likes Me*, fand 1974 in der New Yorker Galerie von René Block statt und verband das politische Anliegen des Künstlers mit seiner eigenen Geschichte.

Beuys flog nach New York, wo er in einen Filzumhang gehüllt im Krankenwagen vom Flughafen zur Galerie gebracht wurde. Der

IM KONTEXT

SCHWERPUNKT
Performance

FRÜHER
1916–1920er-Jahre Der Dadaismus verfolgt sinnwidrige öffentliche Aktionen.

1959 Der US-Amerikaner Allan Kaprow prägt den Begriff »Happening« für öffentliche Aktionen eines Künstlers, oft unter Beteiligung des Publikums.

1960 Der Franzose Yves Klein lässt Besucher einer Abendgesellschaft zuschauen, wie er Körperabdrücke von einem mit Farbe bestrichenen Aktmodell nimmt.

SPÄTER
2010 Die serbische Künstlerin Marina Abramović führt *The Artist is Present* im New Yorker Museum of Modern Art auf. 736 Minuten lang sitzt sie starr auf einem Stuhl, während wechselnde Besucher ihr gegenüber Platz nehmen.

Siehe auch: *Seelenzustände* 298–299 ▪ *Fahrrad-Rad* 308 ▪ *One and Three Chairs* 328 ▪ *The Clock* 336–337 ▪ *Hurrah, die Butter ist alle!* 339

» Jeder Akt im Leben ist eine kreative Handlung. «

Joseph Beuys

Filz war wichtiger Bestandteil des Mythos, den Beuys um seine Person spann: Ihmzufolge wurde sein Flugzeug im Zweiten Weltkrieg abgeschossen und er nach mehreren Tagen im Schnee, dem Tod nahe, von nomadisierenden Tataren gerettet, die ihn mit Fett einrieben und in Filz hüllten, um ihn zu wärmen.

Bei seiner Performance verbrachte Beuys drei Tage unter dem Filzumhang, schwang einen Gehstock und vollführte schamanenartige Gesten, während er auf einen Kojoten starrte, der sich im selben Raum befand. Das Tier urinierte wiederholt auf einen großen Stapel des *Wall Street Journal*. Nach drei Tagen war das anfangs aggressive Tier nahezu zutraulich.

Den Indianern galt der Kojote als mächtige Gottheit, für die europäischen Siedler war er eine Plage. Beuys nahm ihn als Symbol für den Schaden, den die Weißen angerichtet hatten, und sah seine Aktion als eine Art ritueller Heilung. Der Titel kann auch als Beuys' Kritik an der Dominanz der US-amerikanischen Kunst und dem militärischen Eingreifen in Vietnam gewertet werden. Zugleich ist er ironisch, da Beuys kaum den Boden Amerikas berührte – nach der Performance fuhr ihn der Krankenwagen direkt zurück zum Flughafen. ▪

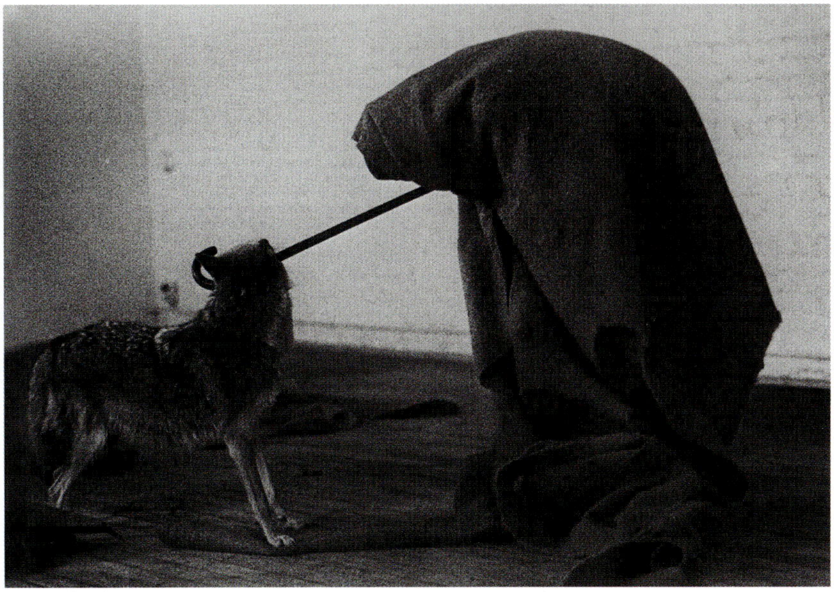

Beuys hüllte sich während der dreitägigen Performance in Filz ein, um sich zu »isolieren« und »abzuschirmen«. Er habe nichts von Amerika sehen wollen als den Kojoten, äußerte er.

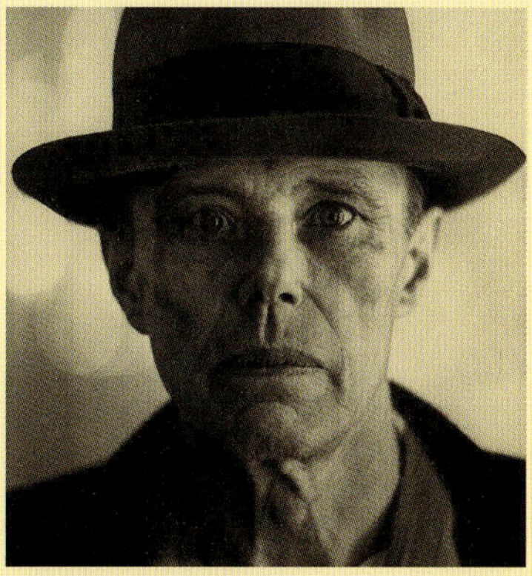

Joseph Beuys

Joseph Beuys wurde 1921 in Krefeld geboren. Als Jugendlicher war er Zeuge einer Bücherverbrennung der Nationalsozialisten und wurde 1936 Mitglied der Hitlerjugend. 1941 ging er zur Luftwaffe und stürzte 1944 über der Krim ab. Nach dem Krieg studierte Beuys Bildhauerei an der Düsseldorfer Kunstakademie und wandte sich in den 1950er-Jahren dem Zeichnen zu.

Er erhielt 1961 einen Lehrauftrag an der Düsseldorfer Kunstakademie und trat der Kunstbewegung Fluxus bei, die »Antikunst« und »Happenings« propagierte. Neben Skulpturen und Installationen, die er aus Abfall oder kunstfremden Materialien schuf, wurde er vor allem als Performancekünstler bekannt. Zudem hielt er weltweit Vorlesungen über Politik und »soziale Plastik«, die als eigenständige Performances gewertet werden können. Als er 1986 in Düsseldorf starb, war er international berühmt.

Weitere Hauptwerke

1965 *Wie man dem toten Hasen die Bilder erklärt*
1969 *The Pack (Das Rudel)*
1972 und 1978 *Wandtafeln*

WIR SIND ALLE DAZU ERZOGEN, WEIBLICHE MACHT ZU FÜRCHTEN

THE DINNER PARTY (1974–1979), JUDY CHICAGO

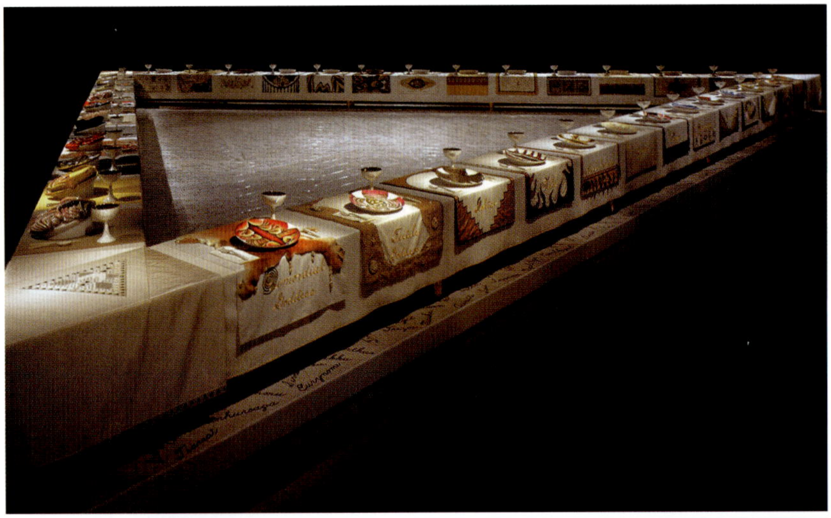

IM KONTEXT

SCHWERPUNKT
Feministische Kunst

FRÜHER
um 1907 Künstlerinnen unterstützen die Suffragettenbewegung mit polemischen, feministischen Plakaten.

1965 Bei der Performance *Cut Piece* bittet Yoko Ono das Publikum, ihr als Symbol sexueller Gewalt die Kleider vom Leib zu schneiden.

1976 *Torture of Women* ist das erste feministische Werk der US-Amerikanerin Nancy Spero.

SPÄTER
1980er-Jahre In den USA richtet sich Barbara Kruger mit provokant-feministischen Montagen an ein männliches Publikum.

1989 Die feministische Gruppe Guerrilla Girls macht in den USA mit einer Plakatkampage auf die Diskriminierung von Frauen in der Kunstwelt aufmerksam.

Bis in die jüngste Vergangenheit war Frauen die akademische künstlerische Ausbildung untersagt, und ihr Status wurde demjenigen der Männer untergeordnet. Lange bezweifelte man das weibliche Vermögen, sich ernsthaft der Kunst widmen zu können. Obwohl einige Frauen diese Vorurteile überwanden und ihr Leben als Künstlerinnen bestritten (wie die italienische Barockmalerin Artemisia Gentileschi und die französische Malerin Élisabeth Vigée-Lebrun im 18. Jahrhundert), wird und wurde die Kunst von Männern dominiert und definiert.

Die amerikanische und europäische Frauenbewegung der 1960er-Jahre forderte eine Neubewertung der gesellschaftlichen Rolle der Frau und ebnete einem radikalen Wandel den Weg. Gleichzeitig kämpften Künstlerinnen um die Eröffnung neuer Möglichkeiten und Räume für ihre Anliegen und Themen, wie Identität, Sexismus, politische und ökonomische Gleichstellung sowie Sexualität.

Die feministische Kunst hat keinen dominierenden Stil, doch eine Reihe gemeinsamer Arbeitsfelder: Viele Künstlerinnen bevorzugen neue Medien (Video, Performance und Installation), die weniger männlich besetzt sind und neue Perspektiven eröffnen, sie organisieren Gruppenausstellungen und führen Gemeinschaftsprojekte durch.

Ein Platz am Tisch

Judy Chicagos *Dinner Party* ist ein Meilenstein der feministischen Kunst, die den Stellenwert von Frauen in der westlichen Zivilisation würdigt. Die Installation besteht aus einem immensen Tisch in Form eines Dreiecks als Symbol der Gleichheit. Es gibt 39 Gedecke mit einem individuell gestalteten Keramikteller und einem bestick-

Siehe auch: Venus von Willendorf 20–21 ▪ Medaille für Cecilia Gonzaga 120–121 ▪ *Venus von Urbino* 146–151 ▪ *Gastmahl im Hause des Levi* 165 ▪ *Die große Odaliske* 236–237 ▪ *Maman* 334–335 ▪ *Berge und See* 340

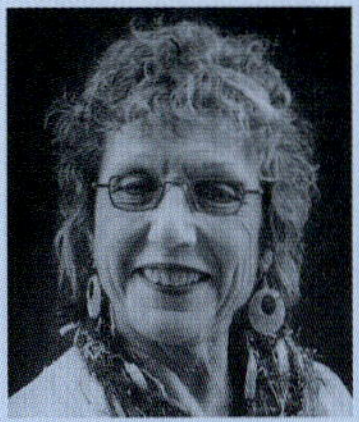

Judy Chicago

Judy Chicago benannte sich nach der Stadt, in der sie 1939 geboren wurde, und lehnte ihren Geburtsnamen als Zeichen der Befreiung von männlicher Dominanz ab. Den Großteil ihres Lebens lebt und arbeitet sie in Kalifornien. 1969 initiierte sie ein erstes Feminist Art Program an der California State University in Fresno, 1971 mit Miriam Shapiro ein zweites am California Institute of the Arts. 1978 gründete die Künstlerin die Non-Profit-Organisation Through the Flower, die ihr Schaffen unterstützt und die Öffentlichkeit über die Bedeutung der Kunst aufklärt sowie informiert, wie man diese einsetzen kann, um die Leistungen von Frauen zu würdigen.

Weitere Hauptwerke

1980–1985 *Birth Project*
1987–1993 *Holocaust Project: From Darkness into Light*

» Mit der *Dinner Party* verfolgte ich das beständige Ziel, zukünftige Generationen über das reichhaltige Erbe der Frauen und ihren wichtigen Beitrag zur westlichen Zivilisation aufzuklären. «

Judy Chicago

ten Tischläufer. Die 13 Plätze auf jeder Seite repräsentieren jeweils eine wichtige weibliche Figur aus Mythologie oder Geschichte. Das Arrangement nimmt eindeutig Bezug auf Leonardo da Vincis *Abendmahl*, das Jesus mit den zwölf Jüngern zeigt. Chicago erklärte, es habe sie die Vorstellung amüsiert, eine Abendgesellschaft aus dem Blickwinkel jener zu zeigen, die üblicherweise die Speisen zubereitet und sich dann zurückgezogen hätten.

Ausflug in die Geschichte

Der Tisch steht auf Porzellanfliesen mit den Namen von 999 Frauen. Das Werk folgt einer chronologischen Ordnung: Die erste Tischseite ist Urgöttinnen, Figuren des frühen Judentums sowie der griechischen und römischen Antike vorbehalten. Die zweite behandelt das frühe Christentum bis zur Reformation, die dritte die Amerikanische Revolution, Suffragettenbewegung und die Herausbildung der weiblichen Kunst mit Gedecken für Emily Dickinson, Virginia Woolf und Georgia O'Keeffe (der einzigen bei Vollendung der Installation noch lebenden »Geladenen«). O'Keeffes Blumengemälde gelten ebenso von weiblicher Sexualität inspiriert wie Chicagos Teller, deren Form und Verzierung im chronologischen Verlauf immer kunstvoller werden.

Die Installation umfasst drei zentrale Anliegen feministischer Kunst: die Neubewertung der Geschichte aus weiblicher Sicht; die Widerlegung der Ansicht, das (oft Frauen vorbehaltene) Kunsthandwerk sei der (oft Männern vorbehaltenen) Kunst unterlegen; die Gemeinschaftsarbeit – Hunderte Menschen, hauptsächlich Frauen, waren an dem Projekt beteiligt.

Das bahnbrechende Werk (nun festes Ausstellungsstück des Elizabeth A. Sackler Center for Feminist Art im New Yorker Brooklyn Museum) zog während einer Wanderausstellung in sechs Ländern über eine Million Besucher an. Als Schlüsselwerk der feministischen Kunst hat es selbst die Art und Weise beeinflusst, wie Kunstgeschichte und Geschichte gelehrt und verstanden werden. ■

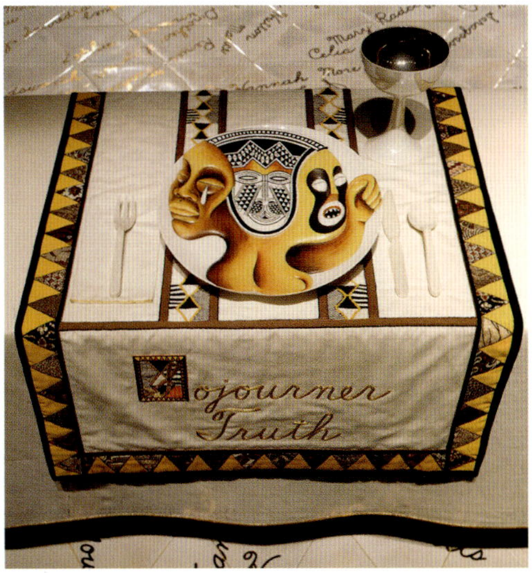

Über 400 Menschen waren an der *Dinner Party* beteiligt – an der Recherche, den Stickereien der Tischtücher und der Gestaltung der Gefäße. Dieses Gedeck würdigt Sojourner Truth, eine afroamerikanische Abolitionistin und Frauenrechtlerin des 19. Jahrhunderts.

NIEMALS WERDE ICH MÜDE, SIE DARZUSTELLEN

MAMAN (1999), LOUISE BOURGEOIS

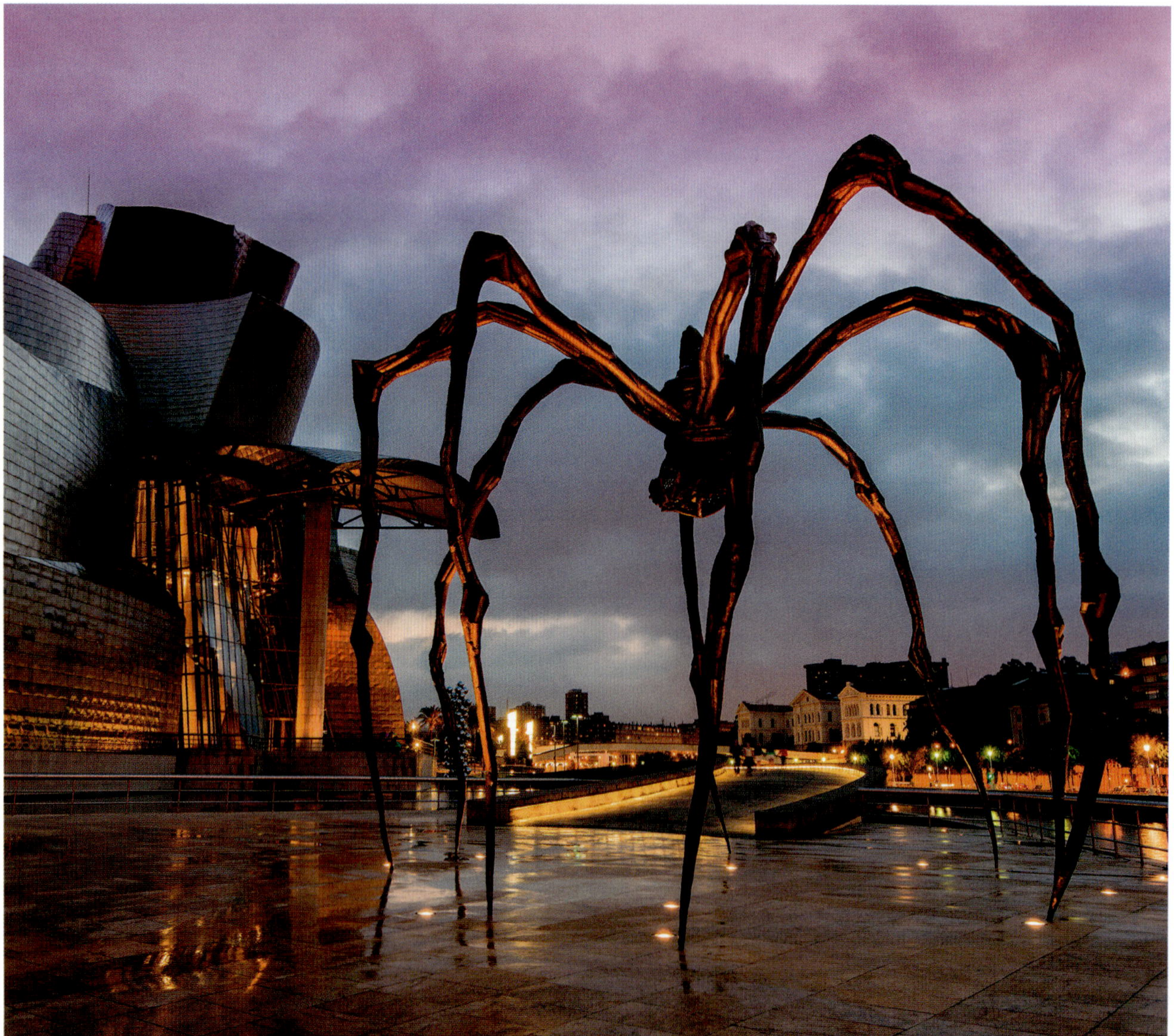

IM KONTEXT

SCHWERPUNKT
Kunst und Mutterschaft

FRÜHER
3. Jh. *Madonna mit Kind* in den römischen Priscilla-Katakomben ist wohl die früheste Darstellung eines Sujets, das die christliche Kunst dominieren wird.

1789 Élisabeth Vigée-Lebrun malt ein Selbstbildnis mit Tochter Lucie, das die gegenseitige Zuneigung der beiden offenbart.

1973–1979 Die US-Amerikanerin Mary Kelly dokumentiert mit *Post-Partum Dokument* die Entwicklungsphasen ihres kleinen Sohns.

SPÄTER
2011 Die schwangere Britin Jenny Saville porträtiert sich mit zwei Babys auf *Mother and Children* nach einer Studie von Leonardo da Vinci.

Siehe auch: Venus von Willendorf 20–21 ▪ Studien zu *Anna selbdritt* 124–127 ▪ Göttin Coatlicue 132–133 ▪ *Mutter, ihr Kind badend* 281

Louise Bourgeois

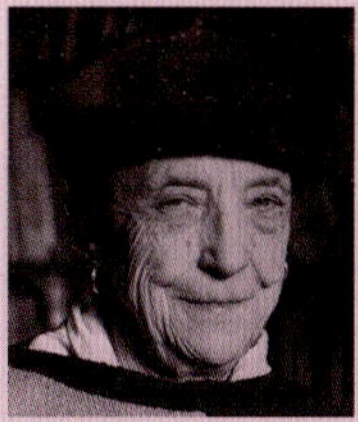

Bourgeois wurde 1911 in Paris geboren. Sie studierte Mathematik an der Sorbonne. Später wandte sie sich der Kunst zu und arbeitete mit Fernand Léger. Nach der Heirat mit dem Kunsthistoriker Robert Goldwater zog sie 1938 nach New York und widmete sich der Bildhauerei. Ihre frühen Skulpturen waren aus Holz, Bronze oder Marmor, später aus ungewöhnlichen Materialien wie Latex und Stoff. In ihren Siebzigern wurde sie als Künstlerin anerkannt. Sie starb 2010 in New York.

Weitere Hauptwerke

1947–1949 *The Blind Leading the Blind*
1950 *Sleeping Figure*
1974 *The Destruction of the Father*
1993 *The Arch of Hysteria*

Das Mutter-Kind-Sujet ist ein zentrales Motiv in der westlichen Kunst. Jahrhundertelang repräsentierte die Jungfrau Maria das Ideal der schützenden Mutter, das alle Frauen anstreben sollten. In unserer post-psychoanalytischen Zeit ist die Vorstellung von Mutterschaft mehrdeutiger und komplexer geworden, besonders im Schaffen von Künstlerinnen.

Schmerzhafte Kindheitserinnerungen bewogen Louise Bourgeois zu einer Hommage an ihre Mutter, die starb, als die Künstlerin 21 war. Als ihr Vater ihre Trauer verspottete, wollte sie sich im Fluss ertränken. Der tragische Verlust der Mutter war jedoch auch der Auslöser, sich der Kunst zuzuwenden.

Maman ist eine monumentale Stahlspinne auf acht Beinen. Der Betrachter kann sie umrunden oder unter ihr hindurchgehen und zu dem riesigen Körper hinaufschauen, an dem ein Kokongespinst mit 17 weißen und grauen Marmoreiern hängt. Bourgeois' Mutter hatte historische Tapisserien restauriert. Die Künstlerin erkannte eine Parallele zwischen ihren Webarbeiten und einer Spinne, die ihr Netz spinnt. Während viele diese Tiere abstoßend finden, waren sie für Bourgeois hilfreiche, freundliche Wesen, die die Menschheit von Krankheiten befreien.

Angstreaktion

Die Besucher betrachten die Riesenspinne mit gemischten Gefühlen, die von Geborgenheit bis hin zu großer Angst reichen. Die Größe der Skulptur – sie ist über 9 m hoch und misst 10 m im Durchmesser – kann im Betrachter das Gefühl erwecken, ein Kind zu sein, das zu seiner allgewaltigen Mutter aufblickt, die ihre Brut beschützt, durch die dünnen Beine aber gleichzeitig verletzlich wirkt.

Bourgeois gab an, mit ihrer Kunst vor allem ihre Angst überwinden zu wollen – hier vermutlich die Verlustangst nach dem Tod ihrer Mutter und die Angst, die sie um ihre eigenen Kinder hatte. Letztendlich kann *Maman* als Symbol für viele Mutterfiguren interpretiert werden: die Künstlerin, ihre Mutter und eine mythische oder Urmutter.

Als sie 2000 in der Londoner Tate Modern aufgestellt wurde, überragte die Skulptur drei Stahltürme mit den Inschriften: *I Do (Ich erschaffe)*, was Liebe und Hingabe beinhaltet; *I Undo (Ich zerstöre)*, was für Auflösung steht; und *I Redo (Ich schaffe neu)*, was Wiedergutmachung und Versöhnung impliziert. In die Türme stellte Bourgeois eine Glasglocke mit einer kleinen Figur für eine Mutter-Kind-Beziehung – *I Do* Mutter und Kind in Umarmung (»gute« Mutter); *I Undo* abwesende Mutter mit weinendem Baby (»schlechte« Mutter); *I Redo* Mutter und Kind durch Nabelschnur verbunden. ▪

WANDEL IST DER KREATIVE IMPULS

***THE CLOCK* (2010)**

CHRISTIAN MARCLAY

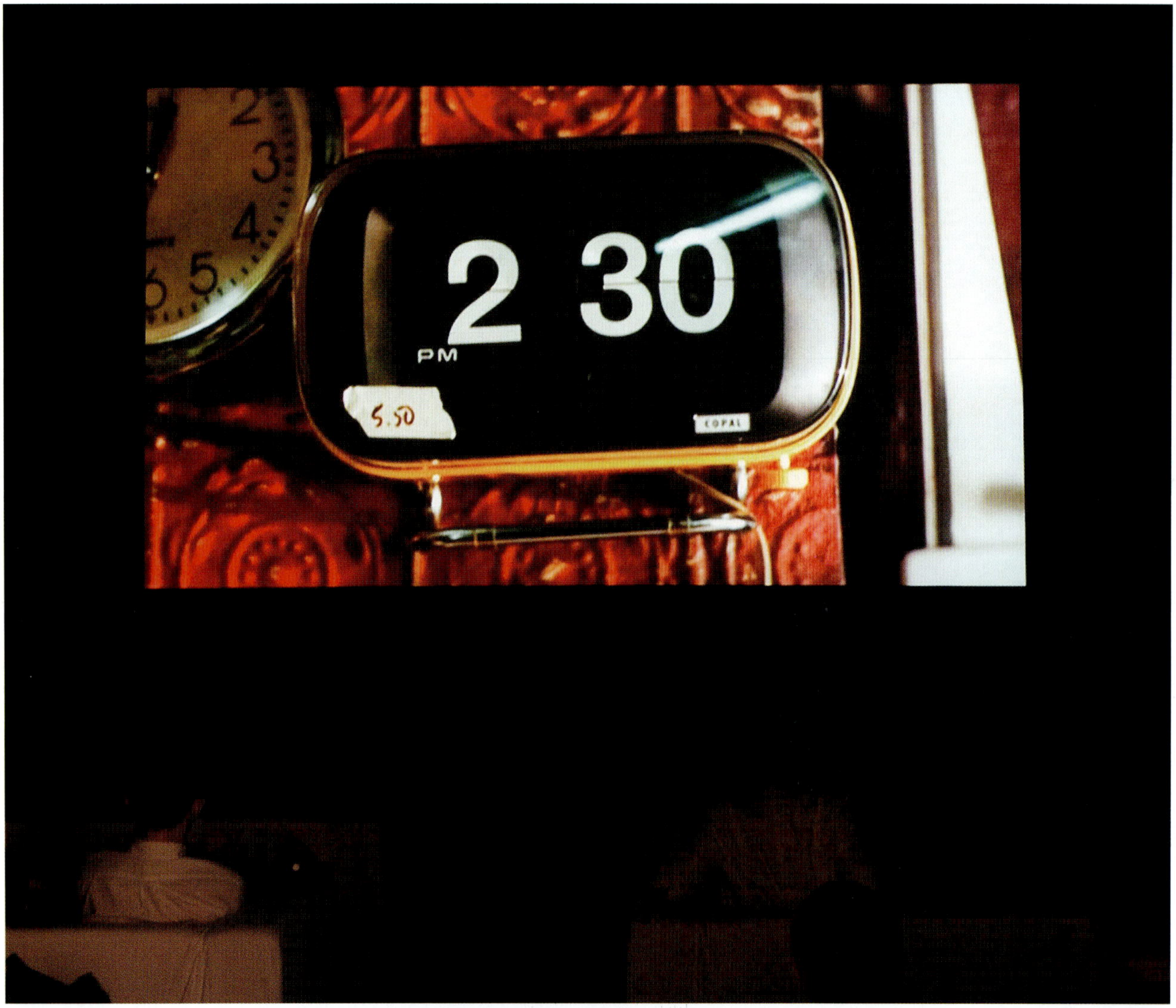

IM KONTEXT

SCHWERPUNKT
Videokunst

FRÜHER
1960er-Jahre Künstlern steht erstmals erschwingliche Videotechnik zur Verfügung.

1963 Andy Warhol dreht *Sleep* und filmt seinen Freund John Giorno über fünf Stunden lang beim Schlafen.

1968 Der US-Amerikaner und Wegbereiter der Videokunst Bruce Nauman filmt Performances, die er allein im Atelier durchführt.

1993 Douglas Gordon dreht *24 Hour Psycho*, eine Adaption von Alfred Hitchcocks Filmklassiker *Psycho* (1960), den er auf 24 Stunden ausdehnt.

2001 *Listening Post* von Ben Rubin und Mark Hansen spielt in Echtzeit Fragmente von Chatroom-Konversationen ab.

Siehe auch: *Die Beständigkeit der Erinnerung* 310–315 ▪ *One and Three Chairs* 328 ▪ *I Like America and America Likes Me* 330–331

Zeitgenössische Künstler schaffen mit unterschiedlichsten Medien wie Film, Audio, Video und digitaler Technik Werke aus bewegten Bildern und machen Dauer zum Thema. Zeitabhängige Kunst nimmt eine Vielzahl von Formen an, wie Installation und Performance. Manche Werke sind medienübergreifend und beziehen vielleicht sogar das Erleben des Betrachters ein.

Das Aufkommen solcher Werke ging mit der Markteinführung preiswerter Videotechnik in den 1960er-Jahren einher. Diese war prädestiniert dafür, die wahrnehmbare Welt aufzuzeichnen. Videokunst lässt eine eingehende Auseinandersetzung mit der physischen Welt erkennen und nutzt die Sprache bewegter Bilder, die uns täglich umgeben. Sie kann unter Einbeziehung von Schauspielern und Sprechtext entstehen, doch muss sie im Gegensatz zum Film keine narrative Handlung haben. Frühe Videokunst bestand aus körnigen Schwarz-Weiß-Aufnahmen, jüngere Beispiele sind oft mehrfarbige, großformatige Installationen auf mehreren Leinwänden. Die Länge reicht von Minuten bis zu Stunden.

Bewegte Collage

Zeit ist zwangsläufig ein Faktor der Videokunst, doch Marclays 24-stündiges *The Clock* beschäftigt sich mit dem Zeitbegriff an sich. Es ist eine Montage aus Film- und Fernsehausschnitten und fungiert gleichzeitig als Uhr: Jede Minute eines Tages wird in »gefundenen« Aufnahmen gezeigt, die eine Uhr beinhalten. Das Stück wird an die Ortszeit angepasst, sodass der Betrachter die tatsächliche Uhrzeit ablesen kann.

Marclay beschäftigte ein Team mit der Recherche des benötigten Filmmaterials. Er brauchte drei Jahre, um es zum letztendlichen Werk zusammenzustellen, das ein Jahrhundert Kinogeschichte reflektiert. Es offenbart, wie Handlung und Zeit im Film dargestellt werden, und zeigt unterschiedlichste Momente, von einer Verfolgungsjagd, einer Krankenstation und Schießerei bis hin zu Alltagsszenen.

Alltagsroutine

Obgleich eine Collage, folgt *The Clock* einem Tagesrhythmus: Nachts trinken oder flirten die Charaktere, frühmorgens schlafen oder träumen sie. Zur üblichen Zeit wachen sie auf und frühstücken. Die Handlung erreicht mit einem Ausschnitt aus *Zwölf Uhr mittags* einen Höhepunkt. Abends eilen die Charaktere zum Zug oder verpassen ihn, essen Abendbrot oder besuchen ein Konzert. Mitternachts sieht man auf einem Ausschnitt aus dem Film *V wie Vendetta* den Big Ben in London explodieren.

The Clock wurde 2010 bei der Premiere in der Londoner Galerie White Cube von der Kritik gelobt und gewann 2011 den Goldenen Löwen auf der Biennale in Venedig. Marclay dankte der Jury für die 15 Minuten Ruhm, die sie dem Werk geschenkt habe. ▪

Christian Marclay

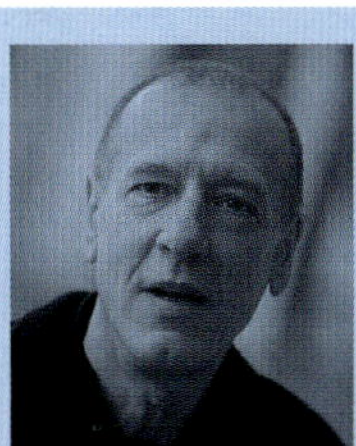

Marclay wurde 1955 in Kalifornien geboren. Er studierte Kunst in den USA und der Schweiz und bedient sich vieler Ausdrucksmittel – Installation, Performance, Skulptur und experimentelle Musik. Auf Performances in den 1970er-Jahren manipulierte er Schallplatten zur Erzeugung von Klangeffekten. Viele seiner Werke bewegen sich an der Schnittstelle zwischen Klang- und bildender Kunst. Er lebt heute in London.

Weitere Hauptwerke

1980–1986 *Recycled Records*
2000 *Guitar Drag*
2002 *Video Quartet*
2007 *Crossfire*

PORTFOLIO

DAS ABENDMAHL
(1909), EMIL NOLDE

Das Brücke-Mitglied Nolde (1867–1956) beschritt eigene Wege und schuf unterschiedliche Werke wie expressionistische Landschaften, Seestücke, Drucke, Skulpturen und Blumenaquarelle. Die persönlichsten Werke sind wohl die religiösen Gemälde, die durch groteske Verzerrung und lebhaftes Kolorit eine eindringliche Emotionalität ausstrahlen. *Das Abendmahl* in Blutrot, Blau, Gelb und Weiß zeigt Jesus mit den zwölf Jüngern, deren Züge von einer undefinierten Lichtquelle beleuchtet werden. Das Bild wurde in den 1930er-Jahren von den Nationalsozialisten als »entartete Kunst« eingestuft und gegen den Wunsch Noldes 1937 auf der gleichnamigen Ausstellung präsentiert.

Jacob Epstein

Jacob Epstein wurde 1880 in New York geboren. 1905 zog er nach England. Dort verbrachte er fast seine gesamte Schaffenszeit und stieg zum damals führenden Avantgardebildhauer auf. Epstein wurde von Kritik und Öffentlichkeit beschimpft, einige seiner Werke wurden wegen der Verfremdung und vermeintlichen Obszönität angeprangert. Seine Porträtbüsten einiger der berühmtesten Zeitgenossen waren viel bewundert. Sie wurden in Gips modelliert und in Bronze gegossen, doch war Epstein auch ein begabter Steinbildhauer. Obwohl umstritten, erhielt er öffentliche Aufträge wie die als »Scheußlichkeit vom Hyde Park« verunglimpfte *Rima* (1925). Er starb 1959.

Weitere Hauptwerke

1913–1915 *Der Felsbohrer*
1940/41 *Jakob und der Engel*
1956–1958 *Hl. Michael und der Teufel*

GRABMAL FÜR OSCAR WILDE
(1912), JACOB EPSTEIN

Wenige Künstler waren in der Öffentlichkeit so umstritten wie Epstein. Sein Grabmal für Oscar Wilde machte keine Ausnahme. Die kräftige, blockartige Figur eines schwebenden, nackten Engels in der gebeugten Haltung eines geflügelten Stiers auf assyrischen Friesen gedenkt des gefeierten Dichters. Die Genitalien der Statue erregten Anstoß. So wurde das Grab zwei Jahre mit einer Plane abgedeckt, bevor es 1914 enthüllt wurde.

THE JACK PINE
(1917), TOM THOMSON

Das berühmteste kanadische Gemälde *The Jack Pine* ist praktisch zum Symbol des Landes geworden. Die kräftigen Muster und starken Farb- und Lichtkontraste transportieren die schroffe Wildnis des Algonquin Parks in Ontario, wo Thomson (1877–1917) skizzierte und eine Zeit lang als Führer arbeitete. Er ertrank unter ungeklärten Umständen in einem See des Parks nur wenige Monate nach Vollendung des Gemäldes, inspirierte aber die 1920–1931 ausstellende Group of Seven, die erste bedeutende Künstlergruppe Kanadas.

ROTER BALLON
(1922), PAUL KLEE

Klee war einer der großen Freigeister der Kunst, verfolgte unkonventionelle Methoden und einen freien, fantasievollen Ansatz. Erst wandte er sich der Radierung zu, entwickelte später ein feines Farbgespür und erreichte in vielen Werken eine Ausgewogenheit zwischen Abstraktion und Gegenständlichkeit. Auf den ersten Blick wirkt dieses Werk gegenstandslos – eine Gruppe verspielter, geometrischer Formen –, doch tatsächlich evoziert es einen über den Dächern schwebenden Ballon. Klee war ein begabter Violinist und glaubte, Farbe könne, ähnlich wie Musik, Gefühle evozieren. Sein Werk war zu persönlich, um Nachahmer zu finden, aber gilt dennoch als einflussreich.

DIE VERTEIDIGUNG PETROGRADS
(1927), ALEXANDER DEINEKA

In der Sowjetunion unter Stalin wurde Kunst reglementiert und diente der Verherrlichung des Staats. Dies führte zu stereotypen Bildern in einem konventionell-akademischen Stil, doch wuchsen einige talentierte Künstler

Paul Klee

Klee wurde 1879 in der Schweiz geboren und verbrachte dort den Großteil seines Lebens, obwohl er deutscher Staatsbürger war. Er arbeitete an verschiedenen Orten Deutschlands, so in München. 1921–1931 war er Dozent am Bauhaus (in Weimar und Dessau), der wichtigsten Kunstschule des 20. Jahrhunderts. 1933 entzogen ihm die Nationalsozialisten die Professur an der Düsseldorfer Kunstakademie, und er ging nach Bern (Schweiz). In den letzten Lebensjahren litt Klee an einer unheilbaren Hautkrankheit. Doch sein Werk blieb bis zu seinem Tod 1940 von unverkennbarem Witz und Fantasie geprägt.

Weitere Hauptwerke

1922 *Die Zwitscher-Maschine*
1925 *Fischzauber*
1940 *Tod und Feuer*

über die Restriktionen hinaus. Der bedeutendste Maler jener Zeit war Alexander Deineka (1899–1969) mit seinem lebendigen und gefühlvollen Werk. *Die Verteidigung Petrograds* bebildert eine Episode des Russischen Bürgerkriegs 1918–1921 und fängt den Rhythmus, die Disziplin sowie die Entschlossenheit der Kämpfenden ein.

KOMPOSITION II IN ROT, BLAU UND GELB
(1930), PIET MONDRIAN

Der Niederländer Piet Mondrian (1872–1944) war eine Schlüsselfigur in der Entwicklung der abstrakten Kunst. Schrittweise verzichtete er auf gegenständliche Elemente, gelangte zu einem rein geometrischen Stil und beschränkte sich schließlich auf Linien, rechte Winkel, die Primärfarben sowie Schwarz und Weiß. *Komposition II in Rot, Blau und Gelb* weist die strenge Balance auf, die er mit einfachen Mitteln erreichte. Seine Kunst prägte die Werbegrafik ebenso wie andere Künstler. Ihmzufolge verbargen seine kargen Werke hinter dem gewöhnlichen Äußeren eine größere, universale Wahrheit.

AMERICAN GOTHIC
(1930), GRANT WOOD

Das heute geschätzte Bild war anfangs höchst umstritten. Für manche galt es als böse Karikatur eines einfachen Farmerpaars. Die vor einem neugotischen Holzhaus abgebildeten Modelle waren Woods Schwester und sein Zahnarzt. Wood (1891–1942) war ein führender Künstler des Regionalismus – einer patriotischen Strömung der US-amerikanischen Malerei, die in den 1930er-Jahren florierte. Ihre Vertreter lehnten die avantgardistischen Ideen aus Europa ab und zeigten das Kleinstadtleben der USA, besonders des Mittleren Westens.

HURRAH, DIE BUTTER IST ALLE!
(1935), JOHN HEARTFIELD

Der deutsche Künstler Helmut Herzfeld (1891–1968) war führender Berliner Dadaist und änderte 1916 aus Protest gegen den deutschen Nationalismus seinen Namen. Auf diesem Bild isst eine Familie Metallteile in absurder, wortgetreuer Umsetzung der nationalsozialistischen Doktrin: »Erz hat stets ein Reich stark gemacht, Butter und Schmalz haben höchstens ein Volk fett gemacht.« Heartfield wurde wegen solcher Werke und seiner ausgezeichneten, satirischen Fotomontagen von den Nationalsozialisten verfolgt. 1938 zog er nach London und kehrt nach dem Krieg nach Deutschland zurück.

SULAMITH
(1938), ANSELM KIEFER

Der Maler und Bildhauer Anselm Kiefer ist einer der bekanntesten deutschen Künstler nach 1945. Sein Werk beschäftigt sich vor allem mit deutscher Geschichte und Kultur. So thematisiert sein von Paul Celans Gedicht *Todesfuge* angeregtes Gemälde *Sulamith* die nationalsozialistische Vergangenheit. Es zeigt eine düstere Grabhalle, die den Krematorien der Konzentrationslager ähnelt. Kiefer verwendet in seinen Bildern, Skulpturen und Installationen ausgefallene Materialien wie Asche, Blei oder Stroh.

NIGHTHAWKS
(1942), EDWARD HOPPER

Der Regionalismus eines Grant Wood gehörte zu einer breiteren, als Amerikanischer Realismus bekannten Bewegung. Deren führender Vertreter war Edward Hopper (1882–1967). Er schuf eine unverkennbare, melancholische Bildwelt mithilfe alltäglicher Sujets, wie Motels, Tankstellen und Imbisse. Seine Gemälde vermitteln die von ihm so bezeichnete »Einsamkeit der Großstadt«, so auch sein berühmtes Bild *Nighthawks*. Es zeigt ein hyperrealistisch gemaltes Diner an einer spätabendlichen dunklen Straßenecke. Durch dessen großes Fenster sieht man die vier »Nachtschwärmer«.

NED-KELLY-SERIE
(1946/47), SIDNEY NOLAN

Nolan (1917–1992), Australiens berühmtester Maler, arbeitete häufig in Serien und griff ein bevorzugtes Sujet immer wieder auf: Ned Kelly, den Buschranger und Volkshelden des 19. Jahrhunderts. Die erste Kelly-Serie (1946/47) umfasst 27 Gemälde. Obwohl sie dessen Geschichte folgt, die auch Filme, Lieder und Romane nach sich zog, nimmt sie keine gewöhnliche narrative Form an. Ereignisse aus Kellys Leben dienen als Basis für Meditationen über Themen wie Liebe und Unrecht. Nolan zufolge sind die Hauptbestandteile »Kellys Worte, [Henry] Rousseau und Sonnenlicht« – eine Synthese der australischen Landschaft und Geschichte mit europäischen Ansätzen. Nolan war international bekannt und hinterließ ein vielfältiges Œuvre, doch sind seine von der Landschaft und Geschichte Australiens inspirierten Werke am berühmtesten.

BERGE UND SEE
(1952), HELEN FRANKENTHALER

Berge und See ist ein Schlüsselwerk der US-amerikanischen Kunst Mitte des 20. Jahrhunderts. Es war das erste bedeutende Gemälde, auf dem Helen Frankenthaler (1928–2011) ihre Farbfeldmalerei anwandte. Sie goss sehr dünne Farbe auf die unbehandelte Leinwand und ließ die Pigmente einziehen. So entstanden zarte Schichten in starkem Kontrast zu den lebhaften, pastosen Oberflächen vieler Gemälde des Abstrakten Expressionismus. Unmittelbar beeinflusst wurden die Maler Morris Louis und Kenneth Noland, die das Gemälde 1953 in Frankenthalers Atelier sahen.

BIG RED
(1959), ALEXANDER CALDER

Der US-amerikanische Bildhauer Alexander Calder (1898–1976) gilt als Erfinder einer frei beweglichen, als Mobile bezeichneten abstrakten Art der Skulptur. Seine Mobiles bestehen gewöhnlich aus an Draht befestigtem Leichtmetall, das durch Luftzirkulation bewegt wird. Calder schuf erste kleine Modelle um 1930. Später arbeitete er mit kommerziellen Herstellern an großen Mobiles wie *Big Red* mit einer Spannweite von etwa 3 m. In den 1950er-Jahren wurde die kinetische Kunst als eigenständiges Genre anerkannt, und Calder gilt als einer ihrer Väter und führenden Vertreter.

SINGLE FORM
(1963), BARBARA HEPWORTH

Anfangs arbeitete Hepworth hauptsächlich in Stein und Holz. 1956 begann sie mit dem Bronzeguss, um großformatigere Plastiken schaffen und der wachsenden Nachfrage nach ihren Werken nachkommen zu können. *Single Form* – mit 6,4 m Höhe ihre größte Skulptur – ist ein Denkmal für den schwedischen Diplomaten und UN-Generalsekretär Dag Hammarskjöld, der bei einem ungeklärten Flugzeugabsturz starb. Es handelt sich um eine flache, unregelmäßige, hochformatige Bronzeplastik mit Loch. Das abstrakte Werk soll »eine Vision des Kosmos« darstellen.

CUBI XIX
(1964), DAVID SMITH

Der wohl wichtigste und innovativste US-amerikanische Bildhauer des 20. Jahrhunderts David Smith (1906–1965) war ein Zeitgenosse der großen Maler des Abstrakten Expressionismus. Er arbeitete als einer der Ersten mit geschweißtem Eisen und Altmetall und etablierte polierten Stahl als Material für Skulpturen. *Cubi XIX* gehört zu einer Serie von 28 Werken. Geometrische Formen wie Rechtecke, Scheiben und Würfel sind zu einer

Barbara Hepworth

Barbara Hepworth wurde 1903 im englischen Wakefield geboren, studierte Kunst in Leeds und am Royal College of Art in London. Ihr Kommilitone war der ebenfalls aus Yorkshire stammende Bildhauer Henry Moore, der ein lebenslanger Freund wurde. 1931 begegnete sie dem Maler Ben Nicholson, den sie 1938 heiratete (die Scheidung erfolgte 1951). Mit Moore stand sie im Zentrum der britischen Avantgardekunst. Aufgrund des drohenden Kriegs zogen Hepworth und Nicholson 1939 von London nach Cornwall, wo sie den Kern einer Kolonie abstrakter Künstler bildeten. Hepworth lebte dort, bis sie 1975 bei einem Brand in ihrem Atelier ums Leben kam.

Weitere Hauptwerke

1927 *Doves*
1946 *Pelagos*
1955 *Curved Form (Delphi)*

Gerhard Richter

Gerhard Richter wurde 1932 in Dresden geboren, das nach dem Zweiten Weltkrieg Teil der DDR wurde. Er studierte an der Kunstakademie Dresden floh aber vor dem Mauerbau 1961 nach Westdeutschland. Anfangs lebte er in Düsseldorf, ließ sich aber 1984 in Köln nieder, wo er bis heute beheimatet ist. In den 1960er-Jahren gewann er an Ansehen. 1972 repräsentierte er Westdeutschland auf der Biennale in Venedig. Richter gewann zahlreiche Auszeichnungen, seine Werke wurden weltweit in führenden Museen für moderne Kunst ausgestellt. Neben der Malerei widmete er sich auch anderen Techniken. So entwarf er ein monumentales, abstraktes Fenster von 20 m Höhe für den Kölner Dom, das 2007 eingeweiht wurde.

Weitere Hauptwerke

1973 *1024 Farben*
1988 *A B, St John*
1998 *Seestück*

dynamischen Balance arrangiert, die mit der Vorstellung bricht, Skulpturen müssten auf einem festen Kern basieren.

FRAU, DIE TREPPE HERABGEHEND
(1965), GERHARD RICHTER

Richter ist einer der meistgeschätzten Gegenwartskünstler und mit abstrakten wie figürlichen Werken erfolgreich. Er wird teilweise dem Fotorealismus zugeordnet, mit dessen Hilfe er die Beziehung zwischen Malerei und Fotografie ergründet. *Frau, die Treppe herabgehend* zeigt eine elegante Dame im Abendkleid. Das dokumentarische Bild ahmt durch die verschwommenen Details einen unscharfen Schnappschuss nach. Die Technik rückt die Frage nach Identität und Darstellung von Frau und Schönheit in Fotografie, Kunst und Medien unmittelbar in den Vordergrund.

A BIGGER SPLASH
(1967), DAVID HOCKNEY

Hockney (*1937), der gefeiertste britische Künstler seiner Generation, wirkte in Großbritannien und Los Angeles. Angezogen von dem entspannten Lebensstil, besuchte er die Stadt erstmals 1963. Der Swimmingpool ist eines seiner bevorzugten Sujets und dieses Gemälde die bekannteste Darstellung. Es zeigt die Wasserfontäne nach dem Sprung eines nicht zu sehenden Schwimmers. Hockney wandte sich in den USA Acrylfarben zu. Ihre Kraft und Flächigkeit erschien ihm besonders geeignet, um das saubere, sonnige, idyllische Kalifornien abzubilden.

RUNNING FENCE
(1976), CHRISTO

Der in Bulgarien geborene, seit 1973 US-amerikanische Künstler Christo Jawaschew (1935–) wurde mit einer *Empaquetage* (Verpackung) genannten Kunstform berühmt. Er hüllte Objekte in Leinwand, Plastik und andere Materialien. Um 1960 begann er mit kleinen Objekten und wandte sich schließlich großen öffentlichen Bauten zu, wie dem Pont Neuf in Paris (1985) und dem Reichstag in Berlin (1995). *Running Fence* – eine Zusammenarbeit mit seiner Frau Jeanne-Claude – bestand aus einer weißen Stoffbahn von 5,5 m Höhe, die sich 40 km durch Nordkalifornien schlängelte. Die zweiwöchige Installation bezog Himmel, Ozean und Hügel mit ein und wollte Fragen über Freiheit und Einschränkung aufwerfen.

HUMANITY ASLEEP
(1982), JULIAN SCHNABEL

Der US-Amerikaner (*1951) ist wohl der bekannteste Vertreter des Neoexpressionismus, einer der wichtigsten Strömungen in der Kunst der 1980er-Jahre in den USA, Deutschland und Italien. Neoexpressionistische Gemälde sind gewöhnlich großformatig und durch raue Oberfläche und düstere, undurchsichtige Sujets gekennzeichnet. Zuweilen werden Objekte in dicke Farbe gebettet, wie die Scherbenkruste von *Humanity Asleep*. Das Gemälde zeigt einen Erzengel, der mit erhobenem Schwert über einem Floß mit zwei Köpfen schwebt. Dem Künstler zufolge entzieht sich das Werk der Logik und ist keine wörtliche Umsetzung des Titels.

AWAY FROM THE FLOCK
(1994), DAMIEN HIRST

Hirst (*1965) ist der bekannteste der um 1990 sich etablierenden »Young British Artists«. Er widmet sich fundamentalen Aspekten unserer Existenz, besonders der Zerbrechlichkeit des Lebens und Endgültigkeit des Tods. *Away from the Flock* besteht aus einem toten Lamm in einem mit Formaldehyd gefüllten Behälter. Hirsts Schaffen zieht viele öffentliche Reaktionen auf sich, positive wie negative.

GLOSSAR

Abstrakter Expressionismus Eine Kunstrichtung, die Mitte der 1940er-Jahre in New York aufkam. Die Künstler arbeiteten meist auf großen Leinwänden und kombinierten verschiedene Abstraktionsebenen mit stark expressionistischen Inhalten.

Akademismus (auch: Akademische Kunst) Konservativ ausgerichtete Werke von Künstlern (des 17. bis 19. Jh.), die an europäischen Kunstakademien in klassischer Kunst, Aktzeichnen und Anatomie unterrichtet worden waren.

Art brut Eine Kunstrichtung des 20. Jh., die abseits des etablierten Kunstsystems entstand und die der französische Künstler Jean Dubuffet als »rohe Kunst« bezeichnete.

Ästhetizismus Eine Bewegung im späten 19. Jh., die sich dem Credo »Kunst um der Kunst willen« verpflichtete: Kunst sollte dem Vergnügen und weniger sozialen oder moralischen Zwecken dienen.

Avantgarde Mit dem Begriff wurden insbesondere zu Beginn des 20. Jh. Künstler und Werke bezeichnet, die als innovativ und ihrer Zeit voraus galten.

Barock Eine europäische Kunst- und Architekturepoche des 17. Jh., wobei sich barocke Gemälde und Plastiken häufig durch dynamische Bewegung, emotionale Intensität und theatrale Effekte auszeichnen.

Byzantinische Kunst Die Kunst im Oströmischen Reich vom 5. Jh. bis 1493. In Italien blieben ihre Strenge, das hierarchische Arrangement der Figuren und die fehlende Tiefe bis zu Beginn der Renaissance stilbildend.

Chiaroscuro »Hell-Dunkel-Malerei«, die starke Kontraste betont.

Dada Ein absichtlich bedeutungsloser Name für eine europäische Kunstrichtung zu Beginn des 20. Jh., die sich über Konventionen lustig machte und sich mit einem anarchischen Geist der Revolte gegen traditionelle Werte wandte.

Der Blaue Reiter Ein lockerer Verbund **expressionistischer** Künstler, die zwischen 1911 und 1914 in München künstlerisch und publizistisch aktiv waren.

Die Brücke Eine deutsche Künstlergruppe des **Expressionismus,** die sich 1905 in Dresden bildete und deren Mitglieder Werke aus leuchtenden Farben und kantigen Formen schufen.

Expressionismus Eine Kunstrichtung, die zu Beginn des 20. Jh. in Deutschland entstand und deren Anhänger die subjektive Welt des eigenen Erlebens durch Verzerrung und reine Farben zum Ausdruck zu bringen suchten.

Fauvismus Eine Kunstrichtung, die zu Beginn des 20. Jh. in Paris erblühte und expressionistische sowie nicht-naturalistische Farben verwendete.

Feministische Kunst Eine auf feministische Theorien der 1960er- und 1970er-Jahre reagierende Kunstrichtung, die die konventionelle, kulturell geprägte Haltung gegenüber Frauen aufzeigt und anprangert.

Fête galante Eine zu Beginn des 18. Jh. von Antoine Watteau eingeführte Bildgattung der Malerei, die spielerische, ungebundene Szenen in ländlicher Idylle darstellt.

Futurismus Italienische **Avantgarde-**Kunstrichtung zu Beginn des 20. Jh., deren Werke die moderne Welt sowie Maschinen und Industrie feierten.

Genremalerei Gemalte Alltagsszenen (ehem. »Sittenbilder«), die v.a. in den Niederlanden des 17. Jh. populär waren.

Gesamtkunstwerk Ein künstlerisches Werk, das verschiedene Künste wie Dichtung, Musik, Malerei vereint.

Gotik Die Kunst und Architektur im späten Mittelalter. Gotische Architektur zeichnet sich durch Spitzbögen und hohe, helle Innenräume aus. Gemälde und Plastiken dieser Epoche zeigen vielfach anmutige, bewegte Figuren.

Happening Eine avantgardistische künstlerische Ausdrucksform, meist als Aktionskunst oder Performance realisiert, die häufig Elemente spontaner Interaktion beinhaltet.

Historienmalerei Bildliche Darstellungen klassischer, mythologischer, biblischer oder historischer Ereignisse.

Humanismus Eine Philosophie, die mit der Tradition des Mittelalters brach und sich statt religiösen Inhalten vermehrt weltlichen Fragen und dem antiken Menschheitsideal zuwandte. Dies beeinflusste Kunst, Literatur und Wissenschaft der Renaissance.

Impressionismus Eine Stilrichtung der europäischen Malerei, die um 1860 in Frankreich entstand. Ihre Vertreter suchten die visuelle Erfahrung eines Augenblicks z. B. durch wechselnde Licht- und Farbeffekte festzuhalten.

Installationskunst Kunstwerke, die aus verschiedenen Materialien bestehen (z. B. in Form einer Montage) und häufig für einen speziellen Ort oder Anlass geschaffen werden.

Kinetische Kunst Kunstwerke, die Elemente der Bewegung enthalten oder die Illusion von Bewegung erzeugen.

Konstruktivismus Eine Stilrichtung, die um 1914 in Russland entstand und bei der man Industrieprodukte wie Metallteile zu abstrakten Gebilden kombinierte.

Kontrapost Ein Gestaltungsmittel der Bildhauerei zur Darstellung von Bewegung, konkret das Nebeneinander von Stand- und Spielbein ursprünglich in der griechisch-antiken Kunst, später auch in der Gotik und Renaissance.

Konzeptkunst Kunstrichtung im späten 20. Jh., in der die Idee als mindestens ebenso wichtig galt wie ihre Ausführung, das fertige Kunstwerk.

Kubismus Eine revolutionäre Stilrichtung, die 1907 von Georges Braque und Pablo Picasso ins Leben gerufen wurde. Ihre Vertreter vereinten verschiedene Perspektiven auf ein Objekt in fragmentierten, abstrakten Bildern.

Land Art Kunstwerke, die in der natürlichen Landschaft angesiedelt sind oder aus ihr entstehen.

Manierismus Eine Stilrichtung der italienischen Spätrenaissance im 16. Jh., für deren Vertreter die Hervorhebung des eigenen Stils (*maniera*) und der Technik vorrangig waren – und weniger die naturalistische Darstellung.

Minimalismus Eine Bewegung innerhalb der abstrakten Kunst der 1960er-Jahre. Zu ihren Merkmalen gehören Einfachheit, Objektivität, schematischer Klarheit, Logik und Entpersönlichung.

Modernismus Eine Bewegung innerhalb der bildenden Kunst und Literatur am Ende des 19. Jh., die sämtliche Stile der Vergangenheit verwarf und sich einer Rundum-Erneuerung verschrieb.

Naturalismus Die möglichst objektive künstlerische Darstellung von Menschen, Objekten oder Landschaften. Auch Bezeichnung eine Kunstströmung im 19. Jh.

Neoexpressionismus Eine in den 1970er- und 1980er-Jahren v. a. in den USA, Deutschland und Italien aufblühende Stilrichtung, für die großformatige Bilder von wilder Ausdruckskraft typisch sind.

Neoklassizismus Ein Stil in der Kunst und Architektur des späten 18. Jh., die sich an Ordnung und Vernunft der klassischen Antike orientierte und sich, u. a. als Reaktion auf die Frivolitäten des **Rokoko,** in ganz Europa verbreitete.

Neue Sachlichkeit Eine Kunstrichtung, die im Deutschland der 1920er-Jahre entstand und, als Reaktion auf den **Expressionismus,** eine objektivere Darstellung der Welt anstrebte.

Orientalismus In der Kunstgeschichte bezeichnet der Begriff die Darstellung orientalischer Kulturen – insbesondere jener im Nahen Osten und Nordafrika – durch Vertreter der **akademischen Malerei** des 19. Jh.

Performance Eine Kunstform, in der Aspekte der bildenden und der darstellenden Künste – Theater, Tanz und Musik – kombiniert werden. Sie wurde seit den 1960er-Jahren populär.

Pop-Art Eine aus England und den USA stammende Kunstrichtung der 1950er- und 1960er-Jahre, die auf der Popkultur und den Massenmedien fußte und ihre Bildideen u. a. aus Comics, Werbung, Fernsehen und Kino bezog.

Primitivismus Eine Kunstrichtung, die sich durch die »primitive Kunst« – damit war die Stammeskunst Afrikas und der Pazifikinseln gemeint – inspirieren ließ.

Readymade Der französische Künstler Marcel Duchamp prägte im 20. Jh. den Begriff zur Bezeichnung der von ihm als Kunstgegenstände definierten gewöhnlichen Alltagsobjekte, die aus ihrem Funktionszusammenhang herausgelöst und in Kunstgalerien präsentiert wurden.

Realismus Ein realistischer, bisweilen fotografischer Malstil. Ebenso die Bezeichnung für eine Kunstepoche des 19. Jh., deren Vertreter zeitgenössische Stadt- und Landschaftsszenen in nicht idealisierter, oft bodenständiger Weise darzustellen suchten.

Rokoko Ein Kunst- und Architekturstil, der sich durch Verspieltheit und Leichtigkeit auszeichnete und zu Beginn des 18. Jh. auf den **Barock** folgte.

Romanik Europäische Kunst- und Architekturepoche des 11. und 12. Jh. Gemälde zeichnen sich durch kraftvolle, nicht-naturalistische Darstellung bisweilen expressionistisch verzerrter Figuren aus.

Romantik Eine Bewegung an der Wende zum 19. Jh., deren Vertreter die individuelle Erfahrung häufig in Form von spirituellem Naturempfinden betonten.

Suprematismus Eine abstrakte Kunstrichtung in Russland zwischen 1915 und 1918, die sich einfacher geometrischer Formen wie Kreise, Quadrate und Dreiecke bediente.

Surrealismus Der französische Dichter André Breton rief 1924 in Paris die einflussreiche Avantgarde-Bewegung ins Leben. Sie wies Verwandtschaft zu ihrem Vorläufer, dem **Dadaismus,** auf, suchte jedoch das kreative Potenzial des Unbewussten freizusetzen.

Symbolismus Eine Kunstrichtung Ende des 19./Anfang des 20. Jh., deren Anhänger die Welt subjektiv und poetisch darstellten, oft geprägt von mystischen, spirituellen Symbolen.

Tenebrismus Eine kräftige, dramatische Form der Hell-Dunkel-Malerei.

Weicher Stil Ein spätgotischer Kunststil, auch Internationale Gotik genannt, der um 1375 bis um 1425 in Europa aufblühte und sich durch äußerste Eleganz und naturalistische Details auszeichnete.

REGISTER

Fett gesetzte Seitenzahlen weisen auf Haupteinträge hin.

A

B

C

DEF

G

H

IJK

L

M

NO

P

QR

S

T

UVW

XYZ

ZITATQUELLEN

PRÄHISTORISCHE UND ANTIKE KUNST

20 Wirklich eine Frau
Nancy K. Sandars, *Prehistoric Art in Europe*, 1968

22 Wir sind eine noch immer im Wachsen begriffene Art
David Lewis-Williams, *The Mind in the Cave*, 2002

26 Geschichte ist ein Friedhof der Aristokratien
Vilfredo Pareto, zitiert in *New World, First Nations*, hrsg. von David Cahill und Blanca Tovías, 2006

32 Bronzearbeiten in China bewahren das spirituelle Herz der chinesischen Zivilisation
Chen Xiejun, Direktor des Shanghai Museums, 2014

33 Schön, kompakt und stark – wie Intelligenz
Konfuzius zugeschrieben (551–479 v. Chr.)

34 Ein Kanal für die universelle Seele
Russell Hoban, BBC *Masterpieces of the British Museum*, 2005

36 Ideale Schönheit entsteht im Geiste des Künstlers
Johann Joachim Winckelmann, *Gedanken über die Nachahmung der griechischen Werke in der Malerei und Bildhauerkunst*, 1755

42 Dieses Werk sollte allen Werken der Malerei und Bildhauerkunst vorgezogen werden
Plinius der Ältere, *Naturalis historia*, 77–79 n. Chr.

44 Stilisierte Form und spirituelle Schönheit wurden zu erkennbaren Eigenschaften des Buddha-Bildes
Albert C. Moore, *The Iconography of Religions*, 1977

48 Der monumentalste und erhabenste sichtbare Ausdruck seiner Macht
H. W. Janson, *The Equestrian Monument from Cangrande della Scala to Peter the Great*, 1967

50 Das Gesicht Teotihuacáns
Esther Pasztory, *Teotihuacan: An Experiment in Living*, 1997

51 Eine neue Art figürlicher Komposition
Leonard Victor Rutgers, *Journal of Early Christian Studies*, 1993

52 Gekleidet für ihre ewige Gegenwart unter den Göttlichen
Nazanin Hedayat Munroe, *Byzantium and Islam: Age of Transition*, Metropolitan Museum exhibition blog, 2012

DIE WELT IM MITTELALTER

62 Das ist kein unreines Götzenbild, sondern ein frommes Denkmal
Bernard of Angers, *Chronicle of Sainte Foy*, 11. Jh.

64 Dies ist nicht das Werk von Menschen, sondern von Engeln
Gerald of Wales, *The Topography of Ireland*, um 1188

66 Ein klares Symbol Christi – wahrhaft menschlich und wahrhaftig tot am Kreuz
Right Revd Lord Harries of Pentregarth, Bischof von Oxford, Gresham College lecture, 2011

68 Dein Bauwerk enträtselt das Geheimnis der Gläubigen
»Große Moschee von Córdoba«, Muhammad Iqbal, 1935–1936

74 Eine zweckdienlich gestaltete Geschichte
Shirley A Brown, »The Bayeux Tapestry: History or Propaganda?«, 1985

76 Rhythmus ist der Herzschlag allen Lebens
Traditionelle hinduistische Weisheit

78 Die vollendeten Statuen gingen einfach an den Ort ihrer Bestimmung
Mythos der Rapanui, Nachfahren der polynesischen Ureinwohner der Osterinsel

79 Leben und Tod, der Anfang und das Ende
Buddhism and Shintoism in Japan – A-Z. Photo Dictionary of Japanese Religious Sculpture and Art

80 Es werde Licht
Genesis 1,3

84 Ein ausgeprägt klassischer Geist inspiriert ihre Form
Naomi Blumberg, *Encyclopedia Britannica*

86 Jedes Gemälde ist wie eine Ankunft in einem heiligen Hafen
Giotto di Bondone (1266–1337)

90 Oh heilige Mutter Gottes, schenke der Stadt Siena Frieden – und Duccio, der dich deshalb gemalt hat, das Leben
Inschrift in der *Maestà* von Duccio di Buoninsegna, um 1311

96 Warum sollte ich mich darum sorgen, ob es Ähnlichkeiten aufweist oder nicht?
Ni Zan, 1365

98 Ein elegantes und rätselhaftes Meisterwerk
Jamie Yurasits, *Incite. Journal of Undergraduate Scholarship*, Longwood University, um 2015

RENAISSANCE UND MANIERISMUS

106 Mir wurde die Siegespalme zuerkannt
Lorenzo Ghiberti, um 1402

107 Ikonen sind aus Farbe das, was Schriften aus Worten sind
Zweites Konzil von Nicäa, 787 n. Chr.

108 Perspektive ist Zaumzeug und Ruder für die Malerei
Leonardo da Vinci (1452–1519), *Skizzenbücher*

112 Der Mann, der das bloße Binden von Pigmenten mit Öl in Ölmalerei verwandelte
Noah Charney, *Stealing the Mystic Lamb: The true story of the world's most coveted masterpiece*, 2010

118 Zwei Flügel heben den Menschen über das Irdische: Einfalt und Lauterkeit
Thomas von Kempen, *Nachfolge Christi*, Erstveröffentlichung 1471–1472

120 Ein elegant-kompaktes Bild der Tugenden der Abgebildeten
Martin Kemp, *Behind the Picture: Art and Evidence in the Italian Renaissance*, 1997

122 Das edelste Vergnügen ist die Freude des Verstehens
Leonardo da Vinci (1452–1519), *Skizzenbücher*

124 Das Auge macht weniger Fehler als der Verstand
Leonardo da Vinci (1452–1519), *Skizzenbücher*

128 Furchtbare Gesichte von den Schrecknissen des Jüngsten Tages
E. H. Gombrich, *Die Geschichte der Kunst*, 1950

132 Ein Albtraum in weiblicher Gestalt
Mary Ellen Miller, *The Art of Mesoamerica*, 1986

134 Der Meister des Monströsen Der Entdecker des Unbewussten
C. G. Jung: *Psychologie und Alchemie*, 1944

140 Ein Maler muss die natürlichen Mängel seiner Kunst kompensieren
Joshua Reynolds, *Discourses on Art*, Nr. 4, 1771

144 Mit Skulptur meine ich das, was durch Entfernen entsteht
Michelangelo, 1547

146 Die Geliebte des Prinzen, die sich in der Wärme ihres eigenen Fleisches aalt
Frederick Hartt, *History of Italian Renaissance Art*, 1994

152 Seine Majestät konnte sich nicht sattsehen an ihr
Benvenuto Cellini, *Mein Leben. Die Autobiografie eines Künstlers aus der Renaissance*, 1563

153 Benvenuto Cellini hätte sie nicht besser machen können
Felix V. Luschan, *Die Karl Knorrsche Sammlung von Benin-Altertümern: Im Museum für Länder- und Völkerkunde in Stuttgart*, 1901

154 Selten wurde einer Landschaft als Thema solch ein Ehrenplatz zuteil
Nadine M. Orenstein, »Bruegel, the Land, and the Peasants«, 1998

160 Perfektion bedeutet, das Gesicht des Menschen nachzuahmen
Nicholas Hilliard, *The Arte of Limning*, um 1600

BAROCK BIS KLASSIZISMUS

ROMANTIK BIS SYMBOLISMUS

MODERNE BIS GEGENWART

DANK

Dorling Kindersley und Cobalt id danken Helen Peters für das Register.

BILDNACHWEIS

Der Verlag dankt folgenden Personen und Institutionen für die freundliche Genehmigung zum Abdruck ihrer Bilder:

(Abkürzungen: go=ganz oben, o=oben, u=unten, m=Mitte, a=außen, l=links, r=rechts)

2 Dreamstime.com: Tupungato (m). **6 Corbis:** Christie's Images (ul). **Dreamstime.com:** G00b (gor). **7 Corbis:** (ur). **8 akg-images:** World History Archive (gol). **9 Corbis:** (ul). **12 Getty Images:** DEA/G. NIMATALLAH (gol). **Alamy Images:** INTERFOTO (gom). **Bridgeman Images:** Universal History Archive/UIG (gor). **13 Alamy Images:** ffoto_travel (gol). **Corbis:** (gom). (gor). **14 Bridgeman Images:** (gol). **Alamy Images:** FineArt (gom). Masterpics (gor). **15 Alamy Images:** Heritage Image Partnership Ltd (gol). **Corbis:** Philadelphia Museum of Art/© Succession Marcel Duchamp/ADAGP, Paris und DACS, London 2016 (gom). **Alamy Images:** LatitudeStock (gor). **20 Corbis:** Leemage (m). **21 Alamy Images:** age fotostock (ul). **22 Alamy Images:** MELBA PHOTO AGENCY (ul). **23 Alamy Images:** Javier Etcheverry (gor). **25 Alamy Images:** age fotostock (ur). **27 akg-images:** Maurice Babey (m). **28-29 Dreamstime.com:** Dan Breckwoldt (u). **29 Dreamstime.com:** Thirdrome (mo). **30 Corbis:** robertharding (um). **31 Alamy Images:** The Art Archive (gom). **32 Corbis:** Christie's Images (ml). **33** The British Museum: The Trustees of the British Museum (m). **34 Alamy Images:** VPC Travel Photo (ml). **35 Corbis:** Steven Vidler (ur). **37 Getty Images:** DEA/G. NIMATALLAH (m). **38 Alamy Images:** The Art Archive (ul). **40 The Art Archive:** DeA Picture Library/G. Nimatallah (ul). **akg-images:** Erich Lessing (gor). **41 akg-images:** Erich Lessing (gol). **The Art Archive:** Museo Nazionale Palazzo Altemps Rome/Gianni Dagli Orti (ur). **42 Alamy Images:** Stefano Politi Markovina (ul). **43 Dreamstime.com:** Tupungato (gor). **44 akg-images:** Pictures From History (gor). **45 Alamy Images:** Henry Westheim Photography (gor). **Bridgeman Images:** Private Collection/Paul Freeman (um). **46 Bridgeman Images:** (gol). **Alamy Images:** Peter Horree (ur). **48 Corbis:** Paul Seheult/Eye Ubiquitous (ul). **49 Alamy Images:** National Geographic Creative (gor). **Bridgeman Images:** Alinari (ul). **50 Corbis:** Gianni Dagli Orti (m). **51 Alamy Images:** Lanmas (m). **52 Alamy Images:** Realy Easy Star/Giuseppe Masci (u). The Art Archive (ul). **53 Corbis:** GARCIA Julien/Hemis (ur). **54 Getty Images:** DEA/A. DE GREGORIO/Contributor (u). **55 Alamy Images:** INTERFOTO (gor). **Corbis:** Pascal Deloche/Godong (ur). **62 akg-images:** Erich Lessing (ml). **63 Getty Images:** Ayhan Altun (gor). **Bridgeman Images:** Treasury of the Abbey of Saint-Maurice (um). **64 Bridgeman Images:** The Board of Trinity College, Dublin (ul). **65 Alamy Images:** The Print Collector (gom). **66 Alamy Images:** Danita Delimont (ul). **67 Alamy Images:** The Art Archive (gol). **69 Dreamstime.com:** G00b (m). **70 Bridgeman Images:** Metropolitan Museum of Art, New York (ul). **72 Dreamstime.com:** Jozef Sedmak (gol). **Corbis:** Gérard Degeorge (ur). **73 akg-images:** Philippe Maillard (ur). **74 Bridgeman Images:** Universal History Archive/UIG (gol). **74-75 Bridgeman Images:** Musée de la Tapisserie, Bayeux (u). **76 Corbis:** Angelo Hornak (ul). **77 Bridgeman Images:** Government Museum and National Art Gallery, Madras (gom). **78 Corbis:** Kent Kobersteen/National Geographic Creative (ml). **79 Alamy Images:** Malcolm Fairman (m). **80 Alamy Images:** ffoto_travel (ul). **81 Bridgeman Images:** Peter Willi (gol). **The Art Archive:** Manuel Cohen (ur). **82 Alamy Images:** funkyfood London, Paul Williams (l). **82-83 Bridgeman Images:** (um). **83 Corbis:** Tuul & Bruno Morandi (gor). **84 Alamy Images:** Universal Images Group North America LLC/DeAgostini (ul). **85 Alamy Images:** Universal Images Group North America LLC/DeAgostini (gol). **Dreamstime.com:** Izanbar (um). **86 Corbis:** Alinari Archives (m). **87 Alamy Images:** Alex Ramsay (gom). **88 Scala:** (gor). **Getty Images:** DEA/A. DAGLI ORTI (ur). **89 Getty Images:** Mondadori Portfolio (gor). **91 Bridgeman Images:** Museo dell'Opera del Duomo, Siena (m). **92 akg-images:** MPortfolio/Electa (gor). **Bridgeman Images:** Museo dell'Opera del Duomo, Siena (ul). **93 Bridgeman Images:** Museo dell'Opera del Duomo, Siena (gom). **94-95 akg-images:** Nimatallah (u). **95 Alamy Images:** World History Archive (gor). **96 Scala:** The Metropolitan Museum of Art/Art Resource (ul). **97 Bridgeman Images:** Pictures from History (gor). **98 Getty Images:** Heritage Images (ml). Heritage Images (m). **99 Alamy Images:** Heritage Image Partnership Ltd (um). Heritage Image Partnership Ltd (ur). **107 Alamy Images:** PAINTING (ml). **108 akg-images:** Rabatti - Domingie (ul). **109 Corbis:** Arte & Immagini srl (go). **110 Getty Images:** Archive Photos/Stringer (gol). **Alamy Images:** FineArt (gor). **111 Corbis:** Sandro Vannini (u). **113 Corbis:** (m). **114 Alamy Images:** PAINTING (ul). **115 Corbis:** (ur). **116 Corbis:** (gor). **117 Corbis:** Leemage (gor). **118 Alamy Images:** Peter Barritt (u). **119 Alamy Images:** Mary Evans Picture Library (gom). **120 Bridgeman Images:** Ca' d'Oro, Venice (m). **121 Alamy Images:** Chronicle (gor). **122 Corbis:** (ul). **123 Alamy Images:** Classic Image (gol). **124 The British Museum:** The Trustees of the British Museum (ul). **126 Corbis:** AS400 DB (gol). **Alamy Images:** Dennis Hallinan (gor). **127 Corbis:** Leemage (ur). **128 Alamy Images:** Photos 12 (ul). **129 Corbis:** Historical Picture Archive (gol). Michael Nicholson (gor). **131 Corbis:** adoc-photos (gor). **132 Corbis:** Gianni Dagli Orti (ul). **133 Corbis:** Alfredo Dagli Orti (gol). **135 Corbis:** (m). **136 Corbis:** Historical Picture Archive (ul). **137 Alamy Images:** Masterpics (gol). **138 Alamy Images:** The Art Archive (gol). Pbarchive (ul). **139 Alamy Images:** Pbarchive (gor). **Corbis:** Leemage (ul). **140 Corbis:** (ul). **141 Corbis:** (gor). **142 Corbis:** Leemage (gol). **Alamy Images:** Heritage Image Partnership Ltd (ur). **143 Corbis:** Francis G. Mayer (ur). **144 Bridgeman Images:** Galleria dell' Accademia, Florence (r). **145 Alamy Images:** Classic Image (gol). **Bridgeman Images:** Galleria dell'Accademia, Florence (ur). **147 Corbis:** (m). **148 Alamy Images:** Mary Evans Picture Library (ul). **149 Corbis:** (gor). **151 Corbis:** (gol). **152 Corbis:** Ali Meyer (ml). **153 Alamy Images:** Heritage Image Partnership Ltd (ml). **155 Getty Images:** DEA/G. NIMATALLAH (m). **156 Getty Images:** DEA/G. NIMATALLAH (gor). **157 Corbis:** Historical Picture Archive (gor). **Bridgeman Images:** Louvre, Paris (ul). **158 Alamy Images:** Antiquarian Images (ul). **160 Corbis:** The Gallery Collection (m). **161 Alamy Images:** V&A Images (ml). **170 Corbis:** (u). **171 Corbis:** Ken Welsh/*/Design Pics (gor). **172 Bridgeman Images:** (ul). **173 akg-images:** Album/Oronoz (gol). **Alamy Images:** The Art Archive (ur). **174 Bridgeman Images:** Prado, Madrid/Index (gor). **Alamy Images:** Peter Horree (ul). **175 Alamy Images:** classicpaintings (gor). **176 Alamy Images:** Steve Vidler (u). **177 Corbis:** AS400 DB (um). **178 Alamy Images:** FineArt (ul). **179 Alamy Images:** Peter Horree (gol). **Corbis:** AS400 DB (um). **180 Corbis:** Leemage (gol). **181 Alamy Images:** World History Archive (u). **182 Getty Images:** DEA/G. NIMATALLAH (ul). **183 Alamy Images:** Heritage Image Partnership Ltd (gor). **Corbis:** Massimo Listri (um). **184 Bridgeman Images:** Cleveland Museum of Art, OH/Leonard C. Hanna, Jr. Fund (ml). **185 Scala:** The Metropolitan Museum of Art/Art Resource (gor). **Corbis:** Leemage (um). **187 akg-images:** World History Archive (m). **188 Alamy Images:** Peter Horree (gor). **Corbis:** (ul). **189 Dreamstime.com:** Eugenesergeev (gor1). **iStock:** Stacey Walker (gor2). Sasha Radosavljevic (gor3). **Corbis:** (ul). **190 Alamy Images:** classicpaintings (gor). Jeff Morgan 01 (ul). **191 Scala:** Art Resource/© 2016. Banco de México Diego Rivera Frida Kahlo Museums Trust, Mexico, D.F./DACS (ur). **192 The Art Archive:** Ashmolean Museum (u). **193 Dreamstime.com:** Steve Luck (gor). **195 Corbis:** Michael Nicholson (gor). Heritage Images (ul). **196 Corbis:** adoc-photos (ul). **197 Corbis:** Leemage (gol). **The Art Archive:** Musée du Château de Versailles/Granger Collection (um). **198 Alamy Images:** Masterpics (ml). **199 Getty Images:** DEA/G. FINI (gor). **Alamy Images:** Masterpics (mu). **200 Alamy Images:** Lebrecht Music and Arts Photo Library (u). **201 Corbis:** Burstein Collection (gor). **202 Alamy Images:** PRISMA ARCHIVO (gol). **203 Alamy Images:** Lebrecht Music and Arts Photo Library (ur). **204 Corbis:** GraphicaArtis (ml). **205 Corbis:** (ur). **206 akg-images:** Erich Lessing (u). **207 akg-images:** Erich Lessing (gor). **208 Getty Images:** Hulton Archive/Stringer (gol). **208-209 akg-images:** Erich Lessing (gor). **210 Alamy Images:** The Artchives (ml). **211 Alamy Images:** SuperStock (m). **212 Corbis:** (ul). **213 Corbis:** Leemage (gol). **Alamy Images:** Classic Image (gor). **214 Alamy Images:** V&A Images (ul). **215 Corbis:** Steven Vidler (gol). **Bridgeman Images:** Victoria & Albert Museum, London (mu). **217 akg-images:** Erich Lessing (m). **218 Corbis:** Leemage (ul). **219 The Art Archive:** Victoria and Albert Museum London/V&A Images (ur). **220 Corbis:** Araldo de Luca (ul). **221 Corbis:** (gor). **Dreamstime.com:** Euriico (ul). **231 Corbis:** Burstein Collection (m). **232 Corbis:** Leemage (ul). **233 Alamy Images:** classicpaintings (gor). **234 Corbis:** (ul). **235 Corbis:** Burstein Collection (gor). **236 Alamy Images:** Masterpics (u). **237 Corbis:** Alfredo Dagli Orti/The Art Archive (gor). **238 Alamy Images:** classicpaintings (ul). **239 Getty Images:** Leemage (gor). **Bridgeman Images:** Hamburger Kunsthalle, Hamburg (um). **241 Corbis:** Leemage (m). **242 Alamy Images:** Heritage Image Partnership Ltd (gor). **243 Dreamstime.com:** Andrey Chaikin (um). **244 Getty Images:** DEA PICTURE LIBRARY/Contributor (gol). **Corbis:** Leemage (um). **245 Corbis:** Leemage (u). **246 Corbis:** (u). **247 Alamy Images:** Pictorial Press Ltd (um). **248 Bridgeman Images:** Dahesh Museum of Art, New York (ml). **249 Bridgeman Images:** Corcoran Collection, National Gallery of Art, Washington D.C (m). **250 The Art Archive:** DeA Picture Library (ml). **251 Bridgeman Images:** Private Collection (gol). Private Collection/Photo © Christie's Images (ur). **252 Corbis:** (m). **253 Corbis:** AS400 DB (gom). Leemage (um). **254 TopFoto:** Fine Art Images/Heritage Images (ul). **255 Corbis:** Brooklyn Museum (gor). **Getty Images:** Print Collector (um). **257 Getty Images:** DEA/A. DAGLI ORTI (m). **258 Corbis:** Bettmann (ul). **260 Alamy Images:** The Art Archive (gol). **Corbis:** Leemage (ur). **261 Corbis:** Alfredo Dagli Orti/The Art Archive (gor). **262 Corbis:** Christie's Images (gol). **263 Corbis:** Francis G. Mayer (u). **264 Alamy Images:** Niday Picture Library (ul). **265 Alamy Images:** David Coleman (gol). **Corbis:** Hulton-Deutsch Collection (um). **267 Corbis:** (m). **268 Mary Evans Picture Library:** INTERFOTO/Groth-Schmachtenberger (ul). **270 Corbis:** (go). **271 Getty Images:** National Galleries of Scotland (ul). **272 Corbis:** (u). **273 Corbis:** Leemage (gor). **274 Alamy Images:** Heritage Image Partnership Ltd (u). **275 Alamy Images:** GL Archive (gom). **276 Corbis:** Leemage (gol). **Bridgeman Images:** Bergen Art Museum / Photo © O. Vaering (ur). **286 Alamy Images:** FineArt/Alamy Stock Photo (ml). **287 Corbis:** adoc-photos (gor). **Scala:** Austrian Archives (ul). **288 Collection SFMOMA, Bequest of Elise S. Haas:** © Succession H. Matisse/DACS 2016 (ul). **289 Corbis:** Christie's Images © ADAGP, Paris und DACS, London 2016 (gor). **Alamy Images:** Everett Collection Historical (ul). **290 Scala:** Digital image, The Museum of Modern Art, New York (u). **292 Getty Images:** DEA PICTURE LIBRARY/Contributor (ul). **293 Getty Images:** Print Collector (gor). **Mary Evans Picture Library:** Sueddeutsche Zeitung Photo (ul). **294 Alamy Images:** Dennis Hallinan/© Succession Picasso/DACS, London 2016 (l). **295 Getty Images:** Apic (gor). **Corbis:** The Gallery Collection/© Succession Picasso/DACS, London 2016 (um). **296 Bridgeman Images:** Musée National d'Art Moderne, Centre Pompidou, Paris/© ADAGP, Paris und DACS, London 2016 (gol). **Corbis:** The Gallery Collection/© Succession Picasso/DACS, London 2016 (um). **298 Bridgeman Images:** Museum of Modern Art, New York/Photo © Boltin Picture Library (ml). **299 Corbis:** adoc-photos (gor). **Alamy Images:** Peter Horree (ul). **301 Alamy Images:** LatitudeStock (m). **302 Alamy Images:** INTERFOTO (ul). **303 akg-images:** Maurice Babey (gol). **304 Alamy Images:** LatitudeStock (go). **305 The Art Archive:** The Solomon R. Guggenheim Foundation/Art Resource, NY (ul). **306 akg-images:** (u). **307 akg-images:** (gor). **308 Corbis:** Philadelphia Museum of Art/© Succession Marcel Duchamp/ADAGP, Paris und DACS, London 2016 (ul). **309 Corbis:** Philadelphia Museum of Art/© ADAGP, Paris und DACS, London 2016 (um). **311 Corbis:** © Salvador Dalí, Fundació Gala-Salvador Dalí, DACS, 2016 (m). **313 Bridgeman Images:** Berlinische Galerie, Museum für moderne Kunst, Berlin/© ADAGP, Paris und DACS, London 2016 (ur). **314 Bridgeman Images:** Collection of Claude Herraint, Paris/© ADAGP, Paris und DACS, London 2016 (gol). **Alamy Images:** © Salvador Dalí, Fundació Gala-Salvador Dalí, DACS, 2016 (ur). **315 Corbis:** © Salvador Dalí, Fundació Gala-Salvador Dalí, DACS, 2016 (ur). **316 akg-images:** World History Archive/Mit freundlicher Genehmigung der Henry Moore Foundation (u). **317 Corbis:** Bettmann (gom). **319 Alamy Images:** Peter Horree/© The Pollock-Krasner Foundation ARS, NY und DACS, London 2016 (m). **320 Getty Images:** Tony Vaccaro (ul). **321 Dreamstime.com:** Pdtnc (gom). **322 Corbis:** Rudolph Burckhardt/Sygma/© The Pollock-Krasner Foundation ARS, NY und DACS, London 2016 (gol). **323 Alamy Images:** Peter Horree/© The Pollock-Krasner Foundation ARS, NY und DACS, London 2016 (ul). **324 Scala:** Digital image, The Museum of Modern Art, New York/© ADAGP, Paris und DACS, London 2016 (ml). **325 Corbis:** Pierre Vauthey/Sygma (gor). Christie's Images (ul). **326 akg-images:** Erich Lessing/© Estate of Roy Lichtenstein/DACS 2016 (m). **327 Corbis:** Oscar White (gor). **328 Scala:** Digital image, The Museum of Modern Art, New York/© ARS, NY und DACS, London 2016 (ml). **329 Corbis:** George Steinmetz/© Estate of Robert Smithson/DACS, London/VAGA, New York 2016 (ml). **330 Caroline Tisdall:** (ml). **331 Caroline Tisdall:** (ul). **Alamy Images:** INTERFOTO (gor). **332 Elizabeth A. Sackler Center for Feminist Art, Collection of the Brooklyn Museum:** © Judy Chicago. ARS, NY und DACS, London 2016/Photo © Donald Woodman (ml). **333 Corbis:** Christopher Felver (gol). **Elizabeth A. Sackler Center for Feminist Art, Collection of the Brooklyn Museum:** © Judy Chicago. ARS, NY und DACS, London 2016/Photo © Donald Woodman (um). **334 Alamy Images:** Stefano Politi Markovina/© The Easton Foundation/VAGA, New York/DACS, London 2016 (u). **335 Corbis:** Christopher Felver (gom). **336 Getty Images:** Marco Secchi (u). **337 Getty Images:** RAFA RIVAS/Stringer (um).

Alle anderen Bilder © Dorling Kindersley.
Weitere Informationen unter:
www.dkimages.com